Oleg Zarew/John Costello
Der Superagent

OLEG ZAREW
JOHN COSTELLO

DER
SUPERAGENT

Der Mann,
der Stalin erpreßte

Aus dem Amerikanischen
von Joachim Peters

ZSOLNAY

Die Originalausgabe erschien unter dem Titel
Deadly Illusions – Alexander Orlov and the Looking Glass War
bei Crown, New York

2. Auflage, November 1993

© 1992 by Nimbus Communications Inc.
© der deutschen Übersetzung 1993 by Verlagsunion Pabel-Moewig KG, Rastatt
Alle Rechte vorbehalten
Dieses Buch erscheint bei Zsolnay
Fotos: KGB-Archiv
Textbearbeitung: Marion Stein
Gesetzt bei MPM, Wasserburg
Druck und Bindung: Ebner Ulm
Printed in Germany 1993

CIP-Titelaufnahme der Deutschen Bibliothek
Zarew, Oleg/Costello, John
Der Superagent; Der Mann, der Stalin erpreßte
Zarew, Oleg/Costello, John
Aus d. Amer. von Joachim Peters
Wien, Zsolnay, 1993
Einheitssacht.: Deadly Illusions < dt. >
ISBN 3-552-04423-X

Inhalt

Vorwort

Es war bereits nach sechs Uhr, als ich nach Ende unseres Arbeitstages im Juli 1990 vor meinem Büro im zweiten Stock des KGB-Hauptquartiers am Dserschinski-Platz stand und das nach den Sicherheitsbestimmungen erforderliche Siegel an der Tür anzubringen versuchte. Ich verfluchte die umständliche Prozedur, bei der ich ein etwa dreißig Zentimeter langes Stück durch Stahlösen in der Tür ziehen und dann die Enden in das mit Knetmasse überzogene Schildchen am Türrahmen drücken mußte, bevor ich es mit meinem persönlichen Siegel versah. Diese recht plumpe, aber durchaus effektive Sicherheitsmaßnahme, die bereits in den Anfangsjahren der Tscheka eingeführt worden war, hatte wie durch ein Wunder den technischen Fortschritt des zwanzigsten Jahrhunderts überlebt. Das Siegel erforderte jedoch genau die richtige Menge Spucke, damit es sich sauber löste, nachdem man die Schnur in die klebrige Masse gedrückt hatte. Ich hatte den Trick noch nie so richtig beherrscht. Auf meinem Schildchen schien nie genug Material zu sein. Entweder es verflüchtigte sich von selbst, oder es war, wie ich zu scherzen pflegte, von den Mäusen der Lubjanka weggeknabbert worden, die sich nach einem süßen Nachtisch sehnten, nachdem sie sich die ganze Nacht lang an streng geheimen KGB-Akten gütlich getan hatten.

Während ich mir noch Spuren des »Mäusedesserts« vom Daumen wischte, hörte ich in meinem Büro das Telefon klingeln. Sein spezieller Klang verriet mir, daß es sich nicht um die normale Leitung handelte, sondern um den Apparat mit Zerhacker des operativen Kommunikationsnetzes, das für Gespräche mit erhöhter Sicherheitsstufe verwendet wurde. Ich riß das so mühsam angebrachte Siegel ab, öffnete die Tür, eilte zum Schreibtisch und nahm den Hörer ab. Am anderen Ende der Leitung war der Direktor des Geheimdienstarchivs. Er erklärte, er sei auf etwas Interessantes gestoßen, und bat mich zu sich; Näheres sollte ich bei unserem Treffen erfahren.

»Interessant« war meiner Erfahrung nach im Vokabular eines Geheimdienstoffiziers gleichbedeutend mit »dringend«, und so fuhr ich gleich am nächsten Morgen mit wachsender Neugierde zur Ersten

Hauptverwaltung. Das Nervenzentrum der sowjetischen Auslandsspionage in Jasenewo war in einem Komplex von weißblauen, in den sechziger Jahren von Finnen entworfenen Büroblocks untergebracht, die sich über dem Kiefernwald hinter der Moskauer Ringstraße erhoben.

Nach den routinemäßigen Sicherheitsüberprüfungen fand ich mich im geräumigen, modernen Büro des Archivdirektors wieder. Er begrüßte mich und reichte mir eine dreibändige Akte, auf der handschriftlich in kyrillischen Großbuchstaben der Codename SCHWEDE geschrieben stand. Die vom Alter schon dunkelbraun gewordenen Aktendeckel aus dicker Pappe trugen die in purpurroter Farbe aufgedruckte Nummer 32476. Die brüchigen Ecken der darin enthaltenen Dokumente drohten unter meinen Fingern zu zerbröseln, als ich sie mit wachsendem Erstaunen durchblätterte.

»Würden Sie gerne etwas über ihn schreiben?« fragte Alexander Petrowitsch.

»Ich weiß nicht recht«, zögerte ich. »Er war schließlich ein Verräter, und ich wüßte auch gar nicht, wie ich die Sache anpacken sollte, da wir solche Fälle bislang nie an die Öffentlichkeit gebracht haben.«

»Dann lesen Sie ganz einfach die Akte erst mal gründlich durch, und hinterher besprechen wir die Einzelheiten.«

Michail Sergejewitsch Gorbatschow war nun schon seit fünf Jahren Generalsekretär, und allmählich sickerte die Perestroika bis zum KGB durch. Endlich beteiligte sich auch der sowjetische Geheimdienst an der neuen Offenheit und veröffentlichte Einzelheiten historisch wichtiger Fälle, die für die operative Tätigkeit des KGB nach offizieller Einschätzung nicht mehr von Bedeutung waren. Diese Akte aber war etwas ganz anderes. Sie enthielt die Geschichte eines ehemaligen sowjetischen Generals, den ich immer für den höchstrangigen Geheimdienstoffizier gehalten hatte, der je in den Westen übergelaufen war.

Beim Studium seiner Akte hatte ich schnell alles um mich herum vergessen. Erst, als der Archivar erklärte, er müsse nun den Leseraum schließen, riß ich mich widerwillig von den Dokumenten los. Ich hatte den ganzen Tag gelesen und meine Lektüre nur für eine 15 minütige Mittagspause unterbrochen. Gegen Ende dieses Nachmittags war ich zu dem Ergebnis gelangt, daß ich mein Vorurteil über Bord werfen mußte: SCHWEDE war in Wirklichkeit gar kein Verräter gewesen.

Am besten war er, der seiner Akte zufolge im Verlauf seiner Karriere eine ganze Reihe von Decknamen geführt hatte, unter dem Namen Alexander Michailowitsch Orlow bekannt, und seine Geschichte war zweifellos faszinierend: Er war schon früh Mitglied der Tscheka gewesen, hatte dann in den dreißiger Jahren in mehreren europäischen Hauptstädten als Illegaler im Untergrund gearbeitet und war schließlich als Resident des NKWD ins republikanische Spanien abkommandiert worden, wo er im Sommer 1938, als die stalinistischen Repressionen ihren Höhepunkt erreichten, desertierte. Danach war er fast 15 Jahre lang wie vom Erdboden verschwunden, bevor er 1953 in den Vereinigten Staaten durch die Veröffentlichung seines Buches *The Secret History of Stalin's Crimes* (»Die geheime Geschichte von Stalins Verbrechen«) auf einen Schlag berühmt wurde. In den darauffolgenden zwanzig Jahren hatte Orlow mit den amerikanischen Ermittlungsbehörden – zunächst mit dem FBI und später mit den Leuten von der CIA – Katz und Maus gespielt. Dadurch ermöglichte er den sowjetischen Agenten, die er angeworben hatte, und seinen früheren Kollegen, die er hätte auffliegen lassen können, ihre geheimen Operationen gegen den Westen fortzusetzen.

Der Fall Orlow war somit ein echter Klassiker: Die Geschichte eines Mannes, der zwischen den Seiten stand und dabei nur wenig Spielraum hatte. Die sich daraus ergebenden ethischen und beruflichen Konflikte löste er mit dem wachen Verstand eines ebenso abgebrühten wie erfahrenen Geheimdienstoffiziers, der den Amerikanern einerseits gerade genug Informationen gab, um in den Vereinigten Staaten, wo er sich sicher fühlte, bleiben zu dürfen, andererseits aber die Sowjetagenten, mit denen er zusammengearbeitet hatte, nicht verriet. Daß er bei dieser schwierigen Gratwanderung nicht abstürzte, lag an der gelungenen Mischung aus Halbwahrheiten, Trivialitäten und Falschinformationen, die er der CIA und dem FBI in seinen »Geständnissen« als Wahrheit auftischte. Wie geschickt er die amerikanischen Ermittlungsbehörden an der Nase herumgeführt hatte, wurde dem KGB nach einer 1964 in die Wege geleiteten, fünf Jahre dauernden Suche nach Orlow klar, die schließlich zu zwei heimlichen Kontaktaufnahmen mit ihm in den Jahren 1969 und 1971 führte. Der Bericht des KGB-Offiziers, der diese Operation leitete, bewies unzweifelhaft Orlows Loyalität zum sowjetischen Geheimdienst, zu dessen Agenten und zu seinem Vaterland. Kurz bevor Orlow 1973 im Alter von 78 Jahren starb, schrieb dieser bemerkenswerte Mann, dessen Leben von einigen der schwersten Stürme des Jahrhunderts heimgesucht worden war, nach 35jährigem Exil in Amerika seinen ersten Brief in die Heimat. Dieser Brief, der in seiner KGB-Akte aufbewahrt wurde, ist gewissermaßen die Grabschrift für einen Mann, der einst in der zwielichtigen Welt der Spionage zu den herausragendsten Figuren gehört hatte.

Als ich an jenem Nachmittag Jasenewo verließ, ging mir der Gedanke nicht aus dem Kopf, daß Orlow leicht eine Figur von Le Carré hätte sein können – wäre er nicht weit realer gewesen als jeder Protagonist eines Spionageromans. Als der Tag zu Ende ging, wußte ich, daß ich mich sehr viel tiefer in die Materie würde einarbeiten müssen, um zu der komplexen Persönlichkeit durchzudringen, deren erstaunliche Karriere in den Akten nur andeutungsweise beschrieben war.

Mein Interesse an Orlow war gleichermaßen persönlicher wie beruflicher Natur. Nach einem Studium am Moskauer Institut für Internationale Beziehungen trat ich 1970 in die Erste Hauptverwaltung des KGB ein. Zu Beginn meiner Ausbildung zum sowjetischen Geheimdienstoffizier hätte ich es nicht im Traum für möglich gehalten, daß ausgerechnet ich eines Tages derjenige sein würde, der einen der interessantesten Fälle aus den Akten des Geheimdienstes an die Öffentlichkeit bringen sollte. Die Wirklichkeit des kalten Krieges bestimmte damals noch immer unsere Ausbildung, und einer von denen, die uns unterrichteten, war Kim Philby. Kein Agent kann ohne falsche Identität, auch Legende genannt, arbeiten, und eine geradezu ideale Legende bietet der Journalismus – eine Tatsache, an die uns dieser ehemalige britische Geheimdienstoffizier, der seine Karriere für den sowjetischen Geheimdienst als Reporter begonnen hatte, immer wieder erinnerte. Die Briten waren auf dem Gebiet verdeckter Operationen in den dreißiger Jahren Pioniere, und wir konnten viel von ihnen lernen. 1974 legte ich mir die Tarnung als Korrespondent des Handelsblattes *Sozialistitscheskaja Industrija* zu, und in den darauffolgenden fünf Jahren arbeitete ich offiziell als Journalist in London. Danach war ich ein Jahr für die *Prawda* tätig, bevor ich zur *Iswestija* überwechselte.

Jeder Geheimdienst der Welt setzt verdeckt arbeitende Agenten ein, die sich als Zeitungskorrespondenten tarnen. Im Westen war das längst bekannt, während die Sowjetunion so etwas immer abgestritten hatte. Selbst die Tatsache, daß der KGB auch in Friedenszeiten geheimdienstlich tätig war, wurde erstmals im Sommer 1989 – vier Jahre nach dem Beginn der Perestroika – öffentlich zugegeben.

Zu einem späteren Zeitpunkt desselben Jahres beschloß ich, meine operative Tätigkeit für den KGB aufzugeben. Ich hatte das Gefühl, daß mir dieser Job nichts wirklich Neues mehr bieten konnte. In der Realität war die geheimdienstliche Arbeit für mich nie auch nur halb so spannend gewesen, wie es den Lesern von Spionageromanen erscheinen mag. Vielmehr empfand ich diese Tretmühle auf Dauer nur noch als aufreibend, weil man sich rund um die Uhr auf jedes noch so kleine Detail seiner Arbeit hundertprozentig konzentrieren muß, um nicht auf dem falschen Fuß erwischt zu werden. Nach zwanzig Jahren aktivem Dienst in Europa schien mir eine Fortsetzung meiner Agententätigkeit im Ausland einfach nicht mehr reizvoll genug. Zudem war ich mittlerweile so sehr in meine Tarnung als Journalist hineingewachsen, daß ich mich nun ganz dem Schreiben widmen wollte.

Als sich mir dann die Gelegenheit bot, im Hauptquartier des neu eingerichteten Pressebüros des KGB eine Stelle zu übernehmen, zögerte ich keinen Augenblick. Daß eine Geheimdienstorganisation eine e. Abteilung eingerichtet hatte, um die Anfragen sowjetischer und aus. discher Medien zu beantworten, schien zunächst ein derartiger Widerspruch in sich, daß die Funktion dieser Abteilung nicht nur von außerhalb des KGB äußerst skeptisch beurteilt wurde. Auch ich fand mich in einer höchst ungewohnten Funktion wieder. Nachdem ich jahrelang meinen wahren Beruf hatte verleugnen müssen, konnte ich nun offen zu meiner Tätigkeit stehen. Während ich in meinem neuen Büro, von dem aus ich die grimmige Statue Felix Dserschinskis sehen konnte, eine wachsende Flut von Anfragen beantwortete, fragte ich mich zum wiederholten Male, was der Gründer der Tscheka wohl von dieser Art Offenheit gehalten hätte. Wenn ich damals auch noch Zweifel daran hegte, daß die russische Geschichte an einem dramatischen Wendepunkt angelangt war, dann höchstens bis zu jener Nacht des 24. August 1991, als ich vom Fenster meines Büros aus zusehen konnte, wie ein Kran unter dem Jubel unzähliger Moskauer das Standbild des »Eisernen Felix« von seinem Granitpodest auf dem Dserschinski-Platz entfernte.

Die beiden Jahre, die ich im Pressebüro des KGB-Hauptquartiers verbrachte, bedeuteten jedoch nicht, daß ich meine geistigen Brücken zum Geheimdienst hinter mir abgebrochen hatte. Ich blieb in engem Kontakt zu meinen Freunden in der Ersten Hauptverwaltung, die ich im Laufe meiner Arbeit häufig traf. Als Teil der nun auch in den KGB vorgedrungenen Perestroika war es meine Aufgabe, dafür zu sorgen, daß der sowjetischen Öffentlichkeit einige der denkwürdigeren Geheimnisse in unseren Akten zugänglich gemacht wurden. Während meiner vielen Besuche in Jasenewo verbrachte ich zahllose Stunden mit der Durchsicht der Geheimdienstarchive nach passendem Material, mit dem ich die oft recht zweifelhafte Rolle beleuchten wollte, die unser Geheimdienst bei den düsteren Ereignissen in der Geschichte des zwanzigsten Jahrhunderts gespielt hatte. Ich arbeitete mich durch die Karteien der Registratur und wählte diejenigen Akten aus, die mir die Archivare bringen sollten. Diese hatten als einzige Zugang zu dem Archiv, wo in langen Reihen vom Boden bis zur Decke reichender Stahlschränke siebzig Jahre sowjetischer Geheimdiensttätigkeit lagerten. Die Regale waren mit grauen und braunen Pappkartons gefüllt, von denen jeder zwei oder drei Aktendeckel der weit über 300 000 hier archivierten Fälle enthielt. Nach mehreren Monaten Arbeit hatten wir dasjenige Material gesichtet, das nach operativen Gesichtspunkten ohne Beeinträchtigung unserer staatlichen Sicherheit veröffentlicht werden konnte. Mein erster Artikel beruhte auf den Akten über Rudolf Heß, und ich war mir sicher, daß er bei Historikern auf großes Interesse stoßen würde.

Dieser Artikel, den ich im Mai 1990 veröffentlichte, enthielt auch

Berichte von Kim Philby, der mit einem Dokumentarfilm des Fernsehens über diesen berühmtesten britischen Agenten im Dienst des sowjetischen Geheimdienstes zusammenfiel. Ich bezog mich dabei auf Informationen über Heß' Flug nach Schottland im Mai 1941, die Philby von seinen Kontaktleuten im britischen Außenministerium erhalten hatte. Diese Informationen warfen ein neues Licht auf die Bemühungen der Briten, die Tatsache geheimzuhalten, daß Heß es mit seiner Absicht, vor dem deutschen Angriff gegen die Sowjetunion mit Großbritannien Frieden zu schließen, wirklich ernst gemeint hatte. Meine Version der Geschehnisse erschien in *Trud*, der damals größten sowjetischen Tageszeitung. Am 13. Mai veröffentlichte dann die Londoner *Sunday Times* einen Bericht über meinen Artikel. Der skeptische Verfasser zweifelte den Wahrheitsgehalt der Informationen an, die Philby an Moskau weitergegeben hatte, und stellte nachdrücklich die Motive in Frage, die den KGB zur Herausgabe solcher Informationen bewogen hatten. Er implizierte, daß mein Artikel im *Trud* lediglich ein weiterer sowjetischer Versuch der Desinformation war.

Ich betrachtete diese Unterstellung selbst für einen Journalisten als äußerst unprofessionell, da es im Jahre 1990 höchst unwahrscheinlich geworden war, daß ein sowjetischer Geheimdienstoffizier noch seinen Namen für falsche Informationen hergab. Dennoch konnte ich meinen britischen Kollegen ihr Mißtrauen nicht verübeln. Was konnte ich auch nach Jahrzehnten des kalten Krieges anderes erwarten? Trotzdem reagierte keineswegs jeder so ablehnend auf meinen Artikel. Die Aufzeichnungen des Verhörs von Hitlers Stellvertreter durch die Briten und die Akten des britischen Geheimdienstes, die den wahren Hintergrund der Heß-Geschichte enthalten dürften, wurden offiziell noch immer geheimgehalten, und so trafen schon bald im Pressebüro des KGB Briefe ein, die sich mit dem Inhalt meines Artikels auseinandersetzten. Ein unbekannter britischer Historiker, der später Moskau einen Besuch abstattete, erklärte mir, die Meinung seiner Kollegen bezüglich der Hintergründe der Ereignisse vom Mai 1941 sei durchaus gespalten. Während die meisten zwar noch immer die offizielle britische Version vertraten, der Flug von Heß sei die Einzelaktion eines Verrückten gewesen, hielten es andere keineswegs für allzuweit hergeholt, daß Heß vom MI6 nach Großbritannien gelockt worden sein könnte, wie in Geheimberichten von Sowjetagenten wie Philby angedeutet worden war. Ohne den Zugang zu den zeitgenössischen MI6-Akten – die zu veröffentlichen die britische Regierung sich noch immer weigert – wird die endgültige historische Wahrheit über die Mission von Rudolf Heß auch weiterhin im dunkeln bleiben.

Die Reaktion auf meinen Artikel über den Flug von Heß machte mir jedoch schnell klar, daß jede Veröffentlichung von Aktenmaterial des

KGB eine umstrittene und ziemlich frustrierende Angelegenheit werden würde. Dies lag nicht nur an der generellen Skepsis des Westens gegenüber Informationen aus den Archiven des sowjetischen Geheimdienstes; viele Historiker hatten natürlich auf ihren früheren Schriften ihren Ruf als Wissenschaftler aufgebaut, und so mußte ich wohl oder übel davon ausgehen, daß sie naturgemäß neuen Theorien gegenüber – selbst dann, wenn diese auf eindeutig authentischen Dokumenten basierten – nicht sonderlich aufgeschlossen sein würden. Eine neue Beweislage ist jedoch der Prüfstein für jeden wahren Historiker, der auch bereit sein muß, frühere Fehlinterpretationen einzugestehen, wenn bislang unzugängliche Akten sich als unwiderlegbare Zeitdokumente erweisen.

Die Revision der bis dahin offiziellen Version des Falles Alexander Orlow bot eine ideale Gelegenheit, das KGB-Archiv im Interesse der historischen Wahrheit einzusetzen. Ich wußte, daß eine solche Arbeit nicht nur den Westen, sondern auch viele KGB-Veteranen zu einer Neubewertung Orlows zwingen würde. Der ehemalige NKWD-Resident und Berater der republikanischen Regierung in Spanien war in der Sowjetunion immer als Verräter eingestuft worden. Nun hatte ich jedoch herausgefunden, daß er 1938 nur wegen seiner mangelnden Loyalität Stalin gegenüber als Deserteur gebrandmarkt worden und bis zum Ende des kalten Krieges der Verachtung seiner Landsleute ausgesetzt war, weil die führenden Leute des sowjetischen Geheimdienstes sich scheuten, die Wahrheit ans Licht zu bringen. Nur eine Handvoll der höchstrangigen KGB-Offiziere durften je seine Akte einsehen, da sie äußerst sensible Informationen enthielt.

Aufgrund zweier unleugbarer Tatsachen – seiner Flucht aus Spanien im Jahre 1938 und seiner Demaskierung Stalins in den Vereinigten Staaten 1953 – hielt man Orlow lange für einen Verräter. Diese Meinung, die damals viele in der Zentrale teilten, war bald Teil der Geschichte unseres Geheimdienstes geworden, und so wurde sie ein ums andere Mal in den Korridoren und Hörsälen des KGB gedankenlos wiedergegeben. Auch ich hatte diese Ansicht gewissermaßen vererbt bekommen und stellte sie nicht in Frage, bis man mir drei Monate nach der Veröffentlichung meines Artikels über Heß die Akte Orlow zeigte und mir vorschlug, sie zum Thema meines zweiten Artikels über historische KGB-Akten zu machen. Nachdem ich die Fakten des Falles verdaut hatte, wurde mir schnell klar, daß Orlow weder ein Verräter noch ein Überläufer im eigentlichen Wortsinn gewesen war. Statt dessen muß man ihn als Flüchtling vor Stalins Terror bezeichnen – eine Tatsache, die ich in seiner Akte aus jener Zeit bestätigt fand, die bezeichnenderweise unter dem Codenamen FLÜCHTLING angelegt war. Selbst diejenigen, die 1938 mit seinem Fall befaßt gewesen waren,

13

hatten für ihn den Ausdruck *njewoswraschtschenjez* (»Nicht-Rückkehrer«) benutzt – eine überraschend zurückhaltende Bezeichnung in einer Zeit, als im Zuge von Stalins brutalen Säuberungen im NKWD massenhaft sowjetische Geheimdienstoffiziere in die Heimat zurückbeordert, des Hochverrats angeklagt und erschossen wurden. Der Grund für diese Zurückhaltung in bezug auf Orlow wurde mir klar, als ich mich intensiver mit seinem Dossier befaßte: Er war für die Anwerbung Philbys und anderer Mitglieder der sogenannten Gruppe von Cambridge verantwortlich gewesen und hatte diese und andere Agenten, mit denen er zusammengearbeitet hatte, in den Jahren seines amerikanischen Exils niemals verraten. Einige von ihnen hatten sogar noch bis in die sechziger Jahre hinein dem KGB wertvolle Dienste geleistet.

Diese Tatsache war der beste Beweis für Orlows Loyalität, und sie erklärt auch, warum diejenigen, die zum Zeitpunkt seiner Flucht aus Spanien alle Fakten kannten, ihn nie als Verräter betrachteten. Auch wenn schwer nachvollziehbar ist, was in den Köpfen derer vorging, die vor mehr als einem halben Jahrhundert unter Stalins wahnhafter Tyrannei zu leben und zu leiden hatten, scheint es doch, als sei sogar der Diktator selbst zu dem Schluß gelangt, sich auf die Verschwiegenheit des geflohenen Generals verlassen zu können, nachdem Orlow dem damaligen NKWD-Chef Nikolai Iwanowitsch Jeschow einen außergewöhnlichen Brief geschrieben hatte. Auch die Tatsache, daß die beabsichtigte Jagd auf Orlow auf Anweisung des Zentralkomitees – und somit auf persönlichen Befehl Stalins – abgeblasen wurde, bevor sie richtig begonnen hatte, deutet darauf hin, daß Orlows Angebot stillschweigend akzeptiert worden war: Der General hatte sich verpflichtet, sein Wissen für sich zu behalten, solange man ihn und seine Verwandten in Rußland in Ruhe ließe.

Kurze Zeit, nachdem mir die Bedeutung von Orlows Brief an Jeschow klargeworden war, fand ich auf meinem Schreibtisch in der Lubjanka einen Brief aus New York vor. John Costello, ein britischer Historiker und Schriftsteller, bat um Kopien der Heß-Dokumente, die ich in meinem Artikel für *Trud* zitiert hatte. Obwohl auch er ihre Glaubwürdigkeit anzweifelte, da er sich nicht erklären konnte, auf welcher Grundlage Philby – der damals weder selbst im Außenministerium arbeitete noch sich zu dieser Zeit überhaupt in London aufhielt – über das geheime Verhör von Hitlers Stellvertreter Bericht erstatten konnte, war er der Sache nachgegangen und dabei auf einige Ungereimtheiten in der offiziellen britischen Version gestoßen. Und was noch wichtiger war: Costello erklärte in seinem Brief, er habe kurz davor auf der Grundlage des *Freedom-of-Information*-Gesetzes einen Report des US-Militärattachés in London vom Oktober 1941 einsehen können, in dem ein Bericht von Churchills Geheimdienst-Berater Major Desmond

Morton über Rudolf Heß wiedergegeben wurde, der über den sowjetischen Kanal nach Moskau gelangt war.

Costello schien unabhängig von mir in Amerika auf Dokumente gestoßen zu sein, die einige in meinem Artikel angeführten Punkte bestätigten. Ich setzte daraufhin Leonid Wladimirowitsch Schebarschin, der als Leiter der Ersten Hauptverwaltung für die Herausgabe von Dokumenten verantwortlich war, über Costellos Brief und seine Bitte in Kenntnis. Dabei fügte ich hinzu, daß es eigentlich keine grundsätzlichen Einwände dagegen geben dürfte, die als *sprawki* bezeichneten paraphrasierten Kabeldepeschen Philbys vom Mai 1941 zu veröffentlichen, in denen der Sowjetagent seinen Informanten im britischen Außenministerium beim Namen nennt. Auch sah ich keinen vernünftigen Grund, die anderen wichtigen Berichte über Heß geheimzuhalten, die dem sowjetischen Geheimdienst von Oberst Frantisek Moravetz (Moravic) zugegangen waren, der ohne Wissen der Briten während des ganzen Zweiten Weltkriegs die Informationen vom MI6, die er als Chef des tschechischen militärischen Geheimdienstes in London erhielt, an den sowjetischen Residenten in London weitergeleitet hatte. Da ich die fraglichen Dokumente in meinem *Trud*-Artikel bereits zitiert hatte, waren sie ohnehin schon bekannt. So hatte Schebarschin auch keine Einwände dagegen, Costello Fotokopien dieser Papiere zukommen zu lassen. Im November leiteten wir dann die betreffenden Kopien über Diplomatenpost an die sowjetische Mission bei den Vereinten Nationen in New York weiter. Später erfuhr ich, daß Costello bei Erhalt der Sendung fast so erstaunt gewesen sein soll wie die Experten in Washington, an die er sich sogleich wandte. Sie kamen zu dem Schluß, daß die Dokumente mit an Sicherheit grenzender Wahrscheinlichkeit echt – und somit die ersten ursprünglich geheimen Dokumente aus der Ersten Hauptverwaltung des KGB überhaupt waren, die jemals einem westlichen Historiker von den Sowjets zur Verfügung gestellt worden waren.

Während Costello sich der Bedeutung dieses Glücksfalls wohl noch nicht so recht bewußt war, gab ich meinem Artikel über die wahre Geschichte des Alexander Orlow den letzten Schliff. Er wurde schließlich anläßlich des 70. Jahrestages der Gründung des sowjetischen Geheimdienstes am 20. Dezember·1990 in zwei Teilen im *Trud* veröffentlicht. Am selben Tag stattete ich Schebarschin in seinem Büro am Dserschinski-Platz Nr. 2 einen Höflichkeitsbesuch ab, bevor ich zu einem Treffen mit Geheimdienstoffizieren und Veteranen fuhr, das zur Feier des Jahrestags im KGB-Klub stattfand. Ich zeigte Schebarschin die neueste Ausgabe des *Trud*, doch er winkte nur ab.

»Hab' ich längst gelesen. Warum schreiben Sie kein Buch?« brummte mein Vorgesetzter.

»Sie meinen – ein Buch über Orlow?« fragte ich völlig verunsichert.

War das etwa sein Ernst? Ich bezweifelte es, denn er hatte von dem Papierkram auf seinem Schreibtisch, der ihn offenbar sehr in Anspruch nahm, nur kurz zu mir hochgesehen. Um so größer war mein Erstaunen, als Schebarschin mit einem entschlossenen »Ja!« antwortete.

»Aber in den Akten, die ich bisher gesehen habe, ist gar nicht genug Material für ein Buch«, murmelte ich.

»Da kann Alexander Petrowitsch sicher für Abhilfe sorgen«, entgegnete er, als würde sich der Direktor des Archivs ganz selbstverständlich persönlich eines so relativ unbedeutenden Verwaltungsaktes annehmen. Dann gratulierte er mir zu meinem Artikel und wandte sich wieder seinen Papieren zu.

Als ich wenige Tage später bereits über den Recherchen zu meinem nächsten Artikel saß, in dem ich mich mit der Berliner Gruppe des sowjetischen Spionagenetzes im Zweiten Weltkrieg befassen wollte, die von der Gestapo als Rote Kapelle bezeichnet wurde, teilte mir Alexander Petrowitsch telefonisch mit, ich könne jetzt kommen und zusätzliches Material über Orlow einsehen. Diesmal legte er mir sieben weitere dicke Aktenbände vor, die Orlows Zeit als Leiter der illegalen NKWD-Residentur in Paris und London abdeckten. Das Material war faszinierend und bis dato absolut unbekannt. Ich bat darum, diese Akten per Kurier in mein Büro in der Lubjanka zu schicken. (Ein solcher Transfer von Dokumenten war damals noch möglich; seit August 1991 jedoch sind zum Schutz der Akten striktere Sicherheitsbestimmungen in Kraft, denen zufolge keinerlei Material mehr aus den Archiven des Geheimdienstes entnommen werden darf.)

Ich stellte sofort jede andere Arbeit zurück und vergrub mich tagelang in Hunderten von Seiten mit faszinierendem neuem Material. Dabei entdeckte ich, daß in diesen Akten neben vielen anderen Dokumenten auch Orlows Korrespondenz von der illegalen Londoner Residentur enthalten war, die er vom Sommer 1934 bis zum Herbst 1935 geleitet hatte. In seiner eigenen Handschrift las ich Einzelheiten seiner Pläne für Philby, Maclean und Burgess. Sie waren alle unter seiner Regie von Arnold Deutsch und Ignati Reif (nicht zu verwechseln mit dem bekannteren Ignaz Reiss) angeworben worden. Reif war ein verdeckt in London arbeitender Offizier des sowjetischen Geheimdienstes, über dessen Rolle beim Aufbau der Gruppen von Cambridge bis dahin nichts bekannt war. Nachdem das Innenministerium Reifs Ausreise aus Großbritannien erzwungen hatte, hatte Orlow persönlich die Führung der Gründungsmitglieder des Spionagenetzes von Cambridge übernommen, das in den zeitgenössischen KGB-Akten als »Gruppe« bezeichnet wurde. Die Akten enthüllten die letzten Geheimnisse über die Entstehung und die frühen Erfolge einer der faszinierendsten geheimdienstlichen Operationen des zwanzigsten Jahrhunderts.

Mein erstes Treffen mit John Costello fand im Januar 1991 statt, als er nach Moskau kam, um das Heß-Dossier persönlich in Augenschein zu nehmen. Im Verlauf zweitägiger Gespräche zeigte ich ihm die Akten Heß und Moravetz und übersetzte für ihn viele der Dokumente. Ich faßte für ihn auch die Hauptpunkte meiner Artikel über Orlow vom Dezember zusammen und erwähnte meine Recherchen in den Akten der Roten Kapelle. Als er mich nach meinem nächsten Projekt fragte, erklärte ich ihm, man habe mich gebeten, ein Buch über Orlow zu schreiben, für das ich auch Einblick in die Dokumente über Orlows Verhöre durch CIA und FBI, nachdem er nach 15jährigem Versteckspiel wieder aufgetaucht war, benötigen würde. Costello bot mir dabei seine Hilfe an, erklärte mir den Inhalt des *Freedom-of-Information*-Gesetzes und gab mir Tips, wie man Einsicht in amerikanische Dokumente beantragt.

Unsere ersten Treffen fanden am Freitag und Samstag des ersten Wochenendes im Januar 1991 statt, und Costello mußte am Montag nachmittag wieder abreisen. Am frühen Montagmorgen jedoch rief er mich in meinem Büro an und sagte, er würde gerne noch einmal ins Lubjanka-Hauptquartier kommen, um etwas sehr Dringliches mit mir zu besprechen. Als wir uns trafen, erklärte er mir, er habe fast den ganzen Sonntag über die Orlow-Geschichte nachgedacht. Er fand sie so faszinierend, daß er vorschlug, wir sollten uns zusammentun, um Orlows Lebensgeschichte für ein westliches Publikum zu Papier zu bringen. Das ungewöhnliche Gespann aus einem aktiven KGB-Offizier und einem unabhängigen westlichen Historiker war eine äußerst pragmatische Allianz und vor allem im Hinblick auf die angestrebte Objektivität und Ausgewogenheit des Buches sehr attraktiv. Ich erklärte ihm, ich müßte erst das Einverständnis meiner Vorgesetzten einholen.

Dann unterbreitete ich Costellos Vorschlag dem Geheimdienstchef und anschließend dem KGB-Vorsitzenden Wladimir Alexandrowitsch Krjutschkow. Er und Schebarschin reagierten positiv, und so erhielt ich schon am 16. Januar freie Hand für unser gemeinsames Buchprojekt. In dieser Woche kam Costello ein weiteres Mal nach Moskau, nachdem ich ihm die Erlaubnis besorgt hatte, einen kurzen Videofilm von der Akte »Schwarze Bertha« anzulegen, die nach Rudolf Heß' angeblichen Spitznamen in den Homosexuellenkreisen von Berlin und München benannt war. Costello war sehr erpicht darauf, die relevanten sowjetischen Dokumente in sein nächstes Buch *Ten Days to Destiny* aufzunehmen, und bat mich, ihm dabei zu helfen; ich sollte vor laufender Kamera den Inhalt der Akten und den Grund dafür erklären, warum der KGB beschlossen hatte, ihm das Material zu überlassen. Da der Golfkrieg kurz bevorstand und es angesichts des hektischen diplomatischen Treibens zwischen Moskau und Bagdad nicht ganz einfach war, ein Kamerateam vom Fernsehen aufzutreiben, blieb uns wenig Zeit, das Orlow-Projekt zu besprechen.

Wir kamen jedoch überein zu versuchen, bis zur Veröffentlichung von *Ten Days to Destiny* drei Monate später ein Probekapitel des Orlow-Buches fertigzustellen. Angesichts der Kontroversen, die das KGB-Material über Heß aller Voraussicht nach auslösen würde, erhielt ich die Erlaubnis, in den Westen zu reisen, um die Bedeutung der Akten zu erläutern. Dabei sollte ich auch Gelegenheit haben, interessierte Verleger zu treffen und die neue Einstellung des KGB zur Geschichte zu erklären, die sich unter anderem auch in der Bereitschaft zur Veröffentlichung gewisser Dokumente äußerte, um Licht ins Dunkel wichtiger Spionageoperationen zu bringen. Zwar weigerte sich die britische Regierung, mir ein Visum zu erteilen, doch dafür konnte ich später in die Vereinigten Staaten reisen, wo mir ehemalige Mitglieder der amerikanischen Geheimdienste einen außergewöhnlich herzlichen Empfang bereiteten. Meine Behauptung, Orlow habe sie alle an der Nase herumgeführt, verblüffte sie derart, daß sie anboten, uns bei unserem Projekt behilflich zu sein. Inmitten einer hektischen, mit Presse- und Fernsehinterviews angefüllten Woche trafen Costello und ich mit Vertretern des Verlagshauses Crown zusammen, dessen Vizepräsident James Wade sich sofort für das Projekt begeisterte. Crown bot gewissermaßen den passenden Rahmen für unser Buch, da die Muttergesellschaft des Verlags, Random House, im Jahre 1953 Orlows sensationelle Memoiren *Stalin's Secret Crimes* veröffentlicht hatte.

Nur einen Monat später, nachdem ich vor dem National Intelligence Study Center in Washington über die Veränderungen im KGB gesprochen hatte, informierte ich in Moskau die westliche Presse. Währenddessen erlebte die Sowjetunion einen weit dramatischeren Wandel, als jemals irgend jemand vorherzusagen gewagt hätte. Nach dem Putsch gegen Präsident Gorbatschow im August überstürzten sich die politischen Ereignisse. Der KGB-Vorsitzende Krjutschkow wurde verhaftet, doch weder sein Schicksal noch die Umstrukturierung des KGB beeinflußten meine von ihm autorisierte Zusammenarbeit mit Costello in der Sache Orlow. Der Zerfall der UdSSR und die Konstituierung der Russischen Republik unter Boris Jelzin hatte jedoch das Auseinanderbrechen des 75 Jahre alten Staatssicherheitsapparats zur Folge. Die Erste Hauptverwaltung wurde aus dem KGB herausgelöst und unter ihrem neuen Direktor Jewgeni Primakow in den Russischen Geheimdienst umgewandelt.

Als einer der ehemaligen KGB-Geheimdienstoffiziere, die im russischen Geheimdienst blieben, zog ich in dessen neugegründetes Pressebüro um. Mein Büro befindet sich nun in einem um die Jahrhundertwende gebauten stattlichen Gebäude – der einstigen Luxusresidenz des früheren NKWD-Vorsitzenden Viktor Semjonowitsch Abakumow – in einer mit viel Grün bestandenen Moskauer Seitenstraße, weit entfernt vom Gewimmel des ehemaligen KGB-Hauptquartiers am Lubjanka-Platz. Dennoch kam ich im Mai 1992 im Verlauf meiner immer umfangreicher werdenden Recherchen zum Orlow-Buch zu dem Schluß, daß ich für meine Schreibarbeit mehr Zeit benötigte. Meine Nachforschungen umfaßten mittlerweile Dutzende von Aktenordnern. Unter den strengen neuen Sicherheitsbestimmungen konnte ich diese nicht mehr aus dem Archiv mitnehmen, weshalb ich zur Überprüfung von Dokumenten häufig ins Hauptquartier in Jasenewo fahren mußte. Das für dieses Projekt erforderliche Engagement konnte ich jedoch unmöglich in meiner Freizeit aufbringen. Aus diesem Grund entschied ich mich für eine vorzeitige Beendigung meines regulären Dienstverhältnisses, hatte jedoch auch weiterhin Zugang zum Geheimdienst, um das vorliegende Buch abschließen zu können.

Wie der aufmerksame und gut informierte Leser schon anhand der Quellenangaben schnell feststellen wird, ist dieses Buch das Ergebnis vielmonatiger aufwendiger Recherchen in den noch immer geheimen Akten der Geheimdienste zu beiden Seiten des einstigen Eisernen Vorhangs. Neben den sieben Bänden von Orlows Personalakte ging ich mit der unschätzbaren Unterstützung der Mitarbeiter des Archivs des russischen Geheimdienstes Hunderte anderer Akten durch, von denen keineswegs alle auf den ersten Blick eine Verbindung zur Arbeit unseres Protagonisten erkennen ließen.

Die Tatsache, daß meine Arbeit an diesem Buch sich derart umfangreich gestaltete, erinnerte mich immer wieder unwillkürlich an das ungeheure Ausmaß von Orlows Wissen und seiner Beteiligung an Operationen des sowjetischen Geheimdienstes. Meine mittlerweile sehr tiefgehenden Recherchen förderten gegenüber meinen Artikeln im *Trud* über Orlow auch einige Diskrepanzen in bezug auf bestimmte Daten und Fakten zutage. Ursprünglich hatte ich nur zu drei Akten Zugang gehabt, doch entgegen meines ersten Eindrucks mußte ich bald erkennen, daß keine einzige Einzelakte die vollständige Geschichte eines Agenten enthält. Besonders eindringlich wurde mir dies in bezug auf die Anfänge von Philbys Karriere und Orlows Operationen in Spanien vor Augen geführt. Eine einzelne Akte herauszugreifen und – wie ich es bei der Arbeit an meinen Zeitungsartikeln getan hatte – darauf zu vertrauen, daß sie alle für die Beschreibung eines Falles erforderlichen Informationen enthielt, war, wie mir heute klar ist, ein schwerer Fehler.

Der Grund dafür ist, daß Akten eines Geheimdienstes nicht als »Archive« im traditionellen historiographischen Sinne des Wortes anzusehen sind. Für Gelehrte, die an die penible Ordnung der diplomatischen Akten im Londoner Public Records Office oder im Washingtoner Nationalarchiv gewöhnt sind, würden sie eine große Herausforderung darstellen, denn es handelt sich bei ihnen lediglich um Sammlungen operativer Dokumente, die den praktischen Erfordernissen der Führung von Agenten zu dienen hatten. Einige der in den Akten enthaltenen Berichte sind nicht einmal in chronologischer Reihenfolge abgeheftet, während andere herausgenommen und in eine andere auf die betreffende Operation bezogene Akte eingeordnet wurden – oder sogar irgendwo zum Vorschein kamen, wo sie absolut nicht hingehörten. Somit erfordert es schon sehr viel Glück, um in den Papieren eine Spur bis zum Ende verfolgen zu können, ohne Stunden oder gar Tage mit der Durchsicht irrelevanten Materials zu vergeuden.

Viele von Orlows Berichten sind entweder gar nicht oder – was noch viel schlimmer ist – falsch datiert. Feststellen zu müssen, daß dies für die Akten des sowjetischen Geheimdienstes der dreißiger Jahre typisch ist, war für mich schon ziemlich frustrierend. Damals wurden offenbar die von einer Residentur eintreffenden Berichte je nach der Thematik der in ihnen enthaltenen Informationen in verschiedene Teile zerschnitten. Jeder Abschnitt wurde dann in die Akte des betreffenden Agenten geheftet, ohne daß durch Nennung eines Datums oder des jeweiligen Gegenstands der Information ein Querverweis hinzugefügt worden wäre. Dahinter steckte natürlich kein ausgeklügeltes System, sondern lediglich bürokratische Schlamperei. Die sowjetischen Geheimdienstoffiziere jener Zeit wären nicht einmal im Traum auf die Idee gekommen, daß ihre Akten eines Tages als historische Quellen genutzt werden könnten, da sie nicht ahnen konnten, daß jemals die Geschichte ihrer Institution geschrieben werden würde. Die damaligen Akten dienten nur rein praktischen Zwecken. Über einige der sensibelsten Operationen – etwa die Aktionen politischen Terrors in der Stalinzeit – wurden Akten gar nicht erst angelegt, um nach Durchführung des jeweiligen Attentats keine Spuren zu hinterlassen. Dies war, wie ich herausfand, auch der Fall, als Orlow die kompromittierende Verhaftung und Entführung von Andrés Nin organisierte. Ich konnte deshalb die Abfolge der Ereignisse, die im Sommer 1937 zu der auf Anweisung Orlows durchgeführten Ermordung des spanischen Marxistenführers führten, erst nachvollziehen, nachdem ich einen Zusammenhang zwischen drei Dokumenten hergestellt hatte, die auf den ersten Blick nichts miteinander zu tun hatten, in ihrer Gesamtheit aber ein durchaus schlüssiges Bild ergaben.

Der russische Geheimdienst beschloß, bei der Darstellung von Orlows Geschichte der auch bei CIA und FBI gängigen Praxis zu folgen und keine Namen von Agenten preiszugeben, die noch am Leben sein könnten und noch nicht enttarnt worden sind. Wo immer dies der Fall war, durfte ich nur ihre Deck- oder Codenamen nennen. (Auch in den Vereinigten Staaten gilt für operative Informationen dieser Art das auf FBI- und CIA-Berichte gemünzte *Freedom-of-Information*-Gesetz nicht, so daß der russische Geheimdienst zum Schutz seiner Informanten nicht mehr und nicht weniger tut als vergleichbare westliche Dienste.) Wenn einige von ihnen entweder aufgrund eines allzu durchsichtigen Codenamens oder anhand von Informationen aus anderen Quellen dennoch in diesem Buch identifiziert werden konnten, so ist dafür einzig und allein mein Mitautor verantwortlich. Aus einem etwas anderen Grund sind im Appendix von Orlows Brief an den Chef des NKWD vom Juli 1938, in dem Orlow alle von ihm durchgeführten oder ihm bekannten Operationen auflistet, bestimmte Namen getilgt. Viele beziehen sich auf Operationen, die erst noch gründlich erforscht werden müssen und deshalb in diesem Buch weggelassen werden mußten, um niemanden zu voreiligen und womöglich unzutreffenden Schlußfolgerungen zu verleiten. Auf die Freigabe dieser Einzelheiten zu warten, die für Orlows Geschichte ohnehin von eher untergeordneter Bedeutung sind, hätte die Herausgabe dieses Buches für eine gänzlich unkalkulierbare Zeitspanne verzögert – was, wie wir meinen, weder gegenüber dem Leser noch gegenüber dieser einzigartigen Zusammenarbeit im Interesse der historischen Wahrheit fair gewesen wäre. Sobald diese Daten zur Verfügung stehen, können sie ja problemlos in spätere Auflagen des vorliegenden Buches aufgenommen werden.

Doch obwohl auch wir nicht alle offenen Fragen beantworten können, haben wir mit diesem Projekt unzweifelhaft ein völlig neues Kapitel in der Geschichte der historischen Aufarbeitung geheimdienstlicher Tätigkeit aufgeschlagen. Da wir in der glücklichen Lage waren, den Krieg der Geheimdienste mit Hilfe von Dokumenten von beiden Seiten der ehemaligen Front beleuchten zu können, konnten wir die klassische Karriere eines sowjetischen Top-Agenten mit einer Vollständigkeit darstellen, die bislang ihresgleichen sucht. Ich garantiere persönlich dafür, daß in dieser ersten derartigen Veröffentlichung dokumentarischen Materials aus den Archiven den russischen Geheimdienstes alle den historischen Akten entnommenen Informationen entsprechend dem Geist und dem Wortlaut dieser Dokumente wiedergegeben sind. Überall dort, wo wir uns aus operativen Erwägungen heraus entschließen mußten, Namen oder Daten geheimzuhalten, habe ich dies vermerkt.

Auch wenn die Arbeit an diesem Buch meinem Mitautor und mir viel abverlangt hat, möchte ich die damit verbundenen Erfahrungen doch nicht missen. Als ehemaliger Geheimdienstoffizier, der daran gewöhnt ist, nur absolut zuverlässigen Personen die Einzelheiten seiner Tätigkeit anzuvertrauen, habe ich meinen Teil des Manuskripts von meiner Tochter Xenia aus dem Russischen ins Englische übertragen lassen. Immer, wenn sie mit der Übersetzung eines neuen Kapitels fertig war, fragte sie mich gespannt: »Und was kommt als nächstes, Vater?«

Ich hoffe, die Leser werden die Entdeckung eines kleinen, aber ungemein faszinierenden Ausschnitts aus der ehemals geheimen Geschichte unseres Landes ähnlich fesselnd finden wie diese Vertreterin der jüngeren Generation Rußlands.

Oleg Zarew
Moskau, Februar 1993

KAPITEL 1

Menschen wie wir hassen den KGB

Am Freitagmorgen, dem 14. November 1969, stieg am Bahnhof von Ann Arbor ein untersetzter Mann mittleren Alters aus dem Zug, der von Chicago gekommen war. Mit einem Taxi ließ er sich zur Kreuzung State Street/South University Street fahren, wo er sich unter die Studenten mischte, die auf dem weitläufigen Gelände der University of Michigan zu ihren Vorlesungen und Seminaren eilten. Unbarmherzig fegte der eisige Nordwestwind, der nach dem außergewöhnlich frühen Schneesturm des Vortages noch immer vereinzelte Schneegestöber mit sich führte, durch die kahlen Zweige der Bäume auf dem Gehweg vor der Lorch Hall. Durch eine gläserne Drehtür betrat der Fremde das sechsstöckige Gebäude der wirtschaftswissenschaftlichen Fakultät. Niemand beachtete den leicht untersetzten Mann, dessen Anzug etwas zu modisch geschnitten war, als daß man ihn für einen Studenten oder ein Mitglied des Lehrkörpers hätte halten können. Er blieb vor dem Anschlagbrett stehen, auf dem der Zeitplan der Lehrveranstaltungen des laufenden Tages aushing, überprüfte sorgfältig die Liste mit den entsprechenden Namen und Räumlichkeiten und bog dann in den Korridor des Erdgeschosses ein.[1]

In einem der Hörsäle sprach ein älterer Dozent mit unüberhörbarem ausländischen Akzent zu seinen Studenten. Obwohl er mittlerweile stark gealtert war, konnte ihn sein Besucher, der sein Gesicht anhand von Fotos aus einer dreißig Jahre alten Akte genau studiert hatte, sofort erkennen. Der Dozent war in der Akte wie folgt beschrieben: »Mittelgroß, athletischer Körperbau, leicht gebogene Nase, Ansatz zur Glatze, graumeliertes Haar. Trägt einen kurzen Oberlippenbart, ebenfalls grau. Gesichtszüge markant, Umgangsformen sehr resolut. Gang, Gestik und Diktion lebhaft; graue ruhige Augen. Spricht hervorragend Englisch mit amerikanischem Akzent. Beherrscht Deutsch mehr oder weniger fließend und kann sich auch auf französisch und spanisch verständigen.«[2] Der Schnurrbart des Dozenten war schon lange abrasiert, sein Kopf beinahe kahl, und sein amerikanischer Akzent trat mittlerweile noch deutlicher hervor. Auch an seinem athletischen Körper waren die Jahre nicht spurlos vorübergegangen; der Mann am Pult hatte längst die gebeugte Haltung eines Akademikers angenommen. Trotz allem zweifelte der Fremde keinen Augenblick daran, wen er vor sich hatte. Mit Genugtuung schloß er leise die Tür und warf einen Blick auf seine Armbanduhr. Bis zum Ende der Vorlesung blieben ihm noch fünfzehn Minuten; danach wollte er sich dem Dozenten vorstellen. Er hatte eine lange Fahrt in einem kalten Zug hinter sich und suchte nun im Korridor nach einer Toilette.

Als der Fremde im dunkelgrauen Mantel keine zehn Minuten später jedoch zum Hörsaal zurückkam, hatte sich dieser bereits geleert. Still verfluchte sich der Fremde dafür, daß er seinem natürlichen Bedürfnis nachgegeben und darüber die ideale Gelegenheit verpaßt hatte, unauffällig Kontakt zu dem Mann aufzunehmen, den zu finden er um die halbe Welt gereist war. Obwohl ihm Adresse und Telefonnummer des Dozenten bekannt waren, entschied der äußerst sorgfältig und methodisch vorgehende Mann, daß es – da er doch ohnehin schon an der Universität war – nicht schaden konnte, die betreffenden Daten noch einmal auf ihre Richtigkeit zu überprüfen. Geübt in der Kunst, seine Erkundigungen diskret einzuziehen, beschloß er, sich die gewünschten Informationen vorsichtshalber nicht im wirtschaftswissenschaftlichen Fachbereich zu beschaffen, sondern in der angrenzenden physikalischen Fakultät, wo kaum jemand Verdacht schöpfen würde. Dort gab man ihm eine Liste aller ordentlichen Professoren und Gastdozenten in Ann Arbor. Er fand Alexander Orlows Namen in der Liste der juristischen Fakultät als einen der wenigen, die mit keinem akademischen Grad versehen waren.

Nach dem Stadtplan lag die Wohnung des Dozenten – Apartment 703 in der Maynard Street 400 – nur zwei Häuserblocks entfernt. Es schlug gerade Mittag, als der Besucher sich auf den Weg machte, und bald erreichte er den elfstöckigen Wohnblock in der Maynard Street – einen wenig einladenden Betonklotz, der Gastdozenten und Studenten im höheren Semester einen eher bescheidenen Komfort bot.

Als er sich langsam dem überdachten Eingang näherte, mußte der Fremde feststellen, daß am Pult hinter dem Haupteingang ein Pförtner von mächtiger Statur saß. Da der Erfolg seiner Mission in Frage gestanden hätte, falls sein Kommen angekündigt worden wäre, verdrückte sich der Mann im grauen Mantel erst einmal durch die nächste Tür in einen Schreibwarenladen. Hinter einem strategisch günstig plazierten Ständer mit Grußkarten, von wo aus er den Eingang des Wohnblocks gut im Blick hatte, wartete er auf eine günstige Gelegenheit, sich Eintritt ins Haus zu verschaffen.

Als er drei Schuljungen von der gegenüberliegenden Straßenseite aus die William Street überqueren sah, verließ er langsam den Laden. Seine Chance war gekommen, als auf dem Gehsteig eine junge Katze auf ihn zulief. Er nahm sie auf den Arm und wandte sich an die Jungen, als diese gerade den Eingang zum Maynard-Haus erreicht hatten. »Gehört die Katze vielleicht euch?« Einer von ihnen bejahte seine Frage, und so gab er ihm das Kätzchen mit dem freundlichen Rat, es nicht zu sehr herumstreunen zu lassen. Als sie ihm höflich die Tür aufhielten, wechselte er das Thema. Nach fünf Jahren in den Vereinigten Staaten wußte er, daß man in diesem Land praktisch mit jedem mühelos ein Gespräch über Baseball – Amerikas beliebteste Sportart – anknüpfen konnte. Als sie durch die Vorhalle auf die Aufzüge zusteuerten, waren sie bereits in ein so lebhaftes Gespräch über die World Series der laufenden Saison vertieft, daß der stämmige Pförtner annehmen mußte, der Mann gehöre zu den Jungen. So fiel es ihm auch nicht weiter auf, daß der Mann sich die Namen auf den Briefkästen im Flur genau ansah, während die Jungen auf den Aufzug warteten.

Im Aufzug drückte einer der Jungen den Knopf vom siebten Stock. Dies veranlaßte den Mann, die Acht zu drücken, um sich den Anschein zu geben, daß auch er im Hause wohne. Er verabschiedete sich von den Jungen, fuhr dann ganz nach oben und anschließend wieder in den siebten Stock hinunter. Wenige Augenblicke später stand er vor der Tür des Apartments Nr. 703 – der Wohnungstür des Mannes, den er fünf Jahre lang gesucht hatte.

Leise klopfte der Besucher an die Tür, bevor er zur Seite aus dem Blickwinkel des Spions trat. Seine Vorsichtsmaßnahmen erschienen ihm durchaus gerechtfertigt, als er hörte, wie gleich drei Riegel zurückgeschoben wurden. Die Bewohner waren offenbar äußerst mißtrauisch. Langsam öffnete sich die Tür, bis sie von einer schweren Sicherheitskette festgehalten wurde. Im schmalen Türspalt sah der Besucher die leicht gekrümmte Nase und die hellgrauen Augen des älteren Mannes, den er bei der Vorlesung gesehen hatte.

»Kann ich Mr. Orlow sprechen?« fragte der Mann höflich.

Den Wohnungsinhaber schien die Frage sichtlich zu irritieren. »Wer sind Sie?« fragte er.

»Mein Name ist Feoktistow, Michail Alexandrowitsch«, stellte sich der Besucher vor. »Darf ich eintreten? Ich habe einen Brief für Sie von einem alten Freund.«

Zögernd klinkte der ältere Herr die schwere Türkette aus. Bevor er sich's versah, trat der Fremde blitzschnell in den kleinen Flur, so daß seinem widerwilligen Gastgeber nichts anderes übrig blieb, als ins Wohnzimmer auszuweichen. Der Fremde erklärte, er habe eine Nachricht von Nikolai Prokopjuk, einem alten Bekannten aus Barcelona.[3] Er zog den Brief aus seiner Manteltasche und überreichte ihn dem alten Mann, der jedoch abstritt, jemanden mit diesem Namen zu kennen. Es handle sich offenbar um einen Irrtum, erklärte er und wollte gerade den Brief ungeöffnet zurückgeben, da platzte eine Frau ins Zimmer. Ihr zu einem dichten Knoten zusammengebundenes graues Haar betonte den feindseligen Ausdruck in ihrem hageren Gesicht noch mehr.

»Wer sind Sie?« zischte die Frau. Als Feoktistow sich als Russe zu erkennen gab, der ihrem Mann einen Brief von einem alten Bekannten überbringen wollte, verlor sie vollends die Fassung.

»Beruhigen Sie sich doch«, beschwor Feoktistow sie und griff in die Innentasche seines Mantels, um sich mit seinem Paß auszuweisen.

Die hagere Frau erstarrte vor Schreck; sie befürchtete offenbar, der Fremde könnte eine Pistole herausziehen. Sie entspannte sich auch nicht, als der Besucher ihr seinen grünen Diplomatenpaß präsentierte, der mit seinen goldgeprägten Symbolen von Hammer und Sichel seinen Besitzer als Mitglied der sowjetischen Delegation bei den Vereinten Nationen in New York auswies.

»Sascha, der Kerl ist ein KGB-Agent; er will uns töten!« schrie sie auf russisch mit haßerfüllten Augen und vor Angst zitternder Stimme. Mit einem gellenden Schrei stürzte sie aus dem Zimmer, kam aber schon wenige Augenblicke später mit gezückter Pistole zurück. Ihre Hand zitterte, doch der Zeigefinger krümmte sich bedrohlich um den Abzug. »Ich werde Sie erschießen«, schrie Maria wutentbrannt und zugleich voller Entsetzen. »Sascha, gib den Brief zurück, er ist vergiftet!«[4]

Um ihre Bedenken zu zerstreuen, nahm Feoktistow dem alten Mann den Brief ab und öffnete ihn. Heftig rieb er Umschlag und Inhalt zwischen den Handflächen, um sich anschließend beide Hände abzulecken. »Wenn der Brief vergiftet wäre, hätte ich das wohl kaum getan«, meinte er dann.

Zwanzig Jahre später konnte sich der ehemalige KGB-Agent ein Lächeln nicht verkneifen, als er sich diese melodramatische Situation ins Gedächtnis zurückrief, bei der er in einer Wohnung in Ann Arbor in den Lauf einer geladenen Pistole geblickt hatte. Das Gespräch mit ihm fand in seiner Moskauer Wohnung statt – acht Monate nachdem der monolithische KGB in der Folge des gescheiterten Putsches vom August 1991 aufgelöst worden war. Der silberhaarige sowjetische Geheimdienstoffizier im Ruhestand wollte ursprünglich nicht darüber reden, wie es ihm gelungen war, Maria Orlowa und ihren Mann Alexander – den ranghöchsten, jemals aus dem sowjetischen Geheimdienst desertierten Offizier – in den Vereinigten Staaten aufzuspüren. Erst nach wiederholten Versicherungen, daß der Koautor Oleg Zarew das Orlow-Dossier bereits eingesehen und die ausdrückliche Erlaubnis eingeholt hatte, mit ihm über den Fall zu sprechen, erklärte er sich einverstanden, von dem Treffen zu erzählen.

Feoktistow gab an, sich 1964 zunächst aus den Seiten jener streng geheimen KGB-Akte über den Fall Orlow informiert zu haben, bevor er schließlich die umfangreiche Operation einleitete, die ihn fünf Jahre später in die Wohnung in Ann Arbor führte. Weder die KGB-Akte noch die Verhaltensregeln seines Berufsstandes, so Feoktistow, hätten ihn jedoch auf die wilde Entschlossenheit Maria Orlowas, ihren Mann zu schützen, vorbereitet, die sie in den dreißig Jahren ihres amerikanischen Exils entwickelt hatte. Angesichts der auf ihn gerichteten Pistole konnte er nur kleinlaut protestieren, als Frau Orlowa ihren Mann aus dem Zimmer lotste.

»Aber Maria, ich muß unbedingt mit ihm reden«, flehte Feoktistow.

»Kommt nicht in Frage, er wird dich töten«, schrie Maria und versuchte weiter, ihren Mann aus dem Zimmer zu drängen.

Bevor Orlow den Raum verließ, erklärte Feoktistow später, habe dieser sich jedoch an ihn gewandt und gesagt: »Ich möchte mich ebenfalls mit Ihnen unterhalten; rufen Sie mich gleich anschließend von der Telefonzelle auf der anderen Straßenseite aus an.« Feoktistow zufolge hatte Maria – noch immer die Pistole in der Hand – ihn dann aufgefordert, sich mit dem Gesicht zur Wand zu stellen. »Fachmännisch wie ein Polizist tastete sie mich nach Waffen ab«, erinnerte er sich lächelnd.

»Sie wissen sehr wohl, hinter wem Sie her sind«, schrie die Frau, nun schon beinahe hysterisch. »Leute wie wir hassen den KGB«, fuhr sie fort, und ihre Verbitterung drohte mehr und mehr in Hysterie umzuschlagen. »Wir würden Sie töten, wenn wir nur könnten. Wir werden sofort die amerikanischen Behörden informieren.«

»Jetzt beruhigen Sie sich doch endlich, Maria Wladislawna«, beschwor Feoktistow wiederholt die verzweifelte Frau. Er versicherte ihr, daß sie in der Sowjetunion nicht mehr als Verräter betrachtet würden und weder er noch der KGB ihnen auch nur ein Haar krümmen werde. Mehrmals versuchte er zu erklären, daß seine Mission lediglich darin bestand, einen Brief von einem alten Kollegen ihres Mannes aus der Zeit des spanischen Bürgerkriegs zu überbringen, und außerdem habe er Nachricht von ihren Schwestern – wolle sie etwa nichts von ihnen hören?

»Ganz bestimmt nicht von *Ihnen*!« fauchte Frau Orlowa ihn an. »Lassen wir meine Schwestern aus dem Spiel.«[5]

»Interessieren Sie sich etwa nicht mehr für Ihre Schwestern?« bohrte Feoktistow weiter.

»Ich weiß schließlich Bescheid: Kaum bekommt ein Sowjetbürger Post aus dem Ausland, beschuldigt ihr ihn deswegen auch schon aller möglichen Verbrechen«, antwortete sie barsch. Die Erwähnung ihrer Schwestern, die sie dreißig Jahre lang nicht mehr gesehen hatte, schien Frau Orlowa plötzlich in die Vergangenheit zurückzuversetzen. Unvermittelt fragte sie Feoktistow nach dem Namen seines Onkels. Er antwortete, sein Onkel heiße Dimitri Petrowitsch Feoktistow und sei stellvertretender Leiter der Hausverwaltung im Rat der Volkskommissare gewesen.

Feoktistow, der auf dem Wohnzimmertisch eine neuere Ausgabe der *Prawda* sowie ein tintenbeflecktes Exemplar der sowjetischen Zeitschrift *Kommunist* bemerkt hatte, wollte sich das unerwartete Abflauen von Frau Orlowas Zorn zunutze machen und versuchen, ihr Vertrauen zu gewinnen. Es sei nicht zu übersehen, meinte er, daß sie sich noch immer für die Sowjetunion interessierten. Maria jedoch entgegnete, ihr ganzes Interesse beschränke sich darauf, daß sie gelegentlich in einer Bibliothek sowjetische Zeitungen und Zeitschriften ausliehen. Dann kritisierte sie in scharfer Form die sowjetischen Führungspersönlichkeiten der Nachkriegszeit – eine Kritik, die, wie Feoktistow auffiel, nicht ohne innere Widersprüche war. Besonders erzürnt hatte sie die von Nikita Chruschtschow im Verlauf seines USA-Besuches geäußerte Bemerkung, er würde sich ja liebend gern auf eine amerikanische Farm zurückziehen, wenn das Zentralkomitee dies nur erlauben würde. Nach Marias Ansicht war das eine »sehr unpatriotische und des Führers einer großen Nation unwürdige Aussage«. Feoktistow schloß daraus, daß Frau Orlowa offenbar noch immer eine überzeugte russische Patriotin war. Dies, erklärte er, habe in ihm die Hoffnung aufkeimen lassen, daß er vielleicht doch noch ihr Vertrauen gewinnen könnte. Daß das nicht leicht sein würde, wußte er, denn Frau Orlowa fuchtelte noch immer mit der Pistole vor seiner Nase herum und hatte ihn bereits aus der Wohnung in den Korridor abgedrängt. Das Herz rutschte ihm fast in die Hose, als plötzlich ein Nachbar das Treppenhaus betrat; zwar konnte Maria die Waffe gerade noch unter ihrer Schürze verbergen, doch mußte Feoktistow befürchten, daß sich versehentlich ein Schuß lösen könnte.[6]

»Außer Sascha ist mir niemand geblieben«, beteuerte Frau Orlowa wiederholt. Sie erklärte Feoktistow, ihre kranke Tochter sei 1942 – nur vier Jahre, nachdem sie vor Stalins Mordkommandos in die Vereinigten Staaten geflohen waren – im Alter von 17 Jahren gestorben. Anschließend schilderte sie, in welch bescheidenen Verhältnissen sie in den darauffolgenden 14 Jahren hatten leben müssen. Als ihre finanziellen Mittel allmählich zur Neige gingen, ernährten sie sich eine Zeitlang sogar ausschließlich von Corn-flakes. Ein halbwegs normales Leben konnten sie erst wieder ab 1953 führen, als sie das Honorar für Orlows Buch *The Secret History of Stalin's* Crimes (»Die geheime Geschichte der Verbrechen Stalins«) erhielten, das nach seinem Abdruck als Serie in der Zeitschrift *Life* weltweit für Schlagzeilen sorgte. Auch diese Schilderung ist in dem von Feoktistow nach Moskau geschickten Bericht enthalten, der später in die KGB-Akten einging. Obwohl die herzzerreißende Geschichte der Orlows nicht zu den wirklich wichtigen Informationen gehörte, die zu beschaffen er beauftragt war, waren dies die einzigen halbwegs relevanten Details, die er nach seiner Rückkehr nach New York der Zentrale melden konnte. Das KGB-Archiv jedoch enthält keinerlei Erwähnung der Tatsache, daß Frau Orlowa ihn mit einer Schußwaffe bedroht hatte. Feoktistow hatte das unterschlagen, weil er die Chance auf ein zweites Treffen mit den Orlows nicht aufs Spiel setzen wollte.[7]

»Obwohl unsere Unterhaltung sehr angespannt war«, erinnerte sich Feoktistow später, »machte sie hin und wieder Anstalten, sich zurückzuziehen, blieb dann aber doch stehen, als fühlte sie sich irgendwie zu mir hingezogen.« In seinem offiziellen Bericht erklärte er, daß es ihm am Ende ihrer stundenlangen Auseinandersetzung gelungen war, das Eis ihres Mißtrauens wenigstens teilweise zum Schmelzen zu bringen. Er hatte sie jedoch nicht überreden können, ihm zu erlauben, am selben Tag noch einmal mit ihrem Mann zu reden. Als er einsah, daß er an diesem Nachmittag nichts Neues mehr würde in Erfahrung bringen können, beendete Feoktistow ihre Konfrontation damit, daß er ihr Grüße von ihrer Schwester ausrichtete. Er versicherte ihr, daß es ihr gutgehe und sie in der Sowjetunion eine gute Arbeit habe. Damit aber weckte er nur erneut Frau Orlowas Mißtrauen; sie fuhr ihn an, dies könne unmöglich der Fall sein.

»Sie haben alle unsere Pläne zerstört. Unser ganzes Leben haben Sie durcheinandergebracht!« schrie Frau Orlowa, als sie sich wieder in ihre Wohnung zurückzog. Ihre abschließende Bemerkung jedoch sollte Feoktistow in guter Erinnerung bleiben: »Trotzdem kann ich Ihnen einen gewissen Respekt nicht verweigern.«

Die Glocke auf dem Universitätsgelände hatte bereits zwei Uhr geschlagen, als Maria Feoktistow plötzlich die Tür vor der Nase zuschlug. Auf dem Weg zum Aufzug hörte er noch, wie an der Tür von Wohnung 703 die massiven Riegel vorgeschoben und die Ketten eingehängt wurden. Erst als er im Erdgeschoß in die leere Vorhalle trat, fiel die Angst von ihm ab, geradewegs der Polizei in die Hände zu laufen. Bis auf den uniformierten Portier, der ihn beim Hinausgehen keines Blickes würdigte, war jedoch niemand zu sehen.

Wieder in der State Street, schlug Feoktistow zum Schutz gegen den schneidend kalten Wind seinen Mantelkragen hoch und ging in Richtung Universitätsgelände. Dort fand er eine Telefonzelle, die allem Anschein nach nicht überwacht wurde. Er wählte die Nummer 6654781 und atmete tief durch, als er am anderen Ende der Leitung Orlows

Stimme vernahm. Im Gegensatz zu seiner Frau erklärte der alte Mann sofort seine Bereitschaft, mit ihm zu sprechen.

»Hallo, da bin ich wieder! Tut mir leid, daß Maria uns nicht miteinander reden ließ und ich Sie nicht empfangen konnte«, sagte Orlow mit einem Bedauern in der Stimme, aus dem Feoktistow schloß, daß er dem Anrufer gegenüber keinerlei Feindseligkeit empfand. Am aufschlußreichsten war nach Feoktistows Darstellung Orlows Frage: »Sagen Sie mir bitte ganz ehrlich: Sind Sie mein Kollege?«

Feoktistow faßte diese Frage als vielsagendes Zeichen auf. Mit Bedacht wählte er deshalb die Worte, als er Orlow klarzumachen versuchte, daß »seine alten Freunde und diejenigen, die ihn kannten«, ihn in der Tat noch immer als loyalen Genossen betrachteten. Zweck seiner Mission, erklärte er, sei es, ihm eine Botschaft von »alten Freunden« zukommen zu lassen, die ihm dafür danken wollten, daß er »ein wahrer Patriot« sei, ihm ansonsten Gesundheit wünschten und sich nach seinem Befinden erkundigen wollten. Als Feoktistow Orlow aber fragte, ob ein Treffen zwischen ihnen möglich sei, antwortete Orlow: »Lassen Sie uns am Telefon miteinander reden!« Seit mehr als drei Jahrzehnten hatte der alte General kein Mitglied des sowjetischen Geheimdienstes mehr getroffen. Feoktistow wollte Orlows Gedächtnis deshalb so viele Informationen wie nur möglich entlocken. Im Sommer 1938 war Orlow – damals Chef von Stalins Geheimpolizei in Spanien und auf dem Höhepunkt seiner Karriere – in die Vereinigten Staaten geflohen. Nachdem er am 14. Dezember 1935 kraft des Befehls Nr. 832/A zum Major der Staatssicherheit befördert worden war und den Lenin-Orden erhalten hatte, entsprach seine Position der eines Generals der Roten Armee. Historisch betrachtet ist Orlow somit bis heute der ranghöchste sowjetische Geheimdienstoffizier, der je in den Westen übergelaufen ist – mit einem unbezahlbaren Wissen um Geheiminformationen und die Namen von Agenten der sowjetischen Spionagenetze im Kopf. Feoktistow hoffte nun herauszufinden, ob Orlow bei seinen Verhören durch FBI und CIA einen dieser Agenten verraten hatte. Als Orlow fragte: »Was wollen Sie wissen?« antwortete er deshalb in gespannter Erwartung: »Alles über Ihr Leben, Ihre Gesundheit, Ihre Arbeit.«[8]

»Gesundheitlich geht's mir gut, aber unser Leben hier ist ziemlich langweilig«, antwortete Orlow, lehnte es jedoch ab, am Telefon über Einzelheiten zu sprechen.

»Ich habe zur Zeit keine Arbeit, wie ich überhaupt in Amerika nie eine längerfristige Arbeit hatte. Leuten wie uns traut man hier nicht über den Weg«, erklärte Orlow.

Dies kam für Feoktistow nicht überraschend. Die Sowjets vertrauten Überläufern aus dem Westen ebenfalls nie hundertprozentig. Als Orlow dann versuchte, seine Publikationen zu rechtfertigen, wurde Feoktistow klar, daß Orlow mit seiner Hilfe den KGB davon überzeugen wollte, daß er sich nicht an die Amerikaner verkauft hatte.

»Wie Sie wissen, habe ich zwei Bücher geschrieben«, begann er. *The Secret History of Stalin's Crimes* war laut Orlow ein Aufschrei der Seele, ein Versuch, die wirklichen Hintergründe vom Aufstieg des Diktators zu enthüllen. Seiner Ansicht nach war dies historisch von großer Bedeutung, da er seine Informationen weitgehend aus seinem persönlichen Wissen als ranghoher Offizier des sowjetischen Geheimdienstes bezog. Weitere der in seinem Buch veröffentlichten Fakten stammten von Stalins Schwager Pawel Allilujew, mit dem er Mitte der dreißiger Jahre in Deutschland zusammengearbeitet hatte. Orlow erzählte, daß er schon vor seiner Versetzung nach Spanien Stalin persönlich gekannt habe, da er in dem Komitee mitarbeitete, das den sowjetischen Diktator und das Politbüro über geheimdienstliche Erkenntnisse informierte.

»Ich weiß nicht mehr, als ich geschrieben habe, aber Sie können mir glauben, daß nichts davon erfunden ist«, versicherte Orlow Feoktistow. Seine Darstellung von Stalins kaltblütigen Verbrechen hatte 1953 weltweit für Schlagzeilen gesorgt. Orlow schildert darin in allen Einzelheiten, wie die sowjetische Geheimpolizei die Moskauer Schauprozesse inszenierte, die die Große Säuberung einleiteten. Die Veröffentlichung seines ersten Buches machte auch das FBI auf ihn aufmerksam, nachdem er und seine Frau sich 14 Jahre als Flüchtlinge in den Vereinigten Staaten versteckt gehalten hatten.

A Handbook of Counter Intelligence and Guerilla Warfare (»Handbuch der Spionageabwehr und des Guerillakrieges«), das zehn Jahre später erschien, erregte in der Öffentlichkeit auch nicht annähernd so große Beachtung wie sein erstes Werk. Laut Feoktistow versicherte Orlow ihm gegenüber, daß er sich darin nur auf bekannte Fälle bezogen und somit keinerlei Geheimnisse verraten habe. »Es beruhte ausschließlich auf technischen Dingen«, erklärte Orlow und fügte hinzu, daß es in der Sowjetunion übersetzt werden und als »praktische Anleitung zum Handeln« dienen könnte; seine Absicht sei es gewesen, »auf diese Weise meinem Land einen kleinen Dienst zu erweisen«.

Feoktistow sagte, er würde sich sehr über ein signiertes Exemplar des Buches freuen. Der Wink mit dem Zaunpfahl verfehlte jedoch die gewünschte Wirkung; Orlow ignorierte die Gelegenheit, ihn zu einem Gespräch unter vier Augen in seine Wohnung einzuladen. Außerdem war er auch nicht bereit, sich genauer darüber zu äußern, was er den Amerikanern über seine Karriere im sowjetischen Geheimdienst verraten hatte.

»Genaugenommen endete unser Telefongespräch, als ich ihn auf ein weiteres Treffen festzunageln versuchte«, kommentierte Feoktistow in seinem Bericht an den KGB. Orlow sei ihm mit der Begründung ausgewichen, daß es »nicht von Nutzen wäre, hier und jetzt einen Termin festzulegen«, daß er aber gerne zu einem späteren Zeitpunkt wiederkommen könne, um ein Gespräch zu führen.

»Am selben Nachmittag fuhr ich dann mit dem Greyhound-Bus von Ann Arbor nach Chicago und flog anschließend zurück nach New York«, notierte Feoktistow. In seinem offiziellen, mit seinem Decknamen GEORG unterschriebenen Bericht habe er »Marias Überreaktion auf meinen Besuch weniger drastisch geschildert« und ihr übernervöses Verhalten auf eine »gewisse charakterliche Instabilität« ihrerseits zurückgeführt. »Ich fürchtete zu keinem Zeitpunkt, daß sie mich wirklich erschießen könnte, denn dann hätte ich mich ganz anders verhalten!«[9]

Feoktistow sagte, daß er Orlow beim Abschied ganz bewußt den Eindruck vermittelt habe, er werde noch vor Ende des Jahres 1969 nach Ann Arbor zurückkehren; den KGB-Akten zufolge erhielt er jedoch von Moskau erst knapp drei Monate später die Erlaubnis zu einem zweiten Treffen mit Orlow. Als er im Februar 1970 dann erneut nach Michigan flog, mußte er feststellen, daß die Orlows kurz nach seinem Besuch im November die Stadt verlassen hatten. Sowohl die Mitglieder des Lehrkörpers an der Universität als auch die Wohnungsnachbarn der Orlows im Maynard-Haus bestätigten dies, ohne ihm jedoch eine neue Adresse zu nennen.

Stalins ehemaliger Spionagechef war wieder einmal wie vom Erdboden verschwunden.

Feoktistow kehrte mit leeren Händen nach New York zurück und benachrichtigte Moskau, daß die Suche nach den Orlows wieder ganz von vorne begonnen werden müsse. Er nahm seine offizielle Tätigkeit als Dolmetscher der sowjetischen Delegation bei den Vereinten Nationen wieder auf und wartete auf neue Instruktionen von der Zentrale, wie die KGB-Offiziere ihr Hauptquartier nannten. Fast zwei Jahre verstrichen, bevor Feoktistow die Erlaubnis erhielt, die Spur wiederaufzunehmen. Seiner Ansicht nach war Moskau offenbar besorgt, die fluchtartige Abreise der Orlows aus Ann Arbor könnte eine Folge seines Besuchs und ihrer Bestürzung darüber gewesen sein, daß es dem KGB nach dreißig Jahren doch tatsächlich gelungen war, sie ausfindig zu machen. Aus den KGB-Akten ist zwar kein konkreter Grund für diese Verzögerung zu ersehen; wahrscheinlich aber wollte das KGB-Hauptquartier Orlow nicht verschrecken, damit er nicht in Panik sein gesamtes Wissen an das FBI und die CIA verriet. Letzteres wäre weit schlimmer gewesen als abzuwarten, bis Gras über die Sache gewachsen war.

Das unerwartete Auftauchen eines KGB-Agenten in ihrer Wohnung hatte in der Tat das Leben der Orlows noch weit mehr durcheinandergebracht, als Maria es damals vorauszusehen imstande war. Sie steckten in einem gefährlichen Dilemma. Orlow konnte, wie er Feoktistow bei ihrem zweiten Treffen zwei Jahre später erklären sollte, die Möglichkeit nicht völlig ausschließen, daß ihr unangemeldeter Besucher ein cleverer Agent provocateur des FBI gewesen war, der sich als KGB-Offizier ausgegeben hatte, um ihn dazu zu bringen, sämtliche Geheimnisse zu verraten, die er bis dahin für sich behalten hatte. Deshalb habe er keine andere Wahl gehabt, als ihre Begegnung mit dem sowjetischen Geheimagenten dem FBI zu melden.[10]

Der Loyalitätskonflikt, in dem sich die Orlows befanden, erklärt, warum ihre Aussage vor den amerikanischen Ermittlungsbehörden deutlich von Feoktistows Bericht über ihr Zusammentreffen abweicht. Die vollständige Version, die sie dem FBI erzählten, wird zwar nach wie vor unter Verschluß gehalten, doch ist eine aus den Akten des US-Senats stammende Zusammenfassung zugänglich, in der Frau Orlowa von ihrer zweistündigen heftigen Auseinandersetzung erzählte, die ihren Angaben zufolge im Korridor des Maynard-Haus stattgefunden hatte. Die Orlows behaupteten darin, den KGB-Agenten gar nicht erst in ihre Wohnung gelassen zu haben. Orlow verschwieg seinen amerikanischen Beschützern auch, daß der KGB-Agent ihn auf seine eigene Aufforderung hin noch einmal angerufen hatte. Seiner Version zufolge hatte Orlow sofort den Hörer aufgelegt, nachdem Feoktistow ihm wegen ihrer Weigerung, ihn in die Wohnung zu lassen, wütende Vorhaltungen gemacht hatte. Frau Orlowa verschwieg dem FBI auch, daß sie den KGB-Mann mit einer Pistole bedroht hatte. Dies ist um so überraschender, als sie an einer Herzerkrankung litt, die sich aufgrund ihrer Befürchtung verschlimmerte, daß ihre Entdeckung durch den sowjetischen Geheimdienst nur das Vorspiel für ihre Ermordung sein könnte. Da der KGB nun ihren Aufenthaltsort kannte, folgten die Orlows dem Rat, zu ihrem eigenen Schutz Ann Arbor zu verlassen und erneut von der Bildfläche verschwinden.

»Wenn die Sowjets bezüglich der Orlows weitergehende Motive hatten, dann wurde zumindest bis heute noch nicht darüber nachgedacht«, entschied das FBI. Seinem Bericht zufolge unterlag Feoktistow als UN-Angestellter keinen Reiseeinschränkungen, und seine Kontaktaufnahme war »nicht illegal«, da er nicht versucht hatte, die Orlows »anzuwerben oder einzuschüchtern«.[11]

Wie dieser Bericht darlegt, sah das FBI keinen Grund, an der Version der Orlows bezüglich des Ablaufs ihres Zusammentreffens mit dem KGB-Offizier zu zweifeln. Die Kenntnisse des sowjetischen Geheimdienstapparates, über die Orlow 1938 verfügte, waren 1969 nach über dreißig Jahren zwar alles andere als aktuell, doch konnte das FBI noch immer die Möglichkeit eines Attentats auf Orlow nicht ausschließen.

Die ständige Angst vor einem sowjetischen Racheakt hatte die Orlows gezwungen, unter falschem Namen zu leben. Aus den Akten geht hervor, daß das Ehepaar Orlow sogar in den Jahren 1955 und 1957, als sie vor dem Unterausschuß des Senats für Innere Sicherheit aussagten, ihre gesamte offizielle Korrespondenz über ihren New Yorker Anwalt abwickelten.

Als Orlow 1973 starb, zollte ihm kein Geringerer als Senator James O. Eastland überschwenglichen Tribut. Er bezeichnete Stalins ehemaligen Meisterspion, dessen Aufenthalt in den Vereinigten Staaten durch einen Sonderbeschluß des Kongresses legalisiert worden war, als »einen der wichtigsten Zeugen«, die je vor dem Unterausschuß des Senats für Innere Sicherheit ausgesagt hätten. Senator Eastland nannte Orlow den »ranghöchsten Offizier des sowjetischen Staatssicherheitsdienstes (heute KGB), der sich je auf die Seite der freien Welt geschlagen hat«, und fügte hinzu, er hinterlasse »ein unbezahlbares Vermächtnis in Form seines Zeugnisses über die inneren Abläufe und Ziele der kommunistischen Verschwörung sowie über die Aktivitäten des kommunistischen Apparates in den miteinander verwandten Bereichen der Spionage und der Subversion. Wenn etwas zu beanstanden war, dann nicht die Haltung General Orlows, sondern das zutiefst unmoralische System, von dem er sich losgesagt hat«, erklärte Eastland. Der ehemalige sowjetische Geheimdienstoffizier habe »einen nachhaltigen Eindruck hinterlassen«. Das Wort Überläufer, so der Senator, sei »in bezug auf den Namen Orlow höchst unangemessen«.[12]

Die sich aus den KGB-Akten ergebenden Enthüllungen, die die Bedeutung und den Umfang der sowjetischen Spionagegeheimnisse offenbaren, welche der frühere russische General Orlow den Amerikanern bewußt verschwiegen hat, werfen ein neues Licht auf die Worte von Senator Eastland. Seine Lobrede, die auf besondere Anweisung des Senats unter dem Titel *The Legacy of Alexander Orlov* (»Das Vermächtnis des Alexander Orlow«) veröffentlicht wurde, entpuppt sich so als Irrtum. Auch absolut zuverlässige Agenten sind schon nach einer existentiellen Loyalitätswende in den Westen übergelaufen. Die Frage, die alle Geheimdienste sich aber stellen müssen, ist: »Sind sie wirklich übergelaufen, oder hat man sie geschickt?« Hinsichtlich Orlows Fall gibt es heute ausreichend Gründe anzunehmen, daß Stalins Meisterspion niemals im eigentlichen Sinne übergelaufen ist. Die vielen Dokumente, basierend auf Orlows Aussagen im Rahmen des *Freedom-of-Information*-Gesetzes stellen nur einen Bruchteil der Hunderte von Stunden dauernden Gespräche mit dem FBI und der CIA dar, und keines von ihnen gibt auch nur den geringsten Hinweis darauf, daß Orlow etwas über die innere Arbeit des sowjetischen Spionageapparats offenbart hat. Obwohl ein Großteil des Materials bis heute unter Verschluß ist, versteht es sich von selbst, daß Orlow keines der Spionagenetze für Unterwanderung verriet, an denen er vor seiner Flucht beteiligt gewesen war. Denn viele Agenten, die er selbst rekrutiert hatte, führten ihre Operationen für die Sowjetunion bis weit in die sechziger Jahre fort. Tatsächlich kann man begründeterweise annehmen, daß die Informationen, die er lieferte, Teil eines sorgfältigen Täuschungsmanövers waren – eher dazu geeignet, die wichtigsten Geheiminformationen zu verhüllen denn zu enthüllen. Trotz der Anerkennung, die Senator Eastland Orlow zukommen ließ, sieht es bis heute so aus, daß er niemals seinen Glauben an Lenins kommunistische Revolution widerrief und daß er niemals ein Überläufer war, sondern lediglich vor dem Stalinismus flüchtete.[13]

Sogar bei den Leuten von FBI und CIA, die sich jahrelang mit Orlow befaßt hatten, blieb immer ein gewisser Verdacht bestehen, daß er einige Geheimnisse für sich behalten hatte. Zwar war es nichts Ungewöhnliches, daß Überläufer vorsichtshalber einige wichtige Informationen in der Hinterhand behielten; Orlow jedoch erschien ganz besonders zurückhaltend. Seine Befrager vom CIA gestehen, daß ihnen besonders Orlows breitgefächertes Wissen über Großbritannien Kopfzerbrechen bereitete; Orlow hatte behauptet, diese Informationen aus britischen Dokumenten bezogen zu haben, die sowjetische Agenten in den dreißiger Jahren von London an die Moskauer Zentrale weitergeleitet hätten. Er schien so genau zu wissen, wo Londons Regierungsgebäude lagen und wie sie aussahen, daß seine Behauptung, sich das alles nur in Moskau aus Berichten seiner Agenten angelesen zu haben, nicht sehr glaubwürdig erscheinen mochte. Dennoch leugnete Orlow immer, jemals englischen Boden betreten zu haben, und lieferte lediglich vage und somit unbrauchbare Andeutungen bezüglich der sowjetischen Spionageoperationen, in die er vor seiner Versetzung nach Spanien 1936 in verschiedenen europäischen Ländern verwickelt gewesen war.[14]

Der Verdacht stand im Raum, daß Orlow, obwohl er wiederholt seine antikommunistische Einstellung und seine Loyalität gegenüber den Vereinigten Staaten beteuert hatte, womöglich doch aus ideologischen Gründen wichtige Geheiminformationen und die Namen sowjetischer Agenten ganz bewußt nicht preisgegeben hatte. Unklar ist, ob die Offiziere der amerikanischen Spionageabwehr, die den Bericht der Orlows über ihr Treffen mit Feoktistow überprüften, den Verdacht hegten, daß der Versuch des KGB, nach so vielen Jahren wieder mit Orlow Kontakt aufzunehmen, in der Furcht begründet lag, Orlow könne einige der bestgehüteten Geheimnisse des sowjetischen Geheimdienstes an die Amerikaner verraten haben.

Das neunbändige Dossier des KGB über Orlow enthüllt nicht nur erstmals, um welche Geheimnisse es sich dabei handelte, sondern auch, warum die Sowjets sich nach über einem Vierteljahrhundert entschlossen, den ehemaligen General ausfindig zu machen. Diese Akten, die bis 1920 nur den ranghöchsten Mitgliedern des sowjetischen Geheimdienstes zugänglich waren, stellen das wahre Vermächtnis Alexander Orlows dar.[15]

Sollte tatsächlich Orlows ungebrochene Loyalität gegenüber den Idealen von Lenins Revolution oder gegenüber seinen Agentenkollegen ihn davon abgehalten haben, alle Aspekte seiner bemerkenswerten Karriere als sowjetischer Geheimdienstoffizier preiszugeben, so ist es eine bittere Ironie der Geschichte, daß diese Geheimnisse schließlich durch den Zusammenbruch des Kommunismus in der zweiten russischen Revolution ans Licht kommen sollten. Das KGB-Dossier über Orlow ist ein erstaunliches Zeugnis internationaler Spionage, die in großem Maßstab von einem Meister der Täuschung inszeniert wurde, der all das im Dienste seines Vaterlandes tat und dennoch wider Willen im Exil endete. Die Akten belegen, daß seine Treue zur Vision des Kommunismus sich letztlich für Alexander Orlow als ebenso tödliche Illusion erwies wie die Täuschungsmanöver, mit denen er sein halbes Leben lang den Westen genarrt hatte.

Anmerkungen

1. Interview mit Michail Alexandrowitsch Feoktistow, geführt von Oleg Zarew, Moskau, im Februar 1992 (künftig: *Interview Feoktistow*). Feoktistow ist jetzt in Rente. In den Sechzigern galt er als einer der erfahrensten »Menschenjäger« des KGB; so wurden Undercoveragenten genannt, die darauf spezialisiert waren, gesuchte Personen aufzuspüren.
2. Die Fotos und die Beschreibung von Orlow waren ursprünglich im Juli 1938 für den NKWD zusammengestellt worden, bevor man die Suche nach Orlow nach dessen Flucht in die USA gestoppt hatte. Sie befinden sich in der KGB-Akte Nr. 76659 ALEXANDER ORLOW; Band 1, S. 2 (künftig: ORLOW-Akte), im Archiv des russischen Geheimdienstes, Jasenewo, Moskau (künftig: ARG).
3. Prokopjuk war einer von Orlows Untergebenen in Spanien. Während des großen Vaterländischen Krieges 1941–1945 war er ein berühmter Befehlshaber der Partisanenbrigade des NKWD und wurde mit dem Orden des Helden der Sowjetunion ausgezeichnet. Sein Bildnis hängt, versehen mit Bemerkungen über seine Karriere, im Museum des Geheimdienstministeriums (dem ehemaligen KGB-Museum) in der Lubjanka-Straße in Moskau. Die Tatsache, daß Orlow seine Bekanntschaft mit ihm geleugnet hat, deutet eher auf Orlows besondere Vorsicht im Umgang mit Fremden hin als auf seine Vergeßlichkeit. ORLOW-Akte Nr. 103504, Band 1, S. 66, ARG.
4. Die Darstellung der Konfrontation mit Maria Orlowa basiert auf Zarews Interview mit Feoktistow (a. a. O.) sowie Feoktistows Bericht an das KGB-Hauptquartier vom November 1969, den er unter seinem Kodenamen GEORG angefertigt hat. ORLOW-Akte Nr. 76659, Band 1, S. 2, ARG.
5. *The Legacy of Alexander Orlov*, erstellt durch den Unterausschuß zur Untersu-

chung der Verwaltung der Gesetze zur Inneren Sicherheit (SISSC) des »Committee of the Judiciary«, 93. Kongreß, August 1973, US Government Printing Office, Washington, DC. (künftig: Orlov, *Legacy*), S. 11. Es handelt sich um wertvolles Material über Orlow, da *Legacy* Informationen enthält, die auf den Befragungen Orlows durch CIA und FBI basieren. Diese Befragungen wurden nach Orlows Treffen mit Feoktistow geführt, um sie einem Reprint seiner Aussagen hinzuzufügen, die er in der vertraulichen Sitzung vor dem Unterausschuß des Senats für Innere Sicherheit 1955 und 1957 machte.

6. Feoktistow sagt in seinem Interview mit Zarew 1992, er habe die Waffe in seinem offiziellen Bericht nicht erwähnt, um kein Mißtrauen bei der Zentrale zu schüren. Feoktistow war durchaus von der positiven Wirkung seines ersten Treffens mit Orlow überzeugt und hoffte auf die Erlaubnis zu einem weiteren Treffen. Deshalb erscheint die Geschichte, daß Maria Feoktistowa mit einer Waffe bedrohte, nicht in Zarews Artikel über Orlow, der in der sowjetischen Gewerkschaftszeitung *Trud* am 20. Dezember 1990 veröffentlicht wurde. Dem Artikel lagen die KGB-Akten zugrunde, wo der Zwischenfall keine Erwähnung fand. Auch Zarew selbst hatte keine Kenntnis davon bis zu seinem Interview mit Feoktistow 1992. Die Tatsache, daß Feoktistow die Sache im offiziellen Bericht verschwieg, war zwar ein klarer Bruch der Disziplinarregeln, doch in Kenntnis der schwerfälligen Bürokratie und im Vertrauen auf seine langjährige Berufserfahrung als »Menschenjäger« war er bereit, dieses kalkulierbare Risiko auf sich zu nehmen. Und diese taktische Offenheit führte ihn ja tatsächlich zum Erfolg. Der Vorfall zeigt deutlich den bekannten Konflikt zwischen den Schreibtischtheoretikern und den Männern der Praxis, deren unterschiedliche Erfahrungen und psychologische Methoden auch beliebte Zutaten in Spionagethrillern sind.

7. Ebd.

8. Bericht von Feoktistow, ORLOW-Akte Nr. 76659, Band 1, S. 2, ARG.

9. *Interview Feoktistow.*

10. Orlov, *Legacy*, S. 11.

11. Bericht vom 16. 12. 1969 vom Außenministerium an das FBI, Feoktistow, Michail Alexandrowitsch [sic], UNSEC-Übersetzer, ORLOW FBI-Akte Nr. 115-22869, *Freedom of Information Act* (FOIA).

12. Orlov, *Legacy*, S. 5–8

13. Orlows KGB-Dossier zeigt, daß diejenigen, die Details über Orlows Flucht in den Westen 1938 kannten, ihn niemals einen Verräter oder Überläufer nannten. Sie bezeichneten ihn als *newoswraschenjez*, das russische Wort für »jemanden, der nicht zurückgekehrt ist«. Dieser Begriff beruht auf den politischen Bedingungen der nicht existenten Reisefreiheit und meint jemanden, der von einer Reise ins Ausland einfach nicht zurückkam, ohne verräterische Absichten zu hegen. An ein oder zwei Stellen in seiner Akte wurde Orlow tatsächlich als Verräter bezeichnet, doch das geschah durch Offiziere während der Stalinzeit, die sehr oberflächlich über den Fall berichteten und offensichtlich nicht mit den Einzelheiten vertraut waren. Außerdem kann man davon ausgehen, daß es sich hierbei weniger um beruflich als um ideologisch qualifizierte Offiziere handelte.

14. Die Darstellung folgt der der CIA-Beamten, die Orlow befragt hatten und die der britische Geheimdienstautor Gordon Brook Shepherd in seiner Studie über die ersten sowjetischen Überläufer *1928–1935 The Storm Petrels*, London, 1977, S. 204 f. zitiert. Diejenigen, die diese Informationen auf vertraulicher Basis weitergaben, wurden von den Autoren konsultiert; sie haben Dokumente gesehen, die ihren Verdacht bestätigten.

15. Orlows Dossier besteht aus neun Bänden mit Akten, einschließlich seiner

Personalakte sowie Unterlagen über seine Operationen in Frankreich, Großbritannien und Spanien. Auch Teile der Akten über Philby, Maclean und Burgess stehen mit Orlows Arbeit in London von 1934 bis 1935 in Zusammenhang. Das Dossier war bis 1992, als Zarew mit seinen Recherchen für das vorliegende Buch begann, wegen seines delikaten Charakters nur wenigen Leuten und nur selten in vollem Umfang zugänglich. In jenem Fall war der Zugang zu den Akten im Archiv der Ersten Hauptverwaltung nur mit Hilfe des Nachweises zwingender Gründe möglich, und selbst bei offiziellen internen Nachforschungen bekam der einzelne nie mehr als ein paar Seiten zu sehen. Man schlug den betreffenden Namen im Register nach, fand dort einen Verweis auf die entsprechenden Seiten, und nur diese einzelnen Seiten wurden dem Beauftragten gegeben, so daß ein einzelner immer im unklaren über die ganze Dimension von Orlows Tätigkeit bleiben mußte.

KAPITEL 2

Schwert und Schild der Partei

Hinter dem Pseudonym Igor Konstantinowitsch Berg verbarg Orlow seine wahre Identität als einer der wichtigsten Veteranen des sowjetischen Geheimdienstes. Eine falsche Identität anzunehmen war für ihn nichts Ungewöhnliches, denn als Spion hatte er den Namen fast so häufig gewechselt wie andere Männer ihre Krawatten. Allein aus seiner FBI-Akte geht hervor, daß er in seiner Zeit als Undercoveragent in den Vereinigten Staaten mindestens acht verschiedene Namen benutzte. Wenn die Zahl der Decknamen als Hinweis auf die Wandlungsfähigkeit eines Spions gelten kann, so belegen diese acht Identitäten zusammen mit den zwölf weiteren, die im Dossier des KGB erwähnt sind, die Komplexität der von ihm durchgeführten Täuschungsmanöver. Hier, in der Darstellung seiner bemerkenswerten Karriere, werden wir ihn Alexander Michailowitsch Orlow nennen; diesen Decknamen erhielt er für seinen letzten Auftrag, und unter ihm ist er in die Geschichte der Spionage eingegangen.[1]

Feoktistow gegenüber erklärte Orlow, daß Stalin persönlich ihm diesen Namen gegeben hatte. In seiner unter Eid geleisteten Aussage vor der amerikanischen Einwanderungsbehörde behauptete er jedoch: »Der Name Orlow wurde mir vom Außenminister Maxim Litwinow zugeteilt, weil ich auf dem Weg nach Spanien durch Hitlerdeutschland mußte und dabei unmöglich den Namen Nikolski verwenden konnte, da dieser der Gestapo bekannt war.«[2] Dies ist nur eine der Diskrepanzen in Orlows Geschichte. Angenommen, Orlow wollte nicht enthüllen, daß er Stalin persönlich kannte, so paßt es außerdem zu seinem Wunsch, weniger wichtig zu scheinen, als er tatsächlich war. Trotz der vielen faktischen Unterschiede zwischen der Version, die er den Amerikanern lieferte, und der Dokumentation in den KGB-Akten gibt es zumindest in bezug auf sein Geburtsdatum und seinen richtigen Namen offenbar keine Unterschiede. Orlow wurde am 21. August 1895 in der weißrussischen Stadt Bobruisk als Sohn von Lasar und Anna Feldbin geboren und auf den Namen Leiba Lasarewitsch getauft. Seiner FBI-Akte zufolge hatte er eine Schwester, die später in Moskau Zahnärztin wurde, aber bereits im Jahre 1918 starb.[3] Sein Vater war eines von vielen Kindern der Familie Aschkenasim, österreichischen Juden, die zu Beginn des 19. Jahrhunderts – kurz vor Napoleons unseligem Marsch gen Moskau – in den waldreichen, damals noch wenig erschlossenen europäischen Teil Rußlands ausgewandert war.[4]

Die vernichtende Niederlage der Franzosen hatte für die wachsende jüdische Gemeinde in Rußland eine kurze Periode relativer Sicherheit vor den Pogromen des Zaren eingeleitet, so daß Orlows Großvater väterlicherseits ungehindert einen florierenden Holzhandel aufbauen konnte. Er war auch eine bedeutende Stütze der Synagoge von Bobruisk und einer ihrer wichtigsten Geldgeber. 1885 reiste er mit einer Delegation russischer Juden nach Palästina, um dort im Zuge der *Alijah Rishona* – der ersten Emigrationswelle, die unter dem Motto *Beth Ya'akov Lehu Wenelha* (»Zum Aufbruch, Haus Jakob!«) stand – Land zu erwerben: Großvater Feldbin hatte einen großen Geldbetrag für den Kauf eines Streifens Sumpflandes gespendet, das er in der Erwartung, es könne zum Bau einer Siedlung entwässert werden, »Tor der Hoffnung« nannte. In seinen letzten Lebensjahren erinnerte sich Orlow mit großem Stolz daran, daß seine Familie durch den Landkauf zur Neugründung des Staates Israel beigetragen hatte – an der Stelle, wo heute die blühende Stadt Petah Tikwa steht.[5]

Während Orlows Kindheit in den letzten Jahrzehnten der zaristischen Herrschaft hielt die Familie trotz des Antisemitismus und erneuter Pogrome an ihrer tiefen Religiosität fest. Russisch-jüdische Familien, die ein besseres Leben anstrebten, sahen sich ständigen Verfolgungen ausgesetzt und litten unter diskriminierenden Gesetzen, die religiösen Minderheiten eine Karriere in Verwaltung, Armee und akademischen Berufen weitgehend verwehrten. Die religiöse Erziehung, die die Kinder der Feldbins genossen, war somit mehr als nur ein wertvolles geistiges Erbe; für Orlow wurde sie zur Quelle seiner Zähigkeit und Charakterstärke, die ihm das Überleben in schwierigen Zeiten erleichterten. Nach den gescheiterten Aufständen gegen das Zarenregime im Jahre 1905 schlossen sich viele von Feldbins Verwandten der Massenauswanderung in die Vereinigten Staaten an, doch seine Familie zog es trotz allem vor, in Rußland zu bleiben.[6]

Unter den Emigranten aus Bobruisk, die in Amerika zu Wohlstand gelangten, waren auch viele Cousins von Orlow, die als Kinder zu seinen Spielkameraden gehört hatten. Die prominentesten unter ihnen waren Isaak Rabinowitz, der in der New Yorker Brandeis University eine hohe Stellung in der Verwaltung innehatte, und Nathan Koornick, der sich in Kalifornien als wohlhabender Geschäftsmann etablierte. Als Orlow sich später im amerikanischen Exil wiederfand, fehlte es ihm nicht an Familienangehörigen und Freunden wie etwa seinem Klassenkameraden Boris Rosowski, an die er sich wenden konnte.

Laut Rosowski war Orlow als Junge wohl recht beliebt. Schon früh erwies sich der abenteuerlustige und extravertierte Knabe als geborene Führernatur.

Es gibt ein Sepiabild von Orlow aus früher Jugend im ersten Band des KGB-Dossiers. Auf dem sehr gestellten, aber aufschlußreichen Porträt eines Fotografen aus Bobruisk sieht man einen jungen Mann in einer Jacke mit hohem Kragen, sauber gescheiteltem Haar, vollen Lippen und abstehenden Ohren. Sein leicht spöttischer Ausdruck und der anmaßende Blick lassen erahnen, daß Orlow bereits in junger Jahren kaum an mangelndem Selbstbewußtsein litt.

Er war »ein hochbegabter Schüler« und auch »als Maler sehr talentiert«, erklärte Rosowski in seiner Aussage vor dem FBI und fügte hinzu, daß Orlow »sehr sportlich und vor allem ein guter Fußballspieler« war. Er erinnerte sich auch noch an die Teenager-Liebe zwischen seiner Schwester und Orlow, die sich trotz der gesellschaftlichen Kluft zwischen den beiden entwickelt hatte. Orlows Eltern waren laut Rosowski »ziemlich arm«, während die Rosowskis mehrere Fabriken besaßen und recht wohlhabend waren. Die Feldbins waren, wie Orlows Jugendfreund bezeugte, »sehr religiös«, ihr Haus »immer makellos sauber«.[7]

Wie bei Kindern üblich, hielt Orlow sich besonders gerne im luxuriösen Haus der Rosowskis auf. Die großen Unterschiede im gesellschaftlichen Status der beiden Familien scheinen ihn sehr beeindruckt zu haben; wann immer der Tisch für besondere Gäste gedeckt wurde, bat er die Mutter seines Freundes, zusehen zu dürfen. Boris meinte, sein bester Freund habe wohl wegen des Reichtums seiner Familie »einen gewissen Neid« empfunden, sei aber »immer schon ein Gentleman gewesen, der zwar sagte, was er auf dem Herzen hatte, aber immer auf sehr freundliche Art«. Ihre Freundschaft hielt lange an, und im Jahre 1913, so Rosowski, rettete Orlow ihm sogar das Leben, als er bei einer Bootsfahrt voll bekleidet in den Fluß Bobruisk fiel. Orlows Mut glitt jedoch nie in unüberlegte Tollkühnheit ab, sondern beruhte auf einem wachen Intellekt, von dem selbst der Rabbi, der ihm das Lesen der Thora beibrachte und ihm die Grundlagen für seine ausgezeichneten schulischen Leistungen vermittelte, beeindruckt war.[8]

Orlow blieb eng mit Boris Roskowski befreundet, bis im Jahre 1915 die kriegsbedingte Wirtschaftskrise seinen Vater bewog, den Holzhandel aufzugeben und nach Moskau zu ziehen.

Dort gelang Orlow die Aufnahmeprüfung ins Lasarewski-Institut, wo er sich in vielen Zusatzkursen auch der Kunst widmete. Die Ausbildungsstätte, die von den armenischen Gebrüdern Lasarjan gegründet worden war, bereitete in jenen Tagen ihre Zöglinge auf den diplomatischen Dienst vor; heute beherbergt sie das bekannte Moskauer Institut für orientalische Sprachen.[9] Hier schloß Orlow bald Freundschaft mit

Sinowi Borisowitsch Kaznelson, einem weiteren seiner Cousins, mit dem er gemeinsam in der kleinen Wohnung der Familie lebte und der ihm an Inteligenz in nichts nachstand. Nachdem beide – natürlich unter den Besten ihres Jahrgangs – das Lasarewski-Institut abgeschlossen hatten, ließen sie die Kunst Kunst sein und entschieden sich für eine solidere Karriere. Sie wechselten auf die juristische Fakultät der Moskauer Lomonossow-Universität über, die zu den führenden Hochschulen im zaristischen Rußland gehörte. Kurz nach Aufnahme ihres Studiums erhielten sie 1916 den Einberufungsbefehl in die zaristische Armee. Beide wurden jedoch nie in Kampfhandlungen verwickelt. Im Jahr vor der Oktoberrevolution hatten sie das Glück, im 104. Reserveregiment dienen zu dürfen, das weit hinter der Front im Ural stationiert war.[10]

Wie viele Gleichaltrige hatte Orlow begeistert mit Zinnsoldaten gespielt und davon geträumt, eines Tages ein stolzes Kavallerieregiment zu führen. Diese Träume zerschlugen sich jedoch, als ihm klarwurde, daß er als Jude keine Chance hatte, jemals das Offizierspatent zu erwerben, geschweige denn in ein Eliteregiment der zaristischen Armee aufgenommen zu werden. Im Februar des Jahres 1917 bot sich ihm dann doch noch Gelegenheit, die so leidenschaftlich angestrebte militärische Karriere einzuschlagen, als nach der im Zuge der ersten russischen Revolution erzwungenen Abdankung von Zar Nikolaus die Provisorische Regierung entsprechende Reformen durchführte.

Im März wurde Leutnant Feldbin aus der Offiziersschule entlassen, und schon im Mai schloß er sich einer Splittergruppe der Russischen Sozialdemokratischen Arbeiterpartei (RSDWU) an. Orlow trat nicht Lenins Bolschewiki bei, sondern einem anderen Teil der RSDWU, geführt von Solomon Abramowitsch Losowski, der später Generalsekretär der Profintern (Rote Gewerkschaftsinternationale) wurde. Als Mitglied von Losowskis sogenannten Internationalisten knüpfte er wichtige Beziehungen innerhalb der revolutionären Bewegung und eignete sich gute Kenntnisse der englischen, deutschen und französischen Sprache an. Als er in die Kommunistische Partei der Bolschewiki eintrat – aus dem Fragebogen seiner Personalakte ist ersichtlich, daß er dies nicht vor 1920 tat –, fand er in dem Altmarxisten W. A. Ter-Waganjan gleichermaßen einen Freund und politischen Mentor. Die Zeugnisse seiner Aktivitäten deuten aber darauf hin, daß sein Engagement für die zweite Revolution, die die Bolschewiki im Oktober 1917 an die Macht brachte, keineswegs zweckdienlicher Opportunismus war sondern der wahrhaftige Ausdruck seines ideologischen Engagements.[11]

»Ich glaubte an das Programm und die Versprechungen Lenins«, rechtfertigte Orlow später seine Entscheidung zugunsten der Bolschewiki. »In seinem Programm sah ich einen entscheidenden Fortschritt gegenüber dem Feudalregime des Zaren, unter dem 95 Prozent der Bevölkerung Analphabeten gewesen waren und religiöse Minderheiten in ständiger Angst vor Verfolgung hatten leben müssen.«[12] Wie viele andere Juden, die in den Anfangsjahren des Sowjetstaates führende Positionen innehatten, scheinen auch Orlow die zaristischen Pogrome in die Hände der Revolutionäre getrieben zu haben. Obwohl Orlow bei der Oktoberrevolution, die Lenins Minderheitspartei der Bolschewiki an die Macht brachte, wohl keine nichtige Rolle spielte, bedeutete die Revolution nicht nur für Rußland, sondern auch für ihn persönlich eine Art geistiger Wiedergeburt. Und obwohl er sich später gegen Stalin und die Exzesse des real existierenden Kommunismus aussprach, bewahrte er sich bis zu seinem Tod einen naiven Glauben an die gralsähnlichen Ideale der marxistisch-leninistischen Revolution.[13]

Als loyaler Soldat der Revolution wurde Orlow zunächst mit einem unbedeutenden Posten in der revolutionären Verwaltung belohnt, die Lenin mit dem Ziel aufbaute, die russische Regierung und deren aufgeblähte Bürokratie unter die Kontrolle seiner Minderheitspartei zu bringen. Von November 1917 bis Mitte 1918 diente Orlow als Chef des Informationsdienstes des Obersten Finanzrates. Nachdem er dort offenbar erkannt hatte, daß er für eine Schreibtischtätigkeit nicht geschaffen war, wandte er sich wieder dem Militär zu. In der neuen Roten Armee wurde Orlow Mitglied des Offizierskorps, das nach den Direktiven des Volkskommissars für Verteidigung, Lew Dawidowitsch Trotzki, geschaffen wurde.[14]

Ein blutiger Bürgerkrieg war 1918 ausgebrochen, nachdem drei verschiedene weißgardistische Armeen unter Admiral Koltschak und den Generälen Denikin und Judenitsch offen gegen die Bolschewiki rebelliert hatten und von Sibirien, dem Kaukasus und dem Finnischen Meerbusen kommend auf Zentralrußland zumarschierten. Sie beabsichtigten, das zaristische Regime wieder einzurichten. Im September 1920 wurde Orlow als Ermittler und Erster Offizier der Spezialabteilung (militärischer Abwehrdienst) zur 12. Roten Armee an der Südwestgrenze des europäischen Teils Rußlands versetzt. Dort hatte er erstmals Gelegenheit, im Kampf gegen eine polnische Invasionsarmee unter feindlichem Feuer seine Kaltblütigkeit unter Beweis zu stellen. Unterstützt wurden die polnischen Invasoren von der antibolschewistischen sogenannten Russischen Volksarmee unter Boris Sawinkow, der als Sozialrevolutionär und früheres Mitglied der Provisorischen Regierung ein erbitterter Feind Lenins war und dasselbe Ziel verfolgte wie die anderen »weißen« Kommandeure: die Zerschlagung der Roten Armee und die Entmachtung der Bolschewiki.[15]

Der russisch-polnische Krieg bescherte Orlow einen schnellen militärischen Aufstieg. Bei einer Reihe von Feldzügen leitete er Guerilla-Operationen im Südwesten, wo er mit großem Erfolg irreguläre Einheiten gegen die polnische Armee und ihre »weißen« Verbündeten führte. Unter seinem persönlichen Kommando wurden Operationen durchgeführt, bei denen er mit seinen Guerillas in feindliches, von Polen besetztes Gebiet vordrang und Brücken, Eisenbahnschienen, Kraftwerke, Telefon- und Telegrafenleitungen in die Luft sprengte. Die dicht bewaldete Landschaft Südwestrußlands war ein ideales Terrain für irreguläre Streitkräfte, da diese in den Wäldern unbemerkt vordringen und die feindlichen Reihen infiltrieren konnten. Derartige Sabotageakte wurden mit der 12. Armee abgestimmt, der Orlow und seine Leute Informationen zukommen ließen, die sie bei ihren Vorstößen gesammelt hatten. Einige dieser Operationen hinter den feindlichen Linien dienten ausschließlich dem Zweck, Landkarten oder Kriegspläne des Feindes zu erbeuten oder Daten über Stärke und Zustand der polnischen Streitkräfte zu sammeln. Mitunter zogen Orlows Guerillas auch aus, um einen hohen Offizier des Feindes zu entführen, den man anschließend verhörte, um so an zusätzliche Informationen zu kommen.[16]

Als in dieser Hinsicht wertvollster der von Orlows irregulären Einheiten gekidnappten Gefangenen erwies sich Oberst Senkowski, der als Kommandeur der polnischen Guerillas Orlows Gegenstück auf seiten des Feindes war. Orlows Angaben zufolge war die Rote Armee zu diesem Zeitpunkt gerade auf breiter Front auf dem Rückzug, und Senkowski sollte persönlich die Infiltration vierzig polnischer und antibolschewistischer weißrussischer Offiziere hinter die russischen Linien leiten. Nach ihrer Gefangennahme gestanden sie, daß sie das Kommando über 8000 ukrainische Rebellen und Deserteure hatten übernehmen sollen, die in den Wäldern versteckt warteten. Die rechtzeitige Gefangennahme Senkowskis durchkreuzte die Absicht der Polen, der 12. Armee unter Einsatz dieser Streitkräfte in den Rücken zu fallen. Da dies für Orlow und seine Leute möglicherweise eine schwere Niederlage nach sich gezogen hätte, brachte Orlows Coup ihm höchstes Lob vom Hauptquartier ein, denn er hatte entscheidend dazu beigetragen, daß in einer verzweifelten militärischen Situation eine Wende herbeigeführt werden konnte.

Als Mitglied der Spezialabteilung der 12. Armee war Orlow noch an einer weiteren wichtigen Operation beteiligt: der Gefangennahme von Ignati Ignatjewitsch Sosnowski. Als einer der führenden Agenten des polnischen militärischen Geheimdienstes war dieser ein bedeutender Fang, zumal es den Sowjets anschließend gelang, ihn »umzudrehen« und zur Arbeit gegen seine früheren Vorgesetzten zu bewegen. Nach dem Krieg wurde er unter dem Namen Dobrzynski ein ranghoher sowjetischer Geheimdienstoffizier, bis er 1937 des Hochverrats angeklagt und erschossen wurde.[17]

Orlow operierte häufig hinter den feindlichen Linien, weil sich bei solchen gefährlichen Vorstößen in den Birkenwäldern sein Mut und seine Bereitschaft, das eigene Leben aufs Spiel zu setzen, als besonderer Ansporn für seine Streitkräfte herausstellten. Im Verlauf dieser unter härtesten Bedingungen durchgeführten Guerilla-Operationen im Kampf um die zentralen Gebiete des europäischen Teils Rußlands gewann Orlow auch Freunde, die sich später als wertvolle Verbündete erweisen sollten. Einer davon war sein Fahrer Max Besanow, der sich später in seiner Stellung als Stalins Chauffeur als zuverlässige Informationsquelle bewährte.[18] Die Erfahrungen, die Orlow bei seinen Operationen im russisch-polnischen Krieg sammelte, machten ihn innerhalb der Roten Armee zu einem der anerkanntesten Experten für Spionageabwehr und Guerillakrieg. Es war in Moskau nicht unbemerkt geblieben, daß er durch rechtzeitige Beschaffung und Umsetzung von Informationen entscheidend dazu beigetragen hatte, den Vormarsch der polnischen Armee auf Moskau im Sommer 1920 zu stoppen.

Orlow trug also in nicht unerheblichem Maße zum Sieg der Bolschewiki bei, der es deren relativ schwachen Streitkräften erst ermöglichte, Rußland gegen Angriffe von außen wie von innen zu sichern. Gegen Ende des Jahres 1920 hatte die Rote Armee dank Trotzkis energischer Führungsarbeit und der Uneinigkeit und mangelnden Koordination ihrer »weißen« Gegner Triumphe errungen. Als Leiter der Spionageabwehr war Orlow verantwortlich für die Eliminierung der vielen konterrevolutionären Gruppen, die hinter dem Rücken der 12. Armee wie Pilze aus dem Boden schossen.

Orlows Erfolge ließen schließlich Felix Edmundowitsch Dserschinski auf ihn aufmerksam werden – den Gründer der sowjetischen Geheimpolizei, der damals die Spezialabteilung an der Südwestfront leitete und häufig die 12. Armee besucht hatte. Die »Außerordentliche Kommission zur Bekämpfung von Konterrevolution und Sabotage« war am 20. Dezember 1917 vom regierenden Rat der Volkskommissare (Sownarkom) ins Leben gerufen worden. Dieser in der Sowjetunion nach seiner russischen Abkürzung kurz Tscheka genannte Vorläufer des KGB hatte die Aufgabe, »jede konterrevolutionäre Aktivität und Sabotagetätigkeit in ganz Rußland aufzuspüren und zu liquidieren«.

Durch ihre »Frieden-und-Land«-Politik, die es den Bauern ermöglichte, ihr Stück Land selbst zu verwalten, bekamen die Bolschewiki größere Unterstützung im Kampf um das Herz der russischen Nation als die Weißen. Ihre Opponenten waren zwar zahlreicher, aber auch zerstrittener. Daß die Bolschewiki ihre Gegner erfolgreich überlisteten, ist aus der schnellen und fast unblutig verlaufenen Errichtung der sowjetischen Macht Ende November ersichtlich. Im Dezember 1917 wurde die Lage jedoch kritisch. Gerüchte, daß ehemalige zaristische Offiziere sich im

Ural und in der Gegend um den Fluß Don versammelten, und ein drohender Streik der Staatsbeamten in Petrograd, angestiftet von den Konstitutionellen Demokraten (Kadetten), führten in der Stadt zu Ohnmacht und Angst vor Hunger. Der Anstoß, die Tscheka zu gründen, war daher eher praktischer als ideologischer Natur. Lenin rief dazu auf, alle Kräfte zu mobilisieren, um die Parteimacht zu erhalten. In der vorherrschenden Atmosphäre von Chaos und Autoritätslosigkeit, mit der Flut der von der Front zurückkehrenden, entlassenen und verdrossenen Soldaten, war die Errichtung einer starken Exekutive dringend notwendig. Das zersplitterte Land konnte nur noch durch eine strenge, zentrale Führung zusammengehalten werden. Die Frage war lediglich, ob es eine weiße oder eine rote Diktatur werden würde. Die geheime Organisation, von Lenin selbst wohl nur als eine vorübergehende Erscheinung gedacht, sollte sich um den drohenden Umsturz der Weißen und die Herausforderung innerhalb der verfassunggebenden Versammlung kümmern, die mehrheitlich aus Menschewiki und sozialrevolutionären Parteien bestand.

Die Tscheka entstand aus dem Spezialkomitee, das von Felix Dserschinski, dem Organisationsgenie der bolschewistischen Partei, nach einer Direktive der Volkskommissare vom 19. Dezember gegen den geplanten Streik der Petrograder Beamten gegründet wurde. Das Komitee hatte von Lenin den Auftrag bekommen, die Aktionen gegen den Umsturz zu überwachen und konterrevolutionäre Elemente zu bekämpfen, was den Aktivitäten des Komitees eine politische Dimension verlieh. Der ursprüngliche Auftrag der Tscheka als Organ des Staatsapparates war auf die Dauer tatsächlicher Konfrontationen befristet. Erst nach Dserschinskis Bericht vom Umsturz in der Versammlung der Volkskommissare am 20. Dezember ergänzte der Sownarkom sein Mandat und plädierte für die Errichtung einer »Außerordentlichen Kommission zur Bekämpfung von Konterrevolution und Sabotage«, gemäß der russischen Abkürzung Wtscheka oder auch Tscheka genannt. Sie sollte aus nur acht Leuten bestehen. Ursprünglich wurde die Tscheka laut Erlaß mit folgenden Aufgaben betraut: Voruntersuchungen, Beschlagnahme von Eigentum, Verbannung aus der Hauptstadt, Entzug von Brotmarken und die Nennung der Namen von Saboteuren in der Presse, um sie öffentlich zu denunzieren. Die Befugnis, Gerichtsurteile zu fällen, bekam die Tscheka erst am 21. Februar 1918, als Petrograd ein Vorstoß der deutschen Truppen drohte. Lenin hatte im Januar 1918 die verfassunggebende Versammlung aufgelöst. Er wandte sich an die Tscheka als einen Spezialapparat der »Organisation des bewaffneten Volkes«, um jegliche antibolschewistische Opposition zu unterdrücken, die fortan als »konterrevolutionär« gebrandmarkt wurde. Der Boden war jetzt für Dserschinskis staatlich kontrollierte Polizeimacht bereitet.

Sie war mächtig genug, die Repressionen und düsteren Methoden der verhaßten Ochrana des Zaren zu übernehmen und so eine führende Rolle bei der Sicherung des sowjetischen Staates zu spielen.[19]

Um sich für das zu rüsten, was Dserschinski schon im voraus als »Kampf bis zum bitteren Ende« bezeichnete, schuf er »ein Organ für die revolutionäre Abrechnung mit Konterrevolutionären«.[20] Nachdem er die von ihm geforderten uneingeschränkten Vollmachten erhalten hatte, bekämpfte er die antibolschewistische Opposition mit einer Skrupellosigkeit, die seinem Haß gegen die eigene Klasse entsprang. Der Gründer der Tscheka hatte sich als Sohn reicher polnischer Großgrundbesitzer seinen eigenen Worten zufolge dazu erzogen, gnadenlos die Bourgeoisie zu bekämpfen, der er selbst entstammte. Seine in jugendlichem Alter empfundene Berufung zur Priesterschaft in der katholischen Kirche hatte er sich selbst ausgetrieben, indem er zum glühenden sozialistischen Revolutionär mutierte. Dserschinski war ein Asket von spartanischer Lebensweise, der sich die Ärmel seiner Uniformjacken bewußt so kurz schneidern ließ, daß jedermann deutlich die tiefen Narben an seinen schmalen Handgelenken erkennen konnte, die die eng sitzenden Handschellen nach Jahren der Haft in zaristischen Kerkern dort wie Stigmata hinterlassen hatten. Er war von einem leidenschaftlichen Glauben an die Notwendigkeit getrieben, die quasi-religiöse Reinheit der marxistischen Revolution zu bewahren – einen Glauben, den er auf seine Sehnsucht zurückführte, »die ganze Menschheit in Liebe zu umarmen, sie zu wärmen und vom Schmutz des menschlichen Lebens zu befreien«.[21] Seine fanatische Entschlossenheit, das verhaßte Bürgertum zu vernichten, wurde noch bestärkt durch die zwölf Jahre, die er als Erwachsener im Gewahrsam der Geheimpolizei des Zaren hatte verbringen müssen, wobei er unliebsame Bekanntschaft mit deren erlesenem Repertoire an Foltermethoden gemacht hatte.

Die Qualen, die Dserschinski in den zaristischen Gefängnissen und unter der Folter erlitten hatte, hatten diesen schmächtigen Mann mit der ruhigen Stimme und dem gepflegten Spitzbart zum »Eisernen Felix« gemacht, zu einem unermüdlichen, fanatischen Verteidiger der Revolution, dessen kalte, durchdringend blaue Augen »den Eindruck vermittelten, als könne er einem in die Seele blicken«.[22] Vielleicht hatte er früher die Brutalität der zaristischen Ochrana verurteilt, die er buchstäblich am eigenen Leibe hatte erfahren müssen, doch jetzt scheute Dserschinski beim Aufbau der Geheimpolizei der Bolschewiki keine Mühen, die derart grausam erlernten Lektionen systematisch weiter zu verfeinern und gegen die Feinde der Bolschewiki anzuwenden. Unter seiner Leitung wurden Agents provocateurs angeworben, um Nester der Konterrevolution zu unterwandern, auszuheben und zu liquidieren. Mit Hilfe des von Lenin sanktionierten »speziellen Systems organisierter Gewalt«

half die Tscheka den Bolschewiki ihre Macht zu festigen, indem sie durch die Vernichtung jeglicher Opposition statt der von den Kommunisten propagierten Diktatur *des* Proletariats eine diktatorische Herrschaft *über* das Proletariat hervorbrachte.[23]

Dserschinskis Tscheka fiel die in ihrem ursprünglichen Emblem symbolisch dargestellte Rolle zu, »Schwert und Schild der Partei« zu sein. Zu diesem Zweck mußte sie den neuen Staat gegen die äußeren Feinde des Kommunismus verteidigen und zugleich jede Opposition im Innern zerschlagen. Die erste Operation der Tscheka gegen eine fremde Macht, die Ermordung des deutschen Botschafters Wilhelm Graf von Mirbach in Moskau im Sommer 1918, war allerdings nicht von oben autorisiert. Es war der ungeschickte Versuch des Zentralkomitees der linken Sozialrevolutionäre, gegen die von den Deutschen erzwungenen drakonischen Bedingungen des Friedens von Brest-Litowsk zu protestieren, den der Pragmatiker Lenin als Preis für den Rückzug Rußlands aus dem Krieg akzeptiert hatte. Der Mord brachte die Tscheka vorübergehend in Mißkredit und führte dazu, daß Dserschinski kurzzeitig seinen Posten verlor. Kaum war er jedoch wieder fest im Sattel, säuberte er die Tscheka von sämtlichen abweichlerischen Elementen und sorgte dafür, daß er fortan alle ihre Operationen absolut unter Kontrolle hatte.[24]

Der genannte Vorfall wurde von Dserschinski zur Rechtfertigung drakonischer Maßnahmen mißbraucht, mit denen er die Revolution gegen die Bedrohung durch feindliche kapitalistische Mächte schützen wollte. Nachdem Großbritannien und Frankreich im Sommer 1919 internationale Bemühungen anstrengten, das junge bolschewistische Regime schon kurz nach seiner Geburt zu strangulieren, wurde die Tscheka rasch ausgebaut. Doch waren diese offenen und heimlichen Interventionen nicht annähernd so umfangreich, wie die sowjetische Propaganda damals behauptete. Weitere Nahrung für den von Dserschinski geschickt aufgebauten Mythos einer massiven Bedrohung von außen lieferten die ersten Erfolge der Tscheka bei der Suche nach Beweisen einer solchen Intervention fremder Mächte. Im Sommer 1918 deckte einer ihrer Agenten, Oberst Eduard Bersin, der erfolgreich das Netz des britischen Geheimdienstes in Rußland unterwandert hatte, die Machenschaften einer oppositionellen Gruppe auf, die als Lockhart-Verschwörung bzw. Botschafterkomplott in die sowjetische Geschichtsbücher einging. Diese bewußt hetzerische Bezeichnung bezog sich auf die Rolle, die der britische Generalkonsul in Moskau während des 1. Weltkrieges, Robert Bruce Lockhart, dabei gespielt hatte. Nach der Revolution wurde er Leiter einer Spezialverbindungseinheit, die in Petrograd eine Präsenz aufrechterhielt, obwohl die britische Regierung bis 1924 keine offiziellen Verbindungen mit Sowjetrußland hatte. Lockhart organisierte mit heimlich beschafftem britischem Geld die Bestechung eines Kommandeurs von einem Kontingent lettischer Truppen. So sollte die bolschewistische Regierung mit Waffengewalt gestürzt werden.[25]

Eine der führenden Figuren in dieser operettenhaft anmutenden Verschwörung, die Dserschinski bestens ins Konzept paßte, war Sidney George Reilly, der im März 1918 als Berater bei Bruce Lockharts Mission im Rang eines Hauptmanns des britischen Geheimdienstes nach Rußland entsandt worden war. Aus Reillys Geständnis nach seiner Festnahme durch die Sowjets sieben Jahre später geht hervor, daß die Karriere dieses 1874 in Odessa geborenen ältesten Sohnes eines russischen Schiffsmaklers namens Mark Rosenblum äußerst bemerkenswert war. Und zwar auch ohne die Legenden, die sich unter tatkräftiger Mithilfe mehrerer Autorengenerationen von Spionageromanen und Fernsehproduzenten um ihn zu ranken begannen.[26]

Nach seiner akademischen Ausbildung außerhalb Rußlands, in deren Verlauf er unter anderem in Heidelberg Philosophie und im Londoner Royal Institute of Mines Chemie studierte, heiratete Reilly eine Irin. Er nahm den Nachnamen ihres Vaters und ihren römisch-katholischen Glauben an sowie – last not least – die britische Staatsbürgerschaft, um ein »echter Engländer« zu werden. Der britische Geheimdienst warb ihn angeblich 1897 an. Danach führten ihn seine Abenteuerlust und sein Streben nach Reichtum um die halbe Welt, bis er schließlich 1909 in sein Heimatland zurückkehrte. Dort wurde er ein großer Förderer der Luftfahrt; er gründete zu diesem Zweck die Gesellschaft *Krylja* und baute den ersten russischen Flugplatz. 1915 wohnte er bereits in New York, wo er nach dem Ausbruch des Ersten Weltkriegs als Waffenhändler ein kleines Vermögen verdiente. Im folgenden Jahr veranlaßte ihn seine fliegerische Leidenschaft, freiwillig als Pilot in die britische Armee einzutreten. Dort diente er im Royal Flying Corps, bis er am 1. Januar 1918 vom britischen Geheimdienst als Undercoveragent übernommen wurde.[27]

Unter dem Mädchennamen seiner Mutter, Massino, operierte Reilly von der britischen Handelsvertretung in Wologda aus. Seine Missionen führten ihn unter anderem nach Petrograd, Murmansk und Moskau. Unter Ausnutzung der politischen Wirren des Bürgerkriegs und seines Talents zur Täuschung und Verstellung konnte Reilly in Rußland bald für Lockhart extensive Untergrundoperationen durchführen. Mit falschen Papieren gelang es ihm, während der Evakuierung Petrograds zum Kommissar für den Transport von Automobil-Ersatzteilen ernannt zu werden, so daß er in seine Moskauer Wohnung mit demselben Zug fahren konnte, den die bolschewistischen Funktionäre benutzten. Nachdem Reilly über den Patriarchen Tichon mehrere Millionen Rubel an den Klerus verteilt hatte, erreichte seine verschwörerische Tätigkeit ihren Höhepunkt, als er den Kommandanten einer lettischen Schützen-division namens Bersin bestach und ihn Lockhart als potentiellen An-führer eines Militärputsches gegen die Petrograder Revolutionsregie-rung vorstellte.

Als die Unterwanderungsagenten der Tscheka die Verschwörung aufdeckten, konnte Reilly der Verhaftungswelle entgehen, in deren Gefolge Lockhart und seine Mitverschwörer – unter ihnen auch ein Mitarbeiter des amerikanischen Außenministeriums russisch-griechi-scher Abstammung mit dem unwahrscheinlichen Namen Xenephon Kalamatiano – in die Arrestzellen des Gebäudes an der Lubjanka geworfen wurden, das als Hauptquartier der Tscheka fungierte.[28] Wäh-rend sie im Kerker schmachteten, gelang Reilly die Flucht, die er später beim Verhör durch den sowjetischen Geheimdienst im Gefängnis wie folgt schilderte:

»Nachdem ich in Moskau meine Angelegenheiten geregelt hatte, fuhr ich am 11. September 1918 per Bahn in einem für die deutsche Bot-schaft reservierten Abteil in Begleitung einer ihrer Sekretäre mit dem Paß eines Baltendeutschen nach Petrograd. Dort versteckte ich mich etwa zehn Tage lang in verschiedenen Häusern, liquidierte mein dorti-ges Spionagenetz und suchte nach einer Möglichkeit, über die finnische Grenze zu kommen, da ich durch Finnland fliehen wollte. Als dies nicht ging, beschloß ich, den Weg über Reval zu nehmen. Ich verließ Petro-grad in Richtung Kronstadt, nachdem mir vom deutschen Konsulat ein ›Protektionszertifikat‹ ausgestellt wurde, wie es für Einwohner des Baltikums bestimmt war. Neben diesem Dokument für die Ausreise aus Petrograd nach Kronstadt hatte ich noch einen Paß bei mir, der auf einen russischen Namen für eines der Petrograder Arbeiterkomitees ausge-stellt war. In Kronstadt wartete bereits ein Schiff mit einem finnischen Kapitän auf mich, auf dem ich die Nacht verbrachte. Ich fuhr also nach Reval ... In Reval mietete ich mich im Hotel Petrograd ein, und zwar unter dem Namen Gregori Berman – ein Altertumsforscher, der Ruß-land nach Problemen mit den sowjetischen Behörden verlassen hatte ... nach zehn Tagen reiste ich heimlich mit dem Schiff nach Helsingfors und von dort weiter nach Stockholm und London, wo ich am 8. No-vember eintraf.«[29]

Reilly hatte dem Titel »As der Spione«, den er sechzig Jahre später in einer Fernsehserie erhalten sollte, alle Ehre gemacht. Er befand sich schon längst wieder in Großbritannien in Sicherheit, als das diplomati-sche Gerangel um das sogenannte Botschafterkomplott seinen Höhe-punkt erreichte: Lockhart wurde im Austausch gegen die russischen Botschaftsangehörigen in London – darunter auch Maxim Litwinow –, die von der britischen Regierung klugerweise als Faustpfand festgehalten worden waren, wieder auf freien Fuß gesetzt. Da Washington nicht in der Lage war, dieselbe Taktik anzuwenden, mußte der bedauernswerte Kalamatiano noch bis August 1921 in einem russischen Gefängnis schmachten.[30] Zuvor war der Beamte des US-Außenministeriums als einer der vier Hauptangeklagten zum Tode verurteilt worden – ebenso wie Lockhart und Reilly, gegen die das Oberste Militärtribunal am 3. Dezember 1918 in Abwesenheit das Todesurteil fällte.

Das Gerichtsverfahren bot den Bolschewiki Gelegenheit, ihren eben erst ins Leben gerufenen sozialistischen Staat als ein höchst gefährdetes, weil von innen und außen durch kapitalistische Verschwörer und Spione bedrohtes Gebilde darzustellen. Die dahingehende Propaganda erhielt weitere Nahrung durch den Attentatsversuch einer sozialrevolutionären Agentin namens Fanja Kaplan auf Lenin. Beide Vorfälle verleihen Dserschinskis Behauptung, daß die Revolution durch radikale Maßnahmen vor massiven und gutorganisierten feindlichen Kräften geschützt werden mußte, erhöhte Glaubwürdigkeit. Dserschinskis Forderungen nach erweiterten Machtbefugnissen für die Tscheka wurden indirekt auch durch eine Aktion der Briten und Franzosen unterstützt, die mit zögerlicher Hilfe der Amerikaner Truppen auf der Halbinsel Kola und in Sibirien landen ließen, um die vorrückenden »weißrussischen« Armeen zu verstärken.

Die wachsende Bedrohung des bolschewistischen Regimes im Chaos des Bürgerkriegs resultierte im Roten Terror, wie die »Weißen« die Welle von Hausdurchsuchungen, Verhaftungen und Exekutionen von Regimegegnern durch die Tscheka nannten. Als Reaktion auf den Zusammenbruch der Autorität seines Regimes bevollmächtigte Lenin Dserschinski, den »organisierten Terror« zu entfesseln, den er für notwendig erachtete, um »die Feinde der Sowjetmacht zu terrorisieren und Verbrechen im Keim zu ersticken«.[31]

Der blutige Terror, wie die Tscheka-Einsätze beschrieben werden, kann historisch als eine schrittweise Eskalation der Gewalt infolge der wachsenden Furcht vor einem Umsturz betrachtet werden, die sowohl rationale wie irrationale Gründe hatte. Lockharts Meinung nach schuf die britische Militärintervention das Klima dafür, daß Dserschinski mit immer mehr Skrupellosigkeit gegen die Konterrevolution vorgehen konnte. »Ich glaube nur, daß unsere Intervention Terror und Blutvergießen verstärkt hat«, reflektierte dieser zeitgenössische westliche Beobachter. Diese Sicht wird vom Historiker des russischen Geheimdienstes, Wolodja Mersljakow, geteilt. Durch seinen Zugang zu den Geheimdokumenten der Tscheka hat Mersljakow ein einzigartiges – und erstaunlich teilnahmsloses – Verständnis für die Konflikte, die Dserschinskis stahlharter geheimer Polizeiapparat schuf. Die geheimen Dokumente der Tscheka offenbaren, daß weder die verdammende Analyse des Westens noch die Selbstrechtfertigungen, die das frühere Sowjetregime veröffentlichen ließ, den historischen Vorgänge gerecht werden. »Die Bolschewiki sahen sich Bedingungen gegenüber, in denen Kompromisse nichts auszurichten vermochten«, erklärte Mersljakow. Seiner Ansicht nach – und er sagte das nicht, um die Skrupellosigkeit der Tscheka zu rechtfertigen – sollte man den Versuch machen, die scheinbar exzessive Brutalität, mit der Dserschinski in den gewalttätigen Jahren nach der Revolution vorging, zu verstehen und zu erklären.[32] Zwar ging das bolschewistische Regime aus diesem Kampf um Leben und Tod als Sieger hervor, aber der Preis an Menschenleben für diesen Sieg war hoch. Abgesehen von den Verlusten an der Front gegen die »Weißen« und ihre Verbündeten fielen der von der Tscheka und den Milizeinheiten der Roten Garde organisierten Repression im Innern mindestens eine Viertelmillion Russen zum Opfer.[33] Doch auch nach dem Herbst 1920, als die Rote Armee ganz Rußland unter ihre Kontrolle gebracht hatte, wurden die »außerordentlichen Maßnahmen« keineswegs aufgehoben. Dserschinskis »Außerordentliche Kommission« hatte sich eine dauerhafte Machtstellung gesichert, indem sie den Bolschewiki ihre inneren Feinde vom Hals geschafft und es ihnen dadurch ermöglicht hatte, sich zur einzig legitimen kommunistischen Partei zu erklären.

Im Verlauf dieses Prozesses war die Tscheka zu einer riesigen Organisation angewachsen, zu einem Staat im Staate, der über eine eigene Armee, eine eigene Verwaltung sowie über Außenposten in allen russischen Provinzen verfügte. Die Expansion von Dserschinskis Geheimpolizei war selbst in Rußland, das seit der Opritschniki Iwans des Schrecklichen im 16. Jahrhundert eine lange Tradition auf diesem Gebiet aufwies, ohne Beispiel. Aus den anfänglich 23 Mann im Dezember 1917 war bereits drei Jahre später eine knappe Viertelmillion geworden. Zu den 137 106 Mann der inneren Truppen kamen 94 288 Grenzschützer, und allein der sogenannte zivile Stab übertraf mit über 30 0000 die Höchststärke der zaristischen Ochrana um mehr als das Doppelte.

Als wichtigstes Mittel zum Machterhalt war die Tscheka zu einem zentralen Element des Regimes geworden, das sie hervorgebracht hatte. Die Notwendigkeit, die Volksmassen mit Hilfe »außerordentlicher Maßnahmen« im Zaum zu halten, war größer denn je, nachdem die wirtschaftlichen Auswirkungen des Bürgerkriegs in der russischen Bauernschaft große Unzufriedenheit ausgelöst hatten und unter den nationalen Minderheiten aufständische Bewegungen entstanden waren, die durch die Auflösung eines Großteils der Roten Armee noch verstärkt wurden.

Dserschinski fiel es deshalb nicht allzu schwer, Lenin zu überreden, den Druck der Partei zu ignorieren, in der die Rufe nach einer Beschneidung der Machtbefugnisse der Tscheka immer lauter wurden. Er baute den krakenartigen Apparat auch weiterhin ungehindert aus und gründete eine Auslandsnachrichtenabteilung, die INO, sowie die ihr untergeordnete Abteilung für Spionageabwehr, die KRO, um der angeblich gefährlich zunehmenden Subversion von außen besser begegnen zu können.

Zu den führenden Offizieren der Abteilung für Spionageabwehr der Roten Armee, die Dserschinski für seine Geheimpolizei auserwählt hatte, gehörte auch der 25jährige Orlow. Der Chef der Spionageabwehr, Artur Kristianowitsch Artusow, kannte Orlow von seiner Zeit als Chef der Spezialabteilung der Tscheka bei den Einheiten der 12. Armee im russisch-polnischen Krieg und hob dessen Qualitäten Dserschinski gegenüber lobend hervor. Als Orlow dann im Dezember 1920 um seine Versetzung nach Moskau nachsuchte, wurde seinem Antrag entsprochen und Orlow sofort in die wachsende Streitmacht der Tscheka eingebaut, die die Rote Armee bei der Verteidigung der sowjetischen Grenzen abgelöst hatte.

Anfang 1921 wurde Orlow zum Chef der Spionageabwehr der nordrussischen Tscheka-Grenztruppen in Archangelsk befördert. Er gehörte nun den Elitestreitkräften der Sowjetunion an, die sich durch bedingungslose Loyalität auszeichneten und stolz darauf waren, für die Verteidigung der Revolution auserkoren zu sein. Diese unbestechliche, fast puritanische Elitetruppe pflegte bereits gewisse institutionalisierte Traditionen wie beispielsweise die Praxis, den Sold der Offiziere im Gedenken an den Gründungstag der Tscheka jeweils am 20. des Monats auszuzahlen – eine Gepflogenheit, die später vom KGB übernommen wurde.[34]

Da Orlow als hoher Offizier damit rechnen konnte, mit Ausländern in Kontakt zu kommen, mußte er nach den von Dserschinski zum Schutz der Sicherheit seiner Organisation aufgestellten strengen Regeln einen neuen Namen annehmen. Aus Leon Feldbin wurde Lew Lasarewitsch Nikolski – der erste einer langen Reihe von Decknamen, hinter denen sich Orlow im Laufe seiner Karriere verbarg. Unter diesem Namen ging er in dem Weißmeerhafen Archangelsk seiner Tätigkeit im Bereich der Spionageabwehr nach. Seitdem Archangelsk zu Beginn des Bürgerkriegs durch eine alliierte Expeditionsstreitmacht besetzt worden war, widmete Dserschinski bei seiner Jagd nach ausländischen Spionen diesem Hafen seine besondere Aufmerksamkeit.

Noch in den ersten Monaten seiner Dienstzeit in Nordrußland heiratete Orlow am 1. April 1921 in Archangelsk Maria Wladislawna Roschnezki, eine nicht nur auffallend schöne, sondern auch außergewöhnlich intelligente Frau aus Kiew. Sie war acht Jahre jünger als er und hatte die Erlaubnis erhalten, ihren Beruf als Archivarin im Außenministerium aufzugeben, um sich ganz ihrem Medizinstudium widmen zu können.

Schon mit 16 war sie der Partei beigetreten, und seit 1919 hatte sie für die Sowjetregierung gearbeitet, bevor sie sich freiwillig zum Dienst in der Roten Armee meldete. Sie wurde an die Südwestfront abkommandiert, wo sie während ihrer Dienstzeit als Schreibkraft des Generalstabs Orlow kennenlernte. Im Gegensatz zu vielen anderen Ehen, die unter den erschwerten Bedingungen des Krieges geschlossen wurden, erwies sich ihre Verbindung als dauerhaft und bot beiden – trotz der Brüche in Orlows Karriere – fast ein halbes Jahrhundert lang einen Hafen emotionaler Sicherheit.[35]

Im Herbst 1921 kehrte das frischvermählte Paar aus Archangelsk nach Moskau zurück. Dort nahm Maria ihr Medizinstudium auf, während ihr Ehemann sein Jurastudium fortsetzte, das er bald darauf erfolgreich abschloß. Danach arbeitete er als Zivilfahnder im Kriminologischen Kollegium des neu eingerichteten Obersten Gerichtshofes. Nach außen hin stand er nun nicht mehr mit der Tscheka in Verbindung, doch in Wahrheit war dies lediglich ein Trick Dserschinskis, der einige seiner Protegés dafür auserwählt hatte, die juristischen Qualifikationen und damit auch das Ansehen zu erwerben, das ihnen bei ihrer weiteren Karriere von Nutzen sein sollte. Es war gängige Praxis, Tschekisten und Parteifunktionäre in der Zivilverwaltung einzusetzen, um die politische Zuverlässigkeit des dortigen Personals zu verbessern.

Am Obersten Gerichtshof war Orlow Nikolai Wassiljewitsch Krylenko unterstellt, einem prominenten Anwalt und Funktionär der Kommunistischen Partei. Obwohl er dazu nur unzureichend qualifiziert war, arbeitete Orlow an der Formulierung des ersten Strafgesetzbuches der Sowjetunion mit. Sein Beitrag läßt sich anhand seiner Artikel in der Wochenzeitschrift *Sowjetische Rechtsprechung* verfolgen, die in verschiedenen Ausgaben des Jahres 1922 erschienen. Während Orlow auf diese Weise bei der Schaffung eines Rechtssystems des Sowjetstaates Geburtshilfe leistete, kam am 1. September 1923 seine Tochter Veronika zur Welt.[36]

In seiner Eigenschaft als Assistent der Anklage und Ermittler bei Wirtschaftsverbrechen hatte Orlow oft an denselben Gerichten zu tun wie der ehemalige Menschewik Andrej Wyschinski. Zwölf Jahre später gelangte der linientreue Rektor der juristischen Fakultät der Moskauer Universität mit der Inszenierung von Stalins Schauprozessen zu zweifelhaftem Ruhm. Während Orlow und Wyschinski am Obersten Gerichtshof arbeiteten, gab es keinen Mangel an Fällen, die zur Verhandlung kamen. Die auf den zweieinhalbjährigen Bürgerkrieg folgenden Hungersnöte und Umsiedlungen zwangen den ewigen Pragmatiker Lenin dazu, beim Aufbau des Kommunismus erst einmal einen Rückzieher zu machen. Er führte die sogenannte Neue Ökonomische Politik (NEP) ein, die teilweise kapitalistische Wirtschaftsformen wieder einführte und Investitionen aus dem Westen förderte.[37]

Dserschinski konnte nun den notwendigen Kampf gegen Profiteure als Begründung für die Beibehaltung und den Ausbau des mächtigen Apparats hernehmen, obwohl im März 1921 viele Delegierte des Zehnten Kongresses der Kommunistischen Partei Rußlands (KPR) gefordert hatten, die Rechtsbefugnisse der Tscheka einzudämmen. Gar nicht gelegen kam dem »Eisernen Felix« allerdings die Tatsache, daß dieses kritische Forum mit der Rebellion im Marinestützpunkt von Kronstadt westlich von Petrograd zusammenfiel. Die Anführer des vor allem gegen die Tscheka gerichteten Kronstädter Matrosenaufstands warfen dem kommunistischen Regime »Massenexekutionen und Blutvergießen« vor. Das Aufbegehren der Matrosen, die Lenin noch vier Jahre zuvor als die Helden der Oktoberrevolution hatte hochleben lassen, war nun gegen die »Bajonette, Kugeln und Folterkammern« der Tscheka gerichtet, deren Treiben sie mit den schlimmsten Exzessen der Opritschniki Iwans des Schrecklichen verglichen.[38]

Mit einer Brutalität, die selbst letzterem alle Ehre gemacht hätte, schlug eine 50 000 Mann starke Streitmacht der Tscheka und der Roten Armee den Aufstand nieder. Die Überlebenden flohen nach Finnland, von wo sie schon bald zurückkehrten, nachdem ihnen ihre Begnadigung zugesagt worden war; wieder in Rußland, wurden sie jedoch allen Versprechungen zum Trotz in Konzentrationslager gesteckt, die Dserschinski errichten ließ und zu einem wichtigen Bestandteil seines Terrorregimes ausbaute. Die Rebellion lieferte ihm einen Vorwand für die neuerliche Ausweitung der Machtbefugnisse der Tscheka, nachdem der Parteikongreß die Gegner der Bürokratie, die Opposition innerhalb der Arbeiterschaft und die Demokratisch-Zentralistische Gruppe für illegal erklärt hatte. Bald darauf ordnete Dserschinski an, daß Abweichungen innerhalb der Partei fortan nicht mehr nur der Kontrollkommission, sondern auch der Tscheka zu melden seien. Das führte dazu, daß sich der Sicherheitsdienst im Parteiapparat verankerte und zum wichtigsten Mechanismus in der Unterdrückung abweichender Meinungen wurde.

Der Kronstädter Matrosenaufstand, der Lenins Entscheidung zur Einführung der Neuen Ökonomischen Politik und zur vorläufigen Beendigung der Requirierung landwirtschaftlicher Erzeugnisse von den Bauern beschleunigt hatte, resultierte auch in einem – allerdings weitgehend kosmetischen – Zugeständnis an Dserschinskis Kritiker.

Nach dem Ende des Bürgerkrieges glaubte Lenin, daß die Tscheka ihrer Pflicht Genüge getan hätte. Am 23. Dezember 1921 wurden ihre Machtbefugnisse durch einen Beschluß des neunten Allrussischen Sowjetkongresses eingeschränkt. Dies zeigte, daß die »Stärkung der innen- und außenpolitischen sowjetischen Macht es möglich macht, den aktiven Bereich der Tscheka und ihrer Organe einzuschränken«. Nach der Entscheidung des Kongresses, den Status der Tscheka zu überprüfen, wurde sie sofort ihrer Befugnis, »außerhalb des Gerichtes« Urteile zu fällen, enthoben. Das Ganze endete in der Abschaffung der Tscheka und ihrer Wiedergeburt am 6. Februar 1922 als Staatliche Politische Verwaltung.

Die nach ihrer russischen Bezeichnung GPU (*Gossudarstwennoje Polititscheskoje Uprawlenije*) abgekürzte Organisation wurde dem Volkskommissariat für Inneres (NKWD) eingegliedert. Und da der Kommissar dieser sogenannten Staatssicherheitsorganisation kein anderer als Dserschinski war, ermöglichte dieser administrative Winkelzug dem »Eisernen Felix«, weiterhin die volle Kontrolle über den Apparat auszuüben; weg fiel lediglich die Ermächtigung der Tscheka, Verdächtige in Schnellgerichtsverfahren abzuurteilen und einzusperren. Lenin hatte jedoch nach seiner Anordnung zur Unterdrückung der Menschewiki im Mai 1922 versichert, daß »das Gesetz den Terror nicht abschaffen sollte; dies zu versprechen, wäre eine Selbsttäuschung«. So kam es, daß noch vor Ablauf des Jahres der GPU erneut die Ermächtigung zu Schnellgerichtsverfahren und Erschießungen zugesprochen wurde, die aus der Tscheka ein derart effektives Instrument der Repression gemacht hatten.[39]

Den Höhepunkt seiner Macht als Chef der Geheimpolizei erreichte Dserschinski im Jahre 1924, als die erste Verfassung der UdSSR in Kraft trat. Die GPU war 1923 in Vereinigte Staatliche Politische Verwaltung, abgekürzt OGPU (für: *Obedinjonnoje Gossudarstwennoje Polititscheskoje Uprawlenije*) umbenannt und der direkten Kontrolle des NKWD wieder entzogen worden. Dserschinski verließ seinen Posten als Vorsitzender des NKWD, blieb aber weiterhin unumschränkter Herrscher über die Geheimpolizei, nachdem die GPU 1922 zu einem unabhängigen Kommissariat geworden war. Der wachsende Einfluß, den er dadurch im Sowjetregime gewann, wurde kurz nach Lenins Tod am 21. Januar 1924 bestätigt, als der Chef der OGPU zum Vorsitzenden des Obersten Rates der Volkswirtschaft (WSNCH – *Wysschi sowjet narodnowo chosjajstwo)* und zum Kandidaten des Politbüros ernannt wurde.

Durch die Institutionalisierung des von Dserschinski geschaffenen riesigen Apparates etablierte sich die OGPU endgültig als fester Bestandteil des Sowjetstaates. Die Bürde seiner neuen Pflichten und die Positionskämpfe im Politbüro um Lenins Nachfolge zwangen Dserschinski jedoch bald dazu, die Leitung der OGPU weitgehend seinen beiden Stellvertretern, Wjatscheslaw Menschinski und Genrich Jagoda, zu überlassen. Zudem mußte er sich mit Kritik aus seiner eigenen Partei auseinandersetzen, da die ungeheuren Machtbefugnisse des Staatssicherheitsdienstes einige Mitglieder des Zentralkomitees sehr beunruhigten. Ein vielsagendes Memorandum an Menschinski, das nach dem gescheiterten Putsch von 1991 an die Öffentlichkeit gelangte, belegt, daß selbst der »Eiserne Felix« sich gezwungen sah, »die Existenz solcher Einstellungen in Betracht zu ziehen«, wie er nach einer scharfen Kritik von Nikolai Bucharin an der OGPU schrieb:[40]

»Unter politischen Gesichtspunkten wäre es ein großer Fehler, wenn die Partei in der grundlegenden Frage bezüglich der OGPU nachgeben und damit den Philistern in die Hände spielen würde«, erklärte Dserschinski in einem vertraulichen Brief an Menschinski vom 24. Dezember 1924. Er beklagte, daß Bucharins liberale Haltung »einen Sieg für den Trotzkismus und eine Aufgabe unserer Positionen bedeuten würde«, instruierte aber dennoch seinen Stellvertreter: »Um solchen Einstellungen zu begegnen, müssen wir unsere Praktiken und Methoden einer Prüfung unterziehen und alles eliminieren, was der Kritik Nahrung geben könnte. Das bedeutet, wir [die OGPU] müssen gemäßigter werden und zurückhaltender agieren, Hausdurchsuchungen und Verhaftungen vorsichtiger und mit besser fundiertem Beweismaterial einsetzen; einige der Verhaftungsgründe (Spekulation, Amtsmißbrauch) sollten nur noch begrenzt oder unter Druck verwendet werden oder durch die Mobilisierung von Parteiorganisationen in diesen Angelegenheiten.«[41]

Einer von denen, die Dserschinski beauftragten, einen solchen Fall von »Amtsmißbrauch« zu untersuchen, war Orlow. Er wurde 1923 ins Büro des OGPU-Chefs gerufen und mit den Ermittlungen in einem Korruptionsfall betraut, bei dem die Beschuldigten im Verdacht standen, aus Staatseigentum privaten Profit geschlagen zu haben. Orlow präsentierte seine Ermittlungsergebnisse bei einer Sondersitzung des Politbüros, an der sowohl Stalin als auch Dserschinski teilnahmen. Obwohl die Gründlichkeit von Orlows Nachforschungen die Anwesenden tief beeindruckte, konnte Stalin durchsetzen, daß Orlows Beurteilung des Falles – er betrachtete die Angeklagten als unschuldig – unter den Tisch fiel. Stalin hielt die Todesstrafe schon deshalb für politisch opportun, weil er sich davon eine abschreckende Wirkung auf andere Wirtschaftskriminelle versprach. Dennoch war Dserschinski vom furchtlosen Auftreten seines handverlesenen Ermittlers derart beeindruckt, daß er darauf bestand, Orlow wieder ausschließlich für die OGPU arbeiten zu lassen. Er bot ihm den Posten des Stellvertretenden Direktors der Wirtschaftsverwaltung, der sogenannten EKU an.[42]

Da Orlows Cousin Sinowi Kaznelson einer der ranghohen Offiziere der Grenzwachen und der EKU war, ist es durchaus möglich, daß er ein gutes Wort für Orlow einlegte, was seine Versetzung betraf.

Orlows Dienstbericht im ersten Band seiner Personalakte zeigt, daß er zwischen 1924 und 1925 zum Assistenten des Chefs der EKU befördert wurde, während er gleichzeitig Vorsitzender der Sektion VIII war. Er zog in eines der holzvertäfelten Büros ein, die für die Stellvertretenden Direktoren der OGPU in deren Hauptquartier an der Bolschaja Lubjanka Nr. 2 reserviert waren. Das palastartige sechsstöckige Gebäude hatte einst die *Allrussische Versicherungsgesellschaft* beherbergt, und seine verschnörkelten Giebel sowie die pastellfarbene Stuckfassade bildeten einen geradezu zynischen Gegensatz zu den Schrecken, die die meisten Russen nun mit diesem Haus verbanden.

Ein Foto von Orlow aus dieser Zeit zeigt ihn in einem Hemd mit modischem Kragen, mit wirrem, aber lichtem Haar und ordentlichem Schnurrbart. Er erinnert hier eher an einen leicht gequälten Pfadfinderführer als an einen aufstrebenden Helden der sowjetischen Geheimpolizei.

Als 29jähriger Rechtsanwalt dürfte sich Orlow des zweifelhaften Rufs der Organisation, der er nun als aufsteigender Funktionär angehörte, durchaus bewußt gewesen sein. Neben Andrei Iwantschikow beaufsichtigte Orlow als Assistent von Georgi Blagonrawow, dem Leiter der Wirtschaftsverwaltung, die Arbeit von fünf Unterabteilungen dieser Behörde. Gemäß Orlows späteren Aussagen vor dem US-Senat war er von Dserschinski mit der »Kontrolle von Industrie und Handel« beauftragt worden, wobei der Schwerpunkt seiner Arbeit auf der »Bekämpfung der Korruption« lag. Die Abteilung V, die von Lew G. Mironow geleitet wurde, überwachte ausländische Geschäftsleute mit dem Ziel, diejenigen, die in Rußland im Zuge der Neuen Ökonomischen Politik Investment-Konzessionen erhielten, als Spione abzuwerben. Ein weiterer Untergebener Orlows war Brjanzew, dessen Sektion IX für die zahlreichen inländischen Informanten zuständig war. Der einflußreichste von Orlows Genossen in der EKU war jedoch sein Cousin Sinowi Kaznelson, der schon vor ihm die juristische Fakultät absolviert hatte.[43]

Als Assistent des Chefs der EKU war Orlow auch in einige der wichtigsten geheimen Operationen der OGPU eingeweiht. Dserschinski, der nun als Volkskommissar für die sowjetische Wirtschaft verantwortlich war, setzte zunehmend die Wirtschaftsabteilung der OGPU dafür ein, Vertretern der westlichen Wirtschaft vorzugaukeln, daß bei Investitionen in der Sowjetunion enorme Gewinne zu erwarten seien. Firmen aus Großbritannien, Frankreich und Deutschland erwiesen sich tatsächlich als ausreichend gutgläubig und profitgierig, um auf die geschickt manipulierten Werbebroschüren Kaznelsons hereinzufallen, der bei dieser Operation eine zentrale Rolle spielte. Die finanzielle Umstrukturierung der sowjetischen Industrie war eine der obersten Prioritäten der Neuen Ökonomischen Politik. Um Investoren anzulocken, hatte man im Ausland Handelsmissionen eröffnet, obwohl die Sowjetunion damals im Westen noch keine diplomatische Anerkennung genoß und in der Weltgemeinschaft als Paria galt, dessen nicht gerade begehrter Hauptexportartikel die kommunistische Revolution war. Die

Aussicht auf fette Gewinne aus dem riesigen russischen Markt erwies sich jedoch als äußerst verlockend.

Der Außenhandel wurde aus der Sicht der Sowjets zum Schlüssel, der ihrem Land den Weg in die internationale Gemeinschaft öffnen sollte. Ironischerweise ging als erster westlicher Staat ausgerechnet der vermeintliche Hauptfeind Großbritannien den Verlockungen des Profits auf den Leim. Den britisch-sowjetischen Handelsverträgen, die im März 1921 in London unterzeichnet wurden, war ein Jahr harter Verhandlungen zwischen den Vertretern Moskaus und der Regierung von Premierminister David Lloyd George vorausgegangen, der mit diesem Abkommen der britischen Wirtschaft – und nicht zuletzt auch der Popularität seiner Liberalen Partei – wieder auf die Sprünge helfen wollte. Innerhalb eines Jahres waren Deutschland, Italien, Schweden, Norwegen, Österreich und die Tschechoslowakei dem britischen Beispiel gefolgt. Um diesen Erfolg zu ermöglichen, hatte das Kommissariat für Außenhandel Hand in Hand mit der Auslandsabteilung (INO) der Tscheka gearbeitet, deren Einfluß innerhalb der OGPU immer mehr zunahm. Ihre Agenten im Ausland waren unablässig darum bemüht, weitere Breschen in die westlichen Verteidigungslinien zu schlagen.

Die INO (*Inostrannyj Otdel*) war bis 1929 Meër Abramowitsch Trilisser unterstellt – Orlows Beschreibung nach ein »asketischer alter Bolschewik, der in den gefürchteten zaristischen Straflagern zehn Jahre Zwangsarbeit (*katorga*) verbüßt hatte«. Ebenso wie seinen Vorgesetzten, den »Eisernen Felix«, hatten die langen Jahre der Haft auch den Chef der INO, der schon von Jugend an ein leidenschaftlicher Revolutionär gewesen war, entscheidend geprägt. Bis 1929 war Trilissers Auslandsnachrichtenabteilung für die Residenturen zuständig, die auf den Gebieten der Industriespionage tätig waren.[44]

Trilissers Nachfolger innerhalb der INO und ein früherer Mentor Orlows war der einflußreiche Chef der Abteilung für Spionageabwehr (KRO) Artur Artusow. Der stämmige Sohn eines aus der Schweiz eingewanderten Käsefabrikanten galt als einer der fähigsten Köpfe in Dserschinskis Organisation. Er war vier Jahre älter als Orlow und hatte sich mit diesem im russisch-polnischen Krieg angefreundet. Artusow, der sich in Bereichen der Täuschung und Provokation als besonders begabt erwies, hatte als Chef der KRO der Tscheka auch eine ihrer gewagtesten und erfolgreichsten Operationen koordiniert, die entscheidend zum erfolgreichen Einsatz der sowjetischen Handelsmissionen im Ausland beitrug.[45] Es handelte sich dabei um die Operationen *sindikat* und *trest* (nach engl. »Trust«), denen Tausende von Anhängern der »Weißen« ebenso auf den Leim gingen wie der britische, der französische und der polnische Geheimdienst. Das weitverzweigte konspirative Netz, das weitgehend nach Artusows Plänen gewoben wurde, stützte sich auf eine Gruppe von Agents provocateurs der OGPU, die sich als weißgardistische Konterrevolutionäre tarnten. Vom sowjetischen Standpunkt aus sollte *trest* eine Art »Blitzableiterstrategie« verfolgen: Man wollte sich der ständigen Bedrohung durch Terror und Subversion dadurch entledigen, daß man die Aktivitäten der »weißen« Emigranten-Organisationen so kanalisierte, daß diese sich in Erwartung eines entscheidenden Schlages gegen das bolschewistische Regime vorerst zurückhielten.[46]

Entscheidend für den Erfolg dieser Strategie war der Einfluß, den die OGPU über den Großfürsten Nikolaj Nikolajewitsch gewann, eine der herausragenden Persönlichkeiten in der von Paris aus operierenden Führung der »Weißen«. Einem im August verfaßten Bericht von Alexander A. Jakuschew zufolge war dies im Jahre 1923 bewerkstelligt worden. Der OGPU-Agent Jakuschew hatte sich als führendes Mitglied des *trest* ausgegeben, als er am 13. August in Frankreich angekommen war, um zu General Jewgeni Miller und General Holsmann Kontakt aufzunehmen. Jakuschew hatte sich schnell ins Vertrauen der beiden im Exil lebenden hochrangigen militärischen Führer der Weißgardisten eingeschlichen, die für ihn zwei Wochen später ein Treffen mit dem Großfürsten arrangierten. Ihr Gespräch am 24. August dauerte, Jakuschew zufolge, drei Stunden; er berichtete, sie hätten sich über die Situation in der Sowjetunion unterhalten und darüber, wie der *trest* und die »Weißen« ihre Pläne und Taktiken am besten koordinieren könnten, um einen möglichst baldigen Staatsstreich herbeizuführen. Jakuschew schlug vor, daß die MOZR – die russische Abkürzung für Monarchistische Vereinigung Zentralrußlands oder *trest* (so der russische Deckname) – zu gegebener Zeit in die Monarchistische Partei Rußlands umgewandelt werden sollte. Ihr politischer Rat sollte zu einem Zentralkomitee umgewandelt werden, das denjenigen zum Zaren wählte, der am besten geeignet war, »die höchsten Ideale des Monarchismus zu repräsentieren«. Für diesen Auserwählten sollte das Komitee dann als beratendes Gremium fungieren, das auch die Mitglieder der Regierung nominiert. Jakuschew zufolge versicherte ihm der Großfürst: »Ich stimme Ihnen nicht nur zu, sondern werde Sie auch in Zukunft konsultieren, keinen Schritt ohne Sie tun und immer Ihren Rat suchen.«[47]

Die Umgarnung des Großfürsten Nikolajewitsch bildete die Grundlage dafür, daß die Operation *trest* und ihr Ableger *sindikat* so ungeheuer erfolgreich waren und den Sowjets relativen inneren Frieden bescherten, bis das gigantische Täuschungsmanöver im Jahre 1926 aufflog. Nach Ablauf dieser sechs Jahre hatten die Kommunisten die riesige UdSSR fest im Griff.

Die ineinander verschachtelten Operationen der OGPU waren derart komplex, daß allein das *trest*-Dossier aus jener Zeit, zusammengestellt vom NKWD, 37 Aktenordner umfaßt. Selbst die Historiker des russischen Geheimdienstes, die diese Akten durchgesehen haben, verwirrte die Unzahl der Decknamen, die zudem so häufig wechselten, daß die vielen Einzeloperationen in ihrer Gesamtheit geradezu symphonischen Charakter erlangten. Die betreffenden Akten belegen auch, daß ein weiteres Hauptziel der gigantischen Aktion *trest* darin bestand, den Polen und über sie auch den Briten falsche Informationen zuzuspielen, um sie dazu zu bewegen, Agenten wie Reilly zur Unterwanderung der Bolschewiki zu entsenden Ein weiteres geschickt arrangiertes Täuschungsmanöver zielte darauf ab, sich nicht nur die finanzielle Unterstützung emigrierter »Weißer« zu sichern, die andernfalls mit ihrem Geld Aufstände finanziert hätten, sondern bei dieser Gelegenheit auch gleich die Restbestände der antibolschewistischen Untergrundbewegungen in der Sowjetunion zu enttarnen.

Mit gezielten Operationen wollte man der Weltöffentlichkeit ein positiveres Bild von der Sowjetunion vermitteln. So förderte man beispielsweise die Veröffentlichung eines Buches im Westen mit dem Titel *Three Capitals*, dessen Autor Wassili Skulgin ein bekannter Monarchist war. Der *trest* ließ ihn nach Rußland einschmuggeln, wo er eine – wie er glaubte, heimliche – Informationsreise durch sowjetische Großstädte unternahm. »Als Skulgin den Emigranten seine Eindrücke schilderte«, berichtete einer der Undercoveragenten der OGPU, »erklärte er, daß vor seiner Reise diejenigen, die von seinem Vorhaben wußten, ihm prophezeit hatten, er werde dasselbe Schicksal erleiden wie Sawinkow. Aufgrund der Eindrücke, die er von der MOZR gewann, nachdem er mit über zwanzig Mitgliedern des *trest* zusammengetroffen war, ist er nun zu der Schlußfolgerung gelangt, daß sie unmöglich alle bolschewistische Agenten sein konnten. Nicht ein einziger von ihnen habe durch seine Einstellung und sein Handeln bei ihm einen solchen Verdacht aufkommen lassen, so daß er seine mißtrauische Haltung habe revidieren müssen.«[48]

Zu denen, auf die diese beiden voneinander unabhängigen, aber doch ähnlichen Täuschungsmanöver hauptsächlich abzielten, gehörte auch Boris Sawinkow, der unversöhnliche, antibolschewistische sozialistische Revolutionär, der während des Bürgerkriegs mit beachtlichem Erfolg in Rußland Aufstände provoziert und Guerilla-Operationen geleitet hatte. Als seine Russische Volksarmee 1920 besiegt worden war, hatte Sawinkow in Polen Zuflucht gesucht, wo er das Russische Politische Komitee gründete, das weitere Invasionen vorbereiten sollte. Aufgrund seiner Verbindungen zu den noch immer sehr aktiven antibolschewistischen Bewegungen in Rußland war er für Moskau ein ständiges Ärgernis, das Artusows Operation *sindikat I* ein für allemal beseitigen sollte.

Im Winter 1921 erhielt Sawinkow, der damals in Polen war, Besuch von Alexander Eduardowitsch Opperput (sein wirklicher Name war Staunitz-Upelnitz), einem Repräsentanten des westlichen Regional-komitees (Weißrußland) der Volksunion für die Verteidigung von Vater-land und Freiheit. Es gelang ihm, Sawinkow zur Reaktivierung dieser Union zu bewegen und eine neue Reihe von Aufständen vorzubereiten. So lernte Opperput die Namen und Organisationsstrukturen von Sawin-kows Untergrundnetz kennen. Als die Volksunion im Mai 1921 unter dem Sturm der sowjetischen Geheimpolizei zerfiel, wurde Opperput festgenommen. Was Sawinkow nicht erfuhr, war, daß Opperput, der als weiteren Decknamen Pawel Iwanowitsch Seljanow benutzte, von den Tschekisten »umgedreht« und daraufhin einer der führenden Agents provocateurs des *trest* wurde.[49]

Nachdem 40 Mitglieder von Sawinkows Untergrundbewegung in etlichen von der sowjetischen Presse weidlich ausgeschlachteten Schau-prozessen Geständnisse abgelegt hatten, mußte Sawinkow nach hefti-gen diplomatischen Protesten in Warschau Polen verlassen. In Paris baute er – diesmal mit Unterstützung Großbritanniens und Frankreichs – eine neue Operationsbasis auf. 1924 nahm der sowjetische Geheim-dienst ihn erneut ins Visier, als zur Vorbereitung der Operation *sindi-kat II* zwei Emissäre aus der UdSSR bei ihm eintrafen, die sich als Mitglieder einer der überlebenden antibolschewistischen Untergrundbe-wegungen vorstellten. Sie überbrachten ihm einen Brief, in dem ein früherer Kampfgefährte ihn seiner Loyalität versicherte, und gewannen so das Vertrauen des mißtrauisch gewordenen Sawinkow. Nach weite-ren geheimen Treffen konnten sie ihn dazu überreden, nach Rußland zurückzukehren, um dort eine neue Untergrundbewegung gegen die Kommunisten ins Leben zu rufen.

Einer von denen, deren Unterstützung sich Sawinkow bei seiner Kampagne versicherte, war Sidney Reilly, der nach seiner Flucht nach London im Jahre 1918 noch im selben Jahr als politischer Offizier in General Denikins Stab auf die Krim zurückgekehrt war. Nachdem er als Berater der britischen Regierung bei der Versailler Friedenskonferenz fungiert hatte, arbeitete Reilly zunächst weiter als Rußland-Experte des MI6 und beschaffte Informationen von »weißen« Emigranten, die Sa-winkow unterstützten. Ende 1920 arbeitete er an der Organisation eines Feldzugs nach Weißrußland mit. Anschließend kehrte er nach London zurück, wo er 1922 zu dem Schluß gekommen war, daß »ein weit effektiveres Mittel des Kampfes in den Verträgen mit den sowjetischen Behörden besteht, die Rußland für englische Handelsfirmen und Wirt-schaftsunternehmen öffnen«.[50]

Zu diesem Zweck kehrte er aus geschäftlichen Gründen nach New York zurück. Er verließ seine erste Frau und heiratete Pepita Bobadilya, eine gebürtige Russin und Witwe eines englischen Schauspielers. Insofern überraschte es nicht, daß Sawinkow sich an Reilly wandte, als es darum ging, die finanziellen Mittel zu beschaffen, die zur Durchführung der neuen Operationen erforderlich waren, zu denen ihn die *sindikat*-Agenten anstifteten. Einer dieser Agents provocateurs war Andrej Pawlowitsch Fedonow von den Liberalen Demokraten, einer Tscheka-Organisation. Sawinkow hatte ihn Reilly vorgestellt. Gegen Reillys Rat ließ sich Sawinkow am 15. August 1924 über die sowjetische Grenze schmuggeln. Bald fand er sich jedoch in den Verhörzellen im Keller des OGPU-Hauptquartiers an der Lubjanka wieder. Zwei Wochen später hatte er ein volles Geständnis abgelegt und sich bereit erklärt, mit der OGPU zusammenzuarbeiten, indem er seine übriggebliebenen Anhänger im antibolschewistischen Untergrund aufforderte, sich »der Macht der Arbeiter und Bauern zu beugen und sie uneingeschränkt anzuerkennen«.[51]

Sawinkows Kooperationsbereitschaft bewahrte ihn nicht nur vor der Exekution; mit nur zehn Jahren Gefängnis kam er auch ausgesprochen glimpflich davon. Manche vermuteten schon, daß er von den Sowjets »umgedreht« worden war. Als er dann ein Jahr später in den Innenhof der Lubjanka stürzte, argwöhnte so mancher, daß dabei jemand nachgeholfen haben mußte. Dem widerspricht jedoch die Aussage des Zeitzeugen Boris Goodse, eines OGPU-Veteranen und späteren GRU-Offiziers, der damals gerade im Hauptquartier Dienst tat. Wie man ihm erzählte, hielt Sawinkow gerade in einem der oberen Stockwerke der Lubjanka gemeinsam mit mehreren Tschekisten ein Trinkgelage ab, als er plötzlich vom Ledersofa, auf dem er saß, aufstand und zu einem offenen Fenster zum Innenhof ging. Ob er hinausfiel oder -sprang, war für die Anwesenden nicht erkennbar. Ein OGPU-Offizier namens Grigori Syrojeschkin bekam ihn zwar gerade noch am Handgelenk zu fassen, doch war sein Arm infolge eines in der Jugend beim Ringkampf erlittenen Unfalls zu schwach, um Sawinkow festhalten zu können.[52]

Der Erfolg der *sindikat*-Operationen gegen überlebende antibolschewistische Untergrundkämpfer wurde nur durch Artusows Aktion übertroffen, in deren Mittelpunkt die vom sowjetischen Geheimdienst 1921 erfundene Monarchistische Vereinigung Zentralrußland stand, die bis ins Jahr 1927 hinein existierte. Ihre finanziellen Transaktionen wurden unter der Tarnung des Städtischen Moskauer Kreditvereins abgewickelt, eines angeblich von verdeckt arbeitenden »weißen« Dissidenten während der Neuen Ökonomischen Politik gegründeten Trustfonds. Dieser zielte vor allem auf die einflußreichen Organisationen russischer Emigranten in Berlin und Paris ab, die sich als Oberster Monarchistischer Rat (WNS) beziehungsweise als Vereinigung Russischer Truppen (ROWS) bezeichneten. OGPU-Agenten, die sich als Emissäre des *trest*, ausgaben, entlockten dem ehemaligen zaristischen General Alexander

Kutjepow in Frankreich die Namen seiner Kontaktleute in Rußland. Zugleich erleichterten Versprechungen, daß Investitionen in den *trest* den Sturz der sowjetischen Regierung beschleunigen würden, den OGPU-Agenten in Frankreich und Deutschland, die entsprechenden Emigrantengruppen zu unterwandern sowie Zwietracht und Mißtrauen unter ihnen zu säen.

Trest entwickelte sich bald zu einem gigantischen internationalen Betrug, dem durch Vermittlung der Polen sogar der britische Geheimdienst sowie in unterschiedlichem Maße die Geheimdienste mehrerer anderer europäischer Länder auf den Leim gingen, bis er 1927 als großangelegtes Täuschungsmanöver enttarnt wurde. Eines des berühmtesten Opfer des *trest* war Sidney Reilly, der nur ein Jahr nach Sawinkows fataler Reise nach Helsingfors fuhr, um sich mit Agenten des *trest* zu treffen. Artusow hatte das Täuschungsmanöver geschickt vorbereitet, indem er dem finnischen Geheimdienst falsche Informationen zuspielte. Im Januar 1925 fuhr der OGPU-Agent Alexander A. Jakuschew, der sich als führender *trest*-Mitarbeiter ausgab, in Begleitung eines ehemaligen Obersten der zaristischen Armee namens Skukin – des angeblichen Leningrader Repräsentanten der Organisation, der ebenfalls für die OGPU arbeitete – nach Finnland. Dort trafen sie sich mit Nikolai Bunakow, einem weißrussischen Aktivisten, der mit dem britischen Geheimdienst in Verbindung stand und einen ihrer Agenten für eine Aufklärungsmission nach Moskau einschmuggeln wollte. Dserschinski, der die Initiatoren der Täuschungsoperationen angewiesen hatte, sich nicht mit dem britischen Geheimdienst einzulassen, weil dessen Agenten seiner Einschätzung nach »schlau wie Füchse sind und den Braten riechen werden«, genehmigte in diesem Fall eine Ausnahme von der Regel, um Reilly in die Falle zu locken.[53] Artusows ausländische Agenten von der Spionageabwehr wurden deshalb angewiesen, den britischen Spion in die UdSSR zurückzulocken, wo er verhaftet und verhört werden sollte, bevor man das bereits gegen ihn verhängte Todesurteil vollstrecken wollte.

Diese Operation galt als so wichtig, daß sie, wie aus den Akten des sowjetischen Geheimdienstes hervorgeht, von Menschinskis Stellvertreter Genrich Jagoda persönlich geleitet wurde. Reilly hatte sich bereits ein Jahr zuvor in Paris mit Vertretern des *trest* getroffen, deren Zuverlässigkeit ihm von General Kutjepow und – vor seinem Verschwinden im Vorjahr – von Sawinkow bestätigt worden war. Somit war es kein Problem, ihn nach Finnland zu bringen, nachdem Kutjepow ein vorbereitendes Treffen mit den Undercover-Emissären aus Moskau abgehalten hatte. Nach Gesprächen mit Kutjepow in Paris kam Reilly Mitte September 1925 in Helsingfors an, wo er mit Jakuschew und Skukin zusammentraf.

»Auf den ersten Eindruck wirkte er ausgesprochen unsympathisch«, erklärte Jakuschew in seinem Bericht über sein Treffen mit Reilly. »Seine hervortretenden finsteren Augen hatten einen sarkastischen und grausamen Ausdruck, und seine Unterlippe hing tief herunter; er war ein aalglatter Typ mit gepflegtem schwarzem Haar und einem demonstrativ elegant geschnittenen Anzug.« Nachdem Reilly anfangs noch gezögert hatte, mit ihm und Skukin nach Rußland zu fahren, gelang es Jakuschew, ihn umzustimmen. Bei der Einreise nach Rußland mußten sie den Fluß Sestra durchwaten, wobei der noch immer elegant gekleidete britische Agent die Verbände um seine Krampfadernbeine abnehmen und danach neu anlegen mußte.[54] Mit einem sowjetischen Paß, der auf den Namen Nikolai Steinberg lautete, überquerte die Gruppe am 26. September illegal die Grenze. Der Grenzübertritt fand in der Nähe von Wyborg statt, wo der finnische Generalstab ein »Fenster« geschaffen hatte, um mit dem antibolschewistischen Widerstandsnetz, für das sie den *trest* hielten, in Verbindung zu bleiben. Es regnete in Strömen, als sie den Bahnhof von Peskanoje erreichten, wo sie in den ersten Zug nach Leningrad stiegen.

In der Leningrader Wohnung von Skukin traf Reilly mit Oberst Wladimir Andrejewitsch Styrne zusammen, einem ranghohen OGPU-Agenten, den er für einen Repräsentanten des Moskauer *trest*-Rates hielt.

An jenem Abend fuhren Reilly und Jakuschew in Begleitung eines nichtsahnenden Emissärs der Weißgardisten namens Mukalow-Michailow nach Moskau ab, wo sie am nächsten Morgen eintrafen. Danach wurde Reilly in einem Wagen zu einer Datscha in Malachowko gebracht, wo er die Führer des *trest* treffen sollte. Nach einer kräftigen Mahlzeit versammelten sie sich alle aus Sicherheitsgründen auf einer Waldlichtung, wo Reilly versprach, etwa 50 000 Dollar für die Unterwanderung der Komintern und den Diebstahl von Kunstschätzen zur Verfügung zu stellen. Jakuschew erwähnte in seinem Bericht auch, daß Reilly ihm versprochen hatte, er werde ihn mit Churchill bekannt machen, falls er einmal nach England käme. Die Abenddämmerung war bereits hereingebrochen, als Reilly sich von der Gruppe verabschiedete und in den Wagen stieg, von dem er glaubte, daß er ihn zum Moskauer Oktjabrski-Bahnhof bringen würde, damit er rechtzeitig den Nachtzug nach Finnland erreichte.

Der Fahrer und seine beiden Begleiter waren OGPU-Agenten, die Befehl erhalten hatten, den britischen Agenten geradewegs zur Lubjanka zu bringen. Auf dem Rückweg in die Hauptstadt bat Reilly jedoch, in ein sicheres Haus gebracht zu werden, um seinen englischen Kontaktleuten einen Brief zu schreiben. Er wollte ihnen damit beweisen, daß er wirklich in Moskau gewesen war. Die OGPU-Agenten brachten ihn daraufhin in die Wohnung von Staunitz, einem weiteren Agenten. Von dort ging es jedoch nicht zum Bahnhof, sondern in Handschellen in die Zelle 73 im Keller der Lubjanka.[55]

Während sich Reilly im ersten stundenlangen Verhör unter Jagodas Leitung noch recht cool gab, machte sich eine andere OGPU-Gruppe auf den Weg nach Leningrad. Tags darauf inszenierten die Russen nahe dem Grenzort Ala-Kjul, wo Reilly die Grenze nach Finnland überschreiten sollte, einen »Grenzzwischenfall«. Nach einem Schußwechsel wurde der Kurier Toivo Vyachi »verhaftet«, während man die »Leichen« von Reilly und Skukin in einen Lastwagen lud, der so auf der russischen Seite der Grenze abgestellt worden war, daß die finnischen Grenzsoldaten alles bestens beobachten konnten. Das Täuschungsmanöver wurde bei einer kurzfristig anberaumten Sitzung des *trest* in Moskau fortgesetzt, wo die OGPU es echten »weißen« Verschwörern überließ, den emigrierten Weißgardisten in Helsinki die Nachricht vom Coup der Tschekisten zu übermitteln. Einige weigerten sich jedoch zu glauben, daß Reilly tot war; sie behaupteten, er sei lediglich verwundet und werde gerade im Hospital verhört. Diese weitverbreitete Überzeugung, zu deren Verbreitung auch Reillys Frau beitrug, die das Gerücht in die Welt setzte, ihr Mann habe den Verrat seitens des *trest* überlebt, brachte die gesamte Operation in Gefahr. Die Angst, daß das Risiko einer Aufdeckung des ausgeklügelten Täuschungsmanövers größer werden könnte, je länger Reilly am Leben blieb, führte dazu, daß die OGPU sein Verhör beschleunigte. Um ihn zu einem Geständnis zu bewegen, erinnerte man ihn wiederholt daran, daß er bereits sieben Jahre zuvor in Abwesenheit zum Tode verurteilt worden war.

Reilly wußte, daß seine beste Überlebenschance darin bestand, auf Zeit zu spielen und in der Hoffnung, daß die Briten seine Freilassung erwirken würden, nichts von dem zu verraten, was Dserschinskis Leute aus ihm herausholen wollten. Dies geht aus den Notizen hervor, die später in seiner Kleidung, seinem Bett und Spalten in der Wand seiner Zelle versteckt gefunden wurden – Aufzeichnungen seiner Verhöre, die er in der Absicht gemacht hatte, dem britischen Geheimdienst im Falle seiner Rückkehr nach England ausführlich über die Methoden der Tschekisten zu berichten. Reillys in den OGPU-Akten aufbewahrten unzusammenhängenden Beschreibungen seiner Qualen bezeugen eindrucksvoll, wie sein mutiger Starrsinn sich nach und nach dem äußerst effektiven Psycho-Terror seiner Gegner beugen mußte:

»30. Oktober. Später Nachmittag. In sowjetische Klamotten gesteckt. Eigene Kleidung abgenommen. Konnte zweite Decke behalten. Mußte sehr müde einen Mantel und eine Mütze in Empfang nehmen. Raum unten neben Bad. Diese Eisentür. Im Raum sind Styrne, sein Genosse, ein stämmiger Wärter – junger Bursche (aus dem Bezirk Wladimir) – ein Offizier, vielleicht noch jemand. Styrne erklärte, das OGPU-Kollegium, habe die Todesstrafe überprüft; nur falls ich nicht kooperiere, werde sie sofort vollstreckt. Überrascht mich nicht, sagte ich, und daß meine Entscheidung trotzdem feststeht und ich bereit bin zu sterben ... Styrne fragt, ob ich nicht Bedenkzeit will; Antwort: Eure Sache. Sie gaben mir eine Stunde. Von jungem Mann und Wärter zur Zelle zurückgebracht. Gebetet ... Päckchen mit persönlichen Dingen gepackt, einige Zigaretten geraucht, nach fünfzehn bis zwanzig Minuten gesagt, ich sei bereit ... Erneut meine Entscheidung erklärt und gebeten, eine schriftliche Erklärung in dem Sinne abgeben zu dürfen, daß ich froh bin, zeigen zu können, was ein Engländer und Christ unter seiner Pflicht versteht. Abgelehnt ... sie sagen, niemand wird nach meinem Tod je davon erfahren. Dann begann ein langes Gespräch; wie immer Versuche, mich zu überreden. Nach schätzungsweise einer Dreiviertelstunde fünf Minuten lange hitzige Diskussion. Stille, dann rief Styrne den Offizier und ging. Sie ließen mich etwa fünf Minuten warten, dabei das Laden von Gewehren außerhalb des Zimmers und andere Vorbereitungen. Dann gingen sie zum Auto. Drinnen saßen der Offizier, sein Soldat, junger Bursche, Chauffeur und Wächter. Kurze Fahrt zu Garage ... Sehr kalt ... endloses Warten ... ich dachte, man bringt mich aus der Stadt ... Aufschub um 20 Stunden mitgeteilt. Schreckliche Nacht. Alpträume.«[56]

Aus den OGPU-Akten geht hervor, daß Reilly einen Großteil der Nacht weinte oder vor einem kleinen Bild seiner Frau betete. Das Protokoll des Verhörs, das an jenem Tag stattgefunden hatte, verdeutlicht den Grund hierfür: Den sowjetischen Verhörexperten war es schließlich doch gelungen, seinen Widerstand zu brechen und ihn zur Zusammenarbeit zu zwingen. Der vollständige Text des Briefes, den er noch am selben Tag verfaßt hatte, bezeugt seine völlige Unterwerfung unter alle ihre Forderungen:

An den Vorsitzenden der OGPU
F. E. Dserschinski
Nach meinen Diskussionen mit A. Styrne erkläre ich mich bereit, mit Ihnen zusammenzuarbeiten und alle Informationen zu liefern, die für die OGPU in bezug auf die Organisationsstruktur und das Personal des britischen Geheimdienstes von Interesse sind und, soweit sie mir bekannt sind, auch über den amerikanischen Geheimdienst sowie über die russischen Emigranten, mit denen ich zu tun hatte.
    Moskau, Inneres Gefängnis.
    30. Oktober 1925
        [Unterschrift] Sidney Reilly[57]

Schließlich brach Reillys Widerstand. Styrnes Verhörakten bestätigen, daß das »As der Spione« in den folgenden sechs Tagen Details über seine vielen Operationen ausplauderte – auch über seine letzte Mission für den MI6, die ihn nach Helsinki geführt hatte.

»Ganzen Tag hungrig«, schrieb Reilly am 3. November. »Gegen neun Uhr abends abgeholt. Brief und Nachrichten von Styrne, überbracht von Fedulejew. Sechs Fragen: Miller, Kils, die Arbeit der Deutschen, unsere Zusammenarbeit – welches Material haben wir über die UdSSR und die Komintern? Über China?«[58] Am nächsten Tag notierte er, daß er »sehr schwach« war, als er um elf Uhr vormittags zu einem weiteren Verhör gerufen wurde, das bis nachmittags um fünf dauerte und dann nach einer Pause für das Abendessen bis zwei Uhr morgens weiterging. Diesmal wollte man von Reilly Informationen über die Operationen von Scotland Yard gegen die russischen Handelsdelegation in London und fragte, ob es der britischen Spionageabwehr gelungen war, ihre Agenten in die ARCOS (Allrussian Cooperative Society) in London einzuschleusen.

»Ich werde ruhiger, was meinen Tod angeht – sehe große Entwicklungen in der Zukunft«, notierte Reilly nach den Qualen des Tages.[59] Seine Hoffnungen sollten sich am nächsten Tag zerschlagen, als Jagoda zu dem Schluß kam, daß ihr Gefangener Nr. 73, wie er nun genannt wurde, die ihm bekannten Informationen preisgab, um Zeit zu gewinnen – immer in der Hoffnung, die Briten würden seine Freilassung erwirken. Zudem war ein Großteil der von ihm gelieferten Informationen den Sowjets schon aus anderen Quellen bekannt. Man fürchtete immer mehr, daß, falls etwas darüber nach außen dringen sollte, daß Reilly noch am Leben war und Aussagen machte, die gesamte Operation *trest* auffliegen und das Leben der daran beteiligten OGPU-Agenten in Gefahr geraten könnte. Unter Berücksichtigung all dieser Aspekte gelangte man an der Lubjanka zu der Entscheidung, daß ein Aufschub der Exekution des britischen Agenten keinerlei Vorteile mehr bringen würde.

Am Abend des 5. November 1925 kurz nach acht Uhr verließ ein schwarzer Wagen mit hoher Geschwindigkeit den Innenhof der Lubjanka und fuhr in Richtung der Wälder nordöstlich von Moskau hinter Sokolniki. Im Wagen saßen neben Reilly die vier OGPU-Offiziere Fedulejew, Syrojeschkin, Dukis und Ibragim. Sie hatten dem Häftling Nr. 73 erzählt, sie machten einen Ausflug. Reilly war deshalb eine Dreiviertelstunde später völlig unvorbereitet, als der Fahrer an einer vereinbarten Stelle bei Bogorodsk eine Panne vortäuschte und Fedulejew den Vorschlag machte, sich ein wenig die Beine zu vertreten, bis die Sache behoben sei.

»Ich verließ den Wagen zur Rechten von Nr. 73, Ibragim zu seiner

Linken, und Genosse Syrojeschkin folgte zehn Schritte hinter uns«, schrieb Fedulejew in seinem offiziellen Bericht. »Nach etwa dreißig bis vierzig Schritten erschoß Ibragim knapp hinter uns stehend Nr. 73, der tief ausatmete und ohne zu schreien zu Boden sank.« Nachdem sie ihm ein weiteres Mal in die Brust geschossen hatten, stülpten sie einen Beutel über Reillys Kopf und fuhren zur Lubjanka zurück. Sie erklärten dem Wärter, daß es sich um die Leiche eines Mannes handelte, der von einer Straßenbahn angefahren worden sei, und brachten Reillys Leichnam ins Leichenschauhaus der Sanitätsabteilung, wo er erst bekleidet und dann nackt fotografiert wurde. »Die gesamte Operation war um 23 Uhr am Abend des 5. 11. 1925 abgeschlossen«, endete Fedulejews Bericht. Vier Tage später wurde Reillys Leiche heimlich beigesetzt.[60]

Am 15. Dezember erschien in der *Times* eine Traueranzeige von Reillys Witwe, die dennoch die Hoffnung noch nicht aufgegeben hatte, daß ihr Mann in einem Moskauer Gefängnis noch am Leben war. Zwei Jahre später, im Februar 1927, schickte Bobadilya an den sowjetischen Botschafter in Paris einen Brief, in dem sie ihr Leid klagte und um einen Totenschein ihres Mannes bat. Als das Schreiben im OGPU-Hauptquartier ankam, ging man davon aus, daß weniger die trauernde Witwe als vielmehr der britische Geheimdienst herauszufinden versuchte, wann sein Agent gestorben war, weil er sich aus dem Todesdatum Rückschlüsse darauf erhoffte, ob Reilly möglicherweise verhört worden war und dabei Geheimnisse ausgeplaudert hatte.

Die sowjetischen Akten belegen, daß Reilly, der – vor allem aufgrund seiner eigenen Prahlereien – zu *dem* britischen Meisterspion schlechthin hochgejubelt worden war, in Wirklichkeit kaum etwas verraten hatte, was der OGPU nicht ohnehin schon bekannt war. In einem Brief hatte er Dserschinski das kriecherische Angebot gemacht, die Seiten zu wechseln, fortan der Revolution zu dienen und alles zu verraten, was er über den britischen und den amerikanischen Geheimdienst wußte, falls man ihn am Leben lasse. Die OGPU glaubte, durch die Ausschaltung des legendären Meisterspions, der seine Dienste an die Briten – und an ein halbes Dutzend anderer europäischer Geheimdienste – verkauft hatte, einen wichtigen Erfolg erzielt zu haben.

Die 37 Bände der *trest*-Akte belegen, daß Reilly nur eines der Opfer einer Reihe miteinander verknüpfter Operationen war, die in ihrer Gesamtheit ein strategisches Täuschungsmanöver von bis dahin nie gekanntem Ausmaß darstellten. Fast sechs Jahre lang erzielten die Sowjets einen Erfolg nach dem anderen, bis das ganze Lügengebäude zwei Jahre nach Reillys Tod in sich zusammenbrach. Aus den Akten geht hervor, wie Anfang 1927 das vom *trest* propagierte schrittweise Vorgehen der russischen monarchistischen Bewegung in Paris allmählich von der weit aggressiveren Politik des Terrors in den Hintergrund gedrängt wurde, die der Stellvertreter General Millers, General Pawel Kutjepow, vertrat. Dieser unterlief die eher abwartende Haltung der aus OGPU-Undercoveragenten bestehenden Monarchistischen Vereinigung, die zunehmend an Boden verlor. Als der Einfluß ihrer Agenten immer mehr schwand, beschlossen die OGPU-Chefs, die Organisation *trest* aufzulösen. Der Plan der Sowjets, einen geordneten Rückzug aus der MOZR einzuleiten, um das monumentale Ausmaß ihres Täuschungsmanövers zu verschleiern, wurde jedoch durch die Desertion eines ihrer wichtigsten Agenten zu einem ausgesprochen ungünstigen Zeitpunkt vereitelt.

Obwohl Alexander Opperput kein Offizier der OGPU war, hatte er sich im Laufe der Jahre zu einem der bedeutendsten *trest*-Agenten entwickelt. Als er von dem bevorstehenden Ende der Operationen erfuhr, beschloß er, davon zu profitieren, indem er die Seiten wechselte und noch rechtzeitig vor der Auflösung von *trest* wichtige Informationen verkaufte. Am 13. August 1927 fuhr er nach Finnland und verriet alles, was von dem Täuschungsmanöver noch übriggeblieben war – einschließlich der Tatsache, daß seit Jahren über die Kanäle von *trest* Falschinformationen bezüglich der Stärke des sowjetischen Militärs an polnische, finnische und estnische Geheimdienste weitergegeben wurden, um die Westmächte von einer militärischen Intervention abzuhalten.[61]

Als das Täuschungsmanöver aufgeflogen war, reagierte Stalin überraschend gelassen. Anstelle des zu erwartenden Wutanfalls meinte er sogar, das alles sei nur gut so. Der Erfolg der Operationen *trest* und *sindikat* habe davon abgehangen, daß dabei die Sowjetunion als schwach und ihre »weißen« Gegner als relativ stark dargestellt worden waren. Dies, so Stalin, hatte niemanden dazu ermutigt, mit der Sowjetunion Geschäfte zu machen, was er zum neuen wichtigen Ziel sowjetischer Politik erklärte.[62]

Der Operation *trest* war in den sechs Jahren, die sie angedauert hatte, nicht nur Reilly zum Opfer gefallen, sondern auch Tausende von »Weißen« in der Sowjetunion und Westeuropa, die zu spät gemerkt hatten, daß ihre Untergrundnetze von kommunistischen Agents provocateurs unterwandert worden waren. Auch viele europäische Geheimdienste waren dem gigantischen Täuschungsmanöver der Sowjets aufgesessen, dessen Gelingen zum einen bewies, wie fest das kommunistische Regime in Rußland bereits im Sattel saß, und zum anderen dem Westen schon frühzeitig hätte klarmachen müssen, daß die OGPU im Begriff war, ein immer umfangreicher werdendes Netz der Auslandsspionage aufzubauen. Die Mächtigen in Europa und den Vereinigten Staaten zogen daraus jedoch kaum Konsequenzen. Sie hatten sich der Illusion hingegeben, daß Stalin, wenn das sowjetische System schon nicht gestürzt werden konnte, nun zumindest bereit war, mit dem Westen Geschäfte zu machen. Dies war ein weiterer Sieg Dserschinskis, der seinen beiden Funktionen als Chef des Staatssicherheitsapparats *und* des Obersten Rates der Volkswirtschaft gleichermaßen gerecht geworden war, indem er die OGPU mit großem Erfolg sowohl auf außenpolitischem als auch auf wirtschaftlichem Gebiet eingesetzt hatte.

Als aufstrebendes Mitglied der Wirtschaftsabteilung und Freund Artusows, des Leiters der Operation *trest*, war Orlow zweifellos in die allgemeine Zielrichtung dieses Täuschungsmanövers eingeweiht, auch wenn er natürlich nicht über sämtliche Einzelheiten Bescheid gewußt haben kann. Die Operationen *sindikat* und *trest* wurden zwar von der Abteilung Spionageabwehr geleitet, doch für das Erreichen des damit verbundenen Ziels – die Umleitung ausländischen Kapitals in den Neuaufbau der sowjetischen Schwerindustrie – zeichneten die Orlow unterstellten Sektionen der Wirtschaftsabteilung verantwortlich.

Eines der wichtigsten Ergebnisse der Operation *trest* war die Kenntnis, in welchem Ausmaß die »weißen« Emigrantenorganisationen durch die verschiedenen westlichen Geheimdienste heimlich finanziert wurden.

Agenten des *trest* gelang es, den Eindruck zu vermitteln, daß Lenins Neue Ökonomische Politik nur die Vorstufe der endgültigen Aufgabe kommunistischer Positionen und der Wiedereinführung des Kapitalismus sei. Es war eine der Aufgaben der Abteilung VIII der Wirtschaftsverwaltung der OGPU (EKU), die Orlow unterstellt war, gutgläubigen kapitalistischen Unternehmern die Devisen zu entlocken, die die sowjetische Industrie so dringend benötigte. Orlow war vor allem dafür verantwortlich, »den Außenhandel der Sowjetunion vor dem Druck und den betrügerischen Machenschaften der Weltkartelle und anderer Organisationen des Monopolkapitals zu schützen«.[63]

Die westlichen Konzerne rechtfertigten ihren Preiswucher im Handel mit den Sowjets damit daß, die UdSSR »nicht allzuviel Kredit« habe.[64] Letzteres hinderte jedoch die Kapitalisten des Westens keineswegs daran, mit den Sowjets möglichst viele Geschäfte abzuschließen, deren Konditionen sie glaubten diktieren zu können. Um dies zu verhindern, sollten Orlows Ermittler ihre Preisabsprachen rechtzeitig aufdecken, bevor die entsprechenden Verträge von den Sowjets unterschrieben wurden. Auf diese Weise geriet Orlow ins Zentrum der zunehmenden Auslandsspionage, da es seine Abteilung war, die alle potentiellen Geschäfte dieser Art zu überprüfen hatte. Ausgeführt wurde dieser Auftrag von OGPU-Offizieren, die für die ARCOS in London und ihre Schwesterorganisationen in Europa arbeiteten – sowjetische Handelsniederlassungen, die schnell zu Brückenköpfen der Industrie- und Wirtschaftsspionage ausgebaut wurden. Bei ihren heimlichen Bemühungen, harte Währung ins Land zu locken, hatte es die OGPU auch auf die boomende Wall Street abgesehen, und bald fielen die von den potentiellen Gewinnen auf dem riesigen russischen Markt geblendeten amerikanischen Investoren dem Irrglauben zum Opfer, daß der Kommunismus bereits in den letzten Zügen lag. Der Einfluß, den sie auf die US-Regierung ausübten, bewirkte, daß 1924 in New York erstmals in der Neuen Welt eine sowjetische Handelsmission ganz legal ihre Pforten öffnen konnte. Sie nannte sich AMTORG und hatte ihren Hauptsitz in Moskau.

Orlow hatte die Aufsicht über die der AMTORG eingegliederten illegal operierenden Spionageabteilungen inne, bevor er Ende 1925 aus Moskau abkommandiert wurde. Seine Sachkenntnis auf dem Gebiet der Guerillakrieges war gefragt, und er sollte das Kommando über die OGPU-Grenztruppen in Transkaukasien übernehmen. Orlow sollte sicherstellen, daß die Grenzen gut genug bewacht waren. Man befürchtete, daß Eindringlinge von außen die sowjetischen Operationen zur Niederschlagung der notorisch widerspenstigen und zunehmend aufständischen Georgier stören könnten. Orlows Abkommandierung geschah mit Billigung des Georgiers Stalin, der als Generalsekretär der Kommunistischen Partei großes persönliches Interesse daran hatte, die Aufstände zu unterdrücken, um nach Lenins Tod im Januar des vergangenen Jahres seine Macht zu festigen.[65]

Orlow, dessen Hauptquartier in der alten georgischen Hauptstadt Tiflis stand, verfügte als Brigadekommandant über sechs Regimenter. Seine 11 000 Mann mußten jedoch über ein riesiges Gebiet verstreut operieren. Der Schutz der langen Südgrenzen der Sowjetunion zu Persien und der Türkei war alles andere als einfach, da die zerklüftete Gebirgslandschaft schon seit Jahrhunderten von Banditen und Aufständischen als idealer Zufluchtsort geschätzt wurde. Dennoch gelang es Orlow bei der Durchführung seiner Mission, sein organisatorisches Talent unter Beweis zu stellen, indem er mit minimalen Mitteln maximale Wirkung erzielte. Seine Auseinandersetzung mit den Aufständischen erforderte eine enge Zusammenarbeit mit dem regionalen OGPU-Chef Lawrenti Berija, einem Mitglied von Stalins »georgischer Mafia«, den der Diktator später zum Chef der Geheimpolizei ernannte.

Aus seiner Dienstzeit in Sukumi gibt es Fotos von Orlow, auf denen er als Frontsoldat abgebildet ist – mit kahlgeschorenem Kopf, Schnurrbart und einem Brustkorb wie ein Preisboxer. Orlow ist körperlich ganz offensichtlich in bester Verfassung und posiert mit seinem Lieblingspferd, als wäre er ein selbstbewußter Kommandeur einer Brigade von Fronttruppen.

Zu seiner neuen Wirkungsstätte wurde Orlow von seiner Frau und seiner dreijährigen Tochter Veronika begleitet. Vera, wie sie von ihren Eltern genannt wurde, hatte offenbar die Intelligenz ihres Vaters und das gute Aussehen ihrer Mutter geerbt. Die Orlows liebten ihre Tochter über alles. Zum ersten und einzigen Mal konnten sie in der relativen Ruhe und Behaglichkeit der Schwarzmeerrepublik die Freuden eines normalen Familienlebens genießen. Die Weinberge und die kleinen Bauernhöfe Georgiens waren von den Stürmen der Revolution und den Hungersnöten der Bürgerkriegszeit verschont geblieben. Doch selbst in dieser sowjetischen Oase des Überflusses mit ihrem ganzjährig angenehm milden Klima, fernab der Moskauer Schneestürme und Intrigen, wartete schon das Unheil auf die Orlows.

Während eines Bootsausflugs an einem Frühlingsnachmittag auf einem See bei Tiflis konnte Orlow seine Familie nicht mehr rechtzeitig ans Ufer rudern, so daß sie alle von einem plötzlichen Regenguß bis auf die Haut durchnäßt wurden. Bald wurde Vera von Fieber und Schüttelfrost erfaßt, doch ihre Eltern taten dies zunächst als harmlose Erkältung ab. Um so schockierter waren sie, als der Hausarzt nach ihrer Rückkehr nach Moskau rheumatisches Fieber als Grund dafür diagnostizierte, daß sich Vera nie vollständig von den Folgen des Familienausflugs erholt hatte. Ihre Chancen standen schlecht, da die Krankheit, die das Herz in Mitleidenschaft zog, damals noch als unheilbar galt.[66] In gleichem Maße, wie sich im Laufe der Jahre der Gesundheitszustand ihres einzigen Kindes verschlechterte, wuchs die Liebe der Eltern zu Vera. Orlow beschäftigte die Krankheit seiner Tochter immer mehr, und er gab nie die Hoffnung auf, eines Tages irgendwo auf der Welt einen Arzt zu finden, der das Leiden Veras würde heilen können.

Die Entschlossenheit Orlows, seine Tochter zur medizinischen Behandlung ins Ausland zu bringen, war möglicherweise mit ein Grund für seine 1926 erfolgte Versetzung in die Auslandsabteilung der OGPU. In der Folge des zunehmenden Einflusses der INO auf die sowjetische Spionage- und Subversionstätigkeit im Ausland hatte der machtbewußte Dserschinski seit Lenins Tod versucht, die geheimdienstlichen Operationen fest zu etablieren. Das brachte die OGPU jedoch in Konflikt mit der Kommunistischen Internationale, deren Aufgabe in erster Linie in subversiver Tätigkeit bestand.

Die Komintern, wie sie im Sowjetjargon genannt wurde, war das geistige Kind Trotzkis gewesen. Die unter dem Vorsitz von Grigori Sinowjew aufgebaute Organisation war von Moskau mit parteitreuen internationalen Kommunisten bestückt worden. Sie brannten darauf, die grandiosen Pläne Lenins zu verwirklichen, der mit Hilfe der Komintern die nationalen kommunistischen Parteien in einer Art Kettenreaktion zur Weltrevolution hatte führen wollen. Vor allem das Scheitern der kommunistischen Erhebung von 1923 in Deutschland, die Sinowjew übereilt angeordnet hatte, erwies sich jedoch als augenfällige Demonstration der Tatsache, daß das internationale Proletariat sich offenbar hartnäckig weigerte, spontan für die Sache des Kommunismus zu entbrennen. Auch im Bereich der Spionage hatte die Komintern keine nennenswerten Erfolge aufzuweisen.

Auch wenn Sinowjew nicht der tatsächliche Urheber war, so entspricht der Appell dem allgemeinen Tenor der abgefangenen Telegramme der Komintern. Die britische Kommunistische Partei wurde gedrängt, als vorbereitende Maßnahme auf die erwartete Revolution weiterhin Druck auf die Labour-Regierung auszuüben. Es steht außer Zweifel, daß die sensationelle Veröffentlichung des sogenannten Sinowjew-Briefes am Vorabend der Generalwahlen der Konservativen half, die erste Labour-Regierung des Landes zu Fall zu bringen und gleichzeitig die Unglaubwürdigkeit Sinowjews und der Komintern unterstrich.[67]

Die Unfähigkeit der Komintern, die Revolution zu exportieren, ging sowohl auf ihre dilettantische Geheimdienstarbeit zurück als auch auf die fehlende Begeisterung der internationalen Arbeiterklasse. Dserschinski war es deshalb mit Stalins Unterstützung gelungen, der Komintern immer mehr Kompetenzen abzuringen und diese der Auslandsabteilung seiner OGPU zu übertragen. Auf sein Betreiben hin hatte das Zentralkomitee den INO-Chef Trilisser ermächtigt, gegen sämtliche Aktivitäten der Komintern, die die Sicherheit der Sowjetunion bedrohten, sein Veto einzulegen. Zudem gestand man Dserschinski zu, Personal der Komintern zur geheimdienstlichen Tätigkeit der OGPU heranzuziehen. Dieser ständige Abbau der Macht eines Konkurrenten war natürlich ganz im Sinne Stalins, der nach Lenins Tod zunächst gemeinsam mit Sinowjew, Trotzki und dem Moskauer Parteichef Lew Kamenjew die Führung der Sowjetunion übernommen hatte – eine für Stalin unbefriedigende Situation, die jedoch nur bis Herbst 1926 anhielt, als auf sein Betreiben hin Sinowjew, Trotzki und Kamenjew aus dem Zentralkomitee der Kommunistischen Partei ausgeschlossen wurden. Als letzter Erbe Lenins war somit der ehrgeizige und verschlagene Parteisekretär übriggeblieben, der nun über diktatorische Vollmachten verfügte.[68]

Obwohl sein Verbündeter Dserschinski im Sommer desselben Jahres einer Herzattacke erlegen war, gelang Stalins Griff nach der Alleinherrschaft vor allem deshalb, weil er im Chef der Staatssicherheitsbehörde immer einen engen Verbündeten gehabt hatte. Das Netz von Polizeispitzeln, die unzähligen Geheimagenten und die unabhängige Armee der Geheimpolizei gerieten endgültig unter Stalins Kontrolle, als nach Dserschinskis Tod im Juli 1926 dessen erster Stellvertreter Wjatscheslaw Rudolfowitsch Menschinski an seine Stelle rückte. Doch wenngleich der Erbe des »Eisernen Felix« ebenfalls ein russifizierter Pole war, erwies er sich als weit weniger eisern als sein Vorgänger.

Der schmächtige Menschinski, der durch sein gepflegtes Auftreten und mit seinem goldenen Kneifer äußerst kultiviert wirkte, war ganz und gar keine Führernatur. Aufgrund seines immer schlimmer werdenden Herzleidens fehlte ihm die Durchsetzungskraft, die zur Leitung einer so gigantischen Organisation vonnöten gewesen wäre. Seinen Mangel an Autorität glich der zweite Vorsitzende der sowjetischen Geheimpolizei durch seine absolute Unterwürfigkeit gegenüber den Befehlen des »obersten Chefs« aus, wie Stalin bald genannt wurde.

Die Rücksichtslosigkeit, die Menschinski fehlte, war dafür bei seinem Stellvertreter Genrich Jagoda in reichlichem Maße vorhanden. Der aggressive, energische und brutale Jagoda wurde zur neuen treibenden Kraft der OGPU, während sich sein Chef aufgrund seiner Angina darauf beschränken mußte, die Rolle der dahinsiechenden Diva der Lubjanka zu spielen, die auf der Couch ihres Büros liegend ihre Besucher empfing. Obwohl Stalin Jagoda nicht hundertprozentig traute, paßte es ihm gut ins Konzept, daß der unterwürfige Chef der OGPU sich ganz auf seinen Stellvertreter verließ, als es darum ging, die volle Kraft der Geheimpolizei zur Zerschlagung der bäuerlichen Mittelschicht einzusetzen. Nach der Beendigung des Leninschen Experiments der Neuen Ökonomischen Politik im Jahre 1927 wurden diese sogenannten Kulaken zusammen mit anderen »Profiteuren« zu den neuen Teufeln erklärt, die im Interesse des Sowjetstaates ausgetrieben werden mußten. Jagoda schickte bewaffnete Einheiten der OGPU aufs Land, um die von Stalin angeordnete Kollektivierung der Landwirtschaft mit brutalsten Mitteln durchzusetzen, während andere OGPU-Gruppen die rigorose Industrialisierung überwachen sollten, die im ersten Fünfjahresplan vorgesehen war.

Das »Schwert« des furchterregenden Staatssicherheitsapparates, den Dserschinski geschaffen hatte, richtete sich nun gegen die letzten Überreste der revolutionären Ideale, die zu schützen es einst geschmiedet worden war. Viel zu spät sammelte Trotzki seine Verbündeten um sich. Stalin war 1925 bereits zum unumschränkten Führer des Sowjetstaates aufgestiegen und hatte 1926 die Geheimpolizei schon völlig unter seine Kontrolle gebracht. Trotzki wurde zunächst nach Alma-Ata in Kasachstan verbannt und dann in die Türkei ins Exil getrieben. Jahre später wurde er in Mexiko von einem Agenten des sowjetischen Geheimdienstes ermordet.

Wie viele andere hohe Funktionäre an der Lubjanka sollte auch Orlow noch bereuen, daß sie alle untätig zugesehen hatten, als der »oberste Chef« die Macht ergriff. Doch wie all jene, deren Treue zu Lenins Idealen die treibende Kraft hinter ihrer Karriere gewesen war, begriffen auch die OGPU-Chefs nicht, welch schwerwiegende Folgen Stalins Betrug an der Revolution hatte, bis es schließlich zu spät war.

Die Tscheka-Leute der alten Garde wurden zu gehorsamen Kindermädchen der sowjetischen Republiken degradiert und überwachten pflichtbewußt die Durchführung von Stalins brutalen Maßnahmen, bis sie ihnen schließlich selbst zum Opfer fielen. Doch Orlow und die Tscheka-Veteranen waren schon so sehr Teil des Systems geworden, daß selbst sie nicht in der Lage waren, vorauszusehen, welch gefährliche Wende die Revolution nahm. In Orlows Fall zog Stalins Machtergreifung zunächst einen Karriereschub nach sich. Sein Aufstieg vollzog sich zu einem Zeitpunkt, als die OGPU sich mehr und mehr anstrengen mußte, um die unersättliche Gier Stalins nach geheimen Informationen aus dem Ausland zu stillen. Die schnelle Ausweitung der Auslandsspionage nach 1926 bot Orlow deshalb die Gelegenheit zu zeigen, was er konnte.

Im Sommer 1926 trat Orlow unter dem Decknamen Leon Nikolajew in Paris seinen ersten ausländischen Posten an. Aus dem französischen Einreisestempel ist ersichtlich, daß er mit einem Diplomatenpaß als Mitglied der sowjetischen Handelsdelegation einreiste. Bei einem CIA-Verhör, das auf Anfrage der französischen Spionageabwehr *Direction de la Surveillance du Territoire* (DST – der DST hat schätzungsweise die gleiche Größe wie das FBI und der MI5) geführt wurde, gab Orlow zu, daß dies die Tarnung für seine Geheimdiensttätigkeit als legaler Resident in Frankreich war.[69]

Sein Aufgabengebiet als OGPU-Resident beinhaltet nicht nur das Organisieren der Sicherheitsmaßnahmen und Überwachen der politischen Zuverlässigkeit der sowjetischen Botschaftsangehörigen und Mitglieder der Handelsdelegation, sondern auch das Sammeln und Weiterleiten von Informationen. Die OGPU-Agenten arbeiteten zwar teilweise mit der militärischen Residentur zusammen, die von der Geheimdienstbranche der Roten Armee unterhalten und mit Mitarbeitern versorgt wurde. Aber während die Agenten der Roten Armee ihre Anstrengungen darauf konzentrierten, in erster Linie militärische Informationen über ihr eigenes Informantennetz und ihre Spione zu beschaffen, spannten die OGPU-Residenten ihr Netz viel weiter.

Als nomineller OGPU-Repräsentant in Frankreich kommandierte Orlow eines der größten sowjetischen Geheimdienstnetze in Europa nach Berlin, wo bis zur Machtübernahme der Nazis 1933 die Hauptniederlassung der europäischen Auslandsspionage der Sowjets war. Daß dieser sehr wichtige Posten an einen relativ unerfahrenen Offizier wie Orlow vergeben wurde, zeigt, wie hoch er in der OGPU gehandelt wurde. In seinem CIA-Verhör wies Orlow darauf hin, daß er eigentlich unter der Aufsicht von Jakow Kristoforowitsch Dawidow operiert hatte. Dieser war der frühere Chef der Auslandssektion der OGPU und gehörte 1926 ebenfalls offiziell, unter dem Decknamen Dawtian, zum

Diplomatenstab der sowjetischen Mission. Christian Rakowski war Botschafter, aber laut Orlow lag die Macht eigentlich bei Dawidow. Rakowskis Autorität wurde ernsthaft erschüttert. Er war das Ziel von fortlaufenden Attacken früherer »weißer« russischer Offiziere, die wiederum von rechten französischen Politikern unterstützt wurden. Diese führten einen Feldzug für die Rückerstattung der beachtlichen Vorkriegsinvestitionen, die Frankreich in Rußland getätigt hatte. Ihr Eingreifen im Parlament führte zum Abbruch der diplomatischen Beziehungen und schließlich, auf Stalins Befehl hin, zum Rückruf von Rakowski.

Orlow teilte der CIA mit, daß Dawtian für die Rekrutierung von Herbette de Monzie, den er als »Säule des politischen Establishments in Frankreich« charakterisierte, verantwortlich war. Orlow gab zu, daß es de Monzie war, auf den er in seinem *Handbook* hingewiesen hatte. Er hatte einen der politischen Führer in einem »Land in Europa« beschrieben, der geheime Kontakte mit den Sowjets pflegte und als Vermittler zwischen den »einflußreichen Agenten« im Parlament tätig war.[70] Kurz nachdem er Paris verließ, wurde Dawtian belohnt, indem er in den Rang eines Botschafters erhoben wurde. Die Manipulation der Agenten im französischen Parlament übernahm Jelanski. Bezeichnenderweise erzählte Orlow gegenüber der CIA, daß er über die tatsächliche Identität oder die Parteizugehörigkeit des von den Sowjets gekauften französischen Parlamentariers keine präzisen Informationen hätte. Es ist weiterhin charakteristisch, daß er besonders darauf bestand, daß de Monzies Name nicht an die Franzosen weitergegeben wurde. Die DST-Akten zeigen jedoch, daß die CIA genau das umgehend tat!

Orlow erwähnte der CIA gegenüber auch Dmitri Michailowitsch Smirnow, den er freundschaftlich »Dima« nannte. Er war gebürtiger Pole, hatte den Decknamen VIKTOR und operierte in Frankreich unter dem Namen Dimitri Michailow. Er warb den weißrussischen General Diakanow an, damit dieser die Emigrantenorganisationen in Paris unterwanderte. Smirnow, der 1933 die Nachfolge als legaler Resident antrat, wurde einer seiner engsten Geheimdienstkollegen. Orlow verriet weiterhin, daß sein Freund – trotz all seiner Fähigkeiten als Spion – von seiner Frau betrogen wurde. Der eigentliche Vater ihres 1932 in Moskau geborenen Sohnes war Fjodor Alexandrowitsch Karin, ein Schützling Artusows. Karin war früher unter dem Decknamen JACK Resident in Deutschland gewesen.[71]

Der andere Assistent Orlows in der Residentur in Paris war Dimitri Lordkipanadse, ein Georgier, den er aus seiner Dienstzeit in Tiflis kannte. Lordkipanadse war unter dem Pseudonym Zagarelli mit einem Sonderauftrag betraut. Gemäß der Order, die direkt von Stalin kam, sollte Zagarelli Druck auf N. W. Ramischwili, einen berühmten Menschewiken, ausüben, der damals in Paris lebte, um ein Buch über die revolutionären Bewegungen im Kaukasus zu schreiben. Stalin hoffte, daß mit Hilfe dieser »Beeinflussung« sein eigener Anteil an der bolschewistischen Bewegung deutlich aus der Arbeit herauszulesen sein würde. Lordkipanadses Unfähigkeit, diese Aufgabe zu bewältigen, erbrachte ihm die tödliche Feindschaft des sowjetischen Diktators.[72]

Es ist jetzt ersichtlich, daß Orlow die CIA über einige wichtige Details bezüglich der personellen und organisatorischen Struktur der Pariser Residentur informiert hat. Gleichzeitig ist aber auch klar, daß er seinem veröffentlichten Bericht über seine Einsatzzeit in der Handelsdelegation nicht viel hinzugefügt hatte. Damals schrieb er, daß es sein Job war, sich auf Wirtschaftsspionage zu konzentrieren. Dies hatte, wie er selber zugab, »wenig mit dem Studium der Wirtschaft anderer Länder zu tun, sondern wurde ins Leben gerufen, um die sowjetischen Exporte und Importe staatlich zu kontrollieren und den Außenhandel der Sowjetunion vor Repressalien und Mißbrauch durch die Weltkartelle und andere Organisationen des Monopolkapitals zu schützen«. Als Orlow in der sowjetischen Botschaft ankam, die damals wie heute in einem alten Hotel in der Rue de Grenelle untergebracht ist, stand die OGPU kurz davor, die Funktionen des Geheimdienstes und den »aktiven Anteil« zu übernehmen, die früher durch die Komintern ausgeführt worden waren: Unterwanderungs- und Provokationsoperationen, das Heranziehen von gleichgesinnten Kommunisten als Informanten und die Beschäftigung aktiver Agenten. Laut Orlow, stand Falschinformation – oder Desinformation, wie man heute dazu sagt – ebenfalls auf der Tagesordnung der OGPU-Residenten.[73]

»Die Entscheidung darüber, welche Informationen oder Gerüchte gewissen ausländischen Regierungen zugespielt werden sollten, ist an sich schon eine hochpolitische Frage, die den spezifischen Zielen der höchsten Politiker der Sowjetunion untergeordnet sein muß«, schrieb Orlow später. »Desinformation ist weit mehr als nur Lügen um des Lügens willen; sie stellt vielmehr ein subtiles Mittel dar, um die Handlungen einer ausländischen Regierung im Sinne des Kreml zu beeinflussen oder eine ausländische Regierung derart zu verängstigen oder zu bluffen, daß sie in bestimmten Situationen untätig bleibt oder sich zu Konzessionen an die UdSSR entschließt.«[74]

Orlow beschreibt in seinem *Handbook* einen Einsatz, in den der französische Generalstab verwickelt war. Diesem wurden Seiten aus einem deutschen Armeebericht zugespielt, die darauf hinwiesen, daß Hitler das Rheinland, das unter dem Versailler Vertrag demilitarisiert worden war, wieder besetzen wollte. Das Ganze sollte ein Vorspiel zur Invasion Frankreichs 18 Monate später sein.

Als die DST der Information nachging, erfuhr die CIA von Orlow, daß das erfolgreiche Täuschungsmanöver von Boris Berman, dem Leiter der Desinformationssektion in der Zentrale, inszeniert worden war. Bezeichnend ist, daß Orlow sagte, er könne sich nicht an die Details erinnern. Er habe geglaubt, der Kanal, über den die Information in die Welt gesetzt worden war, sei ein sowjetischer Agent namens Oumanski gewesen, der mit Pierre Laval eine persönliche Verbindung hatte. Oumanski war russischer Jude und wie sein Bruder überzeugter Kommunist. Nachdem Oumanski Laval nach Moskau begleitet hatte, bekam er vom späteren Kopf der berüchtigten Vichy-Regierung eine goldene Uhr geschenkt. Nach weiteren, wichtigeren Details befragt, behauptete Orlow, über diese Operation nicht mehr gewußt zu haben. Er habe Oumanski nur einmal zufällig auf dem Weg von Leningrad nach Moskau in einem Abteil des Expreßzuges Roter Pfeil getroffen.[75]

Orlows Information war für die Franzosen wenig aufschlußreich. Dies gilt auch für seine Aussagen zu dem Fall des Geheimdienstoffiziers eines nichtidentifizierten europäischen Landes. Dieser Informant setzte laut Orlows *Handbook* die Sowjets darüber in Kenntnis, daß es sich bei »einem einflußreichen Kabinettsmitglied« und »Partner eines großen Drogenringes« tatsächlich um den französischen Justizminister handelte. Obwohl Orlow der CIA gegenüber zugab, daß er diese aufsehenerregende Information »zwischen 1926 und 1928« erhalten hatte, also während der Jahre, in denen er als Resident in Frankreich war, behauptete er wiederum, sich nicht an den Namen seines Informanten bei der französischen Polizei erinnern zu können. Auch war er nicht in der Lage, ihn anhand einer Namensliste, die ihm die DST vorlegte, zu identifizieren.[76]

Orlows »Gedächtnislücken« traten immer dann auf, wenn die Anhörung sich auf die wichtigsten französischen Fälle bezog. Dies war seine Art, den entsprechenden Fragen der CIA auszuweichen. 1965, als er auf Bitte des französischen Abwehrdienstes befragt wurde, war die Sache nur von rein historischer Wichtigkeit; die Zeit, in der er sich zum Überläufer bekannt hatte, lag fast drei Jahrzehnte zurück. Orlow hatte in diesem – wie in so vielen anderen Fällen auch – nie die Absicht gehabt, alle Geheimnisse zu verraten. Aus dem, was er erzählte, ist jedoch klar ersichtlich, daß er zu Beginn seines Dienstes in Übersee an vielen wichtigen Einsätzen beteiligt war. Er hatte sein Handwerk durch die Praxis gelernt und war ein guter Agent geworden. Obwohl er bei seiner Ankunft in Paris die Regeln der *konspirazija* aus dem Effeff beherrschte, sah er sich während seines Aufenthaltes in Frankreich mit der neuen Problematik von Undercover-Einsätzen in einem fremden Land konfrontiert.

In den zwanziger Jahren mußte sich ein sowjetischer Geheimdienstoffizier mit dem verwirrenden Agenten-Jargon vertraut machen, der erst durch Autoren von Spionageromanen wie John Le Carré während des kalten Krieges allgemein bekannt wurde.

Diese Sprache der Spionage basierte auf einem speziellen Vokabular, das von so offensichtlichen Bezeichnungen wie »Treffen« für konspirative Verabredungen und »Legenden« für Decknamen und die dazugehörigen fiktiven Lebensläufe über den *dubok* oder »toten Briefkasten« zum Hinterlegen oder Austauschen geheimer Botschaften bis hin zu »Büchern« für Pässe und »Landsleuten« für ausländische Kommunisten reichte. Eine *klitschka* war ein Codename, eine *podstawa* (wörtlich: »Untergeschobenes«) war ein Spitzel oder Provokateur, ein *wnutrennik* (»Insider«) ein Agent, der eine feindliche Organisation unterwandert hatte, und unter *rastschjot* (»Abrechnung«) verstand man die Liquidierung eines feindlichen Agenten. Als sowjetischer Geheimagent mußte Orlow auch all die praktischen Tricks seines Handwerks beherrschen; so lernte er beispielsweise, wie man unter Benutzung möglichst verschlungener Wege einer polizeilichen Überwachung entkam, indem man abwechselnd U-Bahnen, Busse und Taxen nahm. Bei der Übergabe wichtiger Dokumente an Kontaktpersonen bevorzugte man Bibliotheken und die verdunkelten Zuschauerräume von Kinos. Nach Orlows Angaben benutzte die OGPU in den zwanziger und dreißiger Jahren gerne die Sprechzimmer »vertrauenswürdiger Ärzte und Zahnärzte« als Versammlungsorte für besonders wichtige Treffen.[77]

Die Agents provocateurs von den echten Informanten zu unterscheiden erforderte laut Orlow eine Art sechsten Sinn. Er erläuterte dies in seinem *Handbook* anhand eines Vorfalls in einem Pariser Café, der sich während einer geheimen Unterredung mit einem hohen Beamten aus dem französischen Handelsministerium ereignete. Das Treffen war arrangiert worden, um einen Beamten unter die Lupe zu nehmen, der schon seit einiger Zeit dem sowjetischen Handelsdelegierten in Frankreich gegenüber angedeutet hatte, daß er zu einer Zusammenarbeit mit den Russen bereit sei. Als Beweis seiner Aufrichtigkeit hatte der Franzose den Sowjets eine Akte mit geheimen Daten über die Handelspolitik seiner Regierung gegenüber der Sowjetunion zugespielt. Auf den ersten Blick schien es, als könne er eine potentiell sehr wichtige Informationsquelle sein, aber irgend etwas an seinem direkten Vorgehen hatte den sowjetischen Offizier mißtrauisch gemacht. Sein Instinkt sagte ihm, daß in diesem Fall äußerste Vorsicht geboten war. Deshalb beauftragte er zwei seiner zuverlässigen Agenten damit, aus sicherer Entfernung unauffällig das Treffen zu beobachten, für das er die unverdächtige Atmosphäre eines stark frequentierten Pariser Bistros gewählt hatte.[78]

Seine Vorsichtsmaßnahme erwies sich als gerechtfertigt. Kurz nachdem er Platz genommen hatte, fiel ihm auf, daß zwei an Nebentischen sitzende Männer ihn heimlich beobachteten. »Die beiden sehen wie

Polizisten aus«, sagte der sowjetische Offizier, den französischen Beamten bewußt provozierend, der prompt darauf hereinfiel und auffallend schnell die Bedenken seines Gegenüber zu zerstreuen versuchte:
»Für mich sehen sie ganz normal aus. Makler, würde ich sagen, die in Cafés ihren Geschäften nachgehen.«

Nachdem der sowjetische Offizier das Bistro verlassen hatte, berichteten seine Agenten, die die Szene beobachtet hatten, wie der Beamte des französischen Handelsministeriums unmittelbar nach dem Gespräch zu den beiden Männern hinübergegangen sei, sich zu ihnen gesetzt und mit ihnen ein lebhaftes Gespräch begonnen habe. Sie hätten eine Bemerkung über die Komintern und verschiedene Anspielungen auf Rußland und die Russen gehört. Einer der Franzosen habe gezahlt, und dann seien alle drei in dasselbe Taxi gestiegen.

1965 enthüllte Orlow der CIA den Namen eines französischen Beamten, der den Sowjets als Informant gedient hatte. »Welman oder Velman« war im Ministerium für wirtschaftliche Beziehungen mit der UdSSR verantwortlich. Als er anfing, französische Dokumente zu übergeben, die sich als wertlos erwiesen, begann Orlow Verdacht zu schöpfen. Er übernahm 1927 den Fall persönlich und bestand darauf, daß Welman zu einem Treffen im Café Osner die Unterlagen zu wirtschaftlichen Verträgen mitbringen sollte. Welman willigte ein, bestand jedoch darauf, sie gleich am nächsten Tag wiederzubekommen. Doch Welman, der normalerweise immer pünktlich war, kam zu diesem zweiten Treffen viel zu spät. Dies führte dazu, daß Orlow nun annahm, Welman sei vorher vielleicht zur Polizei gegangen und das Treffen stelle möglicherweise eine Falle dar.[79]

»Haben Sie die Papiere mitgebracht?« war nach Orlows Erinnerung Welmans erste Frage. Überzeugt, daß die französische Polizei ihr Treffen beobachtete, hatte Orlow schon Schritte unternommen, um zu verhindern, daß er auf frischer Tat ertappt würde. Er erzählte seinem Kontaktmann, daß er die französischen Regierungsdokumente nicht dabeihabe; sie seien noch bei seinem Kollegen. Dieser erwarte sie in einem anderen Restaurant im Bois de Boulogne. Sie fuhren mit einem Taxi hin. Orlows Agenten hatten dafür gesorgt, daß sie an diesem zweiten Ort nicht überwacht werden konnten. Die Papiere wurden zurückgegeben, und Orlow verließ danach sofort das Restaurant. Er sagte, er habe der Moskauer Zentrale nie von seinem Verdacht erzählt, und obwohl Welman noch jahrelang Dokumente lieferte, war Orlow sich sicher, daß er es mit einem Doppelagenten zu tun gehabt hatte. Bestätigt wurde sein Verdacht durch die genannten Unterlagen. Obwohl sie auf den ersten Blick sehr wichtig schienen, stellte sich nach näheren Untersuchungen heraus, daß sie keinen wichtigen Wert besaßen. Dies nannte man in der Agentensprache »Hungerlohn«, d. h. minderwertige, leichte Information, die von der französischen Abwehr speziell vorbereitet wurde.[80]

»Auf diese Weise«, erinnerte sich Orlow später mit Genugtuung, »wurde der plumpe Versuch der französischen Polizei, einen Doppelagenten bei uns einzuschleusen, im Keim erstickt.«[81] Er gab zu, daß solch direkte Aufeinandertreffen mit einem gegnerischen Geheimdienst auf ihn eine »ganz besondere Faszination« ausübten. Während er dazu erzogen worden sei, ausländische Geheimdienstler als professionelle Spione zu betrachten, hielten die sowjetischen OGPU-Offiziere sich für »Revolutionäre, die für die Partei gefährliche Aufträge erfüllten«. Dennoch gebe es zwischen ihnen und ihren Berufskollegen von der Gegenseite so etwas wie ein »Gefühl innerer Verbundenheit«. Das Zusammentreffen mit einem fremden Geheimagenten habe in ihm »dieselbe Spannung und Neugierde« geweckt wie bei »zwei feindlichen Piloten, die einander in der Luft begegnen«.[82]

Orlows geheime Tätigkeit als Resident der OGPU in Paris beschränkte sich jedoch nicht auf Operationen gegen äußere Feinde. Er berichtete, wie er persönlich beauftragt wurde, einige der Fehler zu untersuchen, die in den Anfangsjahren der Sowjetunion gemacht worden waren; damals waren bei den Versuchen, Spionageringe aufzubauen, nicht selten Agenten eingesetzt worden, die völlig unfähig waren, sich glaubwürdig als Geschäftsleute auszugeben. Derartige Bemühungen hatten sich als kostspielige Fehlschläge erwiesen, weil es den meisten OGPU-Agenten ganz einfach an der nötigen Geschäftstüchtigkeit gefehlt hatte. Nur allzu viele der Firmen, die mit dem Ziel, sie als prosperierende Unternehmen erscheinen zu lassen, finanziell äußerst großzügig ausgestattet worden waren, versagten kläglich, als es darum ging, potentielle Agenten anzuwerben. Zudem waren immer wieder sowjetische Undercoveragenten der Versuchung erlegen, die die von der örtlichen Handelsdelegation reichlich zur Verfügung gestellten Finanzmittel auf sie ausübten, so daß es häufig zu Veruntreuungen in großem Maßstab kam.

Eine der ersten Aufgaben Orlows war eine Untersuchung im Fall Juri Praslow, den er in seinem *Handbook* umreißt. Gemäß Orlows Angaben vor der CIA, die 1965 an die französische DST weitergegeben wurden, war Praslow der erste französische »illegale« Resident in Frankreich. »Er war ein echtes Mitglied des Geheimdienstes, der als Geschäftsmann getarnt dorthin geschickt wurde.« Praslows Einsatzpseudonym sei KEPP gewesen. Zwar konnte Orlow keine genauen Angaben über den Beginn von Praslows erster Operation machen, doch lieferte er der CIA Einzelheiten aus der Untersuchung, die er selbst 1926–1927 geleitet hatte, als er als NKWD-Resident in der sowjetischen Handelsdelegation in Paris operierte.[83]

Ausgestattet mit einem lettischen Paß und der Legende eines Geschäftsmannes, war Praslow nach Paris entsandt worden mit dem Auftrag, in Frankreich eine Import-Export-Firma zu gründen. Orlow konnte sich – wieder einmal – nicht an den Namen der Gesellschaft erinnern, die ihren Sitz in einem luxuriös eingerichteten Hauptquartier bekam. Er erzählte der CIA, daß er damals in Frankreich mit einem anderen Agenten namens Bogwood zusammengearbeitet habe, den er von gemeinsamen Einsätzen in der Türkei her kannte. Anscheinend war es Bogwood, der Praslow verriet. Die Zentrale beschloß daraufhin, eine Untersuchung über die Tarnfirma ihres Genossen anzuordnen. Orlow fand heraus, daß Praslow zwar zahlreiche Mitarbeiter eingestellt hatte, es ihm aber weder gelungen war, eine erfolgreiche geschäftliche Transaktion durchzuführen, noch einen Agenten anzuwerben. Daraufhin wandte Praslow sich an seinen Freund Michail Lomowski, den damaligen Leiter der sowjetischen Handelsdelegation. Lomowski sagte ihm seine Hilfe zu und leitet große Mengen von Handelsgütern aus der Sowjetunion zu Praslows Unternehmen um, der beim Verkauf dieser Waren eine ansehnliche Provision kassierte.[84]

Die enge geschäftliche Beziehung zwischen einem angeblichen lettischen Staatsangehörigen und den Russen erweckte natürlich das Interesse der französischen Spionageabwehr. Die Sûreté Générale überwachte daraufhin Praslows Firma derart gründlich, daß diese keinerlei Spionageoperationen durchführen konnte. Mittlerweile waren Praslow infolge der Lieferungen von seiten der Handelsdelegation zig Millionen Francs zugeflossen. Nachdem er zwei Millionen veruntreut hatte, schien den sowjetischen Geheimagenten das schlechte Gewissen zu plagen, und so beschloß er, die Bilanzen seines Unternehmens im Spielkasino von Deauville wieder auf Vordermann zu bringen.

Als Orlow Einsicht in die Bücher der Firma nehmen wollte, gestand der reumütige Praslow, daß er im Kasino neun Millionen verloren hatte. Doch er sei bereit, nach Moskau zurückzukehren, um sich dort »erschießen zu lassen«. Zweifellos wäre Praslow nach seiner Rückkehr liquidiert worden, hätte nicht Stalin persönlich bei Trilisser interveniert. Praslow war nämlich zufällig der Schwager eines der Henkersknechte des »obersten Chefs«, und sein Gnadengesuch bewegte Stalin zu einem – für ihn sehr uncharakteristischen – Akt der Großherzigkeit: Er ordnete an, Praslow lediglich für fünf Jahre in ein Arbeitslager zu schicken.[85]

Diverse ähnliche Fälle ließen Orlow zu der Schlußfolgerung gelangen, daß die Auslandsoperationen des sowjetischen Geheimdienstes noch immer viel zu amateurhaft und ineffektiv organisiert waren. In dieser Überzeugung sah er sich bald bestätigt, als nach einer Reihe von Debakeln im Frühjahr 1927 die wahre Schwäche der OGPU im Ausland offenbar wurde. Im März dieses Jahres ließen die Polen in Warschau einen von einem »weißen« russischen General geleiteten Spionagering auffliegen, und unmittelbar danach wurde in Istanbul eine sowjetische Handelsmission als Spionagenest enttarnt. Im April fielen der Polizei nach einer Razzia im sowjetischen Konsulat in Peking unzählige Dokumente in die Hände, die eindeutige Beweise für die Spionagetätigkeit der dortigen Angestellten erbrachten, und die Schweizer Behörden verhafteten das achte Mitglied eines französischen Spionagerings, der von Jean Cremet – einem führenden Mitglied der Kommunistischen Partei Frankreichs – geleitet wurde. Im Mai schließlich wurde eine Gruppe von Beamten des österreichischen Außenministeriums dabei ertappt, als sie der OGPU Geheimdokumente übergeben wollte. Der größte Schlag gegen die Sowjets gelang jedoch, als die Briten noch im selben Monat auf den Tip eines Informanten hin im Hauptquartier der sowjetischen ARCOS im Zentrum Londons eine großangelegte Razzia durchführten. Dabei förderten sie unwiderlegbare Beweise dafür zutage, daß die sowjetische Handelsdelegation als eine der Zentralen der weltweiten sowjetischen Spionage- und Subversionstätigkeit fungierte.

Das ARCOS-Debakel hatte unmittelbare Auswirkungen auf Orlows Arbeit. Nachdem der britische Premierminister Stanley Baldwin die Schließung sowohl der betreffenden Handelsmission als auch der sowjetischen Botschaft verfügt hatte, fiel der Pariser Residentur die Verantwortung für die verbliebenen verdeckten Operationen des sowjetischen Geheimdienstes in Großbritannien zu. Orlow sah sich nun gezwungen, sich grundsätzliche Gedanken über eine Erhöhung der Effektivität der sowjetischen Spionage zu machen. Wie er in seinem Handbuch vermerkt, war für ihn das Hauptproblem organisatorischer Natur. Dadurch, daß die OGPU-Residenturen in den Botschaften und den angeschlossenen Handelsdelegationen untergebracht waren, flogen sie im Falle einer Panne sehr schnell auf. Zudem sahen sich immer dann, wenn wieder einmal ein Spionagenetz ausgehoben worden war, die betreffenden sowjetischen Diplomaten schweren Anschuldigungen ausgesetzt, während ihre Kontaktleute aus der kommunistischen Partei des jeweiligen Landes als Spione gebrandmarkt wurden, die unter dem Decknamen einer politischen Partei operierten.

»Jedesmal, wenn ein für die Sowjets arbeitender Spionagering aufgedeckt wurde, führte die Spur geradewegs in die jeweilige sowjetische Botschaft, was den Ruf der sowjetischen Diplomatie schwer schädigte«, kommentierte Orlow die Schwäche des sowjetischen Geheimdienstapparats in den späten zwanziger Jahren. »Die sowjetische Regierung wollte deshalb ihre geheimdienstlichen Operationen auf fremdem Boden dergestalt umorganisieren, daß im Falle der Gefangennahme einzelner Agenten die Spur nicht mehr in die sowjetische Botschaft führen sollte und die Sowjetunion somit leichter abstreiten konnte, mit dem aufgeflogenen Spionagering etwas zu tun zu haben.«[86]

In den zwei Jahren, die die OGPU-Chefs brauchten, um ihren strategischen Modus operandi neu zu organisieren, schaffte Orlow es, einige seiner eigenen Vorstellungen über den Aufbau und die Leitung eines Spionagenetzes in die Praxis umzusetzen. Seine große Chance, seine Theorien auf ihre Tauglichkeit zu überprüfen, kam Anfang 1928, als er als Chef der sowjetischen Handelsdelegation nach Berlin versetzt wurde. Die deutsche Hauptstadt war zu diesem Zeitpunkt bereits die wichtigste europäische Basis des ständig wachsenden sowjetischen Geheimdienstapparats.

Anmerkungen

1. Die Pseudonyme sind aufgelistet in ORLOW-[Internal Security-R] FBI-Akte Nr. 105-22869, FOIA und ORLOW-Akte Nr. 76659 und 32476, ARG.
2. Beeidete Aussage vom 23. August 1954 von Alexander und Maria Orlow gegenüber Joseph J. Gaudino, Inspektor der US-Einwanderungsbehörde, New York City (Immigration and Naturalization Service, im folgenden INS). In FBI-Akte Nr. 62-1246 FC [?] ORLOW-[Internal Security-R-]Akte Nr. 105-22869, FBI-Archiv Washington. Geleistet unter dem US-amerikanischen Gesetz *Freedom of Information Act* (FOIA). Im folgenden: ORLOW INS-Aussage 1954, FBI-Akte 105-22859.
3. Zeugenaussage von Isaac Rabinowitz gegenüber dem FBI. In ORLOW FBI-Akte Nr. 105-22869, FOIA.
4. ORLOW INS-Aussage 1954, FBI-Akte 105-22869.
5. Orlov, *Legacy*, S. 3.
6. Orlows Aussage gegenüber der INS, FBI-Akte Nr. 105-22869, FOIA.
7. Boris Rosowskis Name wurde aus dem freigegebenen Bericht seines Gesprächs mit einem New Yorker Sonderermittler vom 10. Januar 1954 getilgt. Es erscheint jedoch unzensiert in der Niederschrift einer beeideten Aussage Orlows gegenüber der US-Einwanderungsbehörde vom 29. Juni 1955 – vielleicht, weil die Fotokopie in den Akten ein Negativ und zudem sehr unscharf ist. Orlow identifizierte seine Jugendfreunde, zu denen er in New York Kontakt aufnahm. Rosowski war der einzige, mit dem er 1954 zusammentraf und auf den die Daten des FBI-Berichtes genau zutreffen – einschließlich der Tatsache, daß er zum Zeitpunkt von Orlows Flucht im Jahre 1938 in Belgien lebte. Rosowski erinnerte sich an ein Treffen mit einem anderen seiner Klassenkameraden aus Bobruisk namens Ofzow, der als Maschinist auf dem sowjetischen Frachter *Swir*, zu dem Orlow von Moskau hinbeordert worden war, arbeitete. Rosowski erzählte dem FBI, daß er und Orlow in Bobruisk gute Freunde gewesen seien und Orlow – den er als Feldbin kannte – nicht in der Stadt selbst geboren sei. Die Rosowskis, die »Mitglieder der besitzenden Klasse gewesen waren, da ihr Vater einige große Fabriken besaß«, hatten Rußland bei Ausbruch der Revolution verlassen. Bis zu dem Anruf Orlows am Nachmittag des Neujahrstages 1954, um mit ihm ein Treffen in der Lobby des Park Sheraton Hotel zu vereinbaren, hatte Rosowski Orlow seit 1917 nicht mehr gesehen. Damals habe er seinen Jugendfreund zufällig am Eingang eines Moskauer Kaufhauses in der Uniform eines Leutnants getroffen. SAC New York, Bericht vom 2. Oktober 1954 an den Direktor, Blatt 163, ORLOW FBI

Akte; vgl. beeidigte Aussage von Alexander Orlow vor der Einwanderungs-behörde des US-Justizministeriums vom 23. Juni 1955, Seriennummer 305, S. 16, ORLOW FBI-Akte Nr. 105-22869, FOIA.

8. Ebd.
9. Gespräch mit Boris Rosowski in ORLOW, FBI-Akte 105-22869, FOIA.
10. Orlov, *Legacy*, S. 4; ORLOW-Akte Nr. 39476, Band I, S. 5, ARG.
11. ORLOW-Akte Nr. 39476, Band I, S. 5, ARG.
12. Bericht von Feoktistow, ORLOW-Akte Nr. 76659, Band I, S. 2, ARG. Siehe auch Bericht des nicht identifizierten Akademikers vom 9. September 1963 gegenüber SAC Detroit, der behauptete, daß Orlow weiterhin überzeugter Leninist sei. ORLOW, FBI-Akte Nr. 105-22869, S. 353.
13. Beeidete Aussage von Orlow gegenüber dem INS, in FBI 105-228659, FOIA.
14. Ebd. und ORLOW-Akte 39476, Band I, S. 5, ARG.
15. ORLOW KGB-Akte Nr. 32476, Band I, S. 2, ARG.
16. Alexander Orlov, *A Handbook of Counter Intelligence and Guerilla Warfare*, Ann Arbor, Michigan 1963 (im folgenden: Orlov, *Handbook*), S. 171–172.
17. Dobrzynski war, als er von Orlows Truppe im Mai 1920 verfolgt und gefangengenommen wurde, der Kopf einer Untergrundorganisation der zwei-ten Sektion (Militärischer Geheimdienst) des polnischen Generalstabes. Bei einem Verhör durch die Tscheka wurde er von Artusow überredet, Doppel-agent zu werden. Er operierte unter dem Decknamen Sosnowski. Der Pole arbeitete für die Tscheka als Undercoveragent bevor er zum leitenden Offizier der Spezialabteilung (Militärischer Abwehrdienst) wurde. Er bekleidete stets wichtige Positionen in der OGPU und im späteren NKWD. In den dreißiger Jahren fiel Dobrzynski/Sosnowski Stalins Säuberungsaktionen zum Opfer. Er wurde wegen Verrates festgenommen und am 15. November 1937 hingerich-tet.
18. Orlov, *Legacy*, S. 4.
19. Ochrana: politische Geheimpolizei zu Zeiten des Zaren.
20. Dserschinski, zitiert nach George Leggett, *The Cheka: Lenin's Political Police*, Oxford University Press, Oxford, 1981 (künftig: Leggett, *The Cheka*), S. 11.
21. Dserschinski, zitiert von dem damaligen KGB-Vorsitzenden Viktor Tschebri-kow. In: *Prawda*, 11. Dezember 1987.
22. Marguerite Harrison wurde, da sie unter Verdacht stand, ein »Feind des sowje-tischen Staates« zu sein, persönlich von Dserschinski verhört. Sie schrieb über ihre Erfahrungen in der *Chicago Tribune*, 1. August 1926.
23. Zitiert nach Leggett, *The Cheka*, S. 11.
24. »Zu diesem Zweck [um den Vertrag von Brest Litowsk zu brechen] erachtet das Zentralkomitee es für möglich und zweckdienlich, eine Anzahl terroristi-scher Maßnahmen gegen die prominentesten Repräsentanten des deutschen Imperialismus durchzuführen.« Protokoll des Zentralkomitees der Sitzung der Linksrevolutionären Partei vom 24. Juni 1918, in »Correspondence on Historical Subjects«, Moskau 1989, S. 218–219. Zum allgemeinen Hinter-grund siehe John J. Dziak, *Chekisty: A History of the KGB*, New York 1988, S. 77.
25. Lockhart-Verschwörung, Versuch des Sturzes der russischen Regierung (siehe auch a.a.O.)
26. Robert Bruce Lockhart, *Ace of Spies: A Biography of Sidney Reilly*, Hodder & Stoughton, London 1967. Dieses Buch wurde später Grundlage einer interna-tionalen, populären Fernsehserie.
27. Lockhart, *British Agent*, S. 276–277.
28. Die Geschichte dieses glücklosen amerikanischen Amateurspions wurde zum ersten Mal detailliert von Dr. William Corson und Robert T. Crowley dargestellt

in *The New KGB*, William Morrow, New York 1985, S. 47–60. Siehe auch D. S. Fogelsang, »Xenophon Kalamatiano: An American Spy in Revolutionary Russia«, *Intelligence and National Security*, Juni 1989, S. 151.

29. Reillys Verhörprotokoll, datiert vom 7. Oktober 1925, in »TRUST«-Akte Nr. 302330, Band 37, S. 241 (Einsätze der Spionageabwehr, Archiv des früheren KGB, jetzt unter der Kontrolle des Ministerium für Sicherheit, Moskau.)

30. Corson & Crowley, *The New KGB*, S. 59–60.

31. Interview der Zeitschrift *Nowaja Schisn* mit Dserschinskiiks im Juni 1918.

32. Lockhart, *British Agent*, S. 233. Wolodja Mersljakow ist der Kurator des KGB-Museums in Moskau und einer der wenigen Insider seiner Generation, die vollständigen Zugang zu den geheimen Tscheka-Berichten haben. Leggett, *The Cheka*, S. 349.

33. Die Größe der Tscheka und die Zahl ihrer Opfer sind Schätzwerte westlicher Analytiker, zitiert nach John Dziak, *Chekisty: A History of the KGB*, Ivy Books, New York, S. 36. Durch die neu veröffentlichten sowjetischen Berichte müssen sie präzisiert. Professor Litwin von der Kazaner Universität, GUS, arbeitet derzeit an einem Buch über den roten und weißen Terror im Bürgerkrieg. Hierzu verwendet er Archivmaterial, einschließlich der bislang nicht zugänglich gewesenen Tscheka-Akten.

34. Tagesordnung der Sitzung der Volkskommissare vom 20. Dezember 1917, einschließlich Dserschinskis Bericht über die Tscheka, Zentrales Parteiarchiv, Russisches Zentrum zur Archivierung und Untersuchung von Dokumenten der jüngsten Geschichte. Bezeichnend ist, daß Dserschinski im Jahr 1920 am selben Tag den Befehl zur Gründung der INO unterschrieb, in: *Geschichte des sowjetischen Geheimdienstes*, offizielle KGB-Publikation, Moskau 1982, S. 18. Die Tradition und Praxis des russischen Geheimdienstes, jeweils am 20. des Monats die Gehälter zu zahlen, besteht weiterhin.

35. Beeidigte Aussage von Maria Orlowa in ORLOW-FBI-Akte Nr. 105-22869, FOIA.

36. Orlov *Legacy*, S. 4 und Orlows Aussage gegenüber der INS, FBI Akte Nr. 105-22869, FOIA.

37. Ebd., bestätigt durch Orlows Dienstberichte, auf den ersten Seiten seiner Personalakte Nr. 32476, Band 1, S. 2–3, ARG.

38. Zitiert nach: Paul Aurich, *Kronstadt: 1921*, W. W. Norton, New York, 1974, S. 241.

39. Protokoll des 9. Allrussischen Sowjetkongresses vom 23. Dezember 1921. Siehe auch Dziak, *Chekisty*, S. 172.

40. Brief an Menschinski vom 24. Dezember 1924, Dserschinski-Archiv, Zentrales Parteiarchiv, Russisches Zentrum zur Archivierung und Untersuchung von Dokumenten der jüngsten Geschichte.

41. Ebd.

42. Orlows Akte beinhaltet nicht die Details des Falles, auf den sich Orlow in einem der Verhöre bezieht und worauf er in *Legacy*, S. 8 anspielt.

43. Orlov, *Legacy*, S. 5 und ORLOW-Personalakte Nr. 32476, Band 1, S. 5.

44. Orlov, *Handbook*, S. 71. Laut der *Geschichte des sowjetischen Geheimdienstes*, herausgegeben vom KGB 1982, stand Subversion nicht auf der Tagesordnung der INO-Operationen, deren Ziele wie folgt formuliert waren:
    – Unterwanderung von weißen Emigrantenorganisationen
    – Aufspüren von antisowjetischen Terrororganisationen
    – Beschaffung von Informationen über Interventionspläne westlicher Länder und Japans
    – Aufdecken von Regierungsplänen zur wirtschaftlichen Blockade der UdSSR durch diese Länder

- Beschaffung von Dokumenten über die geheimen militärischen und politischen Bündnisse dieser Länder
- Technische, wissenschaftliche und Industriespionage.

45. Teodor Gladkow und Nikolai Zajtew, *Ja jemu ne mogu ne werit*, Politisdat, Moskau 1983.
46. »TREST«-Akte Nr. 302330, Band 1, Ministerium für Sicherheit, Moskau.
47. Jakuschews Bericht, in »TREST«-Akte Nr. 302330, Band 1, S. 70, Ministerium für Sicherheit, Moskau.
48. Bericht über Skulgins Reise, in »TREST«-Akte Nr. 302330, Band 3, S. 24–25, Ministerium für Sicherheit, Moskau.
49. Bericht über OPERATION »TREST«, KGB, Moskau 1982, S. 49. Diese geheime Veröffentlichung wurde für die KGB-Akademie hergestellt. Orlow enthüllte in der Anhörung von 1965, daß Madame de Aehrental, Sawinkows Geliebte und die Frau seines Assistenten, in Paris vom sowjetischen Geheimdienst angeworben wurde, um Sawinkow zur Rückkehr in die UdSSR zu überreden. Er solle »seinen Platz in der Geschichte beanspruchen«. Mme. de Aehrental forderte und erhielt von der OGPU 5000 Dollar im voraus, die sie unter der Bedingung entgegennahm, daß sie nicht nach Paris zurückkehren müsse. Siehe Lockhart, *British Agent*, S. 276–277.
50. Bericht von Jakuschew in »TREST«-Akte Nr. 302330, Band 1, S. 70, Ministerium für Sicherheit, Moskau.
51. Veröffentlicht wurde Sawinkows Aussage in der *Prawda*, 30. August 1924. Zitiert nach einer Fußnote bei John. J. Dziak, *Chekisty: A History of the KGB*, Ballantine, New York 1988, S. 210.
52. Der Bericht über die Umstände von Sawinkows Tod wurde von Oberst Boris Goodse einem früheren NKWD- und späteren GRU-Offizier zusammengefaßt. Während es in der KGB-Akte keinen dokumentierten Bericht gibt, erscheint Goodses Version aufgrund der Umstände logischer als der von Oleg Gordiewski, einem früheren KGB-Agenten, der behauptet, daß Sawinkow in einen Treppenschacht gestoßen wurde. Christopher Andrew und Oleg Gordiewski, KGB: *The Inside Story of its Foreign Operations From Lenin to Gorbachev*, Hodder & Stoughton, London 1990, S. 71 (in deutscher Übersetzung: *KGB, Die Geschichte seiner Auslandsoperationen von Lenin bis Gorbatschow*, München 1990).
53. Ebd.
54. Bereicht von Jakuschew in »TREST«-Akte Nr. 302330, Band 37, S. 112, Ministerium für Sicherheit, Moskau.
55. Ebd.
56. Handschriftliche Notizen Reillys, gefunden in seiner Zelle, »TREST«-Akte Nr. 302330, Band 37, S. 37, Ministerium für Sicherheit, Moskau.
57. Reillys Brief an Dserschinski vom 30. Oktober, »TREST«-Akte Nr. 302330, Namd 37, S. 300, Ministerium für Sicherheit, Moskau.
58. Reillys Anmerkungen, datiert vom 3. November, »TREST«-Akte Nr. 302330, Band 37, S. 366, Ministerium für Sicherheit, Moskau.
59. Reillys Anmerkungen, datiert vom 4. November, »TREST«-Akte Nr. 302330, Band 37, S. 366, Ministerium für Sicherheit, Moskau.
60. Fedulejews Bericht, »TREST«-Akte Nr. 302330, Band 37, S. 355, Ministerium für Sicherheit, Moskau.
61. Bericht über OPERATION »TREST«, KGB, Moskau 1981, Interview von Zarew mit Boris Goodse, der an der Operation teilnahm.
62. Ebd.
63. Orlov, *Handbook*, S. 20.
64. Ebd.

65. Orlov, *Legacy*, S. 5, und Orlows Aussage gegenüber dem INS, FBI-Akte Nr. 105-22869, Band 1, FOIA.
66. Die Geschichte, daß Orlow dachte, seine Tochter hätte aufgrund einer Erkältung rheumatisches Fieber bekommen, erzählt Brook-Shepherd in *The Storm Petrels*, S. 203. Die Information bekam er durch nicht näher erklärte CIA Kontakte.
67. Der Brief vom 15. September 1924, der anscheinend von Sinowjew geschickt wurde, ist verschwunden. Es ist somit unmöglich festzustellen, ob er eine Fälschung war oder nicht. Westliche Forscher, die sich mit diesem Fall befaßt haben (N. Grant, »*The Zinoviev Letter Case*«, Soviet Studies 1967 und L. Chester, S. Fay und K. Young. *The Zinoviev Letter Intrigue*, London 1967), bestätigen das Ergebnis der *Sunday Times* von 1965, daß der Brief nicht von Sinjojew geschrieben worden sei. Jüngere Untersuchungen von Historikern des russischen Ministeriums für Sicherheit haben Spuren entdeckt, die zu Wladimir Orlow führen, dem Ex-Chef des Geheimdienstes von General Denikin. Wladimir Orlow, der beschuldigt wurde, zu jener Zeit für den britischen Secret Intelligence Service (SIS) gearbeitet zu haben, hatte sich oft mit Reilly getroffen. Orlow – nicht verwandt mit Alexander Orlow – war dafür bekannt, gefälschte Kominterndokumente weiterzureichen. Die Daten und Verbindungen zu Reilly müssen noch gründlicher untersucht werden, bevor das Ministerium für Sicherheit seine Ergebnisse veröffentlichen kann.
68. Eine gute Zusammenfassung der wesentlichen Elemente des Machtspiels findet man bei: Dziak, *Chekisty*, S. 45, 56–57.
69. Nach der Analyse von Orlows Handbuch, war es dem *Direction de la Surveillance du Territoire* (DST) klar, inwieweit Orlow in die französische Fälle verwickelt war. Die CIA sollte ihn detailliert zu seinem Buch über sowjetische Vorkriegsoperationen in Frankreich befragen. Orlows Antworten zu ungefähr sechzehn dem französischen Abwehrdienst bekannten Fällen sind in einem sechzig Seiten langen Bericht in Französisch verfaßt, zusammen mit einer Reihe von Berichten für die Akte in Englisch (siehe Anhang). Den Autoren wurde dieser Bericht durch einen französischen Informanten zugeführt, der mit dem DST in Verbindung steht. In der Akte enthalten ist ein Brief vom 7. Juli mit der Anrede »Dear Jim« an James Angleton, der 1965 Chef der Spionageabwehr der CIA war. Die Bemerkungen in diesem Brief lassen darauf schließen, daß der Bericht im November 1965 geschrieben wurde. Er basiert auf Gesprächen mit Orlow über seine Einsätze in Frankreich als legaler Resident der sowjetischen Handelsdelegation von 1927 bis 1928 und als illegaler Resident 1932. »Cas Nr. 2«, S. 28 in *Handbook of Counterintelligence and Guerilla Warfare.* (im folgenden zitiert als ORLOW DST-Akte).
70. Ebd.
71. Mit seinen Antworten zu »Cas Nr. 5«, S. 45, *Handbook*, ORLOW-DST Akte, verleitete Orlow die CIA zu der Annahme, daß es Alexander Karin war, der unter dem Decknamen KARI gearbeitet hat. Seine NKWD-Akte zeigt jedoch, daß ALEXANDER ein weiterer Codename Orlows war, den er als Resident in Frankreich von 1931 bis 1933 benutzte, als er begann, für den sowjetischen militärischen Geheimdienst (damals als R. U.) zu arbeiten.
72. »Reconstitution des ›LEGAUX‹ en France, d'après Orlow« und »Subject: LORDCHIPANIDZE (Sic) ZAGARELLI«, Information von Orlow, 15.–16. April 1965, DST-Akte.
73. Orlov, *Handbook*, S. 21.
74. Ebd.
75. Orlows Antwort zu »Cas Nr. 1«, S. 21, *Handbook*, ORLOW DST-Akte.
76. Orlows Antworten zu »CAS Nr. 3«, S. 28, *Handbook* ORLOW DST-Akte. Obwohl es keine Hinweise auf einen solchen Skandal gab, zeigen die französi-

schen Unterlagen, daß Marc Rucart unter dem Verdacht stand, der fragliche Justizminister gewesen zu sein. Rucart war Mitglied mehrerer Kabinette, die aus zerrütteten politischen Bündnissen bestanden, was typisch für die französische Republik in der Zeit vor dem Zweiten Weltkrieg war, in der die Regierungen häufig wechselten.

77. Beispiele für das Vokabular des Geheimdienstjargons findet man in den NKWD-Archivdokumenten. Orlow selbst verwendet einige Termini in seinem *Handbook*, Kapitel »Clandestine Meetings« (Heimliche Treffen), S. 110–125.

78. Orlov, *Handbook*, S. 118–119.

79. Orlows Antworten zu »CAS Nr. 14«, S. 118, *Handbook*, ORLOW DST-Akte.

80. Ebd.

81. Orlov, Handbook, S. 119.

82. Orlov, *Handbook*, S. 82.

83. Orlows Antworten zu »Cas Nr. 9«, S. 69–70, *Handbook*, ORLOW DST-Akte.

84. Die Analyse der historischen NKWD-Berichte zeigt, wie die Informationen, die Orlow 1965 und wahrscheinlich auch in seinen früheren Verhören der CIA weitergegeben hatte, bearbeitet und für sein Publikum zurechtgeschnitten waren. Orlow gab zu, in seinem *Handbook* einige Details bewußt hinzugefügt zu haben, um zu verwirren. So z. B. die Identifizierung der Decknamen der sowjetischen Geheimdienstoffiziere und ihre Operationsdaten in Frankreich. Bezeichnenderweise kann er sich an keinen einzigen Namen der französischen NKWD-Informanten erinnern, die in der Pariser Polizeibehörde, dem *Deuxième Bureau*, dem französischen Generalstab oder dem Abgeordnetenhaus gearbeitet haben. Die Berichte zeigen, daß Orlow die wahren Namen derer, die Moskau von diesen Organisationen aus gedient haben, nicht verraten hat. Dies wird auch durch die sowjetischen Dokumente bestätigt. Gerade die Frage nach den Identitäten aber war der Grund für einen besonderen Fragebogen, der an die CIA weitergeleitet wurde. In Ermangelung gegenteiliger Informationen muß man davon ausgehen, daß Orlow die gleiche Methode verwendet hat, um andere Fragen zu beantworten, die für die CIA interessant waren.

85. MI5-Bericht über die ARCOS-Razzia für das US Außenministerium vom 18. Juli 1922 in: US Embassy London 800B, RG 84 NAW.

86. Orlov, *Handbook*, S. 70.

KAPITEL 3

Spionage
als »Wirtschaftshilfe«

Als Alexander Orlow zu seinem neuen Posten nach Deutschland reiste, mußte er seine kranke Frau in Paris zurücklassen. Maria folgte ihm später in die Handelsdelegation, wo sie Mitglied des Parteikomitees wurde.[1]

Vier Jahre nach einer Reihe von Moskau angezettelter kommunistischer Aufstände in der Weimarer Republik traf Orlow, der gerade seinen 33. Geburtstag hinter sich hatte, im Januar 1928 in Berlin ein. Zwar war die kommunistische Revolution im deutschen Experiment mit der Demokratie nach dem Ersten Weltkrieg gescheitert, doch hatte die vom Weimarer Parlament garantierte persönliche Freiheit den Boden für eine geistige Revolution und einen Umbruch im Bereich der moralischen Normen bereitet. Die frühere Hauptstadt des Deutschen Reiches hatte sich zum Zentrum des europäischen Hedonismus entwickelt. Das Sozialverhalten der Menschen war einem radikalen Wandel unterworfen, der sich auch in den Themen der Dramen Bertolt Brechts widerspiegelte. Aus der Zusammenarbeit des Dramatikers mit dem Komponisten Kurt Weill entstand die *Dreigroschenoper*, die nur zwei Monate nach Orlows Ankunft in Berlin ihre Uraufführung erlebte. Die Kabaretts am Kurfürstendamm und die Kinos mißachteten mit gewagten Vorführungen althergebrachte sexuelle Konventionen, und die Darstellung der freizügigen Lola machte Marlene Dietrich bald zum berühmtesten erotischen Exportartikel der Stadt.

Ein Neuankömmling im Berlin der späten zwanziger Jahre lief leicht Gefahr, sich vom äußeren Erscheinungsbild der Dinge täuschen zu lassen. Ob es sich nun um das grelle Transvestitenensemble des Eldorado-Kabaretts in der Mozartstraße handelte oder um die russischen Diplomaten, die in der sowjetischen Handelsmission Unter den Linden arbeiteten – nichts in der Stadt, die auf Hedonisten und Spione gleichermaßen eine geradezu magnetische Anziehungskraft ausübte, war so, wie es auf den ersten Blick schien. Auch Orlow mit seiner falschen Identität war ein integraler Bestandteil jener Welt der Täuschungen und Illusionen. Sein gefälschter Paß lautete auf den Namen Lew Lasarowitsch Feldel und wies ihn als akkreditierten Handelsberater aus.[2] Sein wahres Geschäft war nicht der Handel, sondern – wie jeder, der sein Büro in der Handelsvertretung der Sowjetunion besuchte, unschwer erahnen konnte – die Spionage. Die sowjetischen Handelsvertretung, die nur einen Häuserblock von der Reichsbank und wenige hundert Meter von der sowjetischen Botschaft Unter den Linden entfernt in einem monumentalen Gebäude residierte, diente als Zentrale für die Beschaffung geheimer Informationen.

Während der gesamten Weimarer Republik bis zur Weltwirtschaftskrise, die die Banden nationalsozialistischer Braunhemden auf die Straßen trieb und Hitler schließlich an die Macht brachte, war Berlin nicht nur die europäische Hauptstadt des Hedonismus, sondern auch der Spionage. Die dortige sowjetische Handelsvertretung bildete die Zentrale der sowjetischen Spionageoperationen in ganz Europa. Schon die eindrucksvolle Größe des Hauptquartiers der russischen Handelsmission ließ die wahre Dimension der konspirativen Beziehungen zwischen der UdSSR und Deutschland ahnen, die geknüpft worden waren, seit die Weimarer Republik sich vom restlichen Europa abgewandt und der sowjetischen Regierung angenähert hatte. Der 1922 im gleichnamigen italienischen Seebad unterzeichnete Rapallo-Vertrag hatte dem bolschewistischen Regime nicht nur die de-jure-Anerkennung gebracht, sondern ihr auch die Meistbegünstigungsklausel eingeräumt. Infolge der Öffnung der deutschen Grenzen für den Handel mit der Sowjetunion war es den Sowjets zudem leicht gemacht worden, Spionagenetze aufzubauen, die unter dem Deckmantel deutsch-sowjetischer Handelsunternehmen scheinbar legal ihren Geschäften nachgingen. Zu den bekanntesten dieser Firmen gehörten die Deruta (Deutsch-Russische Transportgesellschaft), die Deutsch-Russische Ölgesellschaft sowie die Sparkasse für den Osten A. G. Diese Tarnunternehmen waren der Wostwag (Europäischen West-Ost-Warenaustauschgesellschaft) nachempfunden, jener Berliner Handelsfirma, die 1921 von den Gebrüdern Aaron und Abraham Ehrenlieb gegründet worden war – zwei aus Polen stammenden Stabsoffizieren des militärischen Geheimdienstes, die beim Aufbau ihres Tarnunternehmens am Schiffbauerdamm 19 von der Roten Armee finanziell unterstützt wurden.[3]

Die Vereinbarungen von Rapallo, die eine Ära enger wirtschaftlicher Zusammenarbeit zwischen der Weimarer Republik und der Sowjetunion eingeleitet hatten, enthielten auch eine Reihe von Geheimklauseln, die es Deutschland ermöglichten, die restriktiven Bestimmungen des Versailler Vertrages zu umgehen. Obwohl letztere den entmilitarisierten Status Deutschlands zementieren sollten, wurden schon im

Jahrzehnt vor Hitlers Machtergreifung deutsche Marine-, Heeres- und Luftwaffenoffiziere heimlich in Rußland ausgebildet. In enger Zusammenarbeit mit sowjetischen Technikern konnten sie die Entwicklung von Unterseebooten, Flugzeugen und Panzern vorantreiben – Aktivitäten, die durch das »Versailler Diktat«, wie viele Deutsche den Friedensvertrag empört bezeichneten, unter besonderen Bann gestellt worden waren.

Eine von Orlows vorrangigen Aufgaben in der Handelsvertretung bestand darin, die geheimen militärischen Verträge sowie den Handel mit Militärgütern zwischen der Sowjetunion und Deutschland zu überwachen. 1929 war sein wichtigster Mitarbeiter bei der Abwicklung dieser heimlichen Waffengeschäfte Pawel Allilujew, den der sowjetische Volkskommissar für Verteidigung Kliment Woroschilow für diesen Posten ausgesucht hatte. Orlow war einer der wenigen sowjetischen Spitzenfunktionäre, die wußten, daß der Mann, den Moskau zur Überwachung der Inspektion von in Deutschland gekauften Flugzeugen und Motoren abkommandiert hatte, der Bruder von Stalins zweiter Frau Nadeschda Allilujewa war. Während der zwei Jahre, die sie in Berlin zusammenarbeiteten, wurde Allilujew zu einem engen Vertrauten und Freund Orlows, der durch ihn unzählige Informationen aus erster Hand über die Intrigen und Machtkämpfe im Kreml erhielt. Allilujew hatte dort seit dem Jahr 1919 gelebt, in dem seine Schwester – eine attraktive 17jährige, deren Willensstärke ihrer orientalisch anmutenden Schönheit in nichts nachstand – den vierzigjährigen Stalin geheiratet hatte. Ihre stürmische Ehe sollte für Nadeschda auf tragische Weise enden: 1932 – ein Jahr nachdem Allilujew von Berlin nach Moskau zurückgekehrt war – verübte sie Selbstmord. Orlow erfuhr später von Allilujew persönlich, daß dessen Schwester entgegen allen Gerüchten, Stalin habe sie im Affekt erschossen, nach einer besonders heftigen Auseinandersetzung mit ihrem tyrannischen Ehemann Selbstmord begangen hatte, um der für sie unerträglich gewordenen Ehe zu entfliehen.[4]

Stalins Entscheidung, seinen eigenen Schwager Orlow in Berlin zu unterstellen, wies bereits auf die Bedeutung der geheimen Kooperation hin, die den sowjetischen Streitkräften Zugang zur deutschen Rüstungstechnologie verschaffte. Während Stalin die russisch-deutschen Beziehungen dazu benutzte, die Rote Armee und die sowjetischen Luftstreitkräfte nach dem neuesten Stand der Technik auszurüsten, ließ die Zusammenarbeit mit der Sowjetunion in Deutschland die Antipathie gegen den »Erbfeind« Frankreich weiter anwachsen. Die Ressentiments gegen die Franzosen erreichten den Höhepunkt, als die französischen Okkupationsstreitkräfte des Rheinlands 1923 ins Ruhrgebiet einmarschierten, nachdem die Deutschen mit ihren Reparationszahlungen in Verzug geraten waren. Die militärische Zusammenarbeit mit Stalin hatte für Deutschland jedoch ihren Preis: die massive Infiltrierung durch sowjetische Agenten.

Moskaus Hoffnung, eine zweite bolschewistische Revolution in Deutschland anfachen zu können, hatte sich spätestens nach den fehlgeschlagenen kommunistischen Aufständen in verschiedenen Teilen Deutschlands im Oktober 1923 als Illusion erwiesen. Nach dem Debakel mit der Komintern kam es dafür jedoch zu einer dramatischen Ausweitung der Spionagetätigkeit der Vierten Abteilung der Roten Armee (RU) sowie der Auslandsabteilung der OGPU. Um die Umsetzung von Stalins Fünfjahresplan zu unterstützen, bliesen die Agenten von RU und OGPU in der sowjetischen Handelsvertretung in Berlin zu einem gemeinsamen Angriff auf die technologischen Geheimnisse der deutschen Industrie. Ihre Operationen zielten darauf ab, die patentierten chemischen Verfahren der mächtigen I.G. Farben zu stehlen ebenso wie die moderne Technologie der Metallverarbeitung von Krupp und Rheinmetall, Blaupausen von Borsig und Mannesmann oder die neuesten Entwicklungen der Elektroindustrie von AEG und Siemens. Die Funktionäre der sowjetischen Handelsdelegation, die sowohl als Abrechnungshaus für legale Verträge als auch als Tarnorganisation der sowjetischen Spionagenetze diente, rekrutierten kommunistische Sympathisanten und schleusten sie in die weltberühmten deutschen Forschungsstätten wie das Kaiser-Wilhelm-Institut, die Technische Hochschule in Berlin und das Luftfahrt-Forschungsinstitut ein.[5]

Orlows Rolle war bei vielen Operationen alles andere als einfach. Er war unmittelbar nach Verkündung des ersten Fünfjahresplans zum Umbau der Sowjetunion in einen modernen Industriestaat in Berlin eingetroffen. Stalins völlig unrealistische Zielsetzungen dieses Fünfjahresplans waren weitgehend ohne Berücksichtigung der zu seiner Umsetzung erforderlichen Produktionskapazitäten und menschlichen Opfer zustande gekommen, und Deutschland mußte nun als die Quelle herhalten, die die sowjetische Industrie mit dem technologischen und wissenschaftlichen Know-how beliefern sollte. Dies zu erreichen war Teil von Orlows Mission, und seine Position als Geheimdienstchef der OGPU in der Handelsvertretung ließ ihn eine neue Art von Spionagetätigkeit kennenlernen, der in diesem historischen Stadium der UdSSR weit größere Bedeutung zukam als der militärischen Spionage oder der politischen Subversion.

»Unser Ziel war es, durch den Diebstahl moderner Produktionsgeheimnisse – neuer Erfindungen, geheimer technologischer Verfahren etc. – die Industrialisierung der Sowjetunion voranzutreiben«, schrieb Orlow später und erklärte, »wie die sowjetischen Geheimdienste im Ausland für ihre Spionagenetze Ingenieure, Wissenschaftler und Erfinder anwarben, die in den Labors und Fabriken der größten Industriekon zerne arbeiteten«.[6] Orlow zufolge war die Sowjetunion zum Zeitpunkt seiner Ankunft in Berlin fest entschlossen, massenweise Maschinen und sogar ganze Fabriken vom Westen zu kaufen, um die Ziele des Fünfjahresplans zu erfüllen. Man verhandelte bereits mit den Deutschen über den Kauf von Patenten auf industrielle Herstellungsverfahren und wollte deutsche Ingenieure nach Rußland holen, wo sie sowjetische Techniker in den neuen Methoden ausbilden sollten. Der Preis, den die Deutschen für diesen Technologietransfer verlangten, war jedoch so horrend, daß Stalin die Auslandsabteilung der OGPU anwies, ihren Agenten klarzumachen, daß der Diebstahl von Erfindungen und Patenten höchste Priorität hatte.[7]

1929 erfolgte daraufhin die Gründung einer neuen Unterabteilung für Industriespionage in der Auslandsabteilung der OGPU. Ihre Aufgabe bestand darin, mit illegalen Mitteln all das zu beschaffen, was das Kommissariat für Außenhandel auf dem Wege legaler Verträge oder Lizenzen mit den Deutschen zu beschaffen nicht in der Lage war. Sie arbeitete eng mit der Abteilung für Wirtschaftsspionage zusammen, aus der Orlow in der Berliner Handelsvertretung zahlreiche Mitarbeiter unterstellt waren. Die Größe des Gebäudes mit seinen mehreren hundert russischen und deutschen Angestellten entsprach seinem gigantischen Jahresumsatz aus legalen Außenhandelsgeschäften in Höhe von mehreren hundert Millionen Deutscher Mark.

In den Jahren vor Hitlers Machtergreifung im Jahre 1933 hing die wirtschaftliche Situation vieler berühmter deutscher Firmen wie BMW und Junkers weitgehend von ihren geheimen Verträgen mit jener Abteilung der Handelsdelegation ab, die sich ganz harmlos »Abteilung für Maschinenbau« nannte. Unter dieser Tarnung wurde der Export deutscher Rüstungsgüter, deren Herstellung durch die Bestimmungen des Versailler Vertrags verboten war, in die Sowjetunion organisiert. Das aus Deutschen wie Sowjets bestehende Personal dieser Abteilung wurde von den OGPU-Leuten, die strategisch günstig in der Personalabteilung der Handelsvertretung postiert waren, auf Herz und Nieren überprüft. Die Handelsvertretung warb mit Unterstützung vertrauenswürdiger Mitglieder der Kommunistischen Partei Deutschlands (KPD) auch Kollaborateure von außen an.

Der militärische Geheimdienst der Roten Armee (GRU) hatte auch die Geldmittel für die Gebrüder Löwenstein – zwei deutsche Juweliere mit Verbindungen zur KPD – zur Verfügung gestellt, damit sie einen Laden in der Ritterstraße mieten konnten, der unmittelbar an die Rückseite des Bürohauses Unter den Linden grenzte. Auf diese Weise konnten Sowjetagenten während ihrer Operationen im Bereich der Industriespionage heimlich in die sowjetische Handelsvertretung zu Orlow und seinen Genossen von der GRU gelangen. Von einer Außenstelle der

Handelsmission in Hamburg aus wurden zusätzliche Spionagenetze geleitet.[8]

»Zuweilen genügte schon der Diebstahl all der notwendigen Formeln, Konstruktionszeichnungen und Gebrauchsanweisungen, um den sowjetischen Ingenieuren und Erfindern den Nachbau eines komplizierten Mechanismus zu ermöglichen oder sie einen Produktionsprozeß nachvollziehen zu lassen«, erklärte Orlow.[9] Trotz dieses Erfolges mußten die Sowjets jedoch feststellen, daß die speziellen Fähigkeiten und des Erfassen technischer Zusammenhänge bei ihren Leuten häufig nicht ausreichten, um einen komplexeren industriellen Prozeß zu kopieren. In solchen Fällen erhielt Orlows Mannschaft den Auftrag, die entsprechenden Ingenieure in Deutschland oder anderen Ländern aufzuspüren und mit finanziellen Anreizen dazu zu bewegen, in Rußland sowjetische Techniker auszubilden. Die Handelsvertretung sorgte dann dafür, daß diese Reisen in die Sowjetunion geschickt getarnt wurden, indem man deutsche Staatsbürger mit falschen Papieren über Drittländer in die Sowjetunion einschleuste. Die gefälschten Pässe lieferte der sogenannte Paßapparat der OGPU – geheime »Paßfabriken« der Sowjets in Deutschland oder anderen europäischen Ländern, in denen gewiefte Fälscher, »Schuster« genannt, unter Benutzung der von Schuhmachern verwendeten Werkzeuge und Farben ihr illegales Handwerk ausübten.[10] Diese neuen Identitäten waren erforderlich, um zu verschleiern, daß ein spezieller deutscher Wissenschaftler oder Ingenieur unerlaubt die Sowjetunion besuchte.

»Die Russen bezahlten bei solchen Kurztrips für wenige Tage Arbeit manchmal bis zu 10 000 Dollar«, erklärte Orlow; trotzdem, fügte er hinzu, »beliefen sich die Einsparungen für die Sowjets auf Millionen«.[11] Als Beispiel für den Erfolg seiner Tätigkeit in Deutschland berichtete er in allen Einzelheiten, wie der OGPU der Fertigungsprozeß für die Herstellung von Industriediamanten in die Hände fiel. In der expandierenden Ölindustrie und der Metallverarbeitung brauchten die Sowjets für Schneidwerkzeuge immer mehr Diamanten, um ihren Fünfjahresplan zu erfüllen. Deshalb bot der Krupp-Konzern ihnen schließlich die bei ihm soeben erfundenen Widia (von »wie Diamant«) an, wie die künstlichen Steine genannt wurden.[12]

Das sowjetische Kommissariat für Schwerindustrie erwarb sofort einige Muster dieser Widia, um sie bei Tiefbohrungen zu erproben. Als man sich von der Härte und der hohen Schneidfähigkeit der künstlichen Diamanten überzeugt hatte, beschloß das Kommissariat, die Patentrechte für die Produktion zu kaufen und mit Krupp einen Vertrag über den Aufbau einer Fabrik zur Herstellung von Widia in der Sowjetunion abzuschließen. Als die beiden Direktoren des deutschen Unternehmens jedoch zu Verhandlungen nach Moskau kamen, forderten sie einen geradezu exorbitanten Preis, woraufhin Stalin laut Orlow im Politbüro zum OGPU-Chef Menschinski gesagt haben soll: »Die Bastarde wollen zu viel Geld. Versuchen Sie ihnen das Zeug zu stehlen. Zeigen Sie, wozu die OGPU fähig ist!«[13] Menschinski nahm die Herausforderung an und erteilte der Handelsvertretung unverzüglich entsprechende Anweisungen. Der erste Schritt dieses nach Orlows Worten »ungemein schwierigen Auftrags« bestand darin, den Standort der die Widia produzierenden Fabrik ausfindig zu machen sowie an die Namen des Erfinders und der die Produktion überwachenden Ingenieure zu kommen.

Der für diese Mission ausgewählte Deutsche war Dr. B. – wie Orlow seinen Agenten nannte –, ein Wissenschaftler an der Technischen Hochschule in Berlin. Mit Hilfe eines Kollegen fand er heraus, daß das Krupp-Werk, in dem die Industriediamanten hergestellt wurden, in einem Randbezirk Berlins lag. Er fuhr zur Fabrik und kam in einer Bierstube in der Nähe des Werksgeländes unter dem Vorwand, Material für eine wissenschaftliche Abhandlung über Hartmetallegierungen zu suchen, mit Technikern ins Gespräch, die bei Krupp arbeiteten. Sie empfahlen ihm, sich mit dem für den Produktionsprozeß zuständigen Vorarbeiter namens Cornelius in Verbindung zu setzen. Mit Unterstützung eines Inspektors aus dem Berliner Polizeipräsidium, der ebenfalls heimlich als sowjetischer Informant arbeitete, kam Dr. B. an die Privatadresse von Cornelius. Dann stattete er dem Krupp-Vorarbeiter einen Besuch ab und lud ihn zum Essen ein. Cornelius, der sich von der Aufmerksamkeit, die ein so bedeutender Wissenschaftler ihm entgegenbrachte, sehr geschmeichelt fühlte, sprach mit ihm offen über den Schmelzofen, in dem die Widia bei großer Hitze unter hohem Druck hergestellt wurden. Der Erfinder – ein Ingenieur, für den Orlow den Namen Worm benutzte – sei erst kürzlich von Krupp entlassen worden, nachdem er versucht hatte, für einen Konkurrenten des Industriegiganten ein Duplikat eines solchen Schmelzofens zu bauen.[14]

Worm war von Krupp auf die schwarze Liste gesetzt worden, was für ihn praktisch bedeutete, daß ihn in der Industrie niemand mehr anstellen würde. Für die Sowjets war er somit eine leichte Beute. Orlow zufolge mußte Dr. B., um Worm zu ködern, nur als Mittelsmann für eine schwedische Firma auftreten, die angeblich eine Produktionsstätte für Industriediamanten aufbauen wollte mit dem Ziel, das Monopol von Krupp zu brechen. Für 10 000 Mark erklärte sich Worm bereit, eine vollständige Beschreibung des Herstellungsprozesses zu liefern. Als überzeugtes Mitglied der Nationalsozialistischen Partei stellte er jedoch die Bedingung, mit den Schweden nur dann zusammenzuarbeiten, wenn sie versprachen, die Diamanten nicht an die Russen zu verkaufen.

Gleichzeitig wirkte Dr. B. so lange auf Worms habgierige Frau ein, bis diese ihm ihre Unterstützung zusagte, nachdem er sie mit zusätzlichen tausend Mark pro Woche und – ohne Wissen ihres Mannes – einer erklecklichen Summe zum Kauf von Kleidern gelockt hatte. Dieser Schachzug erwies sich als entscheidend. Denn kurz darauf ließ Moskau verlauten, daß man für den Bau und die Bedienung des Schmelzofens, der sich, um die für die Umwandlung der Graphitpartikel in Industriediamanten erforderliche Hitze zu erzeugen, mit großer Geschwindigkeit bei hohen Temperaturen drehen mußte, unbedingt den Erfinder vor Ort benötigte. Orlow zufolge mußte Worms Frau ihren Gatten eine Woche lang bearbeiten, bis dieser sich damit einverstanden erklärte, für zwei Jahre nach Rußland zu gehen. Der Erfinder bestand auf der Unterbringung in einem Erster-Klasse-Hotel in Moskau, einem Wagen mit Chauffeur sowie einem Vertrag auch für seinen früheren Assistenten bei Krupp. Seine Frau erhielt weiterhin von den Sowjets ihr persönliches Taschengeld, was entscheidend dazu beitrug, daß ihr Mann auch dann noch in Rußland blieb, als er an Gelenkrheumatismus erkrankte. Obwohl aus seinen Briefen ein abgrundtiefer Haß gegen die Sowjetunion sprach, konnte seine Frau, die mittlerweile am Luxusleben in Berlin großen Gefallen gefunden hatte, ihn dazu bewegen, seinen Vertrag zu erfüllen – und damit den Sowjets Industriediamanten zu Schleuderpreisen zu beschaffen.[15]

Nicht alle Versuche der OGPU, deutsche Technologie zu stehlen, waren ähnlich erfolgreich. Orlow berichtete beispielsweise, wie im Jahre 1929 eine von Abram Sluzki – dem damaligen stellvertretenden Direktor der Auslandsabteilung – geplante Operation in einem Fiasko endete. Diesem Plan zufolge sollte ein zum Schein aus der Sowjetunion geflohener OGPU-Agent in Berlin ein Patentbüro eröffnen. Mit Hilfe zahlreicher Stellenanzeigen und der offen zur Schau gestellten antisowjetischen Einstellung des Firmeninhabers wollte man an möglichst viele nützliche Erfindungen kommen und darüber hinaus Erfinder, die für das deutsche Militär arbeiteten, durch Bestechung für sich gewinnen. Der von Sluzki für diese Aufgabe ausgewählte Agent war der Cousin eines deutschen Direktors der UFA-Filmstudios, dessen gesellschaftlicher Status der in einem großzügigen Berliner Bürogebäude untergebrachten und von der OGPU mit 40 000 Dollar bezuschußten Firma den Anschein von Respektabilität verleihen sollte.[16]

In Erinnerung an Praslows Mißerfolg in Frankreich betrachtete Orlow den ganzen Plan von Anfang an skeptisch. Er berichtete, daß die laufenden Kosten für das angebliche Patentbüro 30 000 Dollar pro Jahr ausmachten. Die Operation erwies sich jedoch als Fehlinvestition, da verwertbare Informationen gänzlich ausblieben und unter der Flut verrückter Erfindungen, die das Büro erreichten, als einzige Waffe das Modell einer Kanone war, von der das Kommissariat für Verteidigung dank der geheimen Übereinkunft mit dem deutschen Generalstab bereits eine Blaupause erhalten hatte. Zudem zog das Patentbüro das Mißtrauen der Polizei auf sich, was schließlich 1930 zu seiner Schließung führte. Ungewöhnlich für die OGPU war, daß sie dem erfolglosen Agenten Sluzkis, der das Büro geleitet hatte, die Erlaubnis erteilte, sich in Deutschland zur Ruhe zu setzen, nachdem er versprochen hatte, den Behörden gegenüber Stillschweigen zu bewahren.[17]

Auch eine andere geheimdienstliche Operation, deren Schilderung durch Orlow nahelegt, daß er sie in Berlin mit großen Erwartungen in die Wege geleitet hatte, erwies sich als Fehlschlag. Der Plan zielte auf einen in Rußland geborenen Bleistiftfabrikanten ab, der durch die Revolution seine Fabrik und ein großes Vermögen verloren hatte. Nachdem er mit seiner Familie nach Berlin geflohen war, lebte Herr C. im Jahre 1931 mit seiner Tochter in äußerst bescheidenen Umständen, als ein Repräsentant des sowjetischen Kommissariats für Leichtindustrie an ihn herantrat. Dieser machte ihm ein Angebot, von dem man annahm, daß er es niemals ablehnen würde: Er sollte für ein großzügiges Gehalt in die Sowjetunion zurückkehren und dort den Bau einer neuen Bleistiftfabrik in Moskau beaufsichtigen. Der verarmte deutsche Industrielle reagierte zunächst begeistert auf die Möglichkeit, seiner Familie wieder einen gewissen Wohlstand bieten zu können. Bald jedoch kam er dahinter, daß man ihm das Angebot nicht etwa gemacht hatte, weil die sowjetischen Schulkinder plötzlich dringend seine mit Gold verzierten Bleistifte benötigten. Es handelte sich um ein Bestechungsgeld, weil die Zentrale herausgefunden hatte, daß C.s Tochter die Privatsekretärin des japanischen diplomatischen Geschäftsträgers in Berlin war und oft auch für den Botschafter persönlich arbeitete. Orlow zufolge verfügte die OGPU zu diesem Zeitpunkt über keinerlei Zugang zu wichtigen Geheiminformationen aus Japan, so daß man die Chance, eine Informantin aus diesem Bereich anzuwerben, nicht ungenutzt lassen wollte. Als der Vater jedoch von seinem sowjetischen Kontaktmann erfuhr, daß der Abschluß des lukrativen Geschäfts davon abhing, ob er seine Tochter zur Beschaffung vertraulicher militärischer und diplomatischer Papiere aus der japanischen Botschaft überreden konnte, weihte er seine Frau in die Sache ein. Der ganze Plan löste sich in Luft auf, als die Ehefrau entrüstet erklärte, sie werde niemals zulassen, daß ihre Tochter als Spionin mißbraucht würde.[18]

Einen der bis ins kleinste Detail ausgearbeiteten Pläne zur Anwerbung weiblicher Informanten, die sich als voller Erfolg erwiesen, entwarf Orlow im Jahre 1929, als einer seiner Agenten eine Liebesbeziehung mit einer jungen Sekretärin im deutschen Außenministerium aufnahm. Die nordische, mit den Nazis sympathisierende Schönheit wurde, ohne es zu wissen, zu einer wichtigen Informationsquelle für den sowjetischen Geheimdienst. Ihr Liebhaber konnte sie überreden, ihm geheime diplomatische Depeschen an die Nazis zu beschaffen, nachdem er sich als leidenschaftlicher Verehrer Hitlers ausgegeben hatte. Solche vorgetäuschten Liebesaffären erwiesen sich für die Sowjets als ausgesprochen erfolgreich, wobei Orlow beobachtete, daß einige von ihnen sogar in dauerhafte Ehen mündeten. Er vergaß nie, wie sein ehemaliger Vorgesetzter Artusow einen solchen Fall lachend mit den Worten kommentiert hatte: »Die beiden werden einiges zu erzählen haben, wenn ihre Enkel sie mal fragen, wie sie sich kennengelernt haben!«[19]

Vor dem Ausschuß des US-Senats rechtfertigte Orlow später seine Beteiligung an sowjetischen Operationen auf dem Gebiet der Industriespionage in Berlin. Seinen Aussagen zufolge hatte die Wirtschaftsabteilung der OGPU 1931 errechnet, daß die Industriekonzerne des Westens, die mit den Sowjets Handel trieben, bei Warenlieferungen und Dienstleistungen für russische Fabriken bis zu 75 Prozent auf den üblichen Weltmarktpreis aufschlugen. »Ich muß gestehen, daß ich derjenige war, der 1930 die Existenz eines sogenannten Gentlemen's Agreement zwischen den Elektrokonzernen der westlichen Welt aufdeckte«, gab Orlow 1957 zu.[20] Anschließend erklärte er dem Justiz-Unterausschuß, wie seine Agenten in Deutschland ihm den unwiderlegbaren Beweis dafür geliefert hatten: ein vertrauliches Memorandum, das die General Electric Company aus den Vereinigten Staaten verschickt hatte. »Ich erinnere mich noch genau an ein vom Vizepräsidenten Mindor unterzeichnetes Dokument, einen Brief an die deutsche AEG«, sagte Orlow 1955 aus. Er bezog sich auch auf einen Brief von einem Direktor namens Bleiman an einen Direktor der Schweizer Firma Brown, Boveri & Cie. AG, der seinen Angaben zufolge »eine Liste von Preisen enthielt, die der Sowjetunion abverlangt werden sollten – mit der Begründung, daß die Sowjetunion im Westen wenig Kredit habe«. Dieses enthüllende Dokument, so Orlow, sei ihm durch einen prokommunistischen deutschen Mitarbeiter der AEG zugespielt worden. Orlow zufolge half es der Sowjetunion entscheidend dabei, dieses Kartell aufzubrechen, das für nach Rußland geliefertes elektrotechnische Gerät »um sechzig bis siebzig Prozent höhere Preise als normal« verlangte.[21]

Wie effektiv der sowjetische Geheimdienstapparat in Deutschland unter Orlow auf dem Gebiet der Industriespionage tätig war, geht aus einem 1930 veröffentlichten Bericht des Reichsverbandes der Deutschen Industrie hervor. Dieser hatte eigens zur Bekämpfung der Industriespionage ein Büro eingerichtet, das die durch Spionage entstandenen jährlichen Verluste gegen Ende des Jahrzehnts auf über 800 Millionen Reichsmark schätzte. Die daraufhin von der deutschen Industrie ergriffenen Maßnahmen zur Spionageabwehr blieben jedoch wenig erfolgreich, da es den Sowjets gelungen war, einen deutschen Kommunisten in das für die Bekämpfung der Industriespionage zuständige

Hauptbüro einzuschleusen. Hinzu kam, daß das Außenministerium der Weimarer Republik an einer Verschlechterung der Beziehungen zur Sowjetunion nicht interessiert sein konnte. Aus diesem Grund wurden die in den zwanziger Jahren aufgedeckten Spionagefälle nicht mit der vollen Härte des Gesetzes strafrechtlich verfolgt. Milde Urteile von wenigen Monaten Gefängnis waren selbst in den schwerwiegendsten Fällen die Norm – Fälle, die zudem meist vertuscht wurden, um eine negative Publicity zu vermeiden.[22]

Gegen Ende von Orlows Dienstzeit in Berlin hatte die von der sowjetischen Handelsdelegation ausgehende Spionagetätigkeit jedoch ein derartiges Ausmaß erreicht, daß sie beim besten Willen nicht mehr ignoriert werden konnte. Die Berliner Polizeizentrale, die eine eigene Abteilung zur Bekämpfung von Industriespionage eingerichtet hatte, registrierte zwischen 1929 und 1930 einen Anstieg der bekanntgewordenen Fälle auf das Dreifache, nämlich von 330 auf über 1000. Viele dieser Fälle wurden kommunistischen Arbeitern zur Last gelegt, die in dem gut organisierten Spionagenetz eine zentrale Rolle spielten und unter Anleitung sowjetischer Diplomaten der Handelsvertretung wichtige Geheiminformationen aus der Industrie beschafften. Im Laufe der Zeit stellte sich heraus, daß die sowjetische Handelsvertretung in allzu viele dieser Fälle mehr oder weniger direkt verwickelt war, als daß man dies weiterhin hätte ignorieren können. Die offiziellen Dementis aus der sowjetischen Botschaft und der Handelsvertretung häuften sich daraufhin derart, daß die Zeitungen bald nur noch ironisch vom »zu erwartenden« oder »unvermeidlichen« Dementi der sowjetischen Pressesprecher schrieben.[23]

»Ist es nicht an der Zeit, weniger Höflichkeit und statt dessen mehr Entschlossenheit zu demonstrieren?« schalt die *Frankfurter Zeitung* 1931, nachdem die sowjetische Handelsdelegation den Vorwurf dementiert hatte, einer ihrer Angestellten, ein gewisser Glebow, habe einen österreichischen Ingenieur namens Lippner dazu angestiftet, geheime petrochemische Unterlagen aus dem Werk der I.G. Farben in Friedrichshafen zu stehlen. Der Ruf nach Gegenmaßnahmen wurde noch lauter, nachdem im selben Jahr ein kommunistischer Gewerkschaftsführer namens Erich Steffen sowie 25 Ingenieure der I.G. Farben-Werke in Frankfurt und Köln verhaftet worden waren. Nach einem Monat Haft legte Karl Dienstbach, der örtliche Funktionär der kommunistischen Revolutionären Gewerkschaftsorganisation (RGO), ein volles Geständnis darüber ab, auf welche Weise Steffens gewerkschaftliches Spionagenetz der UdSSR Informationen beschafft hatte.[24]

Obwohl das deutsche Außenministerium sich weigerte, den Forderungen der Ermittlungsbehörden nach einer Hausdurchsuchung der Büroräume Unter den Linden zu entsprechen, war Moskau über die mögliche Aufdeckung der dunklen Geschäfte sehr besorgt. Deshalb wurde ein Angestellter der sowjetischen Botschaft mit dem Codenamen ALEXANDER beauftragt, mit Hilfe einer kommunistischen Tarnorganisation Steffens Verteidigung zu organisieren. Der Versuch, die Affäre dadurch im Keim zu ersticken, daß man sich das Schweigen der Angeklagten und der Zeugen mit Geld erkaufte, erwies sich jedoch als Bumerang, als ein Kassiber Steffens, in dem er seine RGO-Funktionäre aufforderte, ihre Taten als »Wirtschaftshilfe, nicht Spionage« zu bezeichnen, den staatlichen Strafverfolgungsbehörden in die Hände fiel.[25]

Der Aufschrei der Öffentlichkeit nach den relativ milden Strafen von zehn beziehungsweise vier Monaten Haft für Steffen und die anderen Anführer des sowjetischen Spionagerings löste einen derartigen Skandal aus, daß die Nazis daraus politisches Kapital zu schlagen vermochten und die Regierung sich gezwungen sah, das Strafmaß für Industriespionage zu verschärfen. Am 9. März 1932 unterzeichnete Reichspräsident Hindenburg ein Dekret »zur Verteidigung der Volkswirtschaft«, in dem die Höchststrafe für den Diebstahl deutscher Wirtschaftsgeheimnisse zugunsten einer fremden Macht auf fünf Jahre heraufgesetzt wurde. Als dann im folgenden Jahr die Nazis an die Macht kamen, wurde nach der Ernennung Hitlers zum Reichskanzler sogar die Todesstrafe für Wirtschaftsspionage eingeführt.[26] Den Höhepunkt der sowjetischen Spionageaffären bildete am 27. Juli 1931 die Ermordung von Georg Semmelmann in Wien. Der frühere Angestellte der sowjetischen Handelsdelegation in Hamburg hatte nach einem Gefängnisaufenthalt und seiner Ausweisung aus verschiedenen europäischen Ländern acht Jahre lang als vertrauenswürdiger Agent der OGPU gegolten. Im Frühjahr 1931 jedoch kam die Zentrale zu dem Schluß, daß Semmelmanns Heirat mit einer jungen Deutschen ihn zu einem Sicherheitsrisiko machte, und entließ ihn. Unmittelbar nach der Kündigung seiner gutbezahlten Stellung bei der Handelsvertretung tat der erzürnte Semmelmann seine Absicht kund, seinen früheren Arbeitgeber deswegen zu verklagen. Dann versuchte er, auf seine früheren sowjetischen Vorgesetzten Druck auszuüben, indem er drohte, in einer österreichischen Zeitung eine Serie sensationeller Artikel über die sowjetische Spionagetätigkeit in Berlin und Wien zu veröffentlichen.[27]

Semmelmanns Drohung, Einzelheiten über die illegalen »Paßfabriken« der sowjetischen Geheimdienste sowie den Einfluß letzterer auf die KPD bezüglich der Spionagetätigkeit preiszugeben, veranlaßte die Moskauer Agenten zu sofortigem Handeln. Andrej Piklowitsch – ein serbischer Kommunist, der sich als Medizinstudent ausgab – ging seelenruhig zu Semmelmanns Wohnung und erschoß ihn, um sich anschließend der österreichischen Polizei zu stellen. Am Ende seines

Prozesses, in dessen Verlauf von Moskau organisierte Demonstrationen zu seiner Unterstützung stattfanden, wurde der geständige Mörder freigesprochen und auf freien Fuß gesetzt. Dies war um so erstaunlicher nach Piklowitschs schamlosem Eingeständnis, daß sein Mord an Semmelmann Teil des »Krieges zur Beendigung der kapitalistischen Herrschaft« gewesen sei. Hätte Semmelmann nämlich weitergelebt – so Piklowitsch – hätte er viele »Kämpfer für das Proletariat« verraten können.[28]

In seiner Eigenschaft als ranghöchster Geheimdienstoffizier der Berliner Handelsdelegation hätte Orlow leicht ein Opfer der Folgen der Affäre Semmelmann werden können. Die Entscheidung, ihn im April 1931 nach Moskau zurückzuordnen, scheint daher in unmittelbarem Zusammenhang mit der zunehmenden Zahl von aufgeflogenen Spionageaffären um die Berliner Handelsvertretung gestanden zu haben. Der Ruf nach einer gründlichen polizeilichen Untersuchung der sowjetischen Operationen war immer lauter geworden, seit im Januar 1930 das *Berliner Tageblatt* in einem Artikel mit der Überschrift »Wer fälscht die Dollars?«[29] die Sowjets mit der Verbreitung gefälschter Hundertdollarscheine in der deutschen Hauptstadt in Verbindung gebracht hatte.

»Von der Herstellung falscher Hundertdollarscheine erfuhr ich im Jahre 1931«, gestand Orlow später. Er habe herausgefunden, daß die Operation »von Stalin persönlich geleitet« wurde. Dabei sei auch eine deutsche Bank gekauft worden, um die Verbreitung der gefälschten amerikanischen Dollars zu erleichtern. Orlow, der damals in Berlin auch der alleinige Verantwortliche für wirtschaftliche Operationen war, wußte über den sorgfältig ausgearbeiteten Plan der OGPU wahrscheinlich weit mehr, als er gegenüber dem Unterausschuß des Senats für innere Sicherheit zugab. Die Operation wurde 1929, ein Jahr nach Orlows Ankunft in Berlin, mit dem Erwerb der Berliner Privatbank Sass & Martini eingeleitet. Der Kauf erfolgte durch eine als kanadisches Konsortium getarnte Organisation, die die ehrenwerte Finanzinstitution postwendend an einen gewissen Mr. Simon weiterverkaufte, der wiederum als Zwischenhändler für Paul Roth fungierte. Roth war früher als Kommunist Mitglied des Berliner Stadtrates gewesen und hatte, wie sich später herausstellte, von der sowjetischen Botschaft finanzielle Zuwendungen erhalten.[30]

»Wichtigster Kunde der Bank wurde ein Mann namens Franz Fischer«, enthüllte Orlow. Er behauptete, nie persönlich mit dem OGPU-Agenten zusammengetroffen zu sein, der gegen Ende des Jahres 1929 19 000 US-Dollar in gefälschten Scheinen in der Bank deponiert hatte. Orlow zufolge konnte ein ungeübtes Auge die gefälschten Banknoten nicht von echten unterscheiden, weil sie »hervorragend gemacht« und in den russischen Notenanstalten hergestellt worden waren. Orlow verschwieg jedoch in seiner Aussage vor dem Unterausschuß 1957, wie sowjetische Agenten Angestellte der staatlichen US-amerikanischen Notenanstalt in der Bundeshauptstadt Washington »bearbeitet« hatten, um an echtes US-Banknotenpapier zu kommen. Erst nachdem die Deutsche Bank das erste Bündel Banknoten im Dezember an die Federal Reserve Bank geschickt hatte, entdeckte man bei einer gründlichen Untersuchung der alten Hundertdollarscheine winzige Abweichungen in der Gravur der Ziffern sowie bei Benjamin Franklins Kopf.[31]

Nachdem das US-Schatzamt am 23. Dezember weltweit vor den gefälschten Hundertdollarscheinen gewarnt hatte, führte die Berliner Polizei bei Sass & Martini eine Razzia durch. In den Kellergewölben des Gebäudes fanden sich nicht nur weitere falsche amerikanische Banknoten; bei den anschließenden Ermittlungen stellte sich auch heraus, daß die Bank in sowjetischen Besitz war und welche Rolle der mittlerweile spurlos verschwundene Fischer bei der Beschaffung des Falschgelds gespielt hatte. Fischer konnte als früherer Mitarbeiter der Automobil-Abteilung der sowjetischen Handelsvertretung in Berlin identifiziert werden.

Der Skandal zwang Stalin, das gigantische Ausmaß des geplanten Falschgeldschwindels zurückzuschrauben. Trotzdem tauchten noch fünf Jahre lang immer wieder in ganz Europa, China und Südamerika gefälschte Hundertdollarscheine aus den Vorräten der OGPU auf. Im Dezember 1932 verhaftete das FBI Dr. Valentine Burtan, einen amerikanischen Herzspezialisten und Kommunisten, sowie dessen Komplizen, einen ehemaligen deutschen Flieger, der sich als Graf Enrique Deschow von Bülow ausgab. Man warf ihnen vor, 100 000 Dollar in gefälschten Scheinen an Banken und Gangster in Chicago weitergegeben zu haben. Sie wurden zu jeweils 15 Jahren Gefängnis verurteilt, doch der Kopf hinter diesem letzten Akt des bizarren Plans, die Vereinigten Staaten mit Falschgeld zu überschwemmen, hatte sich längst nach Rußland abgesetzt. Er konnte später als Nicholas Dozenberg identifiziert werden – einer der Gründerväter der Kommunistischen Partei der Vereinigten Staaten, der lange als sowjetischer Undercoveragent gearbeitet und eine sowjetische Tarnfirma in den USA betrieben hatte, die als »Roumanian-American Films« registriert war.[32]

Die Geschichte mit den gefälschten Banknoten konnte sich laut Orlow nur deshalb so in die Länge ziehen, weil Stalin selbst damit zu tun hatte. Orlow sagte aus, er habe von der ganzen Sache lediglich gewußt, daß Stalin ursprünglich die Absicht gehabt hatte, die Valuta-Abteilung der OGPU – die beauftragt worden war, alle im Privatbesitz von Sowjetbürgern befindlichen echten US-Dollars zu beschlagnahmen – mit dem Druck falscher Banknoten im Wert von zehn Millionen Dollar zu betrauen, um auf diese Weise Devisen für die Umsetzung des

Fünfjahresplans zu beschaffen. Orlow wies jedoch darauf hin, daß dies von Anfang an ein reichlich unüberlegter Plan war, der bewies, daß der sowjetische Diktator sich kaum Gedanken über das Kosten-Nutzen-Verhältnis seiner Operation gemacht haben konnte. Orlow zufolge handelte es sich um »eine sinnlose und verrückte Operation, da es praktisch unmöglich war, mehr als eine Million Dollar in Umlauf zu bringen«. Daneben lieferte er jedoch auch einen vielsagenden Hinweis darauf, daß er mehr über die Affäre gewußt haben muß, als er den Amerikanern anvertraute; er selbst, so Orlow, habe vor seiner Abreise aus Berlin 1931 mit einem »bekannten Kriminellen« aus Schanghai gesprochen, den man verhaftet hatte, als er im Besitz einer größeren Menge der gefälschten Hundertdollarscheine war.[33]

»Ich war einfach gespannt darauf, zum ersten Mal in meinem Leben einen echten, ganz gewöhnlichen Kriminellen kennenzulernen«, rechtfertigte Orlow 1957 sein Handeln vor dem amerikanischen Senat. Er sagte weiter aus, der chinesische Gangster – dessen Namen er wohlweislich verschwieg – habe seine Freilassung durch die Berliner Polizei dadurch erkauft, daß er sie mit der Hälfte des Falschgelds bestach. Angesichts von Orlows Erfahrung als Agent erscheint eine derart entwaffnend naive Ausrede recht unprofessionell – um so mehr, als er zum damaligen Zeitpunkt darüber informiert gewesen sein muß, daß Stalin der OGPU befohlen hatte, die falschen Dollars auf weniger kritische chinesische und südamerikanische Banken umzuleiten, nachdem infolge der erwähnten Razzia in der Berliner Bank der Falschgeldschwindel aufgeflogen war.

Schlagzeilen, in denen die sowjetische Regierung der Beteiligung am Falschgeldhandel angeklagt wurde, entfachten in der Öffentlichkeit einen Sturm der Entrüstung und trugen mit dazu bei, daß die deutsche Polizei sich bei ihren Ermittlungen auf die Aktivitäten der sowjetischen Handelsdelegation konzentrierte. Orlows Rückruf kurz nach Bekanntwerden des Skandals im Jahre 1931 ist ein weiteres Indiz dafür, daß er in die Geschichte verwickelt war, da es für den sowjetischen Geheimdienstapparat charakteristisch war, die Hauptverantwortlichen rechtzeitig aus der Schußlinie zu entfernen.

Wegen seiner früheren Arbeit in Paris von 1926 bis 1928, wo im Januar 1930 die sensationelle Entführung eines russischen Generals der Weißgardisten stattgefunden hatte, war Orlow besonders gefährdet. Während seiner Tätigkeit bei der Handelsdelegation in der französischen Hauptstadt hatte Orlow sicher erfahren, wie die OGPU-Agenten ins engere Umfeld von General Alexander Kutjepow vorgedrungen waren. Als Vorsitzender der ROWS (*Russki Obschtschewojinski Sojus*), wie die militärische Vereinigung der Weißgardisten sich nannte, wurde Kutjepow von den Sowjets als einer ihrer Hauptfeinde betrachtet. Einer seiner wichtigsten Verbündeten war General Nikolai Skoblin, der von der OGPU angeworben worden war und damit die Unterwanderung der ROWS sowie die Entführung erst möglich machte. Kutjepow war plötzlich aus den Straßen von Paris verschwunden. Erst später sickerte durch, daß er an Bord des sowjetischen Dampfschiffs, auf das er von seinen Entführern in betäubtem Zustand gebracht worden war, einer Herzattacke erlegen war.[34]

Dem FBI gegenüber gab Orlow zu, weniger als einen Monat nach Kutjepows Verschwinden von dessen Entführung und Tod erfahren zu haben, als er anläßlich einer Besprechung in die Zentrale nach Moskau gekommen war. Obwohl er behauptete, bis dahin gar nichts von der Operation gewußt zu haben, sagte er 1957 vor dem US-Senat aus, er habe die genauen Einzelheiten erst nach seiner Rückberufung im Jahre 1931 erfahren. Er sei gerade in Artusows Büro gewesen, als der Chef der Auslandsabteilung einen Anruf von Jascha Serebrjanski bekam, Kutjepows Entführer, der in Rumänien während einer weiteren »exekutiven Operation«, wie die OGPU damals ihre Entführungen und Attentate nannte, verhaftet worden war.[35]

Orlow zufolge befürchtete Artusow, Serebrjanski könne seine Beteiligung an der Operation gestehen und verraten, wo der General begraben lag, was möglicherweise zur Enttarnung der Mitglieder des OGPU-Spionagenetzes durch die französische Polizei geführt hätte. Deren daraufhin eingeleiteten – wenn auch ergebnislosen – Ermittlungen in der Affäre Kutjepow beruhten zu einem großen Teil auf Insider-Informationen über die sowjetische Subversions- und Spionagetätigkeit, ausgehend von der sowjetischen Gesandtschaft in der Rue de Grenelle.[36]

Die Informationen stammten von Grigori Bessedowski, dem damaligen Geschäftsträger der sowjetischen Botschaft, der im Oktober 1929 durch eine dramatische Flucht über die Botschaftsmauer den schwerbewaffneten Sicherheitskräften der OGPU hatte entkommen können. Bessedowski war ein sehr guter Freund von Orlow während dessen erster Dienstzeit in Paris. Aufgrund von Behauptungen, Bessedowski sei abtrünnig geworden und betätige sich als ukrainischer Nationalist, schickte die Zentrale Roisenman, einen früheren Hafenarbeiter, um die Anschuldigungen zu überprüfen. Orlow zufolge hatte Roisenman Bessedowski gesagt, er solle sich »eine Kugel in den Kopf jagen«. Laut Orlows Aussagen gegenüber der CIA hatte Janowiz, sein Nachfolger als Resident, jedoch das Überlaufen von Bessedowski nicht verhindern können. Bessedowski wußte eine Menge über die sowjetischen Geheimoperationen in Frankreich und verriet sehr vieles an die französische Polizei. Erst später entdeckte Orlow, daß Bessedowski Rücksicht auf ihre Freundschaft genommen hatte, denn der einzige Name, den er bei den Verhören nicht verriet, war Nikolajew, der Deckname Orlows.[37]

Geschichten um Entführungen, Mordanschläge und Spionage durch den sowjetischen Geheimdienst füllten zunehmend die Schlagzeilen der Weltpresse – und die Ermittlungsakten europäischer Polizeibehörden und Spionageabwehrdienste. Dies hat Orlow vermutlich veranlaßt, nach seiner Rückkehr nach Moskau im April 1931 über die Ursachen der Fehlschläge von Spionageoperationen in den sowjetischen Botschaften und Handelsdelegationen von Paris und Berlin nachzudenken. Sein Rat half schließlich der Moskauer Zentrale bei der Umstrukturierung der Organisation ihrer Auslandsoperationen.

»Die sowjetische Regierung wollte ihre geheimdienstlichen Operationen auf fremdem Boden dergestalt umorganisieren«, schrieb Orlow, »daß im Falle der Gefangennahme einzelner Agenten die Spur nicht mehr in die sowjetische Botschaft führte und die Sowjetunion somit leichter abstreiten konnte, mit dem aufgeflogenen Spionagering etwas zu tun zu haben.«[38]

Wie Orlow den Amerikanern später erklärte, schlug sein Chef Artusow ihm bei seiner Rückkehr nach Moskau vor, sofort wieder ins Ausland zu gehen, um die Kronjuwelen der Romanows zu Geld zu machen. Es sei ihm jedoch gelungen, sich vor dieser Mission zu drücken.[39] Aus den OGPU-Akten geht allerdings nicht hervor, daß damals Orlow oder sonstwer für eine solche Operation eingesetzt wurde. Wahrscheinlicher ist, daß Orlow in den nächsten beiden Jahren in der Lubjanka an der Neuorganisation der Auslandsoperationen des sowjetischen Geheimdienstapparats beteiligt war. Er hatte auf diesem Gebiet nicht nur eigene Erfahrungen aus Paris und Berlin vorzuweisen, sondern war auch in der Zentrale, als dort die Idee entwickelt wurde, die Operationen der OGPU im Ausland nicht mehr über die sowjetischen Botschaften und Handelsmissionen abzuwickeln, sondern über illegale, im Untergrund operierende sogenannte Residenturen. In diesen Zeitraum fiel auch die dramatische Ausweitung der OGPU-Maßnahmen innerhalb der Sowjetunion, um die Kollektivierung der Landwirtschaft durchzusetzen.

Im Rahmen der auf Stalins Befehl eingeleiteten »Zweiten Revolution« wurden ohne Rücksicht auf Menschenleben und wirtschaftliche Verluste die bewaffneten Truppen der Staatssicherheitskräfte in alle Teile der Union entsandt, um Bauern und Arbeiter zu terrorisieren. Die OGPU spielte eine führende Rolle bei der Kollektivierung der Landwirtschaft und übte massiven Druck auf die Industriearbeiter aus, um die Erfüllung der völlig unrealistischen Zielsetzungen des ersten Fünfjahresplans durchzusetzen. Die erzwungene Kollektivierung, die zu der schrecklichen Hungersnot 1932/33 führte, löste in der Ukraine, der bis dahin so produktiven Kornkammer der UdSSR, spontanen Widerstand der Bauern gegen die Partei aus, der von den OGPU-Truppen mit brutaler Gewalt unterdrückt wurde.[40] Obwohl Orlow während seiner zwei Jahre in der Zentrale mit der Reform geheimdienstlicher Operationen im Ausland befaßt war, dürfte er aufgrund der während seiner Laufbahn geknüpften vielfältigen Kontakte zu anderen Abteilungen zweifellos vom unsäglichen Leid der hungernden Massen und den von Stalin zur Durchsetzung seiner Politik angeordneten Terrormaßnahmen gegen die eigene Bevölkerung gewußt haben. Ein Vierteljahrhundert später jedenfalls bezeichnete er dieses Wissen als einen der Gründe für seine Entscheidung, 1938 in den Westen zu fliehen. »Seit 1931, als die brutale Kollektivierung der Landwirtschaft in der UdSSR eine Hungersnot auslöste, war ich von der Kommunistischen Partei und der Politik des Kreml restlos enttäuscht«, erläuterte Orlow 1954 in einer Befragung durch die US-Einwanderungsbehörde.[41] Er verschwieg jedoch, warum er erst sechs Jahre später aus dieser Erkenntnis persönliche Konsequenzen gezogen und bis zu diesem Zeitpunkt weiterhin auf höchster Ebene in der immer unmenschlicher werdenden Geheimpolizei gedient hatte. Orlow bekannte sich auch nie zu einer kollektiven Mitverantwortung der OGPU-Mitglieder dafür, daß sie den Mißbrauch ihres *apparat* durch Stalin widerstandslos mit getragen hatten. Wie viele andere Revolutionäre der alten Garde scheint auch Orlow aufgrund seiner Hoffnungen, die er in den Leninismus setzte, für die Realitäten so lange blind gewesen zu sein, bis es zu spät und die Eigendynamik der Repressionen nicht mehr aufzuhalten war. Als der Terror schließlich auch vor loyalen Tscheka-Leuten wie ihm nicht mehr haltmachte, blieb nur noch die Flucht.

In den FBI-Verhören, die freigegeben wurden, vermied es Orlow geflissentlich, genauer auf seine Rolle in den entscheidenden Jahren einzugehen, in denen Stalin die OGPU seiner persönlichen Kontrolle unterstellte. Aus seinen Dienstunterlagen beim KGB geht hervor, daß er die Sektion VII der Auslandsabteilung leitete, die für die Wirtschaftsspionage zuständig war. Doch den Einwanderungsbehörden gegenüber erklärte er 1954, er habe von 1931 bis 1933 »für eine sowjetische Firma gearbeitet, die Flachs exportierte« und dort »etwa zwei Jahre lang die Personalabteilung geleitet«. Er gab zu, mit einem Paß auf den Namen Lew Leonidowitsch Nikolajew auch in den USA gewesen zu sein, wo er an Bord des deutschen Passagierdampfers *SS Europa* am 23. September 1932 angekommen sei. Sein Besuch, erklärte er, sei ganz offizieller Natur gewesen und von General Motors mit der sowjetischen Handelsdelegation arrangiert worden; vier leitende Angestellte des Konzerns hätten bei seiner Ankunft der Anhörung vor den Einwanderungsbehörden beigewohnt, eine Kaution in Höhe von 500 Dollar hinterlegt und dafür garantiert, daß er die mit seinem dreimonatigen Visum verbundenen Auflagen erfüllte.[42]

Aus den Akten über seine Befragung durch die Einwanderungsbehörden vom 26. November 1932 geht hervor, daß Nikolajew, wie Orlow sich nannte, angab, in den Vereinigten Staaten keine Verwandten zu haben. Als er jedoch 1954 erneut beim Einwanderungsamt zu diesem Thema Stellung nehmen mußte, gab er zu, zwei Verwandte »gefunden« zu haben, indem er Dutzende ihm bekannter Namen im Telefonbuch heraussuchte, die Betreffenden anrief und sie »fragte, ob sie in Rußland geboren waren«. Ermittler des FBI fanden später heraus, daß Orlow mit weit mehr alten Freunden aus Bobruisk in Kontakt getreten war, als er zugegeben hatte. Sie stellten auch fest, daß er gelogen hatte, als er in der Anhörung von 1932 behauptete, kein Kommunist zu sein – eine Lüge, die Orlow später dadurch rechtfertigte, daß er sich lediglich an die bei den Sowjets in solchen Fällen üblichen Instruktionen gehalten habe, denen zufolge keiner ihrer Funktionäre über seine Verbindung zur Kommunistischen Partei sprechen durfte.[43]

Womit Orlow während seines dreimonatigen Aufenthalts im Herbst 1932 in den Vereinigten Staaten genau beschäftigt war, ist unklar. Dem KGB-Dossier zufolge jedoch muß einer der Gründe für seine USA-Reise gewesen sein, einen echten amerikanischen Paß zu beschaffen, den er für seine geheimen Missionen in Europa benötigte. Seine FBI-Akte belegt, daß er eine Autofabrik von General Motors in Detroit sowie seine jüdischen Verwandten in New York und einige Jugendfreunde aus Brobruisk besuchte. Über seine sonstigen Aktivitäten in den USA wurde jedoch kaum etwas bekannt, außer, daß Orlow sich unter dem Namen Nikolajew für einen einjährigen Englisch-Sprachkurs an der Columbia University eingeschrieben hatte. Dies war natürlich mit seinem dreimonatigen Visum nicht in Einklang zu bringen, und den Akten der US-Einwanderungsbehörde zufolge fuhr er am 30. November an Bord der *SS Bremen* nach Europa zurück.[44] Keine Akte in Orlows Dossier enthält irgendwelche Details über seine genaue Tätigkeit in den Vereinigten Staaten. Nicht ganz unerheblich könnte jedoch in diesem Zusammenhang die Tatsache sein, daß einige amerikanische Studenten von der Columbia University sowjetische Agenten wurden; neben anderen gestanden auch Elizabeth Bentley und Whittaker Chambers, daß sie während ihres Studiums in Columbia Mitglieder der Kommunistischen Partei der USA wurden.

Bis jetzt sind noch keine zeitgenössischen sowjetischen Dokumente gefunden worden, die Orlow mit einer besonderen Rekrutierungsoperation in Verbindung bringen. So weist seine Akte darauf hin, daß einer der wichtigsten Gründe, die Vereinigten Staaten im Herbst 1932 zu besuchen, der Erwerb eines echten amerikanischen Passes war. Belegt ist dies durch einen rot eingebundenen Paß, Nr. 566042, mit dem Siegel des Außenministeriums und der Unterschrift von Henry L. Stimson, ausgestellt am 23. November 1932 auf den Namen William Goldin. Beschrieben wird der Inhaber als 1,73 m groß, schwarze Haare und braune Augen, geboren in Rußland am 20. Juli 1899, von Beruf Vertreter. Sein Paßfoto, mit seiner Unterschrift als William Goldin versehen, zeigt ihn selbstbewußt und elegant, mit Brille, einem gepflegten Schnurrbart und einer breitgestreiften Seidenkrawatte. Es scheint die Befriedigung widerzuspiegeln, die er gefühlt haben muß, als er seine neue amerikanische Identität annahm. Das war das erste Mal, daß Orlow die amerikanischen Behörden hinters Licht führte.[45]

Orlow hat die amerikanischen Behörden ganz offensichtlich belogen, wenn er 1954 behauptete, daß er nach seiner Rückkehr nach Rußland etwa ein Jahr lang überhaupt nicht und anschließend »für Intourist« gearbeitet habe. Später sei er »Leiter der Visaabteilung« und dann, im Jahre 1935, »stellvertretender Leiter für den Bahn- und Seetransport im NKWD« geworden. Diesen Posten habe er bis zum Sommer 1936 bekleidet, als er nach Spanien abkommandiert worden sei.

Dies war, wie Orlow sehr wohl wußte, nur teilweise wahr. Es war innerhalb der Administration des sowjetischen Geheimdienstes üblich, einen Offizier, der aus Übersee zurückkam, auf einem Posten in einer niedriger eingestuften Abteilung oder einem Direktorat zu »parken«, bis die nächste Stelle in der Auslandsabteilung für ihn frei gemacht wurde.[46]

Die sowjetischen Archive belegen jedoch, daß Orlow nach einer fehlgeschlagenen Mission in Paris, wo er ein neues Spionagenetz zur Unterwanderung des französischen militärischen Geheimdienstes hatte aufbauen sollen, eine führende Rolle bei der Schaffung des Spionagerings von Cambridge spielte. Außerdem zeigen die Dokumente, daß er Detailkenntnisse von der Organisation der Berliner Sektion der Roten Kapelle hatte, einer Gruppe sowjetischer Undercoveragenten, deren geheime Kommunikation mit Moskau den Verlauf des Zweiten Weltkriegs nicht unerheblich beeinflußte.

Die Einblicke, die Orlow in diese geschichtlich bedeutendsten Spionagenetze hatte, waren wohl das wichtigste Geheimnis, das er dem FBI und der CIA verschwieg. Daher ist es mehr als angebracht, die Darstellung seiner bemerkenswerten Karriere kurz zu unterbrechen, um die KGB-Archive dahingehend zu untersuchen, welche neuen Anhaltspunkte sie über die Berliner Sektion des Spionagenetzes geben, das die Sowjets während des Krieges in Deutschland unterhielten. Kommunistische Agenten, die über das ganze Dritte Reich verteilt waren, verstanden es, durch heimliche Funkübertragungen Geheimnisse an Moskau weiterzuleiten. Während der überaus kritischen Phase des Zweiten Weltkrieges wurde dieses Netzwerk ganz allein von einer Person geleitet – von Alexander Korotkow, dem früheren Assistenten Orlows und einem seiner engsten Verbündeten.

Anmerkungen

1. Aufzeichnung über Maria Orlowa in Orlows Verhör durch die CIA, in ORLOW *Handbook* DST.
2. »Geschichte der Berliner Residentur«, Akte Nr. 3588, Band 1, S. 306, ARG.
3. Vgl. David J. Dallin, *Soviet Espionage*, Yale, New Haven 1977, S. 79–88. »The Handelsvertretung as Cover«. Laut den DST-Berichten über die Befragung Orlows durch die CIA im April 1965 war Dallin in einer Position, in der er über diese Dinge Bescheid wußte (siehe Anhang). Orlow erzählte der CIA, daß Dallin zumindest in Berlin ein sowjetischer Agent unter dem Führungsoffizier Basarow war. Nach seiner Emigration in die USA wurde Dallin eine der bestinformierten Kapazitäten auf dem Gebiet der sowjetischen Spionage. Orlow erzählte der CIA, daß dies »darauf hindeutet, daß Dallins Arbeit und (sic) die Geschichte der sowjetischen Spionage, wie sie sich dem Westen durch offenkundige Fälle darstellte, ein Teil des Prozesses zur Schadensfestsetzung waren, an der der sowjetische Geheimdienst ein direktes Interesse hatte«. 13seitige Akte, »Subject David and Lydia Dallin«, datiert vom 15.–16. April, deren »DOI« 1965 als Teil der *Handbook* ORLOW-DST-Akte an die Franzosen weitergegeben wurde. Für Details der Ehrenlieb/Wostwag-Operationen siehe Corson & Crowley, *The New KGB*, S. 278–279.
4. Orlov, Legacy, S. 129–131, Alexander Orlow, *The Secret History of Stalin's Crimes*, Random House, New York 1952, S. 322.
5. Dallin, *Soviet Espionage*, S. 76.
6. Orlov, *Handbook*, S. 30.
7. Ebd., S. 31.
8. Dallin, *Soviet Espionage*, S. 79.
9. Orlov, *Handbook*, S. 31.
10. Dallin *Soviet Espionage*, S. 92–99.
11. Orlov, *Handbook*, S. 31.
12. Ebd. S. 32.
13. Ebd.
14. Ebd, S. 33–34
15. Ebd. S. 34–37.
16. Ebd., S. 72–73.
17. Ebd.
18. Der Name des Herstellers war laut Orlow auf allen seinen Bleistiften in Gold eingraviert und im zaristischen Rußland äußerst bekannt. Orlov, *Handbook*, S. 98–100. Die Namen und Details, die Orlow weitergab, lassen vermuten, daß er der OGPU-Agent gewesen ist, daß der Operationen leitete, auch wenn keine der von ihm in Berlin geleiteten Operationen in seinen Unterlagen aufgelistet ist. Es erwies sich als unmöglich, die Spuren in den fragmentarischen Unterlagen des sowjetischen Geheimdienstes zu verfolgen.
19. Ebd., S. 98. Wieder war es unmöglich, den Namen der Sekretärin dieses Falls in Orlows Unterlagen zu finden. Die Einsätze dieser Periode scheinen nicht so detailliert wie später aufgezeichnet worden zu sein.
20. Orlov, *Legacy*, S. 66., Zeugenaussage vom 15. Februar 1957.
21. Ebd., S. 67. Orlov, *Handbook*, S. 20.
22. Zitiert nach Dallin, *Soviet Espionage*, S. 76.
23. *Frankfurter Zeitung*, 19. Dezember 1931; Archiv des Sicherheitsdienstes, IG Farben, Leverkusen, zitiert nach Dallin, *Soviet Espionage*, S. 77, 106, 109.
24. Ebd., S. 107.
25. Ebd., S. 109.

26. Ebd., S. 110.
27. *Vossische Zeitung*, 28. Juli 1931, zitiert nach Dallin, *Soviet Espionage*, S. 118–208.
28. Ebd.
29. *Berliner Tageblatt*, Januar 1930.
30. Orlov, *Legacy*, S. 53–56. Zeugenaussage vom 28. September 1955.
31. Corson & Crowley, *The New KGB*, S. 318–328, und Fußnoten S. 453, 456–457. Bei seiner Aussage vor dem Unterausschuß des Senats im Jahre 1957 gab Orlow überraschend vor, sich nicht an den Namen des Bankhauses erinnern zu können, obwohl die Geschichte bereits vor dem Krieg in der US-Presse und 1939 von seinem ehemaligen Kollegen und GRU-Überläufer Walter Kriwizki in dessen Buch veröffentlicht worden war. Vgl. Krivizki, *I Was Stalin's Agent*, Foyles, London, S. 135–158.
32. Ein detaillierter Bericht über Dozenbergs und Tildens Rolle ist in Corson & Crowley, *The New KGB*, S. 320–326.
33. Orlov, *Legacy*, S. 53–56. Zeugenaussage vom 28. September 1955.
34. Eine Zusammenfassung der Kutjepow-Affäre befindet sich bei: Andrew & Gordievsky, KGB: *The Inside Story*, S. 116–117, und Dziak, *Chekisty*, S. 109–110.
35. Orlov, *Legacy*, S. 6.
36. Serebrjanski war nach Orlows Version 1965 gegenüber der CIA kein »ständiges Mitglied der Staatssicherheit«, sondern ein Fachmann, der »nur für besondere Arbeiten hinzugezogen wurde«. Orlow beschrieb diesen »professionellen Killer« der OGPU als einen »kalten und berechnenden Genossen, der etwas von seiner Arbeit verstand«. Serebrjanski arbeitete normalerweise in einem der Wirtschaftsministerien in Moskau. Orlow erzählte, daß Kutjepow in den Händen seiner Kidnapper einen Herzinfarkt erlitt und dadurch starb. Seines Leichnams hätte man sich entledigt, indem man ihn außerhalb der Botschaft begraben hätte. Orlows Bemerkungen zu der Entführung sind datiert vom 15.–16 April, ORLOW DST-Akte.
37. Orlows Bemerkungen zu Grigori Bessedowski entstammen ebenfalls der ORLOW DST-Akte.
38. Orlov, *Handbook*, S. 40
39. Orlov, *Legacy*, S.6
40. Vgl. Dziak, *Chekisty*, S. 62–75; Robert Conquest, *The Great Terror: A Reassessment*, Oxford University Press, New York 1990, S. 18–20.
41. Orlov, *Legacy*, S. 65; vgl. die ausführlichere Aussage gegenüber dem INS in »Record of sworn statement before the US Immigration and Naturalization Service (INS)«, 29. Juni 1954, S. 49, FBI-Akten, ORLOW, Internal Security R, 105–6073.
42. Ebd.
43. Ebd.
44. Ebd.
45. Orlows amerikanischer Paß auf den Namen William Goldin liegt in seiner Personalakte in ORLOW-Akte Nr. 32476, Band 1, S. 227, ARG. Farbfotografien jeder einzelnen Seite wurden den Autoren zur Verfügung gestellt.
46. Orlows Paß zeigt, daß er Großbritannien Ende Oktober 1935 verließ; er enthält ein Einreisevisum vom 29. Oktober 1935. Seine Dienstakte bestätigt, daß er nach seiner Rückkehr tatsächlich zum Stellvertretenden Leiter der Transportabteilung des NKWD ernannt wurde. In: ORLOW-Akte Nr. 32476, Band 1, S. 3–5. Der Geheimdienst hatte es sich damals und auch später zur allgemeinen Gewohnheit werden lassen, einem Offizier, der gerade zurückgekehrt war, eine gleichwertige Position in einer anderen Abteilung oder einem Direktorat anzubieten, bis eine weitere Stelle im Ausland oder eine passende Position im

sowjetischen Geheimdienst frei wurde. Die Stabsordnung verlangte, daß ein Offizier nicht untätig blieb. In der Zwischenzeit wurde Orlow ein Posten in der Transportabteilung zugewiesen. Von dieser Sektion erhielt er zwar sein Gehalt, tatsächlich jedoch arbeitete er für den Geheimdienst. Orlow fuhr fort, die Cambridge-Gruppe zu beraten und ihre Arbeit zu kontrollieren. 1936 fuhr er für kurze Zeit nach Estland und Schweden. Er hatte, laut Spigelglas, den Auftrag, einen Botschafter eines westlichen Landes anzuwerben. Dies führte er erfolgreich aus. Zeugenaussage von Spigelglas aus dem Jahr 1939, Akte Nr. 21746, Band 1, S. 148, Archiv des Ministeriums für Sicherheit.

KAPITEL 4

Die Einstimmung der Roten Kapelle

Den sowjetischen Akten zufolge geht die Entstehung der Berliner Sektion der Roten Kapelle auf eine Moskaureise prokommunistischer deutscher Akademiker im August 1932 zurück. Als Leiter der Sektion VII der Wirtschaftsabteilung der OGPU hätte Orlow über den Besuch informiert sein müssen, da die Gäste führende Mitglieder einer Vereinigung waren, die sich Arbeitsgemeinschaft zum Studium der sowjetrussischen Planwirtschaft nannte, kurz: Arplan.[1] Geschäftsführer dieser prosowjetischen Gruppe, die unter dem Vorwand gebildet worden war, die Planwirtschaft der UdSSR studieren zu wollen, war der dreißigjähriger Arvid Harnack. Der Wirtschaftswissenschaftler und Dozent an der Universität Gießen entstammte einer angesehenen baltischen Familie und war in Darmstadt aufgewachsen, wo sein Vater als Professor an der Technischen Hochschule lehrte. Sein Onkel war ein bekannter deutscher Theologe, nach dem das Harnack-Haus benannt worden war. Wie viele junge Deutsche, die in den Jahren unmittelbar nach dem Ersten Weltkrieg ihr Abitur machten, verzichtete Arvid jedoch im Alter von 18 Jahren auf den Eintritt in die Universität, um sich den Freikorps anzuschließen. Diese paramilitärischen Freiwilligenverbände nationalistischer junger Deutscher, unter denen viele demobilisierte und arbeitslose Kriegsveteranen waren, sollten später großenteils in den Sturmtrupps der Nationalsozialisten aufgehen. Bewaffnet und angeführt von frustrierten Offizieren der besiegten Reichswehr, terrorisierten die strikt antibolschewistischen Freikorps die Polen und Balten in den umstrittenen Ostgebieten Nachkriegsdeutschlands. Im März 1920 führte ein gewisser Kapitän Erhardt die Freikorpseinheiten an, die bei einem Putsch in Berlin die republikanische Regierung absetzten und für kurze Zeit den rechtsextremen Politiker Wolfgang Kapp zum Reichskanzler machten.[2]

Schon kurz nach dem Kapp-Putsch hatte Arvid Harnack von der Gewalttätigkeit der Freikorps genug, und so desertierte er aus seiner Einheit in Schlesien, um nun doch eine akademische Karriere einzuschlagen. Vier Jahre später schloß er sein Studium der Rechtswissenschaften mit Auszeichnung ab und erhielt daraufhin ein Stipendium der Rockefeller Foundation, mit dem er in Großbritannien und den Vereinigten Staaten sein Promotionsstudium in Angriff nehmen konnte. An der University of Wisconsin in Madison lernte er die amerikanische Studentin Mildred Fish kennen, die bald seine Frau wurde. Der mittlerweile zur Sozialdemokratie konvertierte Harnack interessierte sich nun sehr für die Arbeiterbewegung. Zwei Jahre nach seiner Rückkehr nach Deutschland im Jahre 1928 wurde Harnack in Gießen zum Doktor der Philosophie ernannt. 1931 hatten Harnack und seine Frau sich bereits zu überzeugten Marxisten entwickelt. Nachdem er Lenins Plan zum Aufbau eines sozialistischen Staates in der UdSSR studiert hatte, war seine Metamorphose vom rechtsgerichteten Patrioten zum leidenschaftlichen Kommunisten abgeschlossen, auch wenn er seinen neuen politischen Standpunkt nicht öffentlich zur Schau trug.[3]

Wie viele deutsche Intellektuelle im Jahrzehnt vor Hitlers Machtergreifung zog Harnack es trotz seiner kommunistischen Überzeugung vor, nicht der KPD beizutreten. Statt dessen wurde er Mitglied der Arplan, bevor er sich 1931 ein Jahr später dem BGB (Bund Geistiger Berufe) anschloß – einer der Tarnorganisationen, die die KPD ins Leben gerufen hatte, um auf Akademiker, Wissenschaftler und Staatsbedienstete Einfluß zu nehmen. Einem zeitgenössischen Bericht zufolge, den die OGPU von der Komintern erhielt, hatte der BGB die Zielsetzung, »ideologischen Einfluß auf jene intellektuellen Kreise zu gewinnen, die aus verschiedenen Gründen zögerten, sich einer Bewegung der Massen anzuschließen«. Der BGB war speziell im Hinblick auf deutsche Nationalisten gegründet worden, und zwar von Professor Friedrich Bernhard Lenz, der – laut Bericht – »mit der Sowjetunion sympathisierte und aufgrund seiner patriotischen Ansichten zu der Überzeugung gelangt war, daß Deutschland nur durch eine Allianz mit der UdSSR den Folgen des Versailler Vertrages entrinnen und seine frühere Machtposition wiedererlangen könne«.[4]

Während Harnack und andere Mitglieder der deutschen Delegation 1932 in Moskau weilten, wurden sie auf Empfehlung der WOKS – einer Organisation, deren russische Abkürzung »Allunionsgesellschaft für kulturelle Verbindung mit dem Ausland« bedeutete – von der Auslandsabteilung der OGPU als potentielle Undercoveragenten gründlich unter die Lupe genommen. Die WOKS unterstützte Gesellschaften für kulturelle Beziehungen mit der Sowjetunion und hatte Verbündete in vielen europäischen Zentren von Wissenschaft und Forschung, einschließlich Oxford und Cambridge. Sie rekrutierte ihre Mitglieder hauptsächlich aus Kommunisten und anderen Linken. Arplan hielt in Berlin enge Kontakte zu einem sowjetischen Diplomaten namens Alexander Hirschfeld, und die zeitgenössischen Akten bezeugen, daß das Interesse der Zentrale an Harnack sprunghaft anstieg, als er 1934 nach Hitlers Ernennung zum Reichskanzler einen Posten im Reichswirtschaftsministerium ergattert hatte.

Die Machtübernahme durch die Nazis ließ viele linke Intellektuelle zu der Überzeugung gelangen, daß nur mit Hilfe der UdSSR ein politischer Umschwung weg vom Nationalsozialismus zu erreichen sei. Harnacks heimliche Karriere begann, nachdem man in der Zentrale seine Anwerbung als Undercoveragent ernsthaft ins Auge gefaßt hatte. Diese Mission wurde Hirschfeld übertragen. Das Protokoll des Chefs der Fünften Abteilung der Hauptverwaltung für Staatssicherheit (GUGB) des NKWD (wie die OGPU genannt wurde, nachdem man sie 1934 dem Innenministerium unterstellt hatte) weist darauf hin, daß Artusow am 15. Juli 1935 Instruktionen erteilte, »die Vorbereitungen für Harnacks Anwerbung zu beschleunigen«.[5]

Obwohl Hirschfeld kein professioneller Geheimdienstoffizier war, beschloß Artusow, den Diplomaten wegen seiner persönlichen Kontakte zu Harnack mit ersten Sondierungen zu beauftragen. Das entscheidende Treffen in Berlin fand am 8. August 1935 statt und dauerte Hirschfeld zufolge »etwa drei Stunden«. In seinem anschließenden Bericht an Moskau schilderte er, wie Harnack die Bedingungen seiner Zusammenarbeit mit dem sowjetischen Geheimdienst genauestens zu klären versucht und darauf bestanden hatte, neben dieser Tätigkeit auch künftig seine parteiinternen und antifaschistischen Aktivitäten fortzuführen. Da dies den Regeln der Zentrale widersprach, machte man Harnack klar, daß er wegen des damit verbundenen Sicherheitsrisikos diese Arbeit einstellen, seine geheime Verbindung mit kommunistischen Organisationen abbrechen und auf jeden Kontakt zur mittlerweile verbotenen KPD verzichten müsse. Hirschfeld berichtete, wie er in allen Einzelheiten Harnack zu erklären versucht hatte, wie gefährlich eine Fortsetzung seiner offen antifaschistischen Tätigkeit sei und daß er im Untergrund sehr viel mehr für den Kampf gegen Hitler tun könne.[6]

Harnack akzeptierte die Bedingungen der Sowjets und wurde unter dem Codenamen BALTE in das Netz der im Untergrund operierenden deutschen Agenten des NKWD aufgenommen. Alexander Bjelkin – ein regulärer Geheimdienstoffizier mit dem NKWD-Kryptonym KADI – wurde als Harnacks erster Kontrolloffizier nach Berlin entsandt. Bjelkin war ein enger Vertrauter Orlows, als dessen Stellvertreter er ein Jahr später nach Spanien geschickt wurde. Durch einen Informationsaustausch im Frühjahr 1938 mit der Zentrale über Harnack und ein weiteres Gründungsmitglied des Berliner Netzwerks erfuhr Orlow vom ganzen Ausmaß der sowjetischen Infiltration der nationalsozialistischen Regierung.[7]

Harnack wurde von Bjelkin angewiesen, das Netzwerk mit wichtigsten Quellen aus der deutschen Industrie und dem Militär zu bestücken und dabei seine Verbindungen innerhalb der Arplan und der BGB-Gruppen zu nutzen. Er solle keine Mühen scheuen, um für seine Arbeit im Untergrund eine erstklassige Tarnung aufzubauen. Harnack schloß sich daraufhin dem Bund Nationalsozialistischer Deutscher Juristen (BNSDJ) an und ließ sich sogar zum Leiter von dessen Sektion in seinem eigenen Ministerium machen. Er wurde auch in den Herrenklub aufgenommen – ein exklusiver Kreis prominenter deutscher Fabrikanten, Adliger, Beamter und hochrangiger Offiziere aus Armee, Marine und Luftwaffe. Viele von ihnen sollten Harnack wertvolle Informationen liefern, die er über Bjelkin an Moskau weiterleitete.

Harnacks Entwicklung zu einem wichtigen Informanten für die Sowjets wurde von seiner Frau Mildred unterstützt, die als Vorsitzende der Vereinigung Amerikanischer Frauen in Berlin eine enge Vertraute von Martha Dodd, der Tochter des US-Botschafters in Deutschland, war.[8] Der immer größer werdende Bekanntenkreis des Ehepaars, vor allem aber seine Kontakte zu Diplomaten, machten Harnack nicht nur für den NKWD immer wertvoller, sondern festigten gleichzeitig auch seine Position im Reichswirtschaftsministerium, wo er hauptsächlich für die deutsch-amerikanischen Handelsbeziehungen zuständig war. Zudem lieferten ihm und seiner Frau diese Beziehungen eine perfekte Tarnung für ihre heimliche Arbeit in Moskaus Diensten. Äußerlich wirkten sie wie ein ideales nationalsozialistisches Ehepaar. Ihre erfolgreiche Tarnung bestätigte auch LISA, eine vertrauenswürdige Informantin des NKWD in Berlin, die der Zentrale eine unabhängige Beurteilung der Harnacks lieferte. LISAS Bericht begann mit einer scharfsinnigen Einschätzung von Mildred Harnack-Fish:

»Sie ist blond, groß und blauäugig und von eher grobgliedriger Figur; sieht aus wie eine typische Deutsche, [obwohl] Amerikanerin aus der unteren Mittelschicht; sie ist intelligent, sensibel, treu – eine richtige deutsche Frau von ausgesprochen nordischem Typus und vor allem sehr gut einsetzbar. Er stammt aus guter Familie mit theologischem und philosophischem Geistesleben und ist sehr gebildet. Er ist ebenfalls blond und blauäugig, Brillenträger, mittelgroß, stämmig und wirkte, als ich ihn das letzte Mal sah, gleichfalls sehr nordisch. Sie waren sehr vorsichtig in ihrer Art, Kontakte herzustellen, extrem diplomatisch in bezug auf ihre Mitmenschen und erweckten in jeder Hinsicht den Eindruck, bestens ausgebildet und höchst diszipliniert zu sein. Beide unterhielten gute Beziehungen zu männlichen und weiblichen Nazis. Arvid stand damals nicht unter Verdacht und hatte einen wichtigen Posten im Ministerium inne. Ich bin mir sicher, daß sie, wenn ich mich nicht völlig täusche, in unserem Sinne als absolut zuverlässig und vertrauenswürdig einzustufen sind.«[9]

Wie gut es mit der Entwicklung der Berliner Schlüsselsektion der Roten Kapelle voranging, kann man anhand der umfangreichen NKWD-Akte Harnacks erkennen. Erbeutete Gestapo-Akten, auf denen alle bisherigen Einschätzungen der Roten Kapelle durch westliche Geheimdienste und Historiker beruhten, erfaßten weder die Anfänge noch das wahre Ausmaß der Operationen dieses sowjetischen Spionagenetzes in Deutschland. Die NKWD-Akten aus jener Zeit belegen, daß Harnack schon zwei Jahre früher, als die Gestapo vermutete, ein wichtiger sowjetischer Informant gewesen war. Darüber hinaus gelang es vielen Mitgliedern der Berliner Gruppen, 1942 der Festnahme zu entgehen, und sie wurden weder von Harnack noch von den anderen verraten, die später von der Gestapo verhaftet und verhört wurden.[10]

Die Agenten-Akte von Harnack enthält eine bemerkenswerte Vielfalt an Informationen, die Harnack in den ersten drei Jahren nach seiner Rekrutierung übermitteln konnte. Zu seinen wichtigsten Informanten gehörten seine früheren Bekannten in der BGB-Gruppe. Unter ihnen war auch Baron Wolzogen-Neuhaus, ein ranghoher Mitarbeiter in der technischen Abteilung des Oberkommandos der Wehrmacht (OKW), der unter dem Decknamen GRIECHE geführt wurde, sowie Hans Rupp, ein führender Buchhalter der I.G. Farben mit Decknamen TÜRKE. Weitere Informanten aus dieser Gruppe waren Tizien, ein emigrierter russischer Fabrikant mit ausgezeichneten Kontakten zum OKW (Deckname ALBANER) und Harnacks Stiefneffe Wolfgang Havemann, ein Marine-Geheimdienstoffizier im Oberkommando der deutschen Kriegsmarine (Deckname ITALIENER). Harnack, der inzwischen unter dem Codenamen KORSE geführt wurde, stellte aber auch selbst eine wichtige Informationsquelle dar. Als Regierungsrat im Berliner Reichswirtschaftsministerium hatte er Zugang zu allen Dokumenten und Berichten, die sich auf den Außenhandel des Dritten Reiches bezogen.[11] Mit Hilfe seines umfangreichen Netzes von Informanten konnte Harnack Moskau vor dem Zweiten Weltkrieg mit einem ständig wachsenden Strom hochsensibler Informationen versorgen. Ihre Bedeutung kann anhand einer im Juni 1938 durch die Zentrale erstellten Zusammenfassung des von Harnack beschafften Materials beurteilt werden:

»Wertvolles dokumentarisches Material über die deutsche Währungs- und Wirtschaftspolitik, geheime Tabellen aller deutschen Investitionen im Ausland, die deutschen Außenhandelsdefizite. Geheime Listen von Waren, die nach Deutschland importiert werden sollen. Deutschlands geheime Handelsabkommen mit Polen, den Staaten des Baltikums, Persien und anderen Ländern. Wertvolle Materialien über die geheime Auslandsabteilung des deutschen Propagandaministeriums, die außenpolitische Abteilung der Partei und andere Organisationen. Dazu eine Dokumentation über die Finanzierung der verschiedenen deutschen Geheimdienste etc ...«[12]

Wie aus dem NKWD-Dossier hervorgeht, beschränkte sich Harnacks Tätigkeit nicht nur auf die Beschaffung geheimer Informationen; er half darüber hinaus auch sowjetischen Undercoveragenten, andere wichtige unabhängige Agenten anzuwerben. Einer von ihnen war Karl Behrens, der in der AEG, Deutschlands größtem Elektrokonzern, in der Entwicklungsabteilung arbeitete. Harnack war auch derjenige, der 1935 den Kontakt zwischen dem sowjetischen Geheimdienst und einem anderen heimlichen Sympathisanten der Kommunisten zustande brachte. Er bekam das russische Kryptonym LUTSCHISTY (zu deutsch STRAHLMANN) und beschaffte den Sowjets viele der Blaupausen, die ihnen halfen, ihre eigene elektrotechnische Industrie zu entwickeln.[13]

Daß Harnack beim Aufbau seines Spionagenetzes so lange unentdeckt bleiben konnte, verdankte er zu einem großen Teil der Tatsache, daß die Moskauer Zentrale mit Hilfe ihres Agenten Willy Lehmann über die Aktivitäten der Gestapo gut unterrichtet war. Die Übermittlung der Berichte dieses Agenten mit Codenamen BREITENBACH und die Informationen, die Moskau von KORSE erhielt, wurden jedoch im Sommer 1938 infolge der von Stalin angeordneten Säuberungen im NKWD, denen Tausende alter Tschekisten zum Opfer fielen, jäh unterbrochen.[14]

Orlow entging dem blutigen Schicksal, das viele seiner Zeitgenossen in der Auslandsabteilung ereilte, durch seine Flucht aus Spanien im selben Jahr, als die Rückberufung und Hinrichtung einiger der erfahrensten und besten Stabsoffiziere des NKWD ein heilloses Chaos bezüglich der Führung der sowjetischen Undercoveragenten nach sich zog. Mit am schlimmsten davon betroffen war das Spionagenetz von Harnack; fünf der acht Geheimdienstoffiziere in Berlin wurden nach Moskau zurückbeordert und wegen angeblichen Verrats erschossen. Fast alle Offiziere, die in einer der legalen und illegalen NKWD-Stationen in Deutschland arbeiteten, fielen Stalins Paranoia zum Opfer. Was die Informationen an die Zentrale anging, war der Berliner Agentenring praktisch funktionsunfähig. Harnack und andere deutsche Informanten fanden sich von jedem Kontakt mit sowjetischen Agenten abgeschnitten. Angesichts der Bedeutung der Informationen, die sie aus dem Herzen des Dritten Reiches zu einem Zeitpunkt geliefert hatten, als Stalin mit Hitler über ein Bündnis verhandelte, mußte der sowjetische Diktator feststellen, daß er sich ins eigene Fleisch geschnitten hatte. Die Säuberungen hatten den Kreml in den zwei Jahren vor Hitlers Entscheidung, Europa in den Krieg zu stürzen, von genauen Informationen über die Zielsetzungen der deutschen Außenpolitik abgeschnitten.

Vom Juni 1938 bis zum September 1940 wartete Harnack vergeblich auf den vereinbarten Anruf, der ihn zu einem Treffen mit seinem neuen sowjetischen Führungsoffizier auffordern sollte. Erst am Morgen des 17. September wurde die Verbindung zu Moskau wiederhergestellt, als ein großer schlanker Mann an die Tür seiner Berliner Wohnung in der Voyerstraße klopfte.[15]

Der frühmorgendliche Besucher, der sich als Alexander Erdberg vorstellte, war ein Geheimdienstoffizier des NKWD, der im August als Dritter Sekretär an die sowjetische Botschaft in Berlin gekommen war. Er ist derjenige russische Agent, der später von der Gestapo irrtümlich als »der Russe, der Arvid Harnack etwa im Dezember 1940 in Berlin anwarb« bezeichnet und als solcher auch in *The Rote Kapelle* ... zitiert wurde.[16] Die NKWD-Akten belegen jedoch, daß Harnack bereits seit über fünf Jahren ein sowjetischer Agent war. Im Licht der nun zugänglichen NKWD-Dokumente aus jener Zeit muß die gesamte Geschichte der Roten Kapelle neu geschrieben werden.

Auf der Basis der erbeuteten Gestapo-Akten galt es bisher als gesichert, daß dieses wichtige sowjetische Spionagenetz in Deutschland hauptsächlich eine Operation des sowjetischen Militärgeheimdienstes unter der Leitung der Roten Armee war. Nun ist klar, daß eines seiner wichtigsten Elemente, das Berliner Netzwerk, eine NKWD-Operation war.

Die Akten enthüllen außerdem, daß es sich bei Alexander Erdberg um Alexander Michailowitsch Korotkow handelt, den früheren Assistenten Orlows. Der bei seinen Genossen als SASCHA bekannte Korotkow war erstmals 1933 als Orlows Stellvertreter in dessen illegaler NKWD-Station in Frankreich geheimdienstlich eingesetzt worden.

Korotkows Akte zufolge war sein Weg zum sowjetischen Geheimdienstoffizier sogar für die damalige Zeit höchst ungewöhnlich. Seine Karriere in der Lubjanka hatte in der Instandhaltungsabteilung begonnen, wo er für die Funktionsfähigkeit der Aufzüge zuständig war. In die Auslandsabteilung gelangte er schließlich auf Empfehlung von Jagodas Privatsekretär Wenjamin Gerson, einem Sportsfreund aus dem NKWD-Sportklub »Dynamo«. Korotkow überlebte nicht nur die Säuberungen, die seinen Freund das Leben kosteten und seinen Mentor Orlow ins Exil trieben, sondern stieg in der Hierarchie der Lubjanka in den frühen fünfziger Jahren sogar bis zum Chef des Direktorats für Illegale im KGB auf.[17]

Korotkow hatte sein Handwerk als Führungsoffizier unter Orlow in Paris gelernt. Danach war er eine Zeitlang in Deutschland tätig gewesen, bevor er 1939 Norwegen und Dänemark »besuchte«. Der auffallend große und schlanke Korotkow hatte als erstes Kryptonym den treffenden Decknamen DLINNI zugeteilt bekommen, das russische

Wort für »lang«, und Korotkow erwies sich als ebenso zäh wie sein drahtiger Körper: Nach der Absetzung Jagodas im Jahre 1936 geriet auch er wegen seiner freundschaftlichen Beziehungen zu dessen Privatsekretär Gerson in Verdacht, was seine Karriere bis 1939 behinderte, als er schließlich aus dem Geheimdienst entlassen wurde. Er reagierte darauf, wie es die wenigsten seiner Zeitgenossen getan hätten: Er wagte es, die Entscheidung anzufechten. In einem Brief an seine Vorgesetzten im NKWD fragte er nach dem Grund für seine Entlassung, und siehe da – zu seiner eigenen Überraschung wurde die Kündigung rückgängig gemacht. Wenige Wochen später vertraute man Korotkow eine der wichtigsten Missionen seiner langen Karriere an. Er wurde nach Deutschland versetzt, um den Kontakt der Zentrale zu KORSE und einem anderen Berliner Spionagering, von dem nur sein Deckname FÜRST bekannt ist, wiederherzustellen und BREITENBACH – den Informanten der Zentrale bei der Gestapo – zu reaktivieren.[18]

So erschien Orlows früherer Assistent an jenem Septembermorgen des Jahres 1940 bei Harnack in Berlin. Korotkow versicherte KORSE, er sei »ein Freund von Hirschfeld«, der dringend Arvids Hilfe benötige. Seinem Bericht an Moskau zufolge reagierte Harnack äußerst vorsichtig, da er befürchten mußte, daß sein Besucher ein Agent provocateur der Gestapo sein könnte. Aus diesem Grund stellte Erdberg, wie Korotkow sich nannte, bei diesem ersten Treffen keinerlei Fragen, sondern schlug vor, sich ein paar Tage später erneut zu treffen, bevor er sich von Harnack verabschiedete.

Noch am Nachmittag desselben Tages schickte Korotkow von der sowjetischen Botschaft Unter den Linden ein verschlüsseltes Telegramm an die Zentrale in Moskau. Er berichtete, den Kontakt zu KORSE wiederaufgenommen zu haben und schlug vor, Harnack bei ihrem Treffen mit dem Auto abzuholen, um ihn heimlich in die sowjetische Botschaft zu bringen, wo sie miteinander reden könnten ohne das Risiko, der Gestapo in die Hände zu fallen.[19]

Korotkows Plan wurde gebilligt. Als Harnack merkte, daß er es mit einem echten sowjetischen Geheimdienstoffizier zu tun hatte, erklärte er seine vorsichtige Reaktion bei ihrem ersten Treffen damit, daß er im März von der Geheimpolizei überprüft worden sei. Bei der Berliner Gestapo sei damals ein anonymer Hinweis eingegangen, demzufolge im Reichswirtschaftsministerium ein Regierungsrat sitzen sollte, der früher mit den Kommunisten sympathisiert hatte. Die Gestapo, so Harnack, habe ihn äußerst gründlich durchleuchtet, da er als Staatssekretär in der Amerika-Abteilung befugt war, geheime Dokumente einzusehen und zu unterzeichnen. Dank seiner absolut wasserdichten Tarnung gelang es ihm jedoch, sich als geradezu mustergültigen nationalsozialistischen Beamten zu präsentieren, so daß die Ermittler ihm nichts nachweisen konnten. Die Anschuldigungen gegen ihn wurden schließlich als bösartiger Versuch, ein vorbildliches arisches Ehepaar in Mißkredit zu bringen, fallengelassen.[20]

Trotzdem war es natürlich eine nervenaufreibende Erfahrung gewesen. Der anonyme Hinweisgeber hatte, wie Harnack nur zu gut wußte, an einem Faden gezogen, der sein ganzes Spionagenetz hätte auftrennen und damit das Leben Dutzender heimlicher Sowjetsympathisanten in den höchsten Ebenen der Berliner Regierung gefährden können. Um ein Haar wäre eine der wichtigsten Informationsquellen der NKWD in der nationalsozialistischen Regierung enttarnt worden. Harnack und sein sowjetischer Führungsoffizier sahen sich deshalb gezwungen, bei der Vorbereitung künftiger Treffen größte Sorgfalt walten zu lassen. Ihre Befürchtungen waren durchaus gerechtfertigt, da Harnacks Spionagenetz, wie aus der KORSE-Akte hervorgeht, 1940 insgesamt bereits sechzig strategisch günstig plazierte Informanten umfaßte, unter denen nach Korotkows Angaben 15 absolut vertrauenswürdige Antifaschisten waren:

»Nachdem KORSE 1938 den Kontakt zu uns verloren hatte, setzte er nichtsdestotrotz seine missionarische Arbeit unter der Intelligenz aus dem Bereich des BGB fort, wobei er jegliche Verbindungen zur KPD vermied. Mit Hilfe seiner Frau prüfte er persönlich alte Bekannte aus dem Bund auf Herz und Nieren und wählte aus ihnen sorgfältig neue Rekruten aus. Gegenwärtig haben sich innerhalb des großen Kreises Zentralen herausgebildet, von denen sich jede um die Ausbildung einer kleinen Gruppe kümmert. KORSE kann zwar nicht für jeden einzelnen dieser sechzig Leute die Hand ins Feuer legen, aber das ganze Netz setzt sich ausschließlich aus Leuten zusammen, die aus derselben Gesellschaftsschicht stammen, eine ähnliche Bildung genossen haben und ähnlich denken. KORSES Angaben zufolge führen sie ihre Operationen so durch, daß nicht alle Mitglieder ihres Zirkels einander kennen, aber doch eine Art Kette existiert. KORSE selbst versucht, im Hintergrund zu bleiben, obwohl er das Herzstück der Organisation bildet. Ihr gemeinsames Ziel ist es, Personal auszubilden, das nach dem Staatsstreich administrative Posten [in der deutschen Regierung] bekleiden soll. KORSE selbst hat keinen Kontakt zur Kommunistischen Partei gehabt.«[21]

Korotkows Report über KORSES Organisation löste in der Zentrale schwere Bedenken aus, da Harnacks Verstoß gegen das Gebot der strikten Isolierung der einzelnen Agenten in den Untergrundnetzen des NKWD die Anfälligkeit seiner Gruppe gegen eine Unterwanderung durch die Gestapo erhöhte. Man befürchtete auch, daß Harnack in erster Linie daran interessiert war, sein Netz im Sinne einer geheimen antifaschistischen Verschwörung auszubauen und es nur quasi nebenbei zur Beschaffung von Informationen für den sowjetischen Geheimdienst einzusetzen. Korotkow respektierte jedoch, daß Harnack niemals bereit sein würde, seinen Kreuzzug gegen Hitler abzubrechen und sich ausschließlich darauf zu konzentrieren, der UdSSR die Geheimnisse des Dritten Reiches zu übermitteln. Letztlich akzeptierten dies auch die NKWD-Oberen, die ihren Mann in Berlin anwiesen, »Harnack sehr vorsichtig zu behandeln, damit keine Mauer des Mißtrauens zwischen ihm und seinem Führungsoffizier entsteht«.[22]

Die Zentrale begriff, daß sie keine andere Wahl hatte, als KORSE und sein Spionagenetz zu Harnacks Bedingungen einzusetzen. Im Herbst 1940 war nach dem Fall Frankreichs im Juni ein historischer Wendepunkt erreicht: Hitler war zum Herrn des europäischen Festlandes geworden. Die Royal Air Force rettete in der Luftschlacht um England gegen die deutsche Luftwaffe zwar das Land vor einer Invasion, doch ein unbesiegtes England war für Deutschland eher ein Anreiz, nun über den Osten herzufallen. Stalin wußte, daß der im Vorjahr unterzeichnete Pakt mit Hitler kaum mehr als ein zynisches Zweckbündnis war. Moskau erhielt bereits Berichte darüber, daß Hitler, während er über den Waffenstillstand mit England nachdachte, sich auf einen Blitzkrieg im Osten vorbereitete, um endlich seine vollmundige Ankündigung wahr zu machen und die Welt vom Bolschewismus zu befreien.[23]

Am 26. September – nur knapp eine Woche nach der Wiederherstellung des Kontakts mit KORSES Spionagenetz – erhielt Korotkow von Harnack die ersten Hinweise darauf, daß die Vorbereitungen für einen Angriff gegen Rußland in vollem Gange waren:

»Ein Offizier des Oberkommandos der Wehrmacht (OKW) hat KORSE erzählt, daß Deutschland Anfang nächsten Jahres zu einem Krieg mit der Sowjetunion bereit sein wird. Ein vorbereitender Schritt wird die Besetzung Rumäniens sein, die für die nahe Zukunft geplant ist. Ziel des Feldzugs wird es sein, das wesentliche, europäische Rußland bis zu einer Linie Leningrad–Schwarzes Meer zu besetzen und auf diesem Territorium einen deutschen Vasallenstaat zu schaffen. Der Rest der UdSSR soll in einen Staat umgewandelt werden, der Deutschland freundlich gesinnt ist. Bei einer Konferenz des Wehrmachtsbeschaffungsamtes ließ der Vorsitzende, Konteradmiral Gross, Bemerkungen fallen, denen zufolge die allgemeinen Operationen gegen England vorerst zurückgestellt werden sollen.«[24]

Der vergilbten handschriftlichen Notiz zufolge, die Korotkows Kryptogramm in der NKWD-Akte beigefügt ist, hatte der Chef des Direktorats für Staatssicherheit diese Warnung unverzüglich an die RU RKKA (später GRU), das Direktorat des Geheimdienstes der Roten Armee, weitergegeben. Aus KORSES Akten geht hervor, daß die Flut detaillierter militärischer Informationen über die deutschen Kriegsvorbereitungen gegen die Sowjetunion ab Dezember 1940 gewaltig anstieg, nachdem Harnack in diesem Monat einen Leutnant der deutschen Luftwaffe für sein Spionagenetz angeworben hatte. Dieser ungemein wichtige neue Informant war Harro Schulze-Boysen. Der 31jährige war Sohn eines Marinekapitäns aus Kiel und ein Großneffe und Patensohn des Großadmirals Alfred von Tirpitz, der als treibende Kraft hinter den Flottenplänen des Kaisers und als Architekt der deutschen Kriegsmarine im Ersten Weltkrieg gegolten hatte. Der junge Schulze-Boysen jedoch hatte den Militärdienst gemieden und an den Universitäten von Freiburg und Berlin Rechtswissenschaften und Politologie studiert. Dabei war er auch mit humanistischen Idealen in Berührung gekommen. Er schloß sich zunächst dem nationalistischen Jungdeutschen Orden an, bevor er dann zum Sozialismus konvertierte und seiner Überzeugung dadurch Nachdruck verlieh, daß er in eine Mietskaserne in einem Arbeiterbezirk im Osten Berlins zog. Seine dortigen Erfahrungen ließen ihn schließlich zum Kommunisten werden, und ab 1932 gab er die eindeutig antinationalsozialistische Zeitschrift *Der Gegner* heraus, was infolge von Hitlers Verbot linker Oppositionsparteien und Gewerkschaften 1934 zu seiner Verhaftung führte. Schulze-Boysen wurde von der SS in einem Charlottenburger Keller verhört, und Henry Erlanger, einer seiner Redakteure, erlag dabei den Folterungen. Er selbst war nur kurze Zeit in einem Konzentrationslager interniert, bevor er auf Intervention seiner Mutter wieder auf freien Fuß gesetzt wurde.[25]

Diese Erfahrungen und der Tod seines Kollegen und Freundes durch die Folter verstärkten nicht nur Schulze-Boysens Abscheu vor dem Nationalsozialismus, sondern sie überzeugten ihn darüber hinaus von der Notwendigkeit, in den Untergrund zu gehen, gleichzeitig aber nach außen hin den Eindruck zu vermitteln, er sei zu den Nazis übergelaufen. Er ging auf die Deutsche Verkehrsfliegerschule in Warnemünde. Nachdem er die Prüfung als Flugbeobachter mit Auszeichnung bestanden hatte, erhielt er eine Stellung im Reichsluftfahrtministerium. Aufgrund seiner hervorragenden Fremdsprachenkenntnisse wurde er anschließend in die Spionageabwehr der Luftwaffe übernommen, wo ihm mit Görings Protektion in der fünften Abteilung des Generalstabs ein schneller Aufstieg gelang. Göring erschien auch als Ehrengast bei Leutnant Schulze-Boysens Hochzeit im Jahre 1939, als er mit Libertas Haas-Heye – der Enkelin des Fürsten Philipp zu Eulenburg und Hertefeld, Graf von Sandels, der seinerseits eng mit Kaiser Wilhelm II. befreundet gewesen war – den Bund fürs Leben schloß.

Trotz ihrer aristokratischen Herkunft war Libertas Schulze-Boysen eine intelligente, weltoffen erzogene Frau, die den Haß ihres Mannes gegen die Nazis uneingeschränkt teilte. Mit ganzem Herzen unterstützte sie ihn nach ihrer Heirat 1946 bei der Gründung eines geheimen antifaschistischen Zirkels in Berlin, zu dessen führenden Mitgliedern neben Gisela von Poellnitz auch Walter Küchenmeister zählte – ein Autodidakt, Kunsthistoriker und Kommunist, der aufgrund seiner Kontakte zur KPD auch mit Kurt und Elisabeth Schumacher bekannt war und später Mitglied des KORSE-Spionagenetzes wurde. Nachdem sie erfahren hatten, daß die Geheimdienste der Nazis planten, in Barcelona 1937 einen trotzkistischen Aufstand zu provozieren, entwarfen Schulze-Boysen und Gisela von Poellnitz gemeinsam eine anonyme Warnung, die sie – um ihre Herkunft zu verschleiern – in französischer Sprache abfaßten und der sowjetischen Botschaft in Berlin zuspielten.

Arvid Harnack lernte seinen Gesinnungsgenossen Schulze-Boysen zwar schon im Jahre 1935 kennen, doch erst fünf Jahre später begannen sie heimlich zusammenzuarbeiten. Zu diesem Zeitpunkt hatte der Leutnant der Luftwaffe bereits etwa zwanzig Leute um sich versammelt, die gemeinsam auf Hitlers Sturz hinarbeiteten. Zu denjenigen in Schulze-Boysens Gruppe, die direkten Zugang zu militärischen Geheimnissen des Dritten Reiches hatten, gehörten ein ranghoher Mitarbeiter der Spionageabwehr im Reichsluftfahrtministerium namens Erwin Gehrts sowie Major Gregor, ein heimlicher Kommunist, der als Verbindungsoffizier Görings für die Kontakte zum Außenministerium zuständig war. Ein weiterer prominenter Informant Schulze-Boysens war SCHWEDE (nicht zu verwechseln mit Orlow, der unter demselben Kryptonym geführt wurde) – ein in den KGB-Akten nicht namentlich genannter Hauptmann, der als Adjutant bei Generalfeldmarschall List, dem Oberbefehlshaber der deutschen Truppen auf dem Balkan, diente.[26]

Die militärischen Informationen, die Schulze-Boysen über Harnack an Moskau lieferte, erwiesen sich bald als so bedeutsam, daß am 15. März 1941 die Zentrale Korotkow anwies, direkt mit SENIOR – wie Schulze-Boysen mit Decknamen genannt wurde – in Kontakt zu treten und ihm vorzuschlagen, sein eigenes unabhängiges Spionagenetz aufzubauen.

»Letzten Donnerstag brachte uns KORSE mit SENIOR zusammen«, berichtete Korotkow am 31. März aus Berlin. »SENIOR ist sich völlig bewußt, daß er es mit einem Repräsentanten der Sowjetunion – und nicht der Partei – zu tun hat. Er erweckte den Eindruck, daß er voll und ganz bereit ist, mir alles zu erzählen, was er weiß. Meine Fragen beantwortete er, ohne auszuweichen oder etwas verbergen zu wollen. Mehr noch: Er hatte sich auf unser Treffen gut vorbereitet und auf einem Blatt Papier gewisse Punkte notiert, die an uns zu übermitteln seien.«[27]

Gleichzeitig bemühte sich Korotkow, Harnacks Ratschläge bezüglich der Behandlung Schulze-Boysens zu beachten:

»KORSE bat uns dringend zu akzeptieren, daß SENIOR ein – wie er es ausdrückt – leidenschaftlicher Dekabrist ist, der auf keinen Fall den Eindruck bekommen darf, daß seine Parteiarbeit, die er sehr hoch schätzt, zu reiner Spionage degeneriert«, erklärte Korotkow der Zentrale. »Im Gegensatz zu KORSE, der große Pläne für die Zukunft schmiedet und seine Leute auf die Zeit der Machtübernahme durch die Kommunisten vorbereitet, erscheint uns SENIOR als ein wesentlich energischerer Mensch, der sich auf die konkreten Aktionen konzentriert, die erforderlich sind, um diejenigen Veränderungen zu bewirken, von denen KORSE nur träumt.«[28]

Nachdem das NKWD direkten Kontakt zu Schulze-Boysen aufgenommen und damit Harnack dessen Rolle als Verbindungsmann abgenommen hatte, wurde die Arbeit beider Informanten – das zeigen die Korse- und Senior-Akten – produktiver. Über Harnack lernte Schulze-Boysen den Autor und Dramatiker Adam Kuckhoff kennen. Er war mit Greta verheiratet, die an der Universtät Wisconsin studiert hatte. Ihr gemeinsamer Freund Rudolf Heberle war Mitglied beim Bund geistiger Berufe, deren Mitglieder sich als »Kreative Intelligenz« bezeichneten. Über Harnacks Cousin hatten sie auch Kontakte zu der im Untergrund operierenden sozialdemokratischen Opposition gegen Hitler bekommen, die von Carl Goerdeler, dem ehemaligen Oberbürgermeister von Leipzig, geleitet wurde; er wurde später wegen angeblicher Beteiligung am Attentat gegen Hitler vom 20. Juli 1944 hingerichtet. Ein weiteres Mitglied von Kuckhoffs Kreis war Adolf Grimme, ein führender Sozialdemokrat und Verbündeter des Gewerkschafters Leuschner, in dessen eigener Oppositionsgruppe im Untergrund unter anderem auch der Chef der Berliner Polizei aktives Mitglied war – Polizeipräsident Graf Wolf von Helldorf, der ein vernichtendes Dossier über die Nazi-Führungsspitze zusammengestellt hatte.

Der potentielle Wert einer solchen Gruppe für die Zentrale war so groß, daß Korotkow auf Moskaus Anweisung hin für den 19. April 1941 ein Treffen mit Harnack und Kuckhoff arrangierte. Der Schriftsteller erklärte sich sofort bereit, bei der Beschaffung von Informationen mit dem Russen zusammenzuarbeiten. Er erhielt den Decknamen ALTER MANN, und sein Spionagenetz wurde bald zum dritten wichtigen Element in der Berliner Sektion der Roten Kapelle. Die Moskauer Entscheidung, die Informationsquellen zu nutzen, die diese miteinander verknüpften Gruppen antifaschistischer Verschwörer erschlossen, fiel der Zentrale alles andere als leicht, weil diese Organisationen mit ihrer amorphen Struktur in keiner Weise den strikten Sicherheitsvorschriften entsprachen, die den Operationen von Spionageringen des NKWD ansonsten zugrunde lagen. Der drohende Angriff auf die Sowjetunion im Frühjahr 1941 erklärt jedoch, warum die Zentrale Korotkow unter dem Kryptonym STEPANOW erlaubte, als Kontaktmann für alle drei Gruppen zu fungieren.[29]

Die SENIOR-Akten belegen, daß sich Schulze-Boysen bei der Weitergabe militärischer Geheiminformationen im Vorfeld des deutschen Überfalls auf die Sowjetunion vom 21. Juni als äußerst zuverlässig und akkurat erwies. Sein Zugang zu entsprechenden Geheiminformationen beruhte auf seiner Arbeit im Reichsluftfahrtministerium, wo er die Geheimdienstberichte der deutschen Luftwaffenattachés bearbeitete. Die detailgenauen Informationen, die er an Korotkow weiterleitete, bezogen sich nicht nur auf die deutsche Wehrmacht, sondern verschafften den Sowjets auch einen Einblick in die geheimdienstliche Tätigkeit der Deutschen gegen die Vereinigten Staaten, wie aus einem Bericht von Berlin an die Zentrale im Mai 1941 hervorgeht:

»SENIOR weiß mit absoluter Sicherheit, daß der Militärattaché der amerikanischen Air Force in Moskau ein deutscher Agent ist und nach Deutschland Geheiminformationen weiterleitet, die er von Kontaktleuten aus der UdSSR bezieht sowie von amerikanischen Staatsbürgern, die in der sowjetischen Industrie arbeiten. STEPANOW empfiehlt Vorsicht beim Umgang mit dieser Information, da SENIOR einer der wenigen ist, die wissen, daß der Amerikaner ein deutscher Agent ist.«[30]

Die Zentrale überprüfte die Information über den Luftwaffenattaché und telegrafierte an Korotkow zurück, daß »SENIORS Bericht über den Militärattaché der amerikanischen Air Force teilweise durch unsere Informationen bestätigt wurde«. Durch Schulze-Boysen erfuhr Moskau auch, daß der persische Militärattaché in Berlin als Geheimagent der Briten arbeitete und die Deutschen den Geheimcode der Perser entschlüsselt hatten, nachdem sie einen Teppichhändler bestochen hatten, der den Code im Tausch gegen eine Lizenz zum Verkauf seiner Teppiche in Berlin stahl.[31]

Die NKWD-Akten enthüllen auch, daß KORSE und SENIOR im Vorfeld des deutschen Überfalls auf die Sowjetunion derart genaue Informationen über den bevorstehenden Angriff lieferten, daß es aus heutiger Sicht völlig unverständlich erscheint, wie diese Warnungen im Kreml mißachtet werden konnten. Allein die Liste der Zusammenfassungen ihrer Berichte an die fünfte Abteilung der Hauptverwaltung für Staatssicherheit vom September 1940 bis Juni 1941 umfaßt im KORSE-Dossier volle elf Seiten. Sogar eine Skizze der vorrückenden deutschen Invasion ist enthalten.[32] Zusammen mit den bereits zitierten Passagen summiert sich eine chronologische Auflistung der wichtigsten Stellen aus den Berichten während sechs Monaten vor dem Juni 1941, zu einer umfassenden Warnung vor Hitlers Strategie der Kriegführung an der Ostfront:

Januar 1941

»In gewöhnlich gut unterrichteten Kreisen des Herrenklubs geht man davon aus, daß Deutschland den Krieg [an der Westfront] verlieren wird und es angesichts dieser Entwicklung erforderlich ist, sich mit Großbritannien und den Vereinigten Staaten zu einigen, um die militärischen Kräfte auf den Osten konzentrieren zu können.«[33]

»Im Generalstab der deutschen Luftwaffe wurde angeordnet, mit umfangreichen Aufklärungsflügen über sowjetischem Territorium zu beginnen und alle Grenzlinien [der Verteidigung] zu fotografieren. Auch Leningrad ist in diese Aufklärungsmissionen einbezogen.«[34]

»Göring neigt immer stärker zu Friedensverhandlungen mit Amerika und England.«[35]

»Göring hat den Befehl erteilt, ›den russischen Sektor‹ des Luftwaffenministeriums in die sogenannte aktive Sektion des Generalstabs der Luftwaffe zu verlegen, die mit der Planung militärischer Operationen betraut ist.«[36]

»Die Abteilungen des Quartiermeisters im Statistischen Reichsamt haben von Oberkommando Wehrmacht den Befehl erhalten, Karten über die Industriestandorte der Sowjetunion bereitzustellen.«[37]

März 1941

»Die Durchführbarkeit von Einsatzplänen gegen die Sowjetunion wird in der deutschen Führung intensiv diskutiert. Bestätigt wird dies durch die Konzentration deutscher Truppen an der Ostfront.«[38]

»Operationen der deutschen Luftwaffe hinsichtlich der Luftaufnahmen von sowjetischem Territorium sind in vollem Gange. Deutsche Flugzeuge starten von Flughäfen in Bukarest, Königsberg und Kirkenes in Nordnorwegen. Die Aufnahmen werden aus einer Höhe von 6000 Metern gemacht. Kronstadt ist von den Deutschen besonders gründlich fotografiert worden.«[39]

»Göring ist die treibende Kraft hinter den Kriegsvorbereitungen gegen die Sowjetunion.«[40]

»Die Frage eines militärischen Angriffs gegen die UdSSR im Frühjahr dieses Jahres wurde aufgrund des Arguments entschieden, daß die Russen in einem solchen Fall den noch grünen Weizen nicht anzünden und die Deutschen somit von der Ernte profitieren könnten. Zechlin [Professor an der Deutschen Hochschule für Politik in Berlin und Mitglied von Harnacks Gruppe] hat von zwei deutschen Feldmarschällen erfahren, daß der Angriff für den ersten Mai geplant ist.«[41]

»Nach Ansicht des deutschen Generalstabs wird die Rote Armee nur etwa in den ersten acht Tagen Widerstand leisten können und dann unweigerlich zerschlagen werden.«[42]

»Durch die Besetzung der Ukraine wollen die Deutschen der Sowjetunion den größten Teil ihrer industriellen Basis entziehen. Sie wollen nach Osten bis zum Kaukasus vorrücken. Den Ural glauben sie ihren Berechnungen zufolge in 25 Tagen erreichen zu können.«[43]

»Der Angriff gegen die Sowjetunion wird durch Deutschlands gegenwärtige militärische Überlegenheit über die UdSSR diktiert. Bei der Berechnung der wirtschaftlichen Effektivität des Feldzugs gegen die Sowjets kommt der Bedeutung der galizischen Ölvorkommen besondere Aufmerksamkeit zu.«[44]

»Abgesehen von den Besatzungstruppen befindet sich die einzige aktive Division [der deutschen Wehrmacht] zur Zeit in Belgien – ein weiterer Beleg dafür, daß der Plan einer Invasion der Britischen Inseln vorerst aufgegeben wurde. Die deutschen Truppen konzentrieren sich im Osten und Südosten.«[45]

»Die Vorbereitungen eines Schlages gegen die Sowjetunion sind nicht mehr zu übersehen. Die Konzentration der deutschen Streitkräfte entlang der Grenzen zur UdSSR bestätigt dies. Besondere Aufmerksamkeit widmen die Deutschen der Eisenbahnlinie von Lwow nach Odessa, die westeuropäische Spurbreite besitzt.«[46]

»Der Generalstab der deutschen Luftwaffe hat intensive Vorbereitungen für Kampfhandlungen gegen die UdSSR eingeleitet. Man entwirft bereits Pläne für eine Bombardierung der wichtigsten Ziele. Die Pläne für Luftangriffe gegen Leningrad, Wyborg und Kiew sind soeben fertig geworden. Die Luftwaffe liefert laufend Luftaufnahmen von Städten und Industrieanlagen. Der deutsche Luftwaffenattaché in Moskau kundschaftet persönlich mit seinem Wagen die Lage der sowjetischen Kraftwerke aus.«[47]

April 1941

»Der Stab der deutschen Luftwaffe hat die Vorbereitungen für die Luftangriffe gegen die Sowjetunion abgeschlossen. Die Luftwaffe soll vor allem Eisenbahnknotenpunkte im mittleren und westlichen Teil der UdSSR, die Kraftwerke in den Kohlenrevieren bei Donezk sowie Flugzeugfabriken in Moskau angreifen. Die Angriffe gegen die UdSSR sollen von den Flugplätzen bei Krakau aus durchgeführt werden.«[48]

»Rosenbergs UdSSR-Experte Liebrandt hat Zechlin darüber informiert, daß die Frage eines militärischen Angriffs gegen die Sowjetunion entschieden ist. Deutschlands totaler Krieg gegen England und die USA kann nicht gewonnen werden. Deshalb ist ein Friedensvertrag mit beiden erforderlich. Um England dazu zu bewegen, ist es notwendig, die Ukraine zu besetzen. Die Besetzung der Ukraine wird England zu Zugeständnissen zwingen.«[49]

Mai 1941

»Wir müssen Moskau eindringlich darauf hinweisen, daß der Angriff gegen die Sowjetunion beschlossene Sache ist. Der Angriff soll in allernächster Zeit erfolgen. Im Generalstab der deutschen Luftwaffe werden die Vorbereitungen von Operationen gegen die UdSSR mit größter Eile vorangetrieben. In Gesprächen mit Stabsoffizieren wird häufig der 20. Mai als Datum des Kriegsbeginns genannt. Andere meinen, der Angriff sei für Juni geplant.«[50]

»Trotz der Protestnote der sowjetischen Regierung überfliegen deutsche Aufklärungsflugzeuge auch weiterhin sowjetisches Territorium. Mittlerweile werden die Luftaufnahmen aus einer Höhe von 11 000 Metern angefertigt und die Aufklärungsflüge mit größter Vorsicht durchgeführt.«[51]

»In einem Tagesbefehl des OKW vom 7. Mai an den Stab der Luftwaffe heißt es, der Feind habe von den Plänen und der strategischen Aufklärung der Deutschen Wind bekommen. SENIOR erklärt diesen Tagesbefehl mit Aufklärungsflügen deutscher Flugzeuge über sowjetischem Territorium und der Protestnote der sowjetischen Regierung.«[52]

»Alle vorbereitenden militärischen Maßnahmen einschließlich der Pläne von den Standorten sowjetischer Flugplätze sowie die Konzentration deutscher Luftstreitkräfte auf den Flugplätzen des Balkan müssen bis Mitte Juni abgeschlossen sein.«[53]

»Die Kommandeure von Luftwaffenstützpunkten in Polen und Ostpreußen haben Befehl erhalten, sich auf die Entgegennahme ihrer Flugzeuge vorzubereiten. Ein großer Flugplatz in Insterburg wird soeben unter größten Anstrengungen fertiggestellt.«[54]

»Die Reichskommissare der künftigen Distrikte des besetzten Territoriums der UdSSR sind bereits ernannt worden. Für den Kaukasus wurde Amann eingesetzt, einer der ranghöchsten Parteifunktionäre der Nationalsozialisten in Düsseldorf; für Kiew Burandt, ein ehemaliger Beamter im Wirtschaftsministerium; für Moskau Burger, der Chef der Handelskammer in Stuttgart. Schlotterer, der Leiter der außenpolitischen Abteilung des Wirtschaftsministeriums, wurde zum Generaldirektor für Wirtschaftsangelegenheiten der besetzten UdSSR ernannt.«[55]

Nur fünf Tage, bevor die deutschen Panzerdivisionen am 21. Juni im Morgengrauen die russische Grenze überquerten, nachdem diese durch eines der schlimmsten Artillerie-Sperrfeuer des Zweiten Weltkriegs »aufgeweicht« worden war, übermittelte Korotkow von SENIOR und KORSE eine unheilvolle, deutliche letzte Warnung: »Alle militärischen Maßnahmen der Deutschen zur Vorbereitung eines bewaffneten Angriffs auf die Sowjetunion sind vollständig abgeschlossen, so daß dieser Angriff jeden Augenblick erfolgen kann.«[56] Die NKWD-Chefs sahen dieses Kryptogramm als so wichtig an, daß sie es, kaum war es eingetroffen, an Stalin weiterleiten. Stummes Zeugnis des Zynismus, mit dem der oberste Führer der Sowjetunion auf diese Warnung reagierte, ist der obszöne Kommentar, den er dem Stellvertretenden NKWD-Chef Wsewolod Nikolajewitsch Merkulow übermittelte: »An den Genossen Merkulow. Schicken Sie Ihren Informanten von der deutschen Luftwaffe zu seiner Hurenmutter zurück. Das ist kein Informant, sondern ein Desinformant.«[57]

Wie, so fragt man sich heute, konnte Stalin diese letzte, explizite Warnung mißachten? Zumal diese durch seit Monaten eingehende Berichte von KORSE und SENIOR bestätigt wurde, die wiederum mit anderen Informationen über deutsche Kriegsvorbereitungen von sowjetischen Agenten aus Deutschland, Polen, Rumänien, Großbritannien und sogar den Vereinigten Staaten übereinstimmten. Es erscheint geradezu unglaublich, daß sowohl der Kreml als auch die Rote Armee von dem Unternehmen Barbarossa, wie Hitler seinen Kreuzzug gegen Rußland nannte, überrascht worden sein sollen.

Stalin mag seine Gründe gehabt haben, Churchills Warnungen vor einem bevorstehenden deutschen Angriff, die auf abgefangenen Funkmeldungen der Luftwaffe beruhten, als »Provokation« abzutun. Nun aber, da wir wissen, daß er selbst die Unmengen detaillierter Geheiminformationen, die seine eigenen Agenten wie Harnack und Schulze-Boysen nach Moskau übermittelten, einfach ignorierte, wirft das »sowjetische Pearl Harbor« eine Reihe neuer Fragen auf. Die neuen Erkenntnisse setzen in der Diskussion, die ein halbes Jahrhundert lang zu beiden Seiten des eisernen Vorhangs geführt wurde, neue Akzente. War Stalin tatsächlich aufgrund der heimlichen Bewunderung, die er für Hitler empfunden haben soll, so verblendet, daß er die Vorstellung, der Führer könne ihm in den Rücken fallen, für völlig ausgeschlossen hielt? Oder haben die Geheimdienstchefs von NKWD und der GRU die Hinweise auf den bevorstehenden Angriff ebenso fehlinterpretiert wie ihre amerikanischen Kollegen vor Japans Überraschungsangriff auf den Stützpunkt ihrer Pazifikflotte am 7. Dezember 1941?

Die nun zugänglich gewordenen Aufzeichnungen in den sowjetischen Archiven scheinen darauf hinzudeuten, daß tatsächlich beide Faktoren zur katastrophalen Fehleinschätzung der Situation durch den Kreml beitrugen. Die Akten KORSE und SENIOR jedenfalls beweisen, daß Stalin eindeutige Indizien für einen bevorstehenden deutschen Angriff zugespielt bekam. Andere NKWD-Akten zeigen allerdings auch, daß die Berichte über Hitlers Absichten, die den Kreml erreichten, durch den Glauben des sowjetischen Führers überlagert wurden, daß es sich bei alldem nur um eine geschickt inszenierte Desinformationskampagne der sowjetischen Spionageabwehr handeln konnte. Stalin war jedoch nicht der einzige, der den Berichten aus Berlin über einen bevorstehenden Krieg skeptisch gegenüberstand. Im Juni 1941 waren Mutmaßungen, die Wehrmacht werde in Rußland einmarschieren, in Berlin schon beinahe Stadtgespräch. Das »Geheimnis« wurde nicht nur von »zuverlässigen« Quellen in den Führungsetagen des Dritten Reiches an Moskau weitergegeben, sondern war selbst unter den Ehefrauen sowjetischer Techniker, die in deutschen Rüstungsfabriken arbeiteten, Gesprächsthema Nummer eins. Da die Russen aber glaubten, sich nur auf *raswjedka* – durch Spionagetätigkeit beschafftes Informationsmaterial – verlassen zu können, fragte sich natürlich sowohl die NKWD-Zentrale als auch der Kreml, welch merkwürdige »geheime« Vorbereitungen eines Angriffs auf Rußland das wohl sein konnten, wenn schon Klatschweiber davon wußten und die Berliner Korrespondenten amerikanischer Zeitungen darüber schrieben.

Somit führte die Unfähigkeit der Sowjets, den relativen Wert geheimdienstlicher Informationsquellen richtig einzuschätzen, letztendlich zu der Verwirrung, die die NKWD-Zentrale in den entscheidenden Monaten vor Kriegsbeginn erfaßt hatte. Die Flut von Informationen, die in Moskau ankam, übertraf bei weitem die analytischen Kapazitäten der Sowjets, denen es somit nicht anders erging als den Amerikanern ein halbes Jahr später kurz vor dem Angriff auf Pearl Harbor. In beiden Fällen war die fatale Fehleinschätzung der Lage eher das Ergebnis zu vieler Informationen aus zu vielen Quellen als zu weniger Informationen aus zu wenigen Quellen. Und in beiden Fällen siegten vorgefaßte Überzeugungen über eine nüchterne Analyse der Situation. Im Fall der Sowjets wird die durch einander widersprechende Informationen bedingte Blindheit der NKWD-Führung aus der Anweisung deutlich, die am 5. April 1941 an Korotkow abgeschickt wurde: »In jüngster Zeit haben wir von überall her Berichte unserer Agenten über angebliche Vorbereitungen eines deutschen Angriffs erhalten. In vieler Hinsicht – sogar, was die Zeitangaben betrifft – stimmen diese Informationen mit denen von SENIOR und KORSE überein sowie mit denen, die aus deutschen Kreisen in den von Deutschland besetzten Gebieten bei uns eingehen. Zudem sagt auch die amerikanische und englische Presse einen Überfall deutscher Truppen auf die UdSSR und eine rasche Besetzung der Ukraine durch einen Blitzkrieg voraus. Wir erhalten eine derartige Fülle von Agentenberichten über Deutschlands ›geheime‹ Vorbereitungen für einen Angriff, daß – berücksichtigt man dazu noch die Spekulationen in der angloamerikanischen Presse – sich die Frage stellt, ob es sich hier nicht womöglich um eine gezielte Desinformationskampagne handelt.«[58] Ob dies entweder von den Deutschen selbst arrangiert war, mit dem Ziel, auf diese Weise Druck auf die UdSSR auszuüben, um Zugeständnisse zu erreichen, oder vom angloamerikanischen Block mit der Absicht, einen Keil zwischen die deutsch-sowjetischen Beziehungen zu treiben und die deutsche Aggression gegen die UdSSR zu lenken, blieb fraglich.

Man weiß heute, daß die Deutschen den Sowjets tatsächlich gezielt falsche Informationen zukommen ließen. Als die Konzentration von Truppen, Panzern und Flugzeugen entlang der Ostgrenze des Dritten Reiches ein Ausmaß erreicht hatte, das nicht mehr zu verbergen war, setzte die Gestapo einen ihrer Agenten bei den Sowjets dazu ein, Moskau eine getürkte Erklärung für die Mobilisierungsmaßnahmen zuzuspielen. Das Verhör eines sowjetischen Kriegsgefangenen namens Siegfried Müller, der 1941 in der Abteilung 4D der Gestapo gearbeitet hatte, ergab, daß der russischen Sektion der Berliner Abwehrabteilung auch der lettische Journalist Orest Berlinks angehört hatte. Unglücklicherweise betrachtete Amajak Kobulow – der NKWD-Resident in Berlin – Berlinks als einen der verläßlichsten Informanten.[59]

Dem KGB-Report über Müllers Verhör zufolge sollen die Deutschen Berlinks bei der Weitergabe falscher Informationen an den sowjetischen Geheimdienst als so wichtig eingestuft haben, daß Hitler und Ribbentrop seine Berichte selbst abfaßten. Auch wenn dies übertrieben sein mag, bestätigen die NKWD-Akten aus jener Zeit doch, daß die Zentrale am 4. April 1941 Kobulow anwies, den Grund für die massiven Truppenbewegungen in Richtung der sowjetischen Grenze herauszufinden.[60] Die Antwort, die Berlinks Kobulow als »offizielle« Erklärung übermittelte, welche ein Oberst Blau von OKW ihm persönlich gegeben habe, lautete: »Im [Ersten] Weltkrieg gelang es uns, durch großangelegte Truppenverschiebungen die wahren Absichten des deutschen Oberkommandos zu verschleiern.«[61]

Als diese vermeintlich »geheime« Information aus einer vermeintlich zuverlässigen Quelle Moskau erreichte, war man dort um so mehr bereit, Berlinks zu glauben, als sein Bericht voll und ganz sowohl Stalins eigener Einschätzung der Lage als auch der unübersehbaren Tatsache entsprach, daß die Deutschen an den russischen Grenzen aufmarschiert waren. Stalin hielt die deutschen Truppenbewegungen deshalb lediglich für ein gigantisches militärisches Täuschungsmanöver Hitlers. Um die Sowjets noch mehr zu verwirren, setzten die deutschen Geheimdienste auch andere Kanäle ein. Sie sollten Anspielungen nach Moskau durchsickern lassen, denen zufolge einer militärischen Operation der Deutschen gegen Rußland Ansprüche auf die Ukraine in Form eines Ultimatums vorausgehen würden. Diese Falschinformation wurde gezielt auch in allen Ministerien des Dritten Reiches verbreitet, um sie durch Anspielungen über diplomatische Kanäle ausländischen Regierungen zukommen zu lassen.

Die Akte KORSE bestätigt, daß auch Harnack auf diese Desinformationskampagne hereingefallen war, als er Korotkow im April 1940 berichtete: »Bei einem Treffen hoher Beamter des Wirtschaftsministeriums erklärte Pressereferent Kroll, man habe die Absicht, die UdSSR um militärischen Beistand für die Achsenmächte gegen England zu bitten. Um dieser Bitte Nachdruck zu verleihen, wolle man die Ukraine und eventuell auch das Baltikum besetzen.«[62] Moskaus Einschätzung, daß ein solches Ultimatum einer militärischen Operation der Deutschen vorausgehen werde, wurde einen Monat später durch einen Bericht von SENIOR bestätigt: »Deutschland will zunächst der Sowjetunion ein Ultimatum stellen, in dem als Vergeltung für die kommunistische Propaganda weitergehende Exportprivilegien gefordert werden sollen. Um diese zu garantieren, sollen deutsche Emissäre in den industriellen und wirtschaftlichen Zentren und den Fabriken der Ukraine stationiert werden. Einige Gebiete der Ukraine sollen von der deutschen Wehrmacht besetzt werden. Diesem Ultimatum soll ein

Nervenkrieg vorausgehen, der darauf abzielt, die Sowjetunion zu demoralisieren.«[63]

Wie bereits erwähnt, wurden auch die wiederholten Dementis der Deutschen in bezug auf einen möglichen Angriff gegen die Sowjetunion in Moskau falsch eingeschätzt, zumal sie von dem als zuverlässig bekannten Informanten SENIOR übermittelt worden waren und deshalb als verläßliche *raswjedka* betrachtet wurden. Aufgrund vertraulicher Dokumente, die Anfang Juni durch seine Hände gegangen waren, teilte Schulze-Boysen Korotkow mit: »Deutsche Militärattachés im Ausland, auch Botschafter, haben Anweisung erhalten, Gerüchte über einen bevorstehenden bewaffneten Konflikt zwischen Deutschland und der UdSSR zu dementieren.«[64] SENIORS Information schien durch das Gerücht bestätigt zu werden, der deutsche Luftwaffenattaché in Moskau habe ostentativ Frau und Kinder aufgefordert, in die Sowjetunion nachzukommen.[65] Solche einander widersprechende Geheimdienstberichte erhärteten Stalins Überzeugung, daß Hitler ihn mit einem gigantischen militärischen Täuschungsmanöver nur einschüchtern wolle, und so wartete er auf das deutsche Ultimatum, das nie kommen sollte. Die gezielten Falschinformationen, die die Deutschen im Mai und Juni 1941 äußerst geschickt nach Moskau hatten durchsickern lassen, hatten ganz offensichtlich verhindert, daß die Sowjets aus den seit drei Monaten eingehenden genauen Berichten von KORSE und SENIOR die einzig logische Schlußfolgerung zogen. Dies geht auch aus dem Kommentar hervor, mit dem Korotkow den Anfang Juni von Harnack erhaltenen Bericht versah, in dem der Agent auf die Ernennung sowjetischer Verwalter für die einzelnen Wirtschaftszonen in zukünftig besetzten Teilen der UdSSR hinwies: »Inwieweit dies im Bereich der Gerüchte anzusiedeln ist, die gegenwärtig in Berlin kursieren, oder tatsächlich auf deutsche Kriegsvorbereitungen schließen läßt oder womöglich nur ein Bluff ist, läßt sich schwer beurteilen.«[66]

Die Verwirrung im NKWD-Hauptquartier war beinahe unvermeidlich, da die Außenabteilung damals noch nicht über entsprechende Analytiker verfügte, die fähig gewesen wären, zwischen getürkten und echten Informationen zu unterscheiden. Dies war, wie Orlow ganz richtig erkannt hatte, eine der grundlegenden Schwächen in der Struktur des sowjetischen Geheimdienstes; die letztendliche Analyse besorgte immer Stalin persönlich. Als »gefährliche Ratespiele« hatte er jeden Versuch seiner Untergebenen abgetan, die vom NKWD gelieferten Informationen zu interpretieren. Er hielt sich offenbar für allwissend und war davon überzeugt, daß nur er selbst die wahre Bedeutung dieser Berichte zu erkennen in der Lage war. Aus diesem Grund hatte er laut Orlow wiederholt seine Geheimdienstchefs aufgefordert, von Hypothesen und Gleichungen mit zu vielen Unbekannten die Finger zu lassen.[67]

»Eine aus Geheiminformationen konstruierte Hypothese kann leicht zu einem Steckenpferd werden, auf dem man geradewegs in eine selbstgebaute Falle reitet«, war Stalins Maxime. »Ich will nicht wissen, was Sie denken; geben Sie mir die Fakten und die Quelle, aus der sie stammen!« Und genau dies taten die Deutschland-Chefs dann auch im Juni 1941, wie die Dokumente aus jener Zeit belegen. Sie leiteten in Stalins Büro im Kreml die Kryptogramme von Korotkow und anderen Führungsoffizieren genauso weiter, wie sie sie erhalten hatten – ohne jeden Kommentar darüber, wie weit sie ihrer Ansicht nach ernst zu nehmen waren. Diejenigen, an die sie adressiert waren – meist Stalin oder Molotow –, übernahmen die Analyse höchstpersönlich. So kamen sie zu dem fatalen Schluß, daß Hitler nur bluffte.

Auch Hitler fiel einer schwerwiegenden Fehleinschätzung zum Opfer: Trotz des massiven deutschen Angriffs konnte die Rote Armee nicht, wie seine Militärexperten vorausgesagt hatten, innerhalb von sechs Wochen entscheidend geschlagen werden. Dennoch brachte die Invasion die Sowjets in große Bedrängnis und zwang sie, ihre Diplomatie zurückzuziehen sowie die legale NKWD-Station in Berlin zu schließen und in den Untergrund zu schicken. Um auch im äußersten Notfall den Funkkontakt mit den Gruppen von Harnack und Schulze-Boysen nicht abreißen zu lassen, waren bereits entsprechende Vorkehrungen getroffen worden, wie aus den Instruktionen der Zentrale an Korotkow vom 12. April zu erkennen ist:

»STEPANOW soll bei seinem nächsten Treffen mit KORSE die Angelegenheit besprechen und KORSE klarmachen, daß er in direkten Funkkontakt mit Moskau treten soll. KORSE wird dann unser illegaler Resident und unser Funker. Dies ist von höchster Dringlichkeit; die technische Ausrüstung und die nötigen Mittel werden wir Ihnen zur Verfügung stellen. Angesichts der derzeitigen Entwicklung muß KORSE die Notwendigkeit dieser Maßnahmen klargemacht werden.«[68]

Als jedoch Korotkow Harnack erklärte, daß er im Falle eines Krieges voll verantwortlicher Resident des sowjetischen Geheimdienstes in Berlin werden sollte, war der Deutsche wenig begeistert. Korotkow berichtete an Moskau: »KORSE will weiterhin Informationen beschaffen, weigert sich aber, die Verantwortung für die Funkübermittlungen zu übernehmen. Diesen Teil der Operation wird deshalb SENIOR übernehmen.«[69]

Harnack, ein von Natur aus vorsichtiger Mensch, war nach den Ermittlungen der Gestapo gegen ihn im Vorjahr noch mehr auf der Hut. Schulze-Boysen hingegen, laut Korotkow »eine energischere Persönlichkeit«, war weniger ängstlich und erklärte sich damit einverstanden, die Risiken einzugehen, die mit der Einrichtung einer Kommunikationsmöglichkeit für beide Gruppen verbunden waren. Dies kam für Korotkow nicht überraschend, da er bereits festgestellt hatte, daß der Leutnant der Luftwaffe ohnehin schon ein reichlich gefährliches Leben führte, weil er regelmäßig Kontakt zu Mitgliedern des kommunistischen Untergrunds pflegte.

»Wir haben eine Verbindung von SENIOR zur Partei entdeckt und erwarten Ihre Anweisungen«, hatte Korotkow am 18. April 1941 nach Moskau telegrafiert. Dies war ein schwerer Verstoß gegen die Regeln des NKWD, die praktisch seit Ende der zwanziger Jahre galten, als Artusow sie entworfen hatte.[70] Das Dilemma der Zentrale war nur, daß Korotkow es nicht für angebracht hielt, Schulze-Boysen wegen seiner Tätigkeit in der Partei zu befragen, da man sich nicht derart offen in Angelegenheiten der Komintern mischen wollte. »Was soll ich also unternehmen?« fragte Korotkow und fügte hinzu, eine harte Linie könnte die Beziehungen zu SENIOR zu einem kritischen Zeitpunkt gefährden und seine Bereitschaft mindern, weitere Informanten anzuwerben.[71] In ihrer Antwort vom 25. April wies die Zentrale Korotkow deshalb an, zu versuchen, »irgendwie ihre Tätigkeit zu beeinflussen« und »ohne jede Einmischung in Parteiangelegenheiten ... dafür zu sorgen, daß KORSE, SENIOR und ALTER MANN von jeglicher Parteiarbeit abgeschnitten werden«.[72]

Falls die Moskauer Zentrale mit »Parteiarbeit« ihre antifaschistische Verschwörung meinte, war dies leichter gesagt als getan. Die Akten belegen jedoch, daß ein Bericht von SENIOR die NKWD-Chefs derart in Erstaunen versetzt hatte, daß sie es kaum ernsthaft in Erwägung zogen, mit Hilfe von Schulze-Boysen Informationen aus der Opposition gegen die Nationalsozialisten zu erhalten. Schulze-Boysen zufolge herrschte unter ranghohen Offizieren der Luftwaffe »eine reichlich geringschätzige Einstellung gegenüber Hitler« vor, die sich schon dadurch ausdrückte, daß sie untereinander nur ironisch von »Adolf« sprachen, wenn sie den Führer meinten, und den Nazi-Gruß »Sieg Heil!« absichtlich stark übertrieben darboten. SENIORS Bericht zufolge hatte die Unfähigkeit der Militärs, England in die Knie zu zwingen, bei einem Teil von ihnen große Unzufriedenheit hervorgerufen. Er bezweifelte zwar, ob diese Unzufriedenheit ausreichte, um einen Putsch zu provozieren, glaubte aber, daß dies der Fall wäre, »falls Hitler auch einen Krieg gegen die Sowjetunion nicht gewinnen würde«.[73]

Der Akte KORSE liegt eine Karte der Spionagenetze der Roten Kapelle bei, die darauf schließen läßt, daß die Sowjets die Absicht hegten, die Opposition gegen Hitler zu unterwandern und in ihrem Sinne zu steuern. Man hatte es dabei besonders auf Kuckhoff abgesehen, und im Mai 1941 schickte die Berliner Deutschland-Station ein vom Polizeichef von Helldorf erstelltes Dossier über die Führung der Nationalsozialisten nach Moskau. Als potentiellen Verbindungsmann für eine eventuelle Kontaktaufnahme Moskaus mit den Gruppen um Leuschner und Goerdeler hatte die Zentrale bereits Adolf Grimme im Visier, ein weiteres Mitglied der Gruppe ALTER MANN. Ähnliche Pläne hatte man auch für Kuckhoff, bis durch den deutschen Überfall auf Rußland die Verbindung zwischen Moskau und dem Berliner Untergrund unterbrochen wurde und die Angelegenheit somit erst einmal auf Eis gelegt war.

Die Kommunikation zwischen Berlin und Moskau blieb drei Monate lang unterbrochen, obwohl Korotkow bereits zwei Monate vor dem deutschen Überfall der Gruppe von SENIOR zwei Funkgeräte beschafft hatte. Das eine war ein kleines, batteriebetriebenes Modell, das andere ein größeres Netzgerät, das jedoch ebenfalls so handlich war, daß es zerlegt in einen Koffer paßte. Die Funkausrüstung war im Mai 1941 zusammen mit dem entsprechenden Codiersystem als Diplomatengepäck von Moskau nach Berlin geschickt worden. Korotkow hatte Schulze-Boysen eingehämmert, daß er auf gar keinen Fall verschlüsselte Nachrichten mit sich führen durfte. Als zusätzliche Sicherheitsmaßnahme mußte das Chiffriersystem auswendig gelernt werden, so daß das Verschlüsseln unter Verwendung harmlos aussehender deutscher Romane durchgeführt werden konnte.[74] Die einzelnen Gruppen verfügten über mehrere sichere Standorte in den Obergeschossen von Häusern vertrauenswürdiger Kollegen auf dem Lande außerhalb Berlins. Dort konnten die Sender aufgebaut und die Nachrichten an die Moskauer Zentrale gesendet werden. In Moskau wartete man empfangsbereit zu festgesetzten Tageszeiten an allen Tagen des Monats, die Vielfache der Zahlen 4 und 7 waren.[75]

Harnacks Gruppe wählte als Funker Karl Behrens, der Ingenieur bei der AEG war und den Codenamen STRAHLMANN erhielt, während man seiner Station die Kennummer D5 zuteilte. Schulze-Boysen übertrug diese Aufgabe Kurt Schumacher, einem Bildhauer und Holzschnitzer, der unter dem Kryptonym TENOR die Station D6 betrieb. Als dieser zur Wehrmacht eingezogen wurde, ersetzte Schulze-Boysen ihn durch einen jungen Techniker namens Hans Coppi. Nach seiner Einweisung durch einen erfahrenen NKWD-Funker der Berliner Station im Mai wurde Coppi bald ein erstklassiger »Musiker«, wie Morsefachleute im Geheimdienstjargon genannt wurden. Zwischen dem 7. und 16. Juni 1941 machte Coppi erste erfolgreiche Versuche mit der Station D6, als er die Botschaft »Tausend Grüße an alle Freunde« sendete, die in Moskau empfangen und entschlüsselt werden konnte.[76]

Nach dieser Probesendung hörten die Funker der Spezialabteilung des NKWD von D5 und D6 nichts mehr. Aus den Tagen wurden Wochen, aus den Wochen Monate, und noch immer war von den Sendern KORSES und SENIORS kein Wort zu hören, obwohl mittlerweile sowjetische Horchposten in den Botschaften von London und Stockholm angewiesen worden waren, die vereinbarten Frequenzen abzuhören. Nachdem mehr als drei Monate vergangen waren, beschlossen die NKWD-Chefs in ihrer Verzweiflung, ihre Genossen von der GRU um Hilfe bei der Wiederaufnahme der Kontakte zu bitten. »Im September 1941 gab die Hauptverwaltung des militärischen Geheimdienstes der Roten Armee unserer Bitte um Unterstützung bei der Wiederaufnahme der Verbindung mit unseren wertvollen Agenten in Berlin statt«, notierte Korotkow 1946 in seinem historischen Bericht über seine Berliner Spionagenetze. »Das Direktorat schlug vor, dies mit Hilfe seiner von KENT geleiteten illegalen Operation in Belgien zu arrangieren, wozu KENT, der als absolut verläßlicher und vertrauenswürdiger Offizier der Roten Armee betrachtet wurde, nach Berlin fahren sollte.«[77]

Am 11. September 1941 wurden die für diese Zusammenarbeit erforderlichen Befehle unterzeichnet. Ein GRU-Agent in Belgien erhielt Anweisungen, den Kontakt zu Kurt Schulze herzustellen.[78] Der Agent, an den sie adressiert waren, war ein Illegaler der GRU, der eine belgische Firma namens Simexco als Tarnung seiner Operationen benutzte. Den Gestapo-Akten zufolge handelte es sich um einen gewissen Viktor Sukulow, der auch als uruguayischer Staatsbürger unter dem Namen Vincente Sierra auftrat. Die NKWD-Akten belegen jedoch, daß sein richtiger Name Anatoli Markowitsch Gurewitsch lautete. Seit 1939 hatte er unter dem Kryptonym KENT die heimlichen Funksprüche für die belgischen und französischen Spionagenetze der Roten Kapelle abgesetzt. Diese von der Roten Armee aufgebauten Spionageringe leitete auf recht lockere Art und Weise der in Polen geborenen jüdische Kommunist Leopold Trepper, der sich *Grand Chef* nannte.[79]

Bevor uns Einblick in die NKWD-Akten gewährt wurde, stufte man Trepper, der 1974 seine reichlich egozentrischen Memoiren veröffentlichte, als wichtigste Führungspersönlichkeit der Roten Kapelle ein. Was man früher jedoch auf der Grundlage der während des Krieges erfolgten Gestapo-Ermittlungen als Operation des sowjetischen militärischen Geheimdienstes einstufte, war, wie sich heute herausstellt, eine weit extensivere und komplexere Operation von Spionagenetzen, an der sowohl NKWD als auch die GRU beteiligt waren. Aus den heute zur Verfügung stehenden Akten geht beispielsweise hervor, daß Gurewitschs Instruktionen, den Kontakt zu den »schlafenden« NKWD-Netzen in Berlin wiederherzustellen, sowohl von General Panfilow, dem Chef der Hauptverwaltung des militärischen Geheimdienstes der Roten Armee, als auch von Kommissar Ilytschow aus demselben Direktorat unterzeichnet wurde und zudem einen Vermerk des NKWD-Geheimdienstchefs Pawel Fitin trägt. Das Telegramm selbst wurde, wie es in einem von der GRU nach dem Kriege an das NKWD gerichteten Report heißt, als Kryptogramm über Funk am 10. Oktober 1941 an KENT gesendet und enthielt folgende Instruktionen:

»Suchen Sie bei Ihrer geplanten Fahrt nach Berlin Adam Kuckhoff oder seine Frau in der Wilhelmhochstraße 18, Telefon 83-62-61 auf; sie wohnen im zweiten Treppenhaus links im Obergeschoß. Sagen Sie, ein Freund von Arvid schicke Sie. Erinnern sie Kuckhoff an ein Buch, das er Erdberg kurz vor dem Krieg geschenkt hat, und an sein Stück *Till Eulenspiegel*. Schlagen Sie Kuckhoff vor, Ihr Treffen mit Arvid und Harro zu arrangieren; falls das nicht machbar sein sollte, fragen Sie Kuckhoff:

(1) Wann wird die Kommunikation beginnen, und was ist geschehen?

(2) Wo und in welcher Situation befinden sich unsere Freunde, besonders die Arvid bekannten ITALIENER, STRAHLMANN, LEON, KARO.

(3) Eruieren Sie detaillierte Informationen zur Übermittlung an Erdberg.

(4) Schlagen Sie vor, jemanden zur persönlichen Kontaktaufnahme nach Istanbul zu schicken oder jemanden auszuwählen, der den Handelsrepräsentanten am [sowjetischen] Konsulat in Stockholm persönlich kontaktieren kann.

(5) Bitten Sie Kuckhoff, ein [sicheres] Haus auszusuchen, in dem Leute Unterschlupf finden können.

Falls Kuckhoff nicht anzutreffen ist, gehen Sie zu Harros Frau Libertas Schulze-Boysen, Altenburger Allee 19, Telefon 99-58-47. Sagen Sie, Sie kämen wegen der Person, mit der Elizabeth sie in Markwart bekannt gemacht hat. Die Mission ist im übrigen dieselbe wie bei einem Treffen mit Kuckhoff.«[80]

Gurewitschs Anweisung, den Genossen vom NKWD unter die Arme zu greifen, fiel mit anderen Aufträgen zusammen, wegen der er ohnehin in die deutsche Hauptstadt reisen sollte. Hierfür mußte er Kontakt zu einem GRU-Funker namens Kurt Schulze aufnehmen, der unter dem Decknamen BERG geführt wurde; dieser diente wiederum als Verbindungsmann zu einer GRU-Agentin mit Codenamen ALTA, einer Beamtin im Außenministerium namens Ilse Stöbe, die Moskau ebenfalls Warnungen vor einem deutschen Überfall auf Rußland hatte zukommen lassen. Die ehemalige Journalistin Stöbe war 1931 in Warschau für den militärischen Geheimdienst der Sowjets angeworben worden. Nachdem sie 1939 angewiesen worden war, nach Deutschland zurückzukehren, fand sie eine Stelle in der Informationsabteilung im Reichsministerium des Auswärtigen. Dort gründete sie eine Gruppe von Agenten, die später von der Gestapo verhaftet wurden.[81]

Seinen eigenen Angaben zufolge kam Gurewitsch am 26. Oktober in Berlin an, wo es ihm während der zwei Wochen seines Aufenthalts gelang, mit Schulze Kontakt aufzunehmen und über Libertas auch Harro Schulze-Boysen zu treffen. Er erfuhr auch, daß Schulze und der Funker von SENIORS Gruppe, Coppi, durch einen gemeinsamen kommunistischen Bekannten namens Walter Husemann bereits miteinander bekannt gemacht worden waren. Gemeinsam hatten sie versucht, die defekten Sendegeräte von SENIORS Gruppe zu reparieren. Als dies gescheitert war, wollten sie über Schulzes Funkgerät Kontakt mit Moskau aufnehmen, doch auch dieser Apparat funktionierte mittlerweile nicht mehr.

Gurewitsch konnte zwar in technischer Hinsicht nicht behilflich sein, gab Schulze aber sein neues Codiersystem. KENT blieb vom 16. Oktober bis zum 5. November in Berlin und berichtete kurz nach seiner Rückkehr nach Brüssel über die Probleme mit den Berliner Funkgeräten. Die detaillierten Informationen, die er von den Spionagenetzen KORSES und SENIORS erhalten hatte, übermittelte er am 21., 23., 24., 25., 26., 27. und 28. November 1941. Den Akten zufolge wurde das wegen des Vormarsches der Deutschen, die bedrohlich nahe vor Moskau standen, mittlerweile in die Stadt Kuibyschew evakuierte Hauptquartier des NKWD von der GRU darüber informiert, daß die Spionagenetze der Zentrale in den vier Monaten seit dem Eintreffen der letzten Berichte von Harnack und Schulze-Boysen beträchtlich ausgeweitet worden waren.[82]

»Harro ist bereit, alle an ihn gestellten Fragen zu beantworten«, hieß es in KENTS Kryptogramm vom 28. November aus Brüssel. Er berichtete weiter, daß SENIOR bereits damit begonnen habe, noch detailliertere Informationen zu sammeln. Die militärischen Informationen, die er von Schulze-Boysen erhielt, erwiesen sich als unbezahlbar. Die Kommandeure der Roten Armee, die vor den Toren Moskaus ihre Hauptstadt verteidigten, schöpften neuen Mut, als sie direkt aus Hitlers Oberkommando erfuhren, daß die deutsche Luftwaffe im Rußlandfeldzug weit schwerere Verluste erlitten hatte als erwartet. Noch wichtiger war die Nachricht, daß den Panzerdivisionen – je mehr sie sich Moskau näherten – allmählich Treibstoff und Proviant auszugehen drohten:

»Der Treibstoff der deutschen Armee reicht voraussichtlich nur bis Februar oder März nächsten Jahres. Die für den Nachschub Verantwortlichen sind höchst besorgt angesichts der Situation, die sich nach Februar/März 1942 ergeben wird, was den Vormarsch der deutschen Truppen zum Kaukasus anbetrifft und vor allem den nach Maikop, der zuerst erwartet wird. Die deutsche Luftwaffe hat schwere Verluste erlitten und verfügt nur noch über etwa 500 einsatzfähige Flugzeuge. Die Hoffnung auf einen schnellen deutschen Sieg ist verflogen, was ganz besonders die höheren Ebenen des Offizierskorps schwer getroffen hat.«[83]

Unter den sonstigen wichtigen Informationen in SENIORS Bericht an KENT war auch die Andeutung der Möglichkeit, daß die Deutschen zu unkonventionellen Formen der Kriegführung greifen könnten, die genaue Lage des Führerhauptquartiers an der Ostfront sowie Informationen über undichte Stellen in der Kommunikation der Alliierten:

»Obwohl die Deutschen in ihren Flugzeugen noch keine Generatoren für die chemische Kriegführung installiert haben, deuten die großen Vorräte darauf hin, daß Vorbereitungen für eine chemische Kriegführung in vollem Gange sind.

Hitlers Hauptquartier wechselt häufig den Standort, dessen genaue Lage nur wenigen bekannt ist. Zur Zeit dürfte sich Hitler in der Gegend um Insterburg aufhalten. Auch Görings Hauptquartier ist zur Zeit in der Gegend von Insterburg.

Die Deutschen sind in Petsamo in den Besitz des diplomatischen Geheimcodes der UdSSR gekommen, der angeblich jedoch noch nicht so weit entschlüsselt sein soll, daß sie damit größere Mengen sowjetischer Dokumente lesen könnten. Der Chef des deutschen Geheimdienstes, Admiral Canaris, hat mit viel Geld einen französischen Offizier aus dem Stab von General de Gaulle dazu bewogen, für die Deutschen zu arbeiten. [Seine] Anwerbung ging in Portugal vonstatten. [Der Offizier] war auch in Berlin und Paris und hat mit deutscher Hilfe General de Gaulles Spionagenetz in Frankreich enttarnt, wo vor allem im Offizierskorps viele Verhaftungen erfolgt sind.

Die Deutschen dechiffrieren einen Großteil der von der britischen und amerikanischen Regierung gesandten Telegramme. Sie haben darüber hinaus das gesamte britische Spionagenetz auf dem Balkan enttarnt. Aus diesem Grund warnt uns SENIOR davor, die Briten wegen einer Zusammenarbeit in den Ländern des Balkan zu kontaktieren. Die Deutschen sind im Besitz des Schlüssels für alle Kryptogramme, die von den Repräsentanten Jugoslawiens in Moskau nach London geschickt werden.«[84]

Was mit Informationen von derartiger Tragweite geschah, geht aus einer vielsagenden Notiz hervor, die Gennadi Schurawljow – der nach Orlows Versetzung nach Spanien im Jahre 1936 für die Leitung des KORSE-Spionagenetzes verantwortliche Geheimdienstoffizier – am 25. November 1941 in die Akte schrieb: »Alle Berichte sind auf Anweisung des Genossen Fitin dem Volkskommissar, Genossen Berija übergeben worden. Instruktionen bezüglich der Auswertung dieser Berichte sind nicht ergangen.«[85] Dies ist ein weiterer Hinweis auf das strukturelle Manko des NKWD in bezug auf die Verwertung eingegangener Informationen. Da es an einer speziellen Analyseabteilung in der Lubjanka fehlte, waren die NKWD-Oberen offenbar besorgt darüber, wie viele Informationen dadurch untergingen, daß sie unbearbeitet in den Kreml an den NKWD-Chef Berija und Stalin weitergegeben wurden, die sich dann aus der Unmenge von Material das herauspickten, was sie für wichtig erachteten. Die Akten scheinen zu belegen, daß nur aufgrund der Tatsache, daß der Geheimdienst der Roten Armee an der Übermittlung von SENIORS Bericht beteiligt war, diese Informationen überhaupt bei den entsprechenden militärischen Kommandostellen ankamen.

Die Aufrechterhaltung der Funkverbindung mit den Berliner Spionagenetzen der Roten Kapelle stellte die Zentrale noch immer vor Probleme. In den Akten KORSE und SENIOR ist vermerkt, daß die Spezialabteilung des NKWD, die für die Kommunikation mit Berlin verantwortlich war, berichtete, bis Februar 1942 nur ganze zweimal das Signal von D6 empfangen zu haben. Zu diesem Zeitpunkt war es nicht mehr möglich, zur Wiederherstellung der Verbindung den KENT-Kanal einzusetzen, da die Peilwagen der Gestapo den Sender mittlerweile ausfindig gemacht hatten.

Am frühen Morgen des 13. Dezember 1941 hatte ein von dem leitenden Regierungsdirektor und SS-Sturmbannführer Friedrich Panzinger angeführtes Sonderkommando der SS KENTS Haus in der Rue des Atrebates in Etterbeek durchsucht. KENTS Funker Anton Danilow, Codename HEMNITZ, wurde zusammen mit einer Chiffriererin mit Decknamen VERLINDEN verhaftet; ebenso erging es seinem noch in Ausbildung befindlichen Funker DEMI, der gerade am Funkgerät zugange war, als die Gestapo die Tür aufbrach. Trepper, dessen Ankunft sich auf vielleicht allzu wundersame Weise verzögert hatte – er hatte ein Treffen mit der Gruppe vereinbart –, war es gelungen, der Verhaftung zu entgehen. Er konnte Gurewitsch noch rechtzeitig warnen, der wie er nach Frankreich floh und sich auf diese Weise ebenfalls der Verhaftung entziehen konnte, bis er am 12. November schließlich doch gefaßt wurde – knapp einen Monat vor Trepper, den die Nazi-Schergen am 5. Dezember 1942 in ihre Fänge bekamen.[86]

Die Entdeckung von KENTS Spionagezentrale stellte für die Deutschen einen großen Erfolg dar, da ihre »Musiker« von allen sowjetischen Untergrundsendern, die zusammen die sogenannte Rote Kapelle bildeten, die eifrigsten gewesen waren. Einem nach dem Krieg verfaßten Bericht Gurewitschs an den KGB zufolge bedeutete dieser Fahndungserfolg der Gestapo bereits den Anfang vom Ende der Roten

Kapelle. Gurewitschs Gruppe war durch den zusätzlichen Funkverkehr für andere Gruppen, einschließlich derer in Berlin, so überlastet gewesen, daß ihren Funkern vielfach keine andere Wahl geblieben war, als die strengen Sicherheitsbestimmungen einfach zu ignorieren. In den Wochen vor der Razzia durch die Gestapo war KENTS Station pro Tag fünf Stunden lang auf Sendung und somit für die deutschen Fahnder kaum mehr zu übersehen gewesen. Gurewitsch zufolge hatte die Gestapo zudem verschlüsselte Nachrichtentexte gefunden, die seine Funker zu zerstören vergessen hatten – eine Nachlässigkeit, die für die Spionagenetze von KORSE und SENIOR fatale Auswirkungen haben sollte. Man versuchte, die Funker durch Folter zum Reden zu bringen, und so war es nur noch eine Frage der Zeit, bis den deutschen Dechiffrier-Spezialisten genügend Informationen über den Code zur Verfügung standen, um die Namen und Adressen in der Botschaft vom 10. Oktober 1941 zu entschlüsseln, die der Gestapo in die Hände gefallen war. Die Mitteilung enthielt die Anweisung an KENT, Kontakt zu SENIOR und KORSE aufzunehmen.

Unter Benutzung der gefangenen sowjetischen Funker setzte die Gestapo eine geschickt eingefädelte Desinformationskampagne in Gang, um mit Hilfe von KENTS Sektion der Roten Kapelle den Sowjets falsche Informationen in die Hände zu spielen. All dies geschah mit direkter Beteiligung Treppers, der darüber hinaus auch mehrere Mitglieder seines Spionagenetzes ans Messer lieferte, bevor er im September 1943 aus der Gestapohaft fliehen konnte, als er sich in einer Pariser Apotheke aufhielt.[87]

Im März 1942 griff die Zentrale auf andere Methoden zurück, um die Kommunikation mit KORSE und SENIOR in Berlin wiederherzustellen. Ihr erster Versuch gelang, als ein GRU-Agent der Stockholmer Station der Roten Armee mit Decknamen ADAM nach Berlin geschickt wurde. Er hatte die Anweisung erhalten, Kurt Schulze eine verschlüsselte Botschaft sowie fünfhundert Reichsmark zu überreichen. ADAM konnte zwar den Kontakt herstellen, erhielt jedoch aus Sicherheitsgründen keine Erlaubnis, SENIOR oder KORSE zu treffen. In der Nachricht, die nach seiner Rückkehr von der sowjetischen Botschaft in Stockholm aus nach Moskau übermittelt wurde, wird beschrieben, wie er das Geld vergraben hatte und wo es zu finden war:

»ADAM vergrub fünfhundert Mark in einer braunen Flasche mit Plastikverschluß an nachfolgend beschriebener Stelle: Wenn man am Brandenburger Tor mit Blick auf die Charlottenburgstraße links vom Tor steht, sieht man einen Weg, der zum Tiergarten führt. Zehn Meter vom Tor entfernt steht die Skulptur einer verwundeten Löwin. Zu jeder Seite der Skulptur stehen vier Bänke. Hinter der zweiten Bank links vom Tor aus gesehen, auf die die Löwin herabschaut, steht ein Baum, neben dessen Stamm auf der der Bank gegenüberliegenden Seite die betreffende Flasche in geringer Tiefe senkrecht vergraben ist.«[88]

»Ihre Arbeit beginnt morgens«, lautete die geheimnisvolle Botschaft, die in Schulzes Briefkasten geworfen werden sollte. Nach Erhalt dieses Signals sollte der Kurier am selben Tag um sechs Uhr am Viadukt-Eingang des Bahnhofs Zoo der Berliner S-Bahn warten. Der GRU-Agent ADAM teilte Schulze auch mit, daß er das für Notfälle vorgesehene Geld in einer Glasflasche an einer bestimmten Stelle am Fußweg zum Brandenburger Tor vergraben hatte, die dadurch lokalisiert werden konnte, daß man dem Blick eines ganz in der Nähe stehenden bronzenen Löwen folgte.[89]

»Wir haben keine Anoden. Ich versuche, Batterien zu bekommen. Hans [Coppi] hat vergeblich versucht, Sie anzurufen. Wir tun, was wir können. BERG.« Diese Nachricht übergab Schulze an ADAM, der sie von Stockholm aus mit Hilfe der GRU an die Zentrale übermitteln sollte.[90] Aufgrund des Berichts, dem Moskau entnehmen konnte, daß wieder einmal Schulzes Funkgerät der Grund für das Abreißen der Verbindung war, beschloß man, KORSE und SENIOR ein neueres und stärkeres Sendegerät zu beschaffen. Diese schwierige Aufgabe konnte nach Ansicht der Zentrale am besten im Rahmen der erst jüngst von den Briten vorgeschlagenen Zusammenarbeit bei geheimdienstlichen Operationen gelöst werden. Die in Einzelteilen zerlegten Funkgeräte sollten von Topagenten per Fallschirm über Nordholland abgeworfen werden, von wo aus man sie anschließend nach Berlin schaffen wollte. Für diese Mission wählte man zwei erfahrene deutsche NKWD-Agenten mit den Decknamen BRIGADIER und WACHE aus. Letzterer war ein Waffen-, Sprengstoff- und Funkexperte, der bereits für Orlow in Spanien viele gefährliche Missionen durchgeführt hatte. Aus den NKWD-Akten geht hervor, daß die beiden Ende 1941 zu einer Art Lehrgang bei der Special Operations Executive (SOE) – der Geheimorganisation, für die Philby damals gerade arbeitete und die Churchills Worten zufolge »Europa in Brand stecken« sollte – nach London geschickt wurden. Die Agenten sollten ursprünglich im Dezember über Holland abgesetzt werden, doch dann mußte die Operation wegen schlechten Wetters verschoben werden. Bevor man einen neuen Anlauf unternehmen konnte, verletzte sich WACHE bei einem Trainingssprung, so daß man die Operation ganz aufgeben mußte.[91]

Die KORSE-Akte belegt, daß die Zentrale erst wieder im Sommer 1942 eine neue Gruppe deutschsprachiger Fallschirm-Agenten für die Mission präparieren konnte. Diesmal beschloß man, sie aus einem Flugzeug der Roten Armee über von Deutschen besetztem sowjetischem Territorium abzuwerfen; bei ihrem anschließenden Marsch westwärts nach Berlin sollten sie sich als deutsche Arbeiter ausgeben. Der Anführer des Zwei-Mann-Teams war Albert Hößler, ein ehemaliger KPD-Funktionär und früheres Mitglied der Internationalen Brigaden, den Orlow in seiner geheimen Agentenschule in Spanien ausgebildet hatte. Er trug den Decknamen FRANZ und wurde bei seiner Mission von Robert Bart begleitet, einem weiteren deutschen NKWD-Agenten, der unter dem Kryptonym BECK geführt wurde. Sobald sie deutschen Boden betreten hatten, sollten sie sich trennen. Hößler sollte in Berlin Kurt Schulze oder das Ehepaar Schumacher aus SENIORS Gruppe kontaktieren, während Bart Kontakt zu BREITENBACH herstellen sollte, dem Gestapo-Offizier Willy Lehmann, der der KORSE-Gruppe angehörte.[92]

Nachdem sie bei Brjansk nahe der alten preußischen Grenze am 5. August sicher gelandet waren, erreichte sowohl Bart als auch Hößler eine Woche später Berlin. Hößler, der von den Schumachers in ihrer Wohnung versteckt wurde, traf sich mit Schulze, über den er den Funker Hans Coppi erreichte. Gemeinsam bauten sie das neue Funkgerät zusammen und versuchten zunächst aus dem Haus von Erika von Brockdorf und dann aus dem von Oda Schottmüller vergeblich, mit Moskau Kontakt aufzunehmen. Während die Funker sich noch bemühten, ihre widerspenstigen Sendegeräte zum Funktionieren zu bringen, ahnten weder sie noch Harnack oder Schulze-Boysen, daß die Gestapo ihr Netz um sie bereits immer enger zog.[93]

Erst Ende August bekam Schulze-Boysen von Horst Heilmann den ersten Hinweis darauf, daß sie in Gefahr waren. Er hatte den neuen Rekruten Heilmann zu einem Törn auf seiner Segeljacht eingeladen, um ihm ungestört auf den Zahn fühlen zu können. Als sie auf dem Wannsee weit genug vom Ufer weg waren, erklärte er Heilmann, daß er geheimdienstliche Arbeit für die Sowjets verrichte, und fragte ihn, ob er ihm dabei helfen wolle. Die beiden hatten 1940 miteinander Bekanntschaft geschlossen, als Schulze-Boysen an der Berliner Universität, an der Heilmann damals studierte, Seminare in Politikwissenschaft abhielt. Unter Schulze-Boysens Einfluß war Heilmann insgeheim zum Kommunisten geworden, bevor er ein Jahr später zur Wehrmacht eingezogen wurde. Auf dem See erklärte sich Heilmann begeistert zur Mitarbeit bereit und informierte dann Schulze-Boysen darüber, daß er aufgrund seiner Beziehungen zur Chiffrierabteilung des Oberkommandos des Heeres (OKH) erfahren hatte, daß die Gestapo den Funkverkehr der sowjetischen Agenten entschlüsselt habe. Während Schulze-Boysen sein Boot ans Ufer steuerte, bat er Heilmann dringend, diese Information zu überprüfen und ihm anschließend mitzuteilen, ob er aufgrund der abgefangenen Funksprüche unter Verdacht stand.[94]

Heilmann brauchte nur 48 Stunden, um seinen ersten und gleichzeitig letzten Auftrag für Moskau auszuführen. Als er die Akten der Chiffrierabteilung des OKH eingehend überprüfte, stieß er auch auf den Funkspruch, den der sowjetische militärische Geheimdienst elf Monate zuvor an seinen Agenten KENT in Brüssel übermittelt hatte. Der als streng geheim eingestufte entschlüsselte Text war das Ergebnis vielmonatiger Arbeit des Sonderkommandos Rote Kapelle. Schockiert las Heilmann das Telegramm, das Namen und Adresse seines Freundes und Mentors Harro Schulze-Boysen, dessen Frau Libertas sowie anderer Mitglieder ihrer Gruppe enthielt.[95]

Da er Harro, der damals in Potsdam arbeitete, nicht erreichen konnte, traf Heilmann sich noch am selben Abend heimlich mit Libertas Schulze-Boysen, um sie zu warnen. Am Tag darauf warnte er auch Johann Graudenz, ein weiteres Mitglied der Gruppe SENIOR, und half ihm bei der Beseitigung kompromittierender Dokumente. Es war jedoch längst zu spät. Schulze-Boysen, Harnack und Kuckhoff waren bereits von der Gestapo festgenommen worden, und bald sollten auch die anderen Mitglieder ihrer Organisation, Heilmann eingeschlossen, verhaftet werden.

Paradoxerweise erhielt die Moskauer Zentrale, wie die NKWD-Akten belegen, den ersten Hinweis auf die Enttarnung ihrer Berliner Spionagenetze von der Gestapo selbst. Am 8. Oktober 1942 erreichte Moskau eine unerwartete Botschaft von Hößlers Funkstation D6. Hößler berichtet auf der vereinbarten Frequenz, er habe »Kontakt zur Gruppe aufgenommen«, doch seien »unsere Leute in Gefahr«, da »Verhaftungen vorgenommen« würden und er deshalb »häufig die Wohnung wechseln« müsse.[96] Erst später kam der sowjetische Geheimdienst dahinter, daß die Gestapo diese Botschaft als Teil ihrer Desinformationskampagne selbst abgeschickt hatte. Um zu verhindern, daß Moskau zu früh von der Enttarnung seiner Spionagenetze erfuhr, hatte Panzinger, der Leiter des Sonderkommandos, die Initiative ergriffen in der Hoffnung, daß die Übermittlung dieser Warnung die Glaubwürdigkeit der künftig in den Äther gesendeten Falschinformationen erhöhen würde.

Erst im Februar 1944 erfuhr der NKWD durch Harnacks Neffen Wolfgang Havemann von dem Täuschungsmanöver der Deutschen. Havemanns Verwicklung in das KORSE-Netzwerk wurde zwar von der Gestapo nie aufgedeckt, doch war die Schuld seines Onkels Grund genug, ihn von der Marine zu einer Infanteriedivision an die Ostfront strafzuversetzen. Als seine Einheit im November 1943 von der Roten Armee überrannt wurde, kam Havemann in russische Kriegsgefangenschaft. Dadurch konnte er dem NKWD detailliert schildern, wie SENIORS Organisation ausgehoben worden war. Er berichtete auch, wie ihm die Gestapo bei seinem eigenen Verhör am 5. oder 6. Oktober das Bild eines sowjetischen Agenten gezeigt hatte, bei dem es sich um Hößler handelte. Da die Funksprüche von D6 auch danach noch von Moskau empfangen wurden, war klar, daß Bart von den Deutschen umgedreht worden sein mußte und bei ihrem Täuschungsmanöver mitgespielt hatte. Dies bestätigte sich 1945, als Bart von den Amerikanern gefangengenommen wurde. Den NKWD-Akten zufolge war dies ein weiteres Beispiel der Zusammenarbeit des NKWD mit dem britischen Geheimdienst, dessen Angaben zufolge Bart in besetzten Gebieten Europas für die Deutschen gearbeitet hatte; er wurde später von den Amerikanern an die Sowjets ausgeliefert. Die Gestapo-Akte über Barts Verhör bestätigt, daß er nach seiner Verhaftung Hößler und BREITENBACH verraten hat. Hößler lehnte jede Zusammenarbeit mit den Nazis ab und wurde deshalb hingerichtet, ein Schicksal, das im übrigen auch Bart ereilte, der später von den Sowjets wegen Verrats erschossen wurde.[97]

Wie umfangreich die sowjetischen Spionagenetze in Berlin gewesen waren, läßt sich schon daran ablesen, daß die Gestapo 1942 130 Mitglieder der Roten Kapelle verhaftete. Sechs von ihnen wurden zu Tode gefoltert, während es drei anderen gelang, im Gefängnis Selbstmord zu begehen. Nach einem Schnellgerichtsverfahren wurden 71 Angeklagte zu Haftstrafen verurteilt und 49 hingerichtet, darunter Harnack, Schulze-Boysen und ihre Ehefrauen. Libertas Schulze-Boysen sah dem Tod mutig entgegen; noch aus ihrem letzten Brief aus der Haftanstalt Plötzensee, in dem sie erklärte, sie wolle wie Christus »für die Menschen sterben«,[98] sprach ihr unbeugsamer Widerstand gegen den Nationalsozialismus.

Die sowjetischen Akten belegen jedoch, daß von den Massenverhaftungen der Gestapo nur weniger als die Hälfte der Mitglieder der Gruppen KORSE, SENIOR und ALTER MANN betroffen waren. Den NKWD-Akten zufolge belief sich die Gesamtzahl der in der deutschen Sektion der Roten Kapelle organisierten Widerstandskämpfer auf beinahe vierhundert. In dieser Zahl ist auch eine Hamburger Gruppe von 19 Personen enthalten, die von den Deutschen Robert Abshagen, Franz Jacob und Bernhard Bästlein geleitet wurde.[99]

Zusammen mit anderen sowjetischen Agenten war es diesen Gruppen gelungen, über einen Zeitraum von sechs Jahren äußerst wertvolle Geheiminformationen nach Moskau zu leiten. Obwohl die NKWD-Akten von Harnack, Schulze-Boysen, Kuckhoff und anderen Berliner Agenten belegen, daß manche der eindringlichsten und warnendsten Akkorde dieser Sektion der Roten Kapelle in Stalins Ohren ungehört verklangen, gelang es diesen »Musikern« doch, der Roten Armee wichtige Hinweise zu geben, die entscheidend zu Hitlers Niederlage beitrugen.

Anmerkungen

1. Als Leiter der Sektion VII (Wirtschaftsspionage) der INO muß Orlow über den Arplan-Besuch informiert gewesen sein. Auch wenn der Besuch von deutschen Schreibtischen aus dirigiert wurde, war es üblich, andere interessierte Einheiten des Geheimdienstes über die wichtigsten Angelegenheiten kurz zu informieren.

2. *The Rote Kapelle: The CIA's History of Soviet Intelligence Networks in Western Europe, 1936–1945.* Herausgegeben von University Publications of America, Maryland 1979, S. 288–290 (im folgenden CIA, *The Rote Kapelle*). Die CIA-Dokumentation ist die vollständigste Nachrichtenquelle über die Rote Kapelle, die im Westen existiert, da sie sowohl auf den Gestapo-Unterlagen als auch auf den Nachkriegsuntersuchungen des US-Militärgeheimdienstes und der CIA basiert. Ergänzt wurde sie durch Luise Kraushaar und Karl Heinz Biernat, *Die Schulze-Boysen/Harnack-Organisation im antifaschistischen Kampf*, hrg. v. Institut für Marxismus – Lewinismus beim ZK der SED, Dietz Verlag, Berlin-Ost 1975. Auch wenn dieses Buch vom Staat beeinflußt wurde, so basiert es doch auf den sowjetischen Unterlagen, die den Ostdeutschen zugänglich gemacht wurden.

3. Ebd. Mildred Fish war keine Jüdin, wie Walter Schellenberg später in seinen Memoiren behauptete. Ihre Abstammung wurde bis 1776 zurückverfolgt. Die Autoren bedanken sich bei Shareen Brysac für diese und andere Informationen, die sie aus ihrer in Kürze erscheinenden Biographie über Mildred Harnack-Fish beigesteuert hat.

4. Komintern-Bericht an die OGPU, 18. Dezember 1940, in HARNACK-[KORSE-]Akte Nr. 34118. Band 1, S. 238, ARG. Nachdem Hitler an die Macht gekommen war, reiste Professor Friedrich Lenz erst nach Großbritannien und dann in die Vereinigten Staaten, wo er an der American University in Washington D.C. forschte, bevor er 1940 nach Berlin zurückkehrte. Dort wurde er Verbindungsagent der Roten Kapelle. Er tarnte seine wahren politischen Ansichten dadurch, daß er nationalsozialistische Broschüren herausgab. Er überlebte den Krieg und wurde ein bekannter Akademiker. Die Ermittlungen der CIA über die Mitglieder der Roten Kapelle legen den Verdacht nahe, daß Lenz einst unter direkter Kontrolle der Sowjets stand. CIA, *The Rote Kapelle*, S. 309.

5. Protokoll der Fünften Abteilung der GUGB der NKWD-Abteilungskonferenz, 15. Juli 1935, KORSE-Akte Nr. 34118, Band 1, S. 12, ARG.

6. Harnacks erster Deckname war BALTE, weil er aus einer Familie baltisch-deutschen Ursprungs kam. Der Codename wurde 1940 in KORSE geändert, der auch auf seiner NKWD-Akte steht. Hirschfelder Bericht an die Zentrale, 9. September, 1935, KORSE-Akte Nr. 34118, Band 1, S. 9–10, ARG.

7. Nachdem der Kontakt zu Arvid Harnack (KORSE) durch die Unruhen, die die Säuberungsaktionen Stalins in der INO verursachten, abgebrochen war, entschied sich die Zentrale im März 1938, die Verbindung mit ihrem deutschen Agenten wiederaufzunehmen. Zu diesem Zweck stellten sie eine telegraphische Anfrage an Alexander Bjelkin (KADI) von der spanischen Residentur, der Orlows Vertreter und von 1935–1936 Harnacks Führungsoffizier in Berlin gewesen war. Sie wollten wissen, wie man mit Harnack Kontakt aufnehmen konnte. Bjelkin antwortete am 10. April 1938 und schickte einen Brief in deutscher Sprache, in dem er Harnack den neuen NKWD-Offizieren empfahl. Er riet auch, den verlorenen Kontakt zu Strahlmann (Karl Behrens) wieder aufzunehmen, der für AEG arbeitete. Als Leiter der spanischen Residentur las Orlow, nach den strikten Regeln des NKWD, alle eingehenden und ausgehen-

den Telegramme und Briefe. Er hätte daher den Fall Harnack mit Bjelkin sicherlich diskutiert. KORSE-Akte Nr. 34118, Band 1, S. 37, ARG.
8. Laut amerikanischen Geheimdienstquellen wurde Mildred Harnacks Freundin, Martha Dodd, kurze Zeit später ebenfalls durch einen sowjetischen Geheimdienstoffizier angeworben. Sie erscheint später in der Soble/Soblen-Gruppe, die in den Vereinigten Staaten operierte. KORSE-Akte Nr. 34118, Band 1, S. 37, ARG.
9. Bericht vom 9. Dezember 1940, KORSE-Akte Nr. 34118, Band 2, S. 77, ARG.
10. Die Gestapo-Berichte zeigen, daß die Gestapo der Überzeugung war, das Netzwerk Rote Kapelle habe ungefähr drei Jahre später zu »spielen« begonnen, also am Vorabend des Ausbruchs des europäischen Krieges. Dies spiegelt der CIA-Bericht *The Rote Kapelle* wider, obwohl es auch möglich ist (S. 289), »daß Harnack und sein Kreis von Kommunisten und Sympathisanten des linken Flügels durch Erdberg einige Jahre vor dem Ausbruch des russisch-deutschen Krieges für die GRU benutzt wurden«. Erdberg (er war, dies enthüllen seine sowjetischen Akten, Orlows früherer Assistent Korotkow und NKWD-Offizier) übernahm erst im Herbst 1940 als Führungsoffizier das Berliner Netz. Es wird mittlerweile aus den NKWD-Berichten deutlich, daß die Rote Kapelle damals schon seit vier Jahren für Moskau operierte, das sind zwei Jahre mehr als bisher angenommen. Die Tatsache, daß Erdberg (Korotkow) kein GRU-Offizier war, bestätigt, daß die Rote Kapelle, von der man bisher angenommen hatte, daß sie vom militärischen Geheimdienst der Sowjetunion geleitet worden sei, in Berlin vom NKWD geführt wurde.
11. KORSE-Akte Nr. 34118, Band 2, S. 77, ARG.
12. KORSE-Akte Nr. 34118, Band 1, S. 37, ARG.
13. Ebd.
14. BREITENBACH-Akte Nr. 2802, ARG.
15. KORSE-Akte Nr. 34118, Band 1, S. 37, ARG.
16. CIA, *The Rote Kapelle*, S. 275.
17. Gerson war früher Dserschinskis Sekretär. Er war verantwortlich für die Einsatzaufträge und einer der Organisatoren des Sportklubs der OGPU. Korotkow-Akte Nr. 32209, Band 1, S. 192, ARG.
18. Ebd.
19. In spannungsgeladenen Zeiten war es üblich, einen Agenten mit dem Auto abzuholen und mit ihm für ein Gespräch an einen ruhigen Platz zu fahren. Damit KORSE Korotkows Annäherung nicht als Provokation der Gestapo deuten konnte, sagte man ihm vorher nicht, daß er zur sowjetischen Botschaft gefahren würde. KORSE-Akte Nr. 34118, Band 1, S. 108, ARG.
20. KORSE-Akte Nr. 34118, Band 1. S. 57–61, ARG.
21. Ebd., S. 108.
22. Zentrale an Korotkow, 26. Oktober, KORSE-Akte Nr. 34118, Band 1, S. 63, ARG.
23. Zu Ausmaß und Ernsthaftigkeit der heimlichen Friedensbemühungen Hitler und des deutschen Außenministeriums vor Heß' gescheiterter Mission von 1941 vgl. John Costello, *Ten Days To Destiny*, Morrow, New York 1991.
24. Kryptogramm von Korotkow an die Zentrale, 26, September 1940, KORSE-Akte Nr. 34118, Band 1, S. 62, ARG.
25. CIA, *The Rote Kapelle*, S. 353–354.
26. SENIOR-[Schulze-Boysen-]Akte Nr. 34122, Band 1, S. 132, ARG.
27. Korotkows Bericht an die Zentrale, 31. März 1941, KORSE-Akte Nr. 34118, Band 1, S. 217, ARG.
28. Ebd.
29. KORSE, SENIOR und ALTER MANN kannten sich untereinander und es wäre

unmöglich gewesen, sie wirksam voneinander zu trennen. Die einzige andere Person, die über die Existenz dieses Netzes informiert war und als zweiter Kontaktmann konsultiert wurde, war der Berliner NKWD-Chef Amajak Kobulow. Aber laut seinem Gestapoinformanten Breitenbach war Kobulow unter intensiver Observation. Daher hatte ihm die Zentrale verboten, mit einem der Führer der drei Netze in Kontakt zu treten. KORSE-Akte Nr. 34118, Band 1, S. 347, ARG. Aufgrund seiner guten Kontakte zur NKWD-Führung wurde Kobulow Resident in Berlin. Er verdiente sich jedoch keine Anerkennung damit, da für die Profis klar war, daß er nur dürftige Geheimdiensterfahrungen hatte und folglich keine professionelle Urteilskraft besaß. Eine Notiz in seiner Personalakte macht dies deutlich: »Sollte SACHAR (Kobulows Codename) jemals Sudoplatow (Vizechef des Geheimdienstes) und Schurawljow (Leiter der deutschen Abteilung) erwähnen, einfach abwinken.« KOBULOW-Akte Nr. 15852, Band 1, S. 41.

30. KORSE-Akte Nr. 34118, Band 1, S. 183, ARG.
31. Ebd. S.120, 183–184A, ARG.
32. Ebd., Band 2, S. 23–30, ARG.
33. KORSE-Akte Nr. 34118, Band 2, S. 23, ARG.
34. Ebd.
35. Ebd.
36. Ebd.
37. Ebd.
38. Ebd.
39. Ebd., S. 24.
40. Ebd.
41. Ebd.
42. Ebd.
43. Ebd., S. 25.
44. Ebd.
45. Ebd.
46. Ebd.
47. Ebd.
48. Ebd., S. 26.
49. Ebd., S. 27–18.
50. Ebd., S. 30.
51. Ebd., S. 31–32.
52. Ebd.
53. Ebd.
54. Ebd.
55. Ebd., S. 33.
56. Korotkow an die Moskauer Zentrale, 16. Juni 1942, KORSE-Akte Nr. 34118, Band 1, S. 223, ARG.
57. Vollständig mit Stalins Notiz veröffentlicht in der Aprilausgabe 1990 der monatlich erscheinenden Zeitschrift *Iswestija Zentralnowo Komiteta KPSS*.
58. Zentrale an Korotkow, 5. April 1941, KORSE-Akte Nr. 34118, Band 1, S. 223, ARG.
59. Ebd.
60. Verhör von Müller, in SACHAR-[Kobulow-]Akte Nr. 15852, Band 1, S. 65–82, ARG.
61. KORSE-Akte Nr. 34118, Band 1, S. 247 ARG.
62. Korotkow an die Zentrale, April 1941, KORSE-Akte Nr. 34118, Band 2, S. 29, ARG.
63. Korotkow an die Zentrale, Mai 1941, ebd.

64. Ebd., S. 31.
65. Korotkow an die Zentrale, 14. Mai 1941, SENIOR-Akte Nr. 34122, Band 1, S. 145, ARG.
66. Korotkow an die Zentrale, 14. Mai 1941, SENIOR-Akte Nr. 34122, Band 1, S. 351, ARG.
67. Orlov, *Handbook*, S. 10.
68. Auskunft der Zentrale in Moskau an Berlin, 12. April 1941, KORSE-Akte Nr. 34118, Band 1, S. 249, ARG.
69. Kryptogramm von Korotkow an die Zentrale in Moskau, 12. April 1941, KORSE-Akte Nr. 34118, Band 1, S. 346, ARG.
70. KORSE-Akte Nr. 34118, Band 1, S. 22. Die Führer und Mitglieder des Berliner Netzes sahen sich selbst in erster Linie als Antifaschisten, für die der Kommunismus und die Zusammenarbeit mit der UdSSR, dem einzigen kommunistischen Staat, der alleinige Weg war, Deutschland von Hitler zu befreien. Ihre daher engen Bindungen zum kommunistischen Untergrund erhöhten die Gefahren bei der Spionagearbeit.
71. Kryptogramm von Korotkow an die Zentrale in Moskau, 8. April 1941, KORSE-Akte Nr. 34118, Band 1, S. 262, ARG.
72. Kryptogramm der Zentrale in Moskau an Korotkow, 25. April 1941, KORSE-Akte Nr. 34118, Band 1, S. 270, ARG.
73. Mitteilung von Schulze-Boysen, 25. April 1941, KORSE-Akte Nr. 34118, Band 1, S. 233, ARG.
74. Zwei Bücher sollten gekauft und eines nach Moskau geschickt werden. Es muß ein einfaches Chiffriersystem mit nur einem Schlagwort als Schlüssel gewesen sein, da der Sender von SENIOR das Codewort »Schraube« und die Zahl 28 745 zugewiesen bekam. Diese wurden dazu verwendet, um Briefe in Ziffern und umgekehrt zu übertragen und dann zu senden.
75. KORSE-Akte Nr. 34118, Band 2, S. 20, ARG.
76. Ebd.
77. Mitteilung von Korotkow, April 1946, KORSE-Akte Nr. 34118, Band 2, S. 120, ARG.
78. »Rote Kapelle«, Akte Nr. 593621, Band 1, S. 20–23, ARG.
79. Trepper, ein Pole, der sich in Palästina der zionistischen Bewegung angeschlossen hatte, ging 1928 nach Frankreich, wo er Mitglied des kommunistischen Untergrundes wurde. Er entkam dem Polizeieinsatz, der das sogenannte Fantômas-Netz aufdeckte, und wurde in Moskau von der GRU umgeschult, um dann nach Belgien zu gehen. Dort übernahm er das Untergrundnetz, das von der Tarnfirma Foreign and Excellent Trenchcoat Company gegründet worden war. Nachdem die Deutschen Paris besetzt hatten, verlegte Trepper, der es immer wieder schaffte, der Gestapo einen Schritt voraus zu sein, sein Hauptquartier nach Paris. Von 1940–1942 war er der *Grand Chef* von sieben sowjetischen Spionageringen, die, so glaubten die Deutschen, den Hauptteil der Roten Kapelle ausmachten. Nachdem im Herbst 1941 eine Nachricht von Moskau an KENT abgefangen wurde, begann die Gestapo eine lange Jagd auf Trepper und nahm ihn schließlich 1942 fest. Er verriet einige seiner Kollaborateure und agierte für die Nazis während der Operation *Funkspiel* als Doppelagent, bei der ein großer Teil der Roten Kapelle ausgehoben wurde. Trepper behauptete, daß er dies auf Befehl von Moskau hin getan und dadurch den wichtigsten Teil der von ihm geleiteten Spionagenetze gerettet habe. 1943 entkam er der Gestapo und 1944 gelang es ihm, sich unbemerkt nach Polen zu schmuggeln. 1945 wurde er zusammen mit seinem Hauptwidersacher von der Gestapo, Heinz Pannwitz, zur Befragung nach Berlin gebracht. Nach elf Jahren Haft in der Lubjanka wurde er schließlich entlassen und kehrte, als immer noch überzeug-

ter Kommunist nach Polen zurück. Seine selbstgefällige Darstellung der Spionageoperationen während des Krieges, die bis jetzt als maßgebliche Geschichte der Roten Kapelle betrachtet wurde, ist in Frankreich unter dem Titel *Le Grand Jeu* erschienen, Albin Michel, Paris 1975. Deutsche Ausgabe: Trepper, Leopold: Die Wahrheit, München 1975.

80. Kryptogramm der GRU an KENT, 26. September 1941, Akte Nr. 93621, Band 1, S. 26, ARG.

81. »Rote Kapelle«, Akte Nr. 593621, Band 1, S. 20–23, ARG.

82. Als Korotkow 1940 seinen Kontakt zu Harnack wieder aufnahm, hatte seine Organisation an die sechzig Mitglieder, wobei der harte Kern aus fünfzehn absolut zuverlässigen Leuten bestand. Im Herbst 1942 nahm die Gestapo Hunderte von Menschen fest, von denen 129 vor Gericht kamen. Dies weist auf eine neunfache Vergrößerung der Berliner Sektion der Roten Kapelle in den dazwischenliegenden Jahren hin. KORSE-Akte Nr. 34118, Band 1, S. 108 und »Rote Kapelle«, Akte Nr. 93621, Band 1, S. 9–10, ARG.

83. Kryptogramm von KENT an die GRU, November 1941, KORSE-Akte Nr. 34118, Band 2, S. 64–66, ARG.

84. Ebd., S. 54, 65–66.

85. Aktennotiz, 25. November 1941, KORSE-Akte Nr. 34118, Band 2, S. 53, ARG.

86. Diese sowjetische Version, zusammengestellt anhand von Berichten in den NKWD-Akten und den sowjetischen Nachkriegsbefragungen, vermittelt eine andere Betrachtungsweise der Roten Kapelle als Treppers Version oder die von Gilles Perrault, *L'Orchestre Rouge*. [Es ist klar ersichtlich, daß sie geschrieben wurde, um den Namen seiner Mitarbeiter zu verbergen.] Die NKWD-Akten klären viele wichtige Details, die in den Gestapo-Akten gefunden wurden und die die Grundlage für die freigegebene Analyse der CIA darstellten.

87. Trepper, S. 276.

88. Bericht für die GRU Stockholm, datiert vom 24. Juni 1942, KORSE-Akte Nr. 34118, Band 2. S. 106, ARG. Möglicherweise befindet sich die Flasche heute noch dort.

89. Ebd.

90. Stockholmer Kryptogramm, gesendet von der GRU. KORSE-Akte Nr. 34118, Band 2, S. 111, ARG.

91. Rote Kapelle-Akte Nr. 93621, Band 1, S. 202, ARG. Die wenig bekannte Kooperation während des Krieges zwischen der SOE und dem NKWD fand ihren Anfang, nachdem der britische Repräsentant Sir Charles Hambro im Herbst 1941 eine Mission nach Moskau »vorbereitet« wurde, um dort Sondierungsgespräche zu führen. Ende September war man sich einig. Der Leiter der SOE-Mission in Moskau war George Hill, ein Kollege von Sydney Reilly während des 1. Weltkrieges (und der Ehemann von Elizabeth, die Burgess unter Orlows Leitung 1935 rekrutieren wollte. – Vgl. Kapitel 7). Hugh Dalton, der Minister der Labour-Partei, der gegenüber dem Kriegskabinett für die SOE verantwortlich war, informierte Churchill Ende September 1941, daß, obwohl die Russen »sehr große Bereitschaft zu einer Kooperation betreffend einer subversiven Angelegenheit« bekundet hatten, es nötig sei, daß die SOE-NKWD-Verbindung strengster Geheimhaltung unterliege. Die Geheimhaltung funktionierte so gut, daß in den britischen Berichten bisher nur wenige Einzelheiten über die zwanzig sowjetischen Agenten aufgetaucht sind, die mit Hilfe der Royal Air Force zwischen 1941–1942 über Europa absprangen. Es scheint, daß die Mission einer der ersten Versuche einer gemeinsamen Operation war. Vgl. auch den Hinweis bei David Stafford, *Britain and European Resistance, 1940–45: A Survey of the Special Operations Executive with Documents*, University of Toronto Press, Toronto 1980, S 69–70

92. »Rote Kapelle«, Akte Nr. 93621, Band 1. S. 202, ARG.
93. Ebd.
94. »Rote Kapelle«, Akte Nr. 80677, Band 6, S. 60–61, ARG.
95. Ebd.
96. D6-Übertragung an die Zentrale in Moskau, 8. Oktober 1942, KORSE-Akte Nr. 34118, Band 2, S. 124, ARG.
97. Bart kooperierte mit der Gestapo und arbeitete für sie an der Westfront. Dies wurde später von den Briten bestätigt. Nachdem die Amerikaner ihn 1945 gefaßt hatten, lieferten sie ihn an den NKWD aus. Nach den Verhören wurde er verurteilt und wegen Verrats erschossen. »Rote Kapelle«, Akte Nr. 93621, Band 1, S. 202–203, ARG.
98. »Rote Kapelle«, Akte Nr. 80607, Band 6, S. 17, ARG.
99. Ebd.

KAPITEL 5

Metamorphosen

»Jede Art von Spionage«, bemerkte Alexander Orlow im *Handbook*, »ist im Hinblick auf die Gesetze der davon betroffenen Länder gleichermaßen illegal.«[1] Als er selbst jedoch im Frühjahr 1933 seine Karriere als Illegaler des NKWD begann, war ihm klar, daß er in einen neuen, weit gefährlicheren Wirkungsbereich eintrat. Auf seinem vorherigen Posten als sowjetischer Geheimdienstoffizier hatte Orlow legal im Gastland gelebt und als offizielles Mitglied des Botschaftspersonals oder der sowjetischen Handelsdelegation die dortige Residentur geleitet. Jetzt aber sollte er die Arbeit einer Residentur im Untergrund koordinieren und unter Geheimhaltung seiner sowjetischen Staatsbürgerschaft im Ausland mit gefälschten Papieren als Illegaler leben.

»Die sowjetischen Offiziere gingen als Geschäftsleute oder Angehörige anderer Berufssparten in den Untergrund und verbargen dabei ihre wahre Identität hinter falschen ausländischen Pässen und anderen betrügerischen Tricks.«[2] Mit diesen Worten beschrieb Orlow seine neue Aufgabe als Illegaler mit Sonderauftrag in Frankreich. Sie spiegeln darüber hinaus eine grundlegende Änderung in der geheimdienstlichen Aktivität der Sowjets im Ausland wider. Aus den NKWD-Archiven geht hervor, daß bis in die späten zwanziger Jahre buchstäblich alle geheimdienstlichen Operationen der Sowjets von ihren Botschaften und Handelsmissionen aus geleitet wurden. Dann jedoch führte eine Reihe von Rückschlägen nach der Razzia der britischen Polizei im Londoner ARCOS-Hauptquartier im Jahre 1927 dazu, daß die gesamte sowjetische Gesandtschaft in Großbritannien des Landes verwiesen wurde. Ganze Lastwagenladungen von Dokumenten wurden von den ARCOS-Offizieren weggeschafft, ebenso wie von den Briten abgefangene und dechiffrierte Telegramme an die Botschaft, denn sie lieferten unwiderlegbare Beweise dafür, daß die offiziellen sowjetischen Botschaften und Handelsmissionen als Koordinationszentren von Spionageoperationen dienten.[3] Im Gefolge einer der ARCOS-Affäre, vorausgegangenen Razzia im sowjetischen Konsulat von Peking sowie der Enttarnung eines kommunistischen Spionagerings in Frankreich sah sich der Kreml gezwungen, sowohl seine Geheimdiensttätigkeit im Ausland als auch sein Chiffriersystem grundlegend zu reformieren. Um sich bei der Übermittlung diplomatischer Botschaften vor Dechiffrierern zu schützen, übernahmen die Sowjets ein neues Codierungssystem und leiteten eine Abkopplung ihrer Spionagetätigkeit vom diplomatischen Dienst in die Wege. »Die sowjetische Regierung wollte ihre geheimdienstlichen Operationen auf fremdem Boden dergestalt umorganisieren, daß im Fall der Gefangennahme einzelner Agenten die Spur nicht mehr in die sowjetische Botschaft verfolgt werden und die Sowjetunion somit leichter abstreiten konnte, mit dem aufgeflogenen Spionagering etwas zu tun zu haben.«[4]

In den frühen dreißiger Jahren entschieden sich die sowjetischen Geheimdienste daher für eine neue Vorgehensweise. Sie beruhte auf einem Apparat illegaler Residenturen, die völlig unabhängig von den sowjetischen Botschaften und Handelsvertretungen arbeiteten. Der verdeckt im Untergrund operierende illegale Apparat baute seinen eigenen geheimen Kommunikationsweg zur Zentrale in Moskau auf. Dieses Vorgehen erwies sich als derart erfolgreich, daß es laut Orlow auch vom sowjetischen Militärgeheimdienst übernommen wurde.

»Die Untergrundresidenturen übernahmen nach und nach den Löwenanteil der geheimdienstlichen Tätigkeit im Ausland«, erklärte Orlow. Seiner Überzeugung nach kam es jedoch deshalb nicht zur Abschaffung der legalen Residenturen, weil die obersten Chefs der Spionage »ihre Meinung geändert hatten und zu dem Schluß gekommen waren, daß es für die sowjetische Geheimdienstarbeit von Vorteil sein könnte, die internationale Szene durch zwei unabhängig voneinander operierende Gruppen von Agenten zu beobachten, um die von der einen beschafften Informationen mit den von der anderen gelieferten Daten abzugleichen«.[5] Nachdem aber an die legalen Residenturen der Befehl ergangen war, von riskanten Operationen, die das Ansehen der Sowjetunion schädigen könnten, Abstand zu nehmen, wurden die dreißiger Jahre dank der Pionierarbeit Orlows und seiner Zeitgenossen, die in ganz Europa Untergrundnetze aufbauten, zum goldenen Zeitalter der Illegalen.

»Die Untergrundresidenturen wurden mit weitgehenden Vollmachten auf den verschiedensten Gebieten ausgestattet«, berichtete Orlow. Der Nachteil illegaler Operationen bestand allerdings darin, daß »die für das im Untergrund arbeitende Agentennetz verantwortlichen Offiziere nicht mehr die Immunität der sowjetischen Botschaft und die Privilegien ihres Diplomatenstatus genossen und somit auch nicht mehr gestohlene Geheimnisse über die Diplomatenpost nach Moskau senden konnten«.[6]

»Der sowjetische Geheimdienst tat sich beim Übergang zur Tätigkeit im Untergrund nicht leicht«, erinnert sich Orlow. Zum einen verlor er den diplomatischen Schutz und die damit verbundene Gewißheit, daß im Falle einer Gefangennahme von Agenten die sowjetische Regierung mit lautstarken Protesten ihre Freilassung erwirken würde. Zum anderen mangelte es an Geheimdienstoffizieren, die über ausreichende Fremdsprachenkenntnisse verfügten, um sich in den Ländern ihres Wirkungsbereichs glaubwürdig als Einheimische ausgeben zu können. Der NKWD führte deshalb ein rigoroses Ausbildungsprogramm ein, in dessen Verlauf Offiziere auch mit bürgerlichen Berufen vertraut gemacht wurden, damit sie – beispielsweise als Geschäftsleute – möglichst lange in dem Land leben konnten, in dem sie operieren sollten.

Dazu benötigten sie allerdings eine neue Identität, für die die Paßstelle in der Auslandsabteilung des NKWD verantwortlich war. Die dortigen Mitarbeiter beschafften sich echte Pässe von Ausländern, die in die Sowjetunion emigriert waren, und frisierten diese oder druckten ausländische Pässe gleich selbst. Um Fälschungen zu produzieren, die selbst einer gründlichen Untersuchung durch Einwanderungsbehörden standhielten, wurden unter der Anleitung von Experten aus der Gravieranstalt der sowjetischen Regierung Stempel, Umschläge und Papier hergestellt. Doch so perfekt ein gefälschter Paß auch sein mochte, anhand seiner Seriennummer konnte er letztlich doch jederzeit als Fälschung identifiziert werden. Deshalb waren alle sowjetischen Residenturen angewiesen, durch Unterschlagung oder Bestechung an echte Dokumente zu gelangen. Vor allem amerikanische Pässe waren für den sowjetischen Geheimdienst von großem Wert. Zum einen verfügten die Vereinigten Staaten über ein gewisses Prestige, das dem Paßinhaber den Respekt europäischer Polizeibehörden garantierte, und zum anderen erregte das mangelhafte Englisch des Besitzers keinen Verdacht, weil bekanntermaßen unzählige Russen und andere Europäer nach Amerika ausgewandert waren.[7]

Wie viele illegale sowjetische Agenten kam auch Orlow durch Betrug zu einem amerikanischen Paß. Gerne, so erklärte er, griff man dabei beispielsweise auf die Meldedaten einer Person zurück, die schon in jungen Jahren verstorben war, deren Alter aber in etwa dem des Agenten entsprochen hätte. Neben der Fotokopie der Geburtsurkunde waren nur zwei Zeugen erforderlich, um bei den Paßbehörden die Identität eines Antragstellers zu beglaubigen; sie mußten lediglich einen notariell beurkundeten Eid schwören, die betreffende Person seit mindestens fünf Jahren zu kennen. Es war auch kein Problem, für eine gewisse Summe die Einbürgerungspapiere einer erst kurz davor in die USA emigrierten Person mit etwa dem gleichen Alter und derselben ethnischen Herkunft zu »leihen« und bei der Beantragung eines Passes als die eigenen auszugeben. Auf diese Weise war auch Orlow zu seinem amerikanischen Paß gekommen; er hatte eigens zu diesem Zweck im

November 1932 eine legale Reise in die Vereinigten Staaten unternommen, die er als offiziellen, von General Motors gesponserten Besuch getarnt hatte.[8]

Erhalten hatte Orlow seinen auf den Namen William Goldin ausgestellten Paß mit Hilfe eines getürkten Antrags, bei dem ihm ein im Untergrund lebender sowjetischer Agent in New York mit dem Decknamen SOUND behilflich gewesen war. Ausgestattet mit dem frisch aus der Presse kommenden Beweis dafür, daß er ein amerikanischer Geschäftsmann war, dessen schwerfälliger slawischer Akzent sich aus seinem Status als Einwanderer erklärte, könnte Orlow selbst derjenige sowjetische Geheimdienstoffizier gewesen sein, den er in seinem *Handbook* beschrieb. Der Offizier wollte offenbar seine neue Identität so schnell wie möglich auf die Probe stellen, als er Ende 1932 mit dem Schiff von New York nach Frankreich zurückfuhr.[9] Orlow berichtet von zwei Vorfällen, bei denen »ebendieser Offizier des NKWD« lernte, daß er seine Hausaufgaben nicht gründlich genug gemacht hatte, um glaubwürdig seine neue Rolle als amerikanischer Staatsbürger zu spielen.

»Pelzhändler«, schrieb Orlow, schien die passende Antwort zu sein, als bei einem Kartenspiel auf dem Ozeandampfer die Mitspieler den sowjetischen Undercoveragenten nach seinem Beruf fragten. Was die Damen am Tisch betraf, erwies sich dies als schwerer Fehler. Als er auf Fragen über die »Preise verschiedener Qualitäten von Nerzen« auf gut Glück irgendwelche Zahlen nannte, »fielen den Damen fast die Augen aus dem Kopf«; anschließend mieden sie ihn, weil sie ihn, so Orlow, vermutlich »für einen Dieb oder einen Verrückten« hielten.[10] Der zweite Vorfall dieser Art ereignete sich, als das Schiff in Cherbourg eingelaufen war und der Agent nach Paris weiterreiste, wo er schließlich im Grand Hotel seinen amerikanischen Paß vorlegte. Er sprach dabei Französisch, das er fließend beherrschte. Dummerweise war der Zimmerkellner zufällig ein Amerikaner aus Brooklyn; hocherfreut, einen Landsmann zu treffen, stellte er ein oder zwei Fragen bezüglich der Überfahrt. Der NKWD-Mann – wohl Orlow selbst – wurde davon so überrascht, daß er total verwirrt auf englisch mit einem für den Kellner völlig unverständlichen Satz antwortete. Als er versuchte, seinen Fehler wiedergutzumachen, kam der sowjetische Agent derart ins Stottern, daß er am nächsten Morgen sofort wieder aus dem Hotel auszog, seinen amerikanischen Paß der sowjetischen Botschaft zur Aufbewahrung übergab und bei der Moskauer Zentrale den Antrag stellte, erst noch einmal einen dreimonatigen Englischkurs besuchen zu dürfen.

Mit dieser Geschichte wollte Orlow herausstellen, wie wichtig es für einen Illegalen war, die seiner neuen Identität entsprechende Sprache wenigstens einigermaßen zu beherrschen und darüber hinaus seine »Geburtsstadt« möglichst gut zu kennen. Dennoch mußte er zugeben, daß »bei einer wirklich gründlichen Untersuchung fast in allen Fällen die falsche Identität eines Agenten aufflog, wie gut auch immer sie fabriziert sein mochte«.[11] Aus diesem Grund waren Undercoveragenten von Moskau angewiesen, sofort »das Feld zu räumen«, sobald sie erfuhren, daß die Behörden sie unter Beobachtung hatten. Orlow war durchaus bewußt, daß alle Illegalen wie er, die zuvor als russische Legale gearbeitet hatten, eine Achillesferse besaßen, die er selbst als »schwerwiegendes Manko des NKWD« bezeichnete. Sie liefen ständig Gefahr, daß ihre neue Identität enttarnt werden konnte, wenn sie auf frühere Bekannte oder aufmerksame Grenzbeamte trafen. Zur Illustration führte er den Fall eines Freundes und Kollegen namens Dimitri Smirnow (richtiger Name: Glinski) an, des ehemaligen legalen NKWD-Residenten in Paris, der sich dort als Sekretär der sowjetischen Botschaft ausgab. Als er eines Tages mit griechischen Papieren durch Polen reisen wollte, erkannte ihn ein aufmerksamer polnischer Grenzbeamter als den Mann wieder, der nur ein Jahr zuvor mit einem sowjetischen Diplomatenpaß nach Frankreich eingereist war.[12] Orlow kam mit seinem amerikanischen Paß durch, obwohl er die englische Sprache nur mangelhaft beherrschte; Smirnows falsche Identität hingegen wurde schnell enttarnt, weil er kein Wort Griechisch sprach. Trotz derartiger Pannen blieb der Moskauer Zentrale nach Orlows Ansicht häufig nichts anderes übrig, als ein solches Risiko einzugehen. Es gab damals einen akuten Mangel an höheren Offizieren »mit der gründlichen Ausbildung, der Erfahrung und dem Durchhaltevermögen, die für eine geheimdienstliche Arbeit im Untergrund Voraussetzung waren«. Hinzu kam ein gewisser Egoismus. Orlows eigenen Worten zufolge war »die gefährliche Arbeit im Untergrund in Moskau mit einer derartigen Aura des Heldenhaften umgeben, daß viele hochrangige Geheimdienstler trotz ihres früheren offiziellen Dienstes im Ausland sich um diese risikoreiche Arbeit rissen, weil sie als höchst ehrenvoll galt und jeder, der sie leistete, stolz darauf sein konnte«.[13]

Orlows hoher Rang und sein guter Ruf dürften dennoch zweifellos den Ausschlag gegeben haben, als die Zentrale im Frühjahr 1933 für die Durchführung ihres neuesten ehrgeizigen Plans – die Einschleusung eines Agenten in den französischen Generalstab – sich zu seinen Gunsten entschied. Der NKWD wandte sich an ihn als einen seiner erfahrensten Agenten, zumal es sich um eine äußerst anspruchsvolle Mission im noch neuen Bereich der Illegalität handelte. Die Operationen des sowjetischen Geheimdienstes in Frankreich mußten wie die in Großbritannien seit 1927 ausschließlich im Untergrund stattfinden. In dieses Jahr fiel nicht nur die katastrophale Enttarnung von ARCOS, sondern auch die eines weitverzweigten sowjetischen Spionagerings, der von dem französischen Kommunisten Jean Cremet geleitet worden war. Nach diesen beiden Rückschlägen hatte die Abteilung für Spionageabwehr der französischen *Sûreté Générale* ihre Aktivitäten gegen Moskauer Agenten in Frankreich erheblich ausgeweitet. Vier Jahre lang fahndete man erfolglos nach dem führenden Mitglied von Cremets Spionagering, einem Russen, der sich hinter einem Dutzend Decknamen versteckte und sich unter anderem sogar als General Muraille ausgab. Cremet war in den Untergrund gegangen, wobei ihm sein Sprachtalent – er sprach französisch wie ein Bauer aus der Auvergne – zugute kam, Paul/Henri/Albert/Boissonas erwies sich als ausgesprochen schwer zu fassender Agent der GRU, der seiner Zentrale Unmengen militärischer Konstruktionszeichnungen und Musterexemplare neuer Waffen zukommen ließ, bevor er schließlich 1931 enttarnt, verhaftet und wegen Spionage verurteilt wurde. Auch wenn die Offiziere der *Sûreté Générale* der umfangreichen sowjetischen Geheimdiensttätigkeit zunächst wenig entgegenzusetzen hatten, waren sie sich ihrer ständigen Zunahme durchaus bewußt, als Moskau sich im Jahr nach Hitlers Machtergreifung und der damit verbundenen Verfolgung der Kommunisten in Deutschland gezwungen sah, Paris zum Zentrum der Spionagearbeit für Westeuropa auszubauen.[14]

Die treibende Kraft hinter der Verlegung der Geheimdienstarbeit in den Untergrund war Artusow, Orlows Freund, der mittlerweile Leiter der Spionageabwehr (KRO) geworden war und 1920 schließlich Trilisser als Chef der Auslandsabteilung ablöste. Er brachte in die schwierige Aufgabe der Neuorganisation der Operation seiner Abteilung im Ausland die ganze Genialität ein, die die erfolgreichen Täuschungsmanöver *trest* und *sindikat* ausgezeichnet hatten, an deren Planung er maßgeblich beteiligt gewesen war. Als es nun darum ging, Orlows erste Untergrundoperation vorzubereiten, kümmerte Artusow selbst sich um die Fertigstellung des Einsatzplans, bevor er im März 1933 Wjatscheslaw Menschinski, dem Chef der sowjetischen Staatssicherheit im NKWD, vorgelegt wurde.

Die Einzelheiten des Plans waren solch strenger Geheimhaltung unterworfen, daß Artusow zu – selbst für den stramm geführten NKWD – recht außergewöhnlichen Maßnahmen griff, um Mitarbeitern, die nicht unmittelbar mit dem Fall befaßt waren, den Zugang zu diesen Fakten weitgehend zu verwehren. Damit Schreibkräfte und Büroangestellte zum Beispiel nicht damit in Kontakt kamen, wurde das Dokument handschriftlich verfaßt. Darüber hinaus war es nicht registriert und trug deshalb auch kein offizielles Aktenzeichen und keine Sicherheitsklassifizierung. Sein Titel sprach jedoch für sich: »Unterwanderung der Zweiten Abteilung des französischen Generalstabs und dessen Geheimdienstnetz in der UdSSR«.

Orlows Hauptziel war, in die Geheimdienstabteilung der Franzosen, das legendäre *Deuxième Bureau*, einzudringen und dort »Rekrutierungen in den wichtigsten Bereichen« durchzuführen. Besondere Priorität kam dabei natürlich der Sektion Nordost zu, die diejenigen Außenstellen befehligte, die »unmittelbar gegen die UdSSR arbeiteten und in den an die Sowjetunion angrenzenden Ländern untergebracht waren«, sowie der Technischen Sektion, »wo die Personalakten von Informanten lagerten«.[15]

Im Operationsplan waren die vier Mitglieder von Orlows illegaler Gruppe mit ihren Decknamen aufgelistet, angefangen mit seinem eigenen, SCHWEDE, bis hin zu dem seiner Frau, der auf JEANNE lautete:

1. Resident – SCHWEDE
2. Assistent – DLINNI
3. Kurier – EXPRESS
4. Technischer Assistent und örtlicher Kurier – JEANNE

Ihre vorgesehene Operationsbasis oder Außenstelle war »eine Schweizer Stadt an der Grenze zu Frankreich«. Bis auf weiteres sollte sich Orlow als Amerikaner ausgeben, der sich in einem der Sanatorien, für die die Gegend um den Genfer See berühmt war, medizinisch behandeln lassen wollte. Drei Monate wurden für notwendig erachtet, damit Orlow »die englische und die französische Sprache perfektionieren sowie den Kurier und seine Familie einschleusen konnte«.[16] Die Kommunikation mit der Zentrale lief hauptsächlich über einen Chiffrierer des sowjetischen Konsulats in Mailand, dem über den Kurier EXPRESS Botschaften überbracht wurden.

»Das Photo von EXPRESS wird nach Mailand geschickt«, hieß es in Orlows Einsatzplan. »Der Chiffrierer in Mailand hat für diese Kommunikation einen speziellen Code erhalten. Im Falle außergewöhnlicher und unvorhersehbarer Umstände (wie Krankheit oder Enttarnung von EXPRESS) besteht die an den Chiffrierer gesandte Botschaft aus den Worten ›Ich übersende Ihnen Grüße von Wladimir Fedotow‹ sowie dem amerikanischen Eindollarschein mit der Seriennummer A60884782D.«[17] Als Not-Kommunikationspunkt mit demselben Code, aber einer anderen Banknote mit der Seriennummer X25782760B wurde Wien ausgewählt.

Orlow sollte sowohl seinen echten amerikanischen Paß auf den Namen William Goldin als auch einen österreichischen auf den Namen Leo Feldbin benutzen. Obwohl es für Illegale sehr ungewöhnlich war, daß sie mit ihrer Familie ins Ausland geschickt wurden, machte man in Orlows Fall eine Ausnahme – zum einen wegen seiner kranken Tochter, zum anderen, weil Maria als Mitglied seiner Gruppe fungierte. Sie und Vera reisten mit ihrem österreichischen Paß, der auf Marguerite Feldbin lautete. EXPRESS verwendete einen amerikanischen Paß, der auf den Namen Arnold Finkelberg ausgestellt war. Als seinen Assistenten hatte man Korotkow ausgewählt, der zuvor in der Lubjanka für die Aufzüge zuständig gewesen war; er hatte für seine erste geheimdienstliche Mission den Decknamen DLINNI (russ: »der Lange«) erhalten und befand sich bereits auf dem Weg in die Schweiz. Um die strengen Paßkontrollen an den Grenzbahnhöfen zu umgehen, sollten die Kuriere spezielle Touristenfahrkarten lösen. Dadurch wollte man auch die Kosten der Operation im Rahmen halten. Das Budget von Orlows illegaler Gruppe, die nach ihrem Kurier EXPRESS genannt wurde, belief sich auf lediglich 1500 Dollar im Monat.

Der Gruppe EXPRESS stand bei ihrer Unterwanderungsoperation des *Deuxième Bureau* ein französischer Überläufer zur Seite, ein früherer Unteroffizier des Generalstabs, der durch sein flammendrotes Haar auffiel. Zwar war sein Codename KADU, doch erwähnte ihn Orlow nur als »Rotbart«. Der Unteroffizier war 1932 von Theodore Mally, einem sowjetischen Illegalen, der in Frankreich tätig war, angeworben worden. KADU brüstete sich damit, Lagrange, den Chef des *Deuxième Bureau*, praktisch »in der Tasche zu haben«. Laut Orlows Aussage vor der CIA 1965 wollte er es dadurch beweisen, daß er kompromittierende Briefe für Lagrange geschrieben und dann dafür gesorgt hatte, daß diese Briefe zusammen mit weiterer enthüllender Korrespondenz an die Sowjets gelangten. Aber »Rotbart« war zu sehr von sich überzeugt und fing an Fehler zu machen. Als er schließlich im Dezember 1932 Gefahr lief, enttarnt zu werden, ordnete die Zentrale an, ihn aus Frankreich herauszuschleusen und heimlich nach Moskau zu bringen, wo er dem sowjetischen Geheimdienst weiterhin als wertvoller Informant diente.[18]

Mit KADUS »Abreise« war auch der Strom wertvoller Informationen aus dem französischen Generalstab nach Moskau abrupt abgerissen. KADU hatte jedoch einen Kollegen zurückgelassen, der, wie er der Zentrale erklärte, »bereit wäre auszuhelfen« – man müsse ihn nur ausfindig machen. Der französische Überläufer hatte eine genaue Beschreibung des Mannes geliefert, der ein unübersehbares körperliches Gebrechen aufwies: Er hinkte. Auch der Name des Mannes war bekannt, doch konnte KADU weder seine Adresse noch weitere Einzelheiten nennen. In Erwartung der Kooperationsbereitschaft dieses französischen Offiziers gab Orlow ihm in seinen Geheimberichten an Moskau den Decknamen FREUND.

Da Orlow sich während der Operation als Goldin ausgab, benutzte er dabei seinen amerikanischen Paß. Doch während dieses echte Dokument jeder noch so gründlichen Überprüfung standgehalten hätte, traf dies auf Orlow selbst nicht zu. Wegen seiner Kontakte, die er zwischen 1926 und 1930 als Angehöriger der sowjetischen Handelsdelegation in Paris geknüpft hatte, war er in den dortigen russischen Emigrantenkreisen nur allzu gut bekannt. Aus diesem Grund hatte man für seine Untergrundgruppe, obwohl sie in Frankreich operieren sollte, die

Schweiz als Standort ausgewählt. Um die Rolle eines amerikanischen Geschäftsreisenden überzeugend spielen zu können, mußte Orlow zunächst seine Kenntnisse der englischen und der französischen Sprache aufpolieren. Zu diesem Zweck reiste er im Frühjahr 1933 nach Wien, wo er die meiste Zeit damit verbrachte, sein Englisch zu vervollkommnen. Er nahm Privatunterricht bei einem britischen Lehrer, der, wie wir noch sehen werden, später noch einmal seinen Weg kreuzen sollte – und das mit höchst unangenehmen Konsequenzen. Diesem Engländer stellte sich Orlow als Russe vor. Orlow lebte damals in der Pension Schloß in der Hauptstraße 27 des Wiener Vororts Hinterbrül unter seinem sowjetischen Paß, der auf den Namen Leon Nikolajew ausgestellt war. Seine Vorbereitungszeit verlief ohne besondere Vorkommnisse, so daß er am 13. Juni 1933 eine mysteriöse Kabeldepesche an seinen Chef ARTHUR in der Zentrale schicken konnte: »Am 1. Juli ändere ich meinen Status und beginne mit meiner neuen Arbeit. SCHWEDE.«[19]

Den Akten des NKWD zufolge reiste Orlow am 27. Juni in Begleitung von EXPRESS nach Prag. Dort holten er und sein Kurier ihre »neuen Bücher« ab, wie im damaligen Jargon des sowjetischen Geheimdienstes ausländische Pässe genannt wurden. Dies entsprach durchaus der gängigen Praxis; ein im Untergrund arbeitender Spion begab sich nie direkt in das Land, in dem er operieren sollte, sondern reiste entweder mit seinem sowjetischen Paß oder einem »provisorischen« ausländischen Paß, der für einen längeren Aufenthalt als nicht sicher genug erachtet wurde, zunächst in ein Drittland. Dort holte er seinen neuen Paß ab, der über Diplomatenpost an die dortige sowjetische Botschaft geschickt worden war. In diesem Drittland fand dann auch »eine vollständige Metamorphose« statt. »Er legt seine alte Identität ab, läßt alles zurück, was den Gegner auf seine Spur führen könnte, und wird zu einem neuen Menschen«, beschrieb Orlow diesen Vorgang. »Von dort aus beginnt er zu ›schwimmen‹, wie man im sowjetischen Agentenjargon sagt, und reist in das Land, in dem er seinen Auftrag durchführen soll.«[20]

Orlows Verwandlung in den Amerikaner William Goldin fand also in Prag statt. Danach fuhr er nach Genf, und zwar über Berlin, wo er sich mit einem Deutschen namens STAHL traf, der für die dortige Residentur als Agent gearbeitet hatte. Er stellte fest, daß STAHL Deutschland um jeden Preis verlassen wollte. Jetzt, da die Nazis an die Macht gekommen waren, wußte er, daß für ihn als Juden die Verhältnisse in Deutschland immer schwieriger werden würden. Außerdem befand er sich infolge einer »unangenehmen Situation« in Gefahr; er war an einer Spionageaktion beteiligt gewesen, bei der es um die erfolgreiche Beschaffung des Herstellungsverfahrens von Industriediamanten für die Sowjets ging.

STAHLS Rolle als einer der Mittelsmänner in dieser Affäre hatte zu polizeilichen Ermittlungen geführt, und STAHL erklärte Orlow, daß er nicht die geringste Lust verspüre, der Nazi-Justiz in die Hände zu fallen. Er habe vielmehr die Absicht, in Kürze nach Paris zu reisen, wo er dem sowjetischen Geheimdienst weiterhin zur Verfügung stehen wolle. Zudem behauptete er, im Besitz wichtiger Informationen zu sein. Wie Orlow der Zentrale berichtete, hatte STAHL »mit Hilfe seines alten Bekannten Rybnikow den Besitzer eines Buchladens in der Rue Langier Nr. 3 – vermutlich einen Offizier der Sektion Nordost des französischen Generalstabs – ausgespäht«.[21]

Obwohl Orlow in die Zuverlässigkeit STAHLS und seiner vermeintlichen Informationen nicht allzu großes Vertrauen hatte, konnte er es sich nicht leisten, sein Hilfsangebot auszuschlagen. Einerseits lockte ihn in seiner Eigenschaft als Geheimagent mit einer klar definierten Mission natürlich die Versuchung, Kontakt zu einem Informanten aufzunehmen, der ihn womöglich zu seinem Ziel führen konnte; andererseits jedoch hatte er gute Gründe, STAHL gegenüber mißtrauisch zu sein. Abgesehen davon, daß der deutsche Agent für seine Dienste ein fürstliches Honorar forderte, war sein Verhältnis zu seinem Kontrolloffizier in Berlin nie das beste gewesen, wie Orlow in seinem Bericht an die Zentrale bemängelte: »Was den Einsatz STAHLS im allgemeinen betrifft, muß ich darauf hinweisen, daß ich aufgrund bestimmter Umstände lieber auf ihn verzichten würde, wenn ich auch nur einen einzigen Werbeoffizier oder örtlichen Agenten zu meiner Verfügung hätte. Für bedenklich erachte ich vor allem seine bei unseren letzten Treffen geäußerte außerordentliche Feindseligkeit gegenüber dem Genossen, der zu seiner Kontrolle eingesetzt war.«[22]

Nachdem er in Sachen STAHL das Für und Wider gegeneinander abgewogen hatte, überwand Orlow seine Abneigung gegen ihn, weil, wie er meinte, die Bedeutung seiner Mission für persönliche Antipathien keinen Raum ließ und somit die Einbeziehung STAHLS in seine Mission rechtfertigte. Er vereinbarte ein Treffen mit STAHL am 10. Juli in Paris, um noch genügend Zeit zu haben, wie geplant seine Operationsbasis in Genf aufzubauen – eine Entscheidung, die er wenige Monate später bereuen sollte, als er durchschaute, was für ein Spiel STAHL mit ihm trieb.

Nach seiner Ankunft in Paris, wo Orlow erstmals als Mitglied des Untergrundapparates agieren sollte, wurde ihm bald klar, daß er – verglichen mit seiner Tätigkeit als Legaler fünf Jahre zuvor – mit etlichen Nachteilen fertig werden mußte. Eine weitere Anekdote, die Orlow in seinem *Handbook* schildert, zeigt deutlich auf, wie folgenschwer selbst Banalitäten sein können, die ein Illegaler nicht mit bedacht hat. So zum Beispiel die Schließung seines Lieblingsrestaurants. Mit Moskau hatte der sowjetische Geheimdienstoffizier abgemacht, daß die Zentrale einen weiteren Residenten zu einem Treffen mit ihm in die Brasserie Duval beordern sollte. Als er dort ankam, mußte er jedoch feststellen, daß sich in dem Haus in der Rue Madeleine, wo früher die Brasserie gewesen war, ein Ausstellungsraum für Klaviere befand. Ein Polizist, den er nach der Brasserie fragte, erklärte ihm, daß diese schon seit mehreren Monaten geschlossen sei.

»Seltsam!« zitiert Orlow den Polizisten weiter. »Sie sind schon der zweite Tourist innerhalb von fünf Minuten, der nach dem Duval fragt.« Dabei deutete er auf den Kontaktmann des Agenten, der nur wenige Schritte von ihnen entfernt vor einem Theaterplakat stand.[23]

Orlows erster Bericht aus Paris nach Moskau scheint sich auf diesen Zwischenfall zu beziehen, und Orlow schildert darin sein schwindendes Vertrauen in die Zuverlässigkeit dieses Agenten. Seinem Telegramm zufolge steuerte er nicht direkt den mit STAHL vereinbarten Treffpunkt an, sondern machte zunächst einen Umweg durch die engen Gassen der unmittelbaren Umgebung. Erst nachdem er sich vergewissert hatte, daß dort keine verdächtigen Personen herumschlichen, die der französischen Polizei oder der Spionageabwehr der *Sûreté Générale* hätten angehören können, setzte er sich an den Tisch eines Cafés. Von dort aus hatte er die gegenüberliegende Straßenseite im Blickfeld, wo sein Kontaktmann zum festgesetzten Zeitpunkt auftauchen sollte.

Orlows Bericht zufolge erschien STAHL ziemlich pünktlich und wie abgemacht von rechts nach links gehend auf der gegenüberliegenden Straßenseite. Orlow, der im Café sitzend nach Anzeichen von Spannung in STAHLS Gesicht oder Gang Ausschau hielt, konnte nichts Verdächtiges entdecken. Dennoch beschloß er, vorsichtshalber noch ein paar Minuten zu warten. Als er feststellte, daß STAHL nicht beschattet wurde, verließ Orlow das Lokal durch die Seitentür, ging zu Stahl hinüber und sprach ihn mit dem vereinbarten Codewort an.

»Ich habe etwas sehr Interessantes für Sie«, erklärte STAHL, wenngleich nach Orlows Empfinden eine Spur zu wichtigtuerisch. »Wie Sie sich erinnern werden, habe ich Ihnen von einem Offizier aus dem Generalstab erzählt. Er besucht regelmäßig die Bibliothek ›Majak‹, um dort sowjetische Zeitschriften und Zeitungen zu lesen. Die Schwester des Besitzers der Bibliothek, Nina Garnizkaja, hat uns einander vorgestellt.«[24]

Auf Orlows Vorschlag hin überquerten sie die Straße, um in einem anderen nahe gelegenen Café ihr Gespräch fortzusetzen. Bei einem Glas Wein erklärte Stahl, der betreffende Offizier sei Wladimir Alexandrowitsch Rykowski, ein früherer Offizier der Weißgardisten. Der Ukrainer aus Poltawa habe die französische Staatsbürgerschaft angenommen. STAHL beschrieb ihn als großen untersetzten Mann, der auf die Vierzig zuging und eine große Hakennase, ungewöhnlich kleine Ohren und dunkles, graumeliertes Haar mit einer kleinen kahlen Stelle hatte. »Er spricht langsam und mit sanfter Stimme, aber dennoch sehr selbstbewußt«, erzählte STAHL Orlow. »Nina sagte mir, daß er immer dienstags und freitags von 11 bis 13 Uhr die Bibliothek aufsucht, um sowjetische militärische Publikationen einzusehen. Also ging ich zur entsprechenden Zeit hin, und sie stellte uns einander vor, da ich Emigrant bin wie er.«[25]

»Wie kamen Sie darauf, daß er im Generalstab arbeitet?« wollte Orlow wissen. STAHL habe entgegnet: »Das gesamte Material über die geheimdienstliche Tätigkeit gegen die Sowjetunion liegt in seinen Händen. Er ist das Bindeglied zwischen der Zentrale des französischen Geheimdienstes in der Sowjetunion und der Pariser Zentrale, also dem Generalstab. Sein Chef ist ein Franzose im Rang eines Hauptmanns. Er fährt einen Rolls-Royce und lebt ganz offensichtlich weit über seine Verhältnisse.«[26]

»Hat Rykowski Ihnen das alles wirklich schon bei Ihrer ersten Begegnung erzählt?« fragte der skeptische Orlow und bekam zur Antwort: »Nina Garnizkaja hat es mir gesagt.« Der Bibliothekar, der den Betreffenden offenbar seit einiger Zeit kannte, habe STAHL mitgeteilt, daß der Hauptmann häufig in seine Bibliothek komme. Er gab ihm ein doppelt gefaltetes Blatt Papier, auf dem Rykowskis Adresse und Deckname stand: »JUAN, 12 Rue Moren, Mongérome par Paris, Tel. 87.«[27]

»Ich glaube, ein solcher Mensch arbeitet nur für Geld, auch wenn es noch zu früh ist, ein abschließendes Urteil zu fällen«, will Orlow STAHL zur Vorsicht gemahnt haben. »Kümmern Sie sich um ihn.«[28]

Orlow zufolge gab STAHL auf die Erwähnung von Geld eine umständliche Erklärung ab, warum er dringend einen Vorschuß benötige. Er sagte, sein gesamtes Eigentum in Deutschland einschließlich eines Hauses auf dem Lande sei von den Nazis konfisziert worden, und er müsse sich nun im teuren Paris eine neue Existenz aufbauen. In einem eindringlichen Monolog behauptete er schließlich noch, große Summen geliehen zu haben, um denjenigen Schweigegelder zu zahlen, die von seinen Verbindungen zu den Sowjets wußten, »weil sie mich sonst ohne zu zögern verraten würden«.[29]

Obwohl Orlow den Verdacht nicht los wurde, daß sein Agent die Geschichte seiner finanziellen Misere stark übertrieben hatte, um Geld aus ihm herauszuholen, blieb ihm unter den gegebenen Umständen nichts anderes übrig, als STAHL den vorbereiteten Umschlag auszuhändigen. Er enthielt ein dickes Bündel französischer Banknoten – einen beträchtlichen Teil der 1500 Dollar, die ihm für die Operationen des laufenden Monats zur Verfügung standen. Sein Mißtrauen gegen STAHL war jedoch nach ihrem ersten Treffen derart gewachsen, daß er schon bald die lange Reise nach Mailand und zurück antrat. Er lieferte einen langen Bericht über seine Bedenken gegen STAHL ab und bat die Zentrale, ihm alles mitzuteilen, was über Rykowski bekannt war.[30]

Als Orlow zum zweiten Treffen mit seinem deutschen Agenten nach Paris zurückgekehrt war, erklärte STAHL, er habe Rykowski im Namen »eines Freundes« angesprochen, von dem er behauptete, er sei ein bekannter deutscher Nationalsozialist und würde gerne von Frankreich Informationen über die UdSSR beziehen. Rykowski habe ihm nicht sofort helfen können, erklärte STAHL, aber seine Reaktion sei durchaus ermutigend ausgefallen. Weiterhin berichtete er, vom französischen Generalstab als freier Mitarbeiter angestellt worden zu sein; seine Aufgabe bestehe unter anderem darin, Meldungen in der sowjetischen Presse auf verschlüsselte Nachrichten zu untersuchen. STAHL versuchte mit allen Mitteln, Orlow klarzumachen, daß Rykowski seiner Ansicht nach ein äußerst wertvoller Informant werden könne, und bat ihn dann erneut um Geld. Bei ihrem nächsten Treffen einige Wochen später verkündete STAHL, Rykowski sei nun tatsächlich bereit, geheime französische Dokumente zu beschaffen, wolle dies jedoch nur im Austausch gegen die Informationen tun, die die Deutschen über die Sowjetunion besäßen. Und wieder verlangte STAHL für seine Dienste eine fürstliche Entlohnung.[31]

Orlow hatte mittlerweile längst den Verdacht, daß STAHL mit ihm ein falsches Spiel trieb, gab aber der Zentrale gegenüber zu, daß er noch zögerte, STAHL das ins Gesicht zu sagen. Fast zwei Monate nach Beginn der Operation war er bei seinen eigenen Bemühungen, FREUND ausfindig zu machen und so in den französischen Generalstab einzudringen, kaum vorangekommen. Solange er noch keine Antwort auf seine Anfrage bei der Zentrale hatte, wollte er keinen Bruch mit seinem geldgierigen Agenten riskieren; schließlich war STAHL der einzige Strohhalm, an den er sich klammern konnte. Dennoch beschloß er, der Zentrale seine Besorgnis über die mangelnden Fortschritte bei der Operation EXPRESS mitzuteilen.

Der Bericht, den Orlow am 5. September 1933 nach Moskau sandte, ist zum einen ein recht anschaulicher Katalog der Probleme, denen sich ein illegal operierender sowjetischer Agent gegenübersah, der in Feindesland im Untergrund zu arbeiten gezwungen war; darüber hinaus ist er aber auch in technischer und sprachlicher Hinsicht sehr bezeichnend. Kaum einmal kam Orlow, dieser zähe und sorgfältige NKWD-Agent, im Verlauf seiner Karriere einer Kritik an seinen Vorgesetzten so nahe wie in diesem Report, in dem er andeutete, daß er kurz davor sei, seine Mission aufzugeben. Er machte der Zentrale klar, daß seine Gruppe dringend auf die Dienste eines Franzosen angewiesen sei, der einheimische Kontaktleute anwerben konnte. Dieser Aufbau eines Agentennetzes war seinen Beteuerungen zufolge in der vorliegenden Situation unabdingbar, wenn die schwierige Operation vorangebracht werden sollte:

»Mit Ausnahme von STAHL – einem Mann, der über keinerlei Erfahrung in meinem neuen Arbeitsbereich verfügt und selbst in diesem Land ein Fremder ist – habe ich zur Aufzucht keinen einzigen echten Franzosen, mit dessen Hilfe ich mich orientieren und nach neuen Bekanntschaften Ausschau halten könnte, ohne diese gleich von Anfang an durch meine ausländische Staatsangehörigkeit und mein fremdländisches Aussehen zu verschrecken. Ohne eine solche Person muß ich selbst in die Rolle eines Geheimagenten schlüpfen.

Ich glaube, daß jeder durchschnittliche Franzose diese Arbeit besser machen könnte, weil: (a) ich in Frankreich ein Fremder bin und (b) ich keine [Tarn-]Firma habe und deshalb mit niemandem Geschäfte machen kann. Meine Stellung hier ist lediglich die eines Amerikaners, der es vorzieht, sich in Europa zu erholen, statt in einer Zeit der wirtschaftlichen Krise in den USA Geld zu verlieren.

Ich habe versucht, an einige Leute heranzukommen, aber bislang leider ohne Erfolg. Ich habe mit einem Deutschen namens Henssler, der im Völkerbund arbeitet, Bekanntschaft geschlossen, aber er kann keine Informationen besorgen. Ich habe auch die Frau eines Pariser Architekten Altman kennengelernt (ihr Mann ist der Sohn des berühmten Malers). Sie war vor vier Jahren die Geliebte de Moncys gewesen. Sie ist leicht zu bearbeiten, aber welchen Einfluß hat sie heute noch auf de Moncy? Allem Anschein nach bestenfalls einen sehr geringen.

Was die Bearbeitung von Rykowski betrifft, kann von einem definitiven Erfolg noch keine Rede sein.

Aus den genannten Gründen halte ich es für meine Pflicht, Sie schon so früh um bestimmte Informationen zu bitten, da es mir nach zwei Monaten immer schwerer fällt, Devisen für eine Operation auszugeben, die bislang keinerlei Erfolg verspricht. Ich bitte Sie deshalb, folgende Umstrukturierungen in Betracht zu ziehen:

1. Mich von meinem Posten abzuberufen und die Operation einem Team zu überlassen, das sich bereits bewährt hat und aus EXPRESS (einem guten Kurier und wirklichen Ausländer), DLINNY (der die Sprache mittlerweile gut beherrscht und einen Paß ›tragen‹ kann) und seiner Frau (die perfekt Deutsch und Französisch spricht) besteht.

2. Oder mir zumindest einen zuverlässigen Franzosen aus einer unserer anderen Gruppen zuzuweisen.

3. Oder nur meine Sicherheit aufs Spiel zu setzen (und damit die meiner Leute zu gewährleisten) und die Angelegenheit Mallys

Mann zu übertragen. Vielleicht verpfuscht er die Sache, aber es könnte ebensogut klappen.

4. Oder die [finanzielle] Ausstattung der Operation beträchtlich zu verringern, damit im Falle eines Scheiterns meiner Mission sich wenigstens der Verlust an Devisen in Grenzen hält. Jede Entscheidung wird für mich Gesetz sein.«[32]

Als Orlow Anfang 1934 dann die Antwort der Zentrale erhielt, erfuhr er, daß Moskau sich über die hohen Kosten keine Gedanken machte und beschlossen hatte, am Plan zur Unterwanderung des *Deuxième Bureau* festzuhalten. Die Zentrale hatte deshalb seiner Bitte nach Verstärkung stattgegeben und teilte ihm nun mit, daß seine Gruppe durch JOSEPH sowie durch den zuverlässigen französischen Agenten B 205 verstärkt werden sollte.[33] Eine beunruhigende Nachricht hatte die Zentrale für Orlow jedoch in bezug auf STAHLS angeblichen Kontaktmann im französischen Generalstab: »Sein Name ist KADU nicht bekannt. Der Geheimdienst des *Deuxième Bureau* (SR) hat keine Agenten in Paris (das heißt keine, die in Paris eingesetzt sind). Die Spionageabwehr des *Deuxième Bureau* (SCR) verfügt überhaupt nicht über eigene Agenten, sondern arbeitet über die *Sûreté Générale*. Rykowski dürfte wohl kaum Mitglied des *Deuxième Bureau* sein und schon gar nicht Offizier.«[34] Ein zusätzlicher Kommentar von Mally lautet wie folgt: »Nach dem vorliegenden Archivmaterial über englische Agenten in der Türkei im Jahre 1928 arbeitete ein gewisser Rykowski für Christie in der russischen Angelegenheit.«[35] Zu dem Dilemma, in dem Orlow ohnehin schon steckte, kam somit noch ein weiteres beunruhigendes Element: Orlow wußte, daß der Offizier Christie die Paßabteilung in der britischen Botschaft in Athen leitete und gegen die UdSSR und die Türkei arbeitete.[36]

Nach dieser Nachricht aus Moskau mußte Orlow von zwei Möglichkeiten ausgehen: Entweder Rykowski war nicht der, für den er sich ausgegeben hatte, und STAHL war ein Agent des britischen Geheimdienstes, oder STAHL hatte die Geschichte von Rykowski und seiner Zugehörigkeit zum französischen Generalstab frei erfunden, um Orlow Geld aus der Tasche zu ziehen. Seine Absicht, STAHL zur Rede zu stellen, verschob er jedoch, als sein Agent ihn bei ihrem nächsten Treffen mit einer neuen und sehr vielversprechend scheinenden Wendung der Dinge konfrontierte.

STAHL erklärte ihm, er habe Bekanntschaft mit Marschall Pétain geschlossen – dem großen Helden des Ersten Weltkriegs, der durch seine hartnäckige Verteidigung Verduns Frankreich vor der deutschen Offensive von 1916 gerettet hatte. Weiterhin erzählte er Orlow, daß MARSCHALL, wie Pétain in den Kabeldepeschen des NKWD genannt wurde, ihn Pierre Taitinger vorgestellt habe, einem rechtsgerichteten Abgeordneten des Parlaments, der die Zeitung *Jeunesse Patriot* herausgab.[37]

STAHLS neue Kontakte waren für Orlow und seine Moskauer Zentrale von besonderem Interesse, weil diese rechtsgerichtete Gruppe die entschieden antibolschewistische Politik der »weißen« russischen Emigrantenkreise in Paris unterstützte, die die Sowjets in einer anderen Operation zu unterwandern versuchten. Diese Operation richtete sich gegen die führenden Köpfe der ROWS und damit gegen den harten Kern der ins Exil gegangenen Veteranen, die die Rote Armee im Bürgerkrieg bekämpft hatten. Nach der Entführung General Kutjepows 1930 war sein Nachfolger an der Spitze der ROWS, der bärtige Monarchist General Jewgeni Miller, ein Informant des *Deuxième Bureau* geworden. Miller war eines der Hauptziele des sowjetischen Geheimdienstes, bis auch er im Jahre 1937 nach einer weiteren sensationellen Entführung durch den NKWD plötzlich verschwand.[38]

Die Verbindungen, die STAHL nun hergestellt haben wollte, waren für Orlow und die Zentrale von größtem Interesse, zumal STAHL berichtete, daß Taitinger ihn einem Offizier des *Deuxième Bureau* namens Curgess vorgestellt habe; dieser wiederum habe STAHL mit einem seiner Kollegen namens Junod bekannt gemacht, den Orlows Agent als einen Hauptmann beschrieb, der stets »einen Befehl im Knopfloch« trug. Junod hatte STAHL nicht nur versprochen, ihm bei der Erlangung der französischen Staatsbürgerschaft behilflich zu sein; STAHL behauptete auch, Junod betrachte ihn wegen seiner offen geäußerten antibolschewistischen Ansichten und seiner Bereitschaft, diesen rechtsgerichteten Offizieren zu helfen, als gerngesehenen Besucher eines geheimen Büros, das das *Deuxième Bureau* in unmittelbarer Nähe des Jardin de Luxembourg unterhielt. Seinen eigenen Angaben zufolge war STAHL bereits mehr als zehnmal in diesem Büro gewesen, dessen geheimer Eingang sich in der Rue de l'Université Nr. 75 befinde; der Portier habe die Anweisung erhalten, ihn immer in das Büro im Parterre zu bringen. Dieses liege links von der Tür, und durch sein kleines Fenster blicke man direkt zur Straße hinaus.[39]

Aufgrund geheimer Informationen von dem früheren Offizier des französischen Generalstabs, der nun die Zentrale in Moskau beriet, war Orlow zunächst geneigt, STAHL Glauben zu schenken. KADU zufolge befand sich das Hauptgebäude des Hauptquartiers des Generalstabs zwar in der Rue de l'Université Nr. 235; er bestätigte jedoch, daß das *Deuxième Bureau* einen separaten Eingang zu seinen geheimsten Abteilungen unterhielt, der im Haus Nr. 75 derselben Straße lag. Orlow berichtete Moskau, er habe beschlossen, mit diesem Wissen Stahl auf die Probe zu stellen, indem er dessen Angebot annahm, einen sichtbaren

Beweis für seinen bemerkenswerten Coup – das Eindringen in die Büros der Abteilung Spionageabwehr des Generalstabs – zu liefern.

»Wir haben heute mit STAHL vereinbart, daß er um Punkt 16 Uhr aus dem Fenster des Hauses Nummer 75 sieht«, berichtete Orlow der Zentrale Anfang Januar 1934. »Der Zeitpunkt wurde von mir selbst ausgewählt. STAHL erwartet, daß ich zur vereinbarten Zeit auf der Straße bin, um mich zu vergewissern, daß er da ist. Natürlich werde ich nicht selbst vorbeigehen, aber es wird interessant sein zu überprüfen, ob er dort tatsächlich ständigen Zutritt hat. Falls man STAHL vertrauen kann, müßte das als großer Erfolg gewertet werden, aber ich bin mir fast sicher, daß er MARSCHALL vor sechs Wochen nicht persönlich getroffen hat, sondern lediglich General Miller; er war wohl derjenige, der ihn zum Haus Nr. 75 brachte.«[40]

Am vereinbarten Tag war es nicht Orlow, sondern EXPRESS – sein Kurier in der illegalen Gruppe, den STAHL nie gesehen hatte –, der am Haus Nr. 75 vorbeischlenderte und STAHL aus dem Fenster blicken sah. Nun, da Orlow scheinbar den Beweis dafür hatte, daß der deutsche Agent sein Versprechen gehalten hatte, wollte er ihm zu seinem Erfolg gratulieren. Die Zentrale konnte jedoch gerade noch verhindern, daß er STAHL noch einmal eine hohe Geldsumme übergab. Im letzten Augenblick erreichte Orlow eine Nachricht, in der er über ein raffiniertes Täuschungsmanöver aufgeklärt wurde, auf das er beinahe hereingefallen wäre.

Ein weiteres Mal waren es Informationen von KADU, die Orlow vor der möglicherweise größten Fehleinschätzung seiner Karriere bewahrten. Die Zentrale teilte ihm mit, daß STAHLS Kontaktleute Junod und Curgess KADU nicht bekannt waren. Er hielte es aber für möglich, daß Curgess ein ihm bekannter Geheimagent namens Colbert Turgis sein könnte, der seinen Namen geändert hatte. Darüber hinaus lieferte KADU harte Fakten über das Innenleben der Rue de l'Université Nr. 75, die STAHLS Behauptung, in das *Deuxième Bureau* eingedrungen zu sein, in einem ganz anderen Licht erscheinen ließen. Nach KADUS Beschreibung lag links neben dem Eingang das kleine Zimmer mit einem Tisch darin, an dem der Portier die Besucher Anträge auf Einlaß in das Gebäude ausfüllen ließ. Zwei Meter von der Tür des kleinen Zimmers entfernt war eine große Glastür, die zur Geheimdienstabteilung führte. Hinter dieser Tür stieg man drei Stufen hinauf zu einem kleinen Treppenabsatz, von wo nach einer weiteren Tür auf der linken Seite eine Treppe in einen großen Raum hinunterführte. KADU zufolge wurden in diesem Raum Informanten, denen das *Deuxième Bureau* aus irgendwelchen Gründen nicht traute, empfangen – und, falls erforderlich, auf der Stelle verhaftet![41]

Aufgrund dieser Information stellte sich für Orlow nun die Tatsache, daß EXPRESS STAHL in dem Zimmer im Erdgeschoß des Hauses Nr. 75 gesehen hatte, völlig anders dar. Sie bewies keineswegs, daß er ins *Deuxième Bureau* vorgedrungen war, denn sein Erscheinen im Fenster links von der Tür hatte nicht das geringste zu bedeuten. Jeder Besucher mußte dorthin, um das Formular für den Passierschein auszufüllen. Plötzlich fiel Orlow auch wieder ein, daß STAHL trotz seiner angeblich so wichtigen neuen Kontaktleute im *Deuxième Bureau* nie wieder erwähnt hatte, auf welche Weise er Rykowski »bearbeitete«. Orlow beschloß, seinen Agenten wegen der Unstimmigkeiten in seiner Geschichte zur Rede zu stellen – eine Entscheidung, in der ihn auch die Berichte seiner eigenen Agenten bestärkten, die den Eingang des Hauses Nr. 75 genau beobachtet hatten in der Hoffnung, den hinkenden Offizier mit dem Decknamen FREUND kontaktieren zu können. Während der wochenlangen Überwachung war nicht ein einziger Offizier aufgetaucht, auf den STAHLS Beschreibung paßte; statt dessen hatte sich herausgestellt, daß der Eingang des Hauses Nr. 75 hauptsächlich von zivilem Reinigungspersonal benutzt wurde. Zwar hatte KADU bestätigt, daß eine geheime Tür von der Geheimdienstabteilung ins Gebäude des Generalstabs führte, doch diese war nur während der Dienststunden geöffnet und wurde nicht als normaler Eingang genutzt. Mally wiederum bestätigte, daß STAHLS Erscheinen am Fenster des Erdgeschosses nicht den geringsten Beweis dafür lieferte, daß er in der geheimdienstlichen Abteilung des *Deuxième Bureau* empfangen worden war.[42]

Mit Orlows Geduld STAHL gegenüber war es endgültig vorbei, als er erfuhr, daß sein Agent der sowjetischen Handelsdelegation in Paris »eine wichtige Erfindung« zum Kauf angeboten hatte. Nach Angaben einer Undercoveragentin namens ROSANNE, die zusammen mit Orlows früheren Kollegen in der Handelsmission operierte, forderte STAHL für das Geheimnis, wie man gewöhnliches Papier wasserdicht macht, viel Geld. Verärgert äußerte Orlow in seinem Bericht an Moskau: »Er hat wohl das Ding mit der Handelsdelegation hinter meinem Rücken in dem Glauben gedreht, daß ich von unseren offiziellen Organisationen völlig abgeschnitten sei und er deshalb die Handelsdelegation einwickeln und um ein bißchen Geld erleichtern könne, ohne daß unsere Organisation davon erfährt.«[43]

Nach dieser beunruhigenden Information wollte Orlow STAHL endlich zur Rede stellen. Seinem Bericht zufolge bat er seinen Agenten zunächst, Marschall Pétain zu beschreiben. Obwohl STAHL es fertigbrachte, ihm eine völlig unzutreffende Beschreibung einer der größten Berühmtheiten Frankreichs zu geben, meinte er anschließend unverfroren, es sei doch völlig egal, ob es sich wirklich um den Marschall gehandelt habe, da er doch geglaubt habe, Pétain vor sich zu haben.

Jedenfalls habe ihm der Mann, wer es auch immer gewesen sei, Zutritt zum *Deuxième Bureau* verschafft. »Sie haben mich doch im Fenster von Haus Nr. 75 gesehen, oder etwa nicht?«[44]

Auf Orlows Frage, welchen Narren das *Deuxième Bureau* an ihm gefressen habe, daß man ihn so bereitwillig empfange, antwortete sein Agent, er habe der »Firma«, wie er ganz bewußt den französischen militärischen Geheimdienst mit dem unter NKWD-Offizieren geläufigen Ausdruck bezeichnete, »die chemische Zusammensetzung zweier Giftgase besorgt«.

»Als ich ihn fragte, ob er uns Kopien dieser Unterlagen geben könne, antwortete er, sie lägen bei ihm zu Hause und wir könnten sie jederzeit haben«, schrieb Orlow. »Als wir sie dann aber abholen wollten, speiste er uns wieder mit irgendeiner dummen Ausrede ab. Offenbar existieren diese Kopien gar nicht.«[45]

Als Orlow merkte, wie STAHL seinen Angriffen auszuweichen versuchte, griff er auf einen kleinen Bluff zurück: Er behauptete zu wissen, daß STAHLS Eigentum in Deutschland gar nicht von den Nazis konfisziert worden sei, wie er beteuert hatte. Sichtbar betroffen darüber, daß Orlow so gut informiert war, gab sein Agent zu, die Geschichte von der Enteignung erfunden zu haben, um Mitleid zu erregen und schneller an Geld zu kommen. Aufgrund von STAHLS Geständnis war nun klar, daß er von Anfang an den sowjetischen Geheimdienst hatte hereinlegen wollen.

Orlow berichtete dies der Zentrale und empfahl STAHLS »Liquidierung«. In diesem Kontext bedeutete das jedoch lediglich den Abbruch sämtlicher Verbindungen zu ihm und nicht etwa seine physische Eliminierung, das mit dem russischen Wort *rastschjot* bezeichnete letzte Mittel gegen einen Agenten, der den NKWD betrogen hatte.[46] Moskau stimmte sofort zu. Nachdem er sich des Falschspielers entledigt hatte, wollte Orlow die durch STAHL verlorene Zeit gutmachen, indem er mit seiner Gruppe noch intensiver nach Mitteln und Wegen suchte, in das *Deuxième Bureau* vorzudringen.

»Nachdem wir in Ihrem letzten Schreiben unsere Vermutung bestätigt fanden, daß das Haus Nr. 75 von den übrigen Büros abgetrennt ist, haben wir den Haupteingang intensiv beobachtet«, übermittelte Orlow Anfang 1934 der Zentrale. »In den vergangenen zehn Tagen haben wir die Adressen von zwei hinkenden Männern eruiert, mußten nach einer Überprüfung ihrer Namen auf den Türklingeln ihrer Wohnungen aber feststellen, daß keiner von Ihnen FREUND ist.«[47]

Da STAHL Orlow wiederholt irregeführt hatte, hätte Orlow die Suche nach dem sympathisierenden französischen Offizier gar nicht fortgesetzt, wenn es nicht von anderer Seite Beweise für seine Existenz gegeben hätte. So begann die Suche nach dem hinkenden Mann. In den nächsten Wochen ermittelten und überprüften Orlows Leute die Adressen von acht gehbehinderten Männern, die aus dem Haupteingang des französischen Generalstabs in der Rue de l'Université gekommen waren. Alle Spuren verliefen im Sande. Die Observierung des Hauptquartiers brachte Orlow jedoch auf eine neue Idee, nachdem seine Leute herausgefunden hatten, wie viele junge Frauen dort angestellt waren. Warum, dachte Orlow, sollte er es nicht über eine von ihnen versuchen? Er machte der Zentrale den Vorschlag, mit Hilfe des französischen Agenten Nr. 205, der unter Mally arbeitete, einige vertrauenswürdige junge Kommunisten auszuwählen, die versuchen sollten, sich an die Sekretärinnen des *Deuxième Bureau* heranzumachen.

Moskau war anfänglich jedoch gegen die Einbeziehung der örtlichen kommunistischen Partei in Spionageoperationen aus Furcht, dies könne sich als Bumerang erweisen. Doch Orlow appellierte noch einmal an die Zentrale und erinnerte an den Erfolg einer vergleichbaren Aktion. »Ich war zutiefst enttäuscht über die Ablehnung, denn ich hätte gerne ein oder zwei Franzosen die Sekretärinnen bearbeiten lassen, wie es auch schon im Fall 238 gemacht worden war.«[48] Die Namen der in den Fall verwickelten Personen tauchen in Orlows Akte nicht auf. Eine solche Operation bot sich, laut Orlow, bei der Sekretärin des *Deuxième Bureau* an.

»Ihr Verbot, ein oder zwei junge Franzosen zur Bearbeitung weiblicher Bediensteter einzusetzen, wie dies im Fall 238 geschehen ist, bringt mich in große Schwierigkeiten«, beklagte sich Orlow. »Wir brauchen Franzosen«, argumentierte er und erklärte, warum er davon überzeugt war, daß sein Plan zum gewünschten Ergebnis führen werde. »Es müßten auch nicht alle ›Landsleute‹ sein«, ergänzte Orlow, um klarzumachen, daß er Mitglieder der kommunistischen Partei keineswegs direkt in seine Operation integrieren wollte, sondern nur von ihnen erwartete, daß sie ihm vertrauenswürdige und absolut zuverlässige Franzosen empfahlen.[49] Seiner Ansicht nach war es in der gegebenen politischen Situation, in der sich Rechte und Linke in Frankreich in den Haaren lagen, relativ einfach, die rechtsnationalen Gefühle jener Art von Frauen auszunutzen, die im *Deuxième Bureau* arbeiteten. Sein Plan bestand darin, die Franzosen auf ausgewählte Sekretärinnen der »Firma« anzusetzen, wie die französische Spionageabwehr im NKWD-Jargon hieß. Orlow schlug vor, die Franzosen könnten sich beispielsweise als Mitglieder der Union Junger Monarchisten ausgeben und ihrem jeweiligen Opfer suggerieren, es sei »die Pflicht jedes guten Monarchisten, gegen die Gefahr des Sozialismus im französischen Establishment zu kämpfen«; auf diese Weise sollten sie die Notwendigkeit einer »Entscheidungsschlacht gegen die kommunistische Bedrohung und insbesondere gegen die UdSSR« heraufbeschwören.

Orlow verwies auf die jüngsten aufsehenerregenden Demonstrationen der Royalisten in den Straßen von Paris sowie auf die lasche Haltung der letzten französischen Regierungen gegen die Bedrohung durch den Faschismus; er gab sich überzeugt, daß mit einer solchen List wertvolle Informationen aus Frauen herauszuholen seien, die sonst »nie auf den Gedanken kämen, für ein anderes Land zu spionieren, aber französischen Patrioten bereitwillig Informationen überlassen würden«.[50]

Diesmal stimmte Moskau Orlows Plan grundsätzlich zu, lehnte jedoch den Einsatz französischer Kommunisten weiterhin strikt ab. Orlow mußte sich somit auf den Agenten 205 verlassen, der die ausgewählten Sekretärinnen im Hauptquartier des Generalstabs »bearbeiten« sollte. Den Akten zufolge gelang es 205 tatsächlich, mit einer von ihnen Bekanntschaft zu schließen und im Frühjahr 1934 mit ihrer »Bearbeitung« zu beginnen.

Während Orlow gespannt den Fortgang seiner Hauptoperation in Frankreich abwartete, teilte ihm die Zentrale seine Versetzung nach Rom im Dezember 1933 mit.[51] Daß ausgerechnet er mit der schwierigen Aufgabe betraut wurde, als Undercoveragent eine Operation zu leiten, die darauf abzielte, eines der Mitglieder von Mussolinis Regierung zu einem Kollaborateur der Sowjets umzupolen, spricht für das hohe Ansehen, das Orlow in der Zentrale des NKWD genoß. Die Zentrale hatte von Boris Berman, einem NKWD-Offizier, der in Rom unter dem Pseudonym JELMAN operierte, erfahren, daß der Minister und faktische Leiter des Ministeriums der Korporationen, Giuseppe Bottai – einer der führenden Männer im Faschistischen Großrat –, im Falle einer entsprechenden finanziellen Zuwendung bereit wäre, seine Dienste als Informant zur Verfügung zu stellen. Artusow, der damalige Chef der INO, betraute seinen Freund Orlow mit dieser Mission, da es wegen des hohen Ranges des potentiellen Informanten unumgänglich war, Stalin persönlich in die Angelegenheit einzuweihen.[52]

Mit seinem amerikanischen Paß reiste Orlow am 12. Dezember über Lugano nach Rom, wo er den künftigen Informanten selbst unter die Lupe nahm. Nach seiner Rückkehr drei Tage später gab er für Artusow zu Protokoll, daß er in bezug auf den Erfolg der Operation durchaus optimistisch sei.[53] Eine weitere Geschichte im *Handbook* bezieht sich offensichtlich auf eine persönliche Erinnerung Orlows an eine Reise nach Capri, dem bevorzugten Rummelplatz der römischen High-Society. Da das Restaurant seines Hotels saisonbedingt sehr voll war, fragte ihn der Kellner, ob es ihm etwas ausmache, sich zu einem anderen Gast an den Tisch zu setzen. Sein Tischnachbar erwies sich als junger polnischer Diplomat, der als stellvertretender Sekretär an der polnischen Botschaft in Wien arbeitete. Die beiden freundeten sich rasch miteinander an und verbrachten bei langen Gesprächen und beim Schwimmen im Meer viele gemeinsame Stunden.

»Natürlich ist es nicht ausgeschlossen, daß der sowjetische Geheimdienstoffizier seine kleine Freundschaft mit dem polnischen Diplomaten mit dem Hintergedanken schloß, ihn später möglicherweise einmal für die eigene Seite zu gewinnen«, bemerkte Orlow mit einem schelmischen Unterton, der keinen Zweifel daran ließ, daß er mit dem »sowjetischen Geheimdienstoffizier« sich selbst meinte. Seine »Bearbeitung« des Diplomaten hätte sich jedoch beinahe als fatal für seine falsche Identität erwiesen, als er ihn unerwartet in einer unangenehmen Situation wiedersah. Dieses Wiedersehen ergab sich, als Orlow nach seiner Rückkehr nach Paris nach Moskau zitiert wurde, um einen persönlichen Bericht über seine italienische Operation abzuliefern. Um einen verdächtigen sowjetischen Grenzstempel in seinem sauberen amerikanischen Paß zu vermeiden, reiste er auf seinen sowjetischen Paß nach Moskau. Entsprechend verdutzt war er, als er im Zug auf dem Weg nach Warschau den polnischen Diplomaten traf, der sich auf dem Schlesischen Bahnhof in Berlin zu ihm in sein Erster-Klasse-Abteil gesellte. Der junge Mann war höchst erfreut, seinen amerikanischen Freund wiederzusehen, und so blieb Orlow nichts anderes übrig, als erneut auf seine vorherige Identität umzuschalten; er erklärte, er sei auf dem Weg nach Moskau, um von dort aus mit der Transsibirischen Eisenbahn nach Tokio weiterzureisen. Damit seine falsche Identität nicht aufflog, mußte Orlow noch vor der Paßkontrolle an der polnischen Grenze seinen Bekannten irgendwie abschütteln. In einem fahrenden Zug war das gar nicht so einfach; schließlich gelang es ihm aber doch, indem er sich im Speisewagen kurz entschuldigte und sich während des Grenzaufenthalts in der dritten Klasse verdrückte.[54]

Orlow war es auf diese Weise gelungen, seine falsche Identität zu wahren, die für seine Arbeit als Untergrundresident in Paris unverzichtbar war, doch die Operation mißlang trotzdem. Nach seinem Bericht in Moskau und Stalins Zustimmung war man zu dem Ergebnis gelangt, daß die Rekrutierung Bottais mit Hilfe der dafür zur Verfügung gestellten 15 000 Dollar am sichersten während des anstehenden Deutschlandbesuchs des Ministers vonstatten gehen würde. Unter dem Deckmantel eines offiziell arrangierten Treffens mit Michail Lubimow übergab der Leiter der sowjetischen Handelsdelegation in Berlin dem Italiener einen Umschlag, der mit US-Dollars in großen Scheinen gefüllt war. »Als er jedoch merkte, daß in dem Umschlag nur 15 000 Dollar waren, hielt er es wohl für besser, die Geschichte Mussolini zu erzählen«, erklärte Orlow vor dem US-Senat im Jahre 1957. Nachdem der Duce »inoffiziell« beim sowjetischen Botschafter gegen den Versuch, einen seiner Minister zu bestechen, Protest eingelegt hatte, reagierte Stalin laut

Orlow in der für ihn charakteristischen Weise: »Zuwenig Geld! Beim nächstenmal sollten Sie es mit 50 000 Dollar versuchen.«[55]

Kurz nach dem italienischen Intermezzo schien Orlow einer neuen Möglichkeit auf der Spur, das *Deuxième Bureau* zu unterwandern. Wie häufig im Bereich der Spionage hatte sich diese Chance scheinbar rein zufällig ergeben. Alexander Korotkow hatte sich unter dem Pseudonym Rajonezki als Tschechoslowake an der Sorbonne für einen Anthropologiekurs eingeschrieben. Dort hatte Korotkow, Orlows Stellvertreter mit dem Decknamen DLINNY, einen französischen Kommilitonen kennengelernt, der sehr arm zu sein schien – so arm, daß es ganz danach aussah, als müsse er aus Geldmangel sein Studium aufgeben – und offensichtlich gierig die sozialistische Zeitung *Populaire* verschlang. Drei Monate lang hörte der Agent nichts mehr von seinem Freund, bis er ihm schließlich auf der Avenue de l'Opera über den Weg lief. Der junge Franzose erklärte, er habe mit Hilfe des Vaters seiner Verlobten einen Job als Fotograf im *Deuxième Bureau* bekommen, wo er Landkarten und Dokumente kopieren müsse; allerdings reiche das Geld, das er dabei verdiene, leider nicht aus, um heiraten zu können.[56]

Als Korotkow Orlow über diesen Vorfall berichtete, schien es, als eröffne sich durch eine Bearbeitung des französischen Studenten die langersehnte Chance, endlich an die Geheimnisse des *Deuxième Bureau* heranzukommen. Der Zufallscharakter der Begegnung schloß die Möglichkeit aus, daß es sich um eine Falle handelte, und da die Initiative Korotkow überlassen war, war kaum anzunehmen, daß der französische Student ein Polizeispitzel war. Orlow wies deshalb seinen Assistenten an, seine Freundschaft zu dem jungen Mann nicht einschlafen zu lassen. Eine anschließende Überprüfung des Vaters der Verlobten ergab, daß dieser ein ehemaliger Feldwebel des Heeres war, der nun im Kriegsministerium arbeitete. Orlow bat die Zentrale um Erlaubnis, die Operation fortzusetzen, und um die Vorbereitungen zur Rekrutierung zu beschleunigen, wies er Korotkow an, dem Franzosen den Kauf eines Verlobungsrings zu finanzieren und ihm ein privates Darlehen zu versprechen, das dem jungen Paar die Heirat ermöglichen sollte.[57]

Zuversichtlich wartete Orlow auf grünes Licht aus Moskau für seine Operation, als ein Offizier der *Sûreté Générale*, der bis zu einem Streit mit der »legalen« Residentur im Vorjahr ein sowjetischer Informant gewesen war, erneut Kontakt zu seinem ehemaligen Vorgesetzten aufnahm. Als Chef des Rauschgiftdezernats hatte er Zugang zu den Geheimakten. Er war es, der die Sowjets auf den korrupten Justizminister aufmerksam gemacht und ihnen die französischen Polizeiprotokolle über die Kutjepow-Entführung zugespielt hatte. Nun legte er eine Akte vor, derzufolge die *Sûreté Générale* von einem ihrer Undercoveragenten in der Französischen Kommunistischen Partei darüber informiert worden war, daß ein gewisser in Paris wohnhafter und an der Sorbonne studierender Tscheche in Wahrheit sowjetischer Staatsbürger und Agent des NKWD auf. Die *Sûreté* hatte daraufhin einen jungen Agenten auf ihn angesetzt, der sich im selben Anthropologiekurs einschreiben und den der Spionage für die Sowjetunion verdächtigen Agenten ausspähen sollte.

Orlow erfuhr somit von dieser Operation, der er als »brillantes Stück Spionageabwehr« seine Anerkennung zollte, gerade noch rechtzeitig, nachdem ihm der Bericht des »legalen« Residenten von der Zentrale übermittelt worden war.[58] Er wurde angewiesen, alle Aktivitäten zur Anwerbung des Franzosen sofort einzustellen und Korotkow vorübergehend außer Landes zu bringen.

Die Abwendung dieser Beinahe-Katastrophe sollte Orlows letzte Operation als Illegaler in Frankreich sein. Das Schicksal verhinderte, daß er lange genug in Paris bleiben konnte, um seine Mission – die Unterwanderung der *Deuxième Bureau* des französischen Generalstabs – erfolgreich abzuschließen.

An einem sonnigen Apriltag des Jahres 1934 ging Orlow gerade durch eine belebte Pariser Straße, als plötzlich hinter ihm jemand laut »Lew!« rief. Orlow widerstand dem natürlichen Impuls, sich umzudrehen und nachzusehen, wer seinen alten Decknamen – Lew Nikolski – gerufen hatte, unter dem er sechs Jahre zuvor Mitglied der sowjetischen Handelsdelegation in Frankreich gewesen war. Als William Goldin, Bürger der Vereinigten Staaten von Amerika, ging er scheinbar unbeeindruckt seines Weges, zumal er annehmen konnte, daß unter den unzähligen russischen Emigranten in Paris auch etliche Lews waren und der Rufer womöglich gar nicht ihn gemeint hatte. Als sich ihm jedoch wenige Augenblicke später eine Hand auf die Schulter legte, mußte er bestürzt feststellen, daß der Mann, der ihm nun in die Augen blickte, sich keineswegs geirrt hatte.[59]

»Was ist los, Lew, kennst du deine alten Freunde nicht mehr?« fragte ein ungepflegt wirkendes Individuum scheinbar entschuldigend, aber mit einem reichlich unverschämten Unterton. Der Mann, der ihn aufgehalten hatte, war kein Fremder, sondern ein ehemaliger Genosse namens Wernik; er hatte sechs Jahre zuvor mit ihm in der Handelsdelegation gearbeitet, während Orlow diese Organisation in seiner vorausgegangenen Inkarnation als legaler sowjetischer Geheimdienstler zur Tarnung benutzt hatte.

Orlow berichtete, daß er Wernik nur flüchtig zugenickt habe, nachdem dieser sich ihm zu erkennen gegeben hatte. Wernik erklärte, er habe seine Arbeit für die Handelsdelegation hingeschmissen und sei ohne Erlaubnis in Paris geblieben. Damit bestätigte er nur, was Orlow ohnehin bereits wußte: Sein ehemaliger Kampfgefährte, der in den späten zwanziger Jahren Fahnenflucht begangen hatte, wurde von den Behörden in Moskau als Verräter eingestuft. Aufgrund seines ungepflegten Äußeren und seines unrasierten Gesichts konnte Orlow unschwer erkennen, daß Wernik nicht gerade auf Rosen gebettet war.

»Wollen Sie mich nicht um der alten Zeiten willen auf ein Glas Wein einladen, damit wir ein Schwätzchen halten können?« schlug Wernik hoffnungsvoll vor. Orlow war klar, daß er sich dieser problematischen Situation nicht einfach entziehen konnte, und so stimmte er widerwillig zu.[60]

Auf dem Weg zu einem nahen Café kam Orlow zu dem Schluß, daß Wernik nicht wissen konnte, daß er sich illegal in Frankreich aufhielt und sich als Amerikaner ausgab. Wahrscheinlich nahm er an, daß Nikolski im Handelsbereich in offizieller Mission unterwegs war. Entsprechend verhielt Orlow sich dann auch während ihres schwierigen zwanzigminütigen Gesprächs, bei dem Wernik darüber klagte, wie schwer sein Leben doch geworden sei. Er gab sich überzeugt, daß es ein Fehler gewesen sei, sich von der Sowjetunion abzuwenden, und flehte Orlow an, ihm bei der Rückkehr in sein Vaterland und der Suche nach Arbeit zu helfen. Um diese unliebsame Bekanntschaft aus der Vergangenheit so schnell wie möglich loszuwerden, versicherte ihn Orlow seiner Unterstützung; dann entschuldigte er sich mit der Begründung, er habe noch einen wichtigen geschäftlichen Termin.

Noch während er sich vom Ort dieses schicksalsträchtigen Zusammentreffens entfernte, wurde Orlow klar, daß seine Operationen als Illegaler in Frankreich zumindest vorerst beendet waren. Die *Sûreté Générale* hatte zweifellos von Werniks Desertion Wind bekommen, und so war es durchaus denkbar, daß sie ihn als Informanten übernommen hatte. Orlow hatte somit keine Zeit zu verlieren. Er packte seine Koffer und machte sich auf den Weg in die Schweiz. Vorher aber beauftragte er noch seinen Assistenten DLINNY, unverzüglich folgende Nachricht nach Moskau zu schicken: »SCHWEDE ist zufällig Wernik über den Weg gelaufen. Wernik fragte ihn, wo und was er arbeite. SCHWEDE hat deshalb beschlossen, erst einmal Paris zu verlassen und abzuwarten, wie sich die Dinge entwickeln.«[61]

Die Berichte, die Moskau aus der Pariser Handelsmission erreichten, klangen alles andere als positiv. Als Orlow Wernik nicht wie versprochen anrief, begann Wernik verzweifelt, ihn zu suchen; er bediente sich dabei sogar der Hilfe anderer sowjetischer Deserteure und setzte sich schließlich gar mit der sowjetischen Handelsdelegation in Verbindung, indem er Angestellte, mit denen er früher zusammengearbeitet hatte, um Informationen über Nikolski ersuchte. Als die Zentrale von Werniks Hartnäckigkeit erfuhr, wies sie ihren illegalen Residenten in Paris an, die Stadt schnellstmöglich zu verlassen. Nach mehreren Wochen Aufenthalt in der Schweiz war Orlow mittlerweile nach Paris zurückgekehrt in der Hoffnung, daß sein zufälliges Zusammentreffen mit Wernik ohne Folgen bleiben würde. Resigniert bereitete er sich nun darauf vor, Frankreich ein weiteres Mal den Rücken zu kehren. Am 8. Mai 1934 schickte er über die für den Ernstfall vorgesehene Verbindung folgende Botschaft nach Moskau: »Ihren Anweisungen entsprechend reise ich heute in die Schweiz aus. SCHWEDE.«[62] So mußte Orlow seinem Nachfolger die Ehre überlassen, FREUND anzuwerben, der zum ersten »Maulwurf« der Sowjets im französischen Geheimdienst wurde.

Auf Orlow wartete in Wien bereits eine neue Aufgabe. Sein Pech in Paris sollte bald kompensiert werden, als er den Befehl erhielt, von Österreich aus zu einer neuen Mission nach London zu reisen. So wurde ein neues Kapitel in seinem Agentenleben aufgeschlagen, das dem NKWD-Archiv zufolge die Krönung seiner Arbeit für den sowjetischen Geheimdienst darstellte.

Anmerkungen

1. Orlov *Handbook*, S. 39.
2. Ebd., S. 40.
3. Die Briten haben nie die vollständige Liste oder auch nur eines der Papiere freigegeben, die bei der Durchsuchung des Gebäudes, das sich ARCOS mit der sowjetischen Handelsmission teilte, beschlagnahmt wurden. Die Tragweite des gefundenen Materials läßt sich anhand der Beurteilung der Dokumente ermessen, die an die Amerikaner weitergeleitet wurden, einschließlich einer Liste mit sicheren Häusern, Postadressen und Namen sowjetischer Kuriere, die häufig in die Vereinigten Staaten reisten. MI5-Bericht vom 18. Juli 1927 in den US-Botschaftsakten, London 800 BRG 84 NAW. Siehe auch: »*Documents Illustrating the Hostile Activities of the Soviet Government and Third International Against Great Britain*«, HMSO 1927.
4. Orlov, *Handbook*, S. 40.
5. Ebd., S. 41.
6. Ebd., S. 40.
7. Ebd., S. 43.
8. Der offizielle Zweck seines Besuchs wurde von Orlow in seiner Aussage vor dem INS-Untersuchungsbeauftragten Denton J. Kerns in New York am 29. April 1954 bestätigt, FBI-Akte Nr. 105-22369. Er gab natürlich nicht zu, daß er sich 1932, mit der Hilfe eines sowjetischen Untergrundagenten, Papiere auf den Namen William Goldin besorgt hatte, um so an einen echten Paß heranzukommen. ORLOW-Akte Nr. 32476, Band 1, S. 3–5, ARG. Der amerikanische Paß ist der Seite 227 derselben Akte beigefügt.
9. Ebd.
10. Ebd.
11. Ebd.
12. Ebd., S. 47.
13. Ebd., S. 79.
14. Bezüglich einer Zusammenfassung der Fälle Cremet und Muraille sowie allge-

mein über den Höhepunkt der sowjetischen Spionage in Frankreich in den Jahren 1928 bis 1933 siehe Dallin, *Soviet Espionage*, S. 39–47.

15. Operatin EXPRESS, Einsatzdirektive in ORLOW-Akte Nr. 32476, Band 2, S. 152, ARG.
16. Ebd., S. 154.
17. Ebd.
18. KADU war an einem Einsatz im Zusammenhang mit dem italienischen Geheimdienst beteiligt gewesen, der ihn so in Gefahr brachte, daß die Zentrale gezwungenermaßen seinen Rückzug anordnen mußte. KADU/»Rotbart« ist ein weiterer Fall, bei dem Orlow den Namen des sowjetischen Agenten im *Deuxième Bureau* der CIA gegenüber nicht erwähnt. »Subject LAGRANGE« in ORLOW DST-Akte.
19. ORLOW-Akte Nr. 32476, Band 2, S. 170, ARG.
20. Orlov, *Handbook*, S. 52.
21. ORLOW-Akte Nr. 32476, Band 2, S. 172, ARG.
22. Ebd.
23. Orlov, *Handbook*, S. 111. Obwohl Orlow sich selbst nicht erwähnt, handelt es sich offenbar um ein persönliches Erlebnis; dies bestätigen auch seine Antworten auf die Fragen im Fragebogen des DST zu »Cas 13«, *Handbook* ORLOW DST-Akte.
24. Bericht von Orlow an die Zentrale, in ORLOW-Akte Nr. 32476, Band 2, S. 157, ARG.
25. Ebd., S. 162.
26. Ebd.
27. Ebd.
28. Ebd., S. 163.
29. Ebd.
30. Ebd., S. 175.
31. Ebd., S. 180–181. Orlow sprach in seinem Original-Bericht von »Annoncen«, aber da solche kapitalistischen Gepflogenheiten in der sowjetischen Presse unbekannt waren, dürfte »Meldungen« wohl die bessere Übersetzung sein. Es wäre allerdings möglich, daß STAHL in dem ungeschickten Versuch, Orlow etwas vorzulügen, tatsächlich von »Annoncen« gesprochen hat.
32. ORLOW-Akte Nr. 32476, Band 2, S. 164–165, ARG.
33. Ebd., S. 255. Das genaue Datum der Antwort der Zentrale ist nicht bekannt, aber in seinem Bericht vom 24. März 1934 erklärt Orlow, daß er entsprechend der Direktive der Zentrale, die er über JACK (den NKWD-Residenten in Paris) erhielt, sowohl JOSEPH als auch B 205 übernommen habe.
34. Ebd., S. 168. Die Nationalität von B 205 geht aus der Akte nicht deutlich hervor.
35. Ebd., S. 169.
36. Ebd. Mallys Notiz an Sluzki.
37. Ebd., S. 193.
38. Man hat in den sowjetischen Unterlagen bislang drei Hinweise gefunden, die Orlow direkt mit dem Fall von General Miller in Verbindung bringen. Erstens erzählte er Feoktistow bei ihrem zweiten Treffen 1971, daß einer der Gründe, warum er nicht mehr in Jeschows Gunst stand, seine ablehnende Haltung gegenüber dem Entführungsplan gewesen sei. Zweitens schrieb er im August 1938 in seinem Brief an Jeschow, daß er sich im Besitz des »Rings von FARMER« sei – FARMER war der Codename General Skoblins, einer Schlüsselfigur in der Operation. Drittens schrieb Orlow am 10. Mai 1938 von Barcelona aus an Spigelglas, daß es möglich sei, ein Flugzeug zu kaufen: »Für 15000 Dollar könnten wir eine Maschine des Typs kaufen, in dem Sie und ich FARMER weggeschafft haben.« Quellen: ORLOW-Akte Nr. 103509, Band 1, S. 205–221,

S. 13–25, ARG, »Schriftverkehr mit der spanischen Residentur«, Akte Nr. 19897, Band 3, S. 121, ARG.
39. ORLOW-Akte Nr. 32476, S. 193, ARG.
40. Ebd.
41. Ebd., S. 208–209, 245.
42. Ebd., S. 210–212.
43. Orlow an die Zentrale, ebd., S. 245, 258.
44. Ebd., S. 258–259.
45. Ebd.
46. Die Archive mit den Einsatzunterlagen enthüllen, daß es mehrere, teilweise euphemistische Bezeichnungen im NKWD für die speziellen Einsätze zur Liquidation gab – wie z. B. *liternoje delo* (»Spezialangelegenheit«) – die später »nasse Operationen« genannt wurden.
47. Orlow an die Zentrale, ORLOW-Akte Nr. 32476, Band 2, S. 263, ARG.
48. Ebd., S. 264. Im *Handbook* beschreibt Orlow einen Fall, in dem die Freundin einer sowjetischen Informantin im französischen Außenministerium vom Stellvertretenden Außenminister gebeten worden war, seine Privatsekretärin zu werden. Orlow berichtet, wie sie mit Hilfe eines jungen britischen Schriftstellers aus Wales, der vorgab, ein Buch über europäische Politik zu schreiben, ausgehorcht wurde. Bei dem Schriftsteller könnte es sich um Goronwy Rees gehandelt haben, einen von Burgess' Rekruten aus dem Cambridge-Ring. Orlow erzählte 1965 der CIA, daß der Fall, über den er damals geschrieben habe, 1936 stattgefunden habe und von seinem Freund Smirnow, dem illegalen NKWD-Residenten in Paris, geleitet worden sei. Er selbst habe die Details von Smirnow erhalten, einschließlich Informationen über das erste Treffen an der Comédie Française mit zwei »feschen jungen Engländern, die fließend französisch sprachen«. Bei dem einen habe es sich um einen Pianisten, bei dem anderen um einen Waliser gehandelt. In: *Handbook* ORLOW DST-Akte.
49. Orlow an die Zentrale, ORLOW-Akte Nr. 32476, Band 2, S. 264, ARG.
50. Ebd., S. 265.
51. Orlov, *Legacy*, S. 6–9, Zeugenaussage vom 14. September 1957 vor dem Unterausschuß des Senats für Innere Sicherheit und ORLOW DST-Akte.
Diese in Orlows Buch erwähnte Operation muß während seines Aufenthaltes als illegaler Resident in Paris stattgefunden haben, auch wenn Orlow in seiner Aussage vor dem Unterausschuß des Senats für Innere Sicherheit für die DST-Akte behauptete, sie sei bereits 1932 durchgeführt worden, also ein Jahr vor seiner Versetzung nach Frankreich. Da die Operation im Herbst stattfand, hätte sie mit seiner Reise in die Vereinigten Staaten, die bis Ende November dauerte, kollidieren müssen. Die Einreise- und Ausreisestempel in Orlows amerikanischem Paß vom Dezember 1933 beweisen weiterhin, daß seine Mission in Rom tatsächlich gegen Ende 1933 zu datieren ist. Seine NKWD-Akte zeigt, daß er um diese Zeit nach Moskau zurückkehrte, um der Zentrale Bericht zu erstatten. Auch sein Hinweis auf ein Gespräch mit KADU, der sich damals nachweislich in Moskau aufhielt, bestätigt dies.
52. Auf die Frage im DST-Fragebogen nannte Orlow den Namen des italienischen Ministers Giuseppe Bottai. Er behauptete außerdem, daß er selbst nach Rom geschickt worden sei, um Bottais Rekrutierung zu überwachen. »Cas 10«, S. 81–82, *Handbook* ORLOW DST-Akte.
53. Datumsstempel der italienischen Grenzposten in Orlows Paß auf den Namen William Goldin.
54. Orlov, *Handbook*, S. 81. Obwohl er schrieb, daß der nicht namentlich genannte illegale Resident in Frankreich einen kanadischen Paß benutzte, gab Orlow in dem CIA-Verhör von 1965 zu, daß dies ein bewußt irreführendes Detail

gewesen war. Bezeichnenderweise behauptete er, er selbst habe unter einem österreichischen Paß operiert. Verständlicherweise erzählte er der CIA nie, daß er einen illegal erworbenen amerikanischen Paß auf den Namen William Goldin besaß.

55. Orlov, *Legacy*, S. 68–69, Zeugenaussage vom 14. Februar 1957 vor dem Unterausschuß des Senats für Innere Sicherheit.
56. Orlov, *Handbook*, S. 142–145, und Orlows Antworten auf dem DST-Fragebogen weisen darauf hin, daß Korotkow in Paris als tschechischer Studenten getarnt operierte. »Cas 15«, *Handbook* ORLOW DST-Akte.
57. Ebd.
58. Ebd.
59. Da sowjetische Geheimdienstoffiziere in den Dreißigern sowohl als legale als auch als illegale Residenten arbeiteten, war es sehr wahrscheinlich, daß sie Leuten begegneten, die sie aus ihrer vorherigen Stellung kannten. Dies stellte ein großes Risiko dar. Dimitri Bystroljotow, Mitglied einer Art Bereitschaftsdienst von Krisenmanagern unter den Illegalen, beschreibt viele derartiger Fälle in seinen aufschlußreichen und detaillierten Memoiren, die in den NKWD-Archiven liegen. Orlow an die Zentrale, ORLOW-Akte Nr. 32476, Band 2, S. 292–293, ARG.
60. Ebd.
61. Ebd., S. 294.
62. Orlow an Zentrale, 8. Mai 1934, ebd., S. 290.

KAPITEL 6

»Söhnchen« Philby

Als Orlow nach seiner überstürzten Abreise aus Paris in Wien ankam, erfuhr er, daß er als nächstes die Leitung einer illegalen Gruppe in England übernehmen sollte. In den NKWD-Akten findet sich ein Durchschlag des Briefes vom 19. Juni 1934, den die Zentrale schon vor seiner Ankunft in der österreichischen Hauptstadt dorthin geschickt hatte.

»In den vergangenen zwei Monaten«, hieß es in diesem Schreiben, »haben wir zwei mit unsichtbarer Tinte geschriebene Briefe von MARR erhalten, die wir nicht entwickeln konnten.«[1] Eine von Orlows ersten Aufgaben bestand deshalb darin, einen verläßlicheren Weg der Kommunikation als über chemische Tinte aufzubauen. Diese »unsichtbare Schrift«, mit deren Hilfe zwischen den Zeilen eines scheinbar harmlosen, über die normale Post verschickten Briefes geheime Nachrichten transportiert wurden, war die bevorzugte Methode von Ignati Reif gewesen, der als russischer Illegaler seit fast einem Jahr die NKWD-Residentur in London geleitet hatte. Reif ist nicht zu verwechseln mit dem bekannten Ignaz Reiss, einem im Untergrund arbeitenden Sowjetagenten polnischer Abstammung, der 1937 in der Schweiz ermordet wurde, nachdem er von seinen Spionagenetzen in Belgien desertiert war. Als Reif 1933 nach England beordert worden war, hatte er den Decknamen MARR erhalten. Soweit festzustellen ist, wurde Reif vom MI5 niemals als illegaler Geheimdienstchef identifiziert. Seiner NKWD-Akte zufolge hatte er nur den Status eines stellvertretenden Residenten, da die Londoner Operation zu diesem Zeitpunkt noch der Residentur in Paris unterstellt war.

Reif reiste am 15. April 1934 unter dem Pseudonym Max Wolisch mit einem gestohlenen österreichischen Paß, Nr. 468302, ausgestellt in Wien 1933, in Großbritannien ein. Die sauber beschnittene Fotografie auf seiner Aufenthaltserlaubnis, ausgestellt in der Bow-Street-Polizeistation, zeigt eine Person mit rundem Gesicht, Brille und wachen Augen, die wie ein Schullehrer aussieht. Wolisch gab sich als Wirtschaftsvertreter aus, der mit skandinavischen Ländern Geschäfte machte. Dies war zur Tarnung seiner häufigen Fahrten zwischen London und Kopenhagen notwendig, die er und die NKWD-Kuriere aus Großbritannien unternahmen, um ohne MI5-Überwachung Kontakt aufzunehmen. Als Adresse gab er 17 Talbot Square, Hyde Park an, gute zehn Minuten Fußmarsch von der sowjetischen Botschaft in Kensington Palace Gardens entfernt.[2]

Die Anweisungen an Orlow markierten eine veränderte Politik der Zentrale gegenüber ihrem Außenposten in London. Anders als Reif sollte Orlow unmittelbar für die dortige illegale Gruppe verantwortlich sein und als deren Resident direkt mit Moskau kommunizieren. Seinem ursprünglichen Befehl entsprechend sollte er seine Operationsbasis in Kopenhagen einrichten, von wo aus er nicht nur ein sowjetisches Spionagenetz in Großbritannien, sondern auch Operationen in den baltischen Staaten zu leiten hatte, da dort auch der britische Geheimdienst Stützpunkte für seine Spionagetätigkeit gegen die Sowjetunion hatte.[3] Noch bevor Orlow erstmals über Stockholm nach England reiste, wo er am 15. Juli 1934 im Hafen von Harwick ankam, zeigten sich die ersten Probleme bei der Leitung der illegalen Netzwerke in Großbritannien von Dänemark aus. Dies galt nicht zuletzt auch für den Beginn einer neuen Operation in England selbst, die im siebten Absatz der Instruktionen für Orlow bereits angedeutet worden war; dort hieß es, Reif habe soeben einen potentiell sehr wichtigen britischen »Rekruten« angeworben.

»Wir wollten diesen Brief gerade an Sie abschicken«, erläuterte die Zentrale, »da erhielten wir von MARR, der sich zur Zeit in Kopenhagen aufhält, telegrafisch folgende Information: Der Sohn des englischen Agenten Philby, des Beraters von Ibn Saud, ist von der Gruppe rekrutiert worden.«[4]

Der frühere Regierungsberater Harry St. John Bridger Philby, der von seinen Freunden Jack genannt wurde, war einer der führenden Arabisten und Wüstenforscher seiner Zeit. Die Aussicht, seinen Sohn unter sowjetische Kontrolle bringen zu können, machte dessen Rekrutierung aus der Sicht des NKWD nicht nur deshalb zu einer wichtigen Angelegenheit, weil sein Vater ein Berater des Herrschers von Saudi-Arabien war, sondern auch, weil ihn der sowjetische Geheimdienst – fälschlicherweise, wie sich später herausstellen sollte – für einen britischen Agenten hielt. In Wirklichkeit war Philby senior im Jahre 1924 aus der Kolonialverwaltung entlassen worden, weil er und die britische Regierung »sich in den Haaren lagen«, wie es in einem vertraulichen Bericht des MI5 hieß, demzufolge Philby »mehrmals bewußt gegen die offizielle Politik verstoßen« hatte.[5]

St. John Philby, Sohn des Besitzers einer Teeplantage auf Ceylon, galt als typisch englischer Exzentriker. Seine lebenslange Liebe zu Arabien führte immer mehr zu einer tiefen persönlichen Abneigung gegen die britische Regierung, die beinahe zu seiner Internierung als Sympathisant der Nationalsozialisten geführt hätte, nachdem er Winston Churchill im Wahlkampf widersprochen und Hitler als Friedensbringer bezeichnet hatte. Schließlich war er sogar zum Islam übergetreten, hatte den Namen Abdulla angenommen und als zweite Frau eine junge saudische Sklavin geheiratet. Philby hatte vor seinem Sohn aus seiner tiefen Verachtung für die herrschende Schicht Großbritanniens nie einen Hehl gemacht und ganz bewußt bei jeder sich bietenden Gelegenheit deren manierierte Prinzipien mißachtet. Das Paradoxon seiner gespaltenen Loyalität vererbte er, so jedenfalls die NKWD-Akten, auf seinen Sohn, der bereits im Alter von zwanzig Jahren beschlossen hatte, in dieser Hinsicht in die Fußstapfen seines Vaters zu treten.

Harold Adrian Russel Philby wurde während der Dienstzeit seines Vaters in Indien am Neujahrstag des Jahres 1912 in Ambala in der Provinz Pandschab geboren. Für Philby jr., der nach dem jungen, unter Indern aufgewachsenen irischen Titelhelden und Spion aus dem berühmten Abenteuerroman Rudyard Kiplings den Spitznamen Kim erhielt, sollte das Leben zu einem Imitat der Fiktion werden. Als Kind empfand er großen Respekt vor seinem Vater, auch wenn dieser häufiger auf Forschungsreisen als zu Hause war. Der Faszination, die der Islam auf seinen Vater ausübte, entsprach die Begeisterung des Sohnes für den Kommunismus, der bei der rebellischen Jugend jener Zeit – wie sein Vater besuchte auch Philby jr. die höhere Schule von Westminster und das Trinity College von Cambridge – großen Anklang fand.[6]

Im Gegensatz zu vielen anderen seiner Generation gehörte Philby nicht zu jenen, die die Armut in die Hände des Kommunismus trieb. Aus gutem Hause stammend, wurde er in den angesehensten Lehranstalten der herrschenden Schicht Großbritanniens erzogen und genoß sämtliche damit verbundene Privilegien, die ihn für sein ganzes Leben prägen sollten. Denn obwohl er sich eine dem widersprechende Weltanschauung zu eigen machte, wollte er wie sein Vater – der zeitlebens Mitglied in den noblen Londoner Klubs blieb – nicht auf die Annehmlichkeiten verzichten, die ihm sein gesellschaftlicher Status bescherte. Während seines Ruhestands in Moskau gestand er, daß er sich häufig nach dem komfortablen Leben der englischen Oberschicht – den tiefen Ledersesseln der Klubs in der Pall Mall, Coleman's Senf und Worcestershire-Soße – sehnte, und mit beinahe religiöser Inbrunst löste er Tag für Tag die Kreuzworträtsel in der *Times*.[7]

In Anbetracht der Wurzeln von Philbys Kommunismus werden die Enthüllungen aus dem früheren KGB-Archiv noch aufschlußreicher. In allen Einzelheiten sind in den betreffenden Akten die Mechanismen für die Anwerbung eines so loyalen Rekruten durch den sowjetischen

Geheimdienst beschrieben. Die allmähliche Verwandlung Philbys und die anderer Vertreter des britischen Establishment in sowjetische Spione, deren Namen im Laufe der Zeit zu Synonymen für Verrat wurden, hat seit dem 23. Januar 1963 auf viele Menschen eine ungeheure Faszination ausgeübt und immer wieder zu Nachforschungen und Spekulationen Anlaß gegeben. In jener Nacht setzte sich Philby aus dem Libanon ab, nachdem er nicht wie vereinbart in der britischen Botschaft in Beirut erschienen war. Er hatte sich dort als Korrespondent des Londoner *Observer* aufgehalten – eine Arbeit, die auch als Tarnung für seine fortgesetzte Tätigkeit als Agent des MI6 gedient haben soll, wie die Presse den britischen Geheimdienst nach der Terminologie aus der Zeit vor dem Ersten Weltkrieg noch immer nannte, obwohl er mittlerweile längst dem Außenministerium unterstand. Philbys Verrat und das erstaunliche Maß, in dem er seine früheren Kollegen vom britischen und amerikanischen Geheimdienst hinters Licht geführt hatte, sollte erst sechs Monate später auf schockierende Weise offenbar werden.

In Moskau machte Philby das ungeheure Ausmaß seines Verrats publik: Er gestand, daß er, schon lange bevor er sich während des Zweiten Weltkriegs dem MI6 anschloß, vom sowjetischen Geheimdienst rekrutiert worden war. Das Image des ruhmreichen britischen Geheimdienstes erlitt einen weiteren schweren Schlag, als herauskam, daß Philbys Entschluß, nach Moskau zu fliehen, auf die fehlgeschlagene Mission von Philbys früherem MI6-Kollegen Nicholas Elliott zurückzuführen war. Elliott war nach Beirut geflogen, um Philby zu einem Geständnis zu bewegen und ihm als Gegenleistung für dieses vollständige, geheime Geständnis seine Repatriierung sowie Straffreiheit zu garantieren. Der Schaden, den Philby den Briten – und damit auch den mit britischer Unterstützung durchgeführten Operationen der CIA während des kalten Krieges – zugefügt hatte, war in der Geschichte der Spionage ohne Beispiel.

Philbys Kriegskarriere im MI6 hatte ihn in die höheren Ränge des britischen Geheimdienstes geführt. Auf dem Höhepunkt seiner Laufbahn leitete ausgerechnet er die antisowjetischen Operationen der Briten, für die nach dem Krieg die Abteilung IX zuständig war. Gerüchte, denen zufolge er langfristig sogar für den Posten des Chefs der gesamten Organisation vorgesehen war, erhielten 1949 neue Nahrung, als er zum Verbindungsoffizier in Washington ernannt wurde; sie verstummten erst 1951, nachdem zwei seiner Freunde aus Cambridge zum Gegner übergelaufen waren.

Als ausgesprochen peinlich für die Briten erwies sich, daß die Amerikaner Philby schon relativ früh im Verdacht gehabt hatten, nicht nur rein freundschaftliche Beziehungen zu den Diplomaten Guy Burgess und Donald Maclean gepflegt zu haben, die im Mai desselben Jahres nach einem Hinweis, daß das MI5 ihnen auf den Fersen sei, von London nach Moskau geflohen waren. Nachforschungen des FBI und der CIA hatten ergeben, daß die Spur zu Philby führte. Washington forderte seine Abberufung nach einer genauen Untersuchung der Indizien, die darauf hindeuteten, daß er der »dritte Mann« im Spionagering von Cambridge sein könnte. Der Mangel an eindeutigen Beweisen sowie seine unglaubliche Kaltblütigkeit ließen Philby jedoch alle Befragungen durch den MI5 unbeschadet überstehen. Sämtliche Verdachtsmomente gegen ihn konnte er allerdings nicht ausräumen, so daß er unmöglich offiziell im Geheimdienst bleiben konnte. Mit Hilfe einflußreicher Freunde faßte Philby wieder im Journalismus Fuß. 1955 wurde er zu seiner Genugtuungvon Premierminister Harold Macmillan öffentlich entlastet, als dieser vor dem Parlament abstritt, daß der ehemalige ranghohe MI6-Offizier der »dritte Mann« gewesen sei.

Als Philby dann 1963 in die Sowjetunion überlief, war es um die Glaubwürdigkeit der britischen Regierungsbehörden endgültig geschehen. In den darauffolgenden 16 Jahren mehrten sich die Gerüchte, daß sich noch weitere britische »Maulwürfe« des Kreml ihren Weg in die höchsten Ebenen von Geheimdienst und Diplomatie gegraben hatten. Das ganze Ausmaß einer der spektakulärsten und erfolgreichsten Unterwanderungsoperationen in der Geschichte der Spionage drang 1979 ans Licht der Öffentlichkeit, als Premierministerin Margaret Thatcher die Existenz eines weiteren Agenten des sowjetischen Spionagenetzes im Dunstkreis von Cambridge bestätigte. Die Bombe platzte mit der Veröffentlichung des Buches *The Climate of Treason* durch den angesehenen BBC-Journalisten Andrew Boyle.[8]

Der Vierte Mann, wie die amerikanische Ausgabe von Boyles Buch betitelt wurde, spielte auf einen Spion »Maurice« im Buckingham Palace an, der im Parlament Sir Anthony Blunt genannt wurde. Der anerkannte britische Kunsthistoriker, Berater von Königin Elisabeth und ehemalige Verwalter der königlichen Gemäldesammlungen, verlor seinen Adelstitel nach dem Sturm der Entrüstung, der losbrach, als bekannt wurde, daß er kurz nach Philbys Flucht seine Spionagetätigkeit gestanden hatte, nachdem man ihm im Gegenzug heimlich Straffreiheit zugesichert hatte. Blunt, der ebenfalls in Cambridge studiert hatte, gab zu, daß er von den Sowjets schon als eine Art Talentsucher rekrutiert worden war, bevor er sich im Krieg dem MI5 anschloß. Blunts Demaskierung verdeutlichte die Scheinheiligkeit, die hinter dem Selbsterhaltungskodex des britischen Establishment steckte. Sie zog eine Flut von Gerüchten nach sich, auch andere sowjetische »Maulwürfe« könnten von der Scheu der Behörden profitiert haben, das wahre Ausmaß bekanntzumachen, in dem die Agenten des Kreml sich das so offensichtlich morsche Gebäude klassenbedingter Privilegien, das das sogenannte Establishment ausmachte, zunutze gemacht hatten.

Viele der berühmten Zeitgenossen von Philby, Maclean, Burgess und Blunt, die in Oxford oder Cambridge in den dreißiger Jahren der Faszination der marxistischen Lehre erlegen waren, mußten sich plötzlich gegen Verdächtigungen zur Wehr setzen, auch sie könnten ihr Land an Moskau verkauft haben. Der Verdacht, daß noch Dutzende von Stalins englischen Agenten unerkannt in Großbritannien lebten, führte in populärer Form zu den zynischen Vernetzungen, die die Spionagethriller John le Carrés auszeichnen. Die »Maulwurfjagd« wurde für britische Journalisten und Schriftsteller, die aus der Gier der Öffentlichkeit nach Spionagegeschichten Profit schlugen, zu einem lukrativen Geschäft. Zudem befriedigte die Entlarvung jener Überläufer aus der Oberschicht, die sich von den führenden Köpfen des KGB hatten manipulieren lassen, auch das psychologische Bedürfnis der Nation, endlich die Sündenböcke zu finden, die sie für den rapiden wirtschaftlichen Abstieg Großbritanniens nach dem Kriege verantwortlich machen konnten. Als die britische Regierung 1987 versuchte, dem erfolgreichen früheren »Maulwurfjäger« des MI5, Peter Wright, einen Maulkorb anzulegen und die Veröffentlichung seines Buches *Spycatcher* zu verhindern, goß sie nur noch mehr Öl ins Feuer und schürte damit die weitverbreitete Vermutung, daß der sowjetische Geheimdienst eine große Zahl junger Engländer aus der Oberschicht zum Landesverrat angestiftet hatte.[9]

»Die Behauptung, daß das Ausmaß der Unterwanderung unseres Landes durch sowjetische Spione gründlich untersucht worden sei, ist ganz einfach unzutreffend«, erklärte Peter Wright, der 1987 mit der schlagzeilenträchtigen These an die Öffentlichkeit trat, daß bislang von der subversiven Tätigkeit englischer Spionageagenten nur die Spitze eines riesigen Eisbergs entdeckt worden sei.[10] Trotz wiederholter Dementis von offizieller Seite trug die grundsätzliche Weigerung der britischen Regierung, Akten des MI5 zu veröffentlichen, ebenso wie ihre langwierigen und letztlich vergeblichen Aktionen in Australien und am Europäischen Gerichtshof mit dem Ziel, Wright an den Eid der öffentlichen Geheimhaltung zu fesseln, doch nur dazu bei, den Berg an Spekulationen weiter anwachsen zu lassen. Wäre Orlow noch am Leben gewesen, hätte er sich über die Aufregung, die eine fünfzig Jahre zuvor von ihm inszenierte Operation auslöste, sicher köstlich amüsiert. Während die lange Zeit unerschütterlich erscheinende Festung Sowjetunion unter der von Präsident Gorbatschow propagierten Glasnost zu bröckeln begann, zog sich die britische Regierung hinter die archaischen Mauern des *Official Secrets Act* zurück – des Gesetzes zur Wahrung von Staatsgeheimnissen, das man sogar noch weiter verschärfte, um es Journalisten und Parlamentariern noch schwerer zu machen, die Wahrheit von Spionageaffären ans Licht zu bringen.

Die Ironie dieser Situation kann Philby bei der Lektüre seines Exemplars der *Times* in Moskau kaum entgangen sein. Im Jahre 1988 ließen sich seine Vorgesetzten im KGB diese Gelegenheit nicht entgehen, in einem letzten großen Auftritt noch einmal die Aufmerksamkeit der Weltöffentlichkeit auf seine Heldentaten zu lenken. Philby machte es ganz offensichtlich Spaß, die Flammen der Spekulation weiter anzufachen, indem er einem britischen Journalisten in seiner relativ luxuriösen Moskauer Wohnung, deren 12 000 Bücher umfassende Bibliothek selbst einem Appartement in New Yorks Fifth Avenue alle Ehre gemacht hätte, ein Exklusivinterview gab. Der neuen sowjetischen »Offenheit« entsprechend posierte der englische Veteran vor der Kamera nicht in Uniform, sondern ganz leger in Pantoffeln und einer Cambridge-blauen Strickjacke aus Kaschmirwolle mit aufgesticktem Monogramm. Mit einem strahlenden Lächeln hielt er bewußt provokativ ein Exemplar des Buches *Spycatcher* in die Kamera, das in seinem Vaterland noch immer verboten war.

Philby nutzte die Gelegenheit, seinen unerschütterlichen Glauben an den Kommunismus zu bekräftigen; er erklärte, daß er nichts bereue und »es immer wieder tun« würde. Um seinen Worten Nachdruck zu verleihen, holte er eine ganze Schublade von Orden und Auszeichnungen des Ostblocks hervor; besonders stolz war er auf den Lenin-Orden, der seiner festen Überzeugung nach dem britischen Adelstitel gleichzusetzen war. »Meine ganze Loyalität galt immer nur einer Seite: dem KGB«, bekräftigte Philby in der Überzeugung, daß sich seine Entscheidung als historisch richtig erweisen werde. »Ich möchte in dem Land begraben werden, für das ich gearbeitet habe«,[11] schloß er – ein Wunsch, der ihm drei Monate später erfüllt wurde, nachdem er am 11. Mai 1988 an Herzversagen gestorben war. Philbys sterbliche Überreste wurden zunächst im Offiziersklub des KGB aufgebahrt und dann auf dem Moskauer Kunzewskoje-Friedhof unter einer Gedenktafel aus Granit beigesetzt, die ein einzelner goldener Stern zierte. In den Nachrufen der sowjetischen Presse wurde sein Lebenswerk in einem »außerordentlich sensiblen Bereich« gewürdigt, wobei man seine wohlweislich nicht näher spezifizierten »Heldentaten« zurückhaltend als »facettenreich und global in ihren Auswirkungen« umschrieb.[12]

Weder die Nachrufe auf Philby noch seine eigenen Aussagen brachten mehr Licht in das Dunkel seiner langen Karriere, als er es selbst in seiner vom KGB genehmigten Autobiographie hatte tun dürfen; die zentralen Fragen blieben weiterhin unbeantwortet. Auch die Leser der Londoner *Sunday Times* erfuhren aus seinem letzten Interview im Jahr 1988 weit mehr über seinen noch immer starken Hang zum Lebensstil eines englischen Gentlemans als über seine Heldentaten für den sowjetischen Geheimdienst. Unter Hinweis auf seine Verpflichtung, weiterhin

Stillschweigen über die »operativen Vorgänge im KGB« zu bewahren, hatte Philby es bis zu seinem Tod strikt abgelehnt, Detailfragen über seine Rekrutierung oder seine Arbeit zu beantworten.[13]

Der letzte öffentliche Auftritt des ehemaligen Sowjetagenten stand in krassem Gegensatz zu seinem Beitrag zur Ausbildung einer ganzen Generation junger KGB-Offiziere, denen er unter dem Decknamen TOM bekannt war. Einer von ihnen war Oleg Zarew, der Koautor dieses Buches, dem Philby mit seinen Ratschlägen immer zur Seite stand. Zarew begegnete TOM erstmals 1974, als er als aktiver Geheimdienstoffizier seinen richtigen Namen nicht preisgeben durfte und sich deshalb Alec nannte; diesen Namen benutzte Philby auch in der Widmung, die er in das Exemplar von *My Silent War* schrieb, das er Zarew schenkte. Obwohl er als einer der ganz großen Helden des sowjetischen Geheimdienstes galt, erhielt Philby nie Zugang zu seiner eigenen umfangreichen Akte. Deshalb waren selbst ihm einige der wesentlichen Einzelheiten seiner Beziehung zu den Sowjets nicht klar. Nie hätte Philby sich träumen lassen, daß schon so kurz nach seinem Tod die Geheimakten, die nicht einmal er selbst hatte einsehen dürfen, ebenso veröffentlicht würden wie der Bericht, den er dem KGB nach seiner Flucht in die Sowjetunion gegeben hatte. Erst heute ist es daher möglich nachzuvollziehen, wie die erfolgreichen Mitglieder des Spionagerings von Cambridge rekrutiert wurden. Die zentrale, bislang unbekannte Rolle, die Orlow dabei spielte, erklärt, warum Philby sich in bezug auf den führenden Kopf, der hinter der Gründung eines der berühmtesten Spionageringe der jüngsten Geschichte steckte, immer so zurückhaltend äußerte. Erst kürzlich zur Veröffentlichung freigegebene Akten des FBI und des State Department bestätigen, daß Donald Maclean durch die Weitergabe britischer Staatsgeheimnisse und angloamerikanischer Entscheidungen auf dem Sektor der Atompolitik den Erwerb von Kernwaffen durch die Sowjets beschleunigte und damit den Verlauf des kalten Krieges maßgeblich mit beeinflußte.[14] Guy Burgess, der »dritte Mann« im Spionagering, half das Untergrundnetz sowjetischer Agenten auf Oxford auszudehnen. Die Aktivitäten dieses Spionagerings nahmen globale Ausmaße an, als seine Mitglieder den Atlantik überquerten, um die Regierung Roosevelt zu unterwandern. Andere Rekruten Stalins beschafften den Sowjets streng geheime, aus abgefangenen verschlüsselten Nachrichten der Deutschen und der Japaner stammende Informationen, mit denen sie dazu beitrugen, daß eine Niederlage der Roten Armee im Zweiten Weltkrieg verhindert werden konnte.[15]

Philby, Maclean und Burgess bezeichneten sich, einem Brief Macleans zufolge, gerne als die »drei Musketiere«, weil sie die drei Gründungsmitglieder des Cambridge-Spionagerings waren.[16] Weder die Zentrale in Moskau noch Orlow, als er im Juni 1934 in Großbritannien ankam, konnte vorhersehen, welche Bedeutung diese drei einst erlangen würden. Es konnte auch kein Zufall sein, daß ausgerechnet Orlow als Illegaler nach London kam. Orlow selbst deutete an, daß er bereits bei der Entwicklung der allgemeinen Strategie, frustrierte Studenten der Eliteuniversitäten zu sowjetischen Agenten auszubilden, eine zentrale Rolle gespielt hatte. Die Entwicklung dieses Plans, dem offensichtlich Orlows Erfahrungen bei der Leitung von Spionagenetzen in Westeuropa zugrunde lagen, wird in Orlows *Handbook of Intelligence and Guerilla Warfare* dargelegt – einem auch für Insider höchst aufschlußreichen Werk über Strategie und Taktik der Spionage. Wie er im Vorwort erklärt, verfaßte Orlow es in der Absicht, sein Handbuch von 1936 zu rekonstruieren, in dem er »die grundlegenden Regeln und Prinzipien der sowjetischen Geheimdienstarbeit« dargestellt hatte. Das Original dieses Buches war laut Orlow »das einzige Lehrbuch für die neu eingerichtete NKWD-Schule für verdeckt arbeitende Geheimdienstoffiziere und Armeeoffiziere an der Zentralen Militärschule in Moskau«. Als Mitglied des Lehrkörpers hielt Orlow einige Jahre lang »nebenbei« Vorlesungen und schrieb außerdem noch besagtes Lehrbuch mit dem Titel *Taktik und Strategie von Spionage und Spionageabwehr*, das auf den entsprechenden »wichtigsten Fällen des NKWD« beruhte.[17]

Jedoch nirgendwo in Orlows ausführlichem KGB-Dossier ist er als Autor aufgeführt, obwohl er behauptete, es »Anfang 1935« verfaßt zu haben. Möglicherweise schrieb er einige Kapitel des Handbuches während seiner Tätigkeit in Moskau von Ende 1935 bis September 1936, die vielleicht nach seiner Flucht aus Spanien, als Orlow als Verräter gebrandmarkt wurde, verboten wurden. Tatsache ist, daß kein Veteran, der vor 1938 an der Zentralen Militärschule studiert hat, sich an sein Textbuch erinnern kann – noch merkwürdiger ist, daß kein einziges Exemplar mehr existiert.

An Orlows Behauptung ist bezeichnend, daß er darauf besteht, das Handbuch in Moskau sofort nach seiner Rückkehr aus London geschrieben zu haben, wo, wie wir jetzt wissen, er als Geburtshelfer und erster Direktor des Spionagerings von Cambridge agiert hatte. Als Orlow sein angebliches Handbuch *The Handbook of Intelligence and Guerilla Warfare* mit Unterstützung des CIA rekonstruierte, vermied er wohlweislich jeden Hinweis auf seine eigene Verwicklung in die Ereignisse. Aber im Zusammenhang mit der persönlichen Beziehung zu Philby, Maclean und Burgess kommt dem Geschriebenen jetzt eine neue Bedeutung zu, besonders jenen Passagen (die man indirekt als Eigenlob lesen kann), in denen er die Entwicklung des Konzepts beschreibt, unzufriedene Cambridge-Absolventen für Moskaus Dienste anzuwerben. Das Ziel war – so werden wir informiert, ohne die angepeilten Universitäten genannt zu bekommen –, potentielle Rekruten heranzuziehen, bei denen man sich aufgrund ihrer akademischen Ausbildung darauf verlassen konnte, daß sie schnell in die höheren Ränge der Regierungsämter aufsteigen würden und deren Hingabe an den Kommunismus garantierte, daß sie Moskau schließlich laufend mit wichtigsten Geheimnissen versorgen würden.

Solche Informanten waren laut Orlow schon deshalb unverzichtbar, weil der sowjetische Geheimdienst und vor allem Stalin größten Wert auf Informationen legten, die »von Undercoveragenten und geheimen Informanten unter Verletzung der Gesetze des Gastlandes beschafft« worden waren.[18] Es war ein Grundprinzip der Moskauer Zentrale, daß »wichtige Geheimnisse fremder Staaten direkt aus den Geheimakten der Regierungsbehörden dieser Staaten und von ausländischen Zivilangestellten, die bereit sind, Staatsgeheimnisse an die Sowjetunion weiterzugeben, beschafft werden können und sollen«. 1930 stand der sowjetische Geheimdienst aber vor dem Dilemma, daß die meisten seiner Informanten nur niedere Angestellte in Außenministerien und Geheimdiensten waren. Zwar brachten etwa die Chiffrierer und Sekretäre des britischen Außenministeriums durchaus wertvolle Informationen bei, doch Zugang zu höheren Entscheidungsebenen hatten sie nicht. Nach Orlows Aussagen waren alle Bemühungen der Sowjets, ihre Informanten in höhere Positionen zu hieven, insgesamt »wenig erfolgreich« gewesen.[19]

»Erst in den frühen dreißiger Jahren«, so Orlow, »hatte einer der NKWD-Oberen eine Idee, wie dieses äußerst schwierige Problem auf einen Schlag gelöst werden konnte.« Die besondere Betonung, daß der betreffende Offizier »das Problem nicht nur als Geheimdienstler, sondern auch vom soziologischen Standpunkt aus anging«, deutet darauf hin, daß Orlow detailliertere Kenntnisse über die Entwicklung der Strategie besaß. Orlow war einer der wenigen führenden NKWD-Offiziere jener Zeit, der aus seiner eigenen Erfahrung im westlichen Ausland wußte, daß »in kapitalistischen Ländern lukrative Posten und schnelle Karrieren in der Regel für die Söhne hochrangiger Politiker, hoher Regierungsbeamter oder einflußreicher Parlamentarier reserviert« waren, deren »Aufstieg fast automatisch« vonstatten ging. Da Orlow an der Entwicklung des Spionagenetzes von Cambridge beteiligt war, das genau auf diesem Prinzip basierte, können wir davon ausgehen, daß er sich auf seine eigenen Erfahrungen bezog, als er schrieb: »Es überrascht nicht, daß ein junger Mann dieser Herkunft, der frisch vom College kommt, die Prüfungen im Staatsdienst spielend leicht besteht, plötzlich zum Privatsekretär eines Kabinettsministers und nur wenige Jahre später zum Assistenten eines Regierungsmitglieds aufsteigt.« Orlow konnte nur aus eigener Erfahrung wissen, daß die Moskauer Zentrale »sich über das Problem, Beförderungen ihrer Informanten zu erwirken, keine Gedanken mehr zu machen brauchte«.[20]

»Sie stiegen automatisch auf«, bemerkte Orlow stolz und fügte hinzu, daß »die NKWD-Chefs es kaum erwarten konnten, einige ihrer neuen Rekruten in wenigen Jahren auf Botschafterposten zu sehen.« Obwohl er in seinem *Handbook* keine Namen nannte, sieht es ganz so aus, als beziehe sich diese Anmerkung auf die nachfolgenden Karrieren der »drei Musketiere«. Wie sehr er mit der beim Aufbau des Spionagenetzes von Cambridge angewandten Taktik vertraut war, zeigt sich auch in seiner detaillierten Beschreibung der Art und Weise, wie »die NKWD-Residenturen ihre Energie auf die Anwerbung junger Männer aus einflußreichen Familien konzentrierten«. Orlow nennt Philby, Maclean und Burgess nicht beim Namen, doch dürfte er zweifellos sie gemeint haben, als er schrieb: »Der NKWD hatte bei den jungen Männern vor allem auch deshalb leichtes Spiel, weil diese das langweilige Leben in der drückenden Atmosphäre ihrer privilegierten Schicht satt hatten.« Diese »Maulwürfe« im richtigen Augenblick zu fassen, erforderte dennoch ein gewisses Geschick, denn Orlow mußte ihren jugendlichen Idealismus auf die Arbeit im Untergrund lenken: »Als die jungen Männer sich intellektuell so weit entwickelt hatten, daß sie bereit waren, sich der kommunistischen Partei anzuschließen, erklärte man ihnen, sie könnten der Bewegung sehr viel mehr nützen, wenn sie ihre politischen Überzeugungen für sich behielten, sich von der Partei fernhielten und sich statt dessen dem ›revolutionären Untergrund‹ anschlössen.«[21]

Orlow hatte offenbar ein besonderes Gespür für die psychologischen Faktoren, die bei der erfolgreichen Anwerbung und »Bearbeitung« Philbys und seiner Kameraden ausschlaggebend waren. Aufgrund ihrer Intelligenz und ihrer gesellschaftlichen Herkunft war es nicht leicht, an sie heranzukommen. Philby selbst kommentierte etwa dreißig Jahre später anerkennend, wie geschickt sein früherer Mentor die gegensätzlichen politischen Strömungen, denen sich ein linksgerichteter Student aus Cambridge in den dreißiger Jahren gegenübersah, nutzte, um den Betreffenden für die Sowjetunion zu gewinnen. »Ich bin noch immer sehr stolz darauf, daß ich schon in so jungen Jahren gebeten wurde, beim Aufbau der Sowjetmacht eine bescheidene Rolle zu spielen«, bestätigte Philby in seiner vom KGB überprüften Autobiographie. »Wie, wo und wann ich Mitglied des sowjetischen Geheimdienstes wurde, geht nur mich und meine Genossen etwas an. Nur soviel: Als man mir den Vorschlag machte, zögerte ich keinen Augenblick. Wenn einem angeboten wird, einer Elitetruppe beizutreten, denkt man nicht lange darüber nach.«[22]

Aus den NKWD-Akten geht allerdings hervor, daß das unwiderstehliche Angebot, das Philby so bereitwillig annahm, ihm ohne Ermächtigung Moskaus unterbreitet worden war. Aufgrund der Kommunikationsprobleme mit ihrer illegalen Filiale in London wußte die Zentrale nichts von Philbys Anwerbung, und als sie im nachhinein davon erfuhr, mißbilligte sie sie. Das übliche Vorgehen war recht langwierig: Die örtliche Residentur schickte detaillierte Berichte über die Eignung eines potentiellen Kandidaten und mußte dann warten, bis die Zentrale diese Berichte analysiert und ihr Einverständnis erklärt hatte; erst dann durfte der Kandidat gefragt werden, ob er zur Kooperation bereit sei. Nach der Panne mit Philby beschloß man allerdings, den umständlichen Kommunikationsprozeß zu verkürzen.[23]

Nun, da die Details von Philbys Rekrutierung den NKWD-Akten zu entnehmen sind, ist eines offensichtlich: Hätte es nicht die Schwierigkeiten mit der chemischen Tinte gegeben, die Reif zwangen, selbst über das erste Herantreten an den Kandidaten zu entscheiden, dann hätte die Verzögerung, die das Warten auf Moskaus Zustimmung mit sich gebracht hätte, Philbys Rekrutierung wohl zunichte gemacht. Philby wäre dann wie ursprünglich geplant der Kommunistischen Partei Großbritanniens beigetreten und dadurch automatisch aus dem Kreis der Kandidaten für den Geheimdienst ausgeschieden, da die Zentrale grundsätzlich Kandidaten ablehnte, bei denen wegen ihrer Parteimitgliedschaft die Gefahr bestand, daß sie polizeilich überwacht wurden. Die Tatsache, daß Philby noch vor seinem ersten Treffen mit Reif an die britische KP herangetreten war, beweist, daß er nicht – wie man früher glaubte – in Wien rekrutiert worden war. Dies ergibt sich nicht nur aus dem Archivmaterial des NKWD, sondern auch aus der 28seitigen Erklärung Philbys über seine Rekrutierung und seine Karriere, die er dem KGB im Jahre 1973 gab. Dort beschreibt Philby, daß er nach seiner Rückkehr aus Wien im Frühjahr 1934 zum Hauptquartier der Kommunistischen Partei Großbritanniens ging, um seine Mitgliedschaft zu beantragen – bevor Reif an ihn herantrat.[24]

»Die Entscheidung, nach Österreich zu gehen, war schon vor meinem Entschluß gefallen, der Kommunistischen Partei beizutreten«, erklärte Philby und fügte hinzu, daß seine Reise nach Wien sich ursprünglich aus seinem Entschluß ergeben hatte, nach Beendigung des Studiums eine Karriere als Diplomat einzuschlagen. »Kenntnisse der deutschen Sprache und Kultur waren Voraussetzungen für den Eintritt in den Auswärtigen Dienst«,[25] sagte Philby in seinen vertraulichen KGB-Memoiren, die der historischen Wahrheit sicher näher kommen dürften als das, was er in seinem Buch *My Silent War* schrieb. In diesen Memoiren schildert er, wie er seinen Ehrgeiz, britischer Botschafter zu werden, mit seiner kurz vor Abschluß des Studiums getroffenen Entscheidung für den Kommunismus in Einklang zu bringen versuchte. Seit er sich in Westminster und vor allem in Cambridge für die Labour Party eingesetzt hatte, war er immer weiter nach links abgedriftet; zwar konnte er wegen seines Stotterns keine Reden halten, doch dafür war er zum Schatzmeister der Sozialistischen Partei an seiner Universität aufgestiegen. Seine sozialistische Grundhaltung wurde noch vertieft durch das Studium der Wirtschaftswissenschaften, zu dem er nach seinem schlechten Abschneiden im Geschichtsexamen am Ende des zweiten Studienjahres übergewechselt war. Zum Marxismus war er, wie er selbst erklärte, zunächst vor allem aus Enttäuschung über die Schlappe der Labour Party bei der Wahl von 1931 gekommen. Erst in seinem letzten Studienjahr in Cambridge jedoch war er zu der Überzeugung gelangt, daß der Weg aus Großbritanniens politischem Dilemma nur über den Kommunismus führen konnte.

»In meiner letzten Woche in Cambridge beschloß ich, in irgendeiner Weise für die kommunistische Bewegung tätig zu werden«, erklärte Philby. »Ich hatte etwa zwei Jahre gebraucht, bis ich mich zu dieser Entscheidung durchringen konnte, die teils rationale, teils aber auch emotionale Gründe hatte.« Seine Aussage, daß der Entschluß nicht das Resultat einer plötzlichen Erleuchtung war, sondern er lange mit sich hatte kämpfen müssen, deckt sich mit dem, was er in seiner veröffentlichten Autobiographie zu diesem Thema schrieb. »Natürlich schwankte ich zwischen Hoffnung und Zweifel und versuchte immer, selbstkritisch zu bleiben«, gestand Philby dem KGB. »Schließlich aber gelangte ich aufgrund meiner Selbstanalyse und der weltpolitischen Ereignisse zu meiner Entscheidung. Für mich führte am Kommunismus kein Weg mehr vorbei. Ich mußte mich entweder für ihn entscheiden oder mich ganz aus der Politik zurückziehen.« Zweifellos im Hinblick auf den KGB fügte er hinzu, daß sein Entschluß erst »nach dem Studium des Marxismus und seiner Beschäftigung mit der Weltwirtschaftskrise zustande gekommen war«.[26]

Philby scheint endgültig zum Marxismus konvertiert zu sein, nachdem er den Preis in Höhe von 14 Pfund, den das Trinity College von Cambridge ihm nach einer Prüfung in Wirtschaftswissenschaften verliehen hatte, für die gesammelten Werke von Karl Marx ausgegeben hatte.

»Eines Abends dachte ich in meiner Bude in Cambridge gründlich über die Sache nach«, erzählte Philby. »Ich setzte mich in einen Sessel und grübelte, und noch am selben Abend stand meine Entscheidung fest. Obwohl es eine Entscheidung für das ganze Leben war, behielt ich sie zunächst für mich.«[27]

Kaum hatte er beschlossen, sein Leben dem Dienst an der Revolution zu widmen, machte er sich auf die Suche nach einem vertrauenswürdigen Berater, der ihn mit Leuten zusammenbringen sollte, die ihn in seinen neuen Glauben einweisen und seinen missionarischen Eifer in die richtigen Bahnen lenken konnten. Dabei stieß er auf Maurice Dobb, einen seiner Lehrer an der wirtschaftswissenschaftlichen Fakultät, der keinen Hehl aus seiner Überzeugung machte, daß der Kapitalismus zum

Untergang verurteilt sei und die Zukunft dem Kommunismus gehöre. Dobb, der ein äußerst geduldiger und menschlich einnehmender Lehrer war – wie der britische Koautor dieses Buches aus persönlicher Erfahrung bestätigen kann –, begeisterte mit seiner Beredsamkeit Generationen von Studenten, seitdem er im Mai 1932 bei einer Gewerkschaftsveranstaltung in Cambridge eine Debatte mit dem Motto »Moskau vertrauen wir mehr als Detroit« geleitet hatte. Als eines der prominentesten frühen Mitglieder der kommunistischen Bewegung in Großbritannien hatte sich Dobb immer offen und leidenschaftlich zur Revolution bekannt. Seine präzise formulierten Artikel und Bücher über die Sowjetunion erreichten so weite Leserkreise, daß sie schließlich sogar König George V. in Wut versetzten, der 1925 vergeblich versuchte, diesen Bolschewiken, der seine loyalen jungen Studenten korrumpierte, aus dem Lehrkörper der Universität zu entfernen.[28] Die akademische Freiheit siegte jedoch, und Dobb konnte schließlich sogar ordentlicher Professor werden, nachdem er versprochen hatte, sich nicht an subversiven Aktivitäten zu beteiligen. Dieses Versprechen dürfte ihm freilich nicht übermäßig schwergefallen sein, da er so berüchtigt war, daß er – dies geht jedenfalls aus MI5-Akten hervor, die irgendwie in die US-Archive gelangt sind – ohnehin unter ständiger Überwachung stand und häufig sogar seine Post abgefangen wurde. Erst lange nach Dobbs Tod gab Philby zu, daß Dobb für ihn die entscheidende Person in Cambridge gewesen war; Dobb habe ihn zwar nicht, wie vielfach vermutet wurde, angeworben, ihn aber auf den Weg gebracht, der ihn schließlich nach Moskau führte.

»Ich beobachte Sie schon seit einigen Jahren«, soll Dobb zu Philby gesagt haben, als dieser von ihm wissen wollte, wie man ein guter Kommunist wird. »Ich habe schon bemerkt, daß Sie in diese Richtung tendieren, und bin sehr froh über ihre Entscheidung.«[29] Die Tatsache, daß Dobb seinen früheren Schüler nicht nach London ins Hauptquartier der Kommunistischen Partei Großbritanniens schickte, könnte darauf hindeuten, daß er bei den Kommunisten vielleicht doch eine wichtigere Rolle spielte, als er oder Philby jemals zugaben; statt dessen gab er Philby ein Empfehlungsschreiben an ein führendes Mitglied der Internationalen Arbeiterhilfe einer kommunistischen Gruppe mit Sitz in Paris. In seinen KGB-Memoiren weist Philby darauf hin, daß Dobb in beinahe konspirativer Weise von ihm verlangte, daß er den »italienisch klingenden Namen« des Adressanten nicht aufschrieb, sondern auswendig lernte.

Hierbei kann es sich nur um Louis Gibarti gehandelt haben, den Decknamen des bekannten Komintern-Agenten Ladislas Dobos, den Dobb durch seine Mitgliedschaft bei einer anderen Tarnorganisation kannte.[30] Dobb nannte wohlweislich Gibartis Namen weder im Brief noch auf dem Umschlag, da er befürchten mußte, seinen Posten in Cambridge zu verlieren, falls es dem allzeit wachsamen britischen Geheimdienst MI5 gelungen wäre, ihm Verbindungen zu einem so prominenten, international bekannten Kommunisten nachzuweisen.

Ausgerüstet mit Dobbs Brief und seinen Marx-Bänden zog Philby von Cambridge nach London, wo sein Vater ihm fünfzig Pfund für das Korrekturlesen der Druckfahnen von *The Empty Quarter* zahlte, seinem neuesten Buch über die arabische Wüste. Von dieser für damalige Verhältnisse recht stattlichen Summe kaufte sich Philby ein Motorrad, mit dem er zum europäischen Festland aufbrach, um einmal mit eigenen Augen den Kampf zwischen Sozialismus und Faschismus zu sehen. Als Ziel seiner Reise wählte er Wien, wo nach Hitlers Machtergreifung in Deutschland die Nationalsozialisten immer größeren Einfluß auf die österreichische Politik ausübten. Wien war zum Schauplatz einer erbitterten Auseinandersetzung zwischen den städtischen Sozialisten und dem von den Nazis beeinflußten rechten Flügel in der Regierungskoalition geworden. Der wegen des zunehmenden Einflusses der Nazis zutiefst beunruhigte österreichische Kanzler Dr. Engelbert Dollfuß hoffte noch immer, sich mit Hitler auf dem Verhandlungsweg einigen zu können. Dafür mußte er jedoch erst die Forderungen seiner nazifreundlichen Koalitionspartner erfüllen und den angeblich kommunistisch geführten Aufruhr in den Arbeitervierteln seiner Hauptstadt niederschlagen. Rechte wie Linke hatten Privatarmeen aufgestellt, so daß auf den Straßen Wiens im Sommer 1934 eine explosive Stimmung herrschte.

Als Philby auf dem Weg nach Österreich in Paris vorbeikam, bekam er aufgrund von Dobbs Empfehlungsschreiben Zugang zur Internationalen Arbeiterhilfe, die nach ihrer russischen Abkürzung für *Meschdunarodnaja Organisazija Pomoschtisch Rabutschim* auch als MOPR bekannt war.[31] Höchstwahrscheinlich war es Gibarti, der, als er hörte, daß Philby auf dem Weg nach Wien war und sich dort am Kampf gegen die Nazis beteiligen wollte, ihn an Georg Nepler weiter empfahl, den Leiter des österreichisch-deutschen Hilfskomitees für Einwanderer.

Unmittelbar nach seiner Ankunft in Wien wandte sich Philby an Nepler, einen Musiker, der überzeugter Marxist und Mitglied der kommunistischen Partei war. In seiner Freizeit leitete Nepler das Hilfskomitee, das laut Philby grundsätzlich allen Menschen half, die vor Hitler geflohen waren, ob sie nun Kommunisten oder Sozialdemokraten waren. Nachdem Nepler mit Genugtuung festgestellt hatte, daß der junge Engländer tatsächlich ganz hinter der Sache des Kommunismus stand, fragte er Philby, was er denn meine, im Sinne ihres gemeinsamen Anliegens tun zu können.[32]

»Ich tue alles, wozu ihr mich brauchen könnt«, erklärte Philby. Dann fragte er Nepler, ob er eine Wohnung für ihn wisse, »wo ich nicht befürchten muß, vom Vermieter bespitzelt zu werden«. Nepler gab ihm die Adresse »einer ihm sehr nahestehenden Genossin« namens Litzi Friedmann, deren Eltern im Zentrum Wiens wohnten, das bis vor kurzem noch Mittelpunkt des Habsburgerreiches gewesen war. Frau Friedmann hatte sich ganz der Revolution verschrieben, seit sie, wie Nepler erklärte, im Vorjahr nach dem Verbot der KP in Österreich zwei Wochen wegen kommunistischer Aktivitäten inhaftiert gewesen war.[33]

Auf diese Weise kam Philby in das Haus von Israel und Gisella Kohlmann, Litzis Eltern, die in einem großen Wohnblock in der Latschkagasse 9 lebten. Schon nach kurzer Zeit verliebte sich ihr neuer Mieter in die etwas rundliche, aber äußerst lebhafte Tochter des Hauses. Die selbstbewußte und unabhängige Litzi, die zwei Jahre älter war als der reservierte junge Engländer, hatte sich erst kürzlich von ihrem zionistischen Ehemann Karl Friedmann scheiden lassen, den sie mit 18 Jahren geheiratet hatte. In ihren dunklen Augen lag etwas Zigeunerhaftes, das den gemeinsamen Glauben der beiden an den Kommunismus um eine nicht unerhebliche sexuelle Dimension erweiterte. Angesichts der politischen Wirren in Wien mit all den Streiks und Polizeipatrouillen, wegen derer sich Parteimitglieder nur noch heimlich treffen konnten, umwehte Philbys erste Liebe ein Hauch von Abenteuer, denn die beiden Liebenden teilten miteinander die Gefahr, die die Mitgliedschaft im illegalen kommunistischen Untergrund mit sich brachte.

Litzi sorgte dafür, daß Kim Schatzmeister ihrer kommunistischen Zelle wurde. Er schrieb politische Pamphlete und sammelte Geld, wobei er sich später stolz daran erinnerte, daß die potentiellen Spender auf seinen englischen Akzent häufig mit überdurchschnittlicher Freigebigkeit reagierten. Ein Teil des Geldes wurde in Waffen investiert für den Fall, daß es zu gewalttätigen Auseinandersetzungen zwischen der Polizei und den Sozialisten kommen sollte. Nach Philbys Einschätzung hatten »die Nazis vierzig Prozent der Bevölkerung hinter sich, ebenso die Sozialdemokraten, während Dollfuß auf zwanzig Prozent zählen konnte«.[34] Der zwischen den gegnerischen Parteien hin und her lavierende österreichische Kanzler konnte in einem Land, in dem sich die Gegensätze zwischen Linken und Rechten infolge des anhaltenden Zustroms politischer wie religiöser Flüchtlinge aus Deutschland immer weiter verschärften, seinen Balanceakt nicht lange aufrechterhalten.

Wie ihre deutschen Genossen waren auch die österreichischen Kommunisten auf Anweisung Moskaus in den Untergrund gegangen und bereiteten sich nun in den Arbeiterhochburgen auf den bewaffneten Widerstand vor. Als Philby in Wien eintraf, hatte man bereits Barrikaden gebaut, um den Karl-Marx-Hof und den Goethe-Hof, große moderne Wohnanlagen für Arbeiter am Rande der Stadt, zu schützen. Philby mußte den Eindruck gewinnen, daß die Zeit reif sei für die Entscheidungsschlacht zwischen den Kräften des Faschismus und des Sozialismus. In späteren Jahren erinnerte er sich nicht ohne Stolz an seinen Beitrag zu diesem Kampf; er hatte vielen Opfern des Nationalsozialismus geholfen, indem er sie illegal ins vermeintlich sichere europäische Ausland geschmuggelt hatte. Er war an der Beschaffung von Nahrungsmitteln, Geld und Kleidung beteiligt gewesen, die erforderlich waren, um dieses Transportsystem im Untergrund am Leben zu erhalten. Auf Moskaus Anweisung hin spielte die Komintern bei diesen Bemühungen eine führende Rolle und richtete in Paris das Hilfskomitee für die Opfer des Faschismus ein, das parallel zur MOPR operierte. Philby arbeitete als Kurier für diese Gruppen, wobei ihm sein britischer Paß als Tarnung seiner illegalen Missionen für die Partei gute Dienste leistete.

»Meist hatte ich einen großen Umschlag dabei, der viele Papiere enthielt, sowie ein in braunes Packpapier gehülltes Paket, von dem ich nicht wußte, was darin war – Geld möglicherweise oder Instruktionen oder auch private Briefe zwischen zwei Eheleuten«,[35] sagte Philby über diese Missionen, die er, wie er dem KGB versicherte, mit vollstem Vertrauen in seine Auftraggeber ausführte. Die Kurierdienste führten ihn nach Prag, Paris oder Budapest, und Philby schaffte es, mit seinem englischen Paß jedesmal unbehelligt die Grenzen zu passieren.

»Meine Hauptarbeit zu der Zeit bestand darin, den Wiener Kommunisten der MOPR zu helfen. Ich konnte ihnen sehr aktiv helfen, da ich einen britischen Paß besaß. Sie haben wahrscheinlich keine Ahnung, wie renommiert ein britischer Ausweis zu jener Zeit in Ländern wie Österreich, der Tschechoslowakei und so weiter war, weil jeder annahm, daß ein britischer Reisender entweder ein Lord oder ein Diplomat mit den Taschen voller Geld sein müsse. Es genügte, den britischen Paß zu zeigen, um überall Einlaß zu bekommen ... und sobald ich ihren Organisationen beitrat, sagten ihre Führer: ›Es ist ein Glück, daß er einen britischen Paß hat, er kann bei den Kommunikationskanälen helfen.‹ Damals war mein Kontakt im MOPR-Stadtkomitee eine charmante Dame von fünfzig Jahren oder so, mit dem Namen Mitzi Frischau. Sie war diejenige, die mir die Kurieraufträge zwischen Prag, Wien und Budapest gab.«[36]

Daß ihn Frischau im ungewissen über den Inhalt dieser Päckchen hielt, diente, wie sie ihm versicherte, nur seiner eigenen Sicherheit. »Wenn man mich festgenommen und gefragt hätte, was sich in dem Umschlag und den Päckchen befindet«, erklärte Philby in seinen Lebenserinnerungen, »dann hätte ich einfach gesagt, daß ein Freund mich gebeten hatte, die Sachen mitzunehmen, und ich nicht wisse, was darin sei.« Im Falle einer Durchsuchung, so Philby, hätte er einfach behauptet, er bringe sie zu einer Adresse, die er aufgeschrieben habe. »Dann hätte ich meine Brieftasche hervorgekramt und nach dem entsprechenden Zettel gesucht«, ergänzte er, »und so unschuldig und überrascht wie möglich ausgerufen: ›O Gott, jetzt habe ich die Adresse doch glatt in Wien vergessen!‹«[37]

Bei der österreichischen Polizei wäre Philby nach eigener Einschätzung mit einer solchen Geschichte allerdings kaum durchgekommen; verglichen mit seiner späteren Arbeit für den sowjetischen Geheimdienst, meinte er, seien die Alibis der Wiener Kommunisten »reichlich amateurhaft und wenig überzeugend« gewesen. Als Beispiel führte er an, wie er einmal bei einer Fahrt nach Prag einen Strauß Mimosenblüten als Identifizierungsmerkmal mitbekommen hatte. Noch bevor er sein Ziel erreichte, waren die Blumen bereits zu gelbem Staub zerfallen. Doch so primitiv sein »Handwerk« damals auch war, erklärte Philby dem KGB, sei er doch niemals ernsthaft in Gefahr geraten. Selbst nach Dollfuß' hartem Durchgreifen in Wien im Frühjahr 1934, bei dem die Regierung den Karl-Marx-Hof unter Artilleriefeuer nehmen ließ, habe er nie Angst gehabt. Bei den vier Tage anhaltenden blutigen Straßenkämpfen waren Hunderte von Menschen getötet oder verwundet worden, bevor der Arbeiteraufstand schließlich brutal niedergeschlagen wurde und Philby sich zusammen mit vielen seiner Genossen in das Kanalsystem der Stadt zurückziehen mußte, um einer Verhaftung zu entgehen. Philby gab zu, daß er bei der Straßenschlacht keinen einzigen Schuß abgegeben hatte – aber nicht etwa aus Feigheit, sondern weil der Maschinengewehrtrupp, dem er angehörte, nie die zugesagten Waffen bekam. So bestand seine Haupttätigkeit während der Kämpfe darin, als Kurier die Kommunikation zwischen den Kämpfenden und den kommunistischen Zellen im Untergrund aufrechtzuerhalten.[37]

Großbritannien und Frankreich zeigten sich angesichts dieses »verrückten kleinen Bürgerkriegs«, wie der britische Außenminister die Unruhen nannte, völlig gleichgültig. Ihr Unwille, politisch zu intervenieren, um den Sozialismus in Wien vor der Vernichtung durch den Druck der Nazis zu bewahren, bestätigte Philbys noch mehr in seiner Überzeugung, daß nur die Sowjetunion Europa vor dem Abgleiten in Totalitarismus und Faschismus bewahren konnte. Gleichzeitig war er jedoch realistisch genug zu erkennen, daß das Scheitern des Aufstands den Sturz der Regierung Dollfuß durch die Nazis und die Annektierung Österreichs begünstigte. So beschloß er, Wien den Rücken zu kehren – obwohl es schließlich doch noch vier Jahre dauern sollte, bevor der Anschluß Österreichs an das Deutsche Reich vollzogen wurde und Hitler in seinem offenen Mercedes-Benz triumphierend auf der mit Hakenkreuzfahnen geschmückten Ringstraße durch jubelnde Menschenmassen fuhr. »Als ich Österreich verließ, war ich ein überzeugterer Kommunist als bei meiner Ankunft«, erklärte Philby 1985 dem

KGB, wobei er betonte, sich nicht aus Angst um seine eigene Sicherheit aus Wien zurückgezogen zu haben, sondern vielmehr aus Sorge um seine Kampfgenossen; während sein britischer Paß ihm »beinahe diplomatischen Status« verschaffte, mußte er befürchten, daß Litzi erneut verhaftet und in ein Konzentrationslager geschickt würde, falls sie in der Stadt bliebe.[39] »Beim Einmarsch der Nazis wäre es aus mit ihr gewesen; deshalb beschloß ich, sie zu heiraten, ihr auf diese Weise einen britischen Paß zu verschaffen und nach England zurückzukehren, um von dort aus meine Aktivitäten für die Partei fortzusetzen.«[40] Am 24. Februar 1934 hatten die beiden im Wiener Rathaus schnell noch geheiratet. Zwei Monate später, als seine Frau endlich ihren britischen Paß bekommen hatte, fuhren sie auf seinem Motorrad über die österreichische Grenze in Richtung England. Auf der Fahrt durch Frankreich legten die Jungvermählten in Paris eine Rast ein, um sich die Stadt anzusehen. Obwohl keiner von beiden es damals wußte, liefen sich Philby und Orlow dabei über den Weg. Orlow selbst stand damals gerade kurz vor seiner überstürzten Abreise aus Paris in die Schweiz und später nach Wien, wo er die geheimen Instruktionen von Moskau erhielt, die ihn schließlich mit Philby zusammenführen und beider Lebensweg so entscheidend beeinflussen sollten.

Als er in London ankam, plante Philby zunächst, seine Verbindungen zur kommunistischen Partei wieder aufzunehmen, nachdem er mit Litzi vorübergehend zu seiner Mutter gezogen war, die im Nordwesten Londons wohnte. Die schon seit längerer Zeit erkrankte Dora Philby empfand die österreichische Ehefrau ihres Sohnes als harte, dominante Person und hielt sie für die Hauptquelle seiner kommunistischen Überzeugung, zu der er sich nun offen bekannte. Den Eheleuten war klar, daß sie von der Parteiarbeit allein nicht leben konnten. Der beinahe mittellose, aber äußerst ehrgeizige Philby beschloß deshalb, sein Studium in Cambridge und seine Beziehungen zum Trinity College zu Geld zu machen und schrieb sich wie viele seiner Zeitgenossen für die Aufnahmeprüfungen in den Staatsdienst ein.

»Ich hoffe, [Kim] bekommt einen Job, damit er endlich seinen verdammten Kommunismus vergißt«, schrieb Philbys Mutter seinem Vater in Dschidda. »Noch ist er nicht ganz extrem, aber er wird es vielleicht werden, wenn er nicht bald gezwungen ist, sich mit etwas Vernünftigem zu beschäftigen.«[41] Ihre Hoffnungen und die ihres Sohnes auf eine Karriere im Auswärtigen Dienst erhielten jedoch einen Dämpfer, als Philby nach Cambridge fuhr, um sich der Hilfe seines früheren Tutors zu versichern und Geldmittel für ihre Wiener Genossen zu sammeln. Die Socialist Society erwies sich als weitaus entgegenkommender als Dennis Robertson, sein ehemaliger Tutor in der wirtschaftswissenschaftlichen Fakultät, der auf Philbys Bitte nach einem Empfehlungsschreiben für seine Bewerbung im Auswärtigen Amt eher ausweichend reagierte. Ungeachtet seiner langen Freundschaft mit St. John Philby hielt Robertson die Tendenz seines Schützlings zum radikalen Sozialismus für so stark, daß er Kim erklärte, es sei unumgänglich, die Auswahlkommission des Außenministeriums darauf hinzuweisen, daß der »Sinn für politische Ungerechtigkeiten« seines früheren Studenten »ihn möglicherweise als für eine administrative Tätigkeit ungeeignet erscheinen läßt«.[42] Da er wußte, daß dies seine Chancen auf eine Karriere in der Regierung praktisch zunichte machte, gab Philby seinen Plan auf, ins Auswärtige Amt einzutreten, und verkündete statt dessen, er wolle nun Mitglied der Kommunistischen Partei werden.

Doch selbst die britische KP nahm Philby, dieses in Cambridge ausgebildete Produkt der privilegierten Klasse Großbritanniens, nicht gerade mit offenen Armen auf. Nach allem, was Philby selbst dem KGB erklärt hat, wäre ohne seine feste ideologische Entschlossenheit angesichts des kühlen Empfangs, den man ihm in der Parteizentrale bereitete, sein Eifer, der Revolution zu dienen, womöglich schnell erloschen. Im schmuddeligen Bürogebäude der britischen KP an der King Street mit Blick auf den Markt von Covent Garden mußte er sich mit der Skepsis und dem Mißtrauen eines kleinkarierten Funktionärs auseinandersetzen. Philbys Verachtung für die Engstirnigkeit der britischen KP war selbst nach dreißig Jahren noch nicht abgeklungen, als er dem KGB in Moskau erzählte, wie man ihn damals mit unverhohlenem Mißtrauen gefragt hatte, wer er sei, wo er bisher gelebt habe und warum er der Partei beitreten wolle. Der Bürokrat, der ihm gegenübersaß, schien Philbys Beteuerungen keinen Glauben zu schenken, daß er erst kürzlich auf den Barrikaden von Wien sein Leben für die Revolution aufs Spiel gesetzt habe.

»Nun, wir müssen das natürlich überprüfen, aber das dürfte nicht ganz einfach sein, da die Partei in Österreich offiziell verboten ist«, erklärte er Philby. »Kommen Sie in etwa sechs Wochen wieder.«[43]

»Wäre ich der Partei früher beigetreten, hätten Sie heute einen anderen Kim vor sich!« versicherte Philby dem KGB, als er 1985 seine Memoiren diktierte.

Philby empfand damals diese bürokratische Behandlung als persönlichen Affront, auch wenn er später zu der Einsicht gelangte, daß die Abneigung der Kommunistischen Partei gegen seinen Beitritt letztlich seinem Leben die entscheidende Wendung gegeben hatte. Die sechs Wochen Verzögerung hielten ihn nämlich davon ab, der Partei beizutreten und damit unter polizeiliche Überwachung zu geraten, was seine Anwerbung durch den sowjetischen Geheimdienst von vornherein ausgeschlossen hätte. Obwohl er bis an sein Lebensende ein glühender Verehrer Lenins blieb, blickte Philby immer mit Erleichterung auf seinen frustrierenden Besuch in der King Street zurück, der zusammen mit seiner Teilnahme an den Feierlichkeiten zum 1. Mai im selben Jahr die »letzte kommunistische Aktivität« war, die er jemals öffentlich durchführte.[44]

Während Philby sich noch über die Weigerung der Kommunistischen Partei Großbritanniens ärgerte, ihn in ihre Reihen aufzunehmen, wurde er von einem in London operierenden Talentsucher des NKWD als potentiell wertvoller Rekrut ausgespäht. In seiner Autobiographie weigerte sich Philby, auf die Einzelheiten seiner Anwerbung einzugehen, die, wie er meinte, den Leser nichts angingen. Er verfälschte bewußt die Tatsachen, als er seinen eigenen Kindern gegenüber bei einem ihrer Besuche in Moskau erklärte, er sei »1933 angeworben« worden; dies hätte bedeutet, daß er bereits in Wien dem sowjetischen Geheimdienst beigetreten und dort »beauftragt worden war, den britischen Geheimdienst zu unterwandern«.[45] Auch in dem Interview, das Philby kurz vor seinem Tod gab, wollte er noch immer nicht enthüllen, wann und wo er rekrutiert worden war; er ließ dabei lediglich Andeutungen fallen, die seinen früheren Behauptungen widersprachen.

»Meine Arbeit in Wien muß einigen Leuten zu Ohren gekommen sein, die heute in Moskau meine Kollegen sind, denn fast unmittelbar nach meiner Rückkehr nach Großbritannien trat ein Mann auf mich zu, der mich fragte, ob ich dem sowjetischen Geheimdienst beitreten wolle«, erklärte Philby geheimnisvoll. Dies kann man heute jedoch nur als einen weiteren Versuch des »ersten Mannes« des Spionagerings von Cambridge werten, diejenigen, die sich mit seinem Fall befaßten, gezielt auf eine falsche Fährte zu locken. Philbys Akte enthüllt die Identität des Österreichers, der ihn ausgespäht und ihn dem sowjetischen Offizier vorgestellt hatte, der Philbys Rekrutierung einleitete. Durchgeführt wurde sie dann von dem Mann, der die illegale NKWD-Sektion in London leitete.

Die NKWD-Akten identifizieren Alexander Orlow als die graue Eminenz des Spionagerings von Cambridge. Philby gelang es immer wieder, die Ermittler in die Irre zu führen. Niemand vermutete, daß Orlow jemals in Großbritannien gewesen war, und mit Sicherheit hatte kein MI5-Offizier auch nur die geringste Ahnung, daß er der langgesuchte Organisator eines der erfolgreichsten Spionagenetze war, die jemals vom sowjetischen Geheimdienst aufgebaut wurden. Obwohl Orlow möglicherweise an der ersten Sondierung Philbys noch nicht beteiligt war, zeigt das KGB-Dossier, daß er Philbys Anwerbung beaufsichtigte und die Verantwortung dafür trug. Als NKWD-Resident, der oft ohne Kontakt mit Moskau war, war Orlow insbesondere verantwortlich für die Umwandlung des ideologisch motivierten jungen Engländers in einen disziplinierten Sowjetagenten, der alle sachlichen und psychischen Voraussetzungen erfüllte, um den britischen Geheimdienst zu unterwandern. Aus dem 18bändigen NKWD-Dossier über Philby geht auch hervor, daß Orlow auch an der »Einarbeitung« der zwei weiteren Rekruten beteiligt war, die zusammen mit Philby den Kern des Spionagerings von Cambridge bildeten.[46]

Philby bewahrte Stillschweigen über jeden, der mit der Entstehung des Spionagerings zu tun hatte. Als sein Buch, *My Silent War*, 1968 veröffentlicht wurde, war Orlow nämlich noch am Leben und hatte Kontakt zur CIA, die jedoch keine Ahnung über seine Rolle bei der Anwerbung der Spione von Cambridge hatte.

Wie aus Orlows Akte zu ersehen ist, war Orlow zu diesem Zeitpunkt, also bereits dreißig Jahre nach seiner Flucht, für den KGB immer noch von großer Bedeutung, indem er wichtige Geheiminformationen für sich behielt und nie einen Namen auch nur eines einzigen seiner »Maulwürfe« verriet. Philby hatte bei der Arbeit an seinem nicht sehr wahrheitsgetreuen Buch keine Ahnung davon, daß der KGB zu diesem Zeitpunkt bereits eine geheime Operation vorbereitete mit dem Ziel, wieder Kontakt zu Orlow aufzunehmen und ihn zu seiner Rückkehr in die Sowjetunion zu überreden. Ein »zweites Überlaufen« Orlows hätte für den sowjetischen Geheimdienst einen weiteren propagandistischen Triumph bedeutet. Aus genau diesem Grund verbot der KGB, der Philbys Manuskript bereinigte, jede Andeutung auf die Person, die Philby angeworben hatte. Dies geschah nicht nur, weil man Orlow nach wie vor als potentiell nützlich einstufte; daneben mußte auch die Identität der anderen sowjetischen Agenten geheimgehalten werden, die zu führen er nach London gekommen war, einschließlich der Österreicherin, die Philby ausgespäht und ihn daran gehindert hatte, der kommunistischen Partei beizutreten. Aus seinen eigenen Verhören im Jahre 1952 wußte Philby, daß diese spezielle Agentin mit dem Decknamen EDITH unter Verdacht geraten war und zum Zeitpunkt des Erscheinens seines Buches zudem noch immer in England lebte.

Edith Tudor Hart, so der wirkliche Name der Agentin, ist das lange Zeit vergeblich gesuchte Bindeglied in Philbys Anwerbung. Tudor Hart war nach ihren NKWD-Akten mehr als nur eine gewöhnliche Agentin. Als früheres Mitglied der Kommunistischen Partei Österreichs war sie vor der Verfolgung wegen ihrer illegalen Tätigkeit für die Partei nach England geflohen. Zu diesem Zweck hatte sie, ähnlich wie ihre Freundin Litzi Friedmann, einen Engländer geheiratet, einen Arzt namens Alex Tudor Hart, der mit der Komintern sympathisierte. Als begabte Fotografin richtete sie in London ein erfolgreiches Atelier ein, das sich vor allem wegen seiner Kinderporträts bald einen Namen machte.[47]

Doch nicht wegen ihres fotografischen Talents wurde Tudor Hart von der Zentrale als so wichtig eingestuft, daß man sie in das Londoner

Untergrundnetz des wirtschaftswissenschaftlichen Geheimdienstes aufnahm. Aus ihrem Dossier geht hervor, daß sie 1929 in Wien angeworben wurde und nach ihrer Ankunft in London als »Bearbeitungsoffizierin« tätig war, die bei ihren Vorgesetzten vollstes Vertrauen genoß. Ihre Aufgabe bestand darin, potentielle Sympathisanten auszuspähen, die wie Philby für eine Rekrutierung in Frage kamen. Sie galt als loyale und einfallsreiche Genossin, die wichtige Aufträge für Moskau ausführte.[48]

Edith Tudor Hart, die Litzi Friedmann schon von Wien her kannte, lud kurz nach Philbys Rückkehr nach London im Mai 1934 ihre alte Genossin zum Tee ein. Litzi brachte ihren Ehemann mit, der noch immer verzweifelt auf seine Aufnahme in die Kommunistische Partei wartete. Beim Tee lieferten die beiden Edith Tudor Hart lebhafte Erfahrungsberichte vom Geschehen auf den Wiener Barrikaden. Philby verkündete, diese Erfahrung habe ihn in seiner Entschlossenheit bekräftigt, auf irgendeine Weise in England weiterhin für die Partei zu arbeiten – trotz des wenig ermutigenden Empfangs, den man ihm in der Zentrale der britischen KP bereitet hatte.

Die Art und Weise, wie der nachdenkliche, Pfeife rauchende junge Engländer gleichermaßen engagiert wie sachlich distanziert von seinen Missionen im kommunistischen Untergrund erzählte, verfehlte nicht ihre Wirkung auf Tudor Hart. Obwohl später auch die Geschichte, wie er Genossen durch die Abwasserkanäle der österreichischen Hauptstadt in Sicherheit gebracht haben soll, in die Philby-Legende Eingang fand, gab er dem KGB gegenüber zu, von derartigen Operationen zwar gehört zu haben, persönlich aber nie daran beteiligt gewesen zu sein.[49] Tudor Harts besonderes Interesse erregten aber Philbys Beziehungen zum britischen Establishment über seinen berühmten Vater, dessen Kritik an der britischen Nahostpolitik immer lauter wurde. Obwohl sie es ihm damals noch nicht sagte, erkannte die sowjetische Agentin auf den ersten Blick, daß nicht Litzi, sondern Kim zu einem wertvollen Mitarbeiter ihrer Organisation werden konnte und sie deshalb schnellstens etwas unternehmen mußte, um seinen Beitritt zur Kommunistischen Partei Großbritanniens zu verhindern.[50]

Der sowjetische Illegale, dem Edith Tudor Hart über Philby berichtete, war ein Österreicher namens Arnold Deutsch, der mit ihr im Wiener Untergrund gearbeitet hatte. Der Zentrale teilte er mit: »Ich kannte sie aus Wien, 1926. Sie ist um die Dreißig. Sie heiratete einen englischen Arzt und kam im Mai nach Großbritannien. Sie arbeitet als Fotografin und hat ein Studio. Sie ist eine der berühmtesten Kinderfotografinnen in England. Ich begegnete ihr bald nach meiner Ankunft in Großbritannien. Sie erklärte sich sofort damit einverstanden, für uns zu arbeiten.«[51]

Deutsch war ein gebürtiger Tscheche, dessen Eltern 1908 nach Wien gezogen waren. Er verfügte über so einzigartige Qualifikationen und ein so außergewöhnliches Talent zur illegalen Arbeit, daß er schon bald, nachdem er während seines Studiums an der Wiener Universität der kommunistischen Partei beigetreten war, die Aufmerksamkeit der Moskauer Zentrale auf sich zog. Deutsch war ein attraktiver Mann, der mit seinen strahlendblauen Augen und dem blonden, lockigen Haar eher untypisch wirkte für einen Kaufmannssohn, der im orthodoxen Judenviertel Wiens aufgewachsen war. Nach einem äußerst erfolgreichen Studium der Chemie, der Philosophie und der Psychologie hatte der hochbegabte Student noch vor seinem 24. Geburtstag mit einer Arbeit über Silbersalze summa cum laude promoviert. Sein Studium des Marxismus hatte ihn zum Kommunisten werden lassen, ebenso wie seine Frau Josefine, die er 1929 geheiratet hatte. Im Januar 1932, am Vorabend des Wiener Aufstands, waren die Deutschs nach Moskau gereist, wo Arnold der Internationalen Abteilung der Komintern zugewiesen wurde. Im August desselben Jahres trat er in die INO des NKWD ein, wo er über seine Pflichten eines Spezialagenten des sowjetischen Geheimdienstes aufgeklärt wurde. Seine Frau »Fini« arbeitete von 1931 bis 1935 in der Internationalen Abteilung der Komintern unter ihrem Decknamen Lisa Kramer. Nach ihrer Ausbildung zur Funktechnikerin zog sie im Februar 1936 zu ihrem Mann nach London.[52]

In London operierten die Deutschs als Eheleute, obwohl sie getrennt mit ihren österreichischen Pässen reisten. Nach außen hin war Deutsch nur irgendein weiterer aufstrebender Professor aus Wien, der Heimatstadt der Psychologie, der bald einen großen Freundeskreis von britischen Akademikern um sich versammelte. Keiner seiner Bekannten hätte je vermutet, daß der liebenswerte und kluge junge Akademiker, der sich in seiner geräumigen Wohnung in der Lawn Road im Herzen der intellektuellen Gemeinde von Hampstead so gesellig gab, den Befehlen der NKWD-Zentrale in Moskau gehorchte und von ihr Geld dafür bekam. Auch von denen, die beruflich mit ihm zu tun hatten, hätte wohl niemand geahnt, daß er unter Decknamen wie STEPHAN, LANG oder ARNOLD geheime Operationen durchführte. Am häufigsten gebrauchte Deutsch während der vier Jahre, in denen er als einer der wichtigsten Zuträger der illegalen Londoner NKWD-Filiale arbeitete, im Kontakt mit den Briten den Decknamen OTTO.[53]

An Deutsch wandte sich auch Edith Tudor Hart Anfang Juni 1934, um sich mit ihm zu beraten, wie man die Annäherung an Philby beschleunigen konnte; seine Anwerbung sollte möglichst noch innerhalb der sechs Wochen vonstatten gehen, während der Philby auf die Entscheidung der kommunistischen Partei wartete. Philby war gewissermaßen verderbliche Ware, und so beschlossen sie, auf eigene Verantwortung die sonst übliche umständliche Prozedur sorgfältiger Überprüfungen, auf der die Zentrale bestand, deutlich abzukürzen. Ihrem eigenen Bericht in Philbys Akte zufolge zog Tudor Hart mit Hilfe ihrer Kontaktleute im österreichischen Untergrund Erkundigungen über Philby ein, und als diese positiv ausfielen, trat Deutsch an Reif, den geschäftsführenden Residenten, mit der Empfehlung heran, die Standardprozedur der Rekrutierung zu beschleunigen und eine vorzeitige persönliche Überprüfung Philbys zu genehmigen.[54]

Eine derart überstürzte Anwerbung war natürlich nicht ohne Risiken. Reif wußte, daß er mit herber Kritik seiner übervorsichtigen Chefs in der Zentrale rechnen mußte, falls die Operation schiefging. Dann aber verschaffte ihm ein weiterer Zusammenbruch der Kommunikation mit Moskau den Spielraum und ein Alibi für sein eigenmächtiges Vorgehen. Der positive Bericht, den Tudor Hart von ihren Wiener Genossen erhalten hatte, überzeugte Reif davon, daß es vertretbar war, Deutsch zu einem heimlichen »Treffen« zu autorisieren.[55]

Philbys Unkenntnis der strengen Gepflogenheiten der Moskauer Untergrund bei der Anwerbung neuer Agenten geht aus der Schilderung seines ersten Treffens mit Deutsch hervor, die er dem KGB lieferte und in der er die wohldurchdachten Vorsichtsmaßnahmen beschrieb, die Tudor Hart ergriff, um nicht während der Kontaktaufnahme mit einem sowjetischen Untergrundagenten beschattet zu werden. Philby beschrieb das Treffen, das sein Leben verändern sollte, wie folgt: »Einer meiner österreichischen Bekannten fragte mich, ob ich eine sehr wichtige Person treffen wolle, die für mich interessant sein könne. Natürlich antwortete ich ohne zu zögern mit ›Ja‹. Zwei oder drei Tage später machten wir uns auf eine lange Fahrt durch die Stadt: Wir nahmen ein Taxi, fuhren mit der U-Bahn, gingen zu Fuß, hielten plötzlich noch ein Taxi an und später noch ein weiteres.« Offenbar spielte Philby sein Gedächtnis einen Streich, als er andeutete, er habe Edith Tudor Hart in Wien kennengelernt. Dies war nicht der Fall. Die NKWD-Akten belegen nämlich, daß sie seine Begleiterin war, als sie im Zickzack durch London fuhren, um sich schließlich mit Deutsch zu treffen. Philby erinnerte sich noch daran, daß sie ihn gescholten hatte, weil er die komplizierten Regeln des NKWD, um potentielle Beschatter bei einem konspirativen Treffen abzuschütteln, nicht einsehen wollte. Er verstand nicht, warum sie aus einer sonst sehr einfachen Fahrt »eine sehr komplizierte Reise machte, die mehrere Stunden dauerte«.

»Gegen Mittag kamen wir dann endlich ans Ziel, und zwar im Londoner Regent's Park, wo wir ›unseren Mann‹ auf einer Parkbank sitzend antrafen«, erzählte Philby. Tudor Hart habe ihn in konspirativem Flüsterton als, »den Mann, von dem wir sprachen«, vorgestellt, bevor sie mit schnellen Schritten verschwand. Dies war nach Philbys Aussage – die allerdings, wie aus den Akten hervorgeht, nicht stimmen kann – das letzte Mal, daß er sie gesehen hatte.[56]

»Guten Tag«, begrüßte Philby sein Gegenüber. Der Unbekannte drückte auffällig fest die ihm entgegengestreckte Hand und »fragte mich über meine Ansichten aus und über alles, was ich bis dahin gemacht hatte«. Da er offenbar Mitteleuropäer war, wunderte es Philby nicht weiter, daß sein neuer Bekannter, während sie auf einer Londoner Parkbank saßen, unvermittelt ins Deutsche überwechselte und Philby so Gelegenheit gab zu beweisen, daß er diese Sprache fließend beherrschte. Philby war auch nicht sonderlich erstaunt darüber, daß dieser Fremde eine ganze Menge über ihn zu wissen schien. »Ich stellte ihm keinerlei Fragen bezüglich seiner Person«, fügte Philby hinzu, »und ich wußte wirklich nicht, wo er herkam und wen er vertrat – die Sowjetunion oder die Komintern.«[57]

»Ich weiß, daß Sie gerne der kommunistischen Partei beitreten würden«, sagte der kleine Mann mit den hellen Augen zu Philby, gab ihm dann jedoch zu bedenken: »In diesem Fall wären Sie einer von Tausenden von Kommunisten und hätten einen direkten Draht zur Arbeiterklasse. Aber Sie stammen Ihrer Herkunft, Ihrer Erziehung und Ausbildung nach aus der Bourgeoisie. Sie könnten leicht eine bürgerliche Karriere einschlagen – und wir brauchen dringend Leute, die die bourgeoisen Institutionen unterwandern können. Helfen Sie uns dabei!«[58]

Wie aus seinen KGB-Memoiren hervorgeht, begriff Philby schnell, worauf ihr Gespräch hinauslief. »Er bot mir eine hochinteressante Zukunft an mit einer sehr aufregenden Arbeit; während ich auf wichtigen Posten säße, sollte ich den Sowjets Informationen beschaffen, an die sie normalerweise nicht herankämen«, erklärte Philby. »Wenn ich Sie richtig verstehe, haben Sie mich soeben höflich gefragt, ob ich als Agent des sowjetischen Geheimdienstes die britischen Behörden unterwandern möchte?« fragte er den Fremden.[59]

»In der Tat, das war mein Angebot«, soll Deutsch laut Philby geantwortet haben.

Seine Version muß allerdings angezweifelt werden, denn es ist höchst unwahrscheinlich, daß ein so hervorragend ausgebildeter und gewiefter Illegaler wie Deutsch ihm schon bei ihrem ersten Treffen einen derart direkten und unverblümten Vorschlag unterbreitete. Aber wie auch immer Deutsch sich ausgedrückt haben mag, Philby jedenfalls »fand das Angebot faszinierend«, denn seit den Monaten in Wien hielten sich die aufregenden Begebenheiten in Grenzen. Nachdem ihm sein eigenes Land eine prestigeträchtige Karriere im Auswärtigen Amt verweigert hatte, kann man sich leicht vorstellen, welch unwiderstehliche Anziehungskraft dieses nachmittägliche Treffen mit einem hohen sowjetischen Offizier im Regent's Park auf ihn hatte. »Meine Zukunft sah gleich viel romantischer aus«, erinnerte sich Philby, um im Hinblick auf seine Zuhörer vom KGB jedoch gleich hinzuzufügen: »Etwas später wurde mir natürlich klar, daß meine Arbeit ganz und gar nicht immer ›romantisch‹, sondern im Gegenteil kompliziert, sehr hart und manchmal sogar stumpfsinnig sein würde. Das wußte ich damals aber noch nicht, und selbst wenn ich es gewußt hätte, wäre meine Antwort wohl trotzdem dieselbe gewesen. ›Einverstanden‹, sagte ich also, und wir vereinbarten ein weiteres Treffen in zwei Wochen.«[60]

Erst nachdem Deutsch über sein Treffen mit Philby einen positiven Bericht abgeliefert hatte, informierte Reif die Zentrale über den neuen potentiellen Kandidaten für eine »Bearbeitung«. Er war überzeugt, daß sie einen möglicherweise sehr nützlichen und vertrauenswürdigen Kandidaten für »die Organisation« gefunden hatten, und ließ daran auch in seinem Monatsbericht an Moskau vom Juni 1934, den er mit seinem Decknamen MARR unterschrieb und persönlich nach Kopenhagen beförderte, keinen Zweifel:

»Philby wird in Zukunft SYNOK heißen. Über Edith, die Ihnen bekannt ist und eine Zeitlang für SIGMUND in Wien gearbeitet hat, haben wir herausgefunden, daß das frühere österreichische Parteimitglied, das Edith durch unsere ehemaligen Wiener Genossen empfohlen worden war, zusammen mit seinem Ehemann, einem Engländer, von Wien kommend in Großbritannien eingetroffen ist. Auch der Ehemann ist Arnold bekannt. Edith hat sie überprüft und von ihren Wiener Freunden nur das Beste über sie erfahren. Daraufhin habe ich beschlossen, den Mann unverzüglich anzuwerben – wenn auch natürlich nicht sofort für ›die Organisation‹, denn dafür wäre es noch zu früh, sondern zunächst für die antifaschistische Arbeit. Gemeinsam mit Arnold und Edith habe ich einen Plan ausgearbeitet, demzufolge Arnold SÖHNCHEN treffen sollte, bevor SÖHNCHEN in die Wohnung seines Vaters zog. Arnolds Treffen mit SÖHNCHEN fand unter Einhaltung strengster Sicherheitsvorkehrungen statt. Das Ergebnis: Er ist uneingeschränkt bereit, mit uns zusammenzuarbeiten.«[61]

Wie aus Reifs Telegramm hervorgeht, war Philby zunächst nur als potentieller Rekrut des NKWD unter die Lupe genommen worden. Als solcher hatte er den russischen Decknamen erhalten. Die NKWD-Akten belegen, daß die Illegalen des sowjetischen Geheimdienstes in London die deutsche Sprache vorzogen. Philby wurde deshalb in der Korrespondenz des NKWD meist unter SÖHNCHEN, dem deutschen Äquivalent seines Decknamens, geführt. Reifs Bericht verdeutlicht, daß er die Entscheidung darüber, ob mit der Rekrutierung Philbys für »die Organisation« fortgefahren werden sollte oder nicht, der Zentrale in Moskau überließ. Seiner Ansicht nach befand sich SÖHNCHEN noch in einem zu frühen Stadium, um für anspruchsvollere Aufgaben als allgemeine »antifaschistische Arbeit« in Betracht zu kommen. Dies entsprach voll und ganz den zwei Stufen der Anwerbungsprozedur des NKWD, die sich über einen längeren Zeitraum hinzog; Philbys Akte verdeutlicht, daß er erst viele Monate später als vollwertiger Agent galt. Seine Ausbildung war erst abgeschlossen, nachdem Orlow die Leitung der Londoner Residentur übernommen hatte, und die Akten zeigen, daß er in dieser Funktion auch den Rekrutierungprozeß von SÖHNCHEN überwachte, den er nach einem halben Jahr erstmals persönlich traf.[62]

Die genauen Daten von Philbys Rekrutierung gehen nicht aus seiner Akte hervor, doch Philby selbst erinnert sich, daß sein Treffen mit Deutsch im Regent's Park »Ende Mai oder Anfang Juni 1934«[63] stattfand. Das bestätigt auch Reifs Bericht Nummer 2696 an die Moskauer Zentrale, der zwar nicht datiert ist, aber aufgrund seiner Nummer etwa Anfang Juni von Kopenhagen abgeschickt worden sein muß. Die »Bekannte« aus Wien, von der Philby behauptet, er kenne sie von Österreich her, war Edith Tudor Hart. Auch wenn Philby also nicht, wie so oft behauptet wurde, in Wien angeworben wurde, trug die »österreichische Verbindung« doch entscheidend dazu bei, daß er mit dem sowjetischen Geheimdienst in Kontakt kam.[64]

Philby ging ganz bewußt niemals darauf ein, welche Rolle Tudor Hart gespielt hatte, und verheimlichte in seinem Interview 1988 ihre Funktion und die von Deutsch, als er einräumte, daß sein Anwerber »kein Russe war, obwohl er für die Russen arbeitete«.[65] Abgesehen davon, daß es nötig war, den österreichischen Kontakt zu schützen, scheint Philby auch die Bedeutung von Deutsch ganz bewußt heruntergespielt zu haben. Zwar hatte er selbst nie Zugang zu seiner oder OTTOS Akte, doch der KGB legte – aus Gründen, die Deutschs Dossier darlegen – größten Wert darauf geheimzuhalten, daß Deutsch einer ihrer wichtigsten Anwerber war. Den NKWD-Akten zufolge konnte Deutsch während seiner Dienstzeit in London von 1933 bis 1937 nicht weniger als 17 wichtige britische Agenten dazu überreden, für Stalin zu arbeiten. Nur eine Handvoll wurde jemals von den Briten enttarnt, und darunter waren Rekruten aus den Universitäten von Cambridge und Oxford.

Philbys KGB-Aussage enthüllt, daß er gute Gründe dafür hatte, keinerlei Andeutung zu machen, die Tudor Hart irgendwie in Gefahr hätten bringen können. Er berichtete dem KGB, daß der Verdacht, den der MI5 gegenüber Tudor Hart hegte, ihn während der intensiven Verhöre, denen er sich 1952 wegen des Vorwurfs, Burgess und Maclean rechtzeitig gewarnt zu haben, unterziehen mußte, beinahe als Spion demaskiert hätte. Der kritische Augenblick war gekommen, als er mit dem legendären Polizeiermittler Arthur Skardon konfrontiert wurde, der den Atomspion Klaus Fuchs enttarnt hatte. Philby berichtete nicht ohne

Stolz vor dem KGB, wie sein eiskaltes Verhalten ihn rettete, als er über seine Verbindung zu Tudor Hart befragt wurde, die auf der MI5-Liste der als Sowjetspione verdächtigten Personen ganz oben stand. »Skardons Verhörtechnik lief darauf hinaus«, erklärte er, »daß er zunächst ein Gespräch über irgendein belangloses Thema begann, beispielsweise über China oder Amerika, um dann plötzlich eine kleine hinterhältige Frage einzuwerfen.« Auf diese Weise brachte er auch äußerst geschickt eine scheinbar harmlose Bemerkung über Edith Tudor Hart unter, über die Philby bereits von Dick White vom MI5 befragt worden war.

»Edith Tudor Hart war eben jene Frau, die mich OTTO vorgestellt hatte; mit ihr hatte alles angefangen«, erzählte Philby dem KGB später. »White fragte mich also nach ihr. Natürlich hatte ich sie etwa zehnmal getroffen, aber ich antwortete White: ›Edith Tudor Hart? War das der Name, den Sie nannten? Nein, ich erinnere mich nicht an sie.‹«[66] White antwortete, es könnte Philby »interessieren zu erfahren«, daß Tudor Hart seit einiger Zeit der Spionage verdächtigt und deshalb ihr Telefon überwacht werde; dabei habe der MI5 auch ein Gespräch mit ihrem Mann mitgehört, in dem sie ihn gebeten habe, Negative eines Fotos zu vernichten, das sie von Philby gemacht habe. Philby sagte, er sei der Falle entgangen, indem er geantwortet habe, daß ihn schon viele Leute fotografiert hätten, er sich speziell an eine Tudor Hart aber nicht erinnern könne.[67]

»Skardon hatte diese eine Episode aus der vorausgegangenen Befragung durch White im Kopf«, erklärte Philby und ergänzte, wie der gerissene Polizist bewußt beiläufig eingeworfen hatte: »Ach ja, jetzt hätte ich es fast vergessen: Sie sagten ja bereits meinem Kollegen Dick White, daß Sie eine Frau namens *Elizabeth* Tudor Hart nie getroffen haben.«[68]

»Tudor Hart, o ja, er hat mich nach einer Frau mit diesem Namen gefragt, aber ich kenne sie nicht«, antwortete Philby. Er gestand dem KGB, daß er diesmal beinahe in die Falle gegangen wäre. Skardon habe natürlich gehofft, daß Philby ihn spontan korrigieren würde: »Nicht *Elizabeth* Tudor Hart, sondern Edith Tudor Hart.«[69]

»Solche kleinen Tricks konnten einem auf Dauer ganz schön auf die Nerven gehen«, bemerkte Philby mit dem unerschütterlichen Selbstvertrauen eines alten Sowjetagenten, dem diese Erfahrung mehr als einmal geholfen hatte, solche Fallen zu umgehen. Wie er dem KGB erklärte, bewogen ihn späte Rachegelüste gegen Skardon schließlich dazu, in sein Buch *My Silent War* ganz bewußt auch das von Tudor Hart kurz nach seiner Rückkehr aus Wien aufgenommene Foto einzubeziehen, das ihn als nachdenklichen, Pfeife rauchenden jungen Mann zeigt. »Das Negativ war wirklich vernichtet worden, aber den Abzug habe ich behalten«, gluckste er und erklärte dem KGB vergnügt, daß »weder

Dick White noch sonst jemand je beweisen konnte, daß Tudor Hart das Foto gemacht hatte.«[70]

Blickt man auf seine Karriere als Agent des sowjetischen Geheimdienstes zurück, kann man wohl Philbys etwas prahlerische Art entschuldigen, mit der er zum Nutzen einer neuen Generation von KGB-Offizieren seine Kaltblütigkeit herausstrich, die ihn zu einem so brillanten Spion gemacht hatte. Sein von ihm so erfolgreich praktiziertes »Handwerk« hatte er jedoch erst gelernt, nachdem er von Reif rekrutiert worden war. Im Gegensatz zu seinen späteren Aussagen beweisen die NKWD-Akten, daß Philby nicht sofort oder gar automatisch nach seinem ersten Gespräch mit Deutsch im Regent's Park in den sowjetischen Geheimdienst aufgenommen wurde. Erst nach Orlows Ankunft in London begann im Juli unter der wachsamen Supervision des neuen illegalen Residenten die Umwandlung dieses vielversprechenden Kandidaten zu einem vollwertigen Agenten.

Anmerkungen

1. Moskauer Zentrale an Orlow, 19. Juni 1934, ORLOW-Akte Nr. 32476, Band 4, S. 133, ARG. Der Schriftverkehr der illegalen Residentur in London wurde in einer Art Geheimschrift in scheinbar harmlosen Briefen getätigt. Die damals gebräuchlichste Art unsichtbarer Tinte für geheime Botschaften war Fixiersalz, wie es in Fotolabors verwendet wird. Die sowjetischen Illegalen benutzten mit Vorliebe derart leicht erhältliche Chemikalien, da sie bei einer eventuellen polizeilichen Durchsuchung keinen Verdacht erregten. Aber im Fall der illegalen Station in London erwies sich diese unsichtbare Schrift als unzuverlässig. Die Nachrichten von der Zentrale an die illegale Residentur wurden fotografiert und als nichtentwickelte Filmrollen geschickt. So konnten sie einfach zerstört werden, falls während des Transportes ein Notfall eintrat.
2. Eine Kopie der Aufenthaltsgenehmigung Reifs, ausgestellt auf den Namen Max Wolisch, in REIF-Akte Nr. 15486, Band 1, S. 108, ARG.
3. Für einen Residenten des NKWD war es durchaus nicht ungewöhnlich, in einem Land stationiert zu sein, wo er keine unrechtmäßigen Aktivitäten durchführte und sich daher auch keiner Gefahr durch die Behörden aussetzte. In dem Brief von der Zentrale an Orlow, datiert vom 19. Juni 1934, steht im ersten Absatz: »Um unsere Arbeit neu zu organisieren, wird Ihnen eine illegale Gruppe zugewiesen, die bisher unter Anatoli gearbeitet hat.« Anatoli alias Jewgeni Mizkjewitsch war illegaler Resident in Frankreich und nominell für die illegale Arbeit in Großbritannien verantwortlich. Doch er hatte soviel zu tun, daß er der Gruppe in London nicht genügend Zeit widmen konnte. Orlow, der aufgrund von Instruktionen der Zentrale agierte, sollte ursprünglich in Kopenhagen stationiert werden. Seine Aufgabe bestand darin, von Kopenhagen aus die Unterwanderung des britischen Geheimdienstes in London und seiner Spionagenetze in den Nachbarländern der Sowjetunion zu leiten, da diese Länder – Finnland, Lettland und Estland – den Briten als Ausgangspunkte für die Spionage gegen Moskau dienten. Wie bei seiner vorherigen Arbeit, der Unterwanderung des *Deuxième Bureau*, war die Stadt Kopenhagen, die ein

Kommunikationstreffpunkt der Londoner Gruppe war, als Basis vorgesehen. Orlow aber fand es praktischer, seine Basis nach London zu verlegen, eine Entscheidung, der die Zentrale in ihrem Brief vom 7. Januar 1935 zustimmte. Vgl. ORLOW-Akte Nr. 32476, Band 4, S. 129, 118.

4. Ebd., S. 133.

5. »Biographischer Abriß H. St. John Philby«, bereitgestellt vom britischen Außenministerium 1945 für den Ersten Sekretär der US-Botschaft in London. State Department, Decimal-Akte 111 20A/7 RG 84, National Archives.

6. Philbys biographische Details werden durch eine Anzahl veröffentlichter Quellen bestätigt, darunter: Phillip Knightley, David Leitch und Bruce Page, *Philby, The Spy who Betrayed a Generation*, André Deutsch, London, 1968, Sphere edition (im folgenden: Knightley u. a., *The Spy*); H. A. R. Philby, *My Silent War*, MacGibbon & Kee, London, 1968; Phillip Knightley, *Philby: KGB Master Spy*, André Deutsch, London, 1988 (im folgenden: Knightley, *Master Spy*); Andrew Boyle, *The Climate of Treason*, Hutchinson, London, 1979 (im folgenden: Boyle, *Climate*). Siehe auch Interview mit Philby, geführt von Phillip Knightley, *Sunday Times*, 20. März 1988.

7. Nach den ethischen und gesetzlichen Normen Großbritanniens waren Philby und die Mitglieder des Cambridge-Spionagerings zweifelsohne Landesverräter. Für den sowjetischen Geheimdienst sind sie jedoch Unterwanderungsagenten, die durch ihre kommunistische Überzeugung Moskau schon loyal gegenüberstanden, bevor sie überhaupt in einer Position waren, die es ihnen ermöglichte, Staatsgeheimnisse ihres Landes zu verraten. Den Sowjets zufolge ist es daher unpassend, sie als Verräter zu bezeichnen, vor allem, weil sie ihre Vertrauensposition innerhalb der britischen Regierung erlangt hatten, um dem internationalen Kommunismus zu dienen. Philby und seine Genossen waren daher weit entfernt von jenen »Verrätern«, die zuerst solche Vertrauenspositionen erlangten, und erst dann ihre Loyalität wechselten, um die Geheimnisse ihres Landes weiterzugeben.

8. Auf die Idee, eine Untersuchung des Cambridge-Spionagerings einzuleiten, kam Andrew Boyle später durch seine Verbindungen zum Establishment und seine Freundschaft mit dem verstorbenen Sir Dick White. White, der frühere Leiter des MI5 und MI6, war Mitglied des britischen Geheimdienstes und während des Krieges ein Kollege von Blunt. Die Untersuchung erschien in den Vereinigten Staaten unter dem Titel *The Fourth Man*, James Wade/dial Press, New York, 1979, in Großbritannien als *The Climate of Treason*, a. a. O., und in Deutschland als *Ring der Verräter. Fünf Spione für Rußland*, Hamburg, 1980.

9. Peter Wright und Paul Greengrass, *Spycatcher*, Viking, New York, 1987. Deutsche Ausgabe: *Spycatcher: Enthüllungen aus dem Secret Service*, Frankfurt a. M. 1988.

10. Eidesstattliche Erklärung von Peter Wright, Bericht im *Guardian*, 9. Dezember 1986.

11. Interview mit Philby von Phillip Knightley, *Sunday Times*, 20. März 1988.

12. TASS, zitiert nach *New York Times*, 12. Mai 1988.

13. Interview mit Philby von Phillip Knightley, *Sunday Times*, 20, März 1988; Knightley u. a., *The Spy*, S. 37–47.

14. Bemerkenswert ist die gut dokumentierte Untersuchung von Verne W. Newton, *The Cambridge Spies: The Untold Story of Maclean, Philby and Burgess in America*, Madison Books, Washington, 1991. Anhand von Unterlagen der US-Regierung enthüllt dieses Buch das tatsächliche Ausmaß der Spionagetätigkeit Macleans.

15. Besonders bemerkenswert ist John Cairncross, der während des Krieges an GC & CS in Bletchely Park das streng geheime Material weitergab, in dem die

deutsche Luftwaffe den Kampfbefehl für die Zeit vor und während der kritischen Schlacht von Kursk im Juni 1943 erhielt. Interview von 1992 mit dem Autor. Cairncross-Befragung, zitiert nach Chapman Pincher, *Too Secret, Too Long*, Sidgwick and Jackson, London, 1984, S. 396, bestätigt durch Wright, *Spycatcher*, S. 221–225.

16. Brief von Donald Maclean aus Paris, 25. April 1939, MACLEAN-Akte Nr. 83791,, Band 1, S. 174–175, ARG.

17. Vorwort zu Orlov, *Handbook*. Orlov, *Legacy*, S. 67. Aussage vom 14. September 1957 vor dem Unterausschuß des Senats für Innere Sicherheit.

18. Orlov, *Handbook*, S. 5.

19. Ebd., S. 108–109.

20. Ebd.

21. Ebd., S. 108–109.

22. Philby, *My Silent War*, S. 14.

23. In seinem Brief aus Kopenhagen vom Februar 1935 schreibt Orlow: »Vom Juli 1934 bis Januar 1935 haben wir nicht einen einzigen Brief von Ihnen bekommen und keine Antwort auf drei Briefsendungen mit Material.« Nach K. [Kopenhagen] gebracht von HERTA [Deckname des Kuriers], ORLOW-Akte Nr. 32476, Band 3, S. 7, ARG.

24. Schon im Dezember 1926 leitete eine Sonderkommission, bestehend aus K. Woroschilow (Volkskommissar für Verteidigung), A. Trilisser (Chef der INO) und einem Repräsentant der Komintern eine Untersuchung und Analyse über die fehlgeschlagene Operation einer Residentur des militärischen Geheimdienstes ein. Die Kommission kam zu einem zwingenden Schluß, der im Protokoll festgehalten wurde: »Die Arbeit von Mitgliedern ausländischer kommunistischer Parteien in [sowjetischen] Spionageeinheiten (Organen) im Ausland ist im höchsten Grade unerwünscht, da bei Fehlern, die im Verlauf dieser Arbeit unvermeidbar sind, den kommunistischen Parteien ein schwerer Schlag versetzt wird.« Die Kommission schlug vor, den »Einsatz von Mitgliedern ausländischer kommunistischer Parteien als Agenten zu verbieten«. Aber es gab keine richtige Kontrolle über die Befolgung dieses Vorschlages – auch weil die Arbeitserleichterung, die der Einsatz solcher Personen mit sich brachte, zu verführerisch war. In den Dreißigern tauchte die Frage erneut auf. Ausnahmen wurden dann nur noch bei geheimen Mitgliedern der KP gemacht und nur, wenn ihre Rekrutierung stichhaltig begründet war. Geschichte des sowjetischen Geheimdienstes, KGB, Moskau, 1982., S. 65.

25. KGB-Memoiren, S. 5. Philbys KGB-Memoiren sind zu einem Band zusammengefaßt, gehören aber strenggenommen nicht zu seiner Akte. Sie erhielten keine Bandnummer, obwohl sie zusammen mit dem Dossier, bestehend aus 18 Bänden, aufgehoben werden. Die Memoiren sind um 1985 von Philby in englischer Sprache diktiert worden. Die Erste Hauptverwaltung übersetzte diese Aufzeichnungen ins Russische, und der 283 getippte Seiten umfassende endgültige Text wurde in einem Band als gebundenes Exemplar zusammengefaßt.

26. Ebd., S. 6–8.

27. Ebd.

28. Lord Stamfordham an Arthur Balfour, 1. September 1925, Balfour Papers, zitiert aus Kenneth Rose, *King George V*, Weidenfeld, London, 1983, S. 369.

29. Knightley u. a., *The Spy*, S. 36. In seinen KGB-Memoiren zitiert Philby Dobb: »Ich kann Ihnen ein Empfehlungsschreiben an einen Führer der Internationalen Hilfe für Arbeiter – MOPR in Paris geben.« Da es klar ist, daß Philby sich auf die Internationale Arbeiterhilfe bezog, taucht der Begriff im weiteren Text auch als solcher auf.

30. Philbys KGB-Memoiren, S. 10. In seinen Memoiren behauptet Philby, er könne

sich nicht an den Namen des Italieners erinnern. Es gab viele italienische Kommunisten, die für die Organisation arbeiteten, die Willi Münzenberg als Hilfsorganisation gegen die Hungersnot in Rußland gegründet hatte. Es liegt jedoch nahe, daß Gibarti, der einer der berühmtesten Mitglieder der Liga gegen den Imperialismus war, der Adressat des Briefes gewesen ist. Ob Philby tatsächlich Gibarti sah oder durch einen Untergebenen an Nepler verwiesen wurde, ist nicht genau festzustellen. (Gibarti verbrachte im Sommer 1933 wenig Zeit in Paris, da er damit beschäftigt war, in London das Gegenverfahren zu Dimitrows Gerichtsverfahren in Leipzig zu organisieren.) Die Autoren danken Stephen Koch von der Universität Columbia für seinen Hinweis auf diese mögliche Verbindung. Siehe auch seine Aufzeichnungen über Münzenberg und Gibarti in *Double Lives: Espionage and the War of Ideas*, Free Press, New York, 1993.

31. Die Internationale Arbeiterhilfe wurden von Willi Münzenberg, dem Erfinder und maßgeblichen Agitator der sogenannten kommunistischen Frontorganisation, gegründet. Nachdem die Nationalsozialisten ein Jahr zuvor an die Macht gekommen waren, ergriffen er und seine Mitarbeiter die Flucht und verlegten ihr Hauptquartier nach Paris.

32. Philbys KGB-Memoiren, S. 11. ARG.

33. Ebd.

34. Ebd., S. 12.

35. Ebd., S. 13.

36. Ebd.

37. Ebd.

38. Ebd., S. 17.

39. Ebd., S. 11.

40. Ebd., S. 15.

41. Brief von Frau Dora Philby an Harry St. John Philby, zitiert nach Knightley u. a., *The Spy*, S. 45.

42. Professor Dennis Robertsons Kommentare in der Erinnerung seiner Kollegen, und nach Boyle, *Climate.*, S. 106–107. Zitiert nach Knightley u. a., *The Spy*, S. 45.

43. Philbys KGB-Memoiren, S. 17, ARG.

44. Ebd.

45. Knightley u. a., *The Spy*, S. 86.

46. Reifs Bericht weist darauf hin (vgl. S. 137), daß Philby bei dem ersten Treffen mit Deutsch nur gefragt wurde, ob er helfen wolle, die bürgerlichen Institutionen zu unterwandern, wozu er bereit war. In diesem Stadium wußte er nicht, für wen er gebeten wurde zu arbeiten – die Komintern, den antifaschistischen Untergrund oder die Sowjetunion. Reifs undatierter Brief an die Zentrale, der einige Wochen vor Orlows Ankunft in England geschrieben wurde, besagt aber deutlich, daß Philby der Eindruck vermittelt wurde, es handele sich um antifaschistische Arbeit, denn es wäre noch »zu früh« gewesen, ihn für den sowjetischen Geheimdienst anzuwerben. Deutschs Kontaktaufnahme kann daher als erstes Stadium von Philbys Rekrutierung betrachtet werden. Seine wirkliche Aufnahme in den London Geheimdienst fand erst unter Orlows Leitung der illegalen Station in London statt. Daß dieser Schritt erst geraume Zeit nach dem Sommer unternommen wurde, geht aus dem undatierten Brief Orlows an die Zentrale hervor. In diesem Brief, geschrieben zwischen dem 16. Juli 1935 und Orlows Abreise nach Moskau am 25. September desselben Jahres, legt er seinen Plan dar, Philby in den MI6 zu bekommen, indem er ihn nach Indien schickt. Orlow stellt darin fest, daß Philby »bemerkenswerte Fortschritte gemacht hat, was seine Aufgaben und die Agententätigkeit angeht«, auf die er »große Lust«

habe. Philby selbst war klar, daß es Orlow war, der das Endstadium seiner Rekrutierung für den sowjetischen Geheimdienst beeinflußt hat. Dies ist aus seinen KGB-Memoiren ersichtlich, in denen er auf Orlow als einen Bolschewiken und den »Chef einer großen Operation unter Moskauer Führung« hinweist. Das gleiche gilt für Orlows Rolle, die er bei der Rekrutierung von Maclean und Burgess gespielt hat. Illegalen wie Deutsch und Orlow war aus Sicherheitsgründen ausdrücklich untersagt, im ersten Stadium der Anwerbung bekanntzugeben, daß sie Offiziere des sowjetischen Geheimdienstes waren. Wenn es überhaupt je enthüllt wurde, dann erst im zweiten Stadium der Rekrutierung, nachdem der Agentenanwärter auf Herz und Nieren geprüft worden war.

47. Wann genau Edith Tudor Hart in Großbritannien eintraf, geht aus ihrer NKWD-Akte nicht hervor, aber es war Mai 1933, also das Jahr, in dem Philby nach Österreich reiste. Ihr Bruder, der bekannte Tierfotograf Wolf Suskitsky, und ihre Mutter folgten ihr nach Großbritannien. Dort trat sie der kommunistischen Partei bei und wurde eine der Gründerinnen des *Workers' Camera Club*, der späteren *Workers' Film and Photo League*, die die sozialen Ungerechtigkeiten während der Zeit der Depression dokumentierte. Ihre Studien von Minenarbeitern, Frauen der Arbeiterklasse und Kindern erschienen in Büchern und Magazinen wie *Picture Post, Weekly Illustrated* und *Listener*. Obwohl sie vor dem Krieg sehr bekannt war, wurde ihr Name durch berühmte Zeitgenossen wie John Gierson und Cecil Beaton verdrängt. Nach ihrem Tod 1973 fand ihre Arbeit erneutes Interesse, und 1992 veranstaltete die Open Eye Gallery in Liverpool eine Ausstellung ihrer Fotografien.

48. In der Akte von Edith Tudor Hart befindet sich folgende von Deutsch verfaßte Charakterisierung: »Sie ist bescheiden, gewissenhaft und mutig. Sie ist bereit, alles für uns zu tun, aber leider ist sie nicht vorsichtig genug. Dies kommt daher, daß sie an legale Parteiarbeit gewöhnt ist ... Sie macht viele Sachen gleichzeitig. Sie ist sehr ehrlich, wenn es um Geld geht (sogar geizig). Man muß sehr vorsichtig sein, wenn man sich mit ihr treffen will, da sie eine der bekanntesten Kinderfotografinnen in Großbritannien ist. Wir müssen mehr Genauigkeit und Vorsicht von ihr verlangen. Seit sie mit uns [der illegalen Residentur] in Verbindung steht hat sie sich diesbezüglich sehr gebessert, weil es strikt von ihr gefordert wurde. Ihre Sorglosigkeit läßt sich vielleicht auch dadurch erklären, daß sie stark <u>kurzsichtig</u> ist.« EDITH-TUDOR-HART-Akte Nr. 8320, Band 1, S. 52, ARG.

49. Philby KGB-Memoiren, S. 16, ARG.

50. Eine Notiz von Reif über Philby am Vorabend von dessen Rekrutierung weist auf Philbys potentiellen Wert hin: »Wichtige Faktoren für die Rekrutierung von SYNOK [SÖHNCHEN] waren: 1. die Position seines Vaters; 2. seine [Kims] Absicht, in den Dienst des Auswärtigen Amtes einzutreten.« PHILBY-Akte Nr. 5581, Band 1, S. 3–4, ARG.

51. DEUTSCH-Akte Nr. 32826, Band 1, S. 347, ARG.

52. Ebd. S. 5.

53. Ebd.

54. Undatierter Bericht von Reif an die Zentrale (wahrscheinlich Anfang Juni 1934), PHILBY-Akte Nr. 5531, Band 1, S. 3. Siehe auch undatierte Notiz in MACLEAN-Akte Nr. 83791, Band 1, S. 189, ARG.

55. Reifs Bericht an Moskau wurde von Kopenhagen aus im Diplomatengepäck transportiert. Telegramm Nr. 2696 wurde zur gleichen Zeit losgeschickt, kam aber viel früher als das Diplomatengepäck an. Es war gängige Praxis beim NKWD, die wichtigsten Entwicklungen telegraphisch mitzuteilen und weitere Details per Post zu schicken.

56. Philbys KGB-Memoiren, S. 18, ARG

57. Ebd., S. 19.
58. Ebd.
59. Ebd.
60. Ebd., S. 19–20.
61. Undatiertes Kryptogramm Nr. 2696 (wahrscheinlich vom Juni 1934) aus Kopenhagen, PHILBY-Akte Nr. 5581, Band 1, S. 3, ARG.
62. In dieser Periode wurden Maclean und Burgess von Orlows Residentur rekrutiert. Bevor die Zentrale auch nur ein Wort über Deutschs Kontaktaufnahme mit Kim Philby hörte, hatte MARR im Juni 1934 zwei Briefe geschickt, die mit Geheimtinte geschrieben waren. Die Zentrale war aber nicht in der Lage, diese zu entwickeln. So geschah es, daß die Anwerbung der drei Gründungsmitglieder des Cambridge-Spionagerings von Moskau nicht ausdrücklich genehmigt war. ORLOW-Akte Nr. 32476, Band 2, S. 124.
63. Philbys KGB-Memoiren, S. 20, ARG.
64. »Die Empfehlung der Wiener Genossen und Edith selbst«, zitiert in dem Bericht, weisen darauf hin, daß sowohl Edith während ihrer Zeit in Wien, also bevor sie nach Großbritannien fuhr, als auch Litzi Kim gekannt haben müssen.
65. Interview mit Philby von Phillip Knightley, *Sunday Times*, 20. März 1988.
66. Philbys KGB-Memoiren, S. 20–22, ARG.
67. Ebd.
68. Ebd.
69. Ebd.
70. Ebd.

KAPITEL 7

Große Lust auf Spionage

»Die Söhne vieler berühmter Personen des öffentlichen Lebens sympathisieren mit der kommunistischen Partei und haben auch schon für sie gearbeitet. Wir werden bald eine Liste von ihnen vorlegen können.« Diese Einschätzung war Teil des ersten Berichts, den Orlow im Juli 1934 – kurz nach Übernahme der illegalen Residentur – an Moskau sandte.[1]

Daß man die für eine Anwerbung durch den NKWD in Frage kommenden Kandidaten die Namen von Freunden und Bekannten auflisten ließ, die mit dem Kommunismus sympathisierten, gehörte zur Standardprozedur der Sowjets, mit der sie Einsatzbereitschaft und Eignung der betreffenden Kandidaten testen wollten. In Philbys Fall kam dieser Praxis jedoch besondere Bedeutung zu, weil Orlows Hauptaufgabe darin bestand, die Unterwanderung der britischen Geheimdienste zu organisieren. Zur gängigen Praxis im sowjetischen Geheimdienst gehörte es auch, daß man potentielle Rekruten aufforderte, jeglichen Kontakt zu bekennenden Kommunisten abzubrechen – eine Anweisung, die Philby schon vor Orlows Eintreffen durch Deutsch übermittelt worden war. Nach seinem wenig ermutigenden Empfang in der King Street war Philby sicher erleichtert zu erfahren, daß man in Moskau die Kommunistische Partei Großbritanniens als so irrelevant betrachtete, daß man ihn anwies, sich künftig von ihr fernzuhalten. Mehr als schwer fiel es Philby allerdings, sich von seinen geliebten linken Büchern und Pamphleten zu trennen, zu denen auch eine wertvolle Sammlung der Werke von Karl Marx gehörte. Im Zuge des Aufbaus seiner politischen Respektabilität sollte Philby jede Gelegenheit nutzen, um zu beweisen, daß er die sozialistische Phase seiner Studentenzeit längst hinter sich gelassen hatte. Nach außen hin sollte er sich als Erzreaktionär geben, der ganz und gar die konservative Grundhaltung des englischen Establishments vertrat. Weiterhin hatte Deutsch ihm nahegelegt, eine bürgerliche Karriere einzuschlagen, die es ihm eines Tages ermöglichen würde, Moskau wertvolle Dienst zu leisten.[2]

Als Orlow am 15. Juli 1934 im Hafen von Harwich an der Ostküste

Englands ankam, gab er vor, ein amerikanischer Unternehmer zu sein, der in London eine Importfirma eröffnen wollte. Er war über Stockholm gereist, wo vier Tage zuvor in seinen US-Paß ein neues Visum gestempelt worden war, ausgestellt vom britischen Konsulat.[3]

Orlows Akte zeigt, daß Orlow sich zu dieser Zeit in einem Loyalitätskonflikt zwischen dem NKWD und seinen familiären Verpflichtungen befand. Als er am 25. Juli 1934 über Ostende nach Moskau zurückreiste, um einen Bericht über seinen bisherigen Aufenthalt in London abzugeben, wandte er sich an Artusow in der INO mit der Bitte, ihn von seinen Pflichten im Ausland zu entbinden, da seine Tochter wegen ihrer Krankheit ständiger Betreuung bedürfe. Sein Ansinnen wurde jedoch abgelehnt, und so kehrte Orlow im darauffolgenden Monat nach London zurück, um eine der wichtigsten Operationen in der Geschichte des sowjetischen Geheimdienstes zu leiten.[4]

Die Unterlagen im NKWD-Archiv von der illegalen Niederlassung in London zeigen, daß Orlow ein Netz von wichtigen britischen Agenten übernahm, zu dem auch ein Akademiker an der Londoner Universität gehörte, dessen Codename PROFESSOR war. Letzterer war als Informant für Orlow weniger wertvoll als drei von Deutschs Rekruten namens BÄR, ATTILA und NACHFOLGER. Ihre Decknamen erscheinen häufig in seinen Berichten aus London, aber da bisher keiner von ihnen von den Briten enttarnt wurde, beschloß der russische Geheimdienst – wie es auch beim FBI und dem CIA üblich wäre – sie in diesem Buch ebenfalls nicht zu identifizieren.[5]

In der Voraussicht, daß die Ausnutzung von NACHFOLGERs Gruppe und der Ausbau seines eigenen Agentennetzes geraume Zeit und Arbeit in Anspruch nehmen würden, kehrte Orlow – vorbereitet auf einen langen Aufenthalt in Großbritannien – nach London zurück. Er hatte noch gut in Erinnerung, wie seine Pariser Tarnung aufgeflogen war, und so schien er fest entschlossen zu sein, dieses Mal eine hieb- und stichfeste Legende zu entwickeln, um eine optimale Tarnung für seine geheimen Operationen zu haben. Aus diesem Grund wählte er für seine Rückkehr nach England einen anderen Weg. Nachdem er den Kanal von Dieppe aus überquert hatte, erreichte er am 18. September Newhaven. Mit seiner neuen Identität als amerikanischer Import-Export-Unternehmer war es unwahrscheinlich, daß seine häufigen Auslandsreisen den Verdacht des MI5 und der immer aufmerksamen Sonderabteilung der Städtischen Polizei erregten.

Orlow reiste als William Goldin in Großbritannien ein und lebte unter diesem Namen ganz legal als Resident des NKWD in London. Soweit festzustellen ist, wurde weder seine falsche Identität noch seine Verbindung zum Cambridge-Kreis jemals von den britischen Behörden enttarnt. Hätte es in den MI5-Akten auch nur irgendeine Spur von Orlow gegeben, so wäre Peter Wright ihm bei seiner Befragung sicher auf die Schliche gekommen und hätte Orlows Namen in seinem Buch *Spycatcher* genannt. Beispielsweise stand Edith Tudor Hart beim MI5 unter Verdacht, aber nur als Kurier, nicht als die sowjetische Agentin, die vorgeschlagen hatte, Philby zu rekrutieren.[6] Einer der Hauptgründe für das reibungslose Funktionieren von Orlows Legende war die Tatsache, daß er mit einem illegal erworbenen, aber echten amerikanischen Paß ins Land kam. Er hatte vollständig die Identität von William Golding angenommen – eines geborenen Österreichers, der in die USA emigriert war und dessen Englisch aufgrund seiner Herkunft noch immer einen unüberhörbaren Akzent aufwies. Äußerlich deutete nichts darauf hin, daß Orlow/Goldin etwas anderes hätte sein können als ein ganz normaler Geschäftsmann. Um seiner Legende Glaubwürdigkeit zu verleihen, gründete er mit von Moskau eigens dafür zur Verfügung gestellten Geldern eine kleine Import-Export-Firma. Aus dem Briefkopf in Orlows Dossier ist ersichtlich, daß die NKWD-Tarnfirma, die sich The American Refrigerator Company Ltd. (Die Amerikanische Kühlschrank GmbH) nannte, getreu dem Gesetz einen englischen Direktor namens M. S. Stansfield hatte. Unvereinbar mit dem geheimen Charakter von Orlows Mission schien jedoch die Adresse der Gesellschaft zu sein, die im Imperial House, Regent Street Nr. 84, nur hundert Meter vom Piccadilly Circus entfernt beherbergt war, das traditionell als Herz des britischen Königreiches gilt. Der eigentliche Eingang zu seinen Büroräumen im vierten Stock lag direkt um die Ecke des berühmten Café Royal in einer ruhigen überdachten Passage mit dem Namen Air Street. Orlows Büro befand sich – ideal getarnt – eine Etage über der Londoner Abteilung des Hollywood's Central Casting Bureau, dem Hauptquartier der Encyclopaedia Britannica und der Duckerfield-Tanzschule.[7] Auf den sauber gedruckten Visitenkarten von William Goldin stand als Telefonnummer der Gesellschaft Regent 2574. Es war ein völlig legales Unternehmen, das die besten Modelle elektrischer Kühlschränke aus Amerika importierte und Anzeigen in den Handelszeitungen lancierte, um für die Produkte zu werben. Der Geschäftsführer, Mr. Goldin, war stets pünktlich. Tag für Tag reihte er sich in den Strom der Londoner Pendler ein, wenn er mit der U-Bahn von seiner nördlich der Bayswater Road gelegenen, komfortabel möblierten Mietswohnung bis zur Haltestelle Piccadilly Circus fuhr.

Zum Schutz seiner falschen Identität sorgte die Zentrale dafür, daß Orlows Frau und seine Tochter mit einem österreichischen Paß, der auf Frau Feldbiene lautete, allein nach London reisten. Da Maria erneut als Verbindungsoffizier der Londoner Residentur eingesetzt war, durften beide nach den strengen Regeln der *konspirazija* nicht offen als Mann und Frau auftreten. Unter ihrer falschen Identität nahm sich Frau

Orlowa deshalb ein eigenes Appartement, nur eine kurze U-Bahn-Fahrt von der Wohnung ihres Mannes entfernt.

Die strikten Sicherheitsvorkehrungen, mit denen Orlow sich umgab, sollten sich bald als durchaus gerechtfertigt erweisen, nachdem einem anderen illegalen Sowjetagenten ein schwerer Schnitzer unterlaufen war. Aufgrund von dessen Fehler hatte die Wiener Polizei nämlich herausgefunden, daß die österreichischen Pässe von Maria Orlowa und Ignati Reif auf betrügerischem Weg beschafft worden waren und falsche Geburtsdaten trugen. Orlow selbst spielt auf die Panne, die in seiner NKWD-Akte auf die »mangelnde Sorgfalt« eines seiner Kollegen zurückgeführt wird, in seinem *Handbook* an. Ohne darauf einzugehen, in welchem Zusammenhang der Vorfall von 1934, der »dem NKWD große Unannehmlichkeiten bescherte«, mit seiner eigenen Operation stand, schreibt Orlow, die Schwierigkeiten hätten angefangen, als ein »hoher Geheimdienstoffizier namens Mally« in die USA beordert wurde.[8]

Sein echter, »illegal in Wien beschaffter« österreichischer Paß auf den Namen Paul Hardt war mit einem Stempel versehen, auf dem es hieß: »nicht gültig für Reisen in die Vereinigten Staaten«. Theodore Mally mußte sich deshalb, als er im Herbst 1935 beim amerikanischen Konsulat in Paris ein Visum beantragte, im Hotel Carlton einmieten, wo der Chefportier gewöhnlich für die Gäste unter anderem auch Visa-Angelegenheiten regelte. So vermied Mally es, dem Konsularbeamten persönlich gegenüberzutreten. Doch selbst die Anfrage eines so exklusiven Etablissements wie des Carlton konnte die zuständigen amerikanischen Sachbearbeiter nicht erweichen. Als sie »Herrn Hardt« mitteilten, daß sein persönliches Erscheinen erforderlich sei, schöpfte Mally Verdacht. Mit der Bemerkung, er müsse seine Reisepläne nach Amerika vorerst zurückstellen, verlangte er seinen Paß zurück. Das Konsulat aber verweigerte die Rückgabe mit der Begründung, nur der Inhaber persönlich könne den Paß zurückerhalten. Mally war nun sicher, daß er beschattet wurde. Er zog aus dem Hotel aus und teilte Moskau mit, er müsse sowohl seinen österreichischen Paß als auch seine gesamte Mission aufgeben. Daraufhin schickte das Konsulat den nicht eingeforderten Paß nach Wien zurück, wo laut Orlow eine Routineuntersuchung ergab, »daß der Paß von einem bestochenen Beamten illegal auf eine unautorisierte Person ausgestellt worden war«. Als die Zentrale von der Verhaftung des betreffenden Beamten erfuhr, mußte sie befürchten, daß er gestehen würde, auch eine Reihe anderer Pässe gegen Bestechungsgelder ausgestellt zu haben. Moskau wies deshalb alle Agenten mit österreichischen Pässen derselben Serie an, schnellstmöglich die Länder zu verlassen, in denen sie sich illegal niedergelassen hatten. Zu den Betroffenen gehörten auch Reif sowie Orlows Frau und Tochter.[9]

»So geschah es, daß ein scheinbar harmloser Vorfall die geheimdienstliche Arbeit auf breiter Front zum Stillstand brachte«, erzählt Orlow in seinem Buch. Er verschwieg allerdings, daß seine eigene illegale Filiale davon mit am meisten betroffen war. Beispielsweise verließ Reif Großbritannien nicht schnell genug, um eine Vorladung des Innenministeriums im Januar 1935 zu vermeiden. Die britischen Behörden hatten offenbar von dem verschwundenen Stapel von Pässen Wind bekommen. Das Schreiben war an »Max Wolisch« adressiert, den Namen, auf den sein österreichischer Paß ausgestellt war. Nach einer Befragung durch einen Beamten des Ministeriums wurde Reif jedoch wieder auf freien Fuß gesetzt mit der Auflage, England bis zum 15. März 1935 zu verlassen.

Reif erzählte Orlow, er habe eine »dicke Akte« auf dem Schreibtisch des ihn vernehmenden Beamten gesehen, die ihm klargemacht habe, daß Wolisch bereits das Objekt intensiver Nachforschungen durch die britischen Behörden war.[10] Seine Sorge über Reifs Begegnung mit den britischen Behörden teilte Orlow in einem Brief vom 24. Februar 1935 der Zentrale mit. »Die haben anscheinend in allem möglichen herumgegraben, konnten aber nichts Eindeutiges finden und beschlossen dann, ihn loszuwerden. Hätten sie konkrete Beweise gegen ihn in der Hand gehabt, dann hätten sie ihn nicht des Landes verwiesen; die hätten ihn fertiggemacht«, berichtete Orlow etwas melodramatisch und fügte hinzu: »Aus verschiedenen Gründen glaube ich, daß sein Paß für die Arbeit in anderen Ländern nicht geeignet ist.«[11] Orlow bemerkte später in seinem *Handbook*: »Die bloße Tatsache, daß jemand einen falschen Paß besitzt, mag laut Gesetz strafbar sein, um ihn jedoch der Spionage zu überführen, sind gewichtigere Beweise vonnöten.«[12] Nichtsdestotrotz stimmte Orlow zu, daß Reif keine andere Wahl habe, als der Aufforderung der Briten Folge zu leisten und zu gehen. Nachdem er Antwort aus Moskau erhalten hatte, drückte er im nächsten Brief seine Sorge aus, daß Maria nun ebenfalls in Gefahr wäre, enttarnt zu werden. »Ihre Information, daß das Netz, das uns mit ›Büchern‹ [Pässen] beliefert hat, versagt hat und daß MARR [Reif] eines davon besitzt, beunruhigt mich sehr. Wie sie wissen, hat meine Frau ein ›Buch‹ desselben Landes, das auch MARR besaß. Mit einem ›Buch‹ der gleichen Art ist PAUL schon einmal in Paris gescheitert. Das ›Buch‹ meiner Frau ist in der entsprechenden Organisation mit allen Details registriert. Aus diesem Grund habe ich mich entschieden, meine Frau und meine Tochter zurück nach Hause zu schicken.«[13]

Die abrupte Abreise zweier Mitglieder seines illegalen Apparates zwang Orlow, eine drastische Neustrukturierung seiner Londoner NKWD-Filiale vorzunehmen.

Im Februar 1935 alarmierte er die Zentrale in einem verschlüsselten Brief, der mit normaler Post geschickt wurde, daß auch Deutsch vom

MI5 beschattet würde. Als Vorsichtsmaßnahme übernahm er die Verantwortung für die Leitung von BÄR, NACHFOLGER und ATTILA und kontrollierte nun Philby und seine zwei Cambridge-Freunde, die er für die antifaschistische Arbeit empfohlen hatte. Bei dem einen handelte es sich um Donald Maclean, mit dem Decknamen WAISE. Der andere war Guy Burgess, der, wie Orlow Moskau gerade mitgeteilt hatte, homosexuell sei und für den er ironischerweise das Pseudonym MÄDCHEN gewählt hatte. Der Kern der Cambridge-Gruppe hatte bis Februar schon das erste Stadium des Rekrutierungsprozesses durchlaufen, und nur Philby war bereits im zweiten Stadium und stand kurz davor, Agent auf Probe für den sowjetischen Geheimdienst zu werden.[14]

Daß Orlow ganz allein die Verantwortung für Rekrutierungskandidaten übernommen hatte und auch die anderen Agenten der Station leitete, bis der Alarm vorüber war und Deutsch wieder mitarbeiten konnte, war ein Zeichen dafür, wie ernst die Krise war. Zusammen mit Reif und Deutsch verkörperte Orlow das Management der illegalen Londoner Niederlassung.

Nach Orlows eigener Darstellung mußte eine solche Gruppe »absolut verschwiegen und fast jedem gegenüber ständig mißtrauisch sein, denn nur der Leiter einer Residentur und sein Stellvertreter kannten das gesamte Netz und alle seine Operationen«. Für den Residenten war es nicht nur »wichtig, das Aussehen eines jeden zu kennen«; er mußte sich auch mit den »biographischen Daten jedes Informanten, seinem Beruf und seinem Arbeitsplatz vertraut machen, mit den Umständen seiner Anwerbung, seinen Leistungen für den sowjetischen Geheimdienst und dem Grad seiner Verläßlichkeit«. Außerdem besaß er den »Schlüssel« zu jedem Informanten in Form eines bestimmten Losungswortes, mit dem er den Betreffenden in Notfällen warnen konnte. Allerdings kam es Orlows eigenen Angaben zufolge nur äußerst selten vor, daß ein Resident mit »den wertvollsten und zuverlässigsten Informanten«[15] in direkten Kontakt trat.

Orlows Entscheidung, persönlich die Rekrutierung von SÖHNCHEN und den beiden anderen Kandidaten aus Cambridge zu übernehmen, stellte einen Meilenstein bei der Entstehung des Kreises der »drei Musketiere« dar. In Deutschs Bericht über die »Gruppe von Cambridge«, den er für die Chefs des NKWD nach seiner Rückkehr nach Moskau drei Jahre später zusammenstellte, finden wir eine Erklärung dafür, warum Philby als »erster Mann« des Spionagenetzes betrachtet wurde. Eine scharfsinnige Beurteilung Philbys durch Deutsch, dessen Studium der Psychologie ihm einen tiefen Einblick in den Charakter des neuen Rekruten ermöglichte, listete die Qualifikationen Philbys auf, die Orlow und die Zentrale von der Eignung des jungen Engländers schließlich überzeugten.

»SÖHNCHEN entstammt einer etwas ungewöhnlichen Familie. Sein Vater gilt gegenwärtig als einer der bekanntesten Arabisten überhaupt. Er beherrscht mehrere arabische Dialekte und ist selbst zum Islam übergetreten. Er ist ein ehrgeiziger Tyrann, der aus seinem Sohn einen bedeutenden Mann machen wollte. Er unterdrückte immer die Sehnsüchte seines Kindes, so daß SÖHNCHEN ein sehr schüchterner und wenig entscheidungsfreudiger Mensch wurde. Sein leichtes Stottern verstärkt noch seine Schüchternheit. Er ist ein typischer Theoretiker: sehr belesen, gut ausgebildet, ernsthaft und gründlich. *Emotional* ist er eher schwerfällig und weniger kontaktfreudig. Oft hat er wegen seines Sprachfehlers ganz einfach Angst zu reden, weil er befürchtet, sich zu blamieren. Er kann schlecht lügen. SÖHNCHEN hat die Lehren von Marx gründlich studiert, wie er überhaupt alles gründlich studiert. Was sein Wissen angeht, stellt er dennoch sein Licht immer unter den Scheffel. Er kennt sich sehr gut in Geschichte, Geographie und Wirtschaftswissenschaften aus, liebt aber auch die Musik. Zweifellos ist er im Grunde ein sehr empfindsamer Mensch, aber aufgrund der Erziehung durch seinen Vater und seines Lebens in der englischen Bourgeoisie ist diese Seite seines Charakters eher unterentwickelt. Er kann nicht mit Geld umgehen, jedenfalls nicht mit seinem eigenen; mit unserem dagegen geht er ausgesprochen sorgfältig um. Wegen seiner Seriosität und Ehrlichkeit wird er überall hochgeschätzt. Er war sofort bereit, alles für uns zu tun, ohne auch nur zu fragen, um was es sich handelt. Er ist ein gutmütiger und weicher Mensch. Er neigt von Natur aus zum Pessimismus und muß deshalb ständig aufgemuntert und gelobt werden.«[16]

Die Vorstellung, daß Philby ein heimlicher Sentimentalist war, der in seine Spionagekarriere hineingezogen wurde, weil ausgerechnet die nüchternen Sowjets ihm das gaben, was er als Knabe von seinem Vater nicht bekommen hatte, nämlich Unterstützung und Bestätigung, ist vielleicht eine zu einfache Erklärung für seinen Verrat. Aber Deutschs Analyse legt nahe, daß das Fehlen der väterlichen Zuneigung in Philbys Jugend seine Bereitschaft für die Anwerbung erhöht haben könnte.

Orlows Erfahrung bei der Rekrutierung und Betreuung anderer Agenten in Frankreich und Deutschland brachte ihm nützliche Einsichten. So kannte er die Vorteile des Zuckerbrotes gegenüber der Peitsche, wenn es darum ging, potentielle Spione wie Philby und seine Freunde auf die Spionagetätigkeit vorzubereiten. Bei aller Entschlossenheit besaß Orlow ein gutes Gespür dafür, wie er bei seinen Kameraden Loyalität wecken konnte – ob es sich um seine Spielgefährten aus Bobruisk handelte oder die Soldaten, die er an der polnischen Front geführt hatte. Er wußte, daß er den Prozeß der Anwerbung nicht über Gebühr beschleunigen durfte. So kehrte er nach zehn Tagen Aufenthalt in London nach Moskau zurück, um über die Aussichten seiner illegalen Gruppe zu berichten. Am 18. September fuhr er erneut nach London, um aus nächster Nähe zu beobachten, wie Philby die Aufgaben bewältigte, die Deutsch ihm im Rahmen der üblichen Überprüfungsprozedur eines jeden potentiellen Agenten gestellt hatte. Nachdem Philby eine Liste von Freunden aus Cambridge ausgearbeitet hatte, die für eine Rekrutierung in Frage kamen, wurde er angewiesen, als nächstes auf eine Karriere zuzusteuern, die seine antifaschistischen Arbeit erleichtern würde. Das war das einzige, was ihm zu der Zeit über seine geheime Mission erzählt wurde. Deutsch berichtete, daß Philby nicht nur zu disziplinierter Arbeit bereit sei, sondern auch mit der nötigen Entschlossenheit alltägliche Geheimdienstarbeiten erledigte, auf Bestellung und genau so, wie man es ihm auftrug.[17] Philby lieferte in seinen KGB-Memoiren eine lebendige Darstellung, wie dieser Indoktrinationsprozeß von Deutsch, den er nur als OTTO kannte, geführt wurde:

»Das Training bestand hauptsächlich aus verbalen Instruktionen. Er hörte nicht auf, mich vor allem in Sicherheitsfragen zu unterweisen. Sogar in diesen Angelegenheiten hatte er einen sehr menschlichen Ansatz. Einmal sagte ich zu ihm: ›Das haben Sie mir schon zehnmal erzählt.‹

›Zehnmal? Das ist nicht genug. Ich muß Ihnen dasselbe noch einhundertmal sagen, nicht weniger.‹

Ich muß zugeben, daß in jenen Tagen, ohne elektronische Hilfsmittel, die Vorsichtsmaßnahmen primitiv und einfach waren. In den verschiedenen Spionagediensten unterschieden sie sich weniger in der Form als im Ausmaß ihrer Anwendung. Wir besaßen keine komplizierte Ausrüstung. Wir mußten einfach die Regeln beachten. Und die nicht hundert-, sondern zweihundertprozentig. Die Sicherheitsmaßnahmen verdoppeln und noch mal verdoppeln, das war unsere Regel!«[18]

Als Orlow Anfang 1935 die unmittelbare Verantwortung für Philby übernahm, hatte dieser nicht die geringste Chance, einen Posten in der Regierung zu ergattern, und konnte deshalb kaum als idealer Kandidat für die Einschleusung in den britischen Geheimdienst betrachtet werden. Philby gehörte so ganz und gar nicht zu jenem Kreis vertrauenswürdiger und verläßlicher junger Männer, aus dem sich der britische Geheimdienst die meisten seiner Rekruten zu holen pflegte. Besonders der MI6 war eine in sich geschlossene Clique, die ihre neuen Offiziere aus einem im verborgenen existierenden Geflecht guter Beziehungen bezog, das von snobistischen hohen Offizieren gepflegt wurde, die sich am liebsten in den Ledersesseln der exklusiven Herrenklubs von Pall Mall und St. James die Zeit vertrieben. Philby, der aufgrund seines gesellschaftlichen Hintergrunds und seiner Ausbildung für diesen elitären Kreis durchaus qualifiziert gewesen wäre, hatte sich durch seine linken Aktivitäten selbst aus ihm hinauskatapultiert. So entschied er sich für den einen standesgemäßen Weg: Er wollte sich als Journalist einen entsprechenden Ruf verschaffen, um Kontakt zu Regierungskreisen zu bekommen.

Das war keine leichte Aufgabe für einen Cambridge-Absolventen, der weder Erfahrung im Schreiben noch eine Neigung dazu hatte. Doch mit der ihm eigenen Beharrlichkeit fand Philby unter Ausnutzung seiner Beziehungen zu journalistischen Kreisen eine Stelle bei der kleinen Zeitung *Review of Reviews*, deren liberale Ausrichtung ihm die perfekte Tarnung für den Aufbau eines neuen politischen Images bot. Ihr Besitzer, Sir Roger Chance, empfahl dem Chefredakteur William Hope Hindle, Kim als seinen Assistenten einzustellen. Der Umgang mit Nachrichten erschloß Philby zwar kaum Zugang zu Regierungsgeheimnissen, doch bot ihm diese Arbeit Gelegenheit, durch das Verfassen entsprechender Artikel seine politische Zuverlässigkeit unter Beweis zu stellen. Wie gut es Philby in seiner von Moskau gelenkten Mission gelang, seine Vergangenheit vergessen zu machen, geht aus einem Urteil hervor, das Chance über ihn abgab. Er hielt ihn für einen »anständigen jungen Mann mit Sinn für Humor und – ganz im Gegensatz zu seinem Vater – ohne erkennbare politische Überzeugungen«.[19]

Orlows Berichte belegen, daß es Philby, während er seine Tarnung als Journalist vervollkommnete, zur gleichen Zeit gelang, Donald Maclean an das Spionagenetz heranzuführen und damit eines der Hauptziele Moskaus zu erreichen. Als Philby erstmals mit Orlow zusammentreffen durfte, demonstrierte letzterer damit das große Vertrauen, das er in SÖHNCHEN setzte und Philby reagierte mit Stolz und Freude auf die Ermunterung durch Orlow. Das genaue Datum dieses Treffens taucht zwar in den NKWD-Akten nicht auf, doch entsprechend Orlows Berichten an die Zentrale markierte es den Übergang SÖHNCHENS in die zweite Phase seiner Rekrutierung – sozusagen als Agent auf Probe – und muß daher in der Zeit zwischen Ende Dezember 1934 und Anfang Januar 1935 stattgefunden haben.[20]

»OTTO war derjenige, der mich mit Orlow bekannt machte«, erinnerte sich Philby an das Treffen im Regent's Park. Es war ein kalter Nachmittag, an dem warm eingepackte Kinder in Begleitung ihrer Kindermädchen den quakenden Enten im nahe gelegenen See Brotstückchen zuwarfen. Philby war damals nicht bewußt, daß dies sein erstes persönliches Treffen mit dem Leiter der illegalen Londoner Filiale war. Orlows Status blieb jedoch unerwähnt, und er wurde Philby lediglich als Bill vorgestellt.[21] Nach den Berichten der »drei Musketiere« in den Moskauer Akten nannten sie Orlow Big Bill, um ihn von Little Bill zu unterscheiden; Reif hatte nämlich bei den Treffen mit Philbys Freunden Burgess und Maclean, den Gründungsmitgliedern des Spionagerings von Cambridge, denselben Decknamen benutzt.[22]

»Wir trafen uns jedesmal im Park«, sagte Philby über seine Zusammenkünfte mit Orlow in seinem geheimen KGB-Bericht, »vielleicht zehn- oder zwölfmal« während der folgenden neun Monate. Im Gegensatz zu Deutsch und Mally, der später die illegale Residentur übernahm, charakterisierte er Orlow als »Prototypen eines NKWD-Mannes«, der auf ihn »streng, aber sehr höflich und mutig« wirkte. Orlow seinerseits scheint Philby eher als Sohn denn als Agenten behandelt zu haben. »Er verhielt sich mir gegenüber fast wie ein Vater«, erinnert sich Philby. »Was mich anbetrifft, so hatte ich das sichere Gefühl, daß er der wahre Chef dieser ganzen Sache aus Moskau war, und ich verehrte ihn wie einen Helden. Nicht, daß ich vor OTTO [Deutsch] oder THEO [Mally] weniger Respekt gehabt hätte, aber das war endlich mal ein echter Russe aus der Sowjetunion. Anders ausgedrückt hielt ich THEO und OTTO zwar für gute Kommunisten, aber Orlow war eben ein richtiger Bolschewik.«[23]

Die offensichtliche Bewunderung, die Philby Orlow entgegenbrachte, läßt den Schluß zu, daß der sowjetische Geheimdienstoffizier für ihn zu der einfühlsamen Vaterfigur wurde, die ihm in seiner Kindheit so sehr gefehlt hatte. Wenn St. John Philby ausnahmsweise einmal zu Hause war, soll er seinen Sohn bei jeder Gelegenheit getadelt, aber kaum einmal gelobt haben. Wie Deutsch bereits in seiner Beurteilung herausgestellt hatte, war es bei Kim infolgedessen zu einem Mangel an Selbstwertgefühl gekommen, das sich in seinem Hang zum Stottern und einer extremen Schüchternheit äußerte. Philby hatte jedoch rasch gelernt, aus seinem Sprachfehler Kapital zu schlagen, nachdem er festgestellt hatte, daß sein Stottern ihn mit einer sympathisch wirkenden Aura der Verletzlichkeit umgab, hinter der er leicht seine wahren Absichten verbergen konnte. Orlows mitfühlende Behandlung dieses jungen Engländers förderte Philbys Entschlossenheit, zu einem treuen Diener der Revolution zu werden. Sein menschliches Verhalten zahlte sich vor allem bei Philby so sehr aus, daß er diesen Aspekt seiner Arbeit in seinem *Handbook* besonders hervorhob.

»Anders als westliche Geheimdienste kümmert sich der sowjetische Geheimdienst auch menschlich um seine Informanten«, bemerkte Orlow im *Handbook*. »Diese dem Informanten entgegengebrachte Fürsorge basiert allerdings mehr auf Eigennutz als auf moralischen oder humanitären Gründen«, schrieb er und betonte, wie wichtig es sei, sich der Loyalität seiner Informanten zu versichern. Was Philby und die anderen Gründungsmitglieder des Cambridge-Spionagerings angeht, war diese menschliche Anteilnahme äußerst wichtig. Laut Orlow brach der NKWD seinen Agenten gegenüber »niemals das Versprechen, ihre Identität und die Dienste, die sie der Sowjetunion erwiesen haben, geheimzuhalten, und eilt ihnen immer zu Hilfe, wenn sie in Schwierigkeiten sind«. Die Fürsorgepflicht eines Geheimdienstoffiziers gegenüber seinen loyalen Rekruten beruhte einzig und allein darauf, daß der sowjetische Geheimdienst schon sehr früh »zu dem Ergebnis gekommen war, daß eine solche Politik gegenüber den Informanten der Sache diente und zum Erfolg der jeweiligen Operation beitrug«.[24]

Orlow wurde aus Sicherheitsgründen nie ein Platz im Pantheon der sogenannten Großen Illegalen des sowjetischen Geheimdienstes zuteil. Deren Leistungen beim Aufbau der Untergrundnetze in den dreißiger und vierziger Jahren werden in einem Gedenkraum der ehemaligen Ersten Hauptverwaltung des KGB in Jasenowo am Moskauer Autobahnring gewürdigt. Heute dient das Gebäude als Hauptquartier des russischen Geheimdienstes. Unter Orlows Zeitgenossen, deren Porträts die Wände dieses Heiligtums zieren, ist auch Deutsch vertreten. Obwohl viele von ihnen Stalins Säuberungen zum Opfer fielen, wurden sie später rehabilitiert und vom KGB wieder in das Pantheon seiner Helden gehoben. Orlow blieb jedoch »offiziell« ein Verräter, bis im Jahr 1991 ausgewählte Teile seiner Akte auf Geheiß des KGB-Vorsitzenden Wladimir Krjutschkow aus den Tresoren geholt und dem Mitautor dieses Buches zugänglich gemacht wurden.[25]

Orlows gesamtes Dossier liefert den eindeutigen Beweis, daß er von all den sogenannten Großen Illegalen im Pantheon des sowjetischen Geheimdienstes der bemerkenswerteste war. Ironischerweise war Orlow bis zum Erscheinung von Zarews Artikel in *Trud* vom 20. Dezember 1991, dem Jahrestag der Teschka-Gründung, im Westen gefeiert, in der Sowjetunion hingegen als Überläufer geächtet worden. Nun, da seine Karriere genauestens dokumentiert werden kann, steht fest, daß ihm in der Geschichte der Spionage des 20. Jahrhunderts eine sehr viel zentralere Rolle zukommt, als bislang angenommen. Allein schon wegen des Parts, den Orlow bei der Rekrutierung der Gründungsmitglieder des Spionagerings von Cambridge übernahm, und der Tatsache, daß er dieses Geheimnis während seines langen Exils in Amerika nie enthüllte, gebührt ihm ein Ehrenplatz in dieser Geschichte. Dessen ist er sich auch durchaus bewußt, wie er in seinem *Handbook* andeutet, das nicht nur ein Lehrbuch ist, sondern sich darüber hinaus heute als ein verschlüsseltes Zeugnis seiner erfolgreichen Karriere darstellt.

»Die Rekrutierung neuer Informanten für die Spionagearbeit ist von allen Aufgaben des Geheimdienstes die riskanteste und schwierigste«, gestand Orlow. »Bereits vom ersten Schritt an ist der Agent ernsthaft im Nachteil, denn indem er jemandem vorschlägt, für die Sowjets zu spionieren, gibt er bereits seine eigene Rolle preis, noch bevor die betreffende Person überhaupt geantwortet hat.« Aus diesem Grund bestand die Moskauer Zentrale darauf, daß ihre Residenten und deren Stellvertreter in den illegalen Filialen potentielle Rekruten wie Philby einer Reihe strenger Tests unterwarfen, um herauszufinden, »wer diese Leute sind, wo sie sind und was sie sind: ihre Ansichten und Glaubensvorstellungen, ihr Privatleben und ihre Ambitionen, ihren Charakter und ihre Schwächen und vor allem ihren potentiellen Wert als Informationsquelle.«[26]

Laut Orlow waren die Kandidaten für die Rekrutierung aus den unterschiedlichsten Motiven heraus bereit, Spione zu werden: aus Idealismus, wegen des Geldes oder der Karriere, aus Liebe oder Abenteuerlust, um ein Verbrechen, irgendwelche Laster oder homosexuelle Neigungen« zu vertuschen. »Was die individuelle Motivation anbelangt«, erklärte Orlow, »so gibt es eine große Vielfalt an rationalen und emotionalen Gründen, die Menschen dazu bringen, Spione zu werden.« Im Gegensatz zu einem weitverbreiteten Vorurteil galt jedoch Erpressung nach Orlows Ausführungen nicht als probates Mittel der Rekrutierung, da ein solches Vorgehen Widerstand erzeugte und zum Bumerang werden konnte, weil das Schicksal des Rekrutierungsoffiziers letztlich immer in den Händen des Informanten lag. Seiner Erfahrung zufolge bestand der beste Weg, »Kooperation und Loyalität« eines Informanten sicherzustellen, darin, »offen und ehrlich mit ihm umzugehen«.

»Der geschickte Architekt eines Spionagenetzes, der Menschen aussucht, sie in die abenteuerliche Welt der geheimdienstlichen Arbeit lockt und ihnen bei den endlosen Schlachten des Geistes zur Seite steht«, theoretisierte Orlow, »ähnelt in vieler Hinsicht dem kreativen Schaffen eines Romanschriftstellers, unterscheidet sich jedoch von ihm in einem grundlegenden Punkt: Während der Schriftsteller auf dem Papier die Gefühle und Handlungen imaginärer Charaktere beschreibt, inspiriert und dirigiert der Schöpfer eines Spionagenetzes die Gefühle und Handlungen realer Menschen.« Ist der Handlungsablauf eines Romans nicht überzeugend, so Orlow, riskiert der Autor schlimmstenfalls schlechte Kritiken; »erlaubt sich aber derjenige, der eine Spionageoperation plant, unlogische oder unglaubwürdige Kombinationen, scheitern seine Pläne, und seine lebenden Protagonisten finden sich bald hinter Gittern wieder«.[27]

Angesichts Philbys schlechter Karrierechancen zu Beginn des Jahres 1935 spricht es für Orlows Menschenkenntnis, daß er ausgerechnet SÖHNCHEN als denjenigen Kandidaten betrachtete, der, wenn er nur sorgfältig aufgebaut wurde, am ehesten dafür geeignet war, die Unterwanderung des britischen Geheimdienstes einzuleiten. Orlows Weitsicht spricht aus seinem Bericht an die Zentrale, demzufolge er das Eindringen in den MI6 als langfristiges Ziel sah, für das er »SÖHNCHEN in die ganze Bandbreite der Arbeit für den sowjetischen Geheimdienst einführte«.[28] Für Orlows Glauben an Philbys Fähigkeiten spricht auch, daß er und Deutsch immer bereit waren, dem häufig frustrierten

Agenten auf Probe Mut zuzusprechen und ihm zu versichern, daß seine Arbeit als kleiner Journalist ihn tatsächlich eines Tages in die Lage versetzen würde, wichtigere Arbeit für Moskau zu leisten.

»Woche für Woche trafen wir uns an diesem oder jenem abgelegenen Ort in London«, berichtete Philby. »Ich kam immer mit leeren Händen und ging mit einem ganzen Paket guter Ratschläge, Ermahnungen und Ermutigungen.« Philby würdigte »die unendliche Geduld meiner Vorgesetzten im Geheimdienst, eine Geduld, die nur von ihrer Intelligenz und ihrem fachlichen Können übertroffen wurde«. Obwohl Philby keine Namen nannte, wissen wir, daß seit 1935 Orlow derjenige war, der dem jungen Agenten immer wieder versicherte, daß er durchaus »das nötige geistige Rüstzeug« habe für das, was er als seine spätere »ernsthafte Arbeit« bezeichnete.[29]

Orlows Berichte an Moskau aus dem Jahr 1935 lassen erkennen, daß Philby es in seiner veröffentlichten Autobiographie mit der Wahrheit nicht so genau nahm. Aus den NKWD-Akten geht hervor, daß er keineswegs mit leeren Händen zu den Zusammenkünften im Regent's Park und anderen Treffpunkten im Freien kam: Schon nach einem halben Jahr entlockte er seinen Freunden aus Whitehall Informationen, die er an seine sowjetischen Vorgesetzten weitergab. Noch vor Ende 1934 – so Philbys Akte – übergab er Deutsch vertrauliche Informationen aus Regierungskreisen, die er von seinem Vater sowie von einem ehemaligen Kommilitonen aus Cambridge hatte, der für das Kriegsministerium arbeitete. Unter diesen Berichten war auch einer, der die Reaktion des saudiarabischen Botschafters auf den Beschluß des Auswärtigen Amtes zum Bau eines Luftwaffenstützpunktes im Nahen Osten enthielt; Kim hatte ihn offenbar aus St. John Philbys Korrespondenz entwendet. Er gab auch militärische Informationen an Moskau weiter, die er von Tom Wylie bezog – einem alten Freund aus seiner Zeit am Trinity College, der im Kriegsministerium eine Anstellung gefunden hatte. Der homosexuelle Wylie war ein enger Vertrauter von Guy Burgess, der häufig die ausschweifenden Parties besuchte, die Wylie in seiner geräumigen Dienstwohnung hinter den erhabenen Toren des Kriegsministeriums gab.[30]

Wylie war – vermutlich ohne es zu wissen – die Quelle eines internen Berichts des Kriegsministeriums über den militärischen Geheimdienstapparat der britischen Armee, der am 12. Juli 1935 fotografiert und per Kurier an die Zentrale geschickt worden war. Da dieser Bericht viele Namen von Geheimdienstoffizieren enthielt, erwies er sich für Moskau als besonders nützlich. Die Wertschätzung der Zentrale in bezug auf Philbys potentiellen Nutzen dürfte noch weiter gestiegen sein, als sie durch ihn erfuhr, daß Wylie drei Monate zuvor zum Sekretär von Andrew Craigie, dem Ständigen Untersekretär im Kriegsministerium, befördert worden war.[31]

»Zu SÖHNCHENS Aktivitäten gehörte auch seine Annäherung an einen alten Kommilitonen, einen gewissen Wylie«, berichtete Orlow der Zentrale. Da Wylie in seiner bisherigen, eher untergeordneten Stellung keinen Zugang zu wichtigen militärischen Informationen gehabt hatte, war er für eine Rekrutierung als Agent zunächst nicht in Frage gekommen. Nun aber, nachdem er Sekretär von Andrew Craigie geworden war, bat Orlow Moskau um Erlaubnis, mit Philbys Hilfe Wylie für sein Spionagenetz aufbauen zu dürfen. »Minister kommen und gehen, wenn die Regierung wechselt«, erklärte Orlow, »und deshalb haben die Minister Ständige Untersekretäre, die ungeachtet der parlamentarischen Querelen und der parteipolitischen Auseinandersetzungen für die Kontinuität der Arbeit des Ministeriums sorgen.«[32]

Seiner Bitte an die Zentrale legte Orlow eine Karte bei, in der Wylie Philby zu einem offiziellen Essen in seiner neuen Wohnung im Gebäude des Kriegsministeriums eingeladen hatte. »Die Gäste waren größtenteils Militärs«, berichtete Orlow aufgrund von Philbys Schilderung, derzufolge ein angetrunkener Wylie mit seiner engen Beziehung zu Offizieren des militärischen Geheimdienstes geprahlt hatte. »Wylie ist SÖHN-CHEN gegenüber sehr leutselig und weiß über seine ehemals ›linke‹ Weltanschauung Bescheid, die er in betrunkenem Zustand gegenüber einem der Quartiermeister im Nahen Osten ausplapperte, während er mit ihm und SÖHNCHEN über Ibn Saud diskutierte.« Philby habe die Gelegenheit genutzt, sich von seinen »früheren infantilen Ansichten« zu distanzieren, woraufhin sich der General noch offener über das militärische Engagement der Briten geäußert habe. Philby habe diese Informationen unverzüglich an seinen sowjetischen Kontrolloffizier weitergegeben.[33]

»Wylie ist ein begabter und gebildeter Junge, aber wie die meisten Söhne der Oberschicht dieses Landes ein Päderast«, schloß Orlow und fügte noch hinzu, er haben SÖHNCHEN darauf hingewiesen, daß es nicht seine Aufgabe sei, irgendwie an Wylie heranzutreten, sondern lediglich seine freundschaftlichen Beziehungen zu ihm zu pflegen.[34] Daß Orlow eine Anwerbung des Sekretärs des Kriegsministeriums ins Auge gefaßt hatte, geht daraus hervor, daß er in späteren Berichten Wylie unter dem Decknamen HEINRICH führte. Schließlich erhielt Burgess den Auftrag, Wylie als Agenten aufzubauen, bis die Zentrale aufgrund der ausschweifenden Lebensweise des Kandidaten kalte Füße bekam. So ergab sich die merkwürdige Situation, daß die Chefs des sowjetischen Geheimdienstes Wylie wie eine heiße Kartoffel fallenließen, während das britische Kriegsministerium im Verlauf des gesamten Zweiten Weltkriegs im Hinblick auf Wylies wilde Orgien sämtliche Augen zudrückte.

Im Sommer 1935 wurde SÖHNCHEN bereits als absolut vertrauenswürdiger Agent eingestuft. Seine Rolle wird – ebenso wie die von Burgess und Maclean – auch durch den Finanzbericht des Monats Juni bestätigt, den Orlow als Leiter der Londoner Filiale nach Moskau schickte, um die beachtlichen Ausgaben zu rechtfertigen, die seine sich ausweitende Residentur unweigerlich nach sich zog. Der betreffende Auszug mit Eintragungen in Orlows Handschrift ist ein weiterer Beweis dafür, wie vollständig die Zentrale ihr weitverzweigtes Untergrundnetz unter Kontrolle hatte; er vermittelt nicht nur einen einzigartigen Einblick in die Buchführung einer illegalen NKWD-Filiale, sondern gibt darüber hinaus Aufschluß über die Zusammensetzung und die innere Hierarchie von Orlows Agentenring in Großbritannien.

SCHWEDE (Orlow) genehmigte sich 120 britische Pfund im Monat, während STEPHAN (Deutsch) 80 Pfund erhielt. Der Kurier PFEIL bekam 56 und der Agent ATTILA 36 Pfund für Informationen. Die Bedeutung des letzteren sowie die eines weiteren – bis jetzt nicht identifizierten – Informanten aus der britischen Regierung mit dem Decknamen NACHFOLGER, der in besagtem Monat 15 Pfund erhielt, geht daraus hervor, daß sie noch vor den »drei Musketieren« aus Cambridge aufgeführt werden. Wohl unter Berücksichtigung seiner aufwendigen Lebensführung erhielt der Hedonist Burgess 12 Pfund und 10 Schilling, die MÄDCHEN zum bestbezahlten Agenten der Gruppe aus Cambridge machten. Damit lag er über den 11 Pfund von SÖHN-CHEN (Philby), während sich WAISE (Maclean) mit 10 Pfund zufriedengeben mußte. Philby bekam somit von den Sowjets kaum weniger als die 4 Pfund Wochenlohn, die ihm seine Zeitung zahlte, was wiederum etwa der Hälfte des Jahresgehalts von 375 Pfund entsprach, die Maclean als Dritter Sekretär im Außenministerium verdiente.[35]

Die Spesen beliefen sich bei Orlow und Deutsch auf 57 Pfund beziehungsweise 17 Pfund und 18 Schilling. PFEIL wurden 3 Pfund 12 Schilling zugebilligt, ATTILA 5 Schilling und EDITH (Tudor Hart) 5 Schilling Sixpence. Für die Reisen nach Kopenhagen und zurück einschließlich 22 Tagen Hotelaufenthalts erhielt Orlow 10 Pfund, 12 Schilling und 10 Pence erstattet. PFEIL, der mehrere Reisen nach Dänemark und zurück unternommen haben muß, erhielt 3 Pfund 12 Schilling. Die jährlichen Auslagen für Orlows Tarnunternehmen beliefen sich auf fast 110 Pfund, in denen auch der Kaufpreis eines Kühlschranks enthalten ist. Sein Vertrauen auf verschlüsselte Kabeldepeschen spiegelt sich in Telegrammkosten von über 95 Pfund wider, mit denen auch zwei Nachrichten in die USA bezahlt wurden, die wahrscheinlich seine Kühlschrankfirma betrafen.[36]

Die Unterhaltskosten der illegalen Londoner NKWD-Filiale stiegen auf rund 500 Pfund im Monat an, was umgerechnet auf heutige Verhältnisse etwa 80 000 Mark entsprechen würde – eine keineswegs unbedeutende Summe damals. Obwohl Orlows Mission, die Unterwanderung des britischen Geheimdienstes, von vornherein sehr langfristig angelegt war, kann man davon ausgehen, daß die Zentrale bei derart hohen Investitionen auch entsprechende Ergebnisse erwartete. Orlow scheute deshalb keine Mühen, wenn es darum ging, Philby noch produktiver einzusetzen. Bei einer solchen Operation benutzte er Philbys Tarnung als echter Journalist, um Sekretärinnen von Regierungsbehörden, die auf eine Stellenanzeige in der *Times* antworteten, als Informantinnen zu gewinnen.

Es war eine Spezialität von Orlow, die romantische Veranlagung mancher Frauen auszunutzen, um durch sie an geheime Informationen zu kommen. In seinem *Handbook* schrieb er über die »ständigen Bemühungen des sowjetischen Geheimdienstes, sich junge Frauen zu Diensten zu machen, die als Sekretärinnen, Stenographinnen, Chiffriererinnen und Verwaltungsangestellte in wichtigen Abteilungen ausländischer Regierungen« arbeiteten. Vor allem auf Sekretärinnen, erklärte Orlow, hatten es alle Geheimdienste abgesehen.[37] »Junge Frauen träumen von Liebe und Heirat«, stellte Orlow etwas verallgemeinernd fest; sie könnten deshalb relativ einfach als Informantinnen aufgebaut werden, indem man sie mit »gutaussehenden, wohlerzogenen und gebildeten jungen Männern« zusammenbrachte, die bereits für den sowjetischen Geheimdienst arbeiteten. Offenbar hatte Orlow einen der drei »Musketiere« im Sinn, als er seiner Hoffnung Ausdruck gab, daß solcherart zustande gekommene romantische Abenteuer sich zu Liebesaffären ausweiten würden, die »eine entsprechende Vertrauensbasis schufen, auf der dem Mädchen erklärt werden konnte, warum ihr Romeo die Geheimdokumente lesen möchte, die durch ihre Hände gehen«.[38] Orlow hatte festgestellt, daß es in vielen Fällen nicht einmal notwendig war, die jeweilige Sekretärin von den hohen Idealen des Sozialismus zu überzeugen; oft genügte allein das Liebesverhältnis, um sie zum Verrat militärischer und politischer Geheimnisse zu bewegen. In seinen Brief vom 24. Februar an die Zentrale bezog sich Orlow auf einen Fall, in dem er und Reif eine junge Frau mit dem Decknamen BRAUT sehr vorsichtig auf einen Diplomaten des Außenministeriums ansetzten.[39]

Als Redaktionsassistent des *Review of Reviews* wurde Philby von Orlow instruiert, unter anderem auch Stellenanzeigen abzudrucken, in denen Stenotypistinnen gesucht wurden. Die darin geforderte »nötige Erfahrung« im Umgang mit wirtschaftswissenschaftlicher und politischer Literatur zielte speziell auf die Töchter angesehener Familien der Mittelschicht ab, die den größten Teil der mit geheimen Informationen vertrauten Sekretärinnen in den Ministerien von Whitehall ausmachten, die zu unterwandern die Zentrale beabsichtigte.

»Aus der Masse der eingegangenen Bewerbungen«, berichtete Orlow am 24. April 1935 der Zentrale in Moskau, »erscheint mir eine Stenotypistin aus dem zentralen Sekretariat der Admiralität als die geeignetste Kandidatin. Um sie besser kennenzulernen, hat SÖHNCHEN sie zur Abendarbeit in seiner Redaktion eingestellt. Der nächste Schritt wäre jetzt, einen ›Liebhaber‹ für sie zu finden, aber wie Sie wissen ist der Ausgang einer solchen Geschichte nie vorhersehbar.«[40] Moskau jedoch kam zu dem Ergebnis, daß Orlows Plan mit der Liebesaffäre für seinen Staragenten Philby zu riskant war, wie aus einem Vermerk auf dem Brief hervorgeht: »Einsatz von SÖHNCHEN bei Anwerbung kategorisch abgelehnt.«[41] Die Weigerung der Zentrale, Philby bei der Anwerbung von Sekretärinnen in Whitehall einzusetzen, ist ein weiterer Hinweis darauf, daß man ihn bereits im Sommer 1935 für eine langfristig angelegte Unterwanderung des britischen Geheimdienstes in Reserve halten wollte.

Nachdem er von Moskau zurückgepfiffen worden war, mußte sich Orlow nun eine neue Strategie zurechtlegen, um Philby seinem ehrgeizigen Ziel näherzubringen. Die Pläne, die er der Zentrale unterbreitete, waren ebenso genial wie abenteuerlich. Einen seiner ausgefallensten Vorschläge übermittelte er seinen Chefs in Moskau, nachdem er von Philby erfahren hatte, daß der Emir Saud – der Thronfolger von König Ibn Saud von Saudi-Arabien und Oberkommandierende seiner Armee – bei seinem Besuch in London im Sommer 1935 St. John Philby gefragt hatte, ob er nicht einen geeigneten Englischlehrer für ihn wüßte.

»Als ich hörte, daß der Emir Saud einen Lehrer suchte, kam mir sofort der Gedanke, SÖHNCHEN auf höchster Ebene ins Spiel zu bringen«, schrieb Orlow an Moskau. Voller Begeisterung schlug er vor, Philby solle sich für diesen Job bewerben. »In zwei Monaten könnte er mit dem Emir nach Saudi-Arabien fahren und dort im Palast fast wie ein Familienmitglied leben.«[42] Sein Vater pflegte zu Ibn Saud eine so enge Freundschaft, daß er laut Philby täglich mehrere Stunden im Königspalast verbrachte. Philby senior war davon überzeugt, daß sein Sohn für den Posten des Sprachlehrers bestens geeignet war. Orlows Plan zufolge sollte Philby, nachdem er sich den Job gesichert hatte, an einen anderen seiner Freunde herantreten, von dem er wußte, daß er für den MI6 arbeitete. In Frage kam dafür »ANNA (der bekannte englische Geheimdienstoffizier Lockhart, den Philby persönlich kennt) oder ROSS (der Rektor des Instituts für Slawistik)«, von denen Orlow wußte, daß sie Kontakte zum MI6 hatten; ihnen sollte Philby ganz im Vertrauen erklären, daß er es als »guter Engländer« für seine Pflicht halte, sie über alles zu informieren, was er im Palast Ibn Sauds zu hören und zu sehen bekäme. Da er davon ausgehen konnte, daß er auch als Übersetzer wichtiger Dokumente eingesetzt würde, sollte Philby ganz bescheiden anfragen, auf welchen Gebieten er der britischen Regierung von Nutzen sein könnte, und dabei »mit unschuldigem Blick auf den Geheimdienst anspielen, ohne diesen beim Namen zu nennen«.[43]

Für den Fall, daß der britische Geheimdienst nicht anbeißen würde, sollte Philby, wie Orlow in seinem Bericht erklärte, in letzter Minute erkranken, um eine Ausrede dafür zu haben, daß er nicht nach Dschidda fahren konnte. Falls der MI6 aber auf den Trick hereinfiel und Philby als Informanten anzuheuern versuchte, sollte dieser Orlows Vorschlag gemäß nach Saudi-Arabien gehen und »sechs Monate lang wie ein Sklave für den Geheimdienst schuften, also ständig Berichte über jede Bewegung im Palast schreiben, über jeden Gast, und alles möglichst interessant darstellen. Übrigens sollten Sie unbedingt SÖHNCHENS Artikel in der beigefügten Zeitschrift lesen. Er ist wirklich ein intelligenter Junge«, fügte Orlow hinzu. Seinen Plan zufolge sollte Philby alles tun, um bei seinem Kontaktmann vom MI6 – voraussichtlich einem Undercoveroffizier vom Personal der britischen Botschaft in Dschidda – den Eindruck zu erwecken, daß er das Zeug zum Geheimagenten hatte. Er sollte sich diesem gegenüber im besten Licht zeigen, um so für seine Akte beim britischen Geheimdienst gute Referenzen zu bekommen.[44]

Außerdem hatte Philbys Einsatz laut Orlow einen weiteren Vorteil:

»Ich möchte in diesem Zusammenhang noch darauf hinweisen, daß SÖHNCHENS früherer Hang zur linken Szene den britischen Geheimdienst kaum davon abhalten dürfte, ihn in Saudi-Arabien einzusetzen«, erklärte Orlow der Zentrale. »Da es dort keinen Kommunismus gibt, wäre es wohl kaum logisch, ihm als Gast von Ibn Saud kommunistische Ziele zu unterstellen.«[45]

Wie er Moskau erklärte, war es seine Absicht, Philby nach Ablauf von sechs Monaten, in denen er seine »Legende« als zuverlässiger Informant des MI6 in Saudi-Arabien aufbauen sollte, »infolge der extremen klimatischen Bedingungen krank werden und nach Hause zurückkehren zu lassen«. Im zweiten Stadium von Orlows Plan sollte Philby »nach einer angemessenen Pause« seine Karriere als Journalist fortsetzen und im Auftrag seiner Redaktion in die UdSSR reisen. Vor seiner Abreise sollte er den Kontakt zum britischen Geheimdienst erneuern und behaupten, er könne Zugang zu wertvollen Informationen bezüglich der UdSSR bekommen, damit ihn der MI6 erneut als freien Mitarbeiter einstellte. »Wenn wir ihm journalistisch interessante Stories und dazu noch einige geheimdienstliche Informationen liefern würden, könnten wir SÖHNCHEN ganz groß herausbringen«, versicherte Orlow der Zentrale. »Seine persönlichen Qualitäten würden ihm bei einem solchen Plan zweifellos zugute kommen. Er ist gebildet, intelligent, bescheiden und wenn nötig auch verschwiegen – und steht vor allem ideologisch voll und ganz auf unserer Seite.«[46]

Orlow schloß mit den Worten: »Der Erfolg der ganzen Geschichte hängt von einem unkalkulierbaren Faktor ab: davon, ob der [britische] Geheimdienst ihn akzeptiert oder nicht. Ich persönlich glaube, sie werden ihn nehmen.« Die Notiz Slawatinskis, eines ranghohen NKWD-Chefs, auf dem Bericht zeigt dessen Zustimmung:

»Ich kann mir nicht vorstellen, daß sein Geheimdienst das Angebot von SÖHNCHEN ablehnen wird.« Die Moskauer Zentrale signalisierte ihrem Residenten in London ihr Einverständnis. Doch noch bevor Orlows Plan in die Tat umgesetzt werden konnte, scheiterte er an der Entscheidung der Saudis, die einen anderen Lehrer nahmen.[47]

Aufgrund seiner Überzeugung, daß der MI6 Philbys Angebot einer Mitarbeit nicht ablehnen würde, entwickelte Orlow jedoch schnell eine ähnliche Strategie. Kurz nach der Rückkehr Philbys und seiner Frau Litzi aus einem von Moskau bezahlten Spanienurlaub bot sich noch im Sommer 1935 eine neue Gelegenheit, SÖHNCHEN als Informanten in den MI6 einzuschleusen: Philby erhielt vom ehemaligen Arbeitgeber seines Vaters – der indischen Zivilverwaltung – überraschend das Angebot, für ein hohes Gehalt als Verbindungsoffizier für die Presse in Neu-Delhi zu arbeiten. »Was das beiliegende Material betrifft, möchte ich vor allem auf einen persönlichen Brief des indischen Innenministers an SÖHNCHEN hinweisen mit dem Angebot, gegen ein hohes Gehalt für die indische Regierung als Presse-Verbindungsoffizier zu arbeiten«, schrieb Orlow an die Zentrale. Philby hatte ihm erklärt, er kenne den fraglichen Minister nicht, sei jedoch offensichtlich von einem Bekannten aus Journalistenkreisen – einem Mitherausgeber der *Times* – empfohlen worden.[48]

»Ich habe SÖHNCHEN angewiesen, das Angebot zu akzeptieren«, berichtete Orlow der Zentrale in dem Bewußtsein, daß Moskau eine Entscheidung in der Sache nicht leichtfallen würde. Philby zu erlauben, nach Indien zu gehen, bedeutete schließlich einen Verzicht nicht nur auf die Informationen, die er von seinen Kontaktleuten in Whitehall bezog, sondern auch auf die Möglichkeit, daß er weitere Kandidaten für das Spionagenetz ausspähen könnte. Was letzteres betraf, bezweifelte Orlow jedoch, daß sich in dieser Hinsicht in absehbarer Zeit noch viel tun würde. Er bekräftigte deshalb, daß es seiner Ansicht nach kein allzu großer Verlust für den NKWD wäre, wenn Philby seine »gegenwärtige Arbeit« aufgäbe. Orlow hielt es für besser, SÖHNCHEN den Posten in Indien antreten zu lassen, weil Philby damit seiner Ansicht nach eine weitaus größere Chance hatte, für den britischen Geheimdienst zu arbeiten, als er sie in London je bekommen würde.[49] Vier Gründe waren für Orlow dabei ausschlaggebend:

Der erste und offenbar wichtigste Grund für Orlows Überzeugung, daß Philby nach Indien geschickt werden sollte, konnte vom russischen Geheimdienst nicht zur Veröffentlichung freigegeben werden, weil letzterer nach wie vor nicht bereit ist, die Identität der beiden anderen Top-Agenten preiszugeben, die Orlow damals betreute.[50] Orlows zweitem Argument zufolge beschränkte sich Philbys »produktive Arbeit darauf, daß er die Beziehungen zu Ibn Sauds Leuten in London pflegte«. Das dritte lautete, daß »die Bearbeitung HEINRICHS [Wylies] ebensogut MÄDCHEN [Burgess] übertragen« werden könne. Und viertens schließlich argumentierte er, daß »SÖHNCHEN bei vielen immer noch als Bursche mit ›linken‹ Ideen gilt und er deshalb schlechte Chancen hat, Sekretär einer wichtigen Persönlichkeit zu werden«.[51]

»Ein Jahr Arbeit im indischen Innenministerium wird SÖHNCHEN von seinem Ruf, ein Linker zu sein, für immer befreien«, argumentierte Orlow und erinnerte Moskau noch einmal nachdrücklich daran, welch positive Entwicklung Philby genommen hatte. Er habe nun eine echte Chance, sich im indischen Innenministerium unentbehrlich zu machen und gleichzeitig »ein wertvoller Informant für den Geheimdienst« in Indien zu werden. Außerdem würde Philby in seiner Eigenschaft als Presseoffizier die Gelegenheit haben, andere Journalisten anzuwerben oder sich die Gunst der indischen Polizei zu erwerben, was den Komintern helfen könne, den Kommunismus in Indien zu verbreiten. Als Regierungsangestellter, meinte Orlow, könne Philby ein sehr einflußreicher Mann werden. Wenn er ein Jahr in Neu-Delhi arbeite, sei es zudem geradezu unvermeidlich, daß er Kontakt zum britischen Geheimdienst bekäme. Dieser Kontakt zum MI6, argumentierte Orlow, könne dann reaktiviert werden, wenn Philby »auf eigene Initiative« nach Moskau reise, wo er »unter unserer Anleitung« weiterhin den Briten seine Dienste anbieten würde. Deshalb, so Orlow, müsse es als sinnvoll angesehen werden, »zugunsten wichtigerer Arbeit und künftiger Möglichkeiten in den nächsten Jahren« auf Philbys weniger wertvolle Arbeit in London ein Jahr lang zu verzichten.[52]

»Ich wiederhole noch einmal, daß SÖHNCHEN sich ganz erstaunlich entwickelt hat«, schloß Orlow. »Er nimmt seine Sache sehr ernst, findet großen Gefallen an der Agententätigkeit und wird zweifellos noch zu einem sehr wichtigen Mann werden.«[53]

Die Nachricht vom 12. September 1935, mit der Orlow Moskaus Zustimmung zu Philbys Umzug nach Indien zu erreichen suchte, war die letzte, die er von London aus abschickte. Wenige Tage später ereignete sich einer jener Zufälle, die den Normalbürger lediglich daran erinnern, wie klein die Welt doch ist, die der Karriere eines unter einer falschen Identität im Ausland lebenden Undercover-Geheimdienstoffiziers jedoch einen tödlichen Schlag versetzen können. Zum zweitenmal in gut zwei Jahren wurde Orlow von seiner Vergangenheit eingeholt, als ihn ein alter Bekannter ansprach. Dem Bericht vom 9. Oktober zufolge, den die Zentrale von ihrem Agenten in Kopenhagen mit dem Decknamen SCHORR erhielt, hatte dieser gerade einen Brief von Orlow erhalten, der, wie er schrieb, ausgerechnet dem Mann über den Weg gelaufen war, der ihm in Wien Englischunterricht gegeben hatte. Zu dieser zufälligen Begegnung war es in dem Haus gekommen, in dem Orlow ein Zimmer gemietet hatte, und so sah er sich nun gezwungen, nicht nur vorübergehend in ein nahes Hotel umzuziehen, sondern seine Abreise aus England in die Wege zu leiten. Das Treffen hatte seine »Legende« als amerikanischer Geschäftsmann namens Goldin zerstört.[54]

Orlow kannte die Arbeitsbedingungen als Illegaler nur zu genau, um sich der Illusion hinzugeben, weiterhin verdeckt in London arbeiten zu können, ohne damit sein gesamtes Agentennetz zu gefährden. Er leitete deshalb unverzüglich die nötigen Schritte ein, damit Deutsch die Leitung der Londoner NKWD-Filiale übernehmen und er seine Firma aufgeben konnte, ohne Verdacht zu erregen. Am 10. Oktober erhielt er von Moskau die Anweisung, das Land zu verlassen, und zwar in Form einer für diesen Notfall vereinbarten Botschaft: »LOTTI muß in den Süden fahren.«[55]

Angesichts dieser Entwicklung entschied die Zentrale, daß man auf Philbys Dienste in London vorerst nicht verzichten konnte. Deutsch befand sich damals schon auf der Heimreise. Er bekam von Orlow, der am 29. Oktober in Moskau ankam, die Anweisung, sofort wieder nach London zurückzukehren und SÖHNCHEN mitzuteilen, daß er den Job in Indien ablehnen sollte. Der gängigen Praxis des NKWD entsprechend erfuhr Philby nicht, warum Orlow so plötzlich abreisen mußte, sondern nur, daß er nach Moskau zurückbeordert worden war.

Zwei Jahre sollten vergehen, bevor sie erneut zusammenarbeiteten – für eine gemeinsame Sache, wenn auch auf verschiedenen Seiten im spanischen Bürgerkrieg.

Kurz nach Orlows Abreise aus London nahm Philbys journalistische Karriere eine neue Wendung, die entscheidend dazu beitragen sollte, ihm die politische Glaubwürdigkeit zu verleihen, die ihn schließlich zu einem akzeptablen Kandidaten für den britischen Geheimdienst werden ließ. Deutsch war gerade dabei, sich in seine neue Rolle als Führungsoffizier einzuarbeiten, als Philby ihm berichtete, Wylie habe ihn seinem Freund Talbot vorgestellt, der eine reichlich obskure Zeitschrift mit dem Titel *The Anglo-Russian Trade Gazette* herausgab. Dieses ständig gegen den finanziellen Ruin kämpfende Magazin war das Organ einer Vereinigung britischer Finanziers, die im vorrevolutionären Rußland geschäftlich engagiert gewesen waren. Sein Herausgeber – so argwöhnte die Zentrale – mußte ein Kontaktmann des britischen Geheimdienstes sein.

Seit 1917 hatten sich diese Geschäftsleute bemüht, mit Hilfe von Briefen sowie über ihre Zeitschrift Einfluß auf die Parlamentarier zu nehmen, um ihrer Investitionen in Rußland zurückerstattet zu bekommen. Als aber auch im zweiten Jahrzehnt nach der Revolution weder die britische Regierung noch Lenins Erben sich gewillt zeigten, Entschädigungszahlungen zu leisten, verlor die *Gazette* nach und nach immer mehr Leser und ihre politische Rückendeckung. Bei dem Zusammentreffen mit Philby erklärte Talbot ihm, daß seine Zeitschrift und ihre rechtsgerichteten Leser allmählich ausstürben und er deshalb beabsichtige, das Magazin als englisch-deutsche Zeitschrift wiederzubeleben. Mit finanzieller Unterstützung aus Berlin sollte das Blatt die wirtschaftlichen und politischen Beziehungen zu Hitlers Reich fördern. In seinen KGB-Erinnerungen erläuterte Philby, daß er die Idee äußerst interessant fand, wobei sein Enthusiasmus natürlich ganz andere Gründe hatte als der des Besitzers der Zeitschrift. Talbot hatte Philby gegenüber erklärt, daß er selbst zu alt sei, um noch eine neue Zeitschrift auf den Markt zu bringen, und deshalb einen jungen Chefredakteur suche. »Wieso ausgerechnet einen jungen?« will Philby unschuldig gefragt haben, worauf Talbot ihm geantwortet habe: »Damit er kein zu hohes Gehalt fordern kann!« Talbot zog ihn also ernsthaft für diesen Posten in Erwägung. Als er ihm dann ein Angebot machte, das weit über den vier Pfund pro Woche lag, die Philby beim *Review of Reviews* verdiente, kündigte dieser nach einer Beratung mit OTTO seinen Job bei Hindle und stieg bei Talbot ein.[56]

· »Heute scheint es mir«, meinte Philby später, »daß mit diesem Schritt meine Arbeit für die Sowjetunion erst richtig begann.«[57] Zwar trat er in der Tat in eine neue Phase seiner Agententätigkeit ein, doch bezeugen Orlows Berichte, daß SÖHNCHEN im Herbst 1935 schon lange kein »Spion auf Probe« mehr war. Bereits seit Anfang 1935 hatte er die Zentrale mit wertvollen Informationen über die britische Unterstützung Hitlers beliefert. Als Chefredakteur einer nazifreundlichen Zeitschrift begab Philby sich erstmals seit Wien wieder als Spion ins feindliche Lager. Er schloß sich der Anglo-German Fellowship, einer englisch-deutschen Vereinigung städtischer Bankiers und rechtsgerichteter Parlamentarier an, die seit 1932 versuchte, die britische Regierung zu einer Zusammenarbeit mit Nazideutschland zu bewegen.

Philby baute auch gute Verbindungen zu Angestellten der deutschen Botschaft auf, bei deren protzigen Empfängen er schon bald regelmäßig zu Gast war. Er war auch zugegen, als Joachim von Ribbentrop im August 1936 als neuer deutscher Botschafter in London eintraf. Der frühere Spirituosen- und Champagnerkaufmann löste ein kleines diplomatisches Erdbeben aus, als er dem König im Buckingham-Palast statt der üblichen Verbeugung den Hitlergruß darbot. Auf dem offiziellen Foto des Banketts vom 14. Juli im Dorchester Hotel, das die Anglo-German-Fellowship für Würdenträger der Nazis veranstaltete, ist zwischen den mit Hakenkreuzfahnen gedeckten Tischen auch ein sich in seiner festlich-steifen Kleidung sichtlich unwohl fühlender Philby zu erkennen.[58] Unter Orlows Führung sollte Philby jedoch bald als Sympathisant der Deutschen seine Verwandlungsfähigkeit beweisen dürfen. »So sah meine Arbeit damals hauptsächlich aus«, erzählte Philby später dem KGB. »Sie war nicht sehr interessant, aber wichtig genug. Ich gab mich als hundertprozentiger Nazifreund aus – und das war eine schreckliche Erfahrung für mich.«[59]

Seine Freunde aus Cambridge waren entsetzt darüber, daß Philby offenbar ein Bewunderer Hitlers geworden war. Kaum einen konnte seine Erklärung überzeugen, er gebe die neue Zeitschrift nur wegen des Geldes heraus. Die Schlußfolgerungen, die sie für sich selbst zogen, waren jedoch Bestandteil der Tarnung, die er aufbauen mußte, um seine geheimen Verbindungen zu Moskau zu kaschieren. Gleichzeitig gab er an Deutsch Informationen weiter, die Stalin über das wahre Ausmaß inoffizieller Kontakte zwischen Großbritannien und Deutschland durch Bankiers, Fabrikanten und Import-Export-Firmen informierten, die aus wirtschaftlichen Gründen großes Interesse an der Aufrechterhaltung guter Beziehungen zu Hitler und dem Dritten Reich hatten. Etwa einmal im Monat fuhr Philby nach Berlin, wo er sich jeweils etwa eine Woche lang mit mehr oder weniger bedeutenden Nazi-Funktionären traf. Seine Freunde in der deutschen Botschaft in London sorgten dafür, daß er ausgesprochen zuvorkommend behandelt wurde und sogar eine Audienz bei Ribbentrop erhielt, nachdem Hitler diesen im Februar 1938 zum Reichsaußenminister ernannt hatte. Philby fiel es schwer, seine Verachtung zu verbergen, als er im Propagandaministerium mit hochrangigen Untergebenen von Joseph Goebbels zusammentraf. So produktiv solche Treffen für den sowjetischen Geheimdienst auch sein mochten, so belastend waren sie in psychologischer Hinsicht für Philby.[60]

»Plötzlich fand ich mich unter Menschen wieder, die ich haßte«, erzählte Philby später dem KGB. »Wegen meiner tiefen Antipathie gegen sie sah ich es jedoch als meine Pflicht an, genau das zu tun, was ich damals tat.«

Besonders bitter war es für Philby, als er einen früheren Genossen aus Wien wiedertraf, der wütend fragte: »Sagen Sie mal, haben Sie etwa auch schon damals in Österreich als Polizeispitzel gegen uns gearbeitet?«[61] Philby behauptete, er habe nach und nach gelernt, solche Zusammentreffen philosophisch zu betrachten. Er war der Überzeugung, daß derartige Situationen ihn für das noch weit schwierigere Doppelleben als sowjetischer Geheimagent im Untergrund stählten.

»Man darf Sie auf keinen Fall für einen Nazi halten«, erinnerte sich Philby an Deutschs Rat vor seiner ersten Fahrt nach Berlin. Er sollte

sich vielmehr als »unabhängig denkender Engländer« geben, »der Hitler-Deutschland als politische Tatsache im Mitteleuropa der dreißiger
Jahre akzeptiert und versucht, daraus wirtschaftlichen wie kulturellen
Nutzen für sein Land zu ziehen«. Dieser Rat OTTOS kam Philby
zustatten, als er mit den einander widersprechenden Verpflichtungen
konfrontiert wurde, die das ihm von der Moskauer Zentrale aufgezwun-
gene Doppelleben mit sich brachte. Deutschs Talent als Führungsoffizier zeigte sich auch darin, daß es ihm offensichtlich gelang, seinen
Untergebenen seine eigene Einschätzung der psychologischen Probleme im Leben eines Geheimagenten zu vermitteln – ebenso wie Möglichkeiten der mentalen Bewältigung entsprechender Streßsituationen.[62]

Philbys eigene Erfahrungen mit der Brutalität des Nazi-Regimes
bestärkten ihn in seinem Glauben an den Kommunismus und in seiner
Überzeugung, daß er Moskau behilflich war, den Hitler-Faschismus
eines Tages zu vernichten. Seine zunehmende Entschlossenheit fiel
auch Deutsch auf, der der Zentrale berichtete, daß SÖHNCHEN nun
bereit sei, jedes für die Durchführung seiner Mission erforderliche
Opfer zu bringen. Deutschs Meinung schloß sich auch Theodore Mally
an – der neue Chef der illegalen Londoner NKWD-Filiale –, der im
April 1936 in Großbritannien eingetroffen war, um den noch im Aufbau
begriffenen Spionagering von Cambridge zu übernehmen. Ihm gehörten
damals Philby und Maclean an, die die volle endgültige Zustimmung
zur Kooperation mit dem sowjetischen Geheimdienst hatten, sowie
Burgess, der schon gemäß den Regeln rekrutiert worden war.[63]

Mally war ein weiterer der Großen Illegalen, deren Porträts im
Gedenksaal des KGB einen Ehrenplatz erhielten. Orlow, der nun vom
Moskauer Hauptquartier aus die Arbeit der Cambridge-Gruppen beaufsichtigte, hielt Mally für den geeigneten Mann, um die Arbeit mit Philby
und dessen Genossen erfolgreich fortzusetzen. Er kannte Mally persönlich und zollte seinem Nachfolger als Londoner Resident in seinem
Handbook Tribut, indem er ihn als »Spitzen-Geheimdienstoffizier des
NKWD« titulierte. In *Stalin's Crimes* äußerte sich Orlow nur positiv
über seinen Freund, von dem er schrieb, er habe ein »ausdrucksstarkes,
männliches Gesicht und große blaue Kinderaugen« gehabt.[64] Mallys
Körpergröße und seine einnehmende Erscheinung unterstrichen seinen
natürlichen Charme. Er war kultiviert, intelligent und weltgewandt –
kurz: Seine Eigenschaften hinterließen bei Philby und seinen Genossen
aus Cambridge, die ihn »sehr verehrten«, einen nachhaltigen Eindruck.[65]

Mally reiste laut Orlow »mit einem echten österreichischen Paß, der
in Wien mittels Betrug beschafft worden war«, bis 1935 aufgrund der
Paßaffäre alle Operationen unterbrochen wurden. Mally war jedoch
weder Österreicher noch Russe. Der gebürtige Ungar und ehemalige

Militärgeistliche in der österreichisch-ungarischen Armee war nach seiner Gefangennahme an der Karpatenfront bis 1917 in einem zaristischen Kriegsgefangenenlager interniert gewesen. Die Schrecken des Lagerlebens hatten Mally seinen Glauben an Gott verlieren und zum Kommunisten werden lassen. Von da an gehörte seine ganze Loyalität den Bolschewiki. Nach der Revolution kämpfte er im Bürgerkrieg in der Roten Armee, bevor er – etwa zur selben Zeit wie Orlow – von Dserschinski für die Tscheka ausgewählt wurde. Auch er hatte als Untergrundagent in Österreich, Deutschland und Frankreich gearbeitet, wobei er den NKWD-Akten zufolge häufig einen niederländischen Paß auf den Namen Willy Broschart benutzte. Er war ein talentiertes Mitglied der als »Fliegende Schwadron« bekannt gewordenen Elitetruppe des NKWD, deren illegal operierende Geheimdienstoffiziere besonders gefährliche Aufträge übernahmen. Den MI5-Akten zufolge wurde Mallys Ankunft in England bald von den britischen Behörden registriert, die wußten, daß er und seine Frau mit gefälschten österreichischen Pässen operierten, die auf den Namen Paul und Lydia Hardt ausgestellt waren.[66]

Mally berichtete nach Moskau unter dem Decknamen MANN, doch Philby und den anderen Rekruten von Cambridge war er als THEO bekannt.[67] Wie Deutsch war er davon überzeugt, daß England früher oder später gegen Deutschland Krieg führen müsse. Mally teilte diese Überzeugung Philby mit und deutete ihm gegenüber an, daß der bevorstehende Krieg ihn in die Lage versetzen würde, dem englischen Geheimdienst beizutreten und auf diese Weise seine Mission zu erfüllen. Philby verlor deshalb nie sein eigentliches Ziel aus den Augen und lief keine Gefahr, bei der Korrektur seines früheren linkslastigen Images allzu sehr zu übertreiben und plötzlich als Freund der Nazis dazustehen. Hätte er dies getan, wäre er womöglich bei Kriegsausbruch – so wie Caroll, sein Nachfolger als Chefredakteur der in *The Nazi Leaflet* umbenannten Zeitschrift – auf die Verhaftungsliste gesetzt worden.[68]

Philbys Stellung als Herausgeber des englisch-deutschen Handelsmagazins war ab Herbst 1936 in Gefahr. Mally berichtete der Zentrale, daß sein Agent SÖHNCHEN unter zunehmenden Druck sowohl von seiten der Gesellschaft als auch von Goebbels' Kohorten in Berlin geriet, die ihn drängten, sich in seinen Artikeln deutlicher zur nationalsozialistischen Linie zu bekennen. Nach einer seiner Reisen nach Berlin im Oktober hatte er Deutsch erzählt, sein Kontaktmann im Propagandaministerium habe angedeutet, daß er seinen Posten verlieren würde.

Philby schilderte dem KGB 1985 dieses Gespräch und sagte, daß er danach nicht mehr daran gezweifelt habe, sich bald nach einem neuen Job umsehen zu müssen:

»Ich traf meine Kontaktperson im Propagandaministerium. Sie sagte: ›Ich glaube, das hier ist Ihr letzter Besuch bei uns, Kim.‹

›Warum?‹

›Sehen Sie, wir haben uns entschieden, die Finanzierung des Magazins zu ändern. Wir würden gerne mit einer anderen Gruppierung in Großbritannien zusammenarbeiten, und wir übernehmen die ganzen Druckkosten.‹

›Heißt das, Sie wollen ein hundertprozentiges Nazimagazin in Großbritannien veröffentlichen?‹

›Ja‹, sagte meine Kontaktperson. ›Es ist für uns günstiger.‹

›Aber Sie werden kaum etwas erreichen‹, sagte ich.

›Tja, das ist unser Problem. Wir haben unsere Entscheidung getroffen und wir werden entsprechend handeln. Wie auch immer, Sie werden von uns kein Geld mehr bekommen.‹«[69]

Philby beriet sich nach seiner Rückkehr nach London mit Deutsch, doch zu seinem Erstaunen war OTTO wegen dieser Entwicklung keineswegs beunruhigt.

»Zum Teufel mit denen«, lautete Mallys Reaktion. »Das kommt uns gerade recht, weil Sie sowieso nach Spanien sollen.« Philby war diesem Gedanken keineswegs abgeneigt, da er sich bereits seit seiner Kindheit für Spanien interessierte. Seine Vorliebe für die Iberische Halbinsel war durch seinen kürzlich dort verbrachten Sommerurlaub mit Litzi noch verstärkt worden, doch wußte er, daß seine nächste Spanienreise alles andere als ein Urlaubsvergnügen werden würde.[70] Nicht mehr die Stierkämpfe, sondern einander bekriegende Armeen lockten nun die ausländischen Journalisten an. Mitte 1936 war ein grausamer Bürgerkrieg ausgebrochen, nachdem General Francisco Francos faschistische Streitkräfte sich gegen die linksgerichtete republikanische Regierung erhoben hatten. Als Hitler und Mussolini Waffen, Truppen und Flugzeuge nach Spanien schickten, um Franco bei der Zerschlagung der legitimen Regierung zu unterstützen, riefen die Republikaner die Demokratien der Welt zu Hilfe. Das indifferente Großbritannien und das unsichere Frankreich scheuten sich jedoch vor dem offenen Bruch mit Deutschland und Italien. Die einzige Hilfe, die die Republikaner von den demokratischen Mächten erhielten, war inoffizieller Natur. Es handelte sich dabei um die Internationale Brigade – eine bunt zusammengewürfelte Armee Freiwilliger aus verschiedenen Ländern, von denen viele in den Olivenhainen der Iberischen Halbinsel für die sozialistische oder marxistische Überzeugung ihr Leben lassen mußten. Unter den Kämpfern befand sich auch ein großes Kontingent aus den Vereinigten Staaten, das sich Abraham-Lincoln-Bataillon nannte. Auch Stalin hatte auf die Hilferufe jenes Sommers aus Madrid geantwortet. Doch nicht etwa aus Gewissensgründen, sondern ausschließlich aus machtpolitischen Erwägungen schickte er widerwillig Waffen und militärische Berater nach Spanien, um der Regierung auf den Gebieten der Spionageabwehr und des Guerillakrieges beizustehen. Einer dieser Militärberater war der erst kurz davor zum Generalmajor beförderte Alexander Orlow.[71]

»Wo soll ich hin? Nach Madrid, nach Barcelona, nach Valencia?« hatte Philby Deutsch gefragt in der Annahme, er werde den Republikanern zugeteilt. Entsprechend überrascht – und entsetzt – reagierte er, als Deutsch antwortete: »Aber nein! Sie gehen natürlich zur Opposition. Was glauben Sie, auf welcher Seite man Kim Philby, den englischen Journalisten und Sympathisanten von Nazi-Deutschland, erwartet?« Die Entscheidung der Zentrale, Philby als freien rechtsgerichteten britischen Journalisten getarnt nach Spanien zu beordern, beruhte nicht nur auf der Absicht, durch ihn an militärische und politische Informationen aus dem Lager Francos zu kommen. »Man sagte mir, daß diese Reise sehr wichtig für die Beschaffung von Informationen sei«, erinnerte sich Philby. »Aber noch wichtiger war es, daß ich mir einen entsprechenden Ruf als Journalist zulegte, der es mir ermöglichte, einen bedeutenderen Posten zu beziehen.«[72]

Ebenso wie die fehlgeschlagenen Versuche, ihn nach Saudi-Arabien beziehungsweise Indien zu schicken, war auch dies ein Bestandteil der langfristigen Strategie, das Interesse des britischen Geheimdienstes auf Philby zu lenken und dem Agenten dadurch die Möglichkeit zu geben, den MI6 zu unterwandern. Philby wurde deshalb angewiesen, sich erst einmal als brillanter und unerschrockener Kriegsberichterstatter zu profilieren. Die besten Voraussetzungen hierzu boten die Schlachtfelder Spaniens, das im Herbst 1937 zum Schauplatz des bewaffneten Kampfes gegen die militärischen Kräfte des Faschismus geworden war.

Philbys Bericht an den KGB zufolge konnte weder Deutsch noch Mally ihn groß auf seine Mission vorbereiten, da keiner von beiden jemals in Spanien gewesen war. Nach außen hin sollte Philby den Eindruck erwecken, als wolle er als freiberuflicher Journalist, der seinen Aufenthalt am Kriegsschauplatz durch den Verkauf von Artikeln über die Lage an der Front selbst finanzieren mußte, über den Krieg berichten. Aus den NKWD-Akten geht jedoch hervor, daß seine Reise vollständig vom sowjetischen Geheimdienst bezahlt wurde. Da seine Legende jedoch voraussetzte, daß er vom Verkauf seiner Geschichten seinen Lebensunterhalt bestritt, ließ sich Philby im Januar 1937 von der Londoner Zeitung *Evening Standard* und kurz vor seiner Abreise auch noch von den Presseagenturen *London Central News* und *Continental News Service* akkreditieren sowie von der Zeitschrift *Geopolitics*, für die er bereits einige Artikel verfaßt hatte. Seine Beziehungen zur deutschen Botschaft in London brachten ihn mit dem Herzog von Alba in Kontakt, dem ehemaligen königlichen spanischen Botschafter – nunmehr Francos Repräsentant in London. Dieser gab Philby ein Empfehlungsschreiben an seinen Sohn Pablo Merry del Val mit, den Chef der Militärzensur der Nationalisten.[73]

»Mein Auftrag bestand darin, Informationen aus erster Hand über alle Aspekte der faschistischen Kriegsanstrengungen zu beschaffen«, erklärte Philby in seiner Autobiographie.[74] Aus seiner NKWD-Akte geht jedoch hervor, daß seine eigentliche Mission weitaus schwieriger war. Seine ganze Schreibarbeit sollte ihn keineswegs nur als freiberuflichen Journalisten etablieren, sondern ihm vor allen Dingen Zugang zum engsten Kreis um Franco verschaffen; die Zentrale hatte ihm nämlich eine entscheidende Rolle bei der Vorbereitung der Ermordung des Diktators zugedacht.[75] Aus den bisher untersuchten Akten geht nicht hervor, ob die Chefs des NKWD ihren britischen Agenten SÖHNCHEN als Francos Henker vorgesehen hatten oder ob Philby lediglich als Spion für andere das Attentat vorbereiten sollte. Da Philby in diesen Dingen relativ unerfahren war, ist letzteres wohl wahrscheinlicher; vermutlich sollte die Tat selbst von Saboteuren aus den revolutionären Einheiten begangen werden, die Orlow auf der anderen Seite der Front ausbildete.[76]

Ein Hinweis darauf, daß die Sowjets nach April 1937 Attentatspläne gegen Franco schmiedeten, findet sich in Mallys Bericht an die Zentrale. Darin heißt es, er habe SÖHNCHEN persönlich instruiert, »das System der Bewachung vor allem Francos, aber auch der anderen Führer zu eruieren«. Philby sollte Schwachstellen in Francos Sicherheitsapparat aufspüren und herausfinden, wie man an ihn herankommen konnte, indem er beobachtete, »welchen Kontrollen diejenigen, die ihn oder sein Hauptquartier besuchen, unterworfen sind, durch welche Straßen sie gehen, wie sie ihren Tagesablauf gestalten, wo sie wohnen, welche Orte sie regelmäßig aufsuchen, wo sie schlafen, wo sie essen (ob sie in Restaurants speisen) – kurz gesagt alles, was zur Vorbereitung der Aktion notwendig ist«. Von vergleichsweise untergeordnetem Interesse waren auch Zahl und Nationalität der deutschen und italienischen Soldaten im Lager der Nationalisten.[77]

Philby erzählte in seinen KGB-Memoiren, er sei so erpicht darauf gewesen, nach Spanien zu gehen, daß er innerhalb von zwei Wochen am 20. Januar 1937 reisefertig gewesen sei. Den Akten zufolge verließ er London jedoch erst am 3. Februar 1937. Von Mally habe er eine Adresse in Paris bekommen, an die er per Post seine Informationen schicken sollte. Um sie zu verschlüsseln, erhielt er auch einen Code, der auf dünnem, aber festem Papier gedruckt war, das er notfalls zusammenknüllen und verschlucken konnte, um zu verhindern, daß es entdeckt wurde.[78] Aus den NKWD-Berichten geht auch hervor, daß ihm für Notfälle ein zusätzlicher Kommunikationskanal zur Verfügung stand; er konnte über seine Frau in Lissabon (sie fuhr später dorthin), wo er auch von der sogenannten Franco-Agentur sein Visum erhielt, Geheimberichte an die Zentrale weiterleiten. Litzi sollte in Portugal bleiben und Kontakte zum sowjetischen Kuriernetz halten, während ihr Mann sich Ende Februar zur nationalistischen Hochburg Sevilla aufmachte.[79]

»Ich sammelte Informationen für unsere Leute, die ich nach Frankreich sandte«, erinnerte sich Philby. Sie bezogen sich hauptsächlich auf die militärische Situation: militärische Pläne Francos, Waffenausrüstung, Truppenbewegungen, aber es waren auch politische Informationen darunter. Dieses Material gelangte schließlich in Orlows Hände, der NKWD-Chef in Spanien war und es an die republikanische Regierung weiterleitete.

»Meine ersten Briefe an die Pariser Adresse schickte ich etwa zwei Wochen nach meiner Ankunft in Sevilla ab«, erzählte Philby dem KGB. »Ich versuchte, jede Wochen einen solchen Brief zu schreiben. Ich konnte genügend militärische Aktionen beobachten. Ich verfolgte mit eigenen Augen den Bau provisorischer Flugplätze. Ich sah auch die Truppenverschiebungen und konnte aufgrund der Abzeichen und Schulterklappen der Soldaten erkennen, um welche Art von Truppen es sich handelte. Außerdem hatte ich einige Kontakte zu Italienern geknüpft. Sie redeten und prahlten so gerne, daß ich gar nicht erst Fragen stellen mußte.«[80]

Niemand hätte vermutet, daß der junge und schüchterne englische Reporter, der so pedantische Fragen an Francos militärischen Pressestab richtete, in Wahrheit ein Sowjetagent war. Eines Tages jedoch, so erinnerte sich Philby, wäre seine Tarnung fast aufgeflogen, als er nach etlichen Wochen in Sevilla beschloß, mit dem Zug nach Cordoba zu fahren, um sich dort einen Stierkampf anzusehen. Daß er dabei militärisches Sperrgebiet betrat, wurde ihm erst klar, als die Militärpolizei ihn verhaftete und ihn aufforderte, seine Taschen zu leeren. Nur seine geistesgegenwärtige Reaktion, seine Brieftasche fallen zu lassen, gab ihm Gelegenheit, schnell noch den verräterischen Zettel mit dem Code herauszuholen und zu verschlucken, während die Militärpolizisten auf dem Boden seine Papiere einsammelten. In *My Silent War* beschreibt er den aufregenden Vorfall zwar mit großem Vergnügen, doch läßt er dabei die dem KGB geschilderten Schwierigkeiten weg, die er hatte, als er von seinem Pariser Kontaktmann ein neues Codeblatt anfordern mußte.[81]

»Das Problem war, daß wir kein Codewort für den Begriff ›Code‹ hatten«, erklärte Philby. »Deshalb schrieb ich, ich hätte ›das Buch verloren, das man mir gegeben hatte‹, und bat sie, mir ein neues zu schicken.«[82] Erst sehr viel später – lang nach seiner Rückkehr aus Spanien – stellte er entsetzt fest, daß die Adresse, die ihm genannt worden war – Mademoiselle Dupont, 78 Rue de Grenelle, Paris 6 –, die der sowjetischen Botschaft in Paris war. Wäre dies den Zensoren der spanischen Post aufgefallen, hätte das leicht eine Untersuchung nach sich ziehen können, die mit Sicherheit zu seiner Verhaftung als Spion geführt hätte. Aufgrund der spanischen Poststempel, die mit den Schlachtfeldern des Bürgerkriegs übereinstimmten, wäre es für Francos Geheimdienst kein Problem gewesen, den britischen Reporter zu identifizieren und seine Spionagetätigkeit aufzudecken. Den einfachen Code, den er in seinen Briefen nach Paris benutzte, hätten sie jedenfalls ohne größere Probleme entschlüsseln können. Der sowjetische Geheimdienst gab später zu, daß diese unglaubliche Fahrlässigkeit des NKWD den Agenten bereits zu Beginn seiner langen Karriere in Lebensgefahr brachte. Im Gegensatz zu Orlow, der aufgrund unglücklicher Zufälle als Resident in Paris und London die Koffer hatte packen müssen, war das Schicksal Philby jedoch günstig gesonnen. Orlow, der nun legal als Chef der Madrider NKWD-Filiale arbeitete, war der letztendliche Empfänger von Philbys Geheimberichten, die wieder regelmäßig eintrafen, nachdem SÖHNCHEN ein neues Codeblatt erhalten hatte.

Dem KGB gegenüber erklärte Philby, er habe nicht schlecht gestaunt, als ausgerechnet Guy Burgess auf seinen Notruf nach einem neuen »Buch« antwortete. In einem scheinbar harmlosen Brief schlug sein alter Freund aus Cambridge vor, sich in Gibraltar zu treffen. Burgess hatte früher nichts von Philbys Tätigkeit für den sowjetischen Geheimdienst gewußt. Wie das folgende Kapitel zeigen wird, waren die Umstände von Burgess' Rekrutierung höchst ungewöhnlich und die Sicherheitsmaßnahmen im Spionagering von Cambridge strenger geregelt, als später unter Mally.[83]

Philbys Treffen mit Burgess fand in der Bar des Hotels Rock statt, wo Burgess seinem Genossen ein neues Codeblatt und einen Geldbetrag überreichte. Die beiden speisten gemeinsam und unterhielten sich den ganzen Abend lang. Hätte jemand zufällig ihr Gespräch verfolgt, wäre ihm dabei nichts Ungewöhnliches aufgefallen. Später jedoch setzten sie in Burgess' Zimmer ihre Unterhaltung bis in die frühen Morgenstunden fort, wobei Philby Burgess die neuesten Informationen über Francos Hauptquartier und seine militärischen Operationen anvertraute, die sein Freund aus Cambridge über Mally weiterleiten sollte.[84]

Kurz nach ihrem Treffen in Gibraltar erhielt Philby die Order, nach London zurückzukehren, um über die ersten drei Monate seiner Auslandsmission als Sowjetagent Rechenschaft abzulegen. Befragt wurde er von Deutsch, der ihm anfangs vorgeworfen haben soll, seine Pflichten auf eine alles andere als befriedigende Weise erfüllt zu haben. »Haben Sie sich nicht geschämt, einer so schönen Frau wie Mademoiselle Dupont derart langweilige Briefe zu schreiben?« fragte Deutsch provokativ. »Versuchen Sie doch mal selbst, einen interessanten Brief zu schreiben, wenn Sie in jedem fünften Wort etwas Wichtiges mitzuteilen haben«, will Philby geantwortet und hinzugefügt haben, daß das spezielle Chiffriersystem, mit dem er seine militärischen Berichte hatte verschlüsseln müssen, schuld daran gewesen sei, daß seine Briefe so uninteressant geklungen hätten.[85]

Deutsch, der das starke Bedürfnis seines Agenten nach Anerkennung genau kannte, grinste nur und klopfte Philby auf die Schulter. »Trotz allem waren Ihre Informationen äußerst wichtig, und ich soll Ihnen dafür den Dank der Zentrale übermitteln«, lobte er Philby.[86] Deutsch machte ihm jedoch auch klar, daß die Zentrale allmählich zweifelte, ob Philby seine wichtigste Mission – die Vorbereitung der Ermordung Francos – würde erfüllen können. Moskaus Anweisungen zufolge sollte er zwar nach Spanien zurückkehren, aber diesmal als Korrespondent einer bekannteren Zeitung oder Zeitschrift. Auf diese Weise, so hoffte man, würde er näher an Franco und seinen Generalstab herankommen, die damals in der westspanischen Provinz Salamanca ihr Hauptquartier aufgeschlagen hatten. Deutsch forderte deshalb Philby auf, für die Veröffentlichung eines Artikels zu sorgen, der die führenden Londoner Zeitungsverleger auf ihn aufmerksam machen sollte.

Als Philby grundsätzliche Vorbehalte gegen das geplante Attentat geltend machte, versuchte Deutsch, seinen offensichtlich verunsicherten britischen Agenten durch überschwengliches Lob für seine bisherige Arbeit wieder aufzurichten. Er überließ es Mally, der Zentrale seine Überzeugung zu übermitteln, daß sie von Philby zuviel verlangten. Mally tat dies in seinem Bericht vom 24. Mai 1937:

»Tatsache ist, daß SÖHNCHEN reichlich deprimiert ist. Er konnte bislang noch nicht einmal in die Nähe des interessanten Objekts kommen. Aufgrund meiner Gespräche mit ihm befürchte ich jedoch, daß selbst, wenn er es geschafft hätte, sich nach Salamanca durchzuschlagen oder gar in Francos Nähe zu kommen, er beim besten Willen nicht das zu tun in der Lage wäre, was man von ihm erwartet. Obwohl er absolut loyal und uneingeschränkt bereit ist, sich zu opfern, fehlt ihm meiner Ansicht nach neben anderen Eigenschaften ganz einfach der Mut, der für diesen [Attentats-]Versuch vonnöten wäre.«[87]

Während Mally einerseits der Zentrale klarmachte, daß sein Agent psychisch und physisch für die ihm zugedachte Rolle beim geplanten Attentat nicht geeignet war, suchte er andererseits Philbys Bedenken zu zerstreuen, indem er ihm gegenüber den Plan der NKWD-Chefs als ohnehin reichlich absurd und lächerlich hinstellte. Deutsch schrieb später, daß dies ein schwerer psychologischer Fehler Mallys war. Die Zentrale zu kritisieren bedeutete seiner Ansicht nach, das Vertrauen eines Agenten in die Autorität Moskaus zu untergraben. In seinem Bericht, den er 1939 nach seiner Rückkehr nach Moskau über die Gruppe von Cambridge verfaßte, ging er deshalb hart mit der Art und Weise ins Gericht, in der Mally vor Philby die Chefs bloßgestellt hatte:

»Dies war der Fall, als MANN [Mally] von der Zentrale beauftragt wurde, SYNOK den Befehl zur Ermordung Francos zu erteilen, obwohl MANN genau wußte, daß SYNOK damit völlig überfordert war. Als die Zentrale dennoch auf dieser Operation bestand, teilte MANN SYNOK seinen Auftrag mit – allerdings in einer Art und Weise, die SYNOK deutlich machte, daß er selbst diesen Auftrag nicht ernst nahm. Ein derartiges Verhalten untergräbt die Autorität der Zentrale in den Augen dieser Leute, und das um so mehr, als sie ohnehin schon über eine gewisse Tendenz zum Zynismus verfügen, die sie aufgrund ihrer Klassenzugehörigkeit und der allgemeinen Haltung der britischen Intelligenzija gewissermaßen geerbt haben. Aus diesem Grund sollten unsere Offiziere ihnen gegenüber immer ihr unerschütterliches Vertrauen in die Zentrale demonstrieren, weil sie nur so in der Lage sein werden, diese von der Bourgeoisie ererbte Haltung zu überwinden.«[88]

»In der Vergangenheit ist es jedoch vorgekommen, daß wir von der Zentrale keinerlei Antworten auf ernsthafte Fragen von seiten unserer Informanten bekommen haben, die uns in große Verlegenheit brachten«, merkte Deutsch allerdings kritisch an und stellte die Frage: »Warum hat die Zentrale diesen Leuten Aufgaben übertragen, für die sie nicht geeignet waren?«[89]

Eine derart scharfe Kritik an den NKWD-Chefs in der Lubjanka war für einen sowjetischen Geheimdienstoffizier äußerst ungewöhnlich. Aus den Akten geht allerdings nicht eindeutig hervor, ob Mallys und Deutschs Bericht der Grund dafür war, daß die Zentrale schließlich doch beschloß, Philby aus den Attentatsplänen herauszuhalten, oder ob vielleicht Orlow, der in Moskau letztendlich zuständig für die Führung des Cambridge-Kreises war, zugunsten von SÖHNCHEN intervenierte. In jedem Fall liefert der Disput Anhaltspunkte für gewisse Schwächen Philbys und zerstört damit die Legende vom eiskalt berechnenden Agenten, der rücksichtslos jeden Befehl aus Moskau ausführte.

Während die Zentrale noch mit SÖHNCHENS Bericht beschäftigt war, schrieb Philby einen schonungslosen, nicht von Francos Zensoren verstümmelten Artikel über den spanischen Bürgerkrieg. Dann zeigte er ihn seinem Vater, der sich gerade in London aufhielt, um ihn zu fragen, wie er ihn wohl am besten veröffentlichen könne.

»Du solltest gleich ganz oben anfangen und ihn an die *Times* schicken«, soll sein Vater ihm geraten haben. Zum ersten Mal setzte er sich wirklich für die Belange seines Sohnes ein und suchte einen Freund auf, der als Redakteur bei der *Times* arbeitete. Dieser meinte, die Chancen für Kim stünden im Moment nicht schlecht, weil die Zeitung gerade zwei ihrer Spanienkorrespondenten verloren habe. Der eine war bei einem Verkehrsunfall ums Leben gekommen, der andere hatte gekündigt, weil er es satt gehabt hatte, seine Berichte von Francos pedantischen Zensoren zusammenstreichen zu lassen. Philbys Reportage und seine Analyse der Situation beeindruckten Barrington Wood derart, daß er Philby sofort ein Angebot unterbreitete, nach dem jeder bessere britische Journalist sich die Finger geleckt hätte. In seinen Lebenserinnerungen für den KGB schilderte Philby anschaulich, wie sein Vater ihm telefonisch die gute Nachricht mitteilte. »Ich habe gerade in meinem Klub den *Times*-Redakteur Barrington Wood getroffen«, erklärte Philby senior. »Er meint, dein Artikel sei recht brauchbar, und sie würden ihn gern veröffentlichen. Aber das ist noch nicht alles: Sie würden sich freuen, wenn du als regulärer Korrespondent der *Times* nach Spanien zurückgingest.« Als Kim durchblicken ließ, daß er das Angebot mit Freuden annehmen würde, meinte sein Vater lakonisch, er habe dies vorsichtshalber bereits an seiner Stelle getan.[90]

Mit 25 Jahren hatte Philby es geschafft, einer der beiden ständigen *Times*-Korrespondenten in Spanien zu werden. Mit einiger Nervosität traf er am nächsten Tag in den heiligen Hallen der *Times* ein, wo Ralph Dickens, der für den außenpolitischen Bereich zuständige Redakteur, ihn dem Chefredakteur Geoffrey Dawson als »Sohn des Arabisten Philby« vorstellte. In Gegenwart einer der mächtigsten Figuren des britischen Establishment jener Zeit gab sich Philby alle Mühe, möglichst ehrerbietig zu erscheinen. Später beschrieb er den fünfzigjährigen Junggesellen Dickens als »einen etwas großspurigen, aber im Grunde gutmütigen Menschen«. Dawson schlug Philby vor, zunächst einmal ein paar Wochen in den Büros der *Times* zuzubringen, um sich mit den Feinheiten der Etikette in der Redaktion dieser berühmten Tageszeitung vertraut zu machen, bevor er dann nach Spanien zurückkehren sollte.[91]

Mit dem Job als *Times*-Korrespondent waren für die Zeit, die er bei General Francos Armee zubrachte, pro Monat fünfzig Pfund Spesen für »besondere Auslagen« verbunden.[92] Durch seine Anstellung kam er auch dem britischen Geheimdienst näher, da es gängige Praxis war, daß sich die MI6-Agenten von ihren Landsleuten unter den Korrespondenten Informationen beschafften. Während Philby unter Dickens' Anleitung eine kurze Lehrzeit absolvierte, berichtete Mally kurz vor seiner Abreise aus London Anfang Juni 1937 begeistert seinem Moskauer Hauptquartier, daß SÖHNCHEN ihr gemeinsames Ziel erreicht hätte.[93]

Philby sollte spätestens am 4. Juni nach Spanien abreisen, doch erst am 4. September erhielt Deutsch von der Zentrale die Instruktion, daß

Philby persönlichen Kontakt zu Orlow aufnehmen sollte. Arrangieren sollte diese Treffen der »legale« NKWD-Resident in Paris Georgi Kosenko mit Decknamen SAM.[94]

Zehn Tage später machte Philby auf dem Weg nach Süden in Biarritz halt, wo er im Café des Hotels Miramar zum ersten Mal seit zwei Jahren wieder mit Orlow zusammentraf. Sie vereinbarten, sich nach einem vorgefertigten Zeitplan mindestens zweimal monatlich im französischen Narbonne zu treffen, um militärische und politische Informationen auszutauschen. Für diese ruhige, nur wenig nördlich der spanischen Grenze gelegene Stadt entschied Orlow sich, weil sie vom Territorium der Republikaner aus problemlos erreichbar war. Auch Philby erregte bei den Pausen, die er sich zwischen seiner Arbeit an der Front gönnte, keinen Verdacht, weil ein französischer Zug von Bayonne – einer im nordwestlichen Abschnitt der Grenze zum Franco-Spanien liegenden Stadt – an der Grenze entlang nach Narbonne fuhr. Dieser Zug war nicht nur wegen der wunderbaren Aussicht auf die Pyrenäen, sondern auch wegen des guten Essens im Speisewagen vor allem bei Journalisten beliebt, die zur Front fuhren oder von ihr zurückkehrten.

In der Zeit zwischen seinen zweimonatlich stattfindenden Treffen mit Orlow in Narbonne sollte Philby an SAM in Paris militärische Informationen schicken. »Den größeren Teil [der Information] schrieb ich detailliert in Frankreich nieder und gab ihn an Orlow weiter«, erzählte Philby später dem KGB und fügte hinzu, Orlow habe »zusätzliche Informationen über Kanäle befördert, von denen ich nichts wußte«.[95] Seine Berichte sollten nun nicht mehr in der schwerfälligen Verschlüsselung, sondern mit einer unsichtbaren, aus fotografischen Chemikalien bestehenden Tinte geschrieben werden. Da diese Chemikalien in jeder Apotheke erhältlich waren, beruhigte Orlow Philby dahingehend, daß es keinen Verdacht erregen würde, wenn die Polizei sie bei einer Durchsuchung bei ihm finden sollte. Da Philby weiterhin seine Berichte an die Adresse der sowjetischen Botschaft in Paris schickte, war er, ohne es zu wissen, nach wie vor in großer Gefahr; die französische Polizei jedoch, die ansonsten gegenüber den geheimen Operationen des sowjetischen Geheimdienstes äußerst wachsam war, kam ihm nie auf die Spur. Doch selbst wenn sie seine Briefe an die sowjetische Botschaft abgefangen hätte, hätte sie wohl kaum Francos Hauptquartier davon in Kenntnis gesetzt, da Europa in den dreißiger Jahren politisch so gespalten war, daß die Polizeikräfte der einzelnen Staaten nur selten zusammenarbeiteten. Von Zeit zu Zeit allerdings kooperierte der französische Geheimdienst mit dem MI5, wenn es um Fälle kommunistischer Unterwanderung ging. Philby jedoch hatte das Glück, daß der Fehler der Zentrale, ihn mit Orlow über die sowjetische Botschaft kommunizieren zu lassen, nie Konsequenzen nach sich zog.[96]

Am gefährlichsten wurde es für Philby in der Silvesternacht des Jahres 1939, als der Wagen, in dem er zusammen mit drei weiteren Journalisten von Saragossa zum Schlachtfeld bei Teruel fuhr, voll von einer Artilleriegranate getroffen wurde. Lediglich mit Schnittwunden an der Stirn und am Handgelenk stieg Philby seelenruhig aus dem völlig zerstörten Fahrzeug. Ebenso kaltblütig gab er für die Leser der *Times* den Vorfall wieder, der seine drei Begleiter das Leben gekostet hatte. Zwei Monate später wurde er für seine Tapferkeit ausgezeichnet; Franco selbst – der Mann, dessen Ermordung er vorbereiten sollte – heftete das rote militärische Verdienstkreuz an seine Brust.[97]

Falls Orlow tatsächlich die Zentrale davon überzeugte, daß ein lebender Philby dem sowjetischen Geheimdienst von weit größerem Nutzen sein konnte als ein toter Held, dann lag in diesem Vorfall eine brutale Ironie, die wohl nur ihm und seinem Schützling als solche bewußt war: Die Granate, die um ein Haar seinem Leben ein Ende gesetzt hätte, war von sowjetischen Arbeitern gefertigt und von einem der russischen Granatwerfer abgefeuert worden, deren Lieferung an die republikanische Armee General Orlow organisiert hatte.

Seinen eigenen Angaben zufolge hatte Philby bei seinem zweiten Aufenthalt als Korrespondent in Spanien etliche Male Gelegenheit, ganz nah an Franco heranzukommen. Vor seiner Abreise aus London hatte er ein weiteres Mal die deutsche Botschaft aufgesucht, die ihre Legation in Spanien anwies, einen »Sympathisanten« der Faschisten zu unterstützen. Als Korrespondent der *Times* galt er als wichtiger Mitarbeiter der faschistischen Propagandamaschinerie. Philby bestärkte seine deutschen Kontaktleute in diesem Glauben; besonders seine persönliche Bekanntschaft mit Ribbentrop half ihm, seine Kontakte zu den einflußreichen Nazigehilfen der Falange-Partei in Francos Gefolgschaft auszubauen. »Während meines Aufenthalts in Spanien nutzte ich diese Beziehung [zu Ribbentrop], so gut ich konnte«, erklärte Philby dem KGB und fügte hinzu: »Obwohl aus meinem fünfminütigen Gespräch mit Ribbentrop keine wichtigen Informationen herausgesprungen waren, hatte dieses Treffen erstaunliche Auswirkungen auf meine Beziehung zu Leuten, die zwar rangmäßig unter ihm, aber für mich immer noch hoch genug standen. Sobald sie erfuhren; daß ich von Ribbentrop empfangen worden war, wurden sie gleich viel aufgeschlossener und erzählten mir Dinge, über die sie nie mit einem Journalisten gesprochen hätten, der nicht die Ehre einer Audienz bei Ribbentrop gehabt hatte.«[98]

Philbys Taktik erwies sich als überaus erfolgreich beim Aufspüren militärischer Informationen, die für Orlow und die Republikaner von größter Bedeutung waren. Insbesondere wies er in diesem Zusammenhang auf seine »Freundschaft« mit Major van der Oster hin, dem Chef der Abwehr in Spanien.[99] In den NKWD-Akten finden sich Beweise für das außerordentliche Vertrauen, das die Behörden der Falange Philby entgegenbrachten. Diese Hinweise erreichten Moskau durch WAISE alias Maclean, einen weiteren der »drei Musketiere« aus Cambridge.

Als Dritter Sekretär in der westlichen Abteilung des britischen Außenministeriums kam Maclean an das gesamte Material heran, das sich auf Spanien bezog. Hocherfreut nahm er im Juni 1937 ein Memorandum von Lord Cranborne zur Kenntnis, in dem Philbys Name erwähnt wurde. Der Unterstaatssekretär berichtete darin über ein Treffen mit dem Herzog von Alba, Francos Emissär in London, der sich über die Feindseligkeit der britischen Presse gegenüber dem Francoregime beklagt hatte. Cranborne hatte entgegnet, daß dies zu einem nicht unerheblichen Teil auf die Feindseligkeit der falangistischen Militärzensur zurückzuführen sei – worauf der Herzog antwortete, er erwarte, daß sich dies nun ändern werde, nachdem die *Times* einen brillanten jungen Journalisten namens Philby ins spanische Kriegsgebiet geschickt habe.[100]

Philby tat denn auch sein Bestes, um weder den Herzog von Alba zu enttäuschen noch die vielen rechtsgerichteten britischen Leser der *Times*, die mit Franco sympathisierten, weil sie seine Feindseligkeiten als heiligen Krieg gegen den Bolschewismus betrachteten. Für einen Korrespondenten, der so fest an den Kommunismus glaubte, war es jedoch mit einer großen psychischen Belastung verbunden, 1938 immer häufiger von Siegen der Nationalisten berichten zu müssen, als Francos Streitkräfte über die Front von Aragon immer weiter nach Osten in Richtung Katalonien vordrangen und die Truppen der Republikaner sechs Monate lang vor sich hertrieben, bis ihr Vormarsch schließlich in der Sommerhitze am Ebro zum Stillstand kam. Schweren Herzens mußte Philby seine Leser auch darüber informieren, wie Francos Soldaten mit Hilfe der Bomber der deutschen Luftwaffe immer mehr die Oberhand gewannen und in Italien hergestellte Panzer ihre Überlegenheit gegenüber den Republikanern weiter vergrößern halfen. Die Internationale Brigade erlitt trotz der Unterstützung durch die Sowjetunion schwerste Verluste; die umkämpften Straßen und Olivenhaine des Landes waren mit zahllosen verstümmelten Leichen übersät. An der erbittert umkämpften katalonischen Front mußten die Republikaner weit höhere Verluste an Menschenleben und Waffen hinnehmen als die Nationalisten. Seiner Aussage vor dem KGB zufolge litt Philby auch sehr darunter, daß er die wachsende Zahl brutaler Hinrichtungen von Kommunisten mitansehen mußte, die meist pauschal beschuldigt wurden, Francos Ermordung geplant zu haben.

»Das war wohl die schlimmste Zeit in meinem ganzen Leben«, kommentierte er später das Jahr 1938, in dem er gezwungen war, über Francos Siege zu berichten. »Es war unbeschreiblich, einfach schrecklich. In meinen Artikeln mußte ich natürlich versuchen, meine Gefühle zu unterdrücken; also berichtete ich nur über die nackten Tatsachen.«[101] Seine Objektivität wurde allerdings von der republikanischen Botschaft in London nicht gewürdigt, die dagegen protestierte, daß die *Times* nur »Lügen und Propaganda« verbreite. Trotz der psychischen Belastung, die er in seinem KGB-Bericht betonte, gönnte sich Philby jedoch den Luxus einer längeren Affäre mit einer bezaubernden geschiedenen Frau. Bezeichnenderweise enthält dieser Bericht keinerlei Hinweis auf Lady Frances (»Bunny«) Doble, dafür aber diverse Schilderungen weniger schwerwiegender außerdienstlicher Erlebnisse.[102]

In einen dieser Vorfälle war ein anderer britischer Zeitungskorrespondent verwickelt, nämlich Winston Churchills Sohn Randolph, den Philby als »kapitalistische Version eines Angebers wie Guy Burgess« beschrieb. Er schilderte, wie er eines Abends mit ihm in einem überfüllten Restaurant in San Sebastian am selben Tisch saß. Für alle unüberhörbar machte sich Randolph gerade mit polternder Stimme über den mangelnden Kampfgeist der Spanier lustig, als er von einem Offizier unterbrochen wurde, dessen Uniform ihn als Hauptmann auswies.

»Vielleicht sollten Sie zur Kenntnis nehmen, daß viele Leute hier Englisch verstehen, und sich deshalb mit ihrer Lautstärke etwas zurückhalten«, warnte dieser spanische Offizier – sehr zum Vergnügen Philbys – höflich und in makellosem Englisch Churchill.

·»Wer zum Teufel sind Sie denn?« brüllte Churchill zurück. Als der Hauptmann ruhig erwiderte, er sei ein Offizier der spanischen Armee, fragte Churchill in rüpelhaftem Ton, warum er dann nicht an der Front sei. Philby und der Rest der Gruppe konnten die explosive Situation gerade noch entschärfen, indem sie dem Offizier auf spanisch diskret zu verstehen gaben, daß sein Gegenüber »nicht alle Tassen im Schrank« habe.[103]

Philbys KGB-Memoiren enthalten auch die Schilderung eines merkwürdigen Gesprächs mit Litzi, das im Herbst 1938 in London stattfand, wohin er nach seinem zweiten Spanienaufenthalt zurückgekehrt war, um sich ein wenig von den Strapazen seines Einsatzes zu erholen. Litzi bat ihn, seinem sowjetischen Kontaktmann mitzuteilen, daß sie jemanden getroffen habe, »der einen Mann kennt, der von einem Wissenschaftler wußte, der an der Erforschung einer völlig neuen Form von Energie arbeitete«. Litzi meinte, sie habe zwar nicht alles verstanden, es handle sich aber offensichtlich um eine derart starke Energiequelle, daß man sich zur Veranschaulichung vorstellen solle, ein einziges Stück Kohle treibe einen ganzen Zug von Wladiwostok bis Moskau an. Wie Philby später dem KGB erklärte, bat er daraufhin Burgess, ein Treffen zwischen seiner Frau und einem sowjetischen Genossen in London zu arrangieren, damit sie den merkwürdigen Bericht an Moskau weiterleiten könne.

»Ich frage mich noch immer, ob es sich bei dem Mann vielleicht um Fuchs gehandelt haben könnte«, rätselte Philby nach seiner Flucht nach Moskau, wobei er anmerkte, daß er danach nie mehr von der Geschichte gehört habe. Obwohl Philby ein vertrauenswürdiger Offizier des sowjetischen Geheimdienstes war, wurde er vom KGB nie darüber aufgeklärt, ob Litzis Bericht die Sowjets mit Klaus Fuchs – dem emigrierten deutschen Wissenschaftler, der Moskau später wichtige Informationen über die Atombombe zuspielte – in Kontakt gebracht hatte.[104]

1938 jedenfalls waren solche Informationen für die Zentrale von geringerer Bedeutung als Philbys Mission, in Francos militärischem Hauptquartier Informationen zu beschaffen; seine Berichte waren ungeheuer wichtig für Orlows Strategie, Guerillatruppen einzusetzen, um den immer schnelleren Vormarsch der Nationalisten zum Ebro zu stoppen. Je prekärer die militärische Lage der Republikaner wurde, desto mehr war Orlow seinen eigenen Berichten zufolge auf die Informationen angewiesen, die er von SÖHNCHEN bei ihren Treffen jenseits der Grenze erhielt, um seine speziell für Guerillakampf und Sabotage ausgebildeten Einheit effektiv einsetzen zu können. Philbys Schilderungen zufolge wuchs sein Respekt vor Orlow immer mehr, je deutlicher sich das Kriegsglück trotz der sowjetischen Intervention zuungunsten der Republikaner verschob.

Einen »Mann der Tat« sah Philby in Orlow in dieser kritischen Phase des Bürgerkriegs. »Er war ungeheuer energiegeladen und hatte eine vielleicht etwas übertrieben romantische Einstellung zu seinem Beruf, die sich auch darin äußerte, daß er immer eine Waffe bei sich trug.«[105] Philby schilderte einen Vorfall, der zeigt, daß Orlow selbst im Angesicht einer drohenden militärischen Niederlage nie seinen Humor oder seine Abenteuerlust verlor. Die betreffende Begebenheit ereignete sich bei einer ihrer Zusammenkünfte im französischen Perpignan am Fuße der Pyrenäen. Mit Vollbremsung kam ein großes Auto mitten auf dem Platz zum Stehen, an dem Philby Orlow erwartete. Aus dem Wagen stieg ein kräftiger Mann in einem Regenmantel. Es handelte sich offensichtlich um Orlow. Als der jedoch den Platz überquerte, um Philby zu begrüßen, fiel diesem auf, daß Orlow sich auf eine merkwürdige, ausgesprochen verdächtige Weise bewegte. »Was ist denn mit Ihnen los?« fragte Philby. Orlow zuckte nur lässig die Achseln. Als Philby jedoch darauf bestand, daß sein Gang reichlich verdächtig wirke, schlug Orlow kurz seinen Trenchcoat zurück und zeigte Philby eine große schwarze Maschinenpistole, die er trug wie ein Gangster aus Chicago. »Haben Sie mich also doch ertappt«, lachte Orlow aus vollem Hals. Dann wies er Philby an, auf ihn zu warten, kletterte etwas umständlich wieder in seinen Wagen und fuhr in einer Staubwolke davon. Nach einer halben Stunde kam Orlow zurück. Wieder stieg er aus dem Fahrzeug, aber diesmal wirkte sein Gang leicht und locker. Mit breitem Grinsen zog er seinen Mantel zurück, um Philby zu zeigen, daß er seine Waffe wieder in normaler Manier trug. Dann setzte er sich und erzählte Philby, wie ihm seine Angewohnheit, immer seine Maschinenpistole bei sich zu tragen, einmal das Leben gerettet hatte – eine haarsträubende Geschichte, die Philby später vor dem KGB wiedergab.[106]

Soweit Philby sich erinnern konnte, hatte sich der betreffende Vorfall an einem außergewöhnlich heißen Nachmittag ereignet, als Orlow beschlossen hatte, das zu tun, was alle Spanier tun, wenn wegen der Hitze sogar die sommerlichen Fliegenschwärme Siesta machen. Nur mit einem Bettuch bedeckt war Orlow auf seinem Hotelbett rasch eingeschlafen – jedoch erst, nachdem er seine treue Maschinenpistole entsichert neben sich gelegt hatte. Er war nur halb bei Bewußtsein, als er merkte, daß seine Zimmertür geöffnet wurde. In seinem Dämmerzustand griff er instinktiv nach seiner Waffe, und bevor er die Situation richtig verstand, hatte er bereits den ganzen Ladestreifen verschossen. Die beiden Männer, die den Raum betreten hatten, lagen tot am Boden. Orlow erzählte Philby, er habe später herausgefunden, daß die zwei ihn hatten töten sollen; ob sie jedoch von Franco geschickt worden waren oder von seinen Feinden im NKWD, habe er nie erfahren.

Diese Anekdote ging Philby nie mehr aus dem Kopf. Mit ihr hatte sein russischer Mentor unterstrichen, daß ein sowjetischer Geheimdienstoffizier immer auf der Hut sein mußte – selbst im Schlaf! Die Geschichte wirkte um so stärker, als Orlow sie Philby bei einem ihrer letzten Treffen kurz vor seiner dramatischen Flucht aus Spanien im Juli 1937 erzählte. Der gängigen Praxis gemäß ließ die Zentrale Philby lediglich die Information zukommen, daß Orlow nach Moskau zurückbeordert worden sei. Den NKWD-Akten zufolge erfuhr als einziges Mitglied des Spionagenetzes Orlows direkter Untergebener in Barcelona, daß sein Vorgesetzter zum Klassenfeind übergelaufen war.[107]

Philby kannte Orlow erst seit gut vier Jahren, doch hatte Orlow in dieser Zeit aufgrund seiner Persönlichkeit und seiner strengen Schulung seinem Schützling all die Fähigkeiten mit auf den Weg gegeben, die er benötigte, um als sowjetischer Undercoveragent nicht nur zu funktionieren, sondern auch zu überleben. Erst 14 Jahre später, nach Orlows sensationellen Enthüllungen über Stalin im *Life Magazine*, erfuhr Philby, was wirklich mit seinem ehemaligen Führungsoffizier geschehen war. Da Philby jedoch bisher nicht enttarnt worden war, wie seine KGB-Memoiren zeigen, fürchtete er sich auch jetzt nicht davor. »Er hat nie auch nur ein einziges Wort über mich gesagt«, äußerte sich Philby, »obwohl die CIA und FBI bei den Befragungen sicher nicht gerade zimperlich mit ihm umgingen und er in ständigem Kontakt mit ihnen stand.«[108] Doch selbst wenn Philby und die zwei weiteren

»Musketiere« aus Cambridge 1938 gewußt hätten, daß Orlow übergelaufen war, hätten sie keine Angst gehabt, von ihm verraten zu werden. Sie hatten eine so hohe Meinung von Big Bill, daß sie nicht im Schlaf daran dachten, er könne sie oder die Ideale der Revolution verraten.

Was Philby in den Wochen nach Orlows plötzlicher Abreise aus Spanien in Aufregung versetzte, war die Tatsache, daß er ständig über die Siege der Nationalisten berichten mußte. Ein ums andere Mal gelang es Francos Streitkräften, die Verteidigungslinien der republikanischen Armee an der Ebro-Front zu durchbrechen. Philby war längst klar, daß der verzweifelte Widerstand der Republikaner nur ein letztes, vergebliches Aufbäumen war. Der Anfang vom Ende war gekommen, als die Front im November endgültig zusammenbrach. Nur zwei Monate später hatte Franco Barcelona eingenommen, und niedergeschlagen feierte Philby seinen 26. Geburtstag als erster Zeitungskorrespondent, der die frühere Hochburg der Republikaner betreten durfte. Aufgrund von Stalins mangelnder Bereitschaft, sowjetische Waffen und Soldaten in gleichem Maße in die Waagschale zu werfen, wie die Deutschen und Italiener es getan hatten, war die republikanische Armee ihren nationalistischen Feinden niemals wirklich ebenbürtig gewesen. Auch in der Luft stellte sie keine Konkurrenz für die »Legion Condor« dar, die die deutsche Luftwaffe geschickt hatte. Philby jedoch scheint Stalin wegen seiner Knickerigkeit nicht böse gewesen zu sein, als er vom Triumph der Faschisten berichtete, die Ende März kurz vor Ende des spanischen Bürgerkrieges schließlich auch Madrid einnahmen. Selbst Berichte über die blutigen Säuberungen, die Stalin in der Sowjetunion durchführen ließ, konnten seinen Glauben an den Sowjetkommunismus nicht erschüttern. Dem ideologisch verblendeten Philby fiel es anscheinend nicht schwer, die Berichte von den Moskauer Schauprozessen als kapitalistische Propaganda abzutun. Als sowjetischer Geheimagent war er ausschließlich darum bemüht, der Sache des Kommunismus zu dienen, so brutal sich dieser momentan auch darstellen mochte; nach wie vor sah Philby nämlich im Kommunismus die einzige Hoffnung, ein weitaus größeres Übel zu verhindern.

Der Triumph des Faschismus in Spanien bedeutete für Philby eine bittere Niederlage und eine schwerwiegende persönliche Erfahrung. Anders als den meisten seiner Zeitgenossen war ihm jedoch klar, daß die nationalsozialistische Bedrohung eine noch weit größere Gefahr darstellte und Hitler weiter auf dem Vormarsch war, als der Schwerpunkt des großen Kampfes sich nach Nordeuropa verlagerte. Die Tinte auf dem Münchner Abkommen war kaum trocken, als Deutschland sich im Frühjahr 1939 ein großes Stück der Tschechoslowakei einverleibte. Der Führer drohte nun mit Krieg, falls Polen seinen territorialen Forderungen bezüglich des Ostseehafens Danzig und des zu ihm führenden polnischen Korridors, der den Polen im Versailler Vertrag zugesprochen worden war, nicht entgegenkommen sollte. Nachdem Briten und Franzosen zu spät die polnische Souveränität garantiert hatten, bereitete sich Europa bereits auf den Krieg vor, während die Diplomaten noch immer verzweifelt versuchten, eine Konfrontation mit Deutschland auf dem Verhandlungsweg zu verhindern.

Vor dem Hintergrund des drohenden Krieges verlor Philby seinen kleinen Privatkrieg mit der *Times* um sein Spesenkonto von fünfzig Pfund pro Monat. Verärgert packte er seine Koffer und teilte im Juli der *Times* mit, daß die Zeitung künftig keine zwei Korrespondenten in Madrid mehr benötige. Spanien war für einen Journalisten nicht mehr interessant – und schon gar nicht für einen sowjetischen Geheimdienstagenten. Nach dem Abschied von seiner Geliebten Bunny Doble fuhr Philby nach London zurück, wo man für den Fall, daß der Streit um Polen zum Krieg eskalieren sollte, in Erwartung deutscher Luftangriffe in den Parks bereits Luftschutzhütten errichtete und Whitehall mit Sandsäcken befestigte. Die *Times* versprach Philby den Posten des Chefkorrespondenten im britischen militärischen Hauptquartier in Frankreich. Philby hatte deshalb gegen den bevorstehenden Krieg wenig einzuwenden, da er wußte, daß dieser ihm die Möglichkeit eröffnen würde, militärische Informationen an Moskau weiterzuleiten und seinem langfristigen Ziel näherzukommen. Während seiner Befragung durch den KGB in den sechziger Jahren erinnerte sich Philby an den Rat, den Orlow ihm dreißig Jahre zuvor gegeben hatte. »Seien Sie zu jeder Arbeit bereit, die Sie für nützlich erachten, aber vergessen Sie nie, daß Ihr Ziel der britische Geheimdienst ist.« Ein Jahr nach Ausbruch des Krieges, Ende Mai 1940, bestätigte sich schließlich, wie recht Orlow damit gehabt hatte. Kurz nachdem Philby zusammen mit der vor Dünkirchen evakuierten britischen Expeditionsstreitmacht nach Großbritannien zurückgekehrt war, wurde er vom außenpolitischen Redakteur der *Times* zu sich gerufen. »Das Kriegsministerium hat nach Ihnen gefragt. Ein gewisser Captain Sheldon möchte Sie gerne sprechen.« Mit diesen Worten überbrachte Dickens Philby die Nachricht, auf die er so lange gewartet hatte.[109] Dies war sein erster offizieller Schritt in den britischen Geheimdienstapparat. Es hatte zwar sechs Jahre gedauert, aber nun hatte er es endlich geschafft. Zwar erfuhr Orlow im Exil nicht vom Erfolg seines »ersten Mannes«, doch hatte er mit Genugtuung, noch bevor er Moskau in Richtung Spanien verlassen hatte, geheime britische Regierungspapiere gelesen, die er vom »zweiten Mann« des Spionagerings von Cambridge bekommen hatte. Zwei Jahre bevor Orlow sich gezwungen sah, vor Stalins Rache zu fliehen, hatte sich der zweite der »drei Musketiere« als sowjetischer Unterwanderungsagent in die höchsten Ebenen des britischen Außenministeriums vorgearbeitet.

Anmerkungen

1. Orlow an die Moskauer Zentrale (nicht datiert, muß aber zwischen dem 15. und 25. Juli abgeschickt worden sein), PHILBY-Akte Nr. 5581 Band 1, S. 6, ARG.
2. Philbys KGB-Memoiren, S. 18, 26.
3. In Orlows amerikanischem »William Goldin«-Paß, den er für seine Reisen nach England benutzte, ist ein Visum vom 11. Juli 1934, ausgestellt vom britischen Konsulat in Stockholm. Der erste Einreisestempel vom 25. Juli weist darauf hin, daß er bei seinem ersten Besuch nur zehn Tage in England war. Der nächste Einreisestempel ist aus Newhaven vom 18. September 1934, was bedeutet, daß er die Kanalfähre benutzt haben muß. Dann scheint er im darauffolgenden Monat das Land wieder verlassen zu haben, weil in seinem Paß eine Einreise vom 16. November in Plymouth eingetragen ist, also muß er bei seiner dritten Einreise von Cherbourg aus wieder über den Kanal gekommen sein. Es gibt eine Aufenthaltserlaubnis, ausgestellt von der Bow-Street-Polizeibehörde am 14. Januar 1935 und zwei zusätzliche Einreisestempel der Einwanderungsbehörde in Harwich vom 13. März und 26. April, d. h. er muß über die Nordsee von Esbjerg in Dänemark aus gefahren sein.
4. In Orlows Akte ist eine Kopie seiner persönlichen Anfrage vom August 1934, adressiert an Artusow, den Chef der 4. Abteilung des GUGB/NKWD (die frühere INO). Da es eine Kopie ist, fehlt die Unterschrift, und nach den sowjetischen bürokratischen Praktiken sind nur Monat und Jahr angegeben. Diese Angaben, sowie auch die Unterschrift kamen nur auf die oberste Kopie. ORLOW-Akte Nr. 32476, Band 2, S. 4, ARG.
5. Da diese zwei wichtigen Regierungsinformanten nie von den britischen Behörden identifiziert wurden, ist der russische Geheimdienst entsprechend seinem Reglement heute nicht bereit ihre Namen zu nennen. Doch ihre Bedeutung kann man der Liste von Juni/Juli 1935 entnehmen, die Orlow an die Zentrale in Moskau weitergab (ORLOW-Akte Nr. 32476, Band 2, S. 123, ARG), und seinem Report, in dem er von Philbys Stellenangebot in Indien berichtete (ORLOW-Akte Nr. 32476, Band 3, S. 147–149).
6. Wrights Bericht zeigt, daß Edith Tudor Hart verdächtigt wurde, eine Kontaktperson von Litzi Friedmann und einem Kominternagenten zu sein. Nach seinem Bericht verweigerte sie jede Aussage und konnte auch nicht zum Reden gezwungen werden. In: Wright, *Spycatcher*, S. 289, 315. Dies wird durch die Geschichte, die Philby über Skardon auf den Seiten 20–22 seiner KGB-Memoiren erzählt, bestätigt.
7. Die Unterlagen der American Refrigerator Company Ltd., die 1941 aufgelöst wurde, sind nicht im Companies House aufbewahrt worden. Aber die Gesellschaft ist in den Jahren, in denen sie existierte, im Londoner Firmenverzeichnis aufgelistet, wo sie auch inseriert hatte. Im Jahr nach Orlows Abreise verlegte die Gesellschaft, die amerikanische Kühlschränke und Zubehör importierte, ihre Geschäftsräume in die Queen Victoria Street Nr. 135–137. 1938 eröffnete sie eine Zweigniederlassung in der Knight Rider Street EC4, Nr. 59. Kopien vom Briefpapier und Orlows Visitenkarte mit dem Namen Goldin liegen in seiner Akte in den NKWD-Archiven. ORLOW-Akte Nr. 32476, Band 2, S. 121, ARG.
8. Orlov, *Handbook*, S. 64–65. In seiner Befragung durch die CIA im Jahr 1965, die auf Anfrage der französischen Spionageabwehr durchgeführt wurde, ging Orlow auf die Einzelheiten zu dem ein, was er als »Fiasko« bezeichnete. Er behauptete allerdings, sich nicht an die Namen der anderen Illegalen erinnern zu können, die, anders als Korotkow, sein früherer Stellvertreter in Paris, mit

österreichischen Pässen aus demselben Stapel arbeiteten. Laut Orlow hatte der NKWD durch einen Agenten, den er Rosenfeld nannte und der in der Verwaltung der österreichischen Regierung arbeitete, die Möglichkeit, Geburtsurkunden für den Erwerb von Pässen zu fälschen. Diese Operation lief schon seit geraumer Zeit, so daß der NKWD sich darauf verließ, für eine Anzahl seiner Agenten echte Pässe zu bekommen. Als Mallys Mißgeschick passierte, war die Zentrale alarmiert und beriet darüber, wie der Schaden zu begrenzen sei. Laut Orlow wollte der verantwortliche INO-Offizier, ein Österreicher namens Müller, den beteiligten Agenten nicht zurückrufen. Er argumentierte, daß die österreichische Regierung weder geneigt sei noch die Möglichkeit habe, eine ausführliche Untersuchung durchzuführen. Auch glaubte er, daß aufgrund der sorgfältigen Vorsichtsmaßnahmen, mit denen die Geburtsurkunden erworben wurden, Mally oder die anderen in keiner Weise Gefahr liefen, entdeckt zu werden, und er verstand nie, warum die Chefs eine solch überstürzte Aktion unternahmen. Orlows Bericht bestätigt, daß Müller recht hatte. Nach kurzer Zeit stellten die Österreicher ihre Nachforschungen ein und ermöglichten so Mally und den anderen, ihre zwar unter falschen Angaben erworbenen, aber echten Pässe weiter zu benutzten. Diese Details erzählte Orlow in bezug auf »Cas 15« ORLOW DST-Akte.

9. Ebd.
10. ORLOW-Akte Nr. 32476, Band 3, S. 41.
11. Brief von Orlow an die Zentrale vom 24. Februar 1935, ORLOW-Akte Nr. 32476, S. 13. Einer der Gründe, warum das Innenministerium oder der MI5 nichts gegen Reif in der Hand hatte (soweit wir ohne Zugriff auf seine MI5-Akte wissen), waren die sorgfältigen Sicherheitsmaßnahmen von Orlows illegaler Gruppe. Zum Beispiel berichtete Orlow der Zentrale über die Führung von BRAUT, einer Frau, die auf einen Diplomaten des Auswärtigen Amtes angesetzt war, wie folgt: »MARR wird Ihnen über die Techniken unserer Treffen mit BRAUT berichten, die jede Möglichkeit einer Gefährdung vollständig ausschließ. Sie wußte nie, wann sie uns treffen würde, und alle Treffen wurden in einer ›unerwarteten Weise‹ organisiert, unter Beobachtung und mit Hilfe anderer ausgeklügelter Tricks.« ORLOW-Akte Nr. 32476, Band 3, S. 12, ARG.
12. Orlov, *Handbook*, S. 132., Arg.
13. Orlow an die Zentrale, undatiert, wahrscheinlich März 1935, ORLOW-Akte Nr. 32476, Band 3, S. 41, ARG.
14. Der eigentliche Prozeß der Anwerbung war genau vorgegeben und bestand aus einer strikt zu beachtenden Folge einzelner Schritte: Ausspähen, Kontaktaufnahme, Bearbeitung, Rekrutierung, Training/Ausbildung und Arbeit. Die Bearbeitung konnte manchmal ausgelassen werden, wenn zu erwarten war, daß sich der Kandidat schon bei der ersten Annäherung kooperativ zeigte. Dies war bei Philby der Fall, als Deutsch ihn bei ihrem ersten Treffen offen fragte, ob er sich freiwillig für antifaschistische Arbeit anbieten würde. Der Rekrutierungsprozeß gliederte sich in zwei Stadien:
1. Stadium: Die Rekrutierung eines Kandidaten, für eine Operation, die als »ausländische Flagge« bezeichnet wurde, d. h., die zwar ideologisch der Sowjetunion nahestand, aber nicht offen mit Moskau identifiziert wurde. Die Sowjetunion stand gleichermaßen für den Kommunismus wie für den Antifaschismus, so daß die antifaschistische Arbeit, für die Philby, Maclean und Burgess ursprünglich rekrutiert worden waren, den Rahmen darstellte, innerhalb dessen sie sich bewähren mußten.
2. Stadium: Erst wenn sich die Kandidaten während des Trainings und der Bewältigung von Aufgaben antifaschistischen Charakters als qualifiziert genug

erwiesen hatten, wurden sie als vollwertige Agenten des sowjetischen Geheimdienstes betrachtet.

Einige Kandidaten erreichten nie das zweite Stadium. Sie fuhren mit ihrer Arbeit unter der »ausländischen Flagge« fort, unter der die Sowjetunion ihnen bei der ersten Kooperation entgegengetreten war. Dies konnte die IRA für die Iren, weißer Rassismus für den Ku-Klux-Klan oder die Kommunistische Internationale für einen Studenten des Marxismus sein.

Die NKWD-Berichte weisen darauf hin, daß in Philbys Fall, und wenige Monate später auch bei Maclean und Burgess, die Bearbeitung ausgelassen wurde. Im Einvernehmen mit Reif (im Falle des ersten Mannes) und mit Orlow (im Falle des zweiten und dritten Mannes der Cambridge-Gruppe) betrachtete Deutsch alle drei Cambridge-Absolventen als ausreichend ideologisch engagiert, um im Rahmen der antifaschistischen Operation »ausländische Flagge« mitzuarbeiten. Aber erst nach Monaten des Trainings und der Probearbeit erreichten sie das zweite Stadium, nachdem Orlow, als Chef der illegalen Londoner Abteilung, die Zustimmung gegeben hatte, alle drei als vollwertige Agenten des sowjetischen Geheimdienstes anzuerkennen. Orlows Brief an die Zentrale, 24. Februar 1935, ORLOW-Akte Nr. 32476, Band 3, S. 14. Orlow an die Zentrale in Moskau, 24. Januar 1935, PHILBY-Akte Nr. 5581, Band 1, S. 14, ARG.

15. Orlov, *Handbook*, S. 84–85, 89.
16. Psychologische Beurteilung Philbys von Deutsch, Codename STEPHAN, in DEUTSCH-Akte Nr. 32826, Band 1, S. 348, ARG.
17. Hinweis auf die Liste mit den Namen von Cambridge-Studenten in: Orlow an die Zentrale, 24. Januar 1935, PHILBY-Akte Nr. 5581, Band 1, S. 14, ARG. Ebenfalls in ORLOW-Akte Nr. 32476, Band 3, S. 15, ARG.
18. Philbys KGB-Memoiren, S. 29, ARG.
19. Boyle, *Climate*, S. 143.
20. Das genaue Datum ihres Treffens ist nicht dokumentiert, aber es kann mit Hilfe der Korrespondenz in den Akten auf etwa Ende Dezember 1934 datiert werden. In seinem Brief vom 24. Februar 1935 an die Zentrale berichtete Orlow, daß er die Führung von Philby und Maclean schon übernommen hatte, nachdem Reif zum Innenministerium zitiert worden war. Orlow entschied daraufhin, daß Reif England verlassen müsse. Aber wie wir von Philby wissen, war die Frage, ob Burgess rekrutiert werden sollte, bereits zwischen ihm, Deutsch und Orlow diskutiert worden. Also müssen Philby und Orlow sich spätestens im Dezember getroffen haben, da die Einführung von Burgess schon Ende des Jahres stattfand.
21. Philbys KGB-Memoiren, S. 29, ARG.
22. Maclean in seiner autobiographischen Notiz vom September 1942: »Einer Ihrer Leute, mit dem ich zusammengearbeitet habe, wurde Little Bill genannt. Ich wußte nicht, wie er wirklich hieß und kann ihn für Sie nicht identifizieren ... Dann gab es Big Bill, der später in Spanien arbeitete.« MACLEAN-Akte Nr. 83791, Band 2, S. 206, ARG. Philby behauptete in seinen KGB-Memoiren, S. 56, daß er Orlow unter dem Namen Bill kannte (Da Philby Reif nie begegnet war, gab es für ihn keinen Little und Big Bill, sondern nur Bill).
23. Philbys KGB-Memoiren, S. 31, ARG.
24. Orlov, *Handbook*, S. 91.
25. Zarew wurde im Sommer 1990 Zugang zu den Hauptakten über Orlov gewährt.
26. Orlow, *Handbook*, S. 91–94.
27. Ebd., S. 95.
28. ORLOW-Akte Nr. 32476, Band 3, S. 115, ARG.

29. Philbys KGB-Memoiren, S. 11, ARG.
30. Orlow an die Zentrale, 12. Juli 1935, ORLOW-Akte Nr. 32476, Band 3, S. 112–113, ARG.
31. Ebd.
32. Ebd.
33. Ebd.
34. Ebd.
35. Die angegebenen Beträge orientieren sich an den Einsätzen und variieren von Monat zu Monat. Sie entsprechen keiner direkten Berechnung. Auszug aus dem Hauptbuch, Juni 1935 bis Juli 1935, ORLOW-Akte Nr. 32476, Band 2, S. 123, ARG.
36. Ebd.
37. Orlov, *Handbook*, S. 97.
38. Ebd.
39. Orlows Brief an die Zentrale vom 24. Februar 1935, ORLOW-Akte Nr. 32476, Band 3, S. 13, ARG.
40. Orlow an die Zentrale, 24. April 1935, ORLOW-Akte Nr. 32476, Band 3, S. 113–115, ARG.
41. Handschriftlicher Vermerk auf obiger Akte.
42. Orlow an die Zentrale, 24. April 1935, ORLOW-Akte Nr. 32476, Band 3, S. 113–115, ARG.
43. Ebd.
44. Ebd.
45. Ebd.
46. Ebd.
47. Ebd.
48. Ebd., S. 147.
49. Ebd.
50. Die NKWD-Akten belegen, daß die wahre Identität der Informanten BÄR, ATTILA, NACHFOLGER und BRAUT bisher nicht entdeckt wurde. Man hat uns versichert, daß sie nicht zum Zweck der Desinformation erfunden wurden. Darauf deutet schon die Tatsache hin, daß ihre Codenamen in verschiedenen Dokumenten in den Akten immer wieder auftauchen – vorausgesetzt natürlich, daß die freigegebenen Dokumente echt sind. Angesichts der Umstände, unter denen dieses Gemeinschaftsprojekt zustande gekommen ist, hätte es allerdings wenig Sinn, irgendwelche Dokumente zu fälschen. Indem der russische Geheimdienst namentlich nicht identifizierte Agenten zu schützen versucht, tut er nichts anderes als die CIA und das FBI, die ebenfalls bei der Veröffentlichung freigegebener Dokumente die Identität von Informanten verschweigen, die vielleicht noch weiter arbeiten. Informationen über Einsätze unterliegen – wie von den beteiligten Geheimdiensten festgelegt – nicht dem *Freedom-of-Information*-Gesetz.
51. ORLOW-Akte Nr. 32476, Band 3, S. 147–149, ARG.
52. Ebd.
53. Ebd.
54. SCHORR an die Zentrale, 9. Oktober 1935, ORLOW-Akte Nr. 32476, Band 2, S. 89–90, ARG. Wie Bystroljotow in seinen unveröffentlichten Memoiren beschreibt, ereigneten sich Vorfälle dieser Art bei sowjetischen Illegalen relativ häufig. Der Grund hierfür war die mangelnde Erfahrung der Geheimdienstoffiziere, die für die Arbeit eines Illegalen oder eines ehemals Legalen wie Orlow notwendig gewesen wäre.
55. Ebd., Telegramm der Zentrale an Orlow vom 10. Oktober 1935.
56. Philbys KGB-Memoiren, S. 34–35, ARG.

57. Ebd.
58. *The Tatler & Bystander*, London, 19. Juli 1936.
59. Philbys KGB-Memoiren, S. 34–35, ARG.
60. Ebd.
61. Ebd.
62. Ebd.
63. Mally hatte London zweimal besucht, einmal 1935 und ein weiteres Mal im Januar 1936 in Zusammenhang mit der Führung von King, einem Decodierungsangestellten des Außenministeriums, dessen Codename MAG war. Im selben Jahr, einige Zeit später, erhielt er den Befehl, Orlows Gruppe zu übernehmen. Er zog im April 1936 nach London. Geschichte der Londoner Residentur, Akte Nr. 89113, Band 1, S. 76, ARG.
64. Orlov, *Handbook*, S. 64, Orlov, *Stalin's Crimes*, S. 236.
65. Wright zitiert sein Verhör von Blunt in *Spycatcher*, S. 205. Blunt erklärte Wright in seiner geheimen Beichte auch, er habe Mally nie getroffen, weil dieser England bereits vor seiner Anwerbung verlassen hatte. Dies entsprach nicht der Wahrheit, da Blunt bereits ein fertig ausgebildeter Agent des sowjetischen Geheimdienstes war, *bevor* Mally im Juni 1937 nach Moskau zurückbeordert wurde. Vor der Freigabe der KGB-Akten, die eindeutig belegen, daß Orlow der eigentliche Leiter des Spionagenetzes von Cambridge war, war allgemein angenommen worden, daß Mally diese Position innegehabt hatte. Diese Annahme ist erstmals von John Costello in Frage gestellt worden, und zwar in seinem Buch über den Fall Blunt, *Mask of Treachery*, William Morrow, New York 1988, S. 279–280. Zwei Jahre später vertraten Christopher Andrew und Oleg Gordiewski in ihrem Buch *KGB: The Inside Story*, S. 156–159, dieselbe Theorie, die sich vermutlich auf die Erfahrungen Gordiewskis während seiner Dienstzeit in der Ersten Hauptverwaltung gründete. Mittlerweile kann man davon ausgehen, daß Gordiewskis Unfähigkeit, Orlows wahre Rolle zu erkennen, ganz einfach auf die Tatsache zurückzuführen ist, daß weder er noch sonst jemand unterhalb der höchsten Führungsebene des KGB die Einsatzakten Orlows vor dem Sommer des Jahres 1990 zu sehen bekam. Zu dieser Zeit erhielt der russische Koautor des vorliegenden Buches Zugang zu den genannten Akten. Da außerdem in der »Ahnengalerie« des sowjetischen Geheimdienstes neben dem Porträt Mallys das von Orlows Nachfolger hing, schrieb Gordiewski Mally die führende Rolle beim Spionagering von Cambridge zu.
66. Orlov, *Handbook*, S. 64. Der Name, den Mally in London benutzte und der in seinem Paß stand, war Paul Hardt. In Mallys Akten steht jedoch, daß er 1936 in London einen holländischen Paß auf den Namen Willy Broschart besaß. Dies ist falsch und beruht entweder auf falschen Unterlagen oder darauf, daß Mally mehrere Pässe besaß und vielleicht sowohl Broschart als auch Hardt benutzte, um nach Großbritannien einzureisen. MALLY-Akte Nr. 9705, Band 1, S. 14, ARG.
67. MALLY-Akte Nr. 9705, Band 2, S. 48, ARG.
68. Philbys KGB-Memoiren, S. 36, ARG.
69. Ebd., S. 67.
70. Ebd.
71. Hugh Thomas, *The Spanish Civil War*, S. 439–444.
72. Philbys KGB-Memoiren, S. 36, ARG.
73. Ebd. Laut Mallys Brief an die Zentrale vom 24. Januar 1937, (PHILBY-Akte Nr. 5581, Band 1, S. 38, ARG) erhielt »SÖHNCHEN [Philby] ein Empfehlungsschreiben von Haushofer (ein Beamter des deutschen Außenministeriums, der später eine Schlüsselrolle bei Rudolf Heß' gescheiterter Friedensmission vom Mai 1941 spielte) und zwei von Marquis Merry del Val, dem Repräsentan-

ten Francos in London, von denen sich eines an die Regierung in Lissabon und das andere an den Sohn des Marquis, den Leiter der militärischen Zensurbehörde in Talavera, richtete.«

74. Philby, *My Silent War*, S. 19.
75. Mallys Bericht, datiert vom 24. Januar 1937, PHILBY-Akte Nr. 5581, Band 1, S. 38, ARG.
76. Im republikanischen Teil von Spanien hatte der NKWD Trainingslager für Saboteure aufgebaut. Orlow, der für die gesamten spanischen Operationen zuständig war, standen Dutzende von gut ausgebildeten Einsatzleuten zur Verfügung, die viel besser geeignet waren, das Attentat auf Franco auszuüben, als unerfahrene Cambridge-Absolventen wie Philby.
77. Mellys Bericht vom 24. Januar 1937, Philby-Akte Nr. 5581, Band 1 S. 38, ARG. Ebd.
78. Philbys KGB-Memoiren, S. 37, ARG.
79. In Mallys Brief an die Zentrale vom 24. Januar in PHILBY-Akte Nr. 5581, Band 1, S. 38, ARG, steht: »Kommunikation: seine [Philbys] Frau wird nach Lissabon fahren, und entweder reist er zu ihr oder sie zu ihm. Seine Berichte werden von Kurieren [aus Lissabon] gesammelt.« Aus Philbys Akte ist nicht ersichtlich, ob dieses System je zur Anwendung kam.
80. Philbys KGB-Memoiren, S. 37, ARG.
81. Philby, *My Silent War*, S. 17–18.
82. Philbys KGB-Memoiren, S. 37, ARG.
83. Ebd., S. 53.
84. Ebd.
85. Ebd.
86. Ebd.
87. Mally an die Moskauer Zentrale, 24. Mai 1937, PHILBY-Akte Nr. 5581, S. 45, ARG. Obwohl es aus diesem Bericht nicht direkt hervorgeht, ist es denkbar, daß Mally auch mit Philby darüber gesprochen hat.
88. Deutschs Bericht in DEUTSCH-Akte Nr. 32826, Band 1, S. 349, ARG.
89. Ebd. Ein weiteres Beispiel für eine unverantwortliche und unprofessionelle Anweisung an Mally kam im Spätsommer 1937, nachdem Ignaz Reiss (Codename RAIMOND) übergelaufen war. Mally hielt sich in Paris auf, als ihm befohlen wurde, Reiss ausfindig zu machen. Es gelang ihm, das Hotel zu finden, in dem dieser sich versteckt hielt. In dem Wissen, daß die beiden Freunde waren, gab die Zentrale Mally Instruktionen, Reiss umgehend zu liquidieren. Spigelglas, der sich zu der Zeit in Paris aufhielt, schlug Mally zwei Möglichkeiten vor. Bei der ersten sollte er Reiss in dessen Hotelzimmer mit einem Bügeleisen einen tödlichen Schlag auf den Kopf versetzen. Der zweite Plan sah vor, Reiss' Kaffee zu vergiften und ihn zu fotografieren, während er zu Boden sank. Mally weigerte sich, kritisierte die Zentrale und lachte über die Vorschläge von Spigelglas. Undatierter Bericht, MALLY-Akte Nr. 8705, Band 1, S. 117–120, ARG.
90. Philbys KGB-Memoiren, S. 39, ARG.
91. Ebd.
92. Mitteilung in der *Times* vom Mai 1937, zitiert nach Knightley u. a., *The Spy*, S. 119.
93. Philbys KGB-Memoiren, S. 67, ARG, und Mallys Bericht in PHILBY-Akte Nr. 5581, Band 1, S. 52. ARG.
94. Ebd. Bei der Befragung Orlows durch die CIA im Jahre 1965 konnte sich Orlow nur noch daran erinnern, daß der Codename des legalen Pariser Residenten ALEXANDER war. Er muß Kosenko jedoch gekannt haben, weil er sich in den Jahren 1937 und 1938 einige Male mit ihm in Paris getroffen hatte. Dies scheint

ein weiterer Fall zu sein, in dem Orlow die CIA bewußt irreführt da aus den NKWD-Unterlagen hervorgeht, daß der Codename des legalen Residenten SAM war. ALEXANDER hingegen war der Codename von Michail Wassilje- witsch Grigorijew, dem Assistenten des illegalen Residenten in Frankreich von 1933–1937 (vgl. ORLOW DST-Akte). Aus Philbys NKWD-Akte ist nicht ersichtlich, wie all diese Kontakte in der Praxis funktionierten. Die Instruktion vom 4. September 1937 auf S. 52 von Philbys Akte besagt einfach: »An STEPHAN [Deutsch]: Bauen Sie Kontakt durch SAM [den legalen Londoner Residenten, dessen Name laut Botschaftsliste Grigori Borisowitsch Grafpen war] auf, durch Kontakt von SCHWEDE [Orlow] mit SÖHNCHEN [Philby] in Ihrer Gegenwart in Biarritz in der Lobby oder im Café des Hotel Miramar.« Als Deutsch London im September 1937 verließ, hatte man sich vielleicht ein anderes Schema ausgedacht. Unbestritten ist jedoch, daß Orlow im Herbst 1937 direkten Kontakt mit Philby hatte.

95. Philbys KGB-Memoiren, S. 51, ARG.
96. Ebd.
97. Knightley, u. a., *The Spy*, S. 116–117.
98. Philbys KGB-Memoiren, S. 39, ARG.
99. Ebd., S. 40.
100. PHILBY-Akte Nr. 5581, Band 1, S. 50, ARG.
101. Philbys KGB-Memoiren, S. 41, ARG.
102. Knightley, u. a., *The Spy*, S. 116–117.
103. Philbys KGB-Memoiren, S. 51, ARG.
104. Ebd., S. 52.
105. Ebd., S. 53.
106. Ebd.
107. Ebd., S. 213. »Er [Orlow] wurde gegen Ende des spanischen Bürgerkrieges nach Moskau zurückbeordert, ging aber statt dessen nach Amerika. Er lebte in den Staaten, in Kanada. Aber er verlor niemals ein einziges Wort über mich, obwohl er natürlich gründlich von CIA und FBI befragt wurde und ständig mit ihnen in Kontakt stand ... Wie es schien, entschied er sich, als er in die Staaten ging, ihnen einige Informationen zu geben, aber nicht alle Informationen, die er besaß.«
108. Philbys KGB-Memoiren, S. 213, ARG.
109. Ebd.

KAPITEL 8

Eine vielversprechende Quelle

»Komitee für Staatssicherheit der UdSSR – Erste Hauptverwaltung, Zweite Abteilung. Streng geheim – Aushändigung nur mit Genehmigung der Zweiten Abteilung.« So steht es in schwarzen kyrillischen Großbuchstaben auf dem ersten Aktenordner des mehrbändigen *Donald-Maclean*-Dossiers geschrieben. Die Tatsache, daß der ursprünglich braune Einband vom KGB ersetzt wurde, deutet darauf hin, wie häufig die Akte Nr. 83791 über den britischen Agenten mit dem Codenamen HOMER benutzt worden ist. Unter dem neuen, ironischerweise Cambridge-blauen Einband dokumentiert die vergilbte erste Seite, daß das ursprüngliche Kryptonym dieses Agenten WAISE war.[1]

Der Beginn von Macleans Akte im Jahr 1935 zeigt, daß er in der Reihenfolge der Rekrutierung der Agenten für das Cambridge-Spionagenetz der zweite Mann war. Der große Umfang der ersten zwei Bände, die die Berichte des Agenten enthalten, läßt erahnen, warum WAISE mit der Zeit von Moskau als wertvollere und ergiebigere Quelle betrachtet wurde als der erste Mann Philby. Darüber hinaus bestätigen die ersten Seiten, was Philby dem KGB in seinen geheimen Memoiren mitteilte, nämlich, daß Maclean ganz oben auf einer Liste ihm bekannter Kommunisten in Cambridge stand, die Philby im Sommer 1934 zusammengestellt hatte.[2]

Seine erste Mission für den sowjetischen Geheimdienst führte Philby wieder nach Cambridge. Als er dort in der ersten Juniwoche eintraf, hatte die Universität ungeachtet der Weltwirtschaftskrise ihr Festtagsgewand angelegt. Die alten Colleges mit den viereckigen Innenhöfen waren für nächtliche Bälle während der sogenannten Maiwoche hergerichtet. Diese fand traditionell in der ersten Woche des Juni statt und markierte das Ende eines Studienjahres und den Abschluß der letzten Honours-Prüfung für den B. A.-Grad. In schmalen Rennruderbooten wurden auf dem Unterlauf des Cam die *May Bumps* genannten Rennen ausgetragen, während die weniger Sportlichen ihre Nachmittage auf den Wiesen am Oberlauf des Flusses verbrachten. Ihr Sport bestand darin, die in gestreifte College-Blazer und Strohhüte gekleideten Kahnfahrer dabei zu beobachten, wie sie mit sechs Meter langen Stangen ihre nach vorne rüsselförmig zulaufenden Boote vorantrieben, während die in den Fluß hängenden Trauerweiden die Blusen ihrer kichernden Freundinnen durchnäßten.

Der Anblick der Nachtschwärmer, die noch zur Mittagszeit in Abendkleidung die Kings Parade entlangstolzierten, dürfte Philby bei seiner geheimen Mission der Unterwanderung des britischen Establishments noch zusätzlich angespornt haben. Die »Maiwoche« in Cambridge war eine ausgedehnte Party für die Söhne und Töchter der herrschenden Klasse Großbritanniens.

In einer Zeit steigender Massenarbeitslosigkeit feierten sie frei von Nachdenklichkeit ihren Aufstieg in die für sie vorbereiteten Positionen in Regierung und Justiz, kurz: ihren Aufstieg innerhalb der herrschenden Elite des Landes.

Die schamlose Zurschaustellung der sozialen und wirtschaftlichen Kluft zwischen Ober- und Unterschicht in Großbritannien empfand Philby als passende Gelegenheit, um den Kontakt zu seinen früheren marxistischen Genossen wiederherzustellen, die in ihren im Untergrund operierenden kommunistischen Zellen bereits Pläne schmiedeten mit dem Ziel, die gesellschaftlichen und bildungspolitischen Privilegien ihrer Klasse abzuschaffen. Gemäß seinem Auftrag sollte Philby diejenigen beobachten und herauspicken, die dem Ideal der Revolution am treuesten ergeben waren; auf keinen Fall sollte er mit ihnen in direkten Kontakt treten. Er suchte nach jungen Männern, die idealistisch genug waren, um ihr Land und ihre Klasse zu verraten und insgeheim dem großen gesellschaftlichen und wirtschaftlichen Experiment zu dienen, an dessen vorderster Front die Sowjetunion stand.

An potentiellen Kandidaten mangelte es nicht. 1934 war der Kommunismus in Cambridge derart in Mode gekommen, daß sich viele junge Studenten nach der Revolution sehnten, die mit all den Mai-Bällen, dem Champagner und den Bootsfahrten Schluß machen sollte. Sie glaubten an die Lehren von Marx, schlugen sich auf die Seite der Arbeiter und forderten eine Revolution, die allen Luxus der privilegierten Klasse ebenso beiseite fegen sollte wie Lenin 17 Jahre zuvor die opportunistischen Politiker der Provisorischen Regierung, als die Bolschewiki in Petersburg den Winterpalast stürmten.

»Das russische Experiment ist an der Universität auf größtes Interesse gestoßen«, hatte ein Dozent am St. John's College bereits zu Beginn des Jahrzehnts erkannt.[3] Die vermeintliche »Wissenschaftlichkeit« des dialektischen Materialismus übte eine geradezu magische Anziehungskraft auf eine akademische Gemeinde aus, die von Physikern, Biologen und Chemikern dominiert wurde, welche Cambridge zu einem der Weltzentren der Forschung gemacht hatten. Die Faszination, die nach dem Ersten Weltkrieg vom Rationalismus ausging und in Cambridge das ideale Klima für die Anwerbung von Spionen für die Sowjetunion schuf, war gleichermaßen ein Produkt der jahrhundertealten Tradition des Radikalismus wie des wissenschaftlichen Zeitalters. Nonkonformistisches Gedankengut war nichts Ungewöhnliches an der Universität von Cambridge. Gegründet wurde sie im 13. Jahrhundert von Klerikern, die sich bewußt von den höheren Bildungsanstalten Oxfords distanzierten, um im abgelegenen Marschland von East Anglia Chaucer's »Canterbrigge« zu errichten. Die von Erasmus von Rotterdam und später von lutherischen Exilanten aus dem katholischen Teil Europas importierte Lehre des Humanismus ließ die Universität zum intellektuellen Zentrum der englischen Reformation werden. Der selbstanalytische Puritanismus der Cambridge-Absolventen John Milton und Oliver Cromwell schuf die Basis für Gelehrte wie das mathematische Genie Isaac Newton, der im 17. Jahrhundert die wissenschaftlichen Grenzen des modernen Universums absteckte. Von Cambridge aus unternahm auch Charles Darwin die Reisen, die seiner wissenschaftlichen Erklärung des Ursprungs der Arten zugrunde lagen. Im berühmten Cavendish-Labor der Universität schuf J. Clerk Maxwell Mitte des 19. Jahrhunderts mit seinen elektromagnetischen Experimenten die Basis für die Erforschung des Elektrons durch J. J. Thomson zu Beginn des 20. Jahrhunderts. Am Vorabend des Ersten Weltkriegs machte Ernest Rutherford mit der Entdeckung des Atomkerns den Weg frei für seine Schüler John Cockroft und E. T. S. Walton, die ihrerseits kurz vor dem Zweiten Weltkrieg mit der ersten gelungenen Atomspaltung das Nuklearzeitalter einleiteten.

Die zwanziger und dreißiger waren die goldenen Jahre der Wissenschaftler aus Cambridge, deren weltweiter Ruf zwischen den Weltkriegen natürlich auch die Aufmerksamkeit der Sowjetunion erregte, die verzweifelt versuchte, mit der modernen technologischen Entwicklung Schritt zu halten, ohne die der Aufbau eines sozialistischen Arbeiterparadieses undenkbar war. Pjotr Kapiza, einer der führenden russischen Physiker, war 1930 aus Leningrad angereist, um im Cavendish-Labor seine Forschungen fortzusetzen. Die Anwesenheit von Kapiza und anderen sowjetischen Wissenschaftlern wie George Gamow sowie der Bekehrungseifer des kommunistischen Ökonomen Maurice Dobb erweckten den Eindruck, als hätte Lenin in der Tat die Rolle der Wissenschaft im postrevolutionären Rußland revolutioniert.[4]

Der Glaube, daß in Rußland ein neues Zeitalter hereingebrochen war, ließ auch führende Mitglieder des wissenschaftlichen Establishment von Cambridge wie den Chemiker J. D. Bernal, den Biochemiker J. B. S. Haldane und den Physiker P. M. S. Blackett zu Marxisten werden. Die prosowjetischen Sympathien dieses einflußreichen und exklusiven Zirkels wissenschaftlicher Intellektueller färbten in den Diskussionen, die im Debattierklub der Universität, der »Sozialistischen Gesellschaft« und elitären Geheimbünden wie *The Heretics* (»Die Ketzer«) und der *Society of the Apostles* (»Gesellschaft der Apostel«) abgehalten wurden, unwillkürlich auch auf ihre Schüler ab. Je tiefer die britische Wirtschaft in den scheinbar unkontrollierbaren Sumpf der Weltwirtschaftskrise der dreißiger Jahre geriet, desto glaubwürdiger erschien vielen realitätsfernen Akademikern Moskaus Propaganda, daß der Kapitalismus zum Untergang verurteilt sei, weil die Wissenschaft für die Interessen der herrschenden Klasse eingespannt worden sei. In der Sowjetunion hingegen hatte die Revolution laut Dobb die Klassenschranken niedergerissen und so die Voraussetzung dafür geschaffen, daß die Wissenschaft den Bedürfnissen einer neuen, auf dem Gleichheitsgrundsatz beruhenden Gesellschaftsordnung diente.

»Das politische Klima jener Zeit war für uns äußerst günstig«, erkannte auch Orlow, der sich vorsichtig und in allgemeinen Begriffen in seinem 1963 erschienenen *Handbook* daran erinnert, daß »die junge Generation den Theorien der individuellen Freiheit und den idealistischen Vorstellungen, die Welt von der Bedrohung durch den Faschismus zu befreien und die Ausbeutung des Menschen durch den Menschen zu beenden, sehr aufgeschlossen gegenüberstand«.[5] Diese stark vereinfachte Ideologie hatte den naiven Marxismus vieler heranwachsender Rebellen von einem Symbol des Widerstands gegen ihre strikte Disziplinierung in den Schulen zu einem leidenschaftlichen politischen Engagement erstarken lassen. Philbys Motivation und die seiner Kampfgefährten aus Cambridge bestand allerdings weniger in ihrer jugendlichen Neigung, die Bourgeoisie zu schockieren, als in der festen Überzeugung, eine echte intellektuelle Alternative entdeckt zu haben, die als Allheilmittel gegen ökonomische und soziale Ungleichheit einsetzbar war. Das kommunistische Experiment versprach, die Welt vom politischen und wirtschaftlichen Scherbenhaufen zu befreien, den die ältere Generation nach dem Ersten Weltkrieg hinterlassen hatte.

»Dialektischer Materialist zu sein bedeutet, die Dinge und unsere Vorstellungen von ihnen nicht als statische, starre, unveränderliche Wesenheit zu begreifen, sondern als sich verändernde, sich weiterentwickelnde und sich gegenseitig beeinflussende Größen«, verkündete Alister Watson, ein brillanter Forscher am Kings College, 1934 in einem Artikel des *Cambridge Review*. Provokativ lobte er »die Taktik Lenins, die den Marxismus zu der so verhaßten und verachteten ›offiziellen‹ Ideologie‹ gemacht hat«.[6] Watsons entschlossener Einsatz für den Kommunismus vermittelt einen Einblick in die Denkweise, der einige der klügsten Köpfe seiner Generation in Cambridge verfallen waren. Andere, wie Philby und sein Zeitgenosse und Kommilitone vom Trinity College David Haden-Guest, waren aufgrund praktischer Erfahrungen zur selben Schlußfolgerung gelangt. Haden-Guest, der Sohn eines Parlamentsabgeordneten der Labour Party, hatte sein Philosophiestudium unterbrochen, um wie Philby persönlich den Kampf zwischen Faschismus und Sozialismus verfolgen zu können. Nach Verbüßung einer Gefängnisstrafe in Deutschland wegen der Teilnahme an antinationalistischen Demonstrationen war Haden-Guest als militanter Kommunist nach Cambridge zurückgekehrt, um sein Studium abzuschließen und die Ideologie der Zukunft zu predigen. Wie sein charismatischer Zeitgenosse John Cornford, der für viele der Cambridge-Generation zum Märtyrer wurde, starb er im Kampf für seinen Glauben auf der Seite der internationalen Freiwilligen-Brigaden im spanischen Bürgerkrieg. Andere – etwa der ehemalige Bergmann Jimmy Lees, der aufgrund eines Stipendiums der Gewerkschaft nach Cambridge kam und dort am Trinity College die erste kommunistische Zelle gründete – hatten aufgrund ihrer Herkunft aus der Arbeiterklasse den Kommunismus gewissermaßen schon mit der Muttermilch aufgesogen.[7]

Obwohl in den sogenannten Roten Zellen von Cambridge auch bekennende Parteimitglieder wie Lees mitwirkten, waren diese Gruppen »inoffiziell« und somit nicht vom Hauptquartier der britischen KP in der Londoner King Street aus gesteuert. Für eine Mitgliedschaft in den Roten Zellen war die Mitgliedschaft in der KP keine Voraussetzung – ein wichtiger Faktor, den zu berücksichtigen man Philby ausdrücklich angewiesen hatte, bevor er seine Liste potentieller Kandidaten für Reif und Orlow zusammenstellte. In seinem Bericht an den KGB erklärte Philby, wie er nach seiner Rückkehr nach London sein Verzeichnis potentieller Rekruten auf sieben Namen zusammengestrichen hatte. Seine ursprüngliche Liste war offenbar nie vollständig nach Moskau weitergeleitet worden. Heute wissen wir jedoch, daß zumindest zwei Personen auf dieser Liste – Maclean und Burgess – während der Zeit angeworben wurden, in der Orlow die illegale NKWD-Filiale in London leitete, nämlich zwischen Juli 1934 und Oktober 1935.[8] Laut seinem KGB-Bericht hatte Philby bewußt Macleans Namen ganz oben, den von Burgess hingegen ans unterste Ende der Liste plaziert, um auf diese Weise seine persönliche Einschätzung ihrer Fähigkeiten zum Ausdruck zu bringen. Wie er dem KGB gegenüber erklärte, favorisierte er Maclean nicht nur, weil sie in Cambridge gute Freunde gewesen waren, sondern vor allem, weil Donald bei Abschluß seines Studiums im Jahre 1934 zu den aktivsten Mitgliedern seiner kommunistischen Zelle an der Universität gehört hatte. Maclean besaß auch gute Chancen, das zu erreichen, was Philby verwehrt geblieben war: eine Karriere im Außenministerium.

Donald Duart Maclean vereinte zweifellos alle Eigenschaften in sich, die man von einem künftigen britischen Botschafter erwartete. Der hochgewachsene, athletische 24jährige entsprach ganz dem Idealbild des gutaussehenden jungen Engländers. Abgesehen von seinem androgynen Äußeren, das bereits eine gewisse sexuelle Ambivalenz anzudeuten schien, verfügte Maclean auch über hervorragende intellektuelle Qualitäten. Als Philby bei seinem Cambridge-Besuch in der »Maiwoche« Maclean aufsuchte, erfuhr er, daß sein alter Freund gerade die Abschlußprüfung in modernen Sprachen mit Auszeichnung bestanden hatte. Noch mehr freute sich Kim über Donalds Entscheidung, auf eine akademische Karriere zu verzichten und statt dessen eine diplomatische Karriere im Außenministerium einzuschlagen. Maclean war sicher, die entsprechende Aufnahmeprüfung zu bestehen, da er nicht nur tadellose Zensuren aufzuweisen hatte, sondern darüber hinaus einer sehr einflußreichen Familie entstammte. Sein Vater, der verstorbene Sir Donald Maclean, hatte seinen Beruf als Anwalt aufgegeben, um Parlamentsmitglied der Liberalen und Kabinettsminister in der Regierung zu werden. Als er im Sommer 1932 an einem Herzanfall starb, war der jüngste seiner drei Söhne bereits im Begriff, gegen die autoritäre Einstellung seines Vaters zu rebellieren, der von seinen presbyterianischen schottischen Eltern offenbar den festen Glauben geerbt hatte, aus der Bibel spreche Gott persönlich.[9]

Der junge Donald hingegen fühlte sich eher zum Kommunistischen Manifest hingezogen, nachdem sein Vater, wie er meinte, seine politischen Prinzipien verraten hatte, als er einen Posten in der 1931 vom ehemaligen Labour-Führer Ramsay MacDonald gebildeten Koalitionsregierung aus Tories und Liberalen angenommen hatte. Donalds persönliche Rebellion wurde in Cambridge jedoch erst nach dem Tod seines Vaters nach außen hin sichtbar. Seinem engsten Freund James Klugman zufolge bekannte sich Donald nun »fröhlich und offen zu seinem uneingeschränkten Glauben an die Sache des Kommunismus«.[10]

James Klugman, Macleans Freund, mußte es schließlich wissen. Seit ihrer Zeit in der Schule von Gresham war er aktives Parteimitglied gewesen. Beide waren das Ergebnis der nonkonformistischen Erziehung dieser Schule, die auch den Dichter W. H. Auden hervorgebracht hatte. In seinen rebellischen Gedichten feierte dieser aus der Sicht von Macleans Generation, die im politischen und wirtschaftlichen Gärungsprozeß der dreißiger Jahre in die Welt der Erwachsenen eintrat, den Zerfall des Kapitalismus. Frustriert von der offensichtlichen Unfähigkeit der Politiker, einen Weg aus der Krise zu finden, ärgerten sich Auden und seine Generation linker Intellektueller vor allem darüber, daß die britische Regierung dem Triumph des Faschismus in Europa offensichtlich gleichgültig gegenüberstand. Für Philby, Maclean und seine Genossen aus Cambridge bestand die einzige Hoffnung, Europa vor dem Abgrund des Totalitarismus zu retten, darin, daß Großbritannien sich dem wissenschaftlich fundierten gesellschaftlichen Experiment der Sowjetunion anschloß.

Maclean war nicht der einzige Student in Cambridge, der naiv davon sprach, in die Sowjetunion zu gehen, um seinen Teil zum Aufbau des Kommunismus beizutragen. Seine besorgte Mutter Lady Maclean tat die Erklärung ihres Sohnes, als Kommunist sei es seine Pflicht, sich in Rußland als Lehrer oder Landarbeiter zur Verfügung zu stellen, als jugendliche Spinnerei ab. Unbeeindruckt bereitete sie auch weiterhin eine potentielle Karriere Donalds im diplomatischen Dienst vor, indem sie ihre Beziehungen zu den Freunden ihres verstorbenen Ehemannes auf höchster Regierungsebene spielen ließ.

Viele kommunistische Studenten hegten damals die romantische Vorstellung, eines Tages auf einer Kolchose Fahrlehrer für Traktoren zu werden, doch hätte es dafür eines Opfers bedurft, das kaum einer nach seiner Graduierung zu bringen bereit war: die Aufgabe der sicheren Karriere und des komfortablen Lebens in der britischen Oberschicht. In Cambridge wurden sie im Speisesaal von einer ganzen Armee ehrerbietiger Bediensteter umsorgt, während Aufwartefrauen und Studentendiener für sie sogar die Schuhe putzten und auch sonst alle möglichen niederen Dienste verrichteten. Selbst die leidenschaftlichsten Mitglieder der »Sozialistischen Gesellschaft« an der Universität zogen die Theorie des Marxismus seiner Verwirklichung in der Praxis vor. Nur die wenigsten der »jungen Herren« in der kommunistischen Zelle des Trinity College wagten sich in das Arbeiterviertel Hills Roads, um dort die Tageszeitung *The Daily Worker* zu verkaufen. Auf die Straße gingen sie für ihre politischen Ansichten nur, wenn gerade mal praktischerweise ein Protestzug der Arbeitslosen von den Werften des Nordens ganz in der Nähe des Stadtzentrums vorbeikam.

Demonstrationen von Kommunisten in Cambridge waren nicht gewalttätiger als die kleinen Raufereien mit rechtsgerichteten Mitgliedern des Ruderklubs oder Rugby-Spielern beim alljährlich im November stattfindenden *Poppy-Day*-Umzug. Ihre politischen Proteste beschränkten sich darauf, die Wochenschauen im Kino auszupfeifen oder im Trinity College Streikposten zu spielen, wenn ihre Diener wieder einmal in den Ausstand traten, um eine der wohlhabendsten Institutionen Englands dazu zu bewegen, ihre lächerlich niedrigen Löhne ein wenig anzuheben. Nur eine winzige Minderheit der Kommunisten in Cambridge hatte die Schießereien, die Verwundungen und Verhaftungen auf den Barrikaden Europas aus nächster Nähe erlebt. Die bewegenden Erzählungen Haden-Guests und Philbys von den Straßenkämpfen in Deutschland und Österreich waren von den kommunistischen Erfahrungen ihrer studentischen Genossen meilenweit entfernt. Nichtsdestoweniger bestärkten solche Berichte immer mehr linksgerichtete Studenten in ihrer Überzeugung, daß der Sozialismus nur durch eine Übernahme der Lehren Lenins und der Disziplin der Komintern die Angriffe der nationalsozialistischen Sturmtruppen würde zurückweisen können.

»Sie suchten ganz einfach nach einem Sinn in ihrem Leben, und nun schien es ihnen, als hätten sie ihn gefunden«, kommentierte Orlow die Sogwirkung des Kommunismus auf die unzufriedene Studentengeneration der dreißiger Jahre. Obgleich er sie nicht beim Namen nannte, könnte er durchaus die »drei Musketiere« von Cambridge gemeint haben, als er schrieb, daß der Zwang, die eigene Überzeugung geheimzuhalten, die Sache für viele nur noch abenteuerlicher machte. Für diese jungen Engländer aus der Oberschicht, deren Rekrutierung er beaufsichtigte, bedeutete der Umgang mit Geheiminformationen einen besonderen Anreiz: Während sie in der Festung von Großbritanniens verhätscheltem Klassensystem ihre Karriere, ihre Privilegien und Nebenverdienste genossen, arbeiteten sie insgeheim für die Revolution, die – so hofften sie – diese Mauern eines nicht allzu fernen Tages zum Einsturz bringen würde. »Die Vorstellung, sich einer Art Geheimbund anzuschließen, übte eine ungeheure Faszination aus auf diese jungen Menschen, die von einer besseren Welt und ihrem eigenen heldenhaften Beitrag dazu träumen«, stellte Orlow fest. »Ihre ganze Einstellung erinnerte sehr an die der jungen russischen Dekabristen des vergangenen Jahrhunderts. Sie brachten die Leidenschaft und den Idealismus frisch konvertierter Gläubiger in den russischen Geheimdienst ein – Eigenschaften, die ihre Vorgesetzten schon längst verloren hatten.«[11]

Der revolutionäre Eifer, der Orlow so beeindruckte, war sowohl bei Philby als auch – in einem weit größeren Maße – bei dem »zweiten Mann« seines Spionageringes von Cambridge vorhanden. Als er nach Deutschs Bericht Maclean auswählte, um ihn als Agenten aufzubauen, merkte Orlow schnell, daß der »zweite Mann« in vieler Hinsicht sogar ein noch besserer Kandidat für den ehrgeizigen Plan einer Unterwanderung des britischen Geheimdienstes war. Im Gegensatz zu seinem »ersten Mann« Philby, dessen linkslastiges Image ihm den Zutritt zur höchsten Ebene der britischen Regierung verwehrte, verband sich Macleans diskreter Kommunismus mit hervorragenden akademischen Qualifikationen und mit politischen Beziehungen, die ihm den Eintritt in das Außenministerium schon beinahe garantierten.

Während Orlows erstem Besuch in London im Juli – so die NKWD-Akten – wies er Deutsch an, Philby mit der Mission zu betrauen, Maclean – dem er den Decknamen WAISE gab – auf den Zahn zu fühlen. Interessant ist, daß alle ursprünglichen Mitglieder des Spionagerings von Cambridge Decknamen erhielten, die so ganz und gar nicht den für alle NKWD-Agenten geltenden strengen Regeln der *konspirazija* entsprachen. Mit Ausnahme von SÖHNCHEN gefährdeten die ersten Codenamen der Gründungsmitglieder die Sicherheit der Agenten, weil sie alle irgendeinen Hinweis auf persönliche Merkmale des jeweiligen Informanten enthielten; WAISE etwa spielte auf den nicht allzu lange zurückliegenden Tod von Macleans Vater an. Deutschs Bericht über die Ursprünge der Gruppe von Cambridge in den Akten der Londoner Residentur bestätigt das und dokumentiert die ersten Schritte von Macleans Anwerbung.[12] Laut Deutsch war es »SCHWEDES [Orlows] Plan, WAISE [Maclean] und MÄDCHEN [Burgess] über SÖHNCHEN [Philby] anzuwerben. SÖHNCHEN hatte Anweisungen, WAISE auszuhorchen, um:

a) seine Möglichkeiten und Kontakte zu ermitteln und

b) herauszufinden, ob er bereit ist, auf die aktive Parteiarbeit zu verzichten, um wie SÖHNCHEN bei uns zu arbeiten.«[13]

»SYNOK hat unseren Auftrag erfüllt, und zwar mit positivem Ergebnis«, berichtete Deutsch und fügte hinzu, WAISE habe »seine Bereitschaft erklärt, für uns zu arbeiten«. Was im einzelnen hinter dieser nüchternen Feststellung steckte, läßt sich aus Philbys unveröffentlichten KGB-Memoiren rekonstruieren. Philby erklärt darin, wie er im August 1934 Maclean bei einem von dessen Besuchen in London in seine Wohnung in der Acol Road einlud, um ihn auszuhorchen, ohne dabei jedoch den Zweck der Befragung preiszugeben. Als Philby behauptete, daß sein Treffen mit Maclean im Dezember 1934 stattgefunden habe, da spielte ihm sein Gedächtnis wohl einen Streich. Reif hatte Moskau schon am 26. August von ihrem ersten Kontakt berichtet, also muß das Treffen fünf Monate früher stattgefunden haben.[14] Philby führte bei dieser Begegnung das Gespräch so, daß er herausfinden konnte, ob sein Freund, auch nachdem er Cambridge verlassen hatte, weiterhin aktiver Kommunist bleiben wollte. Geschickt lenkte er das Gespräch auf die erklärte Absicht Macleans, auch in Zukunft für die Partei zu arbeiten, und fragte ihn, wie er denn aktiver Kommunist bleiben und gleichzeitig im Außenministerium Karriere machen wolle.

»Wenn du den *Daily Worker* dort verkaufst, setzen sie dich vor die Tür«, erklärte Philby seinem Genossen aus Cambridge, um anschließend eine geheimnisvolle Anspielung fallen zu lassen: »Aber du könntest dort eine ganz spezielle Art von Arbeit für uns machen.« Als Maclean sofort reges Interesse bekundete, erklärte Philby auf sehr allgemeine Weise, welche Kontakte er zu den Russen hatte und wie auch Donald der Sache des Kommunismus dienen könne, indem er Informationen aus Dokumenten des Außenministeriums an die Sowjetunion weitergab. Philbys Aussagen zufolge fragte Maclean daraufhin sofort, ob er in einem solchen Fall für die sowjetische Regierung oder die Komintern arbeiten würde.[15]

»Das weiß ich ehrlich gesagt selbst nicht so genau, aber die Leute, mit denen ich zu tun habe, haben einen sehr hohen Rang in einer sehr wichtigen Organisation inne«, hatte Philby geantwortet. Philbys Begeisterung ob der Aussicht, Geheimagent zu werden, war so groß gewesen, daß er, als Deutsch an ihn herangetreten war, es nicht einmal für nötig befunden hatte, selbst diese Frage zu stellen. Deshalb erklärte er Maclean, er wisse auch nicht mehr, als daß »sie mit Moskau in Verbindung stehen«.[16]

Schweigend dachte Maclean eine Zeitlang nach. Dann, so Philby, fragte er, ob er die ganze Sache mit seinem Freund Klugman besprechen könne, der seit Beginn ihres politischen Aufbegehrens in seiner Schulzeit sein politischer Mentor war. »Wenn du das tust, kannst du unser Gespräch gleich wieder vergessen«, antwortete Philby und fügte erklärend hinzu, sein russischer Kontaktmann habe eindeutig klargestellt, daß jeder, der Moskau heimlich zu Diensten sein wolle, aus Sicherheitsgründen nichts mehr mit Parteimitgliedern zu tun haben dürfe und deshalb auch Maclean im Falle seiner Mitarbeit jede Beziehung zum eingeschriebenen Kommunisten Klugman abbrechen müsse. Daraufhin erbat sein Freund sich eine gewisse Bedenkzeit. Nur zwei Tage später jedoch, versicherte Philby dem KGB, kam Maclean zurück, um ihm mitzuteilen, daß er bereit sei, die Bedingungen zu akzeptieren.[17]

Den NKWD-Akten zufolge willigte Maclean Mitte August 1934 in Philbys Vorschlag ein, während Orlow sich gerade in der Sowjetunion aufhielt, wo er Ende Juli eingetroffen war, um seinen Vorgesetzten über die Lage in ihrer illegalen Londoner Filiale Bericht zu erstatten. So war es Reifs Aufgabe als Resident, Philbys Bericht über Maclean an Moskau weiterzuleiten. Zu diesem Zweck fuhr er ein weiteres Mal nach Dänemark, um auf dem Weg über die »legale« Filiale in der sowjetischen Botschaft in Kopenhagen mit der Zentrale Kontakt aufzunehmen. In seiner Kabeldepesche vom 26. August 1934 berichtete er über den positiven Ausgang der Kontaktaufnahme mit Maclean. Diese Nachricht taucht im ersten Band der Maclean-Akte wie folgt auf: »MARR berichtet, SÖHNCHEN habe seinen Freund kontaktiert; dieser sei bereit zu arbeiten und wolle in direkten Kontakt mit uns treten. MARR bittet um Genehmigung.«[18] Moskau scheute sich jedoch noch, eine direkte Kontaktaufnahme mit Maclean zu autorisieren. Die Zentrale telegrafierte an Reif in Kopenhagen und wies ihn an, »direkte Kontakte zu unterlassen, bis sein Potential überprüft ist. Setzen Sie ihn bis dahin über SÖHNCHEN ein.«[19]

Die Vorsicht der Zentrale zeigt, wie sehr das NKWD-Hauptquartier die Operationen seiner illegalen Filialen unter Kontrolle hatte. Die Weigerung, direkte Kontakte zu Maclean abzusegnen, resultierte zum Teil daraus, daß man in Moskau wegen eines anhaltenden Kommunikationsproblems über die Entwicklungen in London nicht auf dem laufenden war. Die vorausgegangenen Berichte der Filiale waren fotografiert und die unentwickelten Filme dann in Puderdosen von PFEIL, einem der weiblichen Kuriere von Orlows Londoner Gruppe, nach Kopenhagen geschmuggelt worden. Als die Berichte jedoch dort eintrafen, stellte sich heraus, daß die Filme fehlbelichtet und deshalb weitgehend unbrauchbar waren. Die Chefs an der Lubjanka waren deshalb nicht über die schnellen Fortschritte informiert, die Reif und Deutsch beim Aufbau der Gruppe von Cambridge bereits gemacht hatten. Wäre Orlow gerade selbst in Moskau gewesen, hätte er die Bedenken der Zentrale gegenüber Maclean vielleicht zerstreuen können; als Reifs Anfrage jedoch im Hauptquartier eintraf, war Orlow gerade bei seiner Familie zu Besuch.[20]

Als Orlow dann am 18. September wieder in London eintraf, entschied er auf eigene Verantwortung, direkten Kontakt zu Maclean aufzunehmen. Er betraute mit dieser Aufgabe Reif, der Mitte Oktober 1934 erstmals mit Maclean zusammentraf – mit Erfolg, wie Orlows Bericht an die Zentrale im November bestätigt: »Wir haben mit SÖHNCHENS Freund WAISE Kontakt aufgenommen, von dem wir Ihnen berichtet haben. Er hat alle Verbindungen zu seinen Landsleuten abgebrochen und will in die höchsten Regierungskreise vordringen; da er ausgezeichnete Beziehungen hat, ist durchaus zu erwarten, daß er eines Tages einen hohen Posten bekleiden wird.«[21]

Orlow versicherte Moskau ganz bewußt, daß Maclean bereits alle Verbindungen zu den Kommunisten – im NKWD-Jargon »Landsleute« genannt – abgebrochen hatte, bevor er seine Bewerbung für die Aufnahmeprüfung zum öffentlichen Dienst einreichte. Um einen Posten im Außenministerium zu ergattern, mußte man zunächst einen strengen Ausleseprozeß durchlaufen; selbst Absolventen aus Cambridge mußten sich zunächst einem Vorgespräch unterwerfen und dann eine schwere Prüfung überstehen, um schließlich noch einmal mündlich vor einem Auswahlausschuß befragt zu werden.

Beim Eintritt in den sowjetischen Geheimdienst mußten Maclean und Genossen zwar keine Prüfung bestehen, doch durchliefen sie auch hier einen rigorosen Auswahlprozeß in zwei Phasen – auch wenn sie sich dessen im einzelnen natürlich nicht bewußt waren. Nachdem man sie als Kandidaten für den Geheimdienst ins Auge gefaßt hatte, nahm man auf diskrete Weise Kontakt mit ihnen auf und vertraute ihnen kleinere Missionen an, um ihre Eignung zu prüfen. Erst dann traten sie als Kandidaten für die Rekrutierung in das zweite Stadium des Anwerbeprozesses ein, in dem sie für ihre spätere Tätigkeit ausgebildet wurden. Ende 1934 befand sich Philby in der zweiten Phase seiner Anwerbung, und Maclean stand kurz davor.

Man stellte ihm eine Reihe von Aufgaben, um seine Neigung und Befähigung zu geheimen Operationen zu überprüfen. Der NKWD wollte in dieser Phase herausfinden, welches spezielle Repertoire psychologischer Lockmittel notwendig war, um Maclean unter die Kontrolle seines Führungsoffiziers zu bringen – und ihn vor allem langfristig unter Kontrolle zu halten. Einem Bericht zufolge, den Reif nach seiner Rückkehr nach Moskau 1939 schrieb, war er höchst zufrieden, daß Maclean unwiderruflich mit seinem kommunistischen Freundeskreis gebrochen und »seiner Arbeit als ›Landsmann‹ eine Tarnkappe aufgesetzt hatte«.[22]

Einige von Macleans »Landsleuten« aus seiner kommunistischen Zelle in Cambridge konnten sich nur schwer damit abfinden, daß Maclean ihnen allmählich seine Freundschaft entzog. Vor allem Guy Burgess sah darin ein Symptom von Schwäche. Er wollte Maclean nicht erlauben, mit der Partei zu brechen, und erachtete es als seine Pflicht, ihn wieder in den Schoß der kommunistischen Gemeinschaft zurückzuführen. Auch dem ebenfalls aus Cambridge hervorgegangenen Zeitgenossen und Biographen Macleans, Robert Cecil, dem gegenüber Donald häufig mit seinen kommunistischen Idealen geprahlt hatte, fiel die seltsame Art und Weise auf, in der Donald plötzlich zu seinen ehemaligen Genossen auf Distanz gegangen war, bevor er anfing, für seine Aufnahmeprüfung in den öffentlichen Dienst zu pauken. Cecil, der – obwohl man versucht hatte, ihn zum Beitritt zu überreden – keiner kommunistischen Zelle angehörte, schilderte, wie Lady Maclean eines Tages besorgt ihren Sohn fragte, ob er vorhabe, an einer Demonstration Londoner Arbeiter teilzunehmen.

»Du wirst mich jetzt vielleicht für ziemlich wetterwendisch halten, aber ich will mit dem ganzen Kram nichts mehr zu tun haben«, antwortete Maclean zur großen Erleichterung seiner Mutter.[23] Damals nahm Cecil ganz einfach an, daß sein Freund eine neue politische Seite in seinem Leben aufgeschlagen und dem Flehen von Lady Maclean nachgegeben hatte, die hinter den Kulissen bereits alle Hebel in Bewegung gesetzt und die alten Ministerkollegen ihres Mannes in die Pflicht genommen hatte, um sicherzustellen, daß ihr geliebter Sohn auch tatsächlich in den diplomatischen Dienst aufgenommen wurde.

Cecil, der ebenfalls die Diplomatenlaufbahn einschlug, kam erst sehr viel später zu dem Schluß, daß Maclean all dies auf Befehl Moskaus getan haben muß. Dies bestätigt auch ein Bericht Reifs nach seiner erzwungenen Abreise aus London. »Im Februar 1935 ging SIROTA [WAISE] über zu SCHWEDE.« Dies zeigt auch, daß Orlow persönlich direkten Kontakt zu Maclean aufnahm. Wie es scheint, übertrug man Maclean im Rahmen seiner »Entwicklungs«-Phase damals bereits gewisse Aufträge, obwohl er sich zu diesem Zeitpunkt schon bei Scoones – der Paukschule, die bevorzugt von betuchten Uni-Absolventen mit dem Ziel einer Karriere im diplomatischen Dienst aufgesucht wurde –

auf seine Aufnahmeprüfung vorbereitete. Die Zentrale wollte sich vergewissern, daß WAISE wirklich den strengen Anforderungen gerecht wurde, die man später an ihn stellen würde, und so wies sie ihren Londoner Residenten an, ihm unverzüglich bestimmte Missionen zu übertragen. Orlow sollte »WAISE einsetzen, obwohl er noch nicht in einer Position ist, die uns interessiert. Teilen Sie uns konkret mit, wie dies Ihrer Ansicht nach am besten geschehen könnte.«[24]

Bei einem Treffen mit Maclean sprach Orlow mit ihm darüber, wie er unter Ausnutzung familiärer Beziehungen zum Establishment und zu hohen Regierungsbeamten für Moskau nützliche Informationen beschaffen konnte; diese Leute, meinte Orlow, könnten ihm nicht nur im Sinne seiner künftigen Karriere im Außenministerium behilflich sein, sondern ihm auch hin und wieder kleinere Geheiminformationen verraten.

»WAISE bereitet sich für seine Aufnahmeprüfung ins Auswärtige Amt vor«, berichtete Orlow nach Moskau und listete anschließend die verschiedenen Schritte auf, die Maclean unternommen hatte, um ihre Direktive zu erfüllen: »Er ist auch Mitglied des ›Frauenklubs‹ geworden, in dem vor allem die Sekretärinnen der Ministerien und politischen Organisationen vertreten sind.« Dieser sogenannte Klub war Cecil zufolge wahrscheinlich eine der großen Kantinen von Whitehall, in denen das Personal der Ministerien verköstigt wurde. Orlow schien es jedoch offenbar zweckdienlich, der Zentrale gegenüber Macleans Bemühungen in ein möglichst günstiges Licht zu rücken; nur so sind derart triviale Anmerkungen zu erklären wie etwa die Erwähnung, daß WAISE »die Bekanntschaft der Frau des Außenministers Sir John Simon, geborene Halpin, gemacht hat«.[25]

Es ist sehr fragwürdig, ob Macleans »Bekanntschaft« mit Lady Simon mehr als oberflächlich gewesen ist; weit bedeutsamer war da schon die Liste von Namen, die Orlow im letzten Abschnitt seines Berichts aufführte, in dem es hieß, daß WAISE »sich mit einem Angestellten des Außenministeriums namens Shuckburgh angefreundet hat. Letzterer arbeitet in der spanischen Abteilung und ist an sich nicht von besonderem Interesse, doch kam Maclean durch ihn mit anderen Mitarbeitern des Außenministeriums in Kontakt.«[26]

Obwohl Orlow anfangs von Shuckburgh, der damals in der westlichen Sektion des Außenministeriums arbeitete, nicht allzuviel zu erwarten schien, sollte Macleans ehemaliger Kommilitone vom King's College in Cambridge im Laufe der Zeit – wenn auch möglicherweise unbewußt – für Maclean im Anfangsstadium seiner Karriere zu einer nützlichen Informationsquelle werden. In späteren Jahren stieg er sogar zum stellvertretenden NATO-Generalsekretär auf und arbeitete einige Zeit als britischer Botschafter in Italien. Orlows Berichten zufolge hatte jedoch nicht Shuckburgh, sondern ein nicht identifizierter amerikanischer Journalist Maclean mit einem Beamten des Außenministeriums namens Oliver Strachey bekannt gemacht, dem Bruder von Lytton Strachey, dem berühmten Intellektuellen der Bloomsbury Group und Biographen der Königin Viktoria.

»Stracheys Verbindungen zur ›geheimen Abteilung‹ sind von zwei anderen Informanten bestätigt worden«, deutete Orlow vielsagend an. Strachey war für Moskau und Orlow vor allem deshalb so interessant, weil er damals im Außenministerium als Experte für das Chiffrieren und Dechiffrieren geheimer Nachrichten arbeitete. Später sollte er im Zweiten Weltkrieg den Code der deutschen Spionageabwehr knacken, der ihm zu Ehren »ISOS« – »Intelligence Source Oliver Strachey« (»Nachrichtenquelle Oliver Strachey«) – benannt wurde. Die »geheime Abteilung« bezog sich auf die britische Dechiffrier-Operation. [Nach Annahme des britischen Koautors bestätigten Orlow seine Agenten NACHFOLGER und BÄR, daß Strachey mit dem Secret Intelligence Service (SIS) in Verbindung stand.] Wahrscheinlich handelte es sich bei der »geheimen Abteilung« des Außenministeriums um das MI6, da dieses auch die geknackten Codes bekam. Bestätigt wird das durch eine weitere Bemerkung, nämlich daß Maclean auch »einen gewissen Carew-Hunt kennengelernt hat, der ebenfalls in der geheimen Abteilung des Außenministeriums beschäftigt ist«.[27]

Robert Carew-Hunt war als russisch sprechender MI6-Offizier der führende Fachmann des britischen Geheimdienstes in bezug auf die Komintern und einer der angesehensten Sowjetexperten des Außenministeriums. Im Zweiten Weltkrieg sollte er mit Philby im MI6 zusammenarbeiten, und später wurde er sogar sein Untergebener, nachdem Philby 1945 zum Leiter der antisowjetischen Operationen in Sektion IX befördert worden war.[28]

Orlow war es gelungen, mit seinem Bericht das Interesse der Zentrale an Maclean zu wecken. Die Unterwanderung des MI6 – der »geheimen Abteilung« des britischen Außenministeriums – war schließlich Moskaus langfristiges Hauptziel, und WAISES erwiesene Fähigkeit, mit einigen der wichtigsten Mitarbeiter des MI6 in Kontakt zu treten, machte ihn plötzlich zu einem potentiell sehr wichtigen Agenten. Daß die Zentrale nun besonders auf Maclean große Hoffnung setzte, wird aus dem neunten Absatz ihrer Antwort vom 9. März 1935 deutlich:

»Was WAISE betrifft, war Ihre Information über ihn höchst zufriedenstellend. Unser Hauptziel in bezug auf ihn ist es, mit seiner Hilfe das Außenministerium zu unterwandern. Wir fordern Sie auf, ihn konsequent in diese Richtung zu lenken, da WAISE aufgrund seiner Beziehungen eine ausgezeichnete Chance hat, im Außenministerium Karriere zu machen. Seine neuen Bekannten Halpin (künftiger Deckname: WAS-JA) und vor allem Shuckburgh (MANJA) und Strachey (SONJA) sind, da sie in der geheimen Abteilung des Außenministeriums arbeiten, für uns von größtem Interesse.«[29]

Dann führte die Zentrale unter der Überschrift »Unsere allgemeinen Absichten in bezug auf WAISE« aus, welche Erwartungen sie in Maclean setzte: »Er ist zweifellos eine vielversprechende Informationsquelle, die unsere besondere Aufmerksamkeit verdient – um so mehr, als ihre Berichte vom Juli andeuten, daß er uns gegenüber wirklich sehr positiv eingestellt zu sein scheint und nicht nur aus materiellen Beweggründen für uns arbeitet. Letzteres sollte jedoch nicht als Anweisung mißverstanden werden, ihn nicht für seine Dienste zu bezahlen, zumal er im Hinblick auf die Tatsache, daß er noch auf einen Posten im Außenministerium wartet, finanzielle Unterstützung vermutlich gut brauchen kann.«[30]

Nachdem Moskau nun so große Hoffnungen auf Maclean setzte, unternahm Orlow mit Hilfe seines Stellvertreters Reif alles, um sicherzustellen, daß diese Erwartungen nicht enttäuscht wurden. Da er gewisse Bedenken hegte, daß gute Zensuren allein angesichts der linken Vergangenheit Macleans womöglich nicht ausreichen könnten, um Moskaus Kandidaten ins Außenministerium einzuschleusen, wies er Maclean an, von den einflußreichen Freunden seiner Familie so viele Empfehlungsschreiben wie nur irgend möglich aufzutreiben, um so dem möglichen Verdacht entgegenzutreten, daß er für den Posten eines britischen Diplomaten vielleicht nicht geeignet sein könne. Aus Orlows Bericht geht hervor, daß Lady Maclean Moskau dabei einen hohen Trumpf in die Hände spielte, indem sie sich der Unterstützung des britischen Premierministers und Vorsitzenden der Konservativen Partei, Stanley Baldwin, versicherte, wie Reif nach seiner Rückkehr nach Moskau berichtete. »Da Baldwin ein enger Freund der Familie Maclean ist, gelang es WAISES Mutter, von ihm ein Empfehlungsschreiben zu erhalten«, informierte Reif seine Vorgesetzten in der Lubjanka. »Ich selbst habe den Brief gesehen, in dem er schreibt, daß er bereit ist, WAISE mit seinem gesamten Einfluß bei einer Karriere als Diplomat zu unterstützen. In diesem Brief erwähnt Baldwin auch, er habe einer gewissen Person im Außenministerium zu verstehen gegeben, daß er ein persönliches Interesse an WAISES Aufstieg hat.«[31]

Als dann die schriftliche Aufnahmeprüfung anstand, war Maclean bei Scoones so gründlich präpariert worden, daß er unter die zwölf Besten eingestuft wurde. Cecil aber, der im Jahr darauf dieselbe Prozedur durchmachte, stellte klar, daß die eigentliche Hürde das *Foreign Office Interview Board* war – ein aus führenden Mitgliedern des diplomatischen Dienstes und deren Ehefrauen bestehendes Komitee, vor dem jeder junge Mann schnell in Ungnade fiel, dessen Benehmen oder dessen politische Ansichten nicht mit dem übereinstimmten, was die anwesenden Honoratioren für einen britischen Diplomaten als angemessen erachteten. Maclean mußte sich auf die Frage vorbereiten, was es denn mit seinen kommunistischen Ansichten in Cambridge auf sich gehabt habe. Da er seine Vergangenheit nicht abstreiten konnte, war es das beste, alles zuzugeben, damit die Sache aufgrund seiner Offenheit und Ehrlichkeit letztendlich zu seinen Gunsten ausgelegt werden konnte. Als dann gegen Ende des Gesprächs tatsächlich die unvermeidliche Frage kam, ob Maclean noch immer an den Kommunismus glaube, wußte er, was er zu sagen hatte – obwohl er seine Antwort später auf eine spontane Inspiration statt auf eine gründliche Vorbereitung zurückführte. »Ich hatte solche Ansichten – und ich habe sie nicht hundertprozentig aufgegeben«, antwortete Maclean scheinbar freimütig. Die Mitglieder des Komitees, prahlte er später vor Freunden der Familie, mußten von dieser vermeintlichen Demonstration seiner Ehrlichkeit sehr beeindruckt gewesen sein; jedenfalls hätten sie einander zustimmend zugenickt, bevor sie ihm für seine Antworten dankten. Das Komitee war ohnehin schon weitgehend auf seiner Seite gewesen. Der Vorsitzende Richard Chatfield war ein alter Freund seines Vaters, ebenso wie Lady Rumbold und Lady Bonham Carter, die beide großen Einfluß auf die Entscheidung des Komitees hatten.[32]

Am Vorabend von Orlows überstürzter Abreise aus London im Oktober 1935 erfuhr Maclean, daß er die Prüfung glatt bestanden hatte und zu dem halben Dutzend erfolgreicher Kandidaten gehörte, die in das Außenministerium aufgenommen werden sollten. Orlow konnte somit seine illegale NKWD-Filiale in dem Bewußtsein zurücklassen, daß es ihm gelungen war, den zweiten Mann seiner Gruppe von Cambridge ins Herz der britischen Regierung einzuschleusen. Als Beweis seines Triumphs nahm Orlow eine Fotografie des Briefes mit, in dem Lord Simon dem jungen Maclean persönlich zu seiner Aufnahme ins Auswärtige Amt gratulierte. Der Außenminister wäre wohl mit seinem Lob für seinen neuesten Mitarbeiter zurückhaltender gewesen, wenn er geahnt hätte, welche Begeisterung sein Brief in der Lubjanka auslösen sollte. Orlow und die Auslandsabteilung gratulierten sich dazu, daß der neueste Rekrut im diplomatischen Dienst Seiner Majestät nun als vollwertiger Agent in den russischen Geheimdienst aufgenommen werden konnte. Nach der festen Überzeugung Reifs war Maclean jetzt »ein Agent der Sowjetunion, der sich ganz und gar der Arbeit für unser Land verschrieben hat«.[33]

Anders als Philby kam Maclean geradewegs von der Universität und war somit noch nicht durch die politische Feuertaufe gegangen, die

Philbys bedingungslose Hinwendung zum Kommunismus bewirkt hatte. Die Rekrutierung dieses hochintelligenten und wohlerzogenen jungen Engländers zeugt von dem großen Geschick Orlows und seiner Mitarbeiter, den frustrierten Nachwuchs der britischen Oberschicht aufzuspüren und zu treuen Dienern der Revolution umzupolen. Keine schlechte Leistung für den Sohn eines russischen Holzhändlers, der von der Gesellschaft und der Etikette der jungen Männer, die er in den sowjetischen Geheimdienst lockte, nichts wußte und auch gar nichts wissen wollte. Die NKWD-Akten belegen allerdings auch, wieviel auf das Konto von Deutsch geht, dessen eigene Berichte über die Gruppe von Cambridge von seiner besonderen Fähigkeit zeugen, die persönlichen Motivationen jedes einzelnen dieser britischen Agenten zu erkennen.

In den gut drei Jahren, die Deutsch in der illegalen Londoner Filiale arbeitete, war er persönlich an der Auswahl und Rekrutierung von nicht weniger als 17 britischen Agenten beteiligt.[34] Den Archiven des KGB zufolge gab es in der 75jährigen Geschichte dieser Organisation nur wenige andere Agenten, die diese erstaunliche Leistung Deutschs auch nur annähernd erreichten. Hinweise auf seine scheinbar unfehlbare Fähigkeit, diejenigen Charakteristika eines potentiellen Rekruten zu erkennen, die für dessen Disziplinierung ausgebeutet werden konnten, finden sich vor allem in den scharfsinnigen psychologischen Porträts, die er von den Mitgliedern seines Spionagerings entwarf. Vor allem seine Einschätzung Macleans zeigt nicht nur, warum dieser ein geradezu mustergültiger sowjetischer Rekrut war; sie macht auch einige psychologischen Angriffspunkte deutlich, die Deutsch bei den ersten Mitgliedern der Gruppe von Cambridge entdeckte und die ihm halfen, sie in Moskaus Sinn umzupolen. In diesem Zusammenhang ist es wohl angemessen, Deutschs Analyse etwas ausführlicher zu zitieren, da sie die vier Charaktereigenschaften definiert, die Deutsch – ebenso wie Orlow – als entscheidend für die Umwandlung dieser jungen Engländer in sowjetische Spione betrachtete: eine inhärente Abneigung gegen die eigene Gesellschaftsschicht, ein Hang zur Arbeit im verborgenen, die Sehnsucht nach Zugehörigkeit zu einer Gruppe und ein kindliches Bedürfnis nach Lob und Bewunderung.

»WAISE [Maclean] ist ein völlig anderer Charakter als SYNOK [Philby]. Er ist einfacher strukturiert und erheblich selbstsicherer. Er ist ein hochgewachsener, gutaussehender Bursche, der bei anderen einen bleibenden Eindruck hinterläßt. Das weiß er auch, aber er nutzt es nicht über Gebühr aus; dafür ist er viel zu ernsthaft. Er war aktives Mitglied der kommunistischen Partei in Cambridge und hat sich auf den verschiedensten Gebieten für die Partei eingesetzt, von der Verteilung der

Parteizeitung bis hin zur Tätigkeit als Streikposten vor bestreikten Fabriken. Er stieß zu uns aus einer ehrlichen Motivation heraus, da die intellektuelle Leere und Ziellosigkeit der Bourgeoisie, der er angehört, ihn zutiefst verärgerte. Er ist sehr belesen und intelligent, wenn auch nicht so profund wie SYNOK. Er ist grundehrlich und in relativ bescheidenen Verhältnissen aufgewachsen, da sein Vater trotz seines Ministeramtes kein reicher Mann war. Wie SYNOK legt er keinen großen Wert auf gediegene Kleidung, sondern gibt sich eher als Bohemien. Er interessiert sich für Malerei und Musik. Wie SYNOK ist er zurückhaltend und verschwiegen, und nur selten äußert er offen seine Begeisterung für eine Sache. Letzteres ist im wesentlichen auf seine Erziehung im englischen Bürgertum zurückzuführen, in dem eine gewisse Reserviertheit als oberstes Gebot gilt. Er hat keinen weiblichen Anhang, obwohl es ihm nicht schwerfallen würde, eine Frau zu finden. In dem Zusammenhang erklärte er mir, er habe eine Abneigung gegen Mädchen aus seiner eigenen Klasse und könne deshalb nur mit einer Frau zusammenleben, die auch seine Genossin ist.

Reif erzählte ihm einmal einen schmutzigen Witz, woraufhin WAISE mir gegenüber sein Erstaunen äußerte, daß ein Kommunist in so schäbiger und verächtlicher Weise über Frauen sprach. WAISE ist ehrgeizig und läßt sich nicht gerne nachsagen, daß er einen Fehler gemacht hat. Er ist sehr mutig und bereit, alles für uns zu tun. In Geldfragen ist er absolut integer. Er wollte zunächst gar kein Geld von uns nehmen, aber in bestimmten Situationen sah er sich gezwungen, es doch zu tun. Er hat jedoch keinerlei Verhältnis zu Geld und ist deshalb auch nicht unbedingt sparsam. Weder er noch SYNOK wußten genau, für welche Organisation sie arbeiteten. Wir sagten ihnen einfach, sie dienten der Partei und der Sowjetunion. Das reichte ihnen völlig. Ihre Verbundenheit mit der Partei geht auch daraus hervor, daß sie Monat für Monat von dem Geld, das sie von uns bekamen, eine gewisse Summe für die Republikaner in Spanien und für die MOPR spendeten.

Unser Verhältnis beruhte auf unserer gemeinsamen kommunistischen Überzeugung, und wir redeten einander mit Vornamen an. Da WAISE vom Parteileben abgeschnitten war, brachte ich ihm häufig Parteizeitungen und Bücher mit, die er gut versteckt zu Hause aufbewahrte. Nachdem er sie gelesen hatte, gab er sie mir zurück. Die Bücher schenkte ich ihm meistens, was ihm große Freude bereitete. Er wird gerne für seine Arbeit gelobt, weil er die Bestätigung braucht, etwas Nützliches für uns zu tun. WAISE, SYNOK und unsere anderen Agenten in England sind in einem Klima aufgewachsen, in dem die Legalität unserer Partei in einer Atmosphäre demokratischer Illusionen aufrechterhalten wird. Deshalb neigen sie zuweilen zur Sorglosigkeit, und häufig kommen ihnen unsere Sicherheitsvorkehrungen übertrieben vor. Würden wir

Das Bild oben zeigt Orlows Heimatdorf Bobruisk im Jahr 1907. *Unten links*: Orlow als Schüler im gleichen Jahr. *Unten rechts*: Orlow als junger Revolutionär, ca. 1918.

Das Bild oben zeigt eine Kavallerieattacke gegen weißrussische Einheiten im Rahmen der Bekämpfung der Konterrevolution. *Unten*: Verhör von Gefangenen. Beide Bilder stammen von der polnischen Front aus dem Jahr 1921.

Oben links: General Kutjepow, der in Ungnade fiel und 1930 vom Geheimdienst aus dem Verkehr gezogen wurde. *Oben rechts*: Alexander Jakuschew, der maßgeblich für die Entführung und Ermordung von Sidney Reilly verantwortlich war. *Unten*: Der Leichnam Reillys im Keller des späteren KGB-Gebäudes an der Lubjanka.

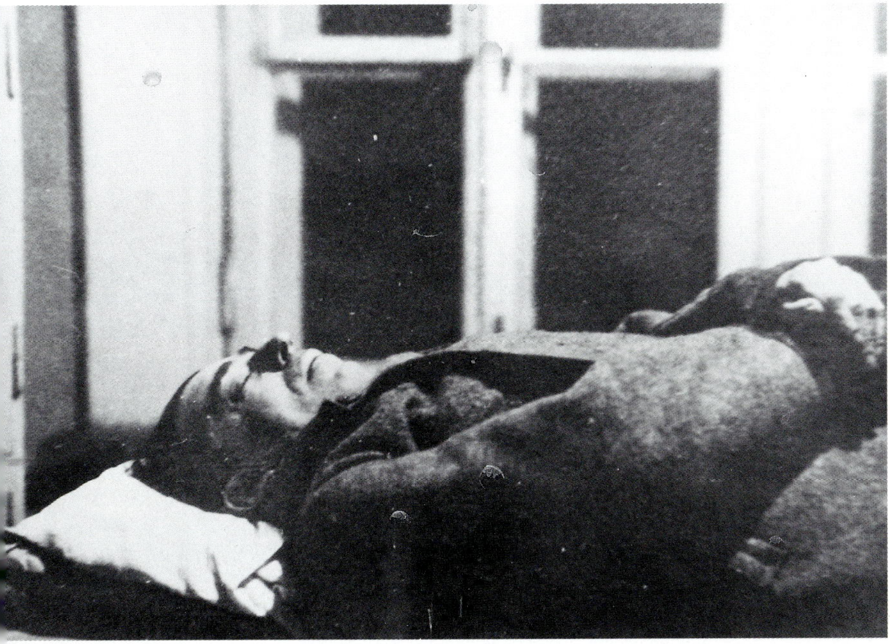

Oben: Alexander Orlow während eines Aufenthalts am Schwarzen Meer im Jahr 1926. *Unten*: Die Zentrale der russischen Geheimdienste der letzten 70 Jahre: das Lubjanka-Gebäude im Jahr 1926.

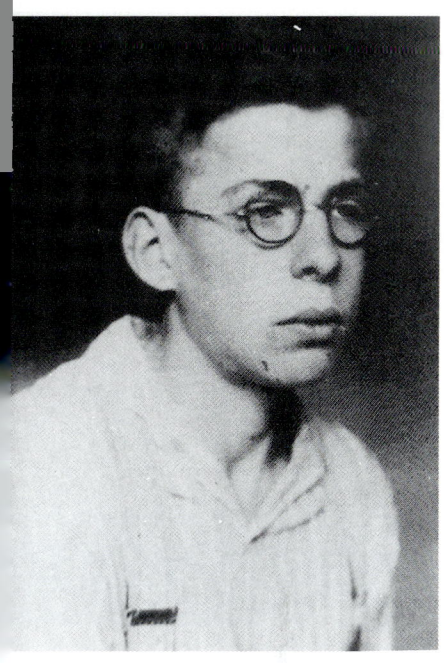

Oben links: Hans Coppi, der Funker der Roten Kapelle. *Oben rechts*: Erika von Brockdorff, eines der wenigen weiblichen Mitglieder der Roten Kapelle. *Unten*: Eine Gruppe prosowjetisch eingestellter Akademiker auf einem Informationsbesuch in der UdSSR 1932. Während dieses Aufenthalts wurden die zentralen Personen für die spätere Rote Kapelle rekrutiert.

Oben links: Alexander Orlow ca. 1934/35, als er, mit einem amerikanischen Paß versehen, in London die Cambridge-Gruppe rekrutierte. *Oben rechts:* Theodore Mally, der, nachdem Orlow England verlassen hatte, die Führung des Spionagerings von Cambridge übernahm. *Unten:* Orlows amerikanischer Paß.

Die „drei Musketiere". *Oben links*: Guy Burgess. *Oben rechts*: Donald Maclean. *Unten*: Kim Philby. Die Aufnahmen zeigen die wichtigsten Mitglieder des Spionagerings von Cambridge in den dreißiger Jahren.

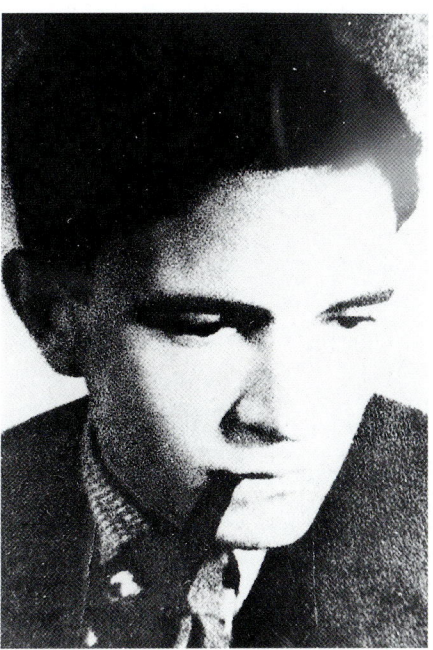

Orlows Brief an Jeschow, in dem er die Gründe für seine Flucht darlegt. *Unten rechts:* Die Postkarte, die den russischen Botschafter über die Hinterlegung des Briefes informiert.

unsere diesbezüglichen Maßnahmen lockern, verhielten sie sich wahrscheinlich noch undisziplinierter. Deshalb sollten wir uns bei ihrer Betreuung auch dann strikt an die wesentlichen Sicherheitsmaßnahmen halten, wenn wir uns damit der Gefahr aussetzen, lächerlich auf sie zu wirken. Besonders wichtig ist es, in ihrem Beisein unser Festhalten an diesen Prinzipien zu betonen. Unsere gemeinsame revolutionäre Sache hat für sie absoluten Vorrang, und deshalb beurteilen sie unsere Offiziere ausschließlich unter diesem Gesichtspunkt.«[35]

Deutschs Analyse stellt einen erstaunlichen Grad an Unreife bei den britischen Rekruten heraus, die willens waren, »alles für uns zu tun«, um »für ihre Arbeit gelobt« zu werden. Was immer sie als moralische Rechtfertigung für ihren Landesverrat – denn darum handelte es sich schließlich – auch ansahen, letztendlich überrascht es doch, daß diese Cambridge-Absolventen die emotionale Anziehungskraft der revolutionären Sache nicht stärker in Frage gestellt haben. Aber wie Orlow es selbst herausstellte, führte nicht zuletzt die Vorstellung, die Welt vor dem Grauen des Faschismus zu retten, dazu, daß die Sowjetunion die Treue dieser »ziellosen jungen Männer« gewann, die im langweiligen Leben ihrer privilegierten Klasse den Glauben an die Revolution als ihren persönlichen Rettungsanker im Strudel politischer Wirren betrachteten.[36]

Die Tragik sowohl für Orlow als auch für seine Rekruten bestand darin, daß diese Großen Illegalen keineswegs repräsentativ waren für das, was unter Stalin aus dem Sowjetkommunismus wurde. Mit Ausnahme von Deutsch sollten bald alle Chefagenten liquidiert, inhaftiert oder wie Orlow gezwungen werden, vor der sinnlosen und selbstsüchtigen Brutalität eines totalitären Tyrannen zu fliehen. Der Grund dafür, warum Deutsch von den Säuberungen der alten Garde im NKWD verschont blieb, war seiner Akte zufolge wohl, daß er – anders als Orlow – eher ein Techniker als ein Revolutionär war. Auch er sollte jedoch nicht mehr allzuviel von seinem Leben haben: Deutsch starb im November 1942 auf offener See, nachdem der Dampfer, der ihn zu einer neuen Etappe seiner Untergrundarbeit nach Amerika bringen sollte, von einem deutschen U-Boot torpediert worden war.[37]

Deutschs Analyse mußte sich im Oktober 1935 bewähren, als Orlow übereilt aus London abreisen und seinen Stellvertreter mit der schwierigen Aufgabe zurücklassen mußte, WAISE in seinen ersten Monaten als »Probeagent« des sowjetischen Geheimdienstes im britischen Außenministerium zu betreuen. Da Maclean der Abteilung West zugewiesen worden war, hatte er direkten Zugang zu allen geheimen Papieren und Berichten, die sich auf die britische Politik gegenüber den Niederlanden, Spanien, Portugal, der Schweiz und dem Völkerbund bezogen. Der

Zentrale wäre es lieber gewesen, wenn der bürokratische Zufall Maclean in die Abteilung Nord verschlagen hätte, die sich mit den Beziehungen zur Sowjetunion, zu Skandinavien und den baltischen Staaten befaßte. Maclean glich dieses Manko jedoch dadurch aus, daß er sich mit einem ranghohen Beamten dieser Abteilung namens Labouchère anfreundete, von dem Deutsch schrieb, er habe, ohne es zu wissen, »Hilfe beim Transfer« von Informationen geleistet.[38] Um im Hinblick auf Großbritanniens Beziehungen zu Frankreich, Deutschland und Belgien auf dem laufenden zu bleiben, machte WAISE sich Tony Rumbold zu Diensten, den Sohn des britischen Diplomaten Sir Horace Rumbold, der als Dritter Sekretär in der Abteilung Mitte beschäftigt war und regelmäßig mit ihm im Travellers Club in der Pall Mall zu Mittag aß. Maclean übermittelte prompt alle nützlichen Informationen an Deutsch, seinen Führungsoffizier im sowjetischen Geheimdienst.

»Ich hatte ihn angewiesen, zunächst einmal einen allgemeinen Überblick über den Aufbau des Außenministeriums und speziell seiner Abteilung zu gewinnen«, erklärte Orlow im März 1936 in einem Memorandum für Abram Abramowitsch Sluzki, den damaligen Chef der INO. Während der neun Monate, die Orlow vor seiner Abkommandierung nach Spanien in Moskau verbrachte, behielt er die Entwicklung und Führung der Gruppe von Cambridge immer im Auge. Orlow bestand beispielsweise darauf, mit dem normalen Einsatz Macleans als Spion noch zu warten, »bis er sich gründlich mit der Routine der Übermittlung und Aufbewahrung geheimer Dokumente sowie den Möglichkeiten zu deren Vernichtung vertraut gemacht hat«; so lange dies nicht der Fall war, sollte er keinerlei Material aus dem Außenministerium schmuggeln, sondern »sich darauf beschränken, uns mit kurzen Informationen über Charakter und Inhalt der Papiere zu versorgen, die durch seine Hände gehen«.[39]

Die von Orlows Büro im Moskauer Hauptquartier aus gelenkte Spionageoperation konzentrierte sich auf den Raum im Erdgeschoß des Londoner Außenministeriums, in dem Maclean seinen Schreibtisch in der Abteilung West hatte. Das imposante, im venezianischen Stil erbaute viktorianische Gebäude in Whitehall, das den Kontrollmechanismus von Großbritanniens Macht in Übersee beherbergte, wurde vom NKWD höhnisch mit dem Decknamen *zakoulok* (russ. für »Seitengäßchen«) bedacht – offenbar eine Anspielung auf den von der Downing Street abzweigenden bogenförmigen Hofeingang.

»Die letzten drei Monate der Vorbereitnug bestätigten, daß WAISE freien Zugang zu allen Dokumenten hat, die seine Abteilung durchlaufen«, berichtete Orlow am 26. März Sluzki und wies ihn darauf hin, daß es seiner Meinung nach nun an der Zeit sei, Maclean voll zu aktivieren. »Es hat sich eine sehr günstige Situation ergeben, Dokumente auf die

Seite zu schaffen und zu fotografieren«, stellte Orlow fest. WAISE sollte bald den Beweis dafür antreten, daß diese Feststellung eher noch untertrieben war.

»Sicherheit wurde damals klein geschrieben«, kommentierte Robert Cecil sarkastisch. Erklärend fügte er hinzu, daß es noch ein Jahr später, als er ins Auswärtige Amt eintrat, »nicht einmal einen Sicherheitsoffizier gab«.[40] Das Außenministerium war damals klein wie ein Klub, der seine streng vertraulichen Geschäfte in der kuriosen Annahme betrieb, daß jeder einzelne Mitarbeiter ein Ehrenmann war und als solcher natürlich niemals Briefe las, die nicht an ihn adressiert waren. Und da Leute, die keine Gentlemen waren, wegen des rigorosen Auswahlverfahrens gar nicht erst ins Außenministerium gelangen konnten, setzte man die Vertrauenswürdigkeit der dort Beschäftigten als selbstverständlich voraus. Cecil schilderte, daß es für vertrauliche Papiere und Geheimberichte, die aus der Registratur in der Abteilung West kamen, keinen festgelegten Dienstweg gab und selbst bei hochsensiblen Dokumenten kaum einmal jemand auf den Gedanken kam, sie unter Verschluß zu halten. Die Abteilung bestand aus drei Zimmern. Eines war dem Leiter der Abteilung vorbehalten; es grenzte an das Büro seines Sekretärs, von dem man in einen großen Raum kam, wo Maclean und die anderen jüngeren Angestellten – die sogenannten Dritten Sekretäre – ihre Schreibtische hatten. Ihre Aufgabe bestand darin, alle eingehenden Telegramme zu sichten und an die Zweiten Sekretäre weiterzuleiten, die sie lasen und kommentierten und, sofern sie es für nötig erachteten, ihrerseits die wichtigsten davon dem Chef der Abteilung vorlegten. Da alle Dokumente, außer den geheimsten, von der Basis des bürokratischen Systems zur Spitze wanderten, hatte selbst der relativ unbedeutende Dritte Sekretär Maclean freien Zugang zu den Materialien der Abteilung, deren Geheimhaltungsgrad an der Farbe der Mappen abzulesen war, in die die Registratur die jeweiligen Papiere gesteckt hatte. Weiße Mappen, in denen der Großteil der Dokumente enthalten war, wurden samt und sonders als »vertraulich« eingestuft. Die grünen Mappen enthielten »geheime« oder »streng geheime« Papiere. In den roten Mappen waren alle Geheimdienstberichte des MI6 enthalten, während die blauen Materialien enthielten, die der obersten Geheimhaltungsstufe unterlagen. Es handelte sich dabei um Berichte, die auf entschlüsselte ausländische Codes oder Geheimschriften zurückgingen. Diese blauen Mappen wurden direkt zum Chef der Abteilung weitergeleitet.[41]

»Nur der Leiter der Abteilung verfügte über einen verschließbaren Schrank, in dem er diese geheimsten aller Papiere aufbewahren sollte«, schilderte Cecil. In der Praxis jedoch, fügte er hinzu, wurden selbst die blauen Mappen kaum einmal eingeschlossen; meist blieben sie auf dem

Schreibtisch des Chefs liegen, wenn dieser zur Toilette, zu einer Sitzung oder zum Essen in die Kantine ging. Die Sicherheitsvorkehrungen waren derart lasch, daß selbst als »geheim« klassifizierte Dokumente aus dem Büro zur Bearbeitung nach Hause mitgenommen werden durften. Dies mußte keineswegs erst genehmigt werden, und da das Außenministerium auf Vertrauensbasis arbeitete, gab es keine unwürdigen Leibesvisitationen oder Durchsuchungen von Aktentaschen an den Ausgängen, da so etwas ja die Ehre der Gentleman-Diplomaten des Auswärtigen Amtes befleckt hätte.[42]

Die Spannung bei Orlow und den Chefs in der Moskauer Zentrale wuchs in den ersten Monaten des Jahres 1936 immer mehr, als ihr »Gentleman« im Außenministerium ihnen die ersten Einblicke in einige der bestgehüteten diplomatischen Geheimnisse der britischen Regierung vermittelte. Aus den NKWD-Akten geht hervor, daß der sowjetische Geheimdienst nicht zum ersten Mal Zugang zu vertraulichen Kabeldepeschen des Auswärtigen Amtes hatte. Zwei frühere, von der britischen Regierung nie zugegebene Spionagefälle bestätigen, daß nicht Maclean die Ehre zukommt, als erster Sowjetagent ins Allerheiligste des Auswärtigen Amtes vorgedrungen zu sein, sondern einem Angestellten der Nachrichtenabteilung namens Ernest Holloway Oldham. Als frustriertes Mitglied einer britischen Handelsdelegation tauchte dieser 1929 in der sowjetischen Botschaft in Paris auf und erbot sich, für 2000 Dollar ein Chiffriersystem des Außenministeriums zu verkaufen. Der leitende sowjetische Geheimdienstoffizier Wladimir Wojnowitsch allerdings, der darin eine britische Provokation erblickte, warf ihn schlicht und einfach hinaus. Als sich dann die Codes jedoch als echt erwiesen, mußte Wojnowitsch sich schwerste Vorwürfe gefallen lassen, und die Zentrale entsandte Dimitri Bystroljotow, einen ihrer erfahrensten Illegalen, der den Kontakt zu Oldham wieder herstellen und sich für die grobe Behandlung entschuldigen sollte. Die aufwendige Suche nach dem Informanten kostete den Kollegen Orlows beinahe ein ganzes Jahr. Als HANS, wie Bystroljotow mit Decknamen genannt wurde, schließlich 1930 den Chiffrierer ausfindig machen konnte, zahlte er Oldham 2000 Dollar und brachte ihn und seine Frau – die er zu diesem Zweck verführte – unter sowjetische Kontrolle. Spionage war jedoch offenbar zuviel für Oldham, der sich schließlich aus diesem Geschäft zurückzog und 1933 unter Mißtrauen erregenden Umständen Selbstmord verübte. Wegen der Geheimhaltung auf britischer Seite wurde die Bedeutung des Falles Oldham lange unterschätzt. Die NKWD-Akten hingegen enthüllen, daß Oldham eine ausgesprochene Kapazität auf seinem Gebiet war, selbständig Codes entwickelte und deshalb Moskau bis zu seinem Tod noch viele Informationen über geheime Kommunikationssysteme liefern konnte. Als Oldham starb, hatte der clevere Bystroljotow, der in

England unter dem Namen Hans Gallieni arbeitete, von Oldham nicht nur die Schlüssel zu unzähligen britischen Kabeltelegrammen erhalten, sondern auch die Namen anderer unzufriedener Mitglieder der Nachrichtenabteilungen des Außenministeriums, die dadurch zu bevorzugten Zielen der sowjetischen Anwerbung wurden.[43]

Einer der Namen, die Bystroljotow an die Zentrale weiterleitete, war der von Captain John Herbert King, der der britischen Delegation beim Völkerbund in Genf angehörte. Der von seiner Frau getrennt lebende King, der sich eine teure amerikanische Geliebte leistete, lebte eindeutig über seine Verhältnisse und war somit für finanzielle Anreize durchaus empfänglich. So ließ er sich beispielsweise von den Sowjets einen Spanienurlaub mit allem Drum und Dran bezahlen. Arrangiert wurde der Urlaub von Henri Christian (Hans) Pieck, einem niederländischen Künstler und Spion des NKWD in Den Haag, der von Mally, einem der »Fliegenden Illegalen« – Agenten, die Spezialaufträge in ganz Europa ausführten –, geführt wurde. Als King dann gegen Ende 1934 nach London zurückkehrte, begann er, Pieck Kabeldepeschen des Auswärtigen Amtes zu liefern – unter dem Vorwand, dem niederländischen Bankier seines Freundes mit Informationen über internationale Handelsbeziehungen auszuhelfen. King, der den Decknamen MAG trug, wurde für die Zentrale bald zu einer sehr wichtigen Informationsquelle, da er massenweise Kopien von Kabeldepeschen des Außenministeriums lieferte, bis er schließlich vom sowjetischen Überläufer Walter Kriwizki im Herbst 1939 verraten wurde. Die von Oldham und King beschafften Informationen versetzten die Zentrale in die Lage, mit Hilfe Macleans die Tür zu den Geheimnissen des Auswärtigen Amtes weit aufzustoßen.[44]

Das WAISE-Dossier zeigt, wie Maclean seit Anfang 1936, als er Deutsch sein erstes Bündel von Papieren des Außenministeriums übergab, immer mehr Dokumente aus dem Amt schmuggelte, die über Nacht fotografiert und ihm dann am nächsten Morgen zurückgegeben wurden. Macleans Lieferungen nahmen bald ein solches Ausmaß an, daß Deutsch ihn anwies, nach Möglichkeit die Dokumente am Freitagabend zu bringen, damit der völlig überarbeitete Fotograf der illegalen NKWD-Filialen zwei Tage Zeit hatte, bevor die Papiere am Montagmorgen zurückgebracht wurden. Quantität wie Qualität der Informationen, die aus dieser Quelle zur Zentrale flossen, nahmen in dem Maße zu, je geschickter und selbstsicherer Maclean wurde. Niemand in seinem Amt schöpfte Verdacht, als er immer Arbeit in seine Junggesellenwohnung in der Oakley Street in Chelsea mitnahm, die nur einen Steinwurf von der Themse entfernt lag.

Das von Maclean angezapfte Reservoir an Informationen des Auswärtigen Amtes erwies sich als derart ergiebig, daß Deutsch bald hoffnungslos überfordert war. Da er seit Orlows Abberufung die Londoner Filiale leiten mußte, fiel es ihm immer schwerer, neben der Leitung seines Spionagerings, der Überprüfung neuer potentieller Rekruten und der Erledigung aller technischen Angelegenheiten auch noch mit der Unmenge der von Maclean beschafften Informationen fertig zu werden. Orlow ließ deshalb Sluzki ein Memorandum zukommen, in dem er schrieb: »In Anbetracht der Wichtigkeit des oben erwähnten Materials und der Informationen, die uns in die Hände gefallen sind, sowie der Bedeutung weiterer Rekrutierungen, die für unsere Filialen im Ausland von Nutzen sein könnten, halte ich die Abkommandierung eines erfahrenen und talentierten Untergrund-Residenten als Leiter der Filiale auf den Britischen Inseln für äußerst dringlich.«[45]

Zwar war Mally, einer der Top-Agenten der Zentrale, schon im Januar 1936 nach England geschickt worden; da er sich jedoch ausschließlich um das Material kümmern sollte, das der Informant King lieferte, verweigerte der NKWD-Chef zunächst sein Einverständnis, ihn Deutschs Gruppe als Assistenten zuzuteilen. Da jedoch Mally ein sehr leistungsfähiger Geheimdienstoffizier war, der sich sowohl in der Spionageabwehr als auch in der Agententätigkeit auskannte, gelang es Orlow schließlich doch noch, dem Chef der INO klarzumachen, welche unmögliche Situation in London herrschte. Mally wurde daraufhin nach Moskau beordert, wo er von Orlow eingehende Instruktionen erhielt. Im April 1936 kehrte er dann nach London zurück – als neuer Resident, der von nun an für die Leitung und Erweiterung der Gruppe von Cambridge verantwortlich war.

Doch auch dieser altgediente NKWD-Veteran beklagte sich bald darüber, daß seine relativ kleine und überarbeitete Mannschaft die Flut der Informationen, die Maclean lieferte, nicht mehr bearbeiten konnte. Am 24. Mai 1936 berichtete er nach Moskau:

»Heute abend kam WAISE mit einem riesigen Bündel von Depeschen an, von denen die wenigsten von MAG [King] stammen. Nur ein Teil davon, den wir mit ›W‹ gekennzeichnet haben, konnte fotografiert werden, weil uns das Filmmaterial ausging und gerade Sonntag ist – und noch dazu Nacht. Wir wollten, daß er [Maclean] ein Bulletin des militärischen Geheimdienstes herausschmuggelte, doch leider ist ihm das noch nicht gelungen. Am Samstag muß er [dienstlich] in London bleiben, und so hoffen wir, daß er noch mehr Material liefern wird, einschließlich dessen, was er bislang nicht beschaffen konnte.«[46]

Als die Filme von Macleans jüngst besorgten Dokumenten des Auswärtigen Amtes in Moskau entwickelt wurden, nachdem sie durch den Kurier PFEIL nach Kopenhagen geschmuggelt worden waren, stellte Orlow beeindruckt fest, wie wichtig diese Papiere waren. »Wir haben

Grund zu der Annahme, daß wir einen Zweig des britischen militärischen Geheimdienstes entdeckt haben, der in mehreren Staaten, unter anderem auch in der Sowjetunion, operiert«, schrieb Orlow in seinem Bericht an Sluzki. Aufgrund der soeben von ihm eingesehenen Dokumente gab Orlow sich überzeugt, daß »wir auf dem besten Weg sind, eine der Abteilungen des britischen Geheimdienstes zu unterwandern«.[47]

Warum Orlow so freudig erregt war, geht aus seinem Memorandum an Sluzki hervor, in dem er die wichtigsten Informationen zusammenfaßte, die der Zentrale von Maclean beschafft worden waren. Um zu beweisen, daß WAISE an Quellen des MI6 gekommen war, zitierte er den Bericht des Auswärtigen Amtes »über den Zustand der deutschen Waffenfabriken mit genauen Zahlenangaben über die Produktion jeder einzelnen Fabrik« sowie einen weiteren »über die Mobilmachungspläne verschiedener Länder, vor allem Deutschlands, Italiens, Frankreichs und der Sowjetunion«. Bei den Nachforschungen der Zentrale, wie das Auswärtige Amt über die »im Jahre 1932 im Fernen Osten durchgeführten Aktivierungen der sowjetischen Industrie« Bescheid wissen konnte – denn davon war im jüngsten Bericht die Rede –, ergaben sich Hinweise, daß sich irgendwo auf einer der höchsten Ebenen des Kreml ein britischer Spion etabliert haben mußte.[48] Darüber hinaus enthielten die von Maclean gelieferten Unterlagen auch einen Bericht des »Komitees für die Versorgung der Armee über die Umstellung der britischen Industrie auf Kriegsproduktion vor und nach Beginn der Feindseligkeiten, über die Beschaffung von Material für Waffen- und Munitionsfabriken der Regierung sowie über die Einbindung von Privatindustrie und Transportunternehmen im Interesse einer reibungslosen Überführung des Landes in den Kriegszustand«. Im Anhang dieses Dokuments fand sich auch ein streng geheimer Bericht des britischen *Imperial Defence Committee* über die vorbereitenden Maßnahmen für einen Krieg im Fernen Osten sowie »eine Direktive für eine Revision der Pläne für einen Krieg in Europa (gegen Deutschland) im Fünfjahreszeitraum (von 1934 bis 1939)«. In einem anderen Abschnitt des Berichts war in allen Einzelheiten das Beschaffungsprogramm der Armee für den Fall eines Krieges mit der Sowjetunion aufgeführt. Daneben hatte Maclean das vollständige Protokoll der Sitzung des *Imperial Defence Committee* vom 20. Dezember 1935 beschafft, bei der auch Premierminister Baldwin sowie sämtliche Minister und Stabschefs des Militärs zugegen gewesen waren.[49]

»Unter den Anwesenden«, erklärte Orlow, »verdient Sir Maurice Hankey [der britische Kabinettsminister] besondere Aufmerksamkeit, da er nach WAISES Ansicht offiziell für den Einsatz des militärischen Geheimdienstes gegen eine Reihe von Staaten verantwortlich beziehungsweise mit der Bearbeitung hereinkommender Informationen betraut war.« Orlow betonte, daß bei dieser Sitzung Bereiche angesprochen wurden wie »der Einsatz des Rundfunks im Krieg, Maßnahmen für den Schutz von Regierungsgebäuden gegen Luftangriffe, die Sicherheit von Rüstungsfabriken durch Verlagerung in weniger gefährdete Gebiete, der Stand der Munitionsbeschaffung von Armee und Marine, Panzer, Treibstoffmangel – und die zu geringen Ölreserven der Marine«. Das *Imperial Defence Committee*, der höchste militärische Rat Großbritanniens, hatte beschlossen, daß »die Treibstoffknappheit absolut geheimgehalten werden sollte, da andernfalls mit ernsthaften politischen Komplikationen zu rechnen wäre«. Orlow verwies besonders auf den Abschnitt über die Einsatzbereitschaft der deutschen Luftwaffe, der den Daten widersprach, die Winston Churchill vom britischen Luftwaffenstab erhalten hatte. Das *Imperial Defence Committee* hatte erklärt, daß die Informationen, die als Diskussionsgrundlage dienten, »von einer exklusiven geheimen Quelle stammten und deshalb äußerst sorgsam mit ihnen umgegangen werden muß, damit sie nicht an die Öffentlichkeit gelangen«.[50]

Ein weiteres Dokument, das Orlow besonders herausstellte, war das Protokoll eines Gesprächs zwischen Hitler und dem britischen Botschafter in Berlin, bei dem die Möglichkeit eines geheimen Abkommens zwischen Großbritannien, Deutschland und Frankreich diskutiert worden war, das zwischen diesen drei Ländern einen Informationsaustausch über die Stärke ihrer Luftstreitkräfte regeln sollte. »Hitler stimmte einem Austausch von Daten mit England zu«, hieß es in dem britischen Bericht; der Führer habe sich zugleich jedoch entschieden gegen einen Informationsaustausch mit Frankreich ausgesprochen mit der Begründung, »wenn man den Franzosen dieses Material anvertrauen würde, fiele es sofort dem Erzfeind Sowjetunion in die Hände«.[51]

Nicht nur der Umfang der von Maclean an Moskau weitergeleiteten britischen Geheimberichte war enorm, sondern auch ihre Bedeutung für den sowjetischen Militärgeheimdienst. Sie reichten von Informationen über den Stand der deutschen Rüstung bis hin zu dem Bericht von Robert Vansittart, dem Ständigen Untersekretär des Auswärtigen Amtes, über die Rolle der sowjetischen Botschaft in Montevideo in Zusammenhang mit einem erst kürzlich erfolgten Aufstand in Brasilien und von britischen Mobilmachungsplänen bis hin zu einen Bericht über die »Überwachung von Ausländern und feindlichen Individuen«.[52]

Von größtem Interesse für die NKWD-Chefs war, daß Maclean ihnen auch einige der am sorgsamsten gehüteten Geheimnisse bezüglich der britischen Bemühungen, fremde Codes zu knacken, übermittelte. Den »blauen Mappen«, die eigentlich im Safe des Leiters seiner Abteilung hätten aufbewahrt werden sollen, konnte Maclean Daten entnehmen, die bestätigen, daß die Briten bei der Entschlüsselung der sowjetischen Chiffriersysteme noch keinen Schritt weiter gekommen waren. Dies muß eine gute Nachricht für die NKWD-Zentralen gewesen sein, die auf diesem Gebiet eng mit der Vierten Abteilung der GRU zusammenarbeitete. Da Maclean den Klartext von Depeschen beschaffte und King die verschlüsselten Versionen, kann man davon ausgehen, daß die russischen Dechiffrierer einen Großteil der geheimen Kommunikation der britischen Regierung abfangen und entschlüsseln konnten. Wie erfolgreich sie tatsächlich waren, läßt sich bislang jedoch schwer einschätzen, da historische Akten über.Geheimcodes und deren Entschlüsselung in der Russischen Republik ebenso wie in Großbritannien noch unter Verschluß gehalten werden.

Da die Bemühungen der Sowjets auf dem Gebiet der Entschlüsselung von Geheimcodes in der Vorkriegszeit mindestens so extensiv waren wie die der Briten, stellt sich natürlich die Frage, inwieweit ihr Erfolg auf die von Maclean beschafften Dokumente zurückzuführen ist, die Moskau Informationen über den Fortschritt der Briten beim Dechiffrieren der Kommunikationssysteme der Sowjetunion und anderer Länder wie der Vereinigten Staaten lieferten. Offiziell sind die Briten noch immer nicht von der lächerlichen, weil völlig unglaubwürdigen Behauptung abgerückt, in Friedenszeiten niemals versucht zu haben, die Kommunikation anderer Länder zu entschlüsseln. Die NKWD-Akten dokumentieren, daß Macleans Material Beweise dafür lieferte, daß eine streng geheime, unter dem Kürzel »GC & CS« – »Government Code and Cypher School« – geführte Abteilung des Auswärtigen Amtes existierte, die 1935 intensiv auf ebendiesem Gebiet arbeitete. Maclean informierte Moskau nicht nur darüber, daß die Briten Telegramme der Komintern abfingen und zu entschlüsseln versuchten; seine Berichte bestätigen auch, daß die »blauen Mappen« häufig Informationen aus entschlüsselten diplomatischen Kryptogrammen der Amerikaner, Deutschen und Franzosen enthielten.[53]

Maclean fand nicht nur heraus, daß die Briten vergeblich den Code der sowjetischen Diplomaten zu knacken versuchten, sondern sorgte auch dafür, daß sich daran nichts änderte. Aufgrund seiner rechtzeitigen Warnung 1936 gelang es, einem Trick der GC & CS zuvorzukommen, die mit einem ausgeklügelten Plan versuchte, das neue Codierungssystem der sowjetischen Botschaft in London zu knacken. Aus Dokumenten, die Maclean Mally zukommen ließ, ging hervor, daß ein konservativer Abgeordneter im britischen Parlament »interessierte« Fragen in bezug auf die Sowjetunion stellen und daraufhin der – über den wahren Zweck dieser Fragen aufgeklärte – Außenminister eine ungewöhnlich ausführliche und detaillierte Antwort geben sollte. Die »Codeknacker« von der GC & CS sollten dann den verschlüsselten Text abfangen, wenn die sowjetische Botschaft – wie zu erwarten war – wortwörtlich den Inhalt der Parlamentsdebatte an Moskau weiterleitete. Indem sie die verschlüsselte Botschaft mit dem Original verglichen, wollten die Dechiffrierer den sowjetischen Code erschließen. Obwohl dies den Briten keinen längerfristigen Zugang zur sowjetischen Geheimschrift eröffnet hätte, wurden nach Macleans Warnung die Chiffrierer der sowjetischen Botschaft angewiesen, künftig beim Verschlüsseln aller Berichte über die Äußerungen von Ministern besondere Sorgfalt walten zu lassen. Aus heutiger Sicht ist klar, daß die Zentrale, da sie mit Maclean und King gleich zwei Leute im Außenministerium sitzen hatte, rechtzeitig gewarnt worden wäre, wenn die britischen Dechiffrierer bei ihren Versuchen, die sowjetischen Kryptogramme zu entschlüsseln, entscheidende Fortschritte gemacht hätten.[54] Ihre sowjetischen Kollegen in Moskau dürften auch von Macleans Bericht beeindruckt gewesen sein, demzufolge Strachey für die GC & CS an einer Chiffriermaschine arbeitete, die »die Möglichkeit einer Entschlüsselung mit absoluter Sicherheit ausschließt und keine Codes mehr erfordert«.[55]

Schon ein halbes Jahr nach seinem Eintritt ins Außenministerium leistete Maclean für den sowjetischen Geheimdienst auf breiter Front so wichtige Beiträge, daß die Unterwanderungs-Operation zu einem großen Triumph wurde. Abgesehen vom eigentlichen Wert der durch ihn beschafften Informationen unterstützte Maclean auch die sowjetische Spionageabwehr. Spezifische Daten in den Berichten des britischen Außenministeriums über die UdSSR gaben dem NKWD entscheidende Hinweise beim Aufspüren und Neutralisieren von Undercoverspionen, die in der Sowjetunion für die Briten arbeiteten. Aus den Akten geht hervor, daß 1936 aufgrund von Macleans Berichten eine Untersuchung eingeleitet wurde, in deren Verlauf einer der Verräter im Volkskommissariat für Auswärtige Angelegenheiten enttarnt wurde. Handelte es sich dabei um denjenigen MI6-Informanten, von dem Anthony Blunt 1964 zugab, daß er ihn 1941 verraten habe? Möglicherweise war er der mysteriöse »Spion von Gibby«, den Peter Wright erstmals öffentlich identifizierte. »Gibbys Spion« wurde er genannt, weil er 1933 als Mitglied von Anastas Mikojans Kommissariat von Harold Gibson angeworben wurde – einem Undercoveragenten des MI6 an der britischen Botschaft, der mit dem Sekretär des Kommissariats vor der Revolution in Moskau zur Schule gegangen war. Dies geht auch aus einem SIS-Bericht hervor, der von Maclean im März 1937 an das NKWD weitergeleitet wurde und zur Enttarnung eines britischen Agenten im Kommissariats für Äußere Angelegenheiten führte. Das Material in den NKWD-Akten deutet jedoch darauf hin, daß »Gibbys Spion« in Wirklichkeit von Maclean verraten worden war und daß der sowjetische Geheimdienst den Sekretär des Kommissariats anschließend »umgedreht« hatte, um mit seiner Hilfe den Briten Falschinformationen zuzuspielen – bis Blunt mehr oder weniger zufällig über dieses erfolgreiche doppelte Täuschungsmanöver stolperte.[56]

Durch andere von Maclean beschaffte MI6-Berichte wurde der NKWD darauf aufmerksam, daß es dem britischen Geheimdienst im März 1937 gelungen war, in die engere Umgebung von Willi Münzenberg vorzudringen.[57] Dieser ausgebürgerte deutsche Komintern-Führer war der Begründer vieler kommunistischer Tarnorganisationen wie der Antiimperialistischen Liga, der Internationalen Arbeiterhilfe und dem Weltkomitee zugunsten der Opfer.des Faschismus.[58] Zu den Erfolgreichsten dieser Tarnorganisationen zählte die Antiimperialistische Liga. Diese teils zu Propagandazwecken, teils zur Beschaffung von Informationen gegründeten Vereinigungen schossen wie Pilze aus dem Boden, nachdem Münzenberg im Jahre 1933 Berlin hatte verlassen müssen.

Ein weiteres Mal versetzten die von Maclean beschafften Informationen den NKWD in die Lage, auf subtile Weise Stalins außenpolitische Machenschaften zu unterstützen, indem man den Deutschen und Franzosen Hinweise auf undichte Stellen in ihren eigenen Ministerien gab, aus denen Informationen zu den Briten durchsickerten.[59] Maclean war zu einem so wichtigen und produktiven Agenten geworden, daß die Londoner Residentur Moskau um spezielle Anweisungen bezüglich seiner Behandlung bat. »Ich möchte noch einmal betonen, daß für WAISE eine eigene Unterabteilung geschaffen werden sollte«, drängte Mally die Zentrale in einem Bericht aus London vom 24. Mai 1936.[60] Da er als Resident dafür verantwortlich war, daß dieser gewaltige Strom von Dokumenten so schnell wie möglich Moskau erreichte, forderte er Orlow und dessen Vorgesetzten auf, Maclean über einen exklusiven und unabhängigen Kanal zu führen.

»Hüten sie WAISE wie Ihren Augapfel und lassen Sie ihm Ihre größtmögliche Aufmerksamkeit und Sorgfalt zukommen«, antwortete die Zentrale zunächst.[61] Einige Wochen später wurde dem Londoner Residenten mitgeteilt, er werde in Kürze einen erfahrenen Illegalen mit Decknamen HANS erhalten, der jedoch zunächst in Moskau noch einige Privatangelegenheiten zu klären habe. Es handelte sich dabei um Bystroljotow. Wie viele von Orlows Zeitgenossen unter den Großen Illegalen war auch Bystroljotow eine hochinteressante Persönlichkeit, die geradewegs einem Spionagefilm aus Hollywood hätte entstammen können. Der gutaussehende Frauenheld, der mehrere europäische Sprachen beherrschte, zeichnete sich durch galantes Auftreten und großen Mut aus. Zudem verfügte er über ein ungewöhnliches schauspielerisches Talent, wenn es darum ging, in der Öffentlichkeit denjenigen Menschen darzustellen, für den er sich bei seiner Tätigkeit im Untergrund gerade ausgab – gleichgültig, ob er sich nun in England als ungarischer Graf oder auf dem Festland als englischer Gentleman präsentierte. Ebenso wie Mally war er beim sowjetischen Geheimdienst als Mitglied einer Eliteeinheit illegaler Agentenanwerber mit einem Bündel falscher Pässe und Identitäten in halb Europa herumgeschickt worden und dabei der Sicherheitspolizei eines guten Dutzends von Ländern immer wieder entkommen. Seiner NKWD-Akte zufolge hatte er neben Oldham und King in Großbritannien auch eine ganze Reihe wertvoller Agenten in Italien, Frankreich und der Tschechoslowakei rekrutiert.[62]

Bei einigen dieser Operationen hatte Bystroljotow sogar Schießereien mit feindlichen Agenten überlebt, doch vor Stalins brutalem Speichellecker Nikolai Iwanowitsch Jeschow, dem neuen Chef des NKWD, konnten ihn auch sein Mut und sein Scharfsinn nicht retten. Vor Bystroljotows geplanter Abreise von Moskau über Kopenhagen und die Nordsee nach England, wo er die Führung Macleans übernehmen sollte, begann Jeschow mit einer Säuberungsaktion gegen die Kader der Illegalen des sowjetischen Geheimdienstes. Im September 1938 wurde Bystroljotow wie viele seiner Genossen aus der alten Garde unter einem Vorwand verhaftet und der »Spionage für das Ausland« bezichtigt. Er wurde zu Zwangsarbeit in einem sibirischen *Gulag* verurteilt und erst nach Stalins Tod sechzehn Jahre später wieder entlassen.[63]

In der Zwischenzeit überwachte Orlow weiterhin von Moskau aus Macleans Arbeit, während WAISE sich in London nach wie vor regelmäßig mit Mally oder Deutsch traf. Er händigte ihnen riesige Bündel von Dokumenten aus, die meist aus den grünen oder roten Mappen des Außenministeriums stammten und in der Wohnung einer gewissen HERTA fotografiert wurden – ein weiterer Deckname des weiblichen Kuriers PFEIL. Die Papiere wurden Maclean jeweils noch in derselben Nacht zurückgegeben, so daß er sie am folgenden Tag in sein Amt zurückbringen konnte. Für die blauen Mappen mit Informationen über Geheimcodes, zu denen Maclean nur während der Dienstzeit Zugang hatte, bekam er eine Spiegelreflexkamera, damit er sie an Ort und Stelle fotografieren konnte. Dies war zwar äußerst riskant, doch Maclean schaffte es, ohne sich dabei erwischen zu lassen. Moskaus Mann im Auswärtigen Amt war jedoch nicht nur ein passiver Informationskanal, über den die Zentrale einen kleinen Berg britischer Geheimdokumente anhäufte. Er beschaffte der Londoner Residentur auch Informationen über die Befehlsstruktur und das Führungspersonal der Abteilung für Gegenspionage des britischen Geheimdienstes, besser bekannt als MI5. Im August 1936 fiel Maclean beispielsweise ein von seinem Chef, Sir Vernon Kell, unterzeichneter Bericht in die Hände. Mally informierte daraufhin sofort die Zentrale darüber, daß »Kell der Leiter der geheimen

Abteilung MI5 ist. MAX [ein anderer Deckname für Wylie, den Sekretär des Kriegsministeriums] bestätigte dies MÄDCHEN [Burgess] gegenüber. Sie haben Kells Adresse herausbekommen und werden ihn ab sofort überwachen, um herauszufinden, wohin er zur Arbeit geht.«[64]

Die Beschattung des MI5-Chefs versetzte die NKWD-Residentur in die Lage, andere leitende Mitglieder von Kells Stab zu identifizieren sowie den Sitz des MI5-Hauptquartiers in Londons geschäftiger Cromwell Road ausfindig zu machen. Dennoch beharrte Orlow weiterhin darauf, daß der MI6 das Hauptziel der Gruppe von Cambridge war. Als »Treffer« verzeichnete Maclean am 8. Oktober 1936, daß ein SIS-Offizier namens David Footman ihn im Außenministerium besucht hatte. Dies eröffnete der Gruppe, wie im nächsten Kapitel beschrieben, die Möglichkeit, Burgess ins Spiel zu bringen und damit einen ersten Fuß in die Tür des britischen Geheimdienstes zu setzen, kurz nachdem Orlow aus Moskau nach Spanien abreiste.

Nach einem Jahr, in dem Maclean einen Erfolg nach dem anderen verbuchen konnte, erlitt die illegale Londoner Residentur 1937 eine Reihe von Rückschlägen. Im Juni 1937 wurde Mally nach Moskau zurückbeordert, wo er der sogenannten *Jeschowschtschina* zum Opfer fiel – dem Blutbad, das der NKWD-Chef mit einer Welle konstruierter Verratsbeschuldigungen ausgelöst hatte. Sein auffälliger Lebensstil machte auch Bystroljotow leicht zur Zielscheibe für Beschuldigungen, er sei ein Sympathisant der Trotzkisten. Anders als Orlow zog Mally es jedoch offenbar vor, bei Stalins Säuberungen zum Märtyrer zu werden, statt sich der Schande auszusetzen, aus dem Land zu fliehen, nur um schließlich doch irgendwo von den Todesschwadronen des NKWD aufgespürt und erschossen zu werden. Dieses Schicksal sollte bald seinen alten Freund, den GRU-Illegalen Porezki, ereilen, der unter dem Pseudonym Reiss operierte.

»Sie verraten ihr eigenes Volk«, äußerte Mally Porezkis Witwe zufolge gegenüber Reiss, den er auf dem Weg nach Moskau in Paris traf. Als ehemaliger Priester, wußte er, hatte er keine Chance, aber Frau Porezki erklärte, er habe »beschlossen hinzugehen, damit niemand sagen kann: ›Dieser Priester könnte womöglich wirklich ein Spion gewesen sein.‹«[65]

Mally wurde für schuldig befunden und erschossen. Im nachhinein jedoch bewahrte sein tödlicher Rückruf nach Moskau die Gruppe von Cambridge mit großer Wahrscheinlichkeit davor, frühzeitig vom MI5 enttarnt zu werden. Mittlerweile war nämlich eine Agentin des britischen Geheimdienstes, die mutige Sekretärin Olga Gray aus dem Ealing Ladies Hockey Club, ins Hauptquartier der kommunistischen Partei eingeschleust worden. Aufgrund ihres Fleißes und ihrer scheinbaren politischen Zuverlässigkeit wurde bald Percy Glading auf sie aufmerksam, ein Kommunist und früherer Angestellter der Admiralität, der unter der Leitung der Londoner Residentur im regierungseigenen Rüstungsunternehmen Woolwich Arsenal ein Spionagenetz aufgebaut hatte. Unter dem Namen Peters traf Mally im April 1937 in einem Haus in Holland Park mehrmals mit Glading zusammen, wobei auch Gray zugegen war. Ihre Berichte über andere Mitglieder des Spionagerings versetzten den MI5 in die Lage, Mally und Deutsch als sowjetische Geheimagenten zu identifizieren. Diese Überwachung dauerte neun Monate an. Aus bislang unerfindlichen Gründen jedoch, die womöglich erst verständlich werden, wenn der MI5 endlich Zugang zu seinen historischen Akten gewährt, wartete der britische Geheimdienst mit der Verhaftung von Glading und seinen Komplizen vom Spionagering bei Woolwich Arsenal bis zum 21. Januar 1938. Doch da hatten Mally und Deutsch schon längst die Britischen Inseln verlassen.[66]

Anhaltspunkte, daß der MI5 sich immer weiter vorantastete, ergaben sich, als die illegale NKWD-Filiale in London den zweiten schweren Schlag erlitt. Deutschs auf drei Jahre ausgestellte Aufenthaltsgenehmigung für sein Studium der Psychologie war abgelaufen, und so wurde er von der Polizei vorgeladen und aufgefordert, das Land zu verlassen. Die Befürchtungen der Zentrale, daß ihr illegales Agentennetz in London überwacht wurde, verstärkten sich nach einem Bericht Edith Tudor Harts vom Juni 1938. Zwei Beamte der Spezialabteilung hatten sie besucht und gefragt ob sie 1936 eine Kamera der Marke Leica erworben habe. Sie erklärte, sie könne sich nicht erinnern, da sie als Fotografin im Verlauf ihrer Arbeit häufig Kameras kaufe. Als sie ihr eine Rechnung zeigten, die auf einen Dr. Harte aus der Acre Lane 63 ausgestellt war, beteuerte sie, dies sei zwar ihre Adresse, aber »offensichtlich nicht mein Name«. Daraufhin hatten die Polizisten sie gebeten, schriftlich zu erklären, daß sie die Leica nicht gekauft habe; sie hatte jedoch abgelehnt, dies zu tun, ohne vorher ihren Anwalt konsultiert zu haben. Die Polizeibeamten waren dann gegangen, und sie hatte nichts mehr von ihnen gehört. Als Anthony Blunt jedoch im Mai 1941 Edith Tudor Harts MI5-Akte überprüfte, mußte er feststellen, daß sie als österreichische Immigrantin und aktive Kommunistin in der Tat in den dreißiger Jahren unter polizeilicher Überwachung gestanden hatte.[67]

Hätte Deutsch versucht, seinen Aufenthalt in England zu verlängern, dann hätte er damit nicht nur die Arbeit der Gruppe von Cambridge gefährdet, sondern auch die anderen Undercoveragenten, die er geführt hatte – auch die bis heute nicht identifizierten NACHFOLGER, ATTILA und BÄR, die im Woolwich-Spionagering mitarbeiteten, der den NKWD-Akten zufolge viel umfangreicher war und weit größeren Schaden anrichtete, als die Briten damals wahrhaben wollten. Also packten die Deutschs ihre Koffer und reisten mit ihrem Kind rechtzeitig vor Ablauf der Aufenthaltserlaubnis ab, um nicht zusätzlich Verdacht zu erregen. Aus Deutschs NKWD-Akten geht jedoch hervor, daß er im November 1935 heimlich unter einem anderen Namen zurückkehrte und zehn Tage damit verbrachte, die Kommunikationswege des ihres Kopfes beraubten Agentennetzes der Londoner Residentur zu zerstören.[68]

Fast sechs Monate lang blieben Maclean und die anderen Mitglieder des Spionagerings von Cambridge ohne Führungsoffizier. Sechs Monate bevor Mally am 20. September 1938 vom Militärkollegium des Obersten Gerichtshofes zum Tode verurteilt wurde (nachdem er aufgrund manipulierter »Beweise« der Spionage nach Artikel 58, Abschnitt sechs des Strafgesetzbuches für schuldig befunden worden war), erfuhr der frühere Londoner Resident eine Art Rechtfertigung, als sein Vorschlag, eigens für Maclean einen neuen illegalen Kommunikationskanal einzurichten, von der Zentrale abgesegnet wurde. Im Frühjahr 1937 veränderte Jeschow grundlegend die Vorgehensweise des sowjetischen Geheimdienstes, indem er die einzelnen NKWD-Residenturen wieder in die sowjetischen Botschaften eingliederte. Aufgrund seiner Säuberung in den Reihen der Großen Illegalen blieb Jeschow auch gar nichts anderes übrig, als wieder zu der alten Politik zurückzukehren und Auslandsspionage von den Legalen im Schutze ihrer diplomatischen Immunität vollführen zu lassen.

Grigori Grafpen, der als legaler NKWD-Resident das Netz der früher illegalen Londoner Niederlassung übernahm, war aus einem anderen Holz geschnitzt als sein Vorgänger. Früher hatten sie ihre Befehle von dem kultivierten Mally erhalten, dem intellektuellen Deutsch oder Orlow, dessen Weltgewandtheit der Cambridge-Gruppe einen Hauch von Abenteuer verlieh. Nun bekamen sie ihre Anweisungen von einem eigensinnigen sowjetischen NKWD-Offizier, der durch sein kultiviertes Benehmen und seine eleganten Anzüge wie einer jener Diplomaten aus Kensington Gardens aussah, die bei der sowjetischen Botschaft arbeiteten. Im April 1938 übernahm er unter dem Codenamen SAM die Leitung des Cambridge-Netzes und der anderen Rekruten von Deutsch. Maclean hatte nie mit Grafpen direkt zu tun. Seiner Akte zufolge hatte Grafpen lediglich die Instruktionen erhalten, wie er WAISE in einem Notfall kontaktieren könne. Er sollte Maclean einen Tag vor dem beabsichtigten Treffen in seiner Wohnung vor 9.30 Uhr oder nach 22.30 Uhr anrufen und fragen: »Hallo, hier ist Bill, hättest du nicht Lust, ins Theater zu gehen?« Am vereinbarten Treffpunkt, der U-Bahn-Station Charing Cross, sollte er mit einer Ausgabe des *Manchester Guardian* unterm Arm erscheinen und zu Maclean sagen: »Ich habe dich lange nicht gesehen, Donald!« Maclean sollte ein Exemplar des *Esquire* in der Hand halten und antworten: »Weißt du etwas Neues über Theodor?«[69]

Doch diese Scharade war nie notwendig. Die Zentrale hatte eine junge Agentin als Führungsoffizier für Maclean ausgewählt. Sie war erst Ende

Zwanzig und gehörte zu den wenigen, speziell für die illegale Arbeit ausgebildeten NKWD-Offizieren, die aufgrund ihrer Jugend und ihrer russischen Abstammung nicht des Verrats und der trotzkistischen Verschwörung angeklagt wurden. Im Gegensatz dazu waren viele Genossen der älteren Generation den Säuberungen und Verleumdungen zum Opfer gefallen, was die Ränge der illegalen Offiziere deutlich dezimiert hatte.

Das erste Treffen zwischen Maclean und seiner neuen sowjetischen Betreuerin mit dem Codenamen NORMA fand am 10. April 1938 im Empire-Kino östlich des Leicester Square im Londoner West End statt. In ihrer Akte ist der Dialog vermerkt, mit dem sie sich als NKWD-Offizierin zu erkennen gab: »Hast du meinen Freund Karl gesehen?« fragte NORMA Maclean, der darauf antwortete: »Ja, ich sah ihn am 7. Januar.«[70]

Weder NORMAS Identität noch die Einzelheiten ihrer Tarnung in London sind bisher bekanntgegeben worden, da sie später weitere Einsätze erfolgreich geleitet hat, die der russische Geheimdienst noch nicht aufdecken will. Sie war nur einige Wochen vor ihrem Treffen mit Maclean in England angekommen und fand bald eine Wohnung in Bayswater, nördlich des Hyde Park, einer Gegend, die sich bei sowjetischen Agenten besonderer Beliebtheit erfreute, da sie erstens nicht weit von der Botschaft der Sowjetunion entfernt lag und zweitens in den Hotels und Appartements der einst so noblen viktorianischen Reihenhäuser reichlich billiger Wohnraum zur Verfügung stand. Ihre erste Wahl fiel auf eine Wohnung im Erdgeschoß, die jedoch nicht die Zustimmung von SAM fand, der in Sicherheitsfragen ausgesprochen pedantisch war. Mit der Begründung, daß diese Wohnung zu leicht zu überwachen sei, wies Grafpen seine Agentin an, sich eine sicherere in einem höheren Stockwerk zu suchen. Unter dem eisernen Regime, das Jeschow in der Zentrale eingeführt hatte, mußten die Anweisungen eines Residenten unwidersprochen befolgt werden. Wer sich nicht an die strengen Regeln der *konspirazija* hielt, wurde sofort in die Lubjanka zurückgerufen, wo die bevorzugte Methode, das Vertrauen wiederherzustellen, darin bestand, im Kellergeschoß des berüchtigten Bauwerks dem Ungehorsamen in den Hinterkopf zu schießen.[71]

NORMA war sich über die Bedeutung ihrer Mission völlig im klaren. Sie sollte die einzige Kontaktperson von LYRIC werden, wie Maclean nun in der NKWD-Kommunikation genannt wurde. Die Expertin für Fotografie und geheime Kommunikation gehörte einer neuen Generation sowjetischer Geheimdienstoffiziere an, die speziell für die Agentenführung ausgebildet waren. Für NORMA, eine dunkelhaarige, attraktive Frau, war die Revolution bestenfalls noch eine Kindheitserinnerung.

Die nur vier Jahre ältere NORMA war bereits Macleans sechster sowjetischer Führungsoffizier in vier Jahren. Darauf wies Maclean in einem autobiographischen Bericht hin, den er auf Anweisung der Zentrale im November 1942 verfaßte. Bevor NORMA die geheime Seite seines Lebens in die Hand nahm, hatte Maclean, wie er selbst eingestand, sehr wenig über die Identität des jeweiligen Agenten gewußt, der ihn führte.

»Einer Ihrer Leute, mit dem ich zusammengearbeitet habe, war mir als Little Bill bekannt«, schrieb Maclean und fügte hinzu: »Seinen wahren Namen kannte ich nicht, und ich kann Ihnen nichts weiter über ihn sagen außer, daß er später – wie ich glaube – zu seiner normalen Arbeit in der Papierindustrie zurückkehrte.«[72] Er sollte nie erfahren, daß der Mann, den er als Little Bill kannte, Ignati Reif war, dessen einzige Verbindung mit der holzverarbeitenden Industrie in seiner Arbeit als Mitglied einer Holzfällereinheit in den Straflagern eines sibirischen Kiefernwaldes bestand. Im Rahmen der Säuberung war er zu acht Jahren Zwangsarbeit in Sibirien verurteilt worden. Danach kam Big Bill, der, wie Philby ihm erzählt hatte, »später in Spanien arbeitete«. Er kannte weder Orlows richtigen Namen noch den Mallys, den er der Zentrale gegenüber als »großen Ungarn namens Theodor« bezeichnete, einen »ehemaligen Mönch«; auf ihn war Deutsch gefolgt, den Maclean als einen »tschechischen Wissenschaftler« beschrieb, der sich OTTO oder STEPHAN genannt habe.[73]

Macleans erstes Zusammentreffen mit NORMA war für ihn offenbar eine ziemliche Überraschung. Aus ihrer Akte geht hervor, daß die Zentrale SAM am 4. April erlaubte, den Kontakt herzustellen. Sechs Tage später telegrafierte Grafpen an Moskau: »NORMAS Kontakt zu LYRIC ist hergestellt.«[74] Wenige Tage danach brachte Maclean einen dicken Stoß von Dokumenten aus dem Auswärtigen Amt in NORMAS Wohnung, wo sie sie fotografierte, bevor er sie wieder mitnahm. Die unentwickelten Filmrollen von NORMA wurden an Grafpen weitergeleitet, der sie mit der Diplomatenpost per Schiff nach Moskau schickte.

Einer der Gründe dafür, warum die Zentrale eine hübsche junge Frau als Führungsoffizier Macleans ausgewählt hatte, war, daß ihre bis spät in die Nacht dauernden Treffen kaum den Verdacht aufkommen lassen konnten, daß hinter ihrer Beziehung mehr steckte als ein ganz normales Liebesverhältnis. Doch aus NORMAS »Legende« wurde bald eine wirkliche Romanze, wie sie ein melodramatischer Spionagethriller nicht besser hätte darstellen können.[75] Ironischerweise sollte Orlow später in seinem *Handbook* schreiben, daß »idealistische junge Frauen«, die für den NKWD arbeiteten, »äußerst stimulierend« auf junge Männer aus der englischen Oberschicht wirkten. »Die zunächst von Gouvernanten als Weichlinge erzogenen und später auf exklusive Privatschulen geschickten jungen Männer«, so glaubte er, »waren entzückt von den furchtlosen jungen Amazonen, und so wuchsen sich ihre intellektuellen Bande nicht selten zu Romanzen aus.« Orlow konnte nichts von der Affäre Macleans mit seinem weiblichen Führungsoffizier gewußt haben, einer Affäre, die sich später als gefährlich erweisen sollte.[76]

Unter Mißachtung der strengen Sicherheitsvorschriften des sowjetischen Geheimdienstes setzte NORMA ihre Affäre mit LYRIC fort. Ein Bericht von ihr in ihrer Akte belegt, daß sie während ihrer Bettgespräche Maclean seinen Decknamen verriet – eine der Todsünden im Sicherheitssystem. Wäre alles normal verlaufen, hätte die Zentrale wohl nie von NORMAS höchst regelwidrigen Verhältnis zu ihrem Agenten erfahren, doch dann verriet Maclean sich versehentlich selbst – in einem Brief an die Zentrale, den er NORMA zusammen mit einem Stapel von Material aus dem Außenministerium in einem versiegelten Umschlag zur Weiterleitung nach Moskau übergab. Als das Päckchen dort geöffnet wurde, war das Erstaunen groß. Die Zentrale wies ihren Residenten in der Londoner Botschaft sofort an, diesen schweren Bruch der Sicherheitsbestimmungen zu untersuchen. Bei seinem Treffen mit NORMA fragte Grafpen sie, wie Maclean wissen könne, daß sein Deckname LYRIC war. Schuldbewußt gestand die Agentin, daß sie sich hoffnungslos ineinander verliebt hatten. Sie gab zu, Maclean nicht nur seinen, sondern auch ihren Decknamen verraten zu haben. SAM übermittelte der Zentrale seinen Bericht über NORMAS Fehler sowie deren Ausdruck tiefsten Bedauerns darüber, daß sie eine so gedankenlose Genossin gewesen war und einen so gefährlichen Schnitzer gemacht hatte.[77]

NORMAS Affäre stellte die Zentrale vor ein schweres Dilemma. Sie zurückzubeordern hätte womöglich eine risikoreiche Unterbrechung der guten Fortschritte eines ihrer besten Informanten nach sich gezogen, über den der NKWD die britische Reaktion auf Hitlers Forderungen im Sommer 1938 beobachtete, als sich Europa angesichts der Krise um die Tschechoslowakei bereits auf den Krieg vorbereitete. Jeschow konnte es sich nicht leisten, Stalin so wichtiger direkter Informationen zu berauben, zumal Lawrenti Berija, der im Juli 1938 zu seinem Stellvertreter ernannt wurde, bereits an seinem Stuhl sägte.

Hätte Jeschow also NORMA zur Disziplinierung nach Moskau zurückgerufen, wäre er dafür verantwortlich gemacht worden, die direkte Verbindung seines Chefs zum britischen Außenministerium unterbunden zu haben. Aus diesem Grund beschloß der kaltblütige Jeschow, das Liebespaar nicht auseinanderzureißen, um Maclean nicht dem sowjetischen Geheimdienst zu entfremden und womöglich seine Kooperationsbereitschaft zu gefährden. Also wies die Zentrale SAM an, in der Sache nichts weiter zu unternehmen, als NORMA streng zu untersagen, ihrem Geliebten die beiden neuen Decknamen zu enthüllen, die den beiden vorsichtshalber zugeteilt wurden. Ihr Mißfallen schien die Zentrale durch die deutlich weniger romantisch klingenden Kryptonyme ADA und STUART ausdrücken zu wollen.[78] Obwohl ADAS Affäre mit Maclean noch ein Jahr andauerte, klärte sie ihn nie über seinen neuen Decknamen auf. Grafpen hatte ihr offenbar klargemacht, daß dies für sie lebensgefährlich werden könnte. Der Beweis ihrer Zuverlässigkeit findet sich in Macleans autobiographischem Bericht von 1942, in dem er von seinem »wohlklingendem Decknamen LYRIC« berichtete. »Da mir nichts Gegenteiliges bekannt ist, gehe ich davon aus, daß ich noch immer unter diesem Decknamen geführt werde.«[79]

Macleans handgeschriebener Brief vom 25. April 1938 hätte, wenn nicht Hitlers Drohgebärden gewesen wären, NORMA wahrscheinlich ins Moskauer Grab geschickt. Die purpurfarbene Notiz eines NKWD-Beamten zeigt, daß der Brief fünf Tage später mit der Diplomatenpost aus London in Moskau ankam. Die Anrede »Lieber Genosse« läßt keinen sicheren Schluß auf den Adressaten zu, aber aufgrund seines respektvollen Tonfalls und der Anspielungen auf OTTO und THEO kann das Schreiben nicht an Deutsch oder Mally adressiert gewesen sein. Auch dürfte Maclean nicht in diesem Plauderton den NKWD als Kollektiv angeschrieben haben. Der Inhalt läßt den Schluß ziehen, daß Maclean glaubte, an einen NKWD-Offizier zu schreiben, der mit den Einzelheiten seiner Karriere vertraut war. Interessant ist der Brief auch insofern, als er einen Einblick in Macleans Modus operandi gewährt und als faszinierende historische Momentaufnahme zeigt, daß die »drei Musketiere« – wie Maclean sich, Burgess und Philby nennt – sich als wichtige Spezialagenten des sowjetischen Geheimdienstes betrachteten:

»Lieber Genosse,
zunächst möchte ich Ihnen mitteilen, wie sehr ich mich darüber freue, wieder arbeiten zu können. Wie Sie sicher gehört haben, habe ich keinen Grund anzunehmen, daß meine Position irgendwie gefährdet sein könnte; die Arrangements, die wir in bezug auf meine Arbeit getroffen haben, dürften ihren Zweck erfüllen. Der Prozeß gegen Glading dürfte allerdings die Wachsamkeit der Behörden erhöht haben. Möglicherweise infolgedessen kursieren in meinem Amt neuerdings gewisse Richtlinien, die besagen, daß ›grüne‹ [also geheime] Papiere so weit wie möglich nicht und ›rote‹ [streng geheime] grundsätzlich *niemals* aus dem Amt mitgenommen werden sollten und daß sogar Löschpapier, das bei vertraulichen Papieren verwendet wurde, sorgfältig vernichtet werden muß! Was meine Arbeit betrifft, so werde ich Ihnen wie bisher alles zukommen lassen, was mir in die Hände fällt, also hauptsächlich die gedruckten Depeschen & Telegramme sowie Geheimberichte und sonstige Papiere von besonderem Interesse. Diesmal liegen einige Depeschen & massenhaft Telegramme bei; es wäre gut zu wissen, wie viele von letzteren Sie haben wollen, weil ich fürchte, daß etliche für Sie weniger interessant sind. Wir sandten Ihnen auch ein Memorandum von Collier, dem Chef der Abteilung Nord, über die allge-

meine britische Politik in bezug auf Spanien, zusammen mit den Kommentaren der höchsten Autoritäten des Auswärtigen Amtes. Das Dokument ist, wie ich glaube, recht interessant. Collier vertritt wie schon seit längerem eine mehr oder weniger linke, antifaschistische Linie, aber alle anderen, die dazu ihre Kommentare abgeben – Halifax, Momsey, Plymouth & Cadogan – stehen, wie nicht anders zu erwarten, einhellig hinter der gegenwärtigen Politik der Beschwichtigung gegenüber Italien und befürworten folglich, einen Sieg Francos zu akzeptieren. Vansittart – der, wie Sie sehen werden, sich nicht dazu äußert – soll zumindest teilweise Colliers Ansichten teilen (dies jedenfalls wird im Memorandum angedeutet), aber wie es scheint, ist sein Rat neuerdings nicht mehr sonderlich gefragt, seit Eden aus dem Amt schied. Zu diesem Punkt kann ich Ihnen später vielleicht noch mehr erzählen.

Was mich betrifft, so bin ich – wie Sie mittlerweile wissen dürften – der Botschaft in Paris als Dritter Sekretär zugewiesen worden. Voraussichtlich werde ich Mitte Oktober dort anfangen. Ich habe keine Ahnung, wie leicht oder wie schwer es sein wird, in Paris unsere Arbeit weiterzuführen, aber ich gehe davon aus, daß es wesentlich einfacher sein dürfte als an den meisten Orten, an die es mich hätte verschlagen können. Ich freue mich deshalb darüber – vorausgesetzt, es geht Ihnen ebenso. Ich muß im Sommer meinen Jahresurlaub nehmen und habe mich provisorisch schon mal für September eingetragen; das heißt, ich kann hier noch volle vier Monate arbeiten. Das würde außerdem bedeuten, daß ich direkt aus meinem Urlaub nach Paris fahre. Ich werde bei dieser Planung bleiben, sofern Sie keine Einwände haben.

Ich habe Kersakoff gesehen (OTTO weiß, wen ich meine), der vor etwa drei Wochen wieder für ein paar Tage hier war; er wartet schon ungeduldig darauf, daß man wieder Verbindung zu ihm aufnimmt, und sagt, daß dies auch für andere in Paris gilt.

Gestern habe ich gehört, daß der dritte Musketier eine Art Zusammenbruch hatte und für zwei Monate weg mußte. Ich habe ihn schon viele Monate nicht mehr gesehen und weiß deshalb nicht, ob das stimmt, aber es täte mir aufrichtig leid, wenn dem so sein sollte.

Das wär's wohl vorerst. Nur eines noch: meine besten Grüße an OTTO und Theo, an alle, die ich sonst noch kenne, und natürlich an Sie.

LYRIC

P. S. Teilen Sie mir bitte mit, ob es bestimmte Dinge gibt, die Sie wissen möchten, und ich werde mein Möglichstes tun. Ich selbst habe nach wie vor nur mit Spanien zu tun.«[80]

Macleans Brief, der aufgrund der Anspielungen auf Kersakoff und andere Mitglieder der Gruppe eindeutig zeigt, daß der Schreiber viel über andere Agenten wußte, läßt darauf schließen, daß Orlow, Mally und Deutsch im außergewöhnlichen Fall der »drei Musketiere« gar keine Möglichkeiten hatten, sich an die Regeln der *konspirazija* zu halten, da die Gründungsmitglieder der Gruppe von Cambridge einander so gut kannten, daß jeder über die Arbeit des anderen Bescheid wußte.[81] Während Kersakoff aufgrund der NKWD-Akten nicht identifiziert werden kann, bezieht sich Macleans Anspielung auf den »dritten Musketier« eindeutig auf Burgess. Dies geht aus der NKWD-Akte MÄDCHEN hervor, derzufolge der Agent im Frühjahr aufgrund eines schweren Syphilis-Anfalls gesundheitlich stark angegriffen war. Er wurde ins Krankenhaus eingewiesen und einer schmerzhaften Chemotherapie mit Quecksilber unterzogen – vor der Verwendung des Penicillins die einzige wirksame Behandlung dieser Geschlechtskrankheit.[82]

Daß die drei Männer von Cambridge einander offen die »drei Musketiere« nannten, ist an sich schon ein klarer Verstoß gegen die Regeln der *konspirazija*. Denn aus dem berühmten Eid von Alexandre Dumas' legendärem Trio »Alle für einen, einer für alle!« konnte leicht ein »Einer gefangen, alle gefangen!« werden. LYRICS Brief beunruhigte die Zentrale jedoch weniger wegen der Sicherheitsmängel innerhalb der Gruppe als vielmehr wegen der Tatsache, daß Moskau aufgrund von Macleans Versetzung nach Paris nunmehr befürchten mußte, von einer wichtigen Informationsquelle abgeschnitten zu werden, wenn nicht schnellstens ein Ersatz gefunden werden konnte.

Den NKWD-Akten zufolge war Macleans Versetzung jedoch nicht annähernd so folgenreich wie anfangs befürchtet. Vor seiner Abreise aus London 1936 hatte Deutsch bereits die Zentrale auf die im Außenministerium gängige Praxis hingewiesen, alle Dritten Sekretäre nach zweijähriger Dienstzeit in Whitehall an ausländische Botschaften zu versetzen.[83] Moskau hatte darauf geantwortet, Maclean solle so lange wie nur irgend möglich in London arbeiten, wo er in der Abteilung West zu einer weit größeren Fülle an Dokumenten Zugang hatte als in jeder britischen Botschaft. Deutsch jedoch, der wußte, daß die Abberufung Macleans unvermeidlich war, beschleunigte die Anwerbung weiterer Rekruten aus Cambridge.[84]

Macleans Ersatz im Auswärtigen Amt wurde unter dem Decknamen MOLIERE geführt. Gemäß seiner Praxis gab der russische Geheimdienst nur das Kryptonym des »sechsten« Mannes der Cambridge-Gruppe frei. Aber aufgrund der leicht durchschaubaren Codenamen der Rekruten aus Cambridge läßt sich feststellen, daß MOLIERE John Alexander Kirkland Cairncross war, der gerade eine wissenschaftliche Arbeit über MOLIERE anfertigte. Dem Sohn eines schottischen Eisenwarenhändlers wurde nach einigen Semestern an der Glasgow University und an der Sorbonne 1934 ein Stipendium am Trinity College von Cambridge angeboten, wo er moderne Sprachen studierte. Obwohl er kein bekennender Kommunist war, hatte ein Deutschlandbesuch im Jahre 1935 seine zunächst nur theoretisch fundierte linke Überzeugung bestärkt und ihn davon überzeugt, daß Hitler nur durch ein Bündnis Großbritanniens mit der Sowjetunion aufgehalten werden konnte. Als potentieller Kandidat für den sowjetischen Geheimdienst wurde Cairncross vom »vierten Mann« des Spionagerings von Cambridge, Anthony Blunt, ausgespäht, der seinerseits von Burgess rekrutiert worden war. Blunt arbeitete damals quasi als Talentsucher für den NKWD. Als Cairncross' Lektor für Französisch hatte er trotz ihrer gegenseitigen Abneigung die Möglichkeit, an ihn heranzutreten.[85]

Blunt reichte seinen Studenten an Burgess weiter, den Cairncross als »faszinierend, charmant und absolut skrupellos« beschrieb. Burgess baute Cairncross auf und empfahl ihn an Deutsch weiter. Als Cairncross 1936 mit Auszeichnung sein Examen bestand, hatte er bereits alle Kontakte zu Klugman und den kommunistischen Kreisen von Cambridge abgebrochen. Anders als Maclean mußte er für die Aufnahmeprüfung in den Staatsdienst nicht erforderlich hart arbeiten. Seine intellektuelle Brillanz überstrahlte derart seine etwas glanzlose Vorstellung in der mündlichen Prüfung, daß er am Ende ganz oben auf der Liste stand. Im Herbst 1936 – nur ein Jahr nach Maclean – wurde Cairncross als Dritter Sekretär in die Amerika-Abteilung des Auswärtigen Amtes aufgenommen.[86]

Cairncross blieb bei der Behauptung, daß seine Entscheidung, ins Auswärtige Amt einzutreten, nicht von den Sowjets beeinflußt worden, sondern seine eigene gewesen sei. Dies wird durch Mallys Brief vom 9. April 1937 bestätigt, der in den NKWD-Akten von Maclean enthalten ist. Darin heißt es, MOLIERE sei rekrutiert worden und würde Ende Mai kontaktiert – was ungefähr sechs Monate nach seinem tatsächlichen Amtsantritt im Auswärtigen Amt war.[87] Die Akte zeigt auch, daß Deutsch vor dem 9. September 1938 von MOLIERE keine Dokumente bekommen hatte. Cairncross wechselte einige Monate später zum Schatzamt. Er behauptete gegenüber den Autoren, daß das, was er zu jener Zeit an die Russen weitergab, »unbedeutend und neutral« gewesen sei. Viel mehr als für den Regierungsdienst war Cairncross, wie auch schon sein Codename vermuten läßt, für eine akademische Karriere auf dem Gebiet der französischen Literatur des 16. Jahrhunderts geeignet.[88]

Unfähig, für sich selbst eine Nische zu finden, hatte sich Cairncross innerhalb von zwei Jahren durch die Abteilungen Amerika, Völkerbund, West und Mitte des Außenministeriums gearbeitet. Als Maclean im September 1938 Whitehall verließ, hatte Moskau MOLIERE anscheinend schon für seine Rolle als wichtigster sowjetischer »Maulwurf« im Außenministerium Seiner Majestät vorgeschlagen. Cairncross übernahm diese Rolle, bis er Ende des Jahres zur großen Verärgerung Grafpens und zum Mißfallen Moskaus ins Schatzamt versetzt wurde. Cairncross erklärte seine Versetzung damit, daß er eben aufgrund seiner gesellschaftlichen Herkunft von vornherein keine Chance gehabt habe, in die Cliquen der Etablierten im Auswärtigen Amt aufgenommen zu werden.[89]

Grafpen und seine Residentur in der sowjetischen Botschaft, die die Betreuung von Cairncross und der expandierenden Gruppe von Cambridge übernommen hatten, mußten in der Zwischenzeit die Führung Macleans in Paris organisieren. Ausgehend von der Notwendigkeit, die Beziehung zwischen ADA und STUART aufrechtzuerhalten, beschloß die Zentrale, ADA – obwohl sie gegen die Regeln der *konspirazija* verstoßen hatte – nach Frankreich zu versetzen, um Maclean als Informanten nicht zu verlieren. Die Tschechoslowakei-Krise stand kurz vor ihrer schändlichen Entscheidung in München im Oktober desselben Jahres, als die Briten und Franzosen dieses Land für einen Fetzen Papier preisgaben, der als Friedensgarantie ebenso wertlos war wie das Dokument mit Hitlers Unterschrift.

»NORMA kam nach Paris, um für mich zu arbeiten, und tat dies bis zum Ende meiner Tätigkeit in der Botschaft im Juni 1940«,[90] schrieb Maclean in seiner NKWD-Autobiographie, in der er auch erklärte, daß er die Tatsache, nun weit weniger wichtige Informationen liefern zu können, zutiefst bedauert habe. Die Möglichkeiten zu ernsthafter Spionage waren in den großen Salons der Pariser Villa an der Rue Faubourg St. Honoré, wo die Briten ihre Botschaft und das Schatzamt hatten, nicht gerade berauschend. Maclean ließ über ADA ausrichten, daß er nur wenig für Moskau tun könne und ihn das sehr beunruhige. Der frischgebackene Zweite Sekretär fand die nicht enden wollende Routine diplomatischer Essen und Empfänge nervtötend und uninteressant – und dies um so mehr, als Großbritannien und Frankreich kurz davor waren, wegen der Tschechoslowakei einen Krieg mit Deutschland zu beginnen. Seine Verbitterung über die Preisgabe der Tschechoslowakei durch Chamberlain und Daladier wurde noch vertieft, als er erleben mußte, mit welcher selbstgefälligen Begeisterung die Pariser Salonpolitik die Unterzeichnung des Münchner Abkommens als Schritt zur Sicherung des Friedens feierte. Gegen Ende des Jahres verbrachte Maclean einen immer größeren Teil seiner Freizeit unter den Bohemiens des Café Flore und des Aux Deux Magots, jener berühmten Cafés der linken Szene, die er von seiner Junggesellenwohnung aus in wenigen Minuten erreichen konnte. Dort ertränkte er in der Gesellschaft von Künstlern, Schriftstellern und sozialistischen Intellektuellen, die im Qualm von algerischem

Tabak die marxistische Dialektik mit Anisschnaps hinunterspülten, seinen Frust im Alkohol.

»Die Arbeit in Paris bedeutet für ihn in vieler Hinsicht eine totale Veränderung«, berichtete Macleans Führungsoffizier Ende 1938 der Zentrale.[91] ADAS Bericht, der sich eher wie der Aufschrei einer zutiefst besorgten Geliebten liest, spiegelte ihre Befürchtung wider, daß Maclean in einer tiefen Persönlichkeitskrise steckte:

»Was er in London tat, machte ihm Spaß. Er hatte seine Freunde und viel Gelegenheit zum Lesen. In Paris ist das ganz anders. Er führt ein völlig anderes gesellschaftliches Leben. Er muß an Banketten und Empfängen teilnehmen. Sein ganzes Leben dreht sich um die Botschaft. Er haßt diese Atmosphäre, muß aber gleichzeitig in ihr arbeiten. Ich weiß, daß er ein sehr guter Genosse ist und die neue Umgebung seine Leistung nicht beeinträchtigen wird, glaube aber, ein Brief von zu Hause würde ihm sehr guttun. Er hat großes Vertrauen zu mir und teilt mir oft seine Gedanken mit. Aus diesem Grund weiß ich, daß ein Brief ihm sehr viel bedeuten würde. Ich überbrachte ihm Anweisungen bezüglich seiner Arbeit und manchmal persönliche Briefe und weiß deshalb, welchen Eindruck letztere auf ihn machen.«[92]

Mit einem »Brief von zu Hause« meinte Macleans Geliebte, die zugleich sein sowjetischer Führungsoffizier war, eine schriftliche Aufmunterung aus Moskau. Bald darauf erhielt Maclean ein Schreiben von Deutsch, das, wie ADA in ihrem nächsten Bericht bemerkte, seine Stimmung vorübergehend hob und ihn veranlaßte, OTTO einen Gruß ausrichten zu lassen.

Im Laufe des Jahres 1939, als sich die dunklen Wolken des herannahenden Krieges über Europa zusammenbrauten, ließ Macleans Leistung – nicht nur aus seiner Sicht, sondern auch aus der Moskaus – immer mehr zu wünschen übrig. Die Bedrohung Polens durch Hitler trieb Großbritannien und Frankreich im Frühjahr zu übereilten, bedingungslosen Garantien, die einzulösen Paris und London sich widerstrebend gezwungen sahen, als Deutschland im September in Polen einmarschierte. Der teuflische Hitler-Stalin-Pakt vom August hatte Maclean nicht tief genug erschüttert, als daß er sein blindes Vertrauen zu Moskau in Frage gestellt hätte. Nach Ausbruch des Zweiten Weltkriegs im September 1939 verschlechterte sich Macleans Gemütslage. Im fünften Monats des Krieges, im Januar 1940, kam die Krise zwischen ADA und STUART zu ihrem dramatischen Höhepunkt. Mit Hilfe eines vorher festgelegten Signals arrangierte ADA ein dringendes Treffen mit ihrem direkten Vorgesetzten, einem NKWD-Offizier mit Decknamen FORD, der von der sowjetischen Botschaft aus operierte. Er fand sich einer melodramatischen Situation gegenüber, auf die er überhaupt nicht vorbereitet war. Daß er sein Bestes gab, um ein höchst explosives Gemisch aus Spionage und Leidenschaft zu entschärfen, geht aus seinem Bericht an die Zentrale hervor. Dessen knappe und etwas unbeholfene Formulierungen lassen ahnen, wie unwohl sich dieser Offizier gefühlt haben muß, von dem man erwartete, eine Situation zu lösen, die mehr emotionaler als geheimdienstlicher Natur war. Die zusammenhängenden Absätze in FORDS Bericht können nur andeuten, welches Drama sich bei der stürmischen Auseinandersetzung abgespielt haben muß, die zwischen Maclean und ADA stattfand:.

»Beim Treffen erzählte ADA folgendes: Sie habe festgestellt, daß Maclean ein enges Verhältnis zu einer gewissen Frau habe, obwohl er selbst ihr nichts davon erzählt hatte. Nachdem sie eine Reihe von Veränderungen in seinem Verhalten und in der Anordnung der Möbel in seinem Zimmer bemerkt hatte, beschloß ADA, STUART zur Rede zu stellen. Letzterer war überrascht, daß ADA davon wußte, und gab zu, sich in eine Amerikanerin verliebt zu haben und mit ihr intim geworden zu sein. Diese Amerikanerin, Melinda Marling, ist recht liberal eingestellt. Sie ist die Tochter gutsituierter Eltern, die in den Vereinigten Staaten leben und an Politik nicht sonderlich interessiert sind.

STUART gab ADA gegenüber zu, Melinda Marling über seine Mitgliedschaft in der kommunistischen Partei ebenso informiert zu haben wie über seine Verbindung zu uns ›im Spionagegeschäft‹.

STUART versicherte ihr, er habe ADAS Namen nicht an seine Geliebte weitergegeben, sondern ihr lediglich erklärt, er habe uns über eine gewisse Frau kontaktiert … ADA meint, STUARTS Handeln sei durch ›jugendlichen Leichtsinn‹ erklärbar und er würde nach wie vor aufrichtig mit uns zusammenarbeiten.«[93]

Als der Bericht des Pariser Residenten in Moskau ankam, wurde er von der Mannschaft Pawel Fitins, des neuen furchteinflößenden Chefs der INO, wie eine entsicherte Handgranate behandelt. Doch die unbedingte Notwendigkeit, Maclean als Informanten zu behalten, hatte zur Folge, daß ihnen nichts anderes übrig blieb, als ADA anzuweisen, ihre persönlichen Gefühle zurückzustellen und nicht die Kontrolle über den britischen Diplomaten zu verlieren.

Dies war gar nicht so einfach für die arme ADA. Was sie in ihrem Schmerz als »jugendlichen Leichtsinn« ihres Liebhabers herunterzuspielen versucht hatte, hatte sich innerhalb kürzester Zeit zu einer sehr ernsten Angelegenheit entwickelt. Maclean hatte sich Hals über Kopf in Melinda Marling verliebt, während die temperamentvolle und erfahrene Melinda der eher jugendlichen Leidenschaft des englischen Diplomaten bald überdrüssig geworden war. Es war die nackte Verzweiflung, die panische Angst, Melinda könne ihn verlassen und sich einen interessanteren Liebhaber suchen, die Maclean dazu bewog, alle Regeln seines Berufs über Bord zu werfen und sich durch das Geständnis, ein sowjetischer Spion zu sein, wieder interessant zu machen. »Als wir uns zum erstenmal trafen, hatte sie nicht den geringsten Grund anzunehmen, daß ich etwas Bedeutsameres sein könnte als ein gewöhnlicher Mitarbeiter im diplomatischen Dienst der Briten. Nach einiger Zeit kam sie dann zu dem Schluß, daß meine Lebensweise als Diplomat unserer Beziehung im Weg stand, und so verließ sie mich. Also erzählte ich ihr, warum ich ein solches Leben führte. Dann kam sie zu mir zurück, und seither haben wir uns nie mehr getrennt.«

Macleans Lösung des Dreiecksverhältnisses war nur vorübergehend. Während Hitlers Blitzkrieg Frankreich zu überrollen drohte, konnte Moskau schließlich ADA nicht einfach zurückbeordern und Donald Maclean sich selbst überlassen. Man erzielte daher ein Übereinkommen: Ihr Verhältnis wurde von der Zentrale gestaltet, bis die deutschen Panzerdivisionen die Seine überquerten und das britische Botschaftspersonal die Koffer packen mußte.

Wie ferner Donnerhall grollte am 10. Juni schon das Artilleriefeuer über Paris, als Melinda und Donald in einer hastigen Zeremonie den Bund fürs Leben schlossen. Das Hochzeitspaar verabschiedete sich von ADA und verließ Paris – rund 48 Stunden, bevor die Champs-Élysées unter den Stiefeln von Hitlers siegreichen Legionen erzitterten. Eine Woche später wurden Mr. und Mrs. Maclean von einem britischen Zerstörer aus Bordeaux evakuiert, während Hitler persönlich der französischen Regierung die Bedingungen des Waffenstillstands diktierte. Mit Unterstützung aus dem kommunistischen Untergrund gelang es ADA, sicher nach Moskau zurückzukehren. Sie wurde nicht bestraft und durfte sich schon bald, wie es in ihrer Akte heißt, neuen »geheimdienstlichen Tätigkeiten im Ausland« zuwenden.[94]

Maclean, der nach seiner Rückkehr nach London wieder im Außenministerium arbeitete, konnte – diesmal aus der Abteilung Mitte – bald wieder wie früher Geheimnisse an Moskau weiterleiten. Diesmal jedoch kam er unter die strenge Aufsicht von WADIM, so das Kryptonym von Anatoli Gorski, dem NKWD-Residenten nach Grafpen in der sowjetischen Botschaft. Gorski, ein ehemaliger Chiffrierer, war ein kleiner Mann mit Brille, »zornigen Augenbrauen« und einem »trockenen geschäftsmäßigen Gebaren«, wie ihn ein früherer Kollege beschrieb.[95] Nachdem WAISE wieder einen strengen Herrn hatte, beschaffte er den Sowjets immer mehr geheime Dokumente und Telegramme. Dank der sowjetischen Akten wissen wir heute, daß es trotz gegenteiliger Behauptungen nicht Cairncross war, der Stalin als erster auf die Möglichkeit einer Atombombe hinweis, sondern Maclean. Der erste Hinweis auf die Arbeit von Großbritanniens strenggeheimem Uran-Komitee kam von Maclean im September 1941. Im selben Monat wurde dies durch ein Kryptogramm von Gorski bestätigt: »Ich möchte Sie kurz über die Inhalte eines Geheimberichtes des Regierungskomitees über die Entwicklung von Uran-Atomenergie zur Produktion explosiver Materialien informieren, der am 24. September 1941 dem Kriegskabinett vorgelegt wurde.« Es folgten technische Details. In einem verschlüsselten Telegramm gab Gorski Maclean als Informanten an. Letzteres wurde getrennt geschickt, da nach den Sicherheitsregeln der Informant und die Information nicht im selben Telegramm genannt werden durften.[96] Der absolute Höhepunkt von Macleans Arbeit für den sowjetischen Geheimdienst kam jedoch Ende des Krieges, nachdem er 1944 an die britische Botschaft in Washington versetzt worden war. Dort hatte er nicht nur freien Zugang zu den atomaren Geheimnissen der Amerikaner, sondern auch zu den Beratungen auf höchster Ebene, die der Gründung der NATO vorausgingen.

Maclean wurde zu einem der wertvollsten Spione Stalins. Sein Zutritt zu den höchsten Entscheidungsebenen derjenigen angloamerikanischen Gremien, in denen die militärische und wirtschaftliche Strategie der westlichen Verbündeten ausgearbeitet wurde, hatte zur Folge, daß der Kreml in den ersten Jahren des kalten Krieges und zu Beginn des Koreakrieges dem Westen immer einen Schritt voraus war.[97] Allein schon der Raum, den Macleans Akten in den Regalen des russischen Geheimdienstes in Jasenowo einnehmen, ist ein sichtbarer Beweis für den durchschlagenden Erfolg der Unterwanderungsstrategie, wie sie Orlow geplant hatte. Das wohl eloquenteste Zeugnis dafür, wie perfekt die Agenten von Cambridge auf die Arbeit von Moskau eingeschworen waren, lieferte Maclean selbst in einem Brief vom 29. Dezember 1940 aus dem von Luftangriffen verwüsteten London: »Diese Arbeit bedeutet mir ebensoviel wie Ihnen – wenn nicht sogar mehr, weil ich ihr mein ganzes Leben gewidmet habe. Ich werde alles in meiner Macht Stehende tun, um sie nicht zu gefährden. Ich kann nicht behaupten, daß ich meine Arbeit mag. Mir ist jedoch klar, daß sie zu dem Bereich in unserem großen Kampf gehört, für den ich am besten geeignet bin, und so will ich sie tun, bis man mich davon entbindet.«[98]

Macleans Wert für den sowjetischen Geheimdienst läßt sich schon anhand des Umfangs von Geheimmaterial einschätzen, das er den Russen beschaffte. Unabhängig vom inhaltlichen Wert dieser Dokumente ist allein schon ihre Masse beeindruckend. Den NKWD-Archiven zufolge waren die Ergebnisse seiner Spionagetätigkeit vom Zeitpunkt seines Eintritts ins Auswärtige Amt im Jahre 1935 bis zu seiner Flucht aus Frankreich im Juni 1940 in 45 Kartons untergebracht, von denen jeder einzelne dreihundert Seiten gestohlener Dokumente enthielt. Das ist wahrlich keine schlechte Leistung für einen 28jährigen, wenn man bedenkt, daß Maclean am Ende dieser fünf Jahre gerade erst ein Drittel seiner aktiven Karriere als sowjetischer Spion hinter sich hatte. Bezüglich ihrer Quantität sollte Macleans Leistung vom dritten Musketier noch übertroffen werden. Die NKWD-Akten über Burgess machen jedoch auch deutlich, auf was Orlow sich einließ, als er die Anwerbung jenes Agenten genehmigte, der der »dritte Mann« des Cambridge-Spionagerings wurde.

Anmerkungen

1. MACLEAN-Akte Nr. 83791, Band 1, S. 1, ARG.
2. Philbys KGB-Memoiren, S. 28, ARG. Es gibt in einer Mitteilung Orlows an die Zentrale vom 24. Januar 1935 einen Hinweis auf diese Liste, in PHILBY-Akte Nr. 5581, Band 1, S. 14, ARG. Die Liste selbst wurde entweder nicht nach Moskau befördert oder hat den Transport nicht überstanden, da sie bei einer Durchsuchung der in Frage kommenden Akten nicht gefunden werden konnte.
3. Claude W. Guillebaud, Senior Tutor vom St. John's College, zitiert nach T. E. B. Howarth, *Cambridge Between The Wars*, Collins, London 1978, S. 148.
4. Ob Kapiza wissentlich oder unwissentlich Agent war und, darüber hinaus, der Vater der sowjetischen Atombombe, ist immer noch Teil heftiger parteiinterner Kontroversen. Alles weist darauf hin, daß es eine großangelegte Operation zur Beschaffung wissenschaftlichen Materials gab, die Trilisser von der OGPU aus in Zusammenarbeit mit dem sowjetischen Militärgeheimdienst leitete. Daß Abram Joffe sich entschied, seine besten Physiker in westlichen Laboratorien arbeiten zu lassen, scheint Teil eines ausgeklügelten Plans gewesen zu sein. Kapiza konnte die langfristigen Vorteile eines solchen Technologietransfers in die Sowjetunion nicht übersehen haben. Seine Probleme, ein Transitvisum für Frankreich zu bekommen und seine Unterstützung durch die sowjetische Handelsdelegation sind weitere Hinweise darauf, daß seine Reise nach England nicht die eines einzelnen Forschers war, sondern zu einem unheilvollen Plan gehörte. Es ist unklar, wann und ob er sich entschied, seine Verbindung zu Moskau zu lösen. Detailliertere Informationen zu Kapizas Fall und den Standpunkten seiner führenden Verteidiger und Kritiker: siehe Costello, *Mask of Treachery*, S. 106–107, 145–149.
5. Orlov, *Handbook*, S. 108.
6. *The Cambridge Review*, März 1934.
7. Boyle, *Climate*, S. 58, 96.
8. Philbys KGB-Memoiren, S. 28, und PHILBY-Akte Nr. 5581, Band 1, S. 7, ARG. Reif kommentierte in seinem Brief vom Oktober 1934, der in der PHILBY-Akte liegt, Philbys Vorschläge: »SCHWEDE [Orlow] und ich entschieden uns, ihm [Philby] die Aufgabe zu übertragen, seine Cambridge-Freunde auf ihre Tauglichkeit für unsere Arbeit zu überprüfen. Um die Wahrheit zu sagen, wir sprachen hauptsächlich über zwei seiner Freunde: Burgess und Maclean. Burgess ist der Sohn wohlhabender Eltern. Seit zwei Jahren ist er Parteimitglied, sehr clever und zuverlässig [ideologisch gesehen], aber nach S-s [SYNOKS = Philbys] Meinung etwas oberflächlich, und er kann manchmal

seine Zunge nicht im Zaum halten. Im Gegensatz dazu wurde Maclean (im folgenden SIROTA [russisch für WAISE]) von S. hoch gelobt.«

9. Die aufschlußreichste und faktisch korrekteste Darstellung über Maclean und seinen geistigen und familiären Hintergrund schrieb sein Cambridge-Zeitgenosse Robert Cecil, *A Divided Life: A Personal Portrait of the Spy Donald Maclean*, Wm. Morrow, New York 1989.

10. Boyle, *Climate*, S. 114–117.

11. Orlov, *Handbook*, S. 108.

12. Die Codenamen der Cambridge-Gruppe bezogen sich oft auf ein Charakteristikum der entsprechenden Personen und waren daher sehr risikoreich, da sie bei einem Verdacht leicht mit ihren Trägern in Verbindung gebracht werden konnten. Abgesehen von SÖHNCHEN, WAISE und MÄDCHEN gab es noch TONY (Anthony Blunt). Auch EDITH (Edith Tudor Hart) und ARNOLD (Arnold Deutsch) sind leicht zu identifizieren – aber nur wenn man ihre wahren Namen kennt. Zweifelsohne entsprachen die frühen Codenamen, die Orlow benutzte, nicht den strengen Regeln der *konspirazija*. Man beachte, daß auf Philby unverwechselbar mit SYNOK hingewiesen wurde, das russische Äquivalent zu SÖHNCHEN. DEUTSCH-Akte Nr. 32826, Band 1, S. 348, ARG.

13. »Geschichte der Londoner Residentur«, Akte Nr. 89113, Band 1, S. 112, ARG.

14. Kryptogramm Nr. 55/4037 vom NKWD-Residenten in Kopenhagen an die Zentrale, datiert vom 26. August 1934, MACLEAN-Akte Nr. 83791, Band 1, S. 34, ARG.

15. Philbys KGB-Memoiren, S. 61, ARG.

16. Ebd.

17. Ebd.

18. Kryptogramm Nr. 55/4037 vom NKWD-Residenten in Kopenhagen an die Zentrale, datiert vom 26. August 1934, in MACLEAN-Akte Nr. 83791, Band 1, S. 34, ARG.

19. Zentrale an Orlow, ORLOW-Akte Nr. 32476, Band 1, S. 34, ARG.

20. Orlow hatte, aufgrund der vielen Arbeit, die er als Illegaler in Frankreich zu bewältigen hatte, achtzehn Monate lang keinen Urlaub gehabt. Daher nahm er sich frei, um mit Frau und Tochter zusammenzusein.

21. Reif an die Zentrale, November 1934, MACLEAN-Akte Nr. 83791, Band 1, S. 32, ARG.

22. MACLEAN-Akte Nr. 83791, Band 1, S. 44–45, ARG.

23. Interview mit Cecil, geführt von Costello, *Mask of Treachery*, S. 277. Siehe auch Cecil, *A Divided Life*, S. 36–37.

24. Reifs Bericht über den Einsatz Orlows als neuer Führungsoffizier von Maclean wurde am 13. Juli 1935 angefertigt und liegt in der MACLEAN-Akte Nr. 83791, Band 1, S. 46, ARG. Orlow bekam die Bestätigung durch die Zentrale am 7. Januar 1935, MACLEAN-Akte Nr. 83791, Band 1, S. 39, ARG.

25. Orlow an die Zentrale, datiert vom 24. Februar 1935, ORLOW-Akte Nr. 32476, Band 3, S. 15, ARG.

26. Ebd.

27. Mit Ausnahme von Shuckburgh, einem gewöhnlichen Karrierediplomaten, erscheint keiner dieser Namen auf den offiziellen Listen des Außenministeriums. Es entsprach der britischen Praxis, MI6-Offiziere, da sie Geheimagenten waren, nicht namentlich zu nennen, auch wenn ihr Status der von Angestellten des Außenministeriums war. Unser Dank gilt Robert Cecil, dem ehemaligen Kommilitonen Macleans in Cambridge und Diplomaten des Außenministeriums, der während des Krieges als Verbindungssekretär von Sir Steward Menzies – dem damaligen Leiter des MI6 – arbeitete und die maßgebende Studie über Maclean mit dem Titel *A Divided Life* verfaßt hat.

28. Als Philby 1941 in den MI6 eintrat, war Robert Carew-Hunt ein führendes Mitglied der Abteilung V, wo er die Unterabteilung für Nord- und Südamerika leitete. Als Philby 1944 in die Abteilung IX – Abwehr sowjetischer Spionage – befördert wurde, machte er Carew-Hunt zu einem seiner Mitarbeiter. Nach seiner Pensionierung im Jahre 1950 schrieb Carew-Hunt *The Theory and Practice of Communism*, Geoffrey Bles, London 1950. Vgl. auch Nigel West, MI6: *British Secret Intelligence Service Operations 1909–1945*, Weidenfeld, London 1983, S. 22, 388.
29. MACLEAN-Akte Nr. 83791, Band 1, S. 44, ARG. Wenn die Zentrale bestimmte Personen Codenamen zuteilte, bedeutete dies nicht zwangsläufig, daß die Betreffenden als zukünftige Agenten ins Auge gefaßt worden waren – sehr wohl aber, daß sie als wichtige Informationsquellen betrachtet wurden.
30. Ebd.
31. Reif an die Zentrale, 13. Juli 1935, MACLEAN-Akte Nr. 83791, Band 1, S. 44, ARG.
32. Lady Grimonds und Lady Felicity Rumbolds Erinnerungen an Macleans Prüfung, geäußert gegenüber Andrew Boyle. Boyle, *Climate*, S. 117.
33. Reif an Zentrale, 13. Juli 1935, MACLEAN-Akte Nr. 83791, Band 1, S. 44, ARG. In seinem Bericht vom 2. November 1935 an den Leiter der INO behauptete Orlow, daß er eine Fotokopie von Lord Simons Brief mit nach Moskau gebracht habe. Sie ist in einem Umschlag auf S. 157 in der Orlow-Akte Nr. 32476, Band 3, aber durch die Zeit verblaßt und daher unleserlich geworden.
34. Die vollständige Liste ist vom russischen Geheimdienst, der jetzt die NKWD-Akten verwaltet, noch immer nicht freigegeben worden. Die Dokumente belegen allerdings, daß Deutsch bei der Anwerbung der meisten Mitglieder der Cambridge- und der Oxford-Gruppe sowie einer Reihe anderer Agenten, die die Londoner NKWD-Filiale mit technischen Informationen versorgten, eine Schlüsselrolle spielte. Die Zusammenfassung auf Seite acht der NKWD-Autobiographie von Deutsch zeigt, daß allein in den Spionageringen von Oxford und Cambridge zehn Personen direkt von Deutsch angeworben worden waren. DEUTSCH-Akte Nr. 32826, Band 1, S. 8, ARG.
35. DEUTSCH-Akte Nr. 32826, Band 1, S. 384–389, ARG.
36. Orlov, *Handbook*, S. 109.
37. Andrew und Gordiewski messen Deutsch in ihrem Buch *KGB: The Inside Story*, in einer Bildunterschrift eine »heroische Rolle im Widerstand gegen den Nationalsozialismus« bei, die zu seiner »Exekution durch die SS im Jahre 1942« geführt haben soll. Dies ist nicht richtig. Deutschs Akten zeigen, daß er zwar durch eine Aktion der Deutschen starb, aber auf See, als Folge eines Torpedos der Kriegsmarine und nicht durch SS-Kugeln!
   Deutsch überlebte die Säuberungsaktionen, weil ihn seine Kollegen in den Verhören niemals belasteten. Der einzige, der gegen ihn aussagte, war der Leiter der internationalen Abteilung der Komintern, Abramow. Aber da alle wußten, daß Abramow persönliche Vorbehalte gegen die Deutschs hatte (er ließ nicht zu, daß Arnolds Frau, die für ihn in der Komintern arbeitete, zu Arnold ins Ausland fuhr), wurde er nicht ernstgenommen.
   Als 1941 der Krieg zwischen Hitler-Deutschland und der Sowjetunion ausbrach, plante die Zentrale, Deutsch nach Lateinamerika zu schicken, um Agenten anzuwerben. Er fuhr mit der *SS Kajak*, über den Indischen Ozean, wurde aber in Bombay aufgehalten, da es Probleme mit der Mannschaft gab. Er schrieb an die Zentrale und bat, zurückkommen zu dürfen, um an der Front gegen die Faschisten zu kämpfen. Deutsch wurde schließlich nach Moskau zurückgerufen, aber nur um dort die Order entgegenzunehmen, daß er an Bord

der *SS Donbass* in die Vereinigten Staaten reisen sollte. Am 7. November 1942 wurde der Frachter mitten im Atlantik von einem U-Boot torpediert. Augenzeugenberichten zufolge lag Deutsch tödlich verwundet an Deck, wo er anderen Mut machte und ihnen half, das Schiff zu verlassen. Eine weitere wenig bekannte Tatsache ist, daß Deutsch ein fleißiger Erfinder war. Während er in Großbritannien war, ließ er vier Patente registrieren, einschließlich eines für ein Trainingsgerät für Piloten, das er nach Moskau schickte. Darauf wird in seinem Brief vom 24. Juni 1937 hingewiesen. Er erfand ebenfalls mehrere Einsatzgeräte und Rezepte für Geheimtinte. DEUTSCH-Akte Nr. 32826, Band 1, S. 64, Band 2, S. 37, ARG.

38. MACLEAN-Akte Nr. 83791, Band 1, S. 56, ARG.
39. Orlow an Sluzki, 22. März 1936, MACLEAN-Akte Nr. 83791, Band 1, S. 75–82, ARG.
40. Telefoninterview mit Cecil, geführt von Costello am 7. Februar 1992.
41. Ebd.
42. Ebd.
43. Die erste veröffentlichte Analyse des Falles Oldham erstellten die ehemaligen CIA-Mitarbeiter William Corson und Robert T. Crowley in *The New KGB: Engine of Sovjet Power*, S. 140–168. Um die Anonymität ihrer Informanten zu gewährleisten, gaben sie Oldham denselben Namen, den er verwendet hatte, als er in die sowjetische Botschaft in Paris gekommen war, nämlich »Scott«. Costello identifizierte in *Mask of Treachery*, S. 181–182, den Informanten als Oldham und merkte aufgrund einer Information von Igor Cornelisson in *De GPOe op de Overtoom*, Van Gennep, Amsterdam 1989, S. 158, an, daß Pieck ein amerikanischer Informant geworden war. Die Identifizierung Bystroljotows als Anwerber beruht auf der BYSTRO-LJOTOW-Akte Nr. 9529, ARG.
44. Kings Bedeutung als Codierungsexperte wird durch seine NKWD-Akte, die den Codenamen MAG trägt, bestätigt. KING-Akte Nr. 21870, ARG.
Was es für den sowjetischen Geheimdienst bedeutete, Zugang zu den geheimsten Telegrammen des britischen Auswärtigen Amtes zu haben, ist klar. Aber Maclean besaß Zugang zu einer bei weitem größeren Mengen an Unterlagen des Auswärtigen Amtes als der Codierungsangestellte King. Darüber hinaus war es von Vorteil, zwei Agenten in derselben Organisation mit Zugang zu der gleichen Art von Akten zu haben. Zum einen garantierte das eine kontinuierliche Lieferung von Geheimdokumenten, auch wenn einer von ihnen in eine andere Abteilung versetzt werden sollte. Zum anderen konnte man so die Aufrichtigkeit und Fähigkeit der beiden überprüfen. Bei der Überwachung von Informanten war es sehr wichtig, zu wissen, ob sie das Ziel von Abwehreinsätzen des gegnerischen Geheimdienstes waren, d. h. ob die gegnerische Spionageabwehr versuchte, sie zu Doppelagenten zu machen, damit sie Falschinformationen lieferten. In den Fällen von Maclean und King konnte die Londoner NKWD-Niederlassung ihre Arbeit auch aufteilen und koordinieren. So war es möglich, das Risiko zu verringern, daß zuviel Material auf einmal aus dem Auswärtigen Amt herausgenommen wurde.
45. Aktennotiz von Orlow an Sluzki, MACLEAN-Akte Nr. 83791, Band 1, S. 75–82, ARG.
46. Mally an die Zentrale, MACLEAN-Akte Nr. 83791, Band 1, S. 71, ARG. In seinem Brief vom März 1937 (kein Datum) beschreibt Mally das Material, das Maclean besorgt hatte. Außerdem legte er einen Bericht bei den der SIS über die sowjetische Außenpolitik angefertigt hatte. Er basierte auf Informationen, die den Briten von einem Agenten des NKID (Volkskommissariat für äußere Angelegenheiten) zugespielt worden waren. MACLEAN-Akte Nr. 83791, Band 1,

S. 118, ARG. Nach den Gepflogenheiten des NKWD wurde das von den Agenten beschaffte Material alle zehn Jahre einer Revision unterworfen, bei der entschieden wurde, ob die einzelnen Dokumente weiterhin aufgehoben oder aber vernichtet werden sollten. Im Laufe der Zeit häufte sich das eingehende Material derart, daß Papiere von rein historischem Wert in der Regel zur Vernichtung freigegeben wurden. Im Fall vieler britischer Regierungsdokumente, die Maclean im ersten Abschnitt seiner Karriere im Außenministerium entwendet hatte, sah der NKWD keinen Sinn darin, sie ewig aufzubewahren – zumal sich niemand vorstellen konnte, daß solche historischen Akten jemals veröffentlicht würden.

47. Bericht von Orlow, MACLEAN-Akte Nr. 83791, Band 1, S. 75–82, ARG.
48. Memorandum von Orlow, MACLEAN-Akte Nr. 83791, Band 1, S. 75–82, ARG.
49. Ebd.
50. Ebd.
51. Ebd.
52. Ebd.
53. MACLEAN-Akte Nr. 83791, Band 1, S. 108, 110, 132, 133, ARG.
54. Ebd., S. 70–70A.
55. Ebd.
56. Es war üblich bei den Sowjets, einen MI6-Agenten »umzudrehen«. Diese Hypothese beruht auf der Vermutung des britischen Autors, daß es nur einen MI6-Spion gab. Zu dem Fall »Gibbys Spion« auf der Grundlage der bisherigen Erkenntnisse vgl. Chapman Pincher, *Their Trade is Treachery*, Sidgwick Jackson, London 1981, S. 94, und Wright, *Spycatcher*, S. 220. In einem Brief vom März 1937 (kein Datum) beschreibt Mally das Material, das Maclean besorgt hatte, und schickt gleichzeitig einen Bericht des MI6 über die sowjetische Außenpolitik, der den Briten von einem Agenten des NKID (Volkskommissariat für äußere Angelegenheiten) zugespielt worden war. Dies führte zur Enttarnung des Informanten durch die Spionageabwehr.
57. MACLEAN-Akte Nr. 83791, Band 1, S. 115, ARG.
58. Die Information über Münzenberg ist besonders interessant, da die internen Berichte, die man durch MI6-Unterwanderungsagenten erhielt, in der MI5-Dokumentation auftauchten, die 1949 dem US-Außenministerium gegeben wurde. [?]
59. MACLEAN-Akte Nr. 83791, Band 1, S. 115, ARG.
60. Mally an die Zentrale in Moskau, 24. Mai 1936, MACLEAN-Akte Nr. 83791, Band 1, S. 75, ARG.
61. Ebd.
62. BYSTROLJOTOW-Akte Nr. 9529, Band 2, S. 119–120, ARG.
63. Nach seiner Rückkehr nach Moskau arbeitete Bystroljotow im Hauptquartier an der Lubjanka, und im Sommer 1936 reiste er in einer Sondermission nach Dänemark. Er schrieb auch zwei Kapitel des ersten Lehrbuchs über Spionage. Er begann einen Trainingskurs für seine nächste Stelle als Illegaler (in seinen Memoiren sagt er nicht, worum es ging), aber da die Säuberungsaktion in vollem Gange waren, verzögerte sich alles. Im Januar 1938 wurde er vom Dienst suspendiert. Daraufhin folgte im März seine Versetzung zur Handelskammer und am 17. September seine Festnahme. Nachdem man ihn gefoltert hatte, wurde er der Spionage für schuldig erklärt und am 8. Mai 1938 zu zwanzig Jahren Zwangsarbeit verurteilt. Bystroljotow wurde 1954 entlassen und 1956 rehabilitiert. Anschließend arbeitete er als Übersetzer und Herausgeber medizinischer Fachliteratur. Außerdem schrieb er bis zu seinem Tod im Jahre 1970 neben mehreren Romanen zwölf Bände Memoiren, darunter auch

eine interessante und lebhafte Darstellung seiner illegalen Arbeit im Europa der dreißiger Jahre. BYSTROLJOTOW-Akte Nr. 9529, Band 2, S. 216–217, ARG.

64. Mally an die Zentrale in Moskau, 24. Mai 1936, MACLEAN-Akte Nr. 83791, Band 1, S. 75. ARG.

65. Elizabeth K. Poretsky, *Our Own People: A Memoir of Ignace Reiss and His Friends*, Michigan, Ann Arbor 1936, S. 128, 214.

66. Eine Zusammenfassung des sogenannten Woolwich-Arsenal-Falles befindet sich bei: Costello, *Mask of Treachery*, S. 281–283; zum Bericht von Olga Gray vgl. Anthony Masters, *The Man Who Was M: The Life of Maxwell Knight*, Blackwell, New York 1982, S. 30–44.

67. Die Bitte an Blunt, sich Tudor Harts Akte anzusehen, kam 1941 von Anatoli Gorski, dem legalen NKWD-Residenten in der Londoner Botschaft. Aus Harts MI5-Akten geht hervor, daß die Polizei keine ausreichenden Beweise hatte, daß die Leica ihr gehörte. Der Verdacht war auf sie gefallen, weil Percy Glading – ein bekannter kommunistischer Agent – die Kamera gekauft und die Rechnung dann Olga Gray gegeben hatte, einer Agentin des MI5, die sich in das Hauptquartier der kommunistischen Partei eingeschlichen hatte und anschließend sogar für den sowjetischen Spionagering arbeitete, der unter Mallys Leitung im Rüstungsbetrieb der britischen Regierung Woolwich Arsenal sein Unwesen trieb. EDITH TUDOR HART-Akte Nr. 83820, Band 1. S. 17, S. 24, S. 27, ARG. Die Darstellung des sowjetischen Überläufers Oleg Gordiewski in seinem Buch *KGB: The Inside Story*, S. 179, derzufolge Edith Tudor Hart ihr Tagebuch verloren haben soll, das geheimnisvolle Anspielungen auf Deutsch und seine Operationen enthielt, ist durch keinerlei Fakten aus ihrer NKWD-Akte zu belegen.

68. NACHFOLGER, ATTILA, BÄR und einige andere Informanten waren Teil eines weitreichenden Technik- und Industriespionagenetzes, das auf Eis gelegt wurde. DEUTSCH-Akte Nr. 32826, Band 1, S. 6, ARG.

69. MACLEAN-Akte Nr. 83791, Band 1, S. 154, ARG.

70. ADA-Akte, Nr. 47435, Band 1, S. 89, ARG.

71. Ebd. Grafpen (SAM) war von 1937–1938 legaler Resident in London und wurde 1939 durch Anatoli Gorski (WADIM) ersetzt. Ironischerweise fiel Grafpen, der NORMA leitete, auch den Säuberungsaktionen zum Opfer. Er wurde zurückbeordert und zu acht Jahren Zwangsarbeit verurteilt. Sein Zeitgenosse Georgi Kosenko, legaler Resident in Paris, hatte weniger Glück. Er wurde zurückbeordert und 1939 erschossen.

72. Autobiographische Notiz in MACLEAN-Akte Nr. 83791, Band 2, S. 204–206, ARG.

73. Ebd.

74. Grafpen an die Zentrale, 10. April 1938, MACLEAN-Akte Nr. 83791, Band 1, S. 154, ARG.

75. Aus den Unterlagen wird deutlich, daß NORMA die Vollmacht bekam, am 3. April 1938 an Maclean heranzutreten und daß sein Brief vom 25. April mit LYRIC unterzeichnet ist.

76. Orlov, *Handbook*, S. 109.

77. Jede Form von persönlichen Beziehungen eines Offiziers mit einem Agenten (finanziell, sexuell und so weiter) ist in den meisten Geheimdiensten, einschließlich der CIA und des MI6, verboten. Natürlich gibt es keine Regeln ohne Ausnahmen, besonders, wenn eine »Liebesaffäre« der Arbeit zweckdienlich war – aber in einem solchen Fall kann man kaum von einer wahren persönlichen Beziehung sprechen, da sie mit ausdrücklicher Genehmigung der Zentrale eingegangen wurde.

78. Zentrale an Grafpen, 17. Juli 1938, MACLEAN-Akte Nr. 83791, Band 1, S. 206, ARG.

79. Autobiographische Notiz, MACLEAN-Akte Nr. 83791, Band 1, S. 174–175, ARG.
80. Undatierter Brief von LYRIC, MACLEAN-Akte Nr. 83791, Band 1, S. 174–175, ARG.
81. Orlow, Reif und Deutsch waren bemüht, die Cambridge-Agenten voneinander zu isolieren, dies ist klar aus den NKWD-Akten ersichtlich. Aber sie waren nicht sehr erfolgreich, weil die »drei Musketiere« eine außergewöhnliche Freundschaft verband. Diese Bemühungen führten dazu, daß sich einige Legenden um Burgess' Rolle als Initiator des Cambridge-Ringes ranken – Legenden, die, wie die sowjetischen Akten eröffnen, bewußt durch operationale Maßnahmen gefördert wurden, die ihrerseits noch nicht enthüllt werden sollen.
82. Burgess' Anfälligkeit für Geschlechtskrankheiten aufgrund seiner zahlreichen homosexuellen Abenteuer wurde dem Autor in Gesprächen mit Freunden und ehemaligen Sexualpartnern von Burgess bestätigt. Diese Interviews fanden 1985 im Rahmen der Recherchen zu Costellos *The Mask of Treachery* statt.
83. Deutsch an die Zentrale in Moskau, 8. Oktober 1936, MACLEAN-Akte Nr. 83791, Band 1, S. 43, ARG.
84. Mally erklärte in seinem Brief an die Zentrale, datiert vom 29. Januar 1937, daß Anthony Blunt bereits als Talentsucher rekrutiert worden war, um andere potentielle Unterwanderungsagenten aus den Reihen der erfolgreichen Cambridge-Absolventen anzuwerben, die für den Regierungsdienst prädestiniert waren. Der Brief liegt in der BURGESS-Akte Nr. 83792, Band 1, S. 75, ARG.
85. Brief von Cairncross vom November 1991. So bestätigt in einem Interview mit Nigel West in *Molehunt*, Weidenfeld & Nicholson, 1987, auf S. 26.
86. Ebd.
87. Telefoninterview mit John Cairncross vom 29. November 1992. Die Autoren danken Cairncross sowie James Rusbridger, dem Geheimdienstfachmann, Autor und früheren MI6-Agenten für seine Informationen aus den Cairncross-Interviews, die er in seinem Haus in Südfrankreich geführt hat. Mally informierte die Zentrale in seinem Brief vom 9. April 1937 darüber, daß MOLIERE schon rekrutiert sei, aber erst Ende Mai 1947 mit ihm Kontakt aufgenommen würde. Dies bestätigt die Behauptung von Cairncross, daß er schon im Auswärtigen Amt war, bevor er sowjetischer Agent wurde. Er muß wohl schon geraume Zeit vor seiner Rekrutierung im Januar 1937 von Blunt entdeckt worden sein. MACLEAN-Akte Nr. 83791, Band 1, S. 120, ARG.
88. Im letzten Brief, den Deutsch vor seiner Abreise nach Moskau aus London abschickte, informiert er die Zentrale am 9. September 1937, daß er die erste Sendung von Dokumenten aus dem Auswärtigen Amt von MOLIERE erhalten habe. Deutsch an die Zentrale, MACLEAN-Akte Nr. 83791, Band 1, S. 145, ARG.
89. Cairncross' Briefwechsel in Interviews mit Rusbridger.
90. MACLEAN-Akte Nr. 83791, Band 2, S. 31–33, ARG.
91. ADA an die Zentrale, undatierter Bericht in MACLEAN-Akte Nr. 83791, Band 2, S. 31–33, ARG.
92. Ebd.
93. FORD an die Zentrale, in MACLEAN-Akte Nr. 83791, Band 2, S. 154–164, ARG.
94. Undatierter Bericht von ADA an die Zentrale, in MACLEAN-Akte Nr. 83791, Band 2, S. 132, ARG.
95. Interview mit Wladimir Borisowitsch, der zusammen mit Gorski diente und später Leiter des Direktorats für Wissenschaftliche und Technische Spionage des KGB wurde. Philby erinnerte sich in seinen KGB-Memoiren daran, daß Gorski in seinem Benehmen und Verhalten ein sehr trockener Mann war.

96. Die zwei KGB-Veteranen Jazkow und Kwasnikow, die eine wichtige Rolle in der sowjetischen Atomspionage spielten, schrieben dies in ihrem gemeinsam verfaßten geschriebenen Artikel im *Geheimdienst-Kurier* (Moskau, Frühjahr 1992). Zarew konnte das Zitat in der MACLEAN-Akte nicht finden, aber er kontaktierte Jazkow (der den Informanten seines Artikels nicht genannt hatte). Der bestätigte allerdings, daß Maclean und nicht Cairncross sein Informant gewesen war. Zarew sucht weiter nach dem zitierten WADIM-Kryptogramm in den ARG-Archiven.
97. Zur Dokumentation des Schadens, den Maclean anrichtete, siehe Verne W. Newton, *The Cambridge Spies*, Madison Books, Washington 1991.
98. Maclean an die Zentrale in Moskau, 29. Dezember 1940, MACLEAN-Akte Nr. 83791, Band 2, S. 154–164, ARG.

KAPITEL 9

Ein Enfant terrible

Seit seiner dramatischen Flucht nach Moskau im Jahre 1951 ranken sich um Guy Francis de Moncy Burgess zahllose Mythen und Legenden. In den Biographien der ehemaligen zeitgenössischen Autoren, den Akten des FBI und zweifellos auch in den noch unveröffentlichten Geheimarchiven des MI5 spielt er eine tragende Rolle, und die Skandale, die mit seiner Person verknüpft werden, stellen alles in den Schatten, was je ein Romanautor über einen erfolgreichen Spion zu schreiben gewagt hätte. Aufgrund der Aussagen des »vierten Mannes« Anthony Blunt, des »fünften Mannes« Michael Straight und des »sechsten Mannes« John Cairncross wurde Burgess beschuldigt, der wichtigste Anwerber des Spionagenetzes von Cambridge gewesen zu sein.[1] Selbst Philby bezeichnete ihn in seinen öffentlichen Äußerungen als den begabtesten Talentsucher dieses Spionagerings. Burgess soll seine unstillbaren homosexuellen Begierden und seinen außergewöhnlichen intellektuellen Charme gezielt dazu eingesetzt haben, eine ganze Reihe von Freunden und Bekannten zu Agenten Moskaus zu machen, wobei er seine fragwürdige Mission äußerst geschickt hinter seinen sexuellen Ausschweifungen, seinem knoblauchgeschwängerten Atem und seinen schmutzigen Fingernägeln verbarg.[2]

Orlows Dossier demonstriert, daß erst Philby und dann Maclean angeworben wurde, und Burgess somit nicht, wie viele behauptet haben, der »erste«, sondern der »dritte Mann« dieser Gruppe war, die sich im Laufe der Zeit zu einem der berühmtesten Spionageringe der Geschichte entwickelte. Doch die NKWD-Akten enthüllen auch, daß die Entscheidung Orlows, Burgess anzuwerben, mehr aus einer Notlage heraus entstand als aus wirklicher Überzeugung. Der Grund für sein Zögern war, daß Burgess auf Philbys Liste derjenigen Cambridge-Studenten, die er als potentielle Kandidaten für den sowjetischen Geheimdienst empfohlen hatte, erst an siebter und somit letzter Stelle auftauchte.[3] Laut seinen KGB-Memoiren hegte Philby bezüglich der Eignung seines Kommilitonen aus dem Trinity College für die Arbeit als Undercoveragent derart schwere Bedenken, daß er Burgess' Namen mit gleich vier Fragezeichen markierte.

»Burgess ist zwar ideologisch sehr zuverlässig, aber charakterlich eher ein Enfant terrible«, erklärte Philby Orlow.[4] Und das war eher noch stark untertrieben. In den frühen dreißiger Jahren hätte jedermann in Cambridge Orlow darauf hinweisen können, daß Burgess derart berüchtigt war, daß jede Verbindung mit ihm die Sicherheit der von ihm geleiteten illegalen NKWD-Residentur in London gefährden mußte. Wie wir jedoch sehen werden, wußten sowohl Orlow als auch seine Gegenspieler im britischen Geheimdienst das Talent dieses Intriganten im Stile eines Rabelais für sich zu nutzen.

Der jungenhafte und gutaussehende, immer zu Unfug aufgelegte Burgess stürzte sich von einem Exzeß in den anderen. Zu seiner Homosexualität bekannte er sich ebenso offen wie zu seiner kommunistischen Überzeugung. Burgess wurde zum Helden der Linken von Cambridge, als er einen Streik des Dienstpersonals vom Trinity College organisierte und bei Studentendemonstrationen seinen Wagen wie einen Rammbock einsetzte. Wie viele Freigeister verfügte er über einen geradezu ansteckenden Charme, und er konnte ausgesprochen geistreich und schlagfertig sein.

Sein nicht homosexueller Zeitgenosse Goronwy Rees aus Oxford, der vor seiner Anwerbung durch Burgess trotzdem einen Annäherungsversuch über sich ergehen lassen mußte, beschrieb ihn als »eine Art Figaro, dem nie die Ideen ausgehen, wenn es darum geht, andere in seinem Sinne zu manipulieren«.[5] Ebenso exzessiv wie den Sex, die Politik und den Alkohol genoß Burgess die Zuneigung seiner Freunde. Indem er wahllos Männer verführte, versuchte er offenbar, seine schweren sexuellen Komplexe zu kompensieren. Gerne erzählte er, seine Perversion sei die Folge eines Kindheitstraumas, das er im Alter von elf Jahren erlitten habe, als er seine hysterische Mutter unter dem Leichnam seines Vaters herausziehen mußte, der beim Geschlechtsverkehr einem Herzschlag erlegen war.[6] Diese schlüpfrige Geschichte war typisch für seine Art der Selbstdarstellung, auch wenn er sie merkwürdigerweise dem KGB gegenüber nicht ein einziges Mal erwähnte.

Burgess wurde 1911 als Sohn eines Marineoffiziers geboren, nach dessen Tod im Jahre 1925 seine Mutter erneut heiratete. Ihr zweiter Mann war ein pensionierter Oberst des Heeres namens John Retallack Basset, der leidenschaftlich Pferdewetten abschloß und oft einen Großteil seiner Gewinne seinem Stiefsohn zusteckte, welcher bald begriffen hatte, wie man Erwachsene zu seinen Gunsten manipulierte. Burgess hatte sich bereits in Eton, Großbritanniens noch heute berühmtestem Internat, als intelligenter und für sein Alter sehr belesener Schüler erwiesen, als seine Mutter ihn für den Rest seiner Schulzeit ins Dartmouth Naval College schickte. Später erklärte er seinen sowjetischen Chefs, er habe sich für den Dienst in der Marine für »zu clever«

gehalten. Also bauschte er einen relativ unbedeutenden Sehfehler derart auf, daß er aus der Marineakademie entlassen und wieder zurück nach Eton geschickt wurde. Von dort wechselte er 1930 an die Universität von Cambridge, wo er noch lange einen tiefen Groll gegen die herrschende Elite von Eton hegte, die ihm wegen seiner sexuellen Andersartigkeit die kalte Schulter gezeigt hatte. Burgess studierte am Trinity College zunächst recht erfolgreich Geschichte, fiel jedoch drei Jahre später bei den Abschlußprüfungen durch. Sein mitfühlender Tutor aber konnte durchsetzen, daß ihm trotz der nicht bestandenen Prüfung gewissermaßen als Trostpreis eine Art akademischer Grad zweiter Klasse verliehen wurde, der ihm ansonsten zwar nicht viel nützte, mit dem er aber immerhin seine Universitätskarriere als Doktorand und bezahlter Tutor für Geschichte fortsetzen konnte.[7]

Burgess war ein disziplinloser Intellektueller, dessen hervorragende akademische Begabung in seinen alkoholischen Exzessen und seinem Engagement für linke Politik unterging. Schon in seinen ersten Semestern war er Mitglied einer der kommunistischen Zellen am Trinity College geworden. Besonders populär war der Marxismus in der »Gesellschaft der Apostel«, einer halbgeheimen Studentenverbindung, die Burgess 1932 in ihre Reihen aufnahm.[8] Seine Aufnahme war von Anthony Blunt gefördert worden, einem vier Jahre älteren früheren homosexuellen Geliebten von Burgess, der damals am Trinity College Forschungen auf dem Gebiet der Kunstgeschichte betrieb, die später zu seiner Profession werden sollte. Blunt gehörte der ersten Generation von »Aposteln« an, zu denen auch Dennis Proctor, Alister Watson, Hugh Sykes-Davies und Richard Llewllyn-Davies zählten. Burgess war ein außerordentlich leidenschaftlicher Konvertit, was Lord Rothschild – der kurz danach ebenfalls in die Gruppe aufgenommen wurde – einmal zu der Äußerung veranlaßte, wenn Burgess anwesend sei, »führen wir in unserer Gesellschaft unendlich lange Debatten über den Kommunismus, was einen auf Dauer ganz schön anöden kann«.[9]

Burgess' Marxismus war weit extremer als der seines engen Freundes Blunt, denn er ging nicht nur aus einer momentanen Modeströmung hervor, sondern beruhte auf einer tiefen ideologisch fundierten Überzeugung. Als Historiker behauptete Burgess, gründlich die Werke von Marx, Engels, Lenin und Stalin studiert zu haben. Mit seinem Hang, durch Zitate aus den entsprechenden elementaren Texten seine Kenntnisse des dialektischen Materialismus zu demonstrieren, beeindruckte er sowohl Orlow als auch Deutsch.

Obwohl auch Blunt in seiner giftigen Kolumne als Kunstkritiker der Zeitschrift *Spectator* marxistische Analogien benutzte, war sein Kommunismus eher blutarm und mehr verstandesmäßig als emotional fundiert. »Die Ereignisse in Deutschland beeindruckten sogar einen Isolationisten wie mich, und allmählich überkam mich das dumpfe Gefühl, daß meine Position nicht ganz zufriedenstellend war«, erklärte Blunt in einem autobiographischen Essay, den er 1943 für den NKWD schrieb:

»Fachgebiete wie Geschichte und Kunstgeschichte, in denen ich mich auskannte, interessierten mich vor allem vom wissenschaftlichen Standpunkt her. Positiv beeinflußt haben mich in dieser Richtung vor allem Burgess, Klugman, John Cornford und die anderen aus dieser [kommunistischen] Gruppe. Schließlich war ich von der Richtigkeit des marxistischen Ansatzes in der Geschichte und anderen mir bekannten Fachgebieten vollständig überzeugt. Die Kommunisten aber hielten mich für einen Menschen ohne Hoffnung.«[10]

Während Blunt, wie aus seiner NKWD-Akte zu erkennen ist, zugab, daß er seine kommunistische Überzeugung eher zu verbergen suchte, trug Burgess die seine wie ein Banner vor sich her, um zu demonstrieren, daß er sich ideologisch wie geistig von seinem bürgerlichen Hintergrund gelöst hatte. Aufgrund seines unkonventionellen Lebensstils, seiner schlampigen Kleidung, seiner alkoholischen Exzesse und homoerotischen Abenteuer sowie seiner politischen Überzeugung war Burgess in Cambridge schon vor seiner Graduierung weithin bekannt. Tagsüber verbreitete er die Botschaft des Kommunismus, während er nachts mit jedem Tutor, Studenten, College-Bediensteten oder Verkäufer ins Bett ging, der ihm gerade über den Weg lief. Den zurückhaltenderen unter seinen homosexuellen Freunden riet er zu hemmungslosem Sex als Allheilmittel gegen ihre bourgeoisen Verklemmungen. Burgess war deshalb nicht gerade der Wunschkandidat des sowjetischen Geheimdienstes, der seine Agenten normalerweise wegen ihrer Selbstdisziplin, der ideologischen Hingabe und ihrer Unauffälligkeit auswählte.

Philby hatte daher auch Guy ans Ende seiner Liste gesetzt, weil er ihn für zu extravagant, auffallend und sprunghaft in seinem Verhalten hielt, um im verborgenen für den antifaschistischen Untergrund zu arbeiten. Daß Burgess überhaupt in Frage kam, lag an seinem Charme und an seiner deutlichen Neigung zum Kommunismus. Diese Qualitäten müssen auch Orlow beeindruckt haben. Seine NKWD-Akte zeigt, daß er schon im August 1934, nachdem er die Londoner Residentur begutachtet hatte und nach Moskau zurückgekehrt war, dort über Burgess als möglichen Rekruten diskutierte. Er schlug damals vor, an Burgess während seiner UdSSR-Reise mit der Cambridge-Gruppe heranzutreten. »Eine Überprüfung durch unsere zweite Sektion ergab jedoch, daß er das Land schon verlassen hatte. So wurde entschieden, ihn auf der INSEL [NKWD-Jargon für Großbritannien] zu kontaktieren.«[11]

Als Orlow im September nach London zurückkehrte, durchlief Maclean bereits das erste Stadium seines Rekrutierungsprozesses. So stellte sich die Frage, ob Burgess jetzt ernsthaft in Erwägung käme, erst mehrere Monate später. In seinen KGB-Memoiren erinnerte sich Philby an ein Treffen gegen Ende 1934, in dem Orlow und Deutsch wissen wollten, ob er Burgess für geeignet hielt.

Laut Philby war »Orlow ein extrem harter Mann«, dem gegenüber Philby auch zugegeben hatte, daß »ich nicht wußte, was ich tun sollte«, weil er »neu im Geschäft« war. Philby zufolge war Orlow der Meinung, daß Burgess sich durchaus als nützlich erweisen konnte. Er gab Philby die Anweisung, sich zu überlegen, wie er seinen Freund Guy am besten aushorchen könne.[12] Homosexuelle, das hatte der sowjetische Geheimdienst festgestellt, konnten sich als äußerst wertvolle Informanten erweisen, da sie durch die harte Gesetzgebung schon unter normalen Umständen gezwungen waren, Teile ihres Lebens im verborgenen zu verbringen. Die Angst, bloßgestellt zu werden, war unter den Homosexuellen in den westlichen Regierungsämtern so groß, daß ihre Kontaktierung für die Sowjets kaum ein Risiko barg, auch wenn die ausgespähten Kandidaten nicht zu einer Mitarbeit bereit waren.

»Der sowjetische Geheimdienst erzielte beachtliche Erfolge unter ausländischen Diplomaten mit homosexuellen Neigungen«, schrieb Orlow in seinem *Handbook* und fügte hinzu, der hohe Prozentsatz an Homosexuellen unter westlichen Diplomaten habe es dem sowjetischen Geheimdienst ermöglicht, »von diesen labilen Individuen reichlich Gebrauch zu machen«. Es hatte sich herausgestellt, daß Homosexuelle »mit beachtlichem Erfolg« an andere Mitglieder des diplomatischen Korps herantreten konnten. Aus Angst vor einer Aufdeckung ihrer sexuellen Vorlieben denunzierten solche Diplomaten selbst dann, wenn sie eine Mitarbeit ablehnten, den jeweiligen Anwerber niemals bei den Behörden. »Die Offiziere des sowjetischen Geheimdienstes waren sehr erstaunt über die gegenseitige Rücksichtnahme und Treue unter Homosexuellen«, schrieb Orlow.[13] Obwohl Burgess niemals Aussichten auf einen Diplomatenposten hatte, konnte Orlow doch davon ausgehen, daß er aufgrund seiner Promiskuität Zugang zu den homosexuellen Kreisen von Whitehall haben würde, die gutaussehende junge Männer aus Cambridge in die diskreten Herrenzirkel des britischen diplomatischen Establishment einführten. Während Reif und Orlow noch das Für und Wider einer Rekrutierung des siebenten Mannes auf Philbys Liste erwogen, hatten sie sich im Oktober 1934 offenbar bereits für eine Anwerbung Macleans entschieden. Doch dann sorgte Burgess in seiner unnachahmlichen Art selbst für einen forcierten Entscheidungsprozeß.

Burgess und Maclean waren so gute Freunde, daß mancher vermutete, Guy habe – wie von ihm nicht anders zu erwarten – Donald verführt, der sich später auch tatsächlich selbst in homosexuelle Abenteuer einließ. Fest steht jedenfalls, daß die beiden als Genossen in derselben kommunistischen Zelle eng zusammenarbeiteten. Als dann Maclean auf

Deutschs Anweisung hin alle Kontakte zu dieser Zelle abzubrechen versuchte, gelang es ihm nicht, Burgess abzuschütteln.

»Und wenn Guy sich etwas in den Kopf gesetzt hatte, konnte ihn weder Himmel noch Hölle davon abhalten«, erklärte Philby, demzufolge Burgess immer wieder Maclean wegen seiner vermeintlichen Willensschwäche tadelte. Maclean teilte Deutsch seine Befürchtung mit, daß Guy ihn wohl nie in Ruhe lassen und nie bereit sein werde zu akzeptieren, daß sein Genosse aus Cambridge so einfach dem Kommunismus abschwören konnte.[14] »Das ist völlig unmöglich, ich kann das einfach nicht glauben«, insistierte Burgess. Philbys KGB-Memoiren zufolge bohrte er so lange nach, bis Maclean ihm versprach, auch weiterhin für die Partei zu arbeiten. Nun mußte er Burgess jedoch erklären, warum er den Anschein hatte erwecken müssen, sich vom Kommunismus abgewandt zu haben. Dies stellte Deutsch und Orlow vor ein schweres Dilemma. Durch sein Geständnis, insgeheim für Moskau zu arbeiten, hatte Maclean sich Burgess völlig ausgeliefert und ihr erst im Entstehen begriffenes Spionagenetz von Cambridge in größte Gefahr gebracht. Philbys Aussagen zufolge war Burgess nämlich nicht nur ein Enfant terrible, sondern auch ein unverbesserliches Klatschmaul.

Aus Angst, daß Burgess unabsichtlich seinen Freund verraten könnte, teilte Philby Deutsch seine Befürchtung mit, Guy könnte womöglich der Versuchung nicht widerstehen, seinen Genossen zu erzählen, daß er wisse, was mit Maclean wirklich los war und Donald trotz seiner scheinbaren Abwendung vom Kommunismus noch immer einer der Ihren war. Nachdem er Deutschs Report erhalten hatte, kam Orlow deshalb zu dem Schluß, daß sie nun gar keine andere Wahl mehr hatten, als Burgess ebenfalls in ihr Spionagenetz aufzunehmen, um ihm den Mund zu stopfen.

Ende Dezember 1934 arrangierte Maclean dann ein Treffen, bei dem Deutsch persönlich an Burgess herantreten sollte. Philby zufolge war Burgess von Deutschs Vorschlag, für den sowjetischen Geheimdienst zu arbeiten, sehr beeindruckt und geschmeichelt. Die Möglichkeit, gemeinsam mit seinem Freund Maclean zu der Dreierbande zu gehören, die heimlich für Moskau und die Revolution arbeiten sollte, ließ sein Gesicht aufleuchten; er erklärte, er fühle sich »sehr geehrt« und sei »bereit, für die Sache jedes nur mögliche Opfer zu bringen«.[15]

Die Zuweisung des Decknamens MÄDCHEN durch Orlow und Deutsch machte Burgess zum »dritten Mann« des Spionagerings von Cambridge, der, wie aus den NKWD-Akten hervorgeht, in den folgenden zwei Jahren eine eng miteinander verknüpfte Gruppe von drei Agenten blieb. Die Akten zeigen auch, daß Orlow womöglich Burgess nie in sein Spionagenetz aufgenommen hätte, wären da nicht die fehlbelichteten Filme gewesen, die bis Ende Januar 1935 seine Kommunikation mit der Zentrale störten. Da seine illegale Londoner Station damals praktisch keinen Kontakt mehr zu Moskau gehabt hatte, war Orlow gezwungen gewesen, im Falle Burgess kurzfristig selbst zu entscheiden. Daß er dafür nicht die Zustimmung der Zentrale eingeholt hatte, stieß in Moskau auf große Verärgerung.

Die Zentrale reagierte offenbar sehr überrascht und wenig erfreut, als ohne jede Vorwarnung in Orlows Januarbericht der neue Codename MÄDCHEN auftauchte. Abgesehen davon, daß Moskau die direkte Kontaktaufnahme mit Burgess niemals abgesegnet hatte, befürchtete man auch, daß die enge Freundschaft zwischen den ersten drei Mitgliedern des Spionagerings von Cambridge dazu führen würde, daß jeder von der geheimen Informantentätigkeit des anderen erfahren würde. Dies war ein ernsthafter Verstoß gegen die Regeln der *konspirazija*, die kategorisch verlangten, daß die einzelnen Agenten nichts voneinander wissen durften. Deshalb übermittelte Moskau Orlow die Anweisung, die Anwerbung von Burgess nicht weiterzuverfolgen.[16]

»Sie fragen sich, wer MÄDCHEN ist, und befehlen mir, den Kontakt abzubrechen«, antwortete Orlow in einem Brief vom 12. Juli 1935. »Ich habe STEPHAN [Deutsch] gemäß Ihrer Direktive telefonisch angewiesen, alle Kontakte zu ihm vorerst einzustellen.« Um die Wogen an der Lubjanka etwas zu glätten, drückte er seine Überraschung bezüglich »dieses Mißverständnisses« aus.[17] »Ich habe allmählich den Verdacht, daß unsere Briefe Sie nicht vollständig erreichen oder vielleicht teilweise nicht richtig verstanden worden sind«, erklärte Orlow und fügte hinzu, daß Burgess von »SÖHNCHEN [Philby] und WAISE [Maclean] empfohlen worden ist; sie halten ihn für einen sehr talentierten und abenteuerlustigen Burschen, der die Voraussetzungen besitzt, jede Position zu erlangen.« Auch er selbst stellte sich hinter Burgess und erklärte, er sei »ein früherer Landsmann einer Gruppe aus Cambridge [also ein ehemaliges Mitglied einer kommunistischen Zelle an der Universität], ein extrem wohlerzogener junger Mann mit wertvollen gesellschaftlichen Verbindungen und einem Hang zum Abenteuer. Obwohl ich ihn hinter SÖHNCHEN und WAISE einstufen würde, denke ich, daß er uns sehr nützlich sein wird.«[18]

Nachdem auf diese Weise dem Protokoll Genüge getan war, fand sich die Zentrale mit dem allen Mitgliedern der Gruppe gemeinsamen Wissen um ihre sowjetische Verbindung ab und hob ihr Verbot eines weiteren Aufbaus von Burgess zum potentiellen Agenten auf.

Als unter Deutschs Oberaufsicht Burgess' »Entwicklungsphase« begann, stellte sich bald heraus, daß Orlows Einschätzung bezüglich der Nützlichkeit von MÄDCHEN durchaus zutreffend war. Anfängliche Befürchtungen, daß es Probleme bereiten könnte, einen derart eigensinnigen und zügellosen Kandidaten ausreichend zu disziplinieren, zerstreuten sich bald, als Deutsch erkannte, daß Burgess sich der kommunistischen Partei »auf der Basis eines theoretischen Studiums des Marxismus angeschlossen« hatte. Nach Deutschs Einschätzung »war die Parteiarbeit für ihn so etwas wie eine Erlösung, vor allem wegen ihrer Lebendigkeit und Reinheit«. Er mußte jedoch auch feststellen, daß Burgess »ein sehr temperamentvoller und emotionaler Mensch und anfällig für Stimmungsschwankungen« war.[19] Deutsch fand Burgess »sehr gebildet und extrem belesen, aber auch ziemlich oberflächlich. Er spricht viel und gerne und mit einer sehr guten Diktion.« In einem psychologischen Profil von Burgess, das er für die Zentrale entwarf, kam Deutsch zu dem Schluß, daß der Kandidat charakterlich »das exakte Gegenteil« von Philby oder Maclean war:

»Viele seiner Charakterzüge erklären sich aus der Tatsache, daß er ein Homosexueller ist. Seine diesbezüglichen Neigungen entwickelten sich in Eton, wo er in einer Atmosphäre des Zynismus, des Überflusses, der Scheinheiligkeit und Oberflächlichkeit erzogen wurde. Da er sehr klug und gebildet ist, war die Partei für ihn wie ein Erlöser. Sie bot ihm vor allem Gelegenheit, seine intellektuellen Bedürfnisse zu befriedigen, und deshalb machte er sich auch mit großer Begeisterung an die Parteiarbeit. Einen Teil seines Privatlebens verbringt er in einem Kreis homosexueller Freunde, die er sich aus den unterschiedlichsten Schichten ausgesucht hat, angefangen bei dem berühmten liberalen Wirtschaftswissenschaftler Keynes bis hin zum Abschaum der Gesellschaft wie etwa Strichjungen. Seine Neigung zu Alkohol und Ausschweifungen und das Gefühl, gesellschaftlich ein Außenseiter zu sein, hingen mit dieser Lebensweise zusammen, der andererseits aber auch seiner Abscheu vor der bürgerlichen Moral entspringt. Diese Art von Leben konnte ihn nicht befriedigen. Seine Homosexualität betrachtet er als nicht angeboren, da er auch mit Frauen zusammensein könne. Er lernte die Homosexualität in Eton kennen, und weil sie dort üblich ist, machte er eben mit. Die Schüler wohnten dort zu mehreren in einem Zimmer, und die Klassensprecher mißbrauchen ihre Stellung, um die jüngeren Knaben zu verführen.«[20]

Orlow hat wohl vorausgesehen, daß gerade Burgess' Homosexualität einer der wichtigsten Pluspunkte war, die er in seine illegale Gruppe einbrachte. Dies stellte sich schon bei seinem ersten Auftrag heraus – der üblichen Bitte an die Kandidaten, eine Liste von Freunden und Kontaktleuten zusammenzustellen. Im Falle von Burgess bestand dieses Verzeichnis aus über zweihundert Namen, die er in einem vierseitigen Brief aufzählte. Seine Liste reichte von Bekannten aus Cambridge wie Dennis

Proctor und Professor G. M. Trevelyan bis hin zu Lord Keynes und Dennis Robertson. Von seinen Kontaktleuten im Außenministerium nannte Burgess Peter Hatton und Con O'Neil. Auch Lord Camrose und Joseph Ball von der Forschungsabteilung der konservativen Partei sowie die konservativen Parlamentsabgeordneten Harold Nicolson, Major Jack Macnamara und Angus Hambro waren auf der Liste vertreten. Zu Burgess' homosexuellen Bekannten gehörten unter anderem Werner von Fries, ein Attaché an der deutschen Botschaft, Tom Wylie im Kriegsministerium und ein Mann namens Back, den Burgess als »Mann aus dem Lumpenproletariat und Päderasten« beschrieb.[21] Burgess' Liste bezeugt nicht nur seine unwiderstehliche Ausstrahlung auf ältere Männer, sondern liefert darüber hinaus auch einen Einblick in die ungeheure Ausdehnung des Netzes homosexueller Beziehungen, das sich von Cambridge aus bis in die höchsten Ebenen des militärischen, akademischen und politischen Establishments Großbritanniens erstreckte. Die Akten liefern keinen Hinweis darauf, was die Zentrale mit all diesen Namen tat, doch ein erfahrener sowjetischer Geheimdienstoffizier wie Orlow ließ es sich natürlich nicht nehmen, sofort mit der Ausbeutung des riesigen Potentials zu beginnen, das Burgess der Gruppe eröffnet hatte.

Vor allem ein Name auf der Liste erregte sofort Orlows Interesse: Dennis Proctor, ein Mitglied der »Apostel«, war nach seinem Examen 1931 in den Staatsdienst eingetreten und arbeitete seit 1935 als Privatsekretär des Premierministers in Stanley Baldwins Büro. Burgess zufolge gehörte Proctor zu den dienstälteren »Aposteln«, den sogenannten Engeln, und nahm oft an den Versammlungen der Gesellschaft in Cambridge teil. Da Burgess Deutsch versichert hatte, daß Proctor ideologisch ebenso denke wie er, obwohl er in Cambridge nie Kommunist gewesen war, bot sich nun die Chance, einen Agenten in die Residenz des Premierministers in der Downing Street No. 10 einzuschleusen. Orlow verlor keine Zeit und wies Deutsch sofort an, Burgess die Instruktion zu übermitteln, erste Schritte zu einer Anwerbung Proctors einzuleiten. Im Februar 1935 bat Orlow Moskau dafür um Zustimmung; optimistisch schätzte er MÄDCHENS Erfolgsaussichten als »sehr gut« ein.[22]

Da die Zentrale keinerlei detaillierten Hintergrundinformationen über Proctor hatte, fiel es ihr zunächst schwer, Orlows Berichten über Burgess' intime Beziehungen zu seinen Freunden Glauben zu schenken. Was den von Orlow vorgeschlagenen Aufbau Proctors als Agent betraf, legte Moskau deshalb erst einmal ein Veto ein. Vier Monate später überlegte es sich die Zentrale anders und stimmte einem Herantreten an Wylie zu. Daß Proctor, der in den NKWD-Akten als Baldwins Sekretär aufgeführt ist, als weniger wichtig eingestuft wurde, geht schon aus der Tatsache hervor, daß ihm – anders als Wylie – kein Deckname zugeteilt wurde.[23]

Ein weiterer Kandidat, den Orlow Burgess' Liste entnahm, war Philbys alter Kommilitone Tom Wylie. Wylie – ebenfalls Mitglied der »Komintern«, wie die linksorientierten Homosexuellen von Cambridge genannt wurden – war damals Sekretär des ständigen Untersekretärs im Kriegsministerium. Orlow teilte der Moskauer Zentrale mit, er habe Philby angewiesen, Wylie zu bearbeiten, »ohne bereits entscheidende Schritte zu unternehmen«. Nach der Weigerung der Zentrale, Burgess für das Herantreten an Proctor einzusetzen, übte Orlow bei dieser Operation größere Zurückhaltung.

»In der Erwartung, daß Sie bei Wylie ebenso entscheiden werden wie im Falle des Sekretärs von B[aldwin], der ein enger Freund von MÄDCHEN ist, werde ich auch seine Bearbeitung einstellen«, berichtete Orlow und fügte hinzu, er habe »vorerst in bezug auf ihn keine weiteren Pläne ausgearbeitet«. Dennoch schlug er der Zentrale vor, sich die Sache noch einmal zu überlegen. Taktvoll meinte er weiter: »Mir ist der Gedanke gekommen, daß man auf Wylie vielleicht MÄDCHEN ansetzen könnte, da er ebenfalls ein kultivierter Päderast ist und noch dazu ein recht geschickter Junge, der – den merkwürdigen Gesetzen sexueller Anziehungskraft in diesem Land entsprechend – ganz bestimmt Wylies Herz erobern würde.«[24] Orlows Anspielungen auf MÄDCHENS erstaunliche Begabung als Homme fatal scheinen Moskau überzeugt zu haben, denn diesmal hatte man gegen seinen Vorschlag keine Einwände. Tatsächlich gelang es Burgess bald, eine intime Beziehung zu Wylie herzustellen, der in den NKWD-Akten mit Decknamen zunächst HEINRICH und später MAX genannt wurde. Doch obwohl Wylie allem Anschein nach Burgess mit Offizieren des Militärischen Geheimdienstes bekannt machte, brach die Zentrale unvermittelt die Anwerbung von MAX ab; man war zu dem Schluß gekommen, daß er als Trinker und Homosexueller insgesamt ein zu großes Sicherheitsrisiko darstellte und wohl nie ein verläßlicher Sowjetagent werden würde.

Wie den NKWD-Akten zu entnehmen ist, stuften die etwas puritanischen Chefs in der Lubjanka aus denselben Gründen auch Burgess während seiner Entwicklungsphase zunächst als unsicheren Kantonisten ein. Selbst Deutsch konnte nicht bestreiten, daß das Mißtrauen seiner Vorgesetzten in Moskau nicht ganz unbegründet war:

»MÄDCHEN hat eine lebhafte Phantasie und steckt voller Pläne und Initiativgeist. Er verfügt jedoch nicht über die nötige Selbstbeherrschung und tendiert deshalb dazu, leicht in Panik oder Verzweiflung zu geraten. Er packt jede Arbeit mit den besten Vorsätzen an, ist aber zu unstet, um sie zu Ende zu führen. Oft bringen ihn schon die kleinsten Schwierigkeiten aus dem Konzept. Zuweilen lügt er auch, aber nicht aus Bösartigkeit, sondern höchstens aus Angst, einen kleinen Fehler seinerseits einzugestehen. Uns gegenüber ist er jedoch ehrlich; er tut alles ohne zu widersprechen und wirkt manchmal, als gebe er allzu bereitwillig nach. Obwohl er sich ziemlich nachlässig kleidet, liebt er es doch, die Aufmerksamkeit auf sich zu ziehen. Das ist ganz charakteristisch für ihn: Er sehnt sich danach, geliebt zu werden, und gesteht nur äußerst ungern seine Schwächen ein. Deshalb leidet er auch sehr darunter, daß einige seiner Freunde, die ihn als Kommunisten kannten, nun glauben, daß er keiner der Ihren mehr ist.«[25]

Gerade Burgess' intensives Streben nach Bestätigung scheint jedoch letztlich Philby und die Zentrale davon überzeugt zu haben, daß sie – trotz seiner Disziplinlosigkeit – den psychologischen Schlüssel in der Hand hielten, um den Kandidaten unter ihre Kontrolle zu bringen. Andererseits fiel es MÄDCHEN eben wegen seiner Sehnsucht, akzeptiert zu werden, schwerer als Philby und Maclean, wie gefordert alle Beziehungen zu seinem Freundeskreis im kommunistischen Untergrund von Cambridge abzubrechen. Deutsch dürfte es deshalb begrüßt haben, als Burgess sich im Sommer 1935 entschloß, sein Vorhaben aufzugeben, mit Hilfe seiner Dissertation – einer marxistischen Interpretation des Aufstandes in Indien – in Cambridge eine Stellung zu ergattern. Seine Entscheidung, die akademischen Gefilde zu verlassen, bedeutete, daß Burgess einen Ersatz für die 440 Pfund finden mußte, die er an der Universität verdiente; er strebte eine Karriere an, die es ihm gestattete, seine Fähigkeiten in den Dienst der Revolution zu stellen.

Zunächst wandte sich Burgess an seinen Freund Victor Rothschild, der ihm – so sollte es zumindest nach außen hin wirken – eine Stelle als Finanzberater verschaffte. In Wirklichkeit arbeitete er an einer von Rothschild unterstützten Veröffentlichung von Gutachten über wirtschaftliche und politische Angelegenheiten mit, die von einem kommunistischen Emigranten aus Deutschland namens Rudolf Katz erstellt wurde.[26] Kurz vor seiner Abreise nach Moskau 1935 wurde Orlow von einem Agenten mit Codenamen PROFESSOR darauf aufmerksam gemacht, daß britische Geheimdienstoffiziere am Slawischen Institut der Londoner Universität Russisch studierten. Er hatte auch herausgefunden, daß Elizabeth Hill, eine der wichtigsten Sprachlehrerinnen des Instituts, mit General Miller verwandt war, der der antibolschewistischen ROWS mit Hauptquartier in Paris vorstand. Im Juni 1935 hatte Orlow Burgess angewiesen, sich am Slawischen Institut der Londoner Universität für das Studium der russischen Sprache einzuschreiben. Er sollte die Kurse von Elizabeth Hill besuchen und dabei herausfinden, welche ihrer Schüler MI6-Offiziere waren. Schon bald konnte Deutsch Moskau mitteilen, daß ihr Plan zu funktionieren schien.

»Bislang läuft alles bestens«, berichtete Orlow der Zentrale am

12. Juli 1935. »MÄDCHEN wandte sich ans Slawische Institut mit der Bitte, ihm einen Lehrer zu empfehlen. Die Uni schickte ihn glücklicherweise zu Hill, die ihm eine Stunde Privatunterricht erteilte. Als nächstes wird er sie bitten, ihn in eine Gruppe mit anderen Schülern aufzunehmen, damit er ein besseres Gefühl für die Aussprache bekommt und der Unterricht lebendiger wird. Wir können also davon ausgehen, daß es uns gelingen wird, an andere Studenten heranzutreten, da MÄDCHEN ausgesprochen kontaktfreudig ist...«[27]

Orlows Optimismus, Burgess im Interesse der Zentrale einsetzen zu können, war nicht unbegründet. Ein Jahr nach Orlows Abreise aus England konnte Deutsch berichten, die Bearbeitung von Lisa Hill mache gute Fortschritte, nachdem sie eine von Burgess' Talkshows in der BBC gehört und Burgess ihr in Aussicht gestellt habe, mit ihr eine Sendung zu machen. Vor der eher popularistischen Ausrichtung der BBC im Zeitalter des Fernsehens genoß der Sender bei britischen Akademikern einen durchaus guten Ruf. Schon bald hatte deshalb die nichtsahnende Frau Professor Hill Burgess ins Vertrauen gezogen – und das in einem Ausmaß, daß Deutsch schon Anfang 1936 der Zentrale meldete, MÄDCHEN habe bestätigt, daß viele Geheimdienstoffiziere am Slawischen Institut studierten – so viele, daß er es als »Arbeitszentrum der ›ortsansässigen Firma‹« bezeichnete. So hieß der MI6 im Jargon der Londoner Illegalen.[28] Burgess hatte inzwischen auch herausgefunden, daß der Leiter des Instituts ein früherer MI6-Offizier war, der beabsichtigte, in die Sowjetunion zurückzukehren und dort »seine Arbeit wiederaufzunehmen«. Sein Sekretär war nach Angaben von Burgess »bekanntermaßen Kommunist«, und Frau Professor Hill unterhielt seinem Bericht zufolge »vermutlich sehr gute Beziehungen zu den Leutchen, die hier arbeiten, und ist bereit mitzumachen«.

Hills enge Verbindungen zum MI6 bestätigten sich, als Burgess herausfand, daß sie die Schwester von Brigadegeneral George A. Hill war. Er war der berühmte Geheimdienstoffizier, der kurz nach der Revolution in Petrograd unter dem Codenamen IK 8 mit dem legendären Sidney Reilly zusammengearbeitet hatte. In seinen Memoiren mit dem Titel *Go Spy Out The Land* behauptete Hill, sich mit Trotzki angefreundet und ihm bei der Gründung der Tscheka geholfen zu haben. Weiterhin fand Burgess heraus, daß auch Hills Schwester früher für den MI6 gearbeitet hatte und die Möglichkeit bestand, daß auch sie bald wieder aktiv werden und nach Moskau reisen könnte. In diesem Zusammenhang, so Burgess, schmeichelte sich die Professorin bei linksgerichteten Studenten ein, die mit der Sowjetunion sympathisierten.[29]

Seine Mission am Slawischen Institut bewies der Zentrale, daß Burgess, obwohl er keinen MI6-Offizier in seinem Sprachkurs für die Sowjets gewinnen konnte, das Zeug zu einem nützlichen Agenten hatte.

Daß die Zentrale ihn nun für einen geeigneten Kandidaten hielt, geht daraus hervor, daß er als Kurier ausgewählt wurde, um Philby in Gibraltar ein neues Codeblatt und einen Geldbetrag zu überbringen.[30]

Im November 1935 verschafften seine Kontakte im homosexuellen Milieu von Whitehall Burgess einen Posten als persönlicher Sekretär des neu ins Parlament gewählten prodeutschen Abgeordneten Captain John Robert Macnamara. Im darauffolgenden Frühjahr veranstaltete Burgess gemeinsam mit seinem Freund Wylie, Macnamara und einem Erzdiakon der Anglikanischen Kirche, Hochwürden J. H. Sharp, eine homosexuelle Vergnügungsfahrt durch Deutschland. In trautem Zusammensein mit Mitgliedern der Hitlerjugend befriedigten sie ihre politischen und sexuellen Bedürfnisse in einer Weise, die dem »Rat für Auswärtige Beziehungen« der Anglikanischen Kirche, der Macnamaras Fahrt bezahlt hatte, zweifellos einen schweren Schock versetzt hätte. Noch größer wäre das Erschrecken in der kirchlichen Verwaltung wohl gewesen, hätte man erfahren, daß höchst kompromittierende Fotos, die den Parlamentsabgeordneten und den Erzdiakon Arm in Arm mit etlichen besonders prachtvollen Exemplaren arischer Männlichkeit zeigten, später von Burgess und Deutsch übergeben wurden. Sie existieren noch heute – in der MÄDCHEN-Akte in den Archiven des russischen Geheimdienstes.[31]

Als Macnamaras Sekretär bewegte sich Burgess eine Zeitlang in denselben englisch-deutschen Freundschaftszirkeln wie Philby. Ebenfalls über diese hitlerfreundliche Gruppe kam sein Kontakt mit Edouard Pfeiffer zustande. Der ehemalige Generalsekretär der französischen Radikalsozialistischen Partei war ein enger Vertrauter des Premierministers Edouard Daladier bei dessen Verhandlungen mit der französischen Rechten. In seiner Freizeit war Pfeiffer in der französischen Pfadfinderbewegung aktiv. Er verstand es, Sex und konspirative Politik in einer Weise miteinander zu verbinden, die Burgess geradezu unwiderstehlich fand. Mit größtem Vergnügen dachte er später daran zurück, wie er eines Abends an einem Empfang in Pfeiffers Pariser Wohnung teilgenommen hatte, bei dem Mitglieder der französischen Regierung im Frack Tischtennis spielten – mit einem nackten muskulösen Radfahrer als Netz.[32]

Pfeiffer war nicht weniger angetan von Burgess' jungenhaftem Charme, und so verschaffte er ihm die Möglichkeit, für eine von den Nazis finanzierte Pariser Zeitschrift Artikel zu schreiben.[33] Nachdem Burgess auf diese Weise den Einstieg in den Journalismus geschafft hatte, versuchte er es im Mai 1936 mit einem Job auf Probe in der Redaktion der *Times*. Er war von Roger Fulford empfohlen worden, einem weiteren Mitglied des homosexuellen Beziehungsgeflechts, der damals als Korrespondent für die Zeitung arbeitete und später ein hoher MI5-Offizier wurde. Burgess hatte das Redigieren und Korrigieren jedoch bald satt, und bereits nach einem Monat kündigte er. Im Oktober 1936 bekam er dann mit Hilfe von Professor George Macaulay Trevelyan, dem berühmten Historiker vom Trinity College, einen Job bei der BBC. Der Glamour und der Reiz des Neuen, der seine Arbeit als Moderator von Talkshows im Rundfunk umgab, entsprach Burgess' greller Persönlichkeit und seiner Vorliebe für das gesprochene Wort.

Orlow, der die ganze Zeit über Burgess' Entwicklung von Moskau aus verfolgte, stimmte mit Deutsch und Mally – seinem Nachfolger in London – darin überein, daß es durchaus möglich sein könnte, Burgess' neue Respektabilität und seine Beziehungen zum Rundfunk für ihre Zwecke zu nutzen, um über ihn Mitglieder des britischen Geheimdienstes zu identifizieren und eventuell als Informanten aufzubauen.

Der »dritte Mann«, was die Reihenfolge der Rekrutierung innerhalb der Gruppe von Cambridge betrifft, wurde nun in Orlows Strategie, mit der er in den britischen Geheimdienst eindringen wollte, zum »ersten Mann«. Mit Hilfe von Informationen, die Maclean aus dem Außenministerium lieferte, wurde Burgess zu seinem Ziel geleitet. Kurz nach Orlows Versetzung nach Spanien im Herbst 1936 berichtete Maclean, ein MI6-Offizier namens David Footman habe ihn im Außenministerium aufgesucht. Mally beschloß sofort, daß Burgess auf Footman angesetzt werden sollte.[34]

Bei der Darlegung seiner Strategie gegenüber der Moskauer Zentrale gab sich Mally alle Mühe, eventuelle Bedenken zu zerstreuen, die seine Vorgesetzten in Moskau wegen MÄDCHENS »liederlicher Lebensweise« in bezug auf dessen Qualitäten als Agent noch immer hegen mochten. Seinem Bericht zufolge war Burgess »nun ernsthafter geworden. Er ist nicht ängstlich, im Gegenteil: Er wird schon beinahe mutig und erfüllt problemlos jeden Auftrag, den man ihm gibt. Wenn man ihn anweist, mit jemandem Freundschaft zu schließen, schafft er das in kürzester Zeit. Dabei drängt er sich der betreffenden Person aber keineswegs auf, sondern dreht es so hin, daß derjenige, der für uns von Interesse ist, ihn von sich aus einlädt.«[35] Deutsch meinte, Burgess sei nun reif für seinen ersten ernsthaften Auftrag als Undercoveragent, da MÄDCHEN »die Fähigkeit besitzt, fast zu jedem Kontakt aufzunehmen«.

Deutsch berichtete erstmals im September 1936 über den Kontakt mit Footman, aber erst in seinem Brief vom Juli 1937 schlug er der Zentrale vor, daß Burgess den MI6-Offizier bearbeiten sollte. Diese zehn Monate Verzögerung waren wegen eines Syphilis-Anfalls von Burgess Anfang 1937 zustande gekommen. Seine ärztliche Behandlung und langsame Genesung hatte zur Folge, daß er – unter seinem Cover als BBC-Redakteur – mit der Operation erst im Sommer beginnen konnte. Es gelang ihm, über Footmans literarischen Agenten einen ersten Kontakt herzustellen. Mit seinen beiden kurz zuvor veröffentlichten Romanen *Balkan Holiday* und *Pig and Pepper* hatte Footman in den literarischen Kreisen Londons einen Achtungserfolg erzielt. Footman war im Ersten Weltkrieg mit dem Militärverdienstkreuz ausgezeichnet worden, bevor er eine Zeitlang im diplomatischen Dienst arbeitete und schließlich in den Geheimdienst aufgenommen wurde. Im MI6 war er zu einem der führenden Sowjetexperten aufgestiegen. Neben seiner Schriftstellerei brachte dieser vielseitig begabte Geheimdienstoffizier auch noch die Energie auf, sich mit wissenschaftlichem Eifer dem Studium der russischen Geschichte zu widmen.[36]

Geschmeichelt von der Einladung der BBC, die ihm eine eventuelle Rundfunksendung über sein neuestes Buch in Aussicht gestellt hatte, erklärte Footman sein Einverständnis, sich mit Burgess zu treffen. Um ganz sicherzustellen, daß ihre Beziehung von Anfang an auf festem Boden stand, bot letzterer ihm ein höheres Honorar als üblich.

»Immerhin ist es mir gelungen, Footman zum Essen einzuladen«, teilte Burgess Deutsch fröhlich mit. »Nach einer netten und erfolgreichen Unterhaltung sind wir uns so nahegekommen, daß er mich für morgen zum Mittagessen eingeladen hat.«[37] Ihr erstes Treffen fand im Langham Hotel gegenüber dem Sendezentrum am Portland Place statt. Das lange als Verwaltungsgebäude der BBC mißbrauchte Hotel war eben erst restauriert worden und erstrahlte nun wieder in der Pracht der Vorkriegszeit, als es zur Hilton-Kette gehört hatte. Noch kennzeichnet keine Gedenktafel das Hotel als den Ort von Burgess' erster Operation, obwohl die NKWD-Akten beweisen, daß dies durchaus angebracht wäre. Burgess war damals nicht bewußt, daß eine vertrauenswürdige Agentin der illegalen Londoner Filiale das Treffen beobachtete. Diese Frau mit Codenamen GIPSY sollte sicherstellen, daß MÄDCHEN seine erste wichtige Mission genau so erfüllte, wie es ihm aufgetragen worden war. »Das Treffen fand im Foyer eines Hotels statt«, berichtete Deutsch an Moskau und erläuterte weiter: »GIPSY erkannte sofort MÄDCHEN, der sehr aufgeregt war. Wie er mir später erklärte, hatte er Angst, Footman könnte dem Treffen fernbleiben. Die Sache lief aber genauso ab, wie wir es mit ihm abgesprochen hatten.«[38]

Aus Deutschs Bericht läßt sich Burgess' Entschlossenheit ablesen, der seine erste Mission als sowjetischer Agent offenbar wirklich sehr ernst nahm. Er gab sich größte Mühe, Footman möglichst genau zu beschreiben:

»Er ist ein intelligenter, ruhiger Mann, ein wirklich englischer Typ, dazu sehr gewandt, geistreich und elegant. Er ist etwa sechs Fuß groß, schlank und wie ein Beamter des Außenministeriums gekleidet. Dünnes dunkles Haar, dunkle Augen, männliches Gesicht, langer schmaler

Mund, kleiner Hinterkopf. Auf einer seiner Hände (oberes Handgelenk) befinden sich viele Narben, die wie kleine schwarze Flecken aussehen. Ich habe etwas über seine Vergangenheit herausgefunden. Etwa um 1920–1924 war er Vizekonsul in Ägypten, später in Belgrad. Dann schied er aus dem diplomatischen Dienst aus und arbeitete etwa fünf Jahre lang als Repräsentant einiger großen Firmen auf dem Balkan. Danach trat er erneut in den Staatsdienst ein, und heute arbeitet er im Paßkontrollamt. Wir unterhielten uns eine Zeitlang über seine Organisation. Seinen Angaben zufolge überwacht das Paßkontrollamt Fremde und überprüft Komplikationen im Paßdienst. Ich habe das mit Hilfe eines anderen Angestellten im öffentlichen Dienst überprüft – Proctor. F[ootman] ist immer auf der Hut, aber ich glaube, er mag mich, und genau das wollte ich schließlich erreichen.«[39]

Burgess beschränkte sich jedoch nicht auf einen schriftlichen Bericht, sondern zeichnete auch in der Manier eines Karikaturisten Footmans Profil, das er Deutsch zusammen mit der Adresse des MI6-Agenten überreichte; letztere hatte er handschriftlich auf ein Stück Papier mit dem Stempel eines Autohändlers aus Mayfair notiert. Die Originale beider Dokumente wurden von Mally nach Moskau geschickt, wo man sie in MÄDCHENS Akte heftete.[40]

Footman ging mit Burgess essen und ließ sich überreden, zwei Rundfunksendungen für die BBC vorzubereiten. In Anspielung auf die Art der Beziehung, die er mit dem MI6-Offizier anstrebte, berichtete Burgess recht zweideutig, sie seien »sich sehr nahegekommen«. Obwohl aus den NKWD-Akten nicht ersichtlich ist, was er damit genau gemeint hat, dürfte zumindest klar sein, daß ihre Beziehung sich nicht auf das BBC-Studio beschränkte. Footman betrachtete Burgess bald als vertrauenswürdigen Informanten und verschaffte ihm ab dem darauffolgenden Jahr verschiedene Aufträge als freier Mitarbeiter des MI6.[41]

Eine der ersten dieser Missionen, die Burgess für den britischen Geheimdienst durchführte, fand im Mai 1938 statt. Dabei schlug er die Mitwirkung seines damaligen Intimfreundes Jack Hewitt vor, der als Telefonist im Hotel Goring arbeitete, in dem Konrad Henlein, der Nazi-Führer der Sudetendeutschen, bei seinen Gesprächen mit der Regierung über Hitlers Ansprüche auf den nördlichen Teil der Tschechoslowakei wohnte.

»Das war ein Riesenspaß«, meinte Hewitt, der Henleins Gespräche abgehört und die Einzelheiten später in einem Pub in Westminster hinter dem damaligen Hauptquartier des MI6 an Burgess und Footman mitgeteilt hatte.[42] Offenbar war der MI6 mit Burgess immerhin so zufrieden, daß er ihn im Sommer desselben Jahres für eine zweite Undercover-Operation einsetzte, nachdem sein Freund Pfeiffer ihn eingeladen hatte, als geheimer Kurier für Daladiers vertrauliche Briefe an Chamberlain zu fungieren.

»Die Kommunikation eines verwirrten und in Panik geratenen Patrioten mit einem ignoranten Eisenwarenhändler aus der Provinz«, kommentierte Burgess später verächtlich den Schriftwechsel, in dem die beiden Premierminister ihre Pläne formulierten, die Krise um die Tschechoslowakei mit einer Beschwichtigungspolitik gegenüber Hitler zu entschärfen.[43] Jedesmal, wenn Pfeiffer aus Paris zurückkehrte, brachte Burgess die Briefe Daladiers in die Suite, die der MI6 im Hotel St. Ermin gemietet hatte, wo man die Schreiben fotografierte und Burgess sie für Footman übersetzte, dessen Französischkenntnisse zu sehr nachgelassen hatten.

Der Plan des NKWD, den britischen Geheimdienst zu unterwandern, stand 1938 kurz vor seinem Gelingen, als Burgess erfuhr, daß es im Paßkontrollamt – der Tarnorganisation des MI6 für seine in den ausländischen Botschaften beschäftigten Agenten – eine freie Stelle gab. Footman bestätigte, daß Burgess durchaus ein geeigneter Kandidat für diese Stelle sei, als sie bei einem gemeinsamen Essen darüber diskutierten, ob Burgess die BBC verlassen sollte, um hauptberuflich als Geheimagent zu arbeiten. Um ihn in seinem Vorhaben zu unterstützen, stellte ihn Footman eine Woche später E. P. G. Norman vor, dem ehemaligen SIS-Leiter der Prager Filiale, die vor dem Zweiten Weltkrieg eine der wichtigsten Operationsbasen des britischen Geheimdienstes gegen die Sowjetunion war. Dieses Treffen fand im Royal Automobile Club statt, einem mit Säulen versehenen Gebäude an der Pall Mall – laut Burgess ein beliebter Treffpunkt von MI6-Offizieren, die im dazugehörigen Restaurant zu speisen pflegten. Während des Essens stellte sich heraus, daß Norman Burgess für eine Mission in Italien in Betracht zog. Er sollte herausfinden, welche Haltung Mussolini nun gegenüber Spanien einnahm, da Francos Truppen auf dem besten Weg waren, den Bürgerkrieg zu ihren Gunsten zu entscheiden.[44]

»Sie brauchen es nicht selbst zu tun«, soll Norman Burgess versichert und dann erklärt haben, wie seine Beteiligung an den verdeckten Geheimdienstoperationen aussehen würde.[45] Burgess habe sich daraufhin bereit erklärt, die Mission durchzuführen. Als Norman Bedenken hegte, er könnte als Journalist der BBC Verdacht erregen, schlug er vor, sich über seinen Freund, Lord Rothschild, bei der Filiale von dessen Bank in Rom zur Tarnung einen Job zu beschaffen. Dies gefiel Norman, der daraufhin enthüllte, daß Rothschild bereits an einem geheimen wissenschaftlichen Projekt für das Kriegsministerium in Cambridge arbeitete, weshalb der MI6 leicht mit ihm über Burgess Kontakt aufnehmen könne.

Footman teilte Burgess bei ihrem nächsten Treffen mit, er habe auf

Norman einen sehr guten Eindruck gemacht; seine Tarnung für die Italien-Mission werfe jedoch noch ein Problem auf. Burgess gestand ein, daß er als Bankier wohl doch nicht besonders glaubwürdig sei, und schlug vor, er könnte ja als Wissenschaftler nach Rom gehen, da er in akademischen Kreisen alle möglichen Leute kenne. Dann fügte er noch hinzu – »ganz nebenbei«, wie er seinem sowjetischen Kontrolloffizier berichtete –, daß er die Gelegenheit nutzen wolle zu erwähnen, daß er in seinen ersten Semestern selbst Kommunist gewesen sei und dies vor Footman der Ehrlichkeit halber nicht verhehlen wolle. Footman reagierte positiver als erwartet; wenn es mit der italienischen Mission nicht klappen sollte, meinte er, eröffne dies sogar zusätzliche Perspektiven für den Einsatz von Burgess.

»Ich hätte da eine ausgezeichnete Idee«, erklärte Footman laut Burgess, dessen Erfahrungen und Kontakte, wie Footman meinte, »unseren Jungs in der antikommunistischen Sektion von großem Nutzen sein könnten«. Er versprach Burgess, ein Treffen mit dem Chef der Abteilung Spionageabwehr des MI6 zu arrangieren.[46]

Footman hielt Wort. Kurze Zeit später stellte er Burgess Major Valentine Vivian vor, dem Leiter der Sektion V, der sich später überreden ließ, Philby in den MI6 aufzunehmen. Der fast eins achtzig große Vivian – nach Burgess' Beschreibung ein »fragiler Mann« mit Längslinien auf den Fingernägeln und einem Magengeschwür, das ihn vom Trinken abhielt – war eine reichlich groteske Figur. Dennoch beeindruckte der Offizier, der später stellvertretender Leiter des MI6 werden sollte, Burgess mit seinen geradezu enzyklopädischen Kenntnissen über die Theorie des Marxismus. Auch sein Wissen über die Politik der Komintern verblüffte Burgess sehr.

»Es war mir richtig peinlich«, berichtete Burgess später, »daß ich – abgesehen vom Bericht über den siebten Kominternkongreß – über die neueren Trends der Marxismustheorie seit 1934, als ich die Partei verlassen hatte, kaum etwas gelesen hatte.« Vivian habe ihm empfohlen, seinen Kenntnisstand aufzupolieren. »Die Theorie ist die Grundlage des Handelns«, mußte Burgess sich sagen lassen; Vivian meinte, er müsse die Theorie des Marxismus-Leninismus hundertprozentig beherrschen, bevor er für die Arbeit als Undercoveragent in der britischen kommunistischen Bewegung in Frage kam.[47]

»Legale Parteimitglieder sind nicht gefährlich, und deshalb sollten Sie nicht unter den Aktivisten arbeiten«, riet Vivian Burgess. Das, meinte er, sei Sache der Polizei und der Spezialabteilung. Er bat Burgess deshalb, sich zu überlegen, ob er sich nicht lieber mit den Leuten beschäftigen wolle, die nicht der Partei angehörten. Einer von ihnen war Victor Gollancz, der Gründer und Leiter des »Linken Buchklubs«, den der MI6 für »äußerst wichtig und sehr gefährlich« hielt. Eine weitere

Bedrohung stellte ein junger Student namens Dennis James dar, der – wie die Spezialabteilung berichtete – »schon mit 16 ein eingeschworener Revolutionär war«. Nach Ansicht von Vivian gab es »sowohl in Oxford als auch in Cambridge eine Art geheimer Parteimitgliedschaft, die es aufzudecken gilt«.[48]

Bei dem Gedanken, wieviel die britischen Geheimdienste über die kommunistischen Zellen von Cambridge wußten, muß es Burgess eiskalt den Rücken hinuntergelaufen sein. Seinem Bericht zufolge wußte Vivian auch, daß es »innerhalb der BBC eine kommunistische Untergrundorganisation gab«, die sein Geheimdienst auszuheben entschlossen war. »Sie müssen herausfinden, wer dieser Organisation angehört«, sagte Vivian, der offensichtlich nicht im entferntesten die Möglichkeit in Erwägung zog, daß der von ihm auserwählte Kommunistenjäger selbst Kommunist sein könnte. Burgess, der sich über die Ironie dieser Situation köstlich amüsierte, meinte später, er habe der Versuchung nicht widerstehen können, mit Unschuldsmiene zu beteuern, er könne wirklich nicht verstehen, was die Kommunisten mit dem Einsatz solcher Leute bezweckten.[49]

»Das verstehe ich auch nicht«, stimmte Vivian ihm zu und betonte, er sei davon überzeugt, daß die »neueste Richtung der Komintern extrem linkslastig« sei. In diesem Augenblick, berichtete Burgess später, sei Vivian wohl über seine eigene Indiskretion erschrocken, da ihm die Bemerkung entschlüpft war, daß die Briten die Direktiven aus Moskau an die Komintern seit einiger Zeit abfingen. In konspirativem Tonfall meinte er zu Footman, er fürchte, er sei wohl etwas vorlaut gewesen und habe ein Geheimnis verraten. Dann, so Burgess, habe sich der MI6-Chef an ihn gewandt und angekündigt, daß die jüngst abgefangenen Komint_direktiven, obwohl sie streng geheim seien, veröffentlicht würden und er ein Exemplar davon erhalten werde. Gegen Ende des Arbeitsessens erklärten Footman und Vivian ihm dann im Vertrauen, daß seine Hauptaufgabe als britischer Undercoveragent darin bestehe, in die Partei einzudringen und sich von ihr nach Moskau schicken zu lassen.[50]

In einem schriftlichen Bericht, den Burgess nach dem Treffen verfaßte, bestätigte er unbewußt die Berechtigung von Orlows Unterwanderungsprojekt. »Ob F[ootman] mich wohl im Verdacht hat? Ich glaube kaum«, meinte Burgess. »Wieso nicht? Die Scheuklappen der Oberklasse – Eton, meine Familie, ich als Intellektueller. Ich muß darauf hinweisen, daß ich Sie immer gewarnt habe: ›Meiden Sie Leute wie mich. Wir sind schon aus historischen Gründen verdächtig.‹ Heute dagegen sage ich: ›Nur Leute wie ich sind über jeden Verdacht erhaben.‹«[51]

Wie es scheint, kämpfte Burgess noch immer gegen das Mißtrauen der Zentrale an. Hätte Orlow noch immer von Moskau aus die Gruppe von Cambridge betreut, dann wäre sein Unterwanderungsprojekt sicher schneller verwirklicht worden. Nachdem jedoch alle Großen Illegalen liquidiert, in Straflager verbannt oder außer Landes geflohen waren, gab es in der Zentrale offensichtlich niemanden mehr, der über genügend Weitblick oder Autorität verfügt hätte, um den Coup zu würdigen, den Burgess auf eigene Faust gelandet hatte. Zudem waren die Chefs an der Lubjanka pikiert ob der Tatsache, daß MÄDCHEN nach der Abberufung von Mally und Deutsch, als die Gruppe von Cambridge ohne Führungsoffizier war, es doch tatsächlich gewagt hatte, Eigeninitiative zu ergreifen. Die führungslose Zeit, die durch die Säuberung in den Reihen der Großen Illegalen verursacht wurde, führte zum Abbruch des direkten Kontaktes zwischen Moskau und Burgess, nachdem Deutsch im Oktober 1937 für fast zehn Monate abgereist war. Die NKWD-Akte zeigt, daß die Verbindung der Zentrale mit MÄDCHEN in Paris im August 1938 durch PIERRE wiederhergestellt wurde. PIERRE war das Kryptonym für Leonid Eitingon, den damaligen Stellvertreter Orlows in Spanien. Eitingon blieb Burgess' Führungsoffizier, bis die Zentrale im März 1939 entschied, daß der neue legale Resident in London diese Rolle übernehmen sollte. Es war also Eitingon, durch den Burgess Druck auf Moskau ausübte, Vivians Pläne zu unterstützen.[52]

Die Zentrale jedoch blieb bei ihrem Nein MÄDCHENS Absicht gegenüber, sich als Maulwurf für den MI6 in der Kommunistischen Partei Großbritanniens zu betätigen. Die Auslandsabteilung des NKWD lehnte damit einen Plan ab, den sie als zu riskant für Burgess erachtete.

Der NKWD fühlte sich schließlich nicht für die Sicherheit der weltweiten kommunistischen Bewegung verantwortlich. In ihrer Kurzsichtigkeit fürchteten die NKWD-Chefs, daß Burgess, sofern man ihm eine Annahme von Vivians Angebot erlaubte, von seinem Hauptziel abgelenkt werden könnte: dem Vordringen ins Allerheiligste des britischen Regierungsapparats genau an der Stelle, wo dieser unmittelbar mit der Sowjetunion befaßt war. Als Burgess erfuhr, daß Moskau ihm verboten hatte, die Unterwanderung für den MI6 weiterzuverfolgen, protestierte er scharf. Offenbar in Unkenntnis der eisernen Regel, daß ein sowjetischer Undercoveragent Instruktionen der Zentrale widerspruchslos zu befolgen hatte, schickte er einen Brief an seine »lieben Genossen« in Moskau, in dem er die Entscheidung seiner Vorgesetzten in Frage stellte.

»Ein Antikommunist, den ich später traf, erzählte mir, er habe seinen Sohn, einen Studenten in Oxford, als Spitzel in der linken Studentenbewegung eingesetzt«, schrieb Burgess und warnte: »Es ist in der Tat sehr leicht möglich, auf diese Weise jemanden in die kommunistischen Kreise von Oxford oder Cambridge einzuschleusen und mit seiner Hilfe dann mich und andere, die Ihnen bekannt sind, auffliegen zu lassen. Ich führe dieses Beispiel nur an, um zu veranschaulichen, daß es besser ist, wenn derjenige, der diesen Job macht, *unser* Mann ist, da wir in diesem Fall die Möglichkeit hätten, die Leute zu schützen, auf die wir angewiesen sind – oder auch dem britischen Geheimdienst bestimmte Tatsachen auf eine Weise zu präsentieren, daß sie unwichtig erscheinen oder irreführend sind.«[53]

»Wenn sie es mit uns machen, warum nicht auch umgekehrt?« argumentierte Burgess. Der engstirnige INO-Chef an der Lubjanka jedoch fand Burgess' Brief ausgesprochen impertinent und weigerte sich, seine Entscheidung noch einmal zu überdenken. Gorski wies Burgess mit größtem Nachdruck an, seine fixe Idee aufzugeben, als getarnter Kommunist für die MI6 zu arbeiten. »Entsprechend Ihrer Direktive erklärte ich F[ootman], ich könnte mir nicht vorstellen, jemals wieder ein ›Linker‹ zu werden und als Provokateur in der britischen kommunistischen Partei zu arbeiten«, berichtete Burgess pflichtgemäß über seine Unterwerfung unter die Befehle Moskaus. Er fügte hinzu, er habe wohl ausreichend überzeugend gewirkt, indem er dem MI6 gegenüber beteuerte, daß die Kommunisten ihm mittlerweile wohl zu sehr mißtrauen würden. »Das wäre ja auch kein Wunder«, fügte Burgess hinzu und gestand bedauernd: »Ich habe mir in den vergangenen fünf Jahren mit großem Erfolg als Trunkenbold, Unruhestifter, Intellektueller und faschistischer Renegat einen Namen gemacht.«[54]

Mit der für ihn charakteristischen Hartnäckigkeit versuchte Burgess jedoch im selben Brief, die Zustimmung der Zentrale für einen anderen Plan zu gewinnen. Obwohl er diesen so präsentierte, als stamme er von Vivian, ist es mehr als wahrscheinlich, daß er Burgess' eigener Phantasie entsprang. »F[ootman] fragte mich dann, ob es möglich sei, mit der sowjetischen Botschaft in London Kontakt aufzunehmen«, berichtete Burgess. Dies, so meinte er, würde ihm eine weitere einzigartige Gelegenheit bieten, ein vollwertiger britischer Agent zu werden. Er sagte, Vivian habe ihm Material für ein Buch über die russische terroristische Bewegung übergeben. »Ich werde mich mit dem Thema vertraut machen und dann bei der Botschaft brieflich anfragen, ob sie mir bei der Materialsammlung für das Buch behilflich sein kann«, schrieb Burgess. Er erklärte weiter, er wolle die Gelegenheit nutzen, mit Iwan Maiski in Kontakt zu kommen – dem sowjetischen Botschafter in London, der laut Vivian ein wissenschaftlich sehr interessierter Mann war. »Dann könnte ich – falls die Briten das so wünschen und die Russen mich einladen – nach Moskau fahren, um dort meine Recherchen fortzuführen.«[55]

Einmal mehr lehnte die Zentrale entschieden ab. Deutsch, der damals gerade in Moskau den zuständigen NKWD-Leuten Tips zur Führung der Gruppe von Cambridge gab, könnte bei der negativen Reaktion auf die Pläne von Burgess durchaus seine Finger im Spiel gehabt haben.

Dies läßt sich zumindest aus einer Beurteilung von MÄDCHEN schließen, in der er dessen Fähigkeiten zur Durchführung solch schwieriger Operationen in Frage stellte:

»Zuerst verzettelte er sich häufig und handelte oft auf eigene Faust, ohne uns zu fragen; in seiner Unerfahrenheit machte er dabei natürlich Fehler. Wir versuchten, ihn zu bremsen, und so schien es ihm, als tue er viel zuwenig. Wenn er bei seiner Arbeit für uns etwas falsch macht, gesteht er uns gegenüber ein. Ein Beispiel: Bis November 1935 war ich im Urlaub in der UdSSR. Er hat einen sehr guten Freund, einen amerikanischen Genossen [Name unbekannt], der damals in London Urlaub machte; er [Burgess] erzählte ihm, daß er eine sehr spezielle Arbeit verrichte. Als MÄDCHEN mich das nächste Mal traf, gestand er mir die ganze Geschichte. Er war sehr deprimiert und von Gewissensbissen geplagt. Erst versuchte er, seinen Fehler aus der Verzweiflung heraus zu erklären, die ihn wegen des abgebrochenen Kontakts zu uns befiel. Später aber gab er zu, daß er es aus reiner Angeberei getan hatte.

MÄDCHEN ist ein Hypochonder, und er glaubt immer, wir würden ihm nicht uneingeschränkt vertrauen. Das liegt wohl an einem seiner grundlegenden Charakterzüge – seinem mangelnden inneren Gleichgewicht. Allerdings muß man ihm zugestehen, daß er in der Zeit, seit er für uns arbeitet, in dieser Hinsicht enorme Fortschritte gemacht hat. Er versuchte wiederholt, mir einzureden, wir hätten ihn vor dem Untergang bewahrt; daher auch seine Angst, einen Fehler zu machen, der dazu führen könnte, daß wir ihn eines Tages fallenlassen. Ich versuchte, mein Vertrauen in ihn dadurch zu demonstrieren, daß ich ihm das Gefühl gab, ihn nicht als Fremden, sondern als Genossen zu betrachten.«[56]

Eine derart zurückhaltende Beurteilung dürfte die Zentrale kaum ermutigt haben, die gesamte Zukunft der Gruppe von Cambridge dahingehend umzuorientieren, daß sie Burgess erlaubte, für den MI6 zu arbeiten. Ihr Mann für die Unterwanderung des britischen Geheimdienstes war nach wie vor der nüchterne und bei mehreren Operationen bewährte Philby. Moskau scheint jedoch keine Einwände dagegen gehabt zu haben, daß Burgess als freiberuflicher Agent in Randbereichen des britischen Geheimdienstes mitarbeitete. Dies gelang Burgess, nachdem Footman ihn dem Generalmajor Laurence D. Grand vorgestellt hatte. Dieser war der Leiter der Sektion D des MI6, die 1938 mit der Vorgabe eingerichtet worden war, Möglichkeiten zu finden, »potentielle Feinde mit nichtmilitärischen Mitteln anzugreifen«. Im Hausgebrauch sprach man von der »Sektion der schmutzigen Tricks« des SIS, die sich nach außen hin als »Abteilung für Statistische Forschung« im Kriegsministerium tarnte.

»Mein erster Auftrag von Grand betraf Palästina und die Judenfrage«, schrieb Burgess am 19. Dezember 1938 in einem Bericht an Moskau. Seine Aufgabe habe darin bestanden, »Lord Rothschild zu aktivieren« für ein politisches Manöver, das »die jüdische Bewegung spalten« und »Widerstand gegen den Zionismus und Dr. Weizmann erzeugen« sollte. Man wollte den Anführer der Zionisten isolieren und neutralisieren, um der britischen Regierung den Weg für ein Abkommen mit den Arabern freizumachen. Burgess versuchte weisungsgemäß, Rothschilds Unterstützung für die Gründung einer jüdischen Gemeinde in einem Gebiet zwischen dem Libanon und Ägypten zu gewinnen. Dies, so glaubte man, würde die zionistische Lobby spalten und gleichzeitig eine mögliche Invasion der Italiener von ihrer neugewonnenen Kolonie Abessinien aus nach Norden in das britische Protektorat Ägypten verhindern helfen.[57]

Burgess' Berichten in seiner NKWD-Akte zufolge unterstützte er damals Grand im Rahmen der nach außen hin unabhängigen, in Wirklichkeit aber vom MI6 gelenkten Joint Broadcasting Commission bei der Produktion von gegen Hitler gerichteten Propagandasendungen, die von Radiosendern in Luxemburg und Liechtenstein nach Deutschland ausgestrahlt wurden. Während dieser Arbeit teilte er Moskau seinen Eindruck mit, daß die Politik der britischen Regierung sich mehr gegen die Sowjetunion als gegen das Dritte Reich richtete.

»Die britische Politik zielt darauf ab, soweit wie möglich mit Deutschland zusammenzuarbeiten und letzten Endes gegen die UdSSR«, berichtete Burgess Anfang 1939. Seit er den *Official Secrets Act* [Gesetz zur amtlichen Schweigepflicht] unterschrieben hatte, um Zugang zu den für seine Propagandaarbeit erforderlichen Berichten des Außenministeriums zu erhalten, konnte Burgess Unmengen von Geheiminformationen an Moskau weitergeben. Aus der MÄDCHEN-Akte geht beispielsweise hervor, daß er am 3. August 1939 die Überzeugung der britischen Stabschefs übermittelte, daß »ein Krieg zwischen Großbritannien und Deutschland mit Leichtigkeit gewonnen« werden könne und die Regierung deshalb keinen Verteidigungspakt mit der Sowjetunion zu schließen brauche. Solche Insiderinformationen von Burgess an den Kreml können Stalin nur in der Überzeugung bestärkt haben, daß die Regierungen Großbritanniens und Frankreichs an einem solchen Pakt nicht interessiert waren. Der Beweis dafür, daß dieser Faktor entscheidend zum Zustandekommen des Hitler-Stalin-Pakts beigetragen hat, findet sich in einem Bericht, den Burgess ablieferte, kurz bevor Ribbentrop nach Moskau fuhr, um das Abkommen zu unterzeichnen, das Hitler den Weg für den Überfall auf Polen freimachte.[58]

»In Regierungskreisen und bei Gesprächen mit denen, die die Dokumente über die Verhandlungen [zwischen der britischen Regierung und der Sowjetunion] eingesehen haben, herrscht die Meinung vor, daß wir niemals ernsthaft vorhatten, ein militärisches Bündnis einzugehen«, erzählte Burgess seinem NKWD-Kontrolloffizier. »Das Büro des Premierministers erklärte freimütig, ›man hoffte, einen Pakt mit den Russen vermeiden zu können‹ (wörtliches Zitat von Minister Horace Wilson).«[59]

Auch nach Ausbruch des Krieges lieferte Burgess weiter nützliche Informationen. Seine Berichte bestätigen, daß er durchaus Mallys Hoffnung erfüllte, er könnte einst ein »Mädchen für alles« werden. Sie reichen von Details über Grands Plan zur Ermordung Hitlers bis hin zu seiner Aktion als »Mr. Francis«, Vermittler des MI6, der die Unterstützung des Hauptquartiers der Labour Party zu gewinnen suchte, um einen Streik schwedischer Bergarbeiter zu provozieren. Sein Ziel war dabei, Deutschland eines Teils seiner Kohlevorräte zu berauben. Bis Anfang 1940 arbeitete er gelegentlich als Grands Berater, während er nach wie vor für die BBC seine Talkshows produzierte. Er diente als Verbindungsmann zum Informationsministerium, bevor er im April 1940 – zu Beginn des deutschen Blitzkriegs im Westen – die BBC endgültig verließ und ganztags für Grand zu arbeiten begann. Er half beim Aufbau der Ausbildungsstätte Brickendonbury Hall, wo britische Agenten lernten, subversive Operationen durchzuführen. Sie war der Vorläufer des zu Kriegszeiten bekannten Special Operations Executive (SOE). »Ich hielt das für eine gute Möglichkeit, in eine wichtigere Position aufzusteigen«, erklärte er später dem KGB. Er habe seine Arbeit dazu benutzt, »die Namen derjenigen Agenten in Erfahrung zu bringen, die ins Ausland entsandt wurden, sowie Kontakte zu den Offizieren des SIS und des MI5 zu knüpfen, die ich zu Vorlesungen in die Schule einlud«.[60]

Das Guy Fawkes College, wie Grands Schöpfung sich nannte, diente auch als Vorbereitung für Philbys ersten Geheimdienstjob im Sommer 1940. Als Grands Ausbildungsstätte geschlossen wurde, war plötzlich ausgerechnet Burgess arbeitslos; Philby hingegen, der damals als Korrespondent für die *Times* arbeitete, wurde der SOE zugeteilt – derjenigen Organisation, deren Gründung Churchill nach der Niederlage Frankreichs angeordnet hatte, um Saboteure auszubilden, die »Europa in Brand stecken« sollten. Von der SOE sollte Philby im folgenden Jahr den Übergang zum MI6 schaffen, wo er für Moskau die Arbeit machte, auf die er so lange vorbereitet worden war. Der »dritte Musketier« jedoch, Burgess, der mit Vivians Hilfe dazu beigetragen hatte, daß sein Freund in den Geheimdienst aufgenommen wurde, stand unversehens auf der Straße.

Burgess blieb nichts anderes übrig, als seinen alten Job bei der BBC wiederaufzunehmen. Aber er übernahm auch weiterhin gelegentlich

Aufträge für seine Freunde beim MI5 und MI6. Mit Rückendeckung seines sowjetischen Führungsoffiziers hatte sich Burgess bei seinem Versuch, in die Sektion Spionageabwehr des Sicherheitsdienstes zu gelangen, der Hilfe von Footman und Blunt versichert; letzterer war dank der Förderung durch Lord Rothschild mittlerweile beim MI5 untergekommen. Burgess freundete sich eng mit Guy Liddell an, einem geschiedenen Mann, der offenbar bei ihren gemeinsamen Ausflügen in die Musikhallen während des Krieges die Gesellschaft von Burgess' homosexuellem Klüngel sehr genoß. Was eine eventuelle Mitarbeit von Burgess beim MI5 betraf, so machte Liddell keinen Hehl daraus, daß er »diesen Mann nicht in meinem Büro sehen« wollte.[61] Er beauftragte jedoch einen seiner Assistenten, einen Kommilitonen vom Trinity College namens Kemball Johnstonn –, Burgess als Spezialagenten einzusetzen.

Burgess' erste Mission für den MI5 war die Anwerbung von Erich Kessler, einem homosexuellen Schweizer Journalisten, der mittlerweile im diplomatischen Dienst arbeitete und 1939 von Burgess verführt worden war. Kessler, der unter dem Codenamen ORANGE geführt wurde, erwies sich – wie die NKWD-Akten bestätigen – sowohl für den MI5 als auch für den sowjetischen Geheimdienst als nützliche Informationsquelle hinsichtlich der Beziehungen zwischen Deutschland und der Schweiz. Dies traf auch auf den Agenten TOFFEE zu – ein berühmter »Freier Exilungar« namens Andrew Revoi, der mit Hilfe von Burgess' homosexuellem Charme als Informant für den MI5 angeworben werden konnte.[62]

Wie Burgess' NKWD-Akte bestätigt, half ihm sein proteischer Charakter dabei, seine Dienste als homosexueller Lockvogel gleichzeitig zum Vorteil des sowjetischen wie des britischen Geheimdienstes einzusetzen, wobei seine uneingeschränkte Loyalität immer Moskau galt. Obwohl Burgess' Einschätzung durch den MI5 in Großbritannien noch immer ein gut gehütetes Geheimnis ist, dürfte die britische Beurteilung seines Potentials als Undercoveragent kaum entscheidend von der abweichen, die sich in den Archiven des russischen Geheimdienstes findet:

»MÄDCHENS zukünftiges Potential: Er hat einen großen Freundeskreis und kann fast jeden für sich gewinnen. Sein Unternehmungsgeist muß jedoch fast immer im Zaum gehalten werden, und er sollte ständig einer strengen Kontrolle unterliegen. Jeder Auftrag, der ihm erteilt wird, sollte in allen Einzelheiten genauestens definiert werden. Erforderlich ist weiterhin, sein Privatleben, seine Freunde usw. unter Beobachtung zu stellen. Er weiß, daß wir dies tun müssen, und gibt uns über diese Dinge auch bereitwillig Auskunft. Von größter Wichtigkeit ist es, daß unsere Offiziere, die mit ihm zusammenarbeiten, wissen, daß sie in jeder Hinsicht Vorbilder für ihn sein müssen. Er braucht bedingungslose Disziplin, Autorität und Prinzipientreue. Außerdem ist es unerläßlich, ihn ständig auf die Sicherheitsvorschriften hinzuweisen.«[63]

Burgess unter »bedingungsloser Disziplin« zu halten war der Schlüssel zu seinem erfolgreichen Einsatz als Agent. Auf diese Notwendigkeit hatte Deutsch sowohl Grafpen hingewiesen als auch Gorski, seinen Nachfolger in der sowjetischen Botschaft. Anatoli Borissowitsch Gorski war 1939 nach einer Ausbildung in Moskau vom Chiffrierer zum Geheimdienstoffizier des NKWD befördert worden. Er besaß einen angeborenen Scharfsinn, den er hinter kalten blauen Augen zu verbergen verstand. Den »drei Musketieren« war Gorski unter dem Codenamen HENRY bekannt. Philby fand HENRY »trocken«, und Blunt beurteilte ihn geringschätzig als »phantasielos und unsympathisch«.[64]

Gorski war zwar nicht mit dem Charisma Orlows, dem Charme Mallys oder der intellektuellen Brillanz Deutschs ausgestattet, erwies sich jedoch als nicht weniger geschickt als seine Vorgänger, wenn es darum ging, die vielseitigen Talente von Burgess für seine Missionen einzusetzen. Am 14. Oktober 1942 beispielsweise legte er Moskau einen neuen Plan vor, demzufolge MÄDCHEN ein weiteres Mal versuchen sollte, Dennis Proctor für den sowjetischen Geheimdienst anzuwerben. Seinem Bericht zufolge benutzte HATA (das ukrainische Wort für »Bauernhaus« und gleichzeitig die verächtliche Bezeichnung des NKWD für den MI5) Burgess aus einem nicht näher erklärten Grund dazu, über seinen Freund Proctor, der damals als hoher Beamter im Schatzamt arbeitete, an finanzielle Informationen zu kommen:

»Wenn Proctor HATAS Agent wäre und mit ihm über MÄDCHEN in Verbindung stünde, würde er zweifellos letzterem viel mehr erzählen, als er es bis heute getan hat«, berichtete die Londoner Residentur. Weiter hieß es, falls die Anwerbung von Proctor gelänge, könnte dies »MÄDCHEN die Chance eröffnen, auch andere prominente Engländer für die Arbeit für HATA zu gewinnen«. BOB bat um Erlaubnis, Burgess zum Eintritt in den MI5 auffordern zu dürfen, »damit wir diese Agenten durch ihn für unsere Zwecke einsetzen können, ohne daß sie es bemerken«.[65]

Ein weiteres Mal blieb der Versuch von Burgess und seinem sowjetischen Führungsoffizier, Proctor für ihre Zwecke einzuspannen, wenig ergiebig. Trotz all seiner Emsigkeit, die er als Faktotum der britischen Geheimdienste an den Tag legte, konnte er der Zentrale in Moskau nicht annähernd so viele MI5-Geheimnisse beschaffen, wie sie durch Blunt bekam. Neben wertvollen Einblicken in die Art und Weise, wie der MI5 seine Operationen durchführte, enthält die MÄDCHEN-Akte nur Dokumente, die er von Grand bekam, einschließlich der auf geheimen Informationen des Außenministeriums basierenden wöchentlichen Bulletins vom SIS.

Erst als Burgess 1944 selbst einen Posten im Außenministerium bekam, konnte er Tausende von Geheimdokumenten an die Sowjets weiterleiten. Dennoch zeigt die MÄDCHEN-Akte im Archiv des russischen Geheimdienstes, daß Burgess sich lange Zeit die allergrößte Mühe gab, seinen sowjetischen Vorgesetzten seinen guten Willen zu demonstrieren, indem er – oft in Eigeninitiative – eine Reihe wertvoller Informationsquellen erschloß.

»MÄDCHEN hat ständig ein schlechtes Gewissen, weil er glaubt, zu wenig für uns zu tun«, umschrieb Deutsch die ungeheure Motivation von Burgess. Dieser war so begierig darauf, seine Vorgesetzten zufriedenzustellen, daß er selbst auf den Hinweis, er möge doch endlich sein nachlässiges Äußeres etwas aufpolieren, prompt reagierte, weil er »einsah, daß er, solange er für uns arbeitete, nicht in einem solchen Aufzug herumlaufen konnte«. Nach einer entsprechenden Zurechtweisung, so Deutsch, habe MÄDCHEN auch angefangen, sich »nicht so gehenzulassen« und seinen oft exzessiven Alkoholkonsum deutlich einzuschränken. Nach seinem Syphilisanfall im Frühjahr 1937 hatte er sogar allen Ernstes geschworen, er lebe »nicht mehr mit Männern zusammen« und wolle »nach seiner Genesung« ans Heiraten denken.[66] Dies war ein Versprechen, das Burgess wohl niemals hätte halten können; es zeigt lediglich seinen Hang zur Selbsttäuschung. Indem er für seine Freunde und Kontaktleute in MI5 und MI6 den Figaro spielte, erlangte der wachsame Burgess jedoch das Vertrauen vieler ihrer höchsten Offiziere. So erfuhr er beispielsweise die Namen von hochrangigen Offizieren des britischen Geheimdienstes und ihrer im Ausland operierenden Agenten und gab sie an die Sowjets weiter. Systematisch katalogisierte er alle derartigen Informationen und schickte sie nach Moskau zusammen mit interessanten Einblicken in den Finanzhaushalt der britischen Geheimdienste. Allein der Umfang der NKWD-Akten kann keinen Zweifel daran lassen, daß von den »drei Musketieren« MÄDCHEN der aktivste war. Wie Deutschs psychologische Einschätzung von Burgess verdeutlicht, arbeitete er nicht nur für materiellen Lohn, sondern aus ideologischer Überzeugung – und um dafür gelobt zu werden, »daß er Spezialaufträge erfüllt, die seiner Eitelkeit entsprechen«.[67]

»Es spricht sehr für unsere Arbeit, daß ich Ihnen nach nur sechs Monaten alles über sie [den MI6] erzählen kann, den anderen hingegen nach sechs Jahren Zusammenarbeit mit Ihnen nicht das geringste über Sie«, bemerkte Burgess in einem Brief, den er Deutsch im Juli 1939 nach Moskau schickte.[68] Moskau dürfte dies mit größter Befriedigung zur Kenntnis genommen haben. In Anbetracht der Intelligenz und der gesellschaftlichen Herkunft der Verräter von Cambridge muß die Bereitschaft der »drei Musketiere«, einem unbekannten Herrn so bedingungslos zu dienen, wohl als Tribut an das ursprüngliche Team von Illegalen gewertet werden, die diese Spione anwarben und ausbildeten. Nicht ein einziges Mitglied der Gruppe aus Cambridge – mit Ausnahme von Philby, der in seinen KGB-Memoiren sagte, er habe in Spanien Orlow mit Namen gekannt – erfuhr je die richtigen Namen seiner Führungsoffiziere (noch waren sie sich überhaupt der Tatsache bewußt, daß es sich bei ihnen um Offiziere des sowjetischen Geheimdienstes handelte). Sie wußten nicht einmal, ob ihre sowjetischen Kontaktleute in Großbritannien einen ständigen Wohnsitz hatten oder einfach immer dann ins Land kamen, wenn sie sich mit ihren Informanten treffen wollten. Für letzteres sprach, wie aus ihren NKWD-Akten hervorgeht, daß bei den Auslandsreisen der Spione von Cambridge die konspirativen Treffen mit ihnen auf dem europäischen Festland – etwa in Paris – abgehalten wurden.[69]

Bezeichnenderweise scheint der enthusiastische Burgess der einzige gewesen zu sein, der das ungeheure Ausmaß der Unterwanderungsoperation des NKWD richtig einzuschätzen wußte. Offenbar kam er zu der Überzeugung, selbst eine zentrale Rolle bei der Entwicklung des Planes, »Maulwürfe« anzuwerben und in die britische Regierung und ihren Geheimdienst einzuschleusen, gespielt zu haben. »Arbeit unter Studenten mit dem Zweck ihrer Vorbereitung auf den Staatsdienst« betitelte er ein von ihm verfaßtes Memorandum, das er am 12. März 1939 nach Moskau schickte. Darin entwarf er den Plan, den Orlow schon entwickelt hatte, lange bevor Burgess einer seiner ersten Rekruten wurde: »Die Organisation der Arbeit unter Studenten ist schon deshalb von größter Bedeutung, weil wir dadurch die Kandidaten für den Staatsdienst unter unserer Kontrolle hätten; wir könnten sie anwerben, noch bevor sie zu bekannt werden, und ihnen in verschiedenen Bereichen des Staatsdienstes Positionen verschaffen. Zwei der wichtigsten Universitäten sind natürlich Oxford und Cambridge. Um eine solche Arbeit durchzuführen, brauchten wir jemanden, der in engem Kontakt zu Studenten steht.«[70]

Wie aus seinen Berichten an den NKWD hervorgeht, drängte sich Burgess für die Rolle als Anwerber eines »Oxbridge«-Spionagenetzes förmlich auf und unterbreitete jedem seiner sowjetischen Führungsoffiziere neue Vorschläge für eine möglichst erfolgreiche Durchführung einer solchen Operation. 1938 berichtete der Londoner NKWD-Resident Grafpen an die Zentrale:

»Die Art von Arbeit, die er mit größter innerer Befriedigung und absolutem Vertrauen auf ihren Erfolg durchführen würde, wäre die Anwerbung junger Leute, die an den Universitäten von Oxford und

Cambridge ihr Examen absolvieren und sich auf den Eintritt in den Staatsdienst vorbereiten. Für eine solche Arbeit hätte er Assistenten wie TONY in Cambridge und GROSS in Oxford. MÄDCHEN kommt bei jedem Treffen auf diese Idee zurück – mit dem Argument, daß nur diese Art von Agenten uns zuverlässige Informationen liefern kann.«[71]

TONY war der erste Codename für Anthony Blunt, GROSS derjenige für Burgess' Freund Goronwy Rees. Allein die Tatsache, daß keiner von beiden einen deutschen Decknamen hatte, deutet bereits darauf hin, daß Blunt und Rees nicht zur ersten Generation von Agenten gehörten, die in Cambridge rekrutiert wurden. Blunts viel zu durchsichtiger Codename wurde später von der NKWD-Residentur in der sowjetischen Botschaft gegen JOHNSON ausgetauscht. Als TONY war er jedoch angeworben worden – zu einem Zeitpunkt, der mit der Ausweitung der Gruppe von Cambridge zu einem umfangreichen Spionagering zusammenfiel. Dank schriftlicher Aufzeichnungen Deutschs über die Gruppe von Cambridge läßt sich nun der Beginn von Blunts Arbeit für den sowjetischen Geheimdienst recht genau datieren. Deutsch schrieb: »Anfang 1937 machte MÄDCHEN mich mit TONY bekannt.«[72]

»A[nthony] B[lunt] und ich arbeiteten immer unter der Voraussetzung, daß es uns, wenn wir uns ernsthaft dahinterklemmten, gelingen müßte, jedes Jahr mindestens einen wirklich vertrauenswürdigen und zuverlässigen Genossen zu finden«, berichtete Burgess 1952 dem KGB.[73] Er hob hervor, daß Blunt, der zunächst als Talentsucher eingesetzt worden war, sich während des Krieges zu einem der wichtigsten Informanten der Sowjets entwickelte. Als ranghoher Offizier des MI5 hatte Blunt Zugang zu Informationen der strengsten Geheimhaltungsstufe, und so konnte er den Sowjets einige der wichtigsten militärischen Geheimnisse der Briten verraten. Dennoch versuchte Blunt sogar in seinen autobiographischen Essays für den KGB immer wieder, die Bedeutung seiner ersten Jahre als Sowjetagent herunterzuspielen.

»Meine Tätigkeit zwischen 1937 und dem Ausbruch des Krieges ist schnell zusammengefaßt: Ich tat so gut wie nichts«, schrieb Blunt 1943 über seine Rolle als Talentsucher der Zentrale. »Als ich mit unserer Arbeit begann, versuchte ich mich an einer reichlich schwierigen Aufgabe: Ich mußte den Eindruck erwecken, die Ansichten der Linken nicht zu teilen, gleichzeitig aber in engstem Kontakt mit linken Studenten bleiben, damit ich Talente herausfiltern konnte – Leute, die für uns von Interesse sein konnten. Wie Sie bereits wissen, warb ich die Genossen M. S. [Michael Straight] und L. L. [Leo Long] an. Ich wurde auch gebeten, Kontakt zu C. [Cairncross] herzustellen, und ich tat es für G. B. [Guy Burgess].«[74]

Der russische Geheimdienst weigert sich noch immer, Blunts dritten Rekruten mit Codenamen ABO preiszugeben, der bisher nicht enttarnt wurde. Weniger Bedenken hat der Geheimdienst gegenüber Michael Whitney Straight, der sich 1963 dem FBI offenbarte. Straight hatte den Decknamen NIGEL und war der Sproß einer amerikanischen Dynastie von Industriellen und Bankern sowie Mitglied der im Untergrund operierenden kommunistischen Zelle am Trinity College. Er wurde als fünfter in das Cambridge-Spionagenetz rekrutiert. Während des Krieges arbeitete Straight eine Zeitlang im State Department als sowjetischer Informant, bis er sich 1942 von Moskau lossagte und schließlich – 21 Jahre später – Blunt verriet. Der aus der Arbeiterklasse stammende Leo Long, Codename RALPH, gehörte am Trinity College derselben kommunistischen Zelle und – ebenso wie Straight – auch den »Aposteln« an. Während des Krieges entwickelte er sich zu einem für Moskau wichtigen Informanten im britischen militärischen Geheimdienst. MOLIERE war John Cairncross, der Maclean im Herbst 1938 als wichtigsten Informanten der Zentrale im Auswärtigen Amt ersetzte. Cairncross wurde später ins Schatzamt versetzt, bevor er schließlich im Krieg zu GC & CS in Bletchley Park stieß. Er leitete äußerst wichtige Informationen der höchsten Geheimhaltungsstufe über die Situation bei den deutschen Truppen an der Ostfront nach Moskau weiter, was ihm eine Ehrung von seiten der Russen einbrachte, weil er damit nach deren eigener Einschätzung zum Sieg der Roten Armee in der Schlacht bei Kursk im Jahre 1943 beigetragen hatte.[75]

Die von Blunt und Burgess aus dem Examensjahrgang 1937 rekrutierten Genossen markierten den Beginn der zweiten Stufe der Expansion von Orlows ursprünglicher Cambridge-Gruppe. Im folgenden Jahr wurde sie um einen weiteren Agenten mit Decknamen MAYOR ergänzt, dessen wahre Identität noch immer geheimgehalten wird, da er nie als Sowjetagent identifiziert wurde. Da GROSS – Goronwy Rees – durch Burgess rekrutiert wurde, betrachtete der NKWD ihn nicht als Mitglied des Spionagerings von Oxford, sondern als Mitglied des Cambridge-Spionagerings.[76] Der erstmals im Jahre 1936 von Burgess und Blunt umworbene Rees wandte sich 1939 aus Protest gegen den Hitler-Stalin-Pakt von den Sowjets ab. Bis heute konnte kein Mitglied des Oxford-Spionagerings zweifelsfrei identifiziert werden. Aber die NKWD-Akten bestätigen, daß sein wichtigster Organisator unter dem Kryptonym SCOTT geführt und die Gruppe 1936 von Deutsch nach dem Vorbild der so außergewöhnlich erfolgreichen Gruppe von Cambridge aufgebaut wurde.

Den NKWD-Akten zufolge wurden SCOTT und die anderen Gründungsmitglieder wie Rees von Deutsch und Mally für den sowjetischen Geheimdienst angeworben und ausgebildet.[77] Doch ebenso wie sein Insiderwissen um die Gruppe von Cambridge nahm Alexander Orlow auch die Geheimnisse des Spionagenetzes von Oxford, als dessen Geburtshelfer er sich betätigt hatte, mit ins Grab.

Anmerkungen

1. Dies ist laut den NKWD-Unterlagen die Reihenfolge der Rekrutierungen. Costello hat in seinem Buch *The Mask of Treachery*, S. 200–218, als erster den Mythos in Frage gestellt, daß Burgess der »erste Mann« und Gründer des Spionagenetzes von Cambridge gewesen sein soll. Fälschlicherweise ließ er diese »Ehre« jedoch Blunt und nicht Philby zuteil werden.

2. Nicht nur die vielen Veröffentlichungen über die Cambridge-Spione beschreiben Burgess' übertriebenes Verhalten, auch Deutsch erwähnt es in seiner nüchtern-analytischen psychologischen Beurteilung von Burgess. Geschichte der Londoner Residentur, Akte Nr. 89113, Band 1, S. 350, ARG.

3. Reif berichtete, daß »SCHWED« [Orlow] den Plan hatte, WAISE [Maclean] und MÄDCHEN [Burgess] durch SÖHNCHEN [Philby] zu rekrutieren, Geschichte der Londoner Residentur, Akte Nr. 89113, Band 1, S. 112, ARG.

4. Philbys KGB-Memoiren, S. 29, ARG.

5. Goronwy Rees, *A Chapter of Accidents*, Chatto & Windus, London 1972, S. 133.

6. Boyle führt seine Zweifel an der Wahrheit der Geschichte auf einen »vertraulichen Informanten« zurück, Boyle, *Climate*, S. 84–85.

7. Autobiographische Notiz in BURGESS-Akte Nr. 83792, Band 1, S. 8, ARG. Die anderen Details von Burgess' früher Karriere sind aus einer Anzahl veröffentlichter Quellen zusammengestellt worden, zitiert in *Mask of Treachery*. Hierzu gehört auch der etwas undurchsichtige Bericht von Burgess, den er in Moskau seinem Freund Tom Dirberg gab und der unter dem Titel: *Guy Burgess: A Porträt with Background* (Weidenfeld & Nicolson, London 1956) erschien.

8. Eine vollständige Dokumentation der »Gesellschaft der Apostel«, ihrer Hinwendung zum Marxismus sowie ihre Mitgliederliste, siehe Costello, *Mask of Treachery*, S. 186–190.

9. Undatierter Brief von Viktor Rothschild an J. Maynard Keynes in der Akte des Jahres 1933, Keynes Papers, King's College Archives, Cambridge.

10. Autobiographische Notiz von 1943 in BLUNT-Akte Nr. 83695, Band 1, S. 231–238, ARG.

11. Siehe Orlows Brief vom 16. Juli 1935, der die Verwirrung in der Zentrale, bezüglich MÄDCHEN beseitigte: »Sie zeigten schon vor meinem letzten Besuch in unserer Stadt Interesse an MÄDCHEN [Orlow kehrte, nach einem kurzen Aufenthalt in London im Juli 1934 nach Hause zurück, um dort Urlaub zu machen]. Ich informierte Sie damals über seine [Burgess] Reise in unser Land und darüber, daß er ein Freund des Sekretärs des [Premier-]Ministers Baldwin [Dennis Proctor] ist. Eine Überprüfung durch unsere zweite Sektion jedoch ergab, daß er bereits unser Land verlassen hatte. So wurde entschieden, ihn auf der INSEL [Großbritannien] zu kontaktieren.« ORLOW-Akte Nr. 32476, Band 3, S. 120, ARG.
Der obige Brief weist darauf hin, daß Orlow über Burgess als potentiellen Rekruten auf Philbys Liste berichtet, als er im August 1934 in Moskau war. Doch hatte die Zentrale das offensichtlich vergessen. Dies würde bedeuten, daß Orlows Bericht dem Leiter der Auslandssektion mündlich übergeben und nicht formell aufgezeichnet worden war.

12. Philbys KGB-Memoiren, S. 29–30, ARG. Philby gibt kein Datum für das Treffen an. Da aber Burgess der Anlaß war, weil er Probleme machte, als sein Freund Maclean sich von seinen kommunistischen Genossen zurückzog, muß es Dezember gewesen sein, also nach dem ersten Stadium seiner [Macleans] Rekrutierung im Oktober.

13. Orlow, *Handbook*, S. 16.
14. Philbys KGB-Memoiren, S. 112, ARG.
15. Deutsch an die Zentrale in Moskau, undatiert, in BURGESS-Akte Nr. 83792, Band 1, S. 10, ARG. Ein weiterer Grund für Orlow und Deutsch, Burgess zu rekrutieren, war, ihn am Reden zu hindern. Wenn er erst einmal Mitglied ihres Spionagenetzes war, so hofften sie, würden sie ihm mehr Disziplin und Verantwortungsbewußtsein beibringen.
16. Zentrale an Orlow, 7. Juli 1935, ORLOW-Akte Nr. 32476, Band 4, S. 52, ARG.
17. Orlow an die Zentrale, undatiert, ORLOW-Akte Nr. 32476, Band 3, S. 120, ARG.
18. Orlow an die Zentrale, 12. Juli 1935, ORLOW-Akte Nr. 32476, Band 3, S. 120–121, ARG.
19. Psychologische Beurteilung von Burgess in: »Geschichte der Londoner Residentur«, Akte Nr. 89113, Band 1, S. 350–351, ARG. Eine Kopie liegt auch in der DEUTSCH-Akte Nr. 32826, Band 2, ARG.
20. Ebd.
21. Zweiseitige Liste in BURGESS-Akte Nr. 83792, Band 1, S. 28–31, ARG.
22. Orlow an die Zentrale, 24. April 1935, ORLOW-Akte Nr. 32476, Band 3, S. 68, ARG.
23. Trotz des seit langem bestehenden Verdachts des MI5 und den Behauptungen die Peter Wright aufgrund seiner Nachforschungen machte, gibt es in den NKWD-Akten keinen Beweis, daß Proctor oder Watson tatsächlich je als sowjetische Agenten angeworben wurden.
24. Orlow an die Zentrale, ORLOW-Akte Nr. 32476, Band 3, S. 112, ARG.
25. DEUTSCH-Akte Nr. 89113, Band 1, S. 250–251, ARG.
26. Zu Details über die Beteiligung von Katz siehe in Costello, *Mask of Treachery*, S. 293–295, zitiert aus den FBI-Akten über Rudolf Katz und Christopher Isherwood.
27. Orlow an die Zentrale, 12. Juli 1935, BURGESS-Akte Nr. 83792, Band 1, S. 121, ARG.
28. Deutsch an die Zentrale, 2. Januar 1936, BURGESS-Akte Nr. 83792, Band 1, S. 56, ARG.
29. Ebd. Hills Abenteuer, die er in den frühen Tagen der Sowjetunion mit Reilly und Robert Bruce Lockhart im sogenannten »Botschafterkomplott« gegen Lenin und die Bolschewiki erlebt hat, erzählt er in seinem Buch *Go Syp Out the Land*, Cassel, London 1932.
30. Philbys KGB-Memoiren, S. 37, ARG.
31. BURGESS-Akte Nr. 83792, Band 1, S. 46, 55–56, 61–62, ARG.
32. Knightley u. a., *The Spy*, S. 93.
33. Burgess erzählte das Goronwy Ress (*A Chapter of Accidents*, S. 144) und Tom Driberg (*Guy Burgess: A Portrait with a Background*, a. a. V., S. 93).
34. Deutsch informierte Moskau in einem Brief, datiert vom 8. Oktober 1936, über Footmans Erscheinen im Auswärtigen Amt, in MACLEAN-Akte Nr. 83791, Band 1, S. 43, ARG.
35. Mally an die Zentrale in Moskau, BURGESS-Akte Nr. 83792, Band 1, S. 68, ARG; Deutsch an die Zentrale in Moskau, ebd., S. 97; Geschichte der Londoner Residentur, Akte Nr. 89113, Band 1, S. 245, ARG.
36. Bevor Footman zur Sektion I, 1935 der politischen Abteilung des MI6 kam, arbeitete er im britischen Konsulat in der Levante. Er hatte eine Studie über Ferdinand Lasalle geschrieben, den vormarxistischen Sozialisten und Gründer der deutschen Sozialdemokratischen Partei, der sowohl Marx als auch mit Engels befreundet gewesen war und beide beeinflußt hat. Footmans jahrelanges intensives Studium der UdSSR führte zu den Nachkriegspublikationen *Red

Prelude (1944), *The Promise Path* (1946), *Civil War in Russia* (1961) und *Revolutions* (1962).

37. Undatierter Bericht von Burgess, BURGESS-Akte Nr. 83792, Band 1, S. 100–113, ARG.

38. Deutsch an die Zentrale, undatiert, BURGESS-Akte Nr. 83792, Band 1, S. 100–103, ARG. Deutschs Originalberichte sind zum großen Teil nach ihrer Übersetzung ins Russische zerstört worden, und viele sind ohne genaues Datum. Mally wurde im Juni 1937 aus London zurückgerufen und Burgess' Kontakt mit Footman scheint im Spätsommer und im Frühherbst stattgefunden zu haben.

39. Psychologische Beurteilung von Burgess' DEUTSCH-Akte Nr. 89113, Band 1, S. 350–351, ARG.

40. Ebd.

41. Ebd.

42. Interview mit Hewitt, durchgeführt von Costello 1985 in London.

43. Tom Driberg, *Guy Burgess: A Portrait with a Background*, S. 48.

44. Bericht von Burgess (undatiert), BURGESS-Akte Nr. 83792, Band 1, S. 114–134, ARG.

45. Ebd.

46. Ebd.

47. Ebd.

48. Ebd.

49. Ebd.

50. Ebd.

51. Ebd.

52. Von seinem ersten Kontakt berichtete Eitingon in seinem Brief vom 9. August 1938, EITINGON-Akte Nr. 33797, Band 1, S. 105–107. Der Anfang der Beziehung zwischen Burgess und Footman aus der Zeit zwischen Ende 1937 und Anfang 1938 wurde kaum dokumentiert. Da die meisten Berichte von Burgess undatiert sind, stimmt die Chronologie seiner Aktivitäten nicht, jedenfalls nicht bis zu dem Zeitpunkt, an dem die Zentrale die Kontrolle über Burgess wieder an Gorski übergab. Zentrale an Londoner Station, 19. März 1939, BURGESS-Akte Nr. 83792, Band 1, S. 158, ARG.

53. Undatierter Bericht von 1938, in BURGESS-Akte Nr. 83792, Band 1, S. 137, ARG.

54. Ebd., S. 138–139.

55. Ebd.

56. Psychologische Beurteilung von Burgess. Geschichte der Londoner Residentur, Akte Nr. 89113, Band 1, S. 350–351, ARG.

57. Bericht über das Treffen mit Grand am 19. Dezember 1938, BURGESS-Akte Nr. 83792, Band 1, S. 145, S. 205, ARG.

58. Ebd., S. 209.

59. Brief von Burgess, datiert vom 28. August 1939, in BURGESS-Akte Nr. 83792, Band 1, S. 281, ARG.

60. Bericht von Burgess (undatiert), BURGESS-Akte Nr. 83792, Band 1, S. 302, ARG.

61. Zu Details über Burgess' merkwürdige Beziehung zu Liddell siehe Costello, *Mask of Treachery*, S. 367–397.

62. BURGESS-Akte Nr. 83792, Band 1, S. 392, ARG.

63. Geschichte der Londoner Residentur, Akte Nr. 89119, Band 1, S. 350–351, ARG.

64. Interview mit Blunt, zitiert nach Cecil, *A Divided Life*, S. 66.

65. BOB, (Codename von Gorskis Stellvertreter Kreschin) an die Zentrale in Moskau, 14. Oktober 1942, BURGESS-Akte Nr. 83792, Band 1, S. 433, ARG.

66. Psychologische Beurteilung von Burgess, DEUTSCH-Akte Nr. 89113, Band 1, S. 350–351, ARG.
67. Ebd.
68. Bericht von Burgess vom 12. März 1939, BURGESS-Akte Nr. 83792, Band 1, S. 229, ARG.
69. Dies galt insbesondere für die Zeit zwischen Herbst 1938 und Anfang 1939, in der es durch die Säuberungsaktionen bei den NKWD-Illegalen zu einer Unterbrechung der Kommunikation kam. Ein Beispiel ist die Betreuung von Burgess in Paris durch Eitingon.
70. Bericht von Burgess vom 12. März 1939, BURGESS-Akte Nr. 83792, Band 1, S. 183–185, ARG.
71. Undatierter Bericht von Eitingon oder Gorski, BURGESS-Akte Nr. 83792, Band 1, S. 215, ARG.
72. »Geschichte der Londoner Redientur«, DEUTSCH-Akte Nr. 89113, Band 1, S. 351, ARG.
73. Befragung von Burgess 1952, BURGESS-Akte Nr. 83792, Band 1, S. 210, ARG.
74. Autobiographische Notiz von 1943, BLUNT-Akte Nr. 83695, Band 1, S. 231–238, ARG.
75. Darstellung nach einer Liste, die Burgess von der Cambridge-Gruppe und ihren Verbindungen erstellt hat. BURGESS-Akte Nr. 83792, Band 2, S. 8–42, ARG. Da Blunt und die anderen Mitglieder der sowjetischen Spionagenetze niemals ihre Codenamen erfuhren, verwendeten sie ihre Initialen, was im übrigen eine eher primitive Sicherheitsmaßnahme darstellte.
76. Ebd.
77. Liste der sowjetischen Informanten und Übersicht über ihre Aktivität im Jahr 1940, »Geschichte der Londoner Residentur«, Akte Nr. 89113, Band 1, S. 190–201, ARG.

KAPITEL 10

Bleibt außer Reichweite des Artilleriefeuers

Im Frühjahr 1936 erreichte Orlows Karriere als Stalins Meisterspion ihren Höhepunkt. Von seinem Schreibtisch in der Zentrale aus überwachte er die Operationen von zwei der wertvollsten im Untergrund tätigen Spionagenetze der Sowjets: der Gruppen von Cambridge und Oxford sowie KORSES wachsender Organisation in Berlin. Darüber hinaus hielt er auch Vorlesungen über Spionage und Spionageabwehr an der Zentralen Militärschule in Moskau, an der die Agenten des NKWD ausgebildet wurden. Es sind zwar keine Exemplare mehr vorhanden, aber Orlow erzählte später den Amerikanern, daß er danach ein Handbuch mit dem Titel *Taktiken und Strategien der Spionage und Spionageabwehr* geschrieben habe, das zum Standardwerk der »Agentenschulen« für die sowjetischen und ausländischen Rekruten wurde.[1]

Orlows Position wurde im Frühjahr 1936 durch seine Berufung in den sechs Mann starken Rat bestätigt, der das Außenministerium und das Politbüro über die geheimdienstlichen Erkenntnisse und Operationen informierte, die aus den von den sowjetischen Spionageringen im Ausland beschafften Geheimdokumenten hervorgingen.[2] Dieser »kleine Rat«, der sich aus Mitgliedern der Staatssicherheit, des sowjetischen Militärischen Geheimdienstes und des Kommissariats für Äußere Angelegenheiten zusammensetzte, verfaßte für das Politbüro und das Außenministerium Beurteilungen der eingegangenen Geheiminformationen. Vorsitzender dieses einflußreichen Gremiums war A. N. Poskrebyschew, der Leiter von Stalins Sekretariat; zu den übrigen Mitgliedern zählte auch Georgi Malenkow, Jeschows Stellvertreter in der Kaderabteilung des Zentralkomitees, der später sowjetischer Ministerpräsident werden sollte.[3]

Aufgrund von Orlows Mitgliedschaft im »kleinen Rat« wurde notgedrungen Stalin persönlich regelmäßig auf ihn aufmerksam. Das Komitee traf einmal wöchentlich zusammen, um für den Schreibtisch des »Chefs« einen vollständigen Bericht über die geheimdienstlichen Operationen der Sowjets im Ausland zu verfassen. Für Stalin schrieb Orlow Zusammenfassungen geheimer, von sowjetischen Agenten – auch von seinem eigenen Zögling Donald Maclean – beschaffter Korrespondenz ausländischer Diplomaten. Stalin bestand darauf, das für ihn bestimmte Exemplar immer als erster – also bevor der Bericht an das Außenministerium weitergeschickt wurde – zu erhalten, um auf diese Weise Wjatscheslaw Molotow, dem Volkskommissar für auswärtige Angelegenheiten, immer einen Schritt voraus zu sein. Aus dem, was Orlow Feoktistow erzählt hat, geht hervor, daß Stalin ihn 1936 häufiger in bezug auf aktuelle Operationen konsultiert hat.[4]

Aufgrund seines Zugangs zum inneren Kreis des Politbüros war Orlow Anfang 1936 in einer einzigartigen – und letztlich auch gefährlichen – Ausgangssituation, als Stalin damit begann, jede potentielle Opposition gegen seine Herrschaft ein für allemal auszuschalten. Von seinem Büro im NKWD-Hauptquartier aus, das diese Operation organisierte, wurde Orlow Augenzeuge dessen, was als die Große Säuberung in die Geschichte der Sowjetunion einging.

»Anfang 1936 wurden etwa vierzig NKWD-Leute vom Chef der Geheimen Politischen Abteilung, Moltschanow, zu einer Sonderkonferenz geladen«, berichtete Orlow. Die versammelten hochrangigen Offiziere nahmen mit großem Erstaunen zur Kenntnis, daß »eine umfassende Verschwörung aufgedeckt worden ist, angeführt von Trotzki, Sinowjew, Kamenjew und den anderen Führern der Opposition«. Im Zuge dieser laut Moltschanow schon »seit Jahren« existierenden ruchlosen Verschwörung waren angeblich »terroristische Gruppen in fast allen größeren Städten« entstanden »mit dem Ziel, Stalin und die Mitglieder des Politbüros zu ermorden, um selbst die Macht zu ergreifen«. Deshalb, erklärte Moltschanow, müßten unverzüglich umfangreiche, von Stalin persönlich überwachte Ermittlungen eingeleitet werden; unterstützen werde ihn dabei Nikolai Jeschow, der Sekretär des Zentralkomitees der Kommunistischen Partei.[5]

Die Ungeheuerlichkeit dieser Anschuldigungen verschlug selbst den abgebrühtesten Offizieren die Sprache. »Wie ist das bloß möglich?« fragte einer den anderen, als die Versammlung sich auflöste. Wie konnte eine derart umfangreiche Verschwörung ohne ihre Mitarbeit, ja sogar ohne ihr Wissen aufgedeckt worden sein? Schließlich unterhielt der NKWD doch ein extensives Netz von Informanten! Trotz ihrer Skepsis hatten die Geheimdienstler keine andere Wahl, als die Nachforschungen im Rahmen eines Planes aufzunehmen, den Stalin und Jeschow schon sehr detailliert ausgearbeitet hatten. Der Plan bestand darin, die Hauptschuldigen vor Gericht zu bringen und sie dort fünfzig Mitangeklagten gegenüberzustellen, die aus dreihundert bereits wegen Widerstands gegen Stalin Verurteilten ausgewählt werden sollten. Für den Schauprozeß, den Orlow später mit der Inquisition verglich, sollten Geständnisse der Mittäterschaft erpreßt werden.[6] Jagoda erhielt den Auftrag, die für einen öffentlichen Prozeß gegen die Hauptverschwörer Kamenew und Sinowjew nötigen Beweise zu sammeln. Seit dem Tod Menschinskis im Juli 1934 hatte Jagoda den NKWD geleitet.

»Der ganze Plan wurde in allen Einzelheiten von Stalin und Jeschow ausgearbeitet«, erklärte Orlow; seine Umsetzung in die Praxis sei dann Jagoda anvertraut worden.[7] Nach Ansicht vieler alter Tschekisten wollte Stalin sich mit dieser Aktion endlich an Lenin rächen, der in seinem Testament vor dem krankhaften Ehrgeiz des offenbar unermüdlichen Generalsekretärs der Partei gewarnt hatte. Jetzt, da Stalin den Apparat der Geheimpolizei unter seine Kontrolle gebracht hatte, wollte er den NKWD dazu benutzen, die letzten von Lenins engen Vertrauten auszuschalten, die es hätten wagen können, ihn zu kritisieren. Er hatte bereits alle führenden Funktionäre der alten Garde aus den Komitees der Kommunistischen Partei entfernen lassen und 1935 die »Gesellschaft Alter Bolschewiki« damit düpiert, daß er befohlen hatte, die sowjetischen Geschichtsbücher umzuschreiben, um seine eigene Rolle während der Revolution zu glorifizieren.

Bei seiner Rückkehr von London nach Moskau zu Beginn des Jahres 1935 hatte Orlow auch erfahren, daß viele Tscheka-Genossen Stalin verdächtigten, die Ermordung Sergei Kirows angeordnet zu haben. Kirow, der Vorsitzende des Leningrader Stadtsowjets, hatte als charismatische Führungspersönlichkeit aufgrund seiner Popularität und seiner unverblümten Äußerungen im Politbüro bis zu seiner Ermordung am 1. Dezember 1934 als potentieller Rivale Stalins gegolten. Er wurde beim zweiten Attentatsversuch gegen ihn von einem Geistesgestörten namens Leonid Nikolajew erschossen, dem – wie sich herausstellte – neben einer Schußwaffe auch ein Passierschein besorgt worden war, mit dem er Zutritt zu Kirows streng bewachtem Büro in den marmorverkleideten Räumen des Smolny-Instituts (einer ehemaligen Schule für höhere Töchter) erhalten hatte. Diese merkwürdigen Umstände hatten die Vermutung aufkommen lassen, daß Stalin bei dem Attentat seine Finger im Spiel gehabt haben könnte.

Auch wenn zu bezweifeln ist, daß Stalin unmittelbar bedroht war, kam ihm der Mord an Kirow doch sehr gelegen und lieferte ihm zudem einen Vorwand für eine großangelegte Säuberung innerhalb der Partei. Stalin hatte Jagoda die Aufgabe übertragen, das Attentat auf Kirow zu untersuchen und zu »erklären«. Nikolajew und 13 weitere angebliche Verschwörer waren ebenso wie Hunderte angeblicher Weißgardisten, die an dem Komplott beteiligt gewesen sein sollen, noch im Dezember 1934 standrechtlich erschossen worden. Nach einer erstaunlichen Kehrtwendung verkündete Jagoda dann jedoch einen Monat später, aufgrund der Ermittlungen des NKWD seien nun die »wahren« Schuldigen gefunden worden: Kamenew und Sinowjew. Stalins frühere Gegner im Politbüro wurden verhaftet und langen Verhören unterworfen, bevor man ihnen im Januar 1935 unter Ausschluß der Öffentlichkeit den Prozeß machte. Obwohl der Staatsanwalt keinerlei Beweise für ihre Beteiligung an der Ermordung Kirows beibringen konnte, wurden sie zu fünf beziehungsweise zehn Jahren Haft verurteilt, nachdem Jagoda sie dazu gebracht hatte, die »politische und moralische« Verantwortung für das Attentat zu übernehmen, um ihre Familien zu schützen.[8] Auf Befehl Jagodas wurden Kamenew und Sinojew Anfang 1936 in die Gefängniszellen der Lubjanka gebracht, wo man sie erneut verhörte, um aus ihnen ein weitergehendes Geständnis herauszuholen und damit Stalins Behauptung zu belegen, daß sie Teil einer großangelegten, von Trotzki inszenierten Verschwörung gegen ihn waren. Die »Ermittlungen« führten jedoch weniger schnell, als Stalin es erwartet hatte, zu den gewünschten Ergebnissen. Erst im Mai 1936 konnten »Geständnisse« von fünfzehn Inhaftierten präsentiert werden, deren Aussagen anschließend dazu benutzt werden sollten, den Willen Sinowjews und Kamenews zu brechen. Für Orlow machte sich Stalins wachsende Ungeduld dadurch bemerkbar, daß Jagoda und Jeschow immer häufiger mitten in der Nacht persönlich in den Verhörzellen auftauchten. »Diese Besuche führten dazu, daß diejenigen, die die Verhöre führten, ständig unter extremer Spannung standen und deshalb nun mit doppelter Energie ganze Nächte durcharbeiteten«, erklärte Orlow. Über die zähen Fortschritte bei der inquisitorischen »Vorbereitung« der Angeklagten informierte ihn sein Freund Lew Mironow, mit dem er während seiner Dienstzeit in der Wirtschaftsabteilung zusammengearbeitet hatte. Mironow war als einer der Hauptverantwortlichen damit betraut, die Verhöre zu führen und aus den Angeklagten die geforderten Geständnisse herauszuholen. Orlow zufolge soll Mironow einmal nach einer besonders strapaziösen Nachtsitzung mit Kamenew in sein Büro gekommen sein und ihm berichtet haben, der Gefangene habe erklärt, er könne unmöglich gestehen, an der angeblichen Verschwörung beteiligt gewesen zu sein, da er im Gefängnis unter ständiger Überwachung stehe. Der verzweifelte Mironow gestand Orlow, er habe dem nichts entgegensetzen können; wohl nicht zu Unrecht hatte er große Angst, »wegen der Kamenew-Geschichte noch in Teufels Küche zu kommen«.[9]

Erst im Juli 1936 war es Jagoda und Jeschow endlich gelungen, Kamenew und Sinowjew dazu zu bringen, ihre Schuld einzugestehen – allerdings unter der Bedingung, daß Stalin vor dem Politbüro versprach, ihr Leben und das ihrer Familien zu schonen. Mironow erzählte Orlow, wie er daraufhin die beiden Angeklagten in den Kreml brachte, wo Stalin in einer eilends einberufenen Sitzung des Politbüros erklärt habe:

»Wenn Sie sich dem Willen der Partei unterwerfen, wird Ihr Leben ebenso verschont wie das derjenigen, die Sie mit in den Sumpf geführt haben.« Kamenew und Sinowjew erklärten sich einverstanden, sich einem Gerichtsverfahren zu unterwerfen, sofern ihnen zugesichert werde, daß keiner der mitangeklagten alten Bolschewiki hingerichtet und auch künftig kein Todesurteil mehr gegen frühere Mitglieder der Opposition verhängt werde.

»Aber klar doch«, hatte Stalin lässig geantwortet[10] – eine Zusicherung, die sich jedoch als leeres Versprechen erweisen sollte, als sie bei ihrem Prozeß, der am 19. August eröffnet wurde, zugaben, an einer monumentalen trotzkistischen Verschwörung beteiligt gewesen zu sein.

Unter den 16 Angeklagten im Haus der Gewerkschaft (vor einer »Öffentlichkeit«, die Jagoda gründlich mit NKWD-Funktionären bestückt hatte, um jede unerwünschte Aussage niederbrüllen zu lassen) waren fünf NKWD-Spitzel, die Meineide schwören sollten. Als dann am 24. August, um 2.30 Uhr nachts, die längst feststehenden Urteile gesprochen wurden, waren selbst die übermüdeten Zuhörer vom NKWD völlig perplex: Der Gerichtspräsident verhängte gegen alle Angeklagten die Todesstrafe. Entgegen geltendem sowjetischem Recht gestand man weder Kamenew noch Sinowjew oder den Handlangern vom NKWD die üblichen 72 Stunden zu, in denen sie ein Gnadengesuch hätten einreichen dürfen; sie wurden allesamt am nächsten Morgen erschossen.

Den Opfern von Stalins erstem Schauprozeß folgten eine Woche später 5000 weitere oppositionelle Kommunisten in den Tod, die bereits in Straflagern interniert waren. Nach einer entsprechenden Anweisung Stalins wurden sie auf Befehl Jagodas und Jeschows heimlich hingerichtet. Ein Jahr später ordnete der Diktator die standrechtliche Erschießung weiterer 5000 Oppositioneller an. Stalins Massenterror hatte begonnen.[11]

»Wie oft dieser Befehl insgesamt wiederholt wurde, weiß ich nicht, weil ich im Herbst 1936 als Berater der republikanischen Regierung nach Spanien ging«, schrieb Orlow in seinem Buch *The Secret History of Stalins Crimes*, in dem er seine persönlichen Kenntnisse von den blutigen Exzessen der großen Säuberung darlegte, von der die Sowjetunion Mitte der dreißiger Jahre heimgesucht wurde. »Da ich mich im Ausland aufhielt, konnte ich den zweiten und dritten Prozeß gegen die alten Bolschewiki nicht so genau verfolgen wie den ersten«, schrieb Orlow. »Ich erhielt aber viele wichtige Hintergrundinformationen über diese beiden Prozesse, und zwar von gut informierten NKWD-Offizieren, die dienstlich in Spanien und Frankreich zu tun hatten.«[12]

Gegenüber den Offizieren der amerikanischen Spionageabwehr, die ihn zwanzig Jahre später befragten, behauptete Orlow, seine Ernennung zum stellvertretenden Vorsitzenden der Abteilung für Bahn- und Seetransport im Jahre 1935 sei die Folge seines Versuchs gewesen, sich von dem Machtzirkel im NKWD zu distanzieren. Ein Zeitgenosse, General Pawel Sudoplatow, bestätigte, daß Orlow einmal Chef der betreffenden Transportabteilung gewesen sei. Die kurze Zeit, die er auf diesem relativ unbedeutenden Posten verbrachte, war allerdings wohl eher darauf zurückzuführen, daß er hoffte, sich auf diese Weise mehr um seine kranke Tochter kümmern zu können als auf seine Absicht, sich aus den blutigen Machtkämpfen herauszuhalten. In seiner Aussage vor einem Unterausschuß des US-Senats im Jahre 1955 führte er seine Versetzung jedoch darauf zurück, daß Jagoda ihm wegen eines Streits zwischen dem NKWD-Chef und seinem Cousin Sinowi Kaznelson, der sich mit dem ukrainischen kommunistischen Politiker W. A. Balizki verbündet hatte, nicht sonderlich wohlgesonnen war.[13]

Wie viele von Orlows Aussagen stimmt auch diese nicht mit den Fakten in seiner NKWD-Akte überein. Wenn Jagoda nicht volles Vertrauen in ihn gehabt hätte, wäre ihm höchstwahrscheinlich nie der wichtige Posten als NKWD-Chef in Spanien übertragen worden – einen Monat, bevor Jagoda selbst im September 1936 von Stalin seines Amtes enthoben wurde. Die Entscheidung, Orlow nach Madrid zu entsenden, war, wie er selbst berichtet, tatsächlich einen Monat vor der Eröffnung des ersten Schauprozesses in Moskau gefallen[14] – eine knappe Woche nachdem die Revolte rechtsgerichteter Offiziere Spanien in den Bürgerkrieg gestürzt hatte. Als selbsternannter »Arbeiter- und Bauernstaat« hatte die Sowjetunion sozusagen ein rechtmäßiges – wenn auch nicht unbedingt ein vitales – Interesse daran, die linke republikanische Regierung in ihrem Kampf gegen die Faschisten zu unterstützen. Beide Bürgerkriegsparteien bemühten sich sehr um Hilfe von außen, nachdem Spanien schon lange durch die Rivalität zwischen Linken und Rechten innerlich gespalten war. Die Falangisten und Monarchisten der Rechten hatten die Armee zu Hilfe gerufen, um die zunehmende Gewalt zu bekämpfen, die entstanden war, während eine zerstrittene, aus sozialistischen Gewerkschaftern bestehende Koalitionsregierung sich krampfhaft bemühte, die immer mehr an Einfluß gewinnenden anarchistischen und kommunistischen Gruppen im Zaum zu halten. Die Rebellion der spanischen Kolonialarmee, die am 17. Juli 1936 in Nordafrika begonnen hatte, griff nach und nach auf die Garnisonen des spanischen Mutterlandes über, als General Franco in einem gecharterten britischen Flugzeug in Spanisch-Marokko eintraf, um das Kommando über die dortigen Truppen zu übernehmen. Die ohnehin schon gespaltene Nation brach in zwei einander bekriegende Lager auseinander. Im Norden und Westen der Iberischen Halbinsel schlugen sich die Provinzen Galizien, Navarra sowie Teile Kastiliens ebenso auf die Seite Francos und der

Nationalisten wie der größte Teil Andalusiens im Süden. Katalonien und die baskischen Provinzen im Nordosten sov.ie der größte Teil Zentralspaniens blieben republikanisch, nachdem die Milizen und bewaffnete Arbeiter isolierte Garnisonen der Nationalisten aufgelöst hatten.[15]

Am 20. Juli 1936 – drei Tage nachdem Spanien zum Schauplatz des Kampfes zwischen den Kräften des Faschismus und der Linken geworden war – stimmte das Politbüro in Moskau der Entsendung Orlows nach Spanien zu. Laut Orlows eigener Aussage hat Jagoda selbst Stalin die Ernennung Orlows vorgeschlagen, nachdem der sowjetische Außenminister dem zugestimmt hatte. Versehen mit der offiziellen Position eines politischen Beraters, wurde Orlow als NKWD-Chef nach Spanien geschickt. Sein »spezieller Dienstgrad eines Majors der Staatssicherheit« verlieh ihm die Machtbefugnisse eines Generals der Roten Armee und liefert einen Hinweis auf sein hohes Ansehen in der Staatssicherheit sowie auf die Bedeutung Spaniens im diplomatischen Kalkül des Kremls. Wie Orlow zugab, war er wohl deswegen auf diesen Posten berufen worden, weil er nach Stalins Ansicht als einziger unter den hochrangigen NKWD-Offizieren sowohl im Guerillakrieg als auch in der Spionageabwehr und bei Operationen im Ausland genügend Erfahrungen gesammelt hatte.[16]

Daß Stalin dem NKWD erlaubte, einen seiner Chefagenten auf die Iberische Halbinsel zu schicken, trug entscheidend mit zur schnellen Ausweitung der militärischen und diplomatischen Präsenz der Sowjets in Spanien bei. Dies geschah lange vor dem von Frankreich geförderten internationalen Nichteinmischungsabkommen, das Anfang August in Kraft trat, nachdem die Nationalisten die faschistischen Regierungen Italiens und Deutschlands um Waffenhilfe gebeten hatten. Der französische sozialistische Premierminister Léon Blum stand zwar der Bitte der Republikaner um eine vergleichbare Hilfe seines Landes recht aufgeschlossen gegenüber, mußte jedoch auf die Radikale Partei Rücksicht nehmen, von der der Fortbestand seiner Koalitionsregierung abhing. Auch die britische Regierung sprach sich gegen die Entsendung von Waffen aus, die eine Ausweitung des spanischen Konflikts in einen europäischen hätte mit sich bringen können. Großbritannien einigte sich deshalb mit Frankreich darauf, daß keines ihrer beiden Länder an irgendeine Seite im spanischen Bürgerkrieg Waffen liefern sollte. Auch die Russen, die keinen Streit mit Frankreich riskieren wollten, traten ebenso wie Deutschland und Italien am 23. August einem in London tagenden Nichteinmischungsausschuß bei, der die Einhaltung des Abkommens überwachen sollte.

Das Nichteinmischungsabkommen im spanischen Bürgerkrieg erwies sich als eine jener internationalen Vereinbarungen, die von allen Parteien nie so richtig ernst genommen wurden. Noch im August begannen Hitler und Mussolini – die ohnehin nie die Absicht gehabt hatten, sich an die Londoner Vereinbarungen zu halten – mit der heimlichen Entsendung von Flugzeugen, Panzern und Soldaten zur Unterstützung von Francos Streitkräften. Als Reaktion darauf ließ Frankreich diskret die Lieferung von Flugzeugen und Waffen nach Madrid zu. Offiziell standen jedoch alle Beteiligten auch weiterhin hinter dem Nichteinmischungsabkommen und dem britischen Außenminister Anthony Eden, der die unvergeßliche diplomatische Maxime geprägt hatte: »Besser ein undichter Damm als gar keiner.«[17]

Im ersten Kriegsmonat hatten sich die bunt zusammengewürfelten Truppen der republikanischen Koalitionsregierung als unfähig erwiesen, linksgerichtete Revolutionäre im Zaum zu halten; Arbeiter und Anarchisten hatten die Kontrolle über Industriebetriebe in Katalonien übernommen und eine Kollektivierung der Landwirtschaft eingeleitet. Zwei Wochen vor Orlows Ankunft in Madrid war dann durch ein Verlegenheitsbündnis zwischen Sozialisten und Kommunisten gegen die syndikalistischen Gewerkschaftler, das Francisco Largo Caballero an die Macht brachte, ein gewisses Maß an Ordnung wiederhergestellt worden. Als Gewerkschaftsführer und Sozialist wurde er von der Linken als der »spanische Lenin« gefeiert, weil er nur unter der Bedingung Premierminister geworden war, daß sich die Kommunisten seiner »Volksfront«-Regierung anschlossen. Aus Rücksicht auf Stalin erklärte Largo Caballero jedoch bald seine Absicht, die Gewerkschaften und Anarchisten sowie die kleine, aber lautstarke Marxistische Revolutionäre Partei an die Kandare zu nehmen.[18]

Die Teilnahme der kommunistischen Partei am Kampf der Republikaner veranlaßte die sowjetische Regierung, die Hilferufe der Volksfront nicht ungehört verklingen zu lassen. Stalin war zwar gerade mit den blutigen Säuberungen im eigenen Land beschäftigt und wollte zudem ungern das Risiko eingehen, die Franzosen dadurch zu brüskieren, daß er die Republikaner mit russischen Waffen und Soldaten unterstützte; andererseits war er jedoch nicht – wie die Trotzkisten ihm unterstellten – bereit, die Idee der Weltrevolution aufzugeben. Er entschied sich deshalb für dieselbe Doppelstrategie wie bei den Moskauer Schauprozessen: Während er sich offiziell zur Nichteinmischung bekannte, billigte er insgeheim die sofortige Entsendung gut ausgebildeter russischer Piloten für die von den Franzosen gelieferten Kampfflugzeuge, bevor er im Oktober dann auch russische Flugzeuge und Panzer nach Spanien schaffen ließ. Gleichzeitig baute Moskau schnell seinen Stab militärischer und politischer Berater in Madrid aus, die sich als Mitarbeiter des diplomatischen Korps tarnten.

Orlows Ankunft in der spanischen Hauptstadt ging die Akkreditierung eines neuen sowjetischen Botschafters voraus. Er hieß Marcel

Rosenberg und brachte eine von General Jan Bersin – dem ehemaligen Chef des Geheimdienstes der Roten Armee – angeführte Delegation von Marine-, Heeres- und Luftwaffenattachés mit. Artur Staschewski wurde zum Leiter der Handelsmission und schließlich zum politischen Kommissar ernannt, während man die militärischen Angelegenheiten General Emil Kleber anvertraute, wie sich der gebürtige Österreicher und Bürgerkriegsveteran, der eigentlich Moishe Stern hieß, nannte. Der erbarmungslose ehemalige Kominternagent Stern, der schon in China und den Vereinigten Staaten gearbeitet hatte, wurde als autoritärer Kommandeur der Internationalen Brigaden bekannt. Er hielt sich in Spanien mit einem gefälschten kanadischen Paß auf, der auf den Namen Kleber lautete.

Als Orlow am 16. September 1936 in der sowjetischen Handelsmission in Madrid eintraf, die in das Hotel Gaylord nahe des Prado gezogen war, fand er dort eine Horde sowjetischer Berater vor, die sich als Diplomaten, Journalisten und Wirtschaftsberater ausgaben. Obwohl General Orlow Leiter der NKWD-Station in Madrid war, wurde er dem spanischen Premierminister, dem Kriegsminister und dem Stabschef der Armee in der republikanischen Regierung offiziell als politischer Attaché vorgestellt. Man erklärte ihnen, der kürzlich angereiste Brigadegeneral sei für die »Abfassung und Absendung von Berichten« zuständig, während Orlow in Wirklichkeit für die Leitung der Spionageabwehr, die innere Sicherheit und die Überwachung der Lieferung sowjetischer Militärhilfe an die Front verantwortlich war. Als NKWD-Chef war Orlow, wie er dem FBI gegenüber einräumte, praktisch der Vorgesetzte sämtlicher sowjetischer Funktionäre in Spanien und befand sich damit in einer Position, die nach außen hin eigentlich der sowjetische Botschafter innehatte.[19]

Trotz seiner Machtbefugnisse plagten Orlow von Anfang an schwere Zweifel am Nutzen seiner Mission, da schon sein erster Eindruck von den militärischen und politischen Problemen, mit denen die Republikaner zu kämpfen hatten, alles andere als ermutigend war. Diese Skepsis teilt sich in seinen Berichten an Moskau deutlich mit. Die Streitkräfte waren nach einem Milizsystem organisiert, das sich gegen Francos afrikanische Legionen aus Marokko als wenig effizient erwies. Der kampferprobte harte Kern der nationalistischen Armee arbeitete sich bereits mit hoher Geschwindigkeit nach Norden in Richtung Madrid vor. Trotz der Entschlossenheit der kommunistischen Partei wurde die Autorität der republikanischen Regierung durch wechselnde Mehrparteienbündnisse und die in ihrem Unabhängigkeitsstreben unberechenbare Provinzregierungen untergraben. Auch was die Staatssicherheit und den Geheimdienst betraf, also den Arbeitsbereich des NKWD, war die Lage kaum besser, wie Orlow in einem ersten pessimistischen Bericht an die Zentrale vom 15. Oktober 1936 beklagte: »Es gibt keinen übergreifenden Staatssicherheitsdienst, da die Regierung einen solchen aus moralischen Gründen ablehnt. Jede Partei hat deshalb ihren eigenen Sicherheitsapparat geschaffen. In der gegenwärtigen Regierung sitzen auch viele ehemalige Polizisten mit ziemlich faschistoiden Anschauungen. Man akzeptiert zwar höflich unsere Hilfe, sabotiert aber gleichzeitig die für die Sicherheit des Landes unabdingbare Arbeit.«[20]

Am 6. November stand die republikanische Regierung kurz vor dem Auseinanderbrechen, als das Kabinett die Evakuierung der Hauptstadt beschloß. Verwaltungsbeamte, Minister und Politiker aller Parteien verstopften die Ausfallstraßen von Madrid, als sie Berge von Akten nach Valencia in Sicherheit brachten. Die Nähe von Francos Truppen hatte auch den sowjetischen Botschafter in Panik versetzt und zur Evakuierung seiner Botschaft veranlaßt. Der einzige Funktionär, den der amerikanische Reporter Louis Fischer im Hotel Gaylord an diesem Tag noch vorfand, war General Orlow, der ihm riet: »Verlassen Sie die Stadt so schnell wie möglich. Es gibt keine Front. Die Front ist Madrid.«[21]

Während der NKWD-General als einziger zur Verteidigung der sowjetischen Botschaft übriggeblieben war, bewahrte sein Genosse an der Front, General Kleber, die republikanische Armee vor dem Zusammenbruch, indem er die zersplitterten Truppen der Loyalisten und der Milizeinheiten zur Verteidigung Madrids unter einem gemeinsamen Oberkommando zusammenfaßte. In der Befürchtung, daß die republikanische Regierung nach einem Fall der spanischen Hauptstadt verloren wäre, riefen Komintern-Führer in ganz Europa zu ihrer Unterstützung auf und drängten Moskau, sofortige Militärhilfe zu schicken. Zu ihren öffentlichen Forderungen kamen noch die provokativ-verächtlichen Äußerungen Trotzkis, der aus dem norwegischen Exil vorhersagte, Stalin werde auch weiterhin »die spanische Revolution verraten«.[22] Aber es war nicht die Forderung der Trotzkisten nach einer Unterstützung der internationalen kommunistischen Bewegung, die den sowjetischen Diktator den Republikanern zu Hilfe eilen ließ. Vielmehr wollte Moskau sich die Gelegenheit nicht entgehen lassen, Einfluß und Kontrolle auf die spanische Regierung auszuüben, die aus dem Krieg hervorgehen würde. Der NKWD hatte bereits Befehl erhalten, bis zum 16. Oktober die Verschiffung von Waffen aus der Sowjetunion zu organisieren, als Stalin José Díaz, dem Führer der Kommunistischen Partei Spaniens, folgendes Telegramm schickte: »Der spanische Kampf ist keine Privatangelegenheit der Spanier, sondern die gemeinsame Sache der gesamten fortschrittlichen Menschheit.«[23]

Sechzehn sowjetische Schiffe liefen vom Schwarzmeerhafen Odessa mit Kurs auf das Mittelmeer aus. Anfang November hatten sie den von den Republikanern gehaltenen Hafen Cartagena erreicht, wo ihre über hundert Panzer und Flugzeuge sowie zigtausend von Litern dringend benötigten Treibstoffs entladen wurden. Obwohl eine weitaus massivere Militärhilfe nötig gewesen wäre, um Franco zu besiegen, erwies sich Stalins erste, wenn auch nur zähneknirschend genehmigte Hilfslieferung für die Kampfmoral der spanischen Republikaner als ungeheuer wichtig. Die Unterstützung durch die Sowjets bedeutete für sie, daß sie nun nicht mehr alleine gegen eine von Deutschland und Italien massiv aufgerüstete nationalistische Armee kämpfen mußten.

»Madrid wird nicht fallen!« erklärte Premierminister Largo Caballero. »Jetzt geht der Krieg erst richtig los, weil wir nun über das erforderliche Kriegsgerät verfügen.«[24] Auf seine trotzigen Worte folgten noch im selben Monat Hunderte sowjetischer Militärs sowie weitere Waffenlieferungen. Orlow und seine Genossen in den nach Spanien entsandten sowjetischen Armee- und Luftwaffeneinheiten waren empört über Stalins Befehl, außer Reichweite von Artilleriefeuer zu bleiben. Ihre T-10-Panzer und Flugzeuge vom Typ »Moska« und »Tschato« erwiesen sich gegenüber ihren italienischen und deutschen Kontrahenten bald mehr als ebenbürtig.[25] Selbst in den Händen überhastet ausgebildeter republikanischer Mannschaften und Piloten waren die russischen Waffen in den Gefechten um Madrid vom Dezember aufgrund ihrer Feuerkraft und ihrer Manövrierfähigkeit den Panzern und Flugzeugen der Nationalisten überlegen.

Anfang 1937 hatten es Francos Streitkräfte noch immer nicht geschafft, die von General Kleber und seinen russischen Stabsoffizieren organisierte Verteidigung der spanischen Hauptstadt zu durchbrechen. So war es den Nationalisten noch nicht gelungen, die vor allem psychologisch wichtige Kontrolle über die Stadt zu gewinnen, als Truppen der Internationalen Brigaden der republikanischen Armee zur Hilfe eilten, um den Ansturm der Nationalisten zurückzuschlagen. Diese ausländischen Brigaden, deren harter Kern aus fünfhundert von Rußland nach Madrid geschickten kommunistischen politischen Flüchtlingen bestand, war eine von der Komintern ins Leben gerufene Truppe von Freiwilligen, die unter der Führung der nationalen kommunistischen Parteien angeworben worden waren. Tausende von Rekruten kamen aus Europa und den Vereinigten Staaten nach Spanien. Unter ihnen waren durchaus nicht alle Kommunisten, sondern Menschen mit linken Idealen, motiviert durch ihre Überzeugung. Die Internationalen Brigaden wurden allerdings weitgehend von russischen Offizieren ausgebildet, die sie auch bei ihren Kampfeinsätzen befehligten.[26] Nachdem Madrid erfolgreich verteidigt worden war, konnte es keinen Zweifel mehr daran geben, daß die russischen Waffen und Berater das militärische Gleichgewicht zugunsten der Republikaner verschoben hatten.

Stalin wollte nun die spanischen Republikaner für seine Unterstützung einen hohen Preis zahlen lassen. Orlow und die Schar russischer Berater in Spanien wurden angewiesen, einen Prozeß der »Stalinisierung« in Gang zu setzen und damit die republikanische Regierung und ihre Streitkräfte unter Moskaus Kontrolle zu bringen. Der Einfluß der kommunistischen Fraktion in der Regierung wurde mit Hilfe einer mächtigen Geheimpolizei verstärkt, deren Ziel es war, aufmüpfige oppositionelle Elemente einzuschüchtern, zu verhaften und zu eliminieren. Dieser Prozeß wurde noch dadurch beschleunigt, daß die sowjetische Hilfe bei der Verteidigung Madrids das Ansehen der Sowjets enorm gesteigert und zu einem raschen Anwachsen der Kommunistischen Partei Spaniens geführt hatte.

Als Moskaus Rechnung fällig wurde, ließ Stalin Orlow dafür sorgen, daß die Spanier auch tatsächlich bezahlten. Eine der ersten Rückzahlungen war nicht politischer, sondern finanzieller Natur.

In den Gewölben der spanischen Nationalbank schlummerten die viertgrößten Goldreserven der Welt. Während Franco nur die Bodenschätze des von ihm beherrschten Nordens im Tausch gegen Hitlers und Mussolinis Hilfe anbieten konnte, verfügten die Republikaner über Goldbarren im Wert von 2 367 000 000 Peseten oder etwa 788 Millionen Dollar. 155 Millionen Dollar aus dieser enormen Goldreserve waren im August als Sicherheit für die Beschaffung von Kampfflugzeugen und Panzern nach Frankreich gebracht, aufgrund des Nichteinmischungsabkommens im September 1936 jedoch eingefroren worden. Um den Rest des Nationalvermögens zu schützen, übertrug Largo Caballeros Kabinett unter dem Eindruck des Vormarsches der nationalistischen Armee auf Madrid dem Premierminister und seinem Finanzminister Dr. Juan Negrín die Aufgabe, den Goldschatz von der Hauptstadt »an einen sicheren Ort« zu bringen. In den darauffolgenden Wochen wurden die Barren in Kisten verpackt und heimlich mit einem bewachten Zug in eine riesige Höhle gebracht, die aus dem Berg gehauen worden war, von dem aus man die südspanische Hafenstadt Cartagena überblicken kann.[27]

Als die militärische Lage der Republikaner gegen Ende der zweiten Oktoberwoche so gut wie hoffnungslos schien, beschlossen Largo Caballero und Negrín, das Gold als Lockmittel einzusetzen, um Stalin doch noch zu Waffenlieferungen zu bewegen. Sie boten deshalb der Sowjetunion Spaniens Goldschatz zur Verwahrung an. Stalin ließ sich natürlich die Gelegenheit nicht entgehen, eine halbe Milliarde Dollar in Gold quasi als Abschlagszahlung für die Bereitstellung von Waffen und Beratern zu kassieren. Er befahl Jeschow, der soeben Jagodas Stelle als NKWD-Chef übernommen hatte, das spanische Gold nach Moskau schaffen zu lassen. Orlow erhielt die Anweisung, die nötigen Vorbereitungen zu treffen.

»Der Feind war nur noch dreißig Kilometer von Madrid entfernt, Menschen flohen bereits aus der Stadt, und die Regierung glaubte, Madrid nicht mehr halten zu können«, beschrieb Orlow die chaotische Situation am 20. Oktober 1936, als eine verschlüsselte Botschaft von der Zentrale im Hotel Gaylord eintraf. Der Chiffrierer der NKWD-Station hatte das teilweise dechiffrierte Telegramm zusammen mit dem aktuellen Schlüssel in sein Büro gebracht. Nach der Entschlüsselung der ersten Zeilen mit dem Wortlaut »Ich übermittle Ihnen den persönlichen Befehl des Chefs« merkte er, daß Jeschows Anweisung nur für Orlows Augen bestimmt war. Nachdem Orlow selbst den restlichen Text entschlüsselte hatte, sah er sich mit dem ungewöhnlichsten Auftrag seiner ganzen Karriere konfrontiert:

»Bereiten Sie gemeinsam mit Botschafter Rosenberg und dem spanischen Regierungschef Caballero den Transport der Goldreserven von Spanien in die Sowjetunion vor. Benutzen Sie zu diesem Zweck einen sowjetischen Dampfer. Diese Operation ist unter größter Geheimhaltung durchzuführen. Falls die Spanier von Ihnen eine Quittung für die Ladung verlangen sollten, verweigern Sie sie. Ich wiederhole: Weigern Sie sich, irgend etwas zu unterschreiben, und erklären Sie, eine formelle Quittung werde in Moskau von der Staatsbank ausgestellt. Ich mache Sie persönlich für den Erfolg dieser Mission verantwortlich. Rosenberg hat die entsprechenden Informationen erhalten.«[28]

Das Telegramm war mit Iwan Wassiljewitsch unterzeichnet – Stalins Vatersnamen, den der Diktator bei seinen geheimsten Botschaften zu benutzen pflegte. Orlow war sich deshalb der Tatsache bewußt, daß er im Falle eines Scheiterns seiner Mission persönlich zur Rechenschaft gezogen würde. Nachdem er sich mit Botschafter Rosenberg beraten hatte, lud er Negrín zwei Tage später in die sowjetische Botschaft ein, um mit ihm die Durchführung der Operation zu besprechen.

»Dies war mein erstes Treffen mit Juan Negrín, und ich merkte sofort, daß ich einen intelligenten Mann und eine angenehme Persönlichkeit vor mir hatte«, erinnerte sich Orlow. »Negrín sprach perfekt Deutsch, und so unterhielten wir uns eine Weile auf deutsch; als ich aber erfuhr, daß er auch Englisch sprach, schlug ich vor, in diese Sprache zu wechseln.«[29]

Der Finanzminister bot den Schutz des Transports durch spanische Soldaten an, doch mit Stalins Befehl im Hinterkopf kam Orlow zu dem Schluß, daß es sicherer sei, ein jüngst eingetroffenes Kontingent von Panzerfahrern der Roten Armee mit dieser heiklen Mission zu betrauen. »Ich erklärte Finanzminister Negrín ganz unumwunden«, erinnerte sich Orlow später, »daß, falls jemand davon Wind bekäme und beispielswei-

se die Anarchisten Russen mit ganzen Lastwagenladungen von spani-
schem Gold abfingen, meine Männer getötet würden und es einen
ungeheuren weltweiten Skandal gäbe, womöglich aber auch eine Revolution innerhalb des Landes.« Er schlug deshalb vor, zur Tarnung
vorzugeben, daß das Gold zur Aufbewahrung »nicht etwa nach Rußland, sondern nach England oder Amerika« verschifft werde. Negrín
willigte ein, Orlow die entsprechenden Papiere zu beschaffen, damit er
sich glaubwürdig als Repräsentant einer führenden englischen oder
amerikanischen Bank ausgeben konnte.[30]

»Auf welchen Namen sollen wir Ihre Papiere ausstellen?« fragte er
Orlow. Dieser erzählte später, er habe nach kurzem Nachdenken
gerade »Mr. Black« sagen wollen, als Negrín ihm vorgeschlagen habe:
»Wie wär's mit Blackstone?« Orlow blickte Negrín erstaunt an und
wunderte sich, wie dieser es wohl geschafft hatte, ihm das Wort
»Black« von den Lippen abzulesen. Dann begleitete er Negrín zum
Finanzministerium, wo er dem Leiter des spanischen Schatzamtes,
Señor Mendez-Aspe, vorgestellt wurde, der Orlow zufolge neben dem
Präsidenten Manuel Azana y Diaz, dem Premierminister und Negrín
als einzige spanische Amtsperson von der Operation wußte.[31] Tags
darauf entging Orlow, wie er später berichtete, nur knapp dem Tod,
als das spanische Militärflugzeug, mit dem er sich nach Cartagena
fliegen lassen wollte, von deutschen Kampffliegern, die eine Bomber-
schwadron zu einem Angriff auf Madrid begleiteten, beschossen wurde. Er überlebte nur, weil es seinem Piloten gelang, auf einem in den
Bergen versteckten Flugplatz zu landen, von dem aus er mit einem
Wagen nach Madrid zurückkehrte.

»Die Lust zum Fliegen ist mir vergangen«, meinte Orlow lakonisch,
als er die knapp fünfhundert Kilometer lange Fahrt nach Cartagena
antrat. Nach seiner Ankunft im spanischen Marinestützpunkt suchte er
Nikolai Kusnezow auf, den sowjetischen Marineattaché in Spanien.
Orlow beschloß, ihn ins Vertrauen zu ziehen, ohne ihn jedoch in die
entscheidenden Einzelheiten seines Plans einzuweihen; so ließ er ihn in
dem Glauben, daß es sich bei dem »strategischen Material«, für dessen
Transport seine sowjetischen Panzerfahrer die Hilfe der örtlichen Matrosen benötigten, um Nickelerz aus den spanischen Bergwerken handelte. Kusnezow arrangierte daraufhin mit Kapitän Ramirez de Togores,
dem Kommandanten des Marinestützpunkts Cartagena, daß dieser sechzig zuverlässigen U-Boot-Leute fünf Tage lang für eine Spezialaufgabe
zur Verfügung stellte. Sie sollten die acht Kilometer vom Marinestützpunkt entfernte »Schatzhöhle« bewachen.[32]

Immer im Gedanken an Stalins Befehl und in dem Bewußtsein, daß
zuvor schon sowjetische Schiffe von italienischen Unterseebooten an-
gehalten und durchsucht worden waren, beschloß Orlow als weitere

Vorsichtsmaßnahme, zur Risikostreuung den spanischen Staatsschatz auf vier Frachter zu verteilen. Daraufhin gab Kusnezow Order, daß jeder sowjetische Kapitän, der in den Häfen von Cartagena oder Alicante anlegte, sich bei ihm zu melden habe. Darüber hinaus arrangierte er es, daß die spanische Marine jedes nur verfügbare Kriegsschiff in die gefährlichen Gewässer vor der Küste entsandte, die die russischen Dampfer durchqueren mußten. Um dies zu erreichen, mußte Orlow den spanischen Marineminister Indalecio Prieto ins Vertrauen ziehen. So blieb ihm nichts anderes übrig, als erneut das Risiko eines Fluges auf sich zu nehmen, um in Madrid sein Anliegen dem spanischen Premierminister vorzutragen. Dieser erklärte sich einverstanden damit, daß Prieto und Negrín nach Cartagena kommen sollten, um die nötigen Vorbereitungen zu treffen.

Anschließend flog Orlow wieder in die Hafenstadt zurück, die wegen der soeben eingetroffenen sowjetischen Frachter mittlerweile schweren Bombenangriffen ausgesetzt war. Trotz des hohen Risikos überwachte Orlow persönlich die Entladung der Flugzeuge und Bomben. Dies war, wie er sich später erinnerte, »eine meiner unangenehmsten Erfahrungen im spanischen Bürgerkrieg«, da zu Beginn eines jeden Angriffs der deutschen Flugzeuge die spanischen Hafenarbeiter in Todesangst davonrannten. Einmal traf eine Bombe einen Frachter, wobei sie nur knapp den mit Munition gefüllten Laderaum verfehlte. Zudem machte jedes einzelne Flugzeug, das den Marinestützpunkt überquerte, vorausgegangene stundenlange Versuche zunichte, die einheimischen Schiffsentlader zur Wiederaufnahme ihrer Arbeit zu bewegen. Eines Abends fiel nach einem weiteren Luftalarm eine Gruppe von Schauerleuten über Orlow her, da sie den Fremden für einen Spion hielten, der den ankommenden Flugzeugen durch das Anzünden einer Zigarette Zeichen gab. Da er kein Wort Spanisch konnte, geriet er in größte Bedrängnis, bis schließlich eine ganz in der Nähe einschlagende Bombe die feindseligen Schauerleute vertrieb.[33]

Aufgrund der ständigen Luftangriffe gestaltete sich der Transport des Goldes zu den Hafenanlagen zu einem ausgesprochen gefährlichen Unterfangen. Die vom NKWD-Kommissar Sawtschenko befehligten zwanzig russischen Fahrer des Panzerregiments mußten dazu spanische Uniformen anziehen, was die Fahrt nicht erleichterte. Auf der acht Kilometer langen, über unwegsame Bergsträßchen führenden Strecke war ihre ganze Aufmerksamkeit gefordert, da sie sie in mondlosen Nächten und mit ausgeschalteten Scheinwerfern zurücklegen mußten. Obwohl die Panzerfahrer vom Steuern ihrer schwer lenkbaren Kettenfahrzeuge schon zuvor müde Arme hatten, brachte der Konvoi in der ersten Nacht die Fahrt problemlos hinter sich. Orlow beschrieb das beeindruckende Schauspiel, das auf sie wartete, wie folgt:

»Am Eingang der Höhle hielt ich an. Vor mir sah ich die in den Berg eingebauten hölzernen Tore offenstehen. Im schwachen Schein der elektrischen Beleuchtung erkannte ich in der Höhle Tausende von Säcken. Die Kisten enthielten das Gold, die Säcke waren mit Silbermünzen gefüllt. Sechzig aus der U-Boot-Flotte ausgewählte Matrosen erwarteten uns. Sie bewachten den spanischen Staatsschatz, die im Laufe von Jahrhunderten angehäuften Ersparnisse der spanischen Nation! Die Szenerie war gespenstisch: die seltsame Atmosphäre der Höhle, das unwirkliche, Schatten werfende schwache Licht, die finsteren Figuren der Matrosen mit ihren aufgeregt funkelnden schwarzen Augen.«[34]

Orlow merkte sofort, daß die spanischen Matrosen über den ungeheuren Wert des Schatzes, den sie zu bewachen hatten, durchaus im Bilde waren und seine kleine sowjetische Streitmacht mit Leichtigkeit hätten überwältigen können. Um so wichtiger war es, daß die Spanier über den Bestimmungsort des Goldschatzes im unklaren blieben, während sie den Panzerfahrern beim Beladen ihrer Lastwagen halfen. Jede aus fünfzig Kisten bestehende Lastwagenladung mußte bei Nacht und ohne Licht eine gefährlich enge und steile Bergstraße hinunterbugsiert werden. Ein Wagen kippte dabei um, drei weitere nahmen eine falsche Abzweigung und blieben vermißt, bis der besorgte Orlow sie tags darauf auf dem Dorfplatz eines nahe gelegenen Ortes wiederfand. Die gesamte Operation nahm drei Nächte in Anspruch.

Das Gold bei Tag zu transportieren war wegen der schweren Luftangriffe der Nationalisten unmöglich; hätte nämlich eine Bombe die benachbarte Höhle getroffen, in der mehrere tausend Kilo Dynamit gelagert wurden, wäre der spanische Staatsschatz mit in die Luft geflogen. Die Luftangriffe waren so heftig, daß der Chef des Schatzamtes in panischer Angst die Flucht ergriff, nachdem er schnell noch ein paar Assistenten die Aufgabe übertragen hatte, die Kisten zu zählen. Als in der zweiten Nacht die spanischen Matrosen allmählich unruhig wurden, ließ Orlow ihnen Wein, Spielkarten und einen Plattenspieler mit einem Vorrat an Schallplatten bringen.

»Das war alles Tanzmusik, Foxtrott oder Tango, und nach den Essenspausen tanzten die spanischen Jungs zu meinem Erstaunen paarweise mit einem solchen Ernst, als wären sie in einem richtigen Tanzsaal«, erinnerte sich Orlow später. »Und was das Verrückteste war: Inmitten von Milliarden von Silbermünzen spielten sie um einen so bescheidenen Einsatz wie Erdnüsse.«[35]

Jede dieser knapp sechzig Kilo schweren Kisten enthielt ein kleines Vermögen an Goldbarren, goldenen *pesetas*, französischen *Louis d'Or* und britischen *sovereigns*. Orlow lag mit gezählten 7900 Kisten um hundert Kisten über der offiziellen spanischen Zählung. Doch er beschloß, Mendez' Rechenkünste zu dem Zeitpunkt nicht in Frage zu stellen, weil er Angst hatte, daß Stalin – falls seine Zählung sich als falsch erweisen sollte – ihn beschuldigen würde, zwei Lastwagenladungen Gold unterschlagen zu haben.[36]

Als die letzte Goldkiste an Bord des sowjetischen Frachters *Mologoles* war, bat Mendez-Aspe Orlow um eine formgerechte Quittung. »Mir war klar gewesen, daß dies passieren würde, und mir graute schon lange vor diesem Augenblick«, schrieb Orlow später, »aber mir blieb keine andere Wahl, als Stalins persönlichen Befehl auszuführen.« Orlow erzählte, er habe »mit einem unterschwelligen Gefühl tiefer Scham in beiläufigem Tonfall – so, als handle es sich nur um eine unbedeutende Formalität« geantwortet, »eine Quittung werde in Moskau nach einer genauen und endgültigen Zählung ausgestellt«. Der Leiter des spanischen Schatzamtes rang nach Luft, als Orlow wiederholte, eine formelle Quittung könne nur in Moskau von der sowjetischen Staatsbank ausgestellt werden. Um das Dilemma, in dem sich Mendez-Aspe befand, ein wenig abzumildern, schlug Orlow vor, in jedem Frachter Beamte seines Schatzamtes als Beobachter mitzuschicken. Mendez-Aspe hatte jedoch nur zwei Begleiter bei sich; ein weiterer spanischer Freiwilliger konnte gerade noch – eine halbe Stunde vor dem Auslaufen seines Frachters – aufgetrieben werden.[37]

Orlow beobachtete die Abfahrt der vier graugestrichenen sowjetischen Frachter aus Cartagena mit äußerst gemischten Gefühlen. Die spanischen Kapitäne der entlang der Küste postierten Kriegsschiffe hatten versiegelte Befehle erhalten, den Russen zu Hilfe zu kommen, falls sie ein spezielles SOS-Signal auffingen. Orlow berichtete über die Abfahrt der Schiffe in Richtung Moskau in zwei verschlüsselten Depeschen. In der ersten hatte er das NKWD-Hauptquartier darüber informiert, daß er künftig das Wort »Gold« durch »Metall« ersetzen werde.

»Was für ein Metall meinen Sie überhaupt?« hatte Jeschow auf Orlows zweite Nachricht vom Auslaufen der Frachter gefragt. In der Überzeugung, daß »ein Idiot« inzwischen das NKWD leitete, schickte er ein drittes Telegramm: »Lesen Sie meine vorausgegangene Nachricht. Bitte informieren Sie Iwan Wassiljewitsch über mein Telegramm.«[38]

»Sieben oder acht Tage lang saß ich wie auf Kohlen«, beschrieb Orlow die unendlich lang scheinende Woche, in der er sich ständig fragte, ob die Schiffe wohl sicher durch das Mittelmeer kommen würden. Erst nachdem acht Tage ohne Alarm vergangen waren, wagte er es, Jeschow mitzuteilen, daß das Gold in Sicherheit sei. In seinem detaillierten Bericht über die Operation informierte er Jeschow auch darüber, daß die offizielle spanische Zählung um hundert Kisten von der seinen abwich. Sofort kam die Rückfrage: »Iwan Wassiljewitsch wüßte gerne, ob Sie sich Ihrer Zählung sicher sind.« Orlow bejahte dies mit der Begründung, daß die von den Kapitänen der vier Dampfer vorgenommene Zählung der Kisten mit seiner eigenen übereinstimmte. Als er später nachfragte, ob die von ihm ermittelte Gesamtsumme von 7900 Kisten stimmte, erhielt er die knappe Antwort: »Kümmern Sie sich nicht um Zahlen. Alles wird in Moskau genau gezählt« und anschließend ein weiteres Telegramm von Jeschow mit dem Wortlaut: »Erwähnen Sie niemandem gegenüber die von Ihnen ermittelte Zahl.«[39]

Als die Frachter dann am 6. November in Odessa einliefen, entlud man sie aus Sicherheitsgründen bei Nacht. Der Zug, mit dem man die Kisten mit dem Gold dann nach Moskau schaffte, wurde von über hundert bewaffneten Offizieren bewacht. Der stellvertretende ukrainische NKWD-Chef berichtete Jeschow persönlich mit rußgeschwärztem Gesicht vom erfolgreichen Abschluß der Mission; er war die ganze Strecke von Odessa in die sowjetische Hauptstadt im Führerhaus der Lokomotive mitgefahren. In Moskau begann man sofort mit der offiziellen Zählung. Überwacht wurde sie von den drei Angestellten des spanischen Schatzamtes, denen daraufhin jahrelang die Rückkehr in ihr Heimatland verweigert wurde.[40]

Als der Zug mit dem spanischen Staatsschatz in Moskau eintraf, gab Stalin für sich und seine Spießgesellen ein rauschendes Fest. Später erfuhr Orlow während eines Spanienbesuches von Michail Kolzow – dem damaligen Herausgeber der *Prawda*, der mit Jeschow befreundet war –, daß Stalin sich bei diesem Bankett seines Coups gebrüstet und in Abwandlung eines alten russischen Sprichworts erklärt hatte: »Die Spanier werden ihr Gold nie wiedersehen, ebensowenig wie sie je ihre Ohren sehen werden.«[41]

Stalin stand zu seinem Wort. Als Orlow 1957 vor dem Unterausschuß des US-Senats für Innere Sicherheit berichtete, wie er die Plünderung der spanischen Staatskasse organisiert hatte, ließ Radio Moskau verlauten, das damals nach Rußland geschmuggelte spanische Gold im Wert von 420 Millionen Dollar sei zur »Finanzierung der Sache der Republikaner« nach Moskau geschickt worden.[42] Damals versuchte Francos Regierung gerade, die Sowjets zur Rückgabe des Goldschatzes zu bewegen, nachdem Negríns Erben die offizielle Quittung über »510 079 243 Gramm Gold« nach Madrid zurückgeschickt hatten, die die Bank von Moskau den Kassenverwaltern der Bank von Spanien 1938 ausgestellt hatte.

Orlows Aussagen zufolge hatte Stalin nie die Absicht gehabt, lediglich als Verwalter des spanischen Staatsschatzes zu fungieren. Er erklärte, dies bereits Anfang 1937 von seinem Vorgesetzten vom NKWD erfahren zu haben, als er sich in der Privatklinik von Dr. Bergère von einer Rückenverletzung erholte, die er sich bei einem Autounfall zugezogen hatte. Kurz danach besuchte ihn sein unmittelbarer Vorgesetzter Sluzki, der Chef der INO, im Krankenhaus, um ihm persönlich zu seinem Coup mit dem Gold zu gratulieren und von Stalins Prahlerei bei dem Trinkgelage zu erzählen.

Auch wenn Nikita Chruschtschow 1957 als sowjetischer Staatschef die Erklärung seines Vorgängers möglicherweise nicht gekannt hat, wäre er sicher nicht im Traum auf die Idee gekommen, ausgerechnet dem faschistischen Franco-Regime auch nur eine einzige Pesete zurückzugeben. Dies verlautete dann auch in einer Rundfunksendung, in der die UdSSR der Welt erklärte, die russischen Hilfslieferungen an die spanische Regierung während des Bürgerkriegs hätten den Wert von 5100 Tonnen Gold weit überstiegen. Radio Moskau zufolge hatte Spanien sein Konto bei der UdSSR sogar deutlich überzogen, weil das Land für zusätzliche Hilfslieferungen im Wert von 85 Millionen Dollar, die den Republikanern angeblich zugegangen waren, fünfzig Millionen Dollar nie zurückbezahlt habe.[43]

Nach dem Transfer des Goldes konzentrierte sich Orlow auf den Aufbau einer von Moskau kontrollierten Geheimpolizei in Spanien. Seine Aufgabe bestand darin, die Republikaner dazu zu überreden, einen zentralen Sicherheitsdienst einzurichten, doch den Akten zufolge fiel die gerade erst im Entstehen begriffene, nach dem Vorbild des NKWD konzipierte Organisation schon im Zuge der Evakuierung der Regierungsbehörden aus der belagerten Hauptstadt nach Valencia wieder auseinander.

»Die Regierung hat eine politische Spionageabwehr-Organisation eingerichtet, die nach der Evakuierung der Behörde aus Madrid in Stücke brach«, erklärte Orlow der Zentrale in seinem Brief vom 29. Dezember 1936. Seinem Bericht zufolge hatte eine anarchistische Gruppe Houstinianos, der zum Chef der neuen Geheimpolizei ernannt worden war, verhaftet, nachdem sie fünfhundert Kilo Gold sowie wertvolle Gemälde in seinem Wagen gefunden hatten. Houstinianos hatte beteuert, er habe das Gold und die Gemälde lediglich in Sicherheit bringen und nicht etwa beiseite schaffen wollen. Aber Orlow stellte seine Ehrlichkeit grundsätzlich in Frage. »In dieser Organisation kann man niemandem trauen«, klagte der NKWD-General Sluzki gegenüber. »Ich paraphiere immer die Informationen, die ich von abgefangenen Telegrammen der hiesigen ausländischen Konsulate bekomme, um ihre Herkunft zu verschleiern.« In den Provinzen, so Orlow, sei die Situation noch viel chaotischer, da auch weiterhin parallele Spionageabwehr-Organisationen, die sich unterschiedlichen politischen Gruppierungen verantwortlich fühlten, nebeneinander existierten. Da diese sich nicht gewillt zeigten, sich an die Direktiven der Zentrale zu halten, bat er Moskau dringend um mehr Personal: »Der einzige Ausweg aus dem Dilemma wäre, unsere Berater in die Provinzen zu schicken, in die größeren Städte und militärischen Zentren.«[44]

Anfang 1937 war Stalin bereit, den Republikanern mehr Hilfe zukommen zu lassen, nachdem deren »Volksarmee«, wie sie sich jetzt nannte, unter russischer Führung große Fortschritte gemacht hatte. Unterstützt von den immer zahlreicher werdenden internationalen Brigaden und russischen Panzereinheiten hatten die republikanischen Generäle in den ersten Monaten des neuen Jahres die Nationalisten und ihre italienischen Alliierten in zwei Flankenangriffen bei Jarama und Guadalajara zurückgedrängt. Diese Rückschläge zwangen Franco, sich zunächst einmal zurückzuziehen und auf die Unterwerfung der noch nicht vollständig unter seiner Kontrolle befindlichen nördlichen Provinzen zu konzentrieren. Dabei stützte sich seine Armee verstärkt auf deutsche und italienische Luftstreitkräfte, um die Zivilbevölkerung zu terrorisieren. Die grausame Bombardierung Guernicas durch die deutsche »Legion Condor« am 26. April erwies sich für die Nationalisten allerdings als propagandistische Katastrophe. Obwohl Untersuchungen nach dem Krieg ergeben haben, daß ein Teil der Verwüstungen durch die republikanische Verteidigung der Stadt verursacht worden war, hatte die Brutalität des Luftangriffs zur Folge, daß sich nun die Sympathien der Weltöffentlichkeit den Republikanern zuneigten.

Trotz der verbesserten militärischen Lage hatte Orlow schon im Februar 1937 der Zentrale gegenüber seine Zweifel an der Fähigkeit der republikanischen Regierung ausgedrückt, die Chancen zu nutzen, die sich aus dem Rückzug der nationalistischen Armee von Madrid ergeben hatten. Orlows Einschätzung sollte sich schließlich als eine so genaue Vorhersage des späteren Kriegsverlaufs und der letztendlichen Niederlage der Republikaner erweisen, daß sie es verdient, hier in voller Länge abgedruckt zu werden:

»Die spanische Regierung hat alle Möglichkeiten in der Hand, den Krieg siegreich zu beenden: moderne Waffen, eine hervorragende Luftwaffe, Panzer, eine Marine und ein großes Potential an Menschen. Sie verfügt über ein großes Territorium mit einer Rüstungsindustrie, die völlig ausreicht, um einen so ›kleinen‹ Krieg zu beliefern (die Fabriken von Hispano Suiza und andere), dazu über eine angemessene Versorgung mit Lebensmitteln und anderen Gütern. Die Anzahl der Regierungstruppen ist weit höher als die des Feindes. Diese ganze Maschinerie ist jedoch korrodiert durch:

1. Innerparteiliche Konflikte, bei denen die meisten Menschen ihre Kraft damit vergeuden, für ihre eigene Partei Macht und Einfluß zu gewinnen und andere zu diskreditieren, statt gemeinsam gegen den Faschismus zu kämpfen.
2. Eine korrupte Regierung, deren Mitglieder vielfach mit der Revolution nichts gemein haben und die zudem meist passiv bleibt und nur

darüber nachdenkt, wie sie sich im Falle eines Zusammenbruchs möglichst schnell aus dem Staub machen kann.

3. Die Unfähigkeit der Regierung, die Gefährlichkeit der Situation richtig einzuschätzen; die Bedrohung für die Zukunft der republikanischen Regierung Spaniens empfindet man mittlerweile bereits als Normalzustand.
4. Verantwortungsloses Verhalten und Sabotage von Regierungsbehörden bei der Versorgung der Armee und der Leitung ihrer Operationen.
5. Die Unfähigkeit, Hunderttausende gesunder und arbeitsfähiger Männer in den Städten (Madrid, Barcelona, Valencia und anderen) für zivile Einsätze und den Bau von Befestigungen zu mobilisieren.
6. Das Fehlen eines erfahrenen sowjetischen Stabs mit klar definierten Machtbefugnissen und das Fehlen eines wirklich bekannten Beraters unsererseits. Gorew [der sowjetische Militärattaché] verfügt über keinerlei militärische Erfahrung. Was den Krieg betrifft, ist er unschuldig wie ein Kind. Grischin alias General Bersin [der ehemalige GRU-Chef], ist ein gutes Parteimitglied, aber beileibe kein Militärexperte – und solche Leute bilden unsere [militärische] Führungsspitze. Bei einem derartigen Mangel an Führungsqualitäten werden die Fähigkeiten einiger unserer Spezialisten, die ihnen untergeordnet sind, zunichte gemacht (nur die Luftwaffe und Panzer und ihr heroisches Personal sind wirklich gut, aber sie können ein funktionierendes Heer nicht ersetzen).«[45]

Orlows Kritik an der Kompetenz seiner russischen Genossen im Militär wurde noch harscher, als er auf die Schwächen der spanischen Spionage und Spionageabwehr hinwies:

»Mir scheint, daß es an der Zeit ist, die bedrohliche Situation zu analysieren, der spanischen Regierung (und den Parteichefs) den vollen Ernst der Lage deutlich vor Augen zu halten und ihnen entsprechende [korrektive] Maßnahmen vorzuschlagen – falls die spanische Regierung wirklich Hilfe von uns will – um:

1. das Heer und sein Oberkommando zu sanieren (Erschießung von Deserteuren, Aufrechterhaltung der Disziplin usw.) und
2. den Auseinandersetzungen zwischen den Parteien ein Ende zu bereiten.
    Wenn es uns angesichts der drohenden Gefahr nicht gelingt, die spanische Regierung zur Vernunft zu bringen, werden die Dinge einen katastrophalen Verlauf nehmen. Der Fall Madrids hätte eine Demoralisierung der Armee zur Folge sowie Aufstände und den Abfall bestimmter Regionen in Katalonien.«[46]

Trotz Orlows scharfsinniger Analyse der immanenten Schwäche der Republikaner stießen seine Worte in Moskau wie in Madrid gleichermaßen auf taube Ohren. Als NKWD-Chef in Spanien war Orlow nur für Spionage, Spionageabwehr und Guerilla-Operationen zuständig. Sein Auftrag lautete, eine Geheimpolizei zur Bekämpfung der inneren Opposition zu schaffen und gleichzeitig die republikanische Regierung immer stärker Moskaus direkter Kontrolle zu unterwerfen. Wie gut dies Orlow gelang, geht aus den NKWD-Akten aus jener Zeit hervor, die unmißverständlich klarmachen, wie leicht Spanien – ebenso wie die osteuropäischen Länder, die von der Roten Armee im Zweiten Weltkrieg »befreit« wurden – zu einem Satellitenstaat der Sowjetunion hätte werden können.

Anmerkungen

1. Vorwort in Orlov, *Handbook*. Möglicherweise wurde das Handbuch nach Orlows Flucht in den Westen verboten. Aber es ist wahrscheinlicher, daß Orlow nur zu dem Lehrbuch beigetragen hat, da kein Veteran aus der Zeit sich an ein Handbuch von ihm erinnern kann. Es gibt auch keinerlei Hinweise darauf in seiner Akte.
2. Orlov, *Legacy*. Aussage vor dem Ausschuß des US-Senats für Innere Sicherheit, 14.–15. Februar 1957, S. 65–67.
3. Orlov, *Handbook*, S. 187.
4. Interview mit Feoktistow, geführt von Zarew in Moskau, Februar 1992.
5. Orlov, *Stalins Crimes*, S. 59–81. Die Einzelheiten, die Orlow anführt, deuten darauf hin, daß er selbst dabeigewesen sein muß. Er erwähnte, bei dem Treffen seien »die Chefs der wichtigsten Abteilungen des NKWD sowie ihre Stellvertreter« anwesend gewesen. Orlow war der Stellvertreter von Alexander Schanin von der Abteilung für Eisenbahn- und Seetransport.
6. Ebd.
7. Ebd.
8. Ebd. Die genauen Umstände, unter denen Orlow die Wahrheit über die Affäre Kirow erfuhr, schildert er in *Stalins Crimes*, Kapitel 1–3.
9. Ebd., S. 112–113.
10. Ebd., S. 113–114.
11. Ebd., S. 160–166.
12. Ebd., S. 170.
13. Gespräch mit Sudoplatow, Orlov, *Legacy*, S. 6.
14. Aufzeichnung der beeideten Aussage vor den US-Einwanderungsbehörden (INS), 29. Juni 1954, S. 49, ORLOW, [International Security-R] FBI-Akte Nr. 105–6073, FOIA.
15. Eine fundierte und detaillierte Darstellung der komplexen Ursachen und des wechselvollen Verlaufs des Krieges liefert Hugh Thomas in seinem meisterhaften Buch *The Spanish Civil War*, Harper & Row, New York 1961. Vgl. auch die jüngere Arbeit von Burnett Bolbuten, *The Spanish Civil War*, Harvester Press, London 1970.
16. Bei einem Verhör durch das FBI im Jahre 1954 bezeichnete Orlow die von

Walter Kriwizki in *I Was Stalin's Agent*, London, S. 93–97, aufgestellte Behauptung, die Entscheidung, ihn nach Spanien zu schicken, sei in einer außerordentlichen Sitzung des Politbüros am 14. September 1936 gefallen, als »frei erfunden«. Die Tatsache, daß Orlow bereits am 9. September in Spanien war, scheint seine Angaben zu bestätigen, die er am 8. Juli 1954 in New York gegenüber dem SAC des FBI machte. ORLOW FBI-Akte Nr. 105–6073.

17. Thomas, *Spanisch Civil War*, S. 394–395.
18. Ebd., S. 406–408.
19. Aussage Orlows, zitiert in Case-Akte Nr.165-22869, ALEXANDER ORLOW, Internal Security Bericht über die Gespräche vom 11. 1. 1954, 16. 2. 1954, 12. 3. 1954 und 18. 5. 1954, Bericht an den Direktor des FBI vom 8. Juni 1954, FBI FOIA.
20. Orlow an die Zentrale in Moskau, 15. Oktober 1936. »Korrespondenz mit der Residentur in Spanien«, Akte Nr. 17679, Band 1, S. 20, ARG.
21. Louis Fischer, *The War in Spain*, New York 1941, S. 369.
22. José Hernández, *Yo, Ministro de Stalin en España*, Madrid 1954, S. 42.
23. Zitiert nach Krivitsky, *Stalin's Agent*, S. 110.
24. Zitiert nach Krivitsky, *Stalin's Agent*, S. 121.
25. Zitiert nach Krivitsky, *Stalin's Agent*, S. 100. In seiner früheren Rolle als Leiter der GRU-Station in den Niederlanden war Kriwizki an der Organisation der Waffenlieferungen nach Spanien beteiligt.
26. Thomas, *Spanisch Civil War*, S. 470–478.
27. Orlov, *Legacy*. Aussage vor dem Unterausschuß des Senats für Innere Sicherheit (SISSC) vom 14. Februar 1957, S. 41–47.
28. Ebd. S. 42. Orlow erinnert sich in seiner Aussage an den Wortlaut des Schreibens. Wahrscheinlich ist Stalins Telegramm wegen seines heiklen Inhalts nicht in Orlows NKWD-Akte oder in den Akten mit der Korrespondenz mit der Residentur in Spanien enthalten.
29. Getippter 24seitiger Bericht mit dem Titel »Der Schatz Spaniens«, vorbereitet von Orlow für den Unterausschuß des Senats für Innere Sicherheit, in der Orlow-Alexander-Aktenmappe mit den Ermittlungsberichten des Unterausschusses des Senats für Innere Sicherheit, Einzelpersonen-Aktenbox 77 RG 46 NAW (im folgenden ORLOW SISSC RG 46 NAW).
30. Orlov, *Legacy*, S. 42, 15. Februar 1957, Aussage vor dem SISSC.
31. »Der Schatz Spaniens«, ORLOW SISSC RG 46 NAW, S. 6.
32. Ebd., S. 10.
33. Ebd.
34. Ebd., S. 12.
35. Ebd.
36. Ebd., S. 15.
37. Orlov, *Legacy*, S. 44.
38. »Der Schatz Spaniens«, ORLOW SISSC, S. 21., NAW.
39. Ebd., S. 22.
40. Ebd.
41. Ebd., S. 23.
42. Ebd.
43. *The Washington Post*, 6. April 1957.
44. Brief von Orlow an Jeschow aus Paris vom 14. Februar 1937, in dem er bemerkt, daß er flach auf dem Rücken liegend im Krankenhaus schreibt. »Korrespondenz mit der Residentur in Spanien«, Akte Nr. 17679, Band 1, S. 60–63, ARG.
45. Orlow an die Zentrale, 27. Februar 1937. »Korrespondenz mit der Residentur in Spanien«, Akte Nr. 17679, Band 1, S. 28, ARG.
46. Ebd., S. 60–61.

KAPITEL 11

»Spezialangelegenheiten«

General Alexander Orlows Bemühungen, unter der Kontrolle des NKWD eine Geheimpolizei aufzubauen, die eine Stalinisierung Spaniens einleiten sollte, wurde von einigen Ministern der republikanischen Regierung nicht widerstandslos hingenommen. In seinen Memoiren ging der damalige kommunistische Erziehungsminister José Hernández besonders hart mit dem NKWD-Chef ins Gericht wegen der Rolle, die dieser beim Aufbau des SIM gespielt hatte – des *Servicio de Investigación Militar*, den Hernández für ein maßgebliches Element bei der Schaffung eines totalitären Staates in Spanien hielt.[1] Im März 1937 hatte General Bersin einen vertraulichen Bericht an den Kriegskommissar Woroschilow verfaßt, in dem er auf die ablehnende Haltung hoher Politiker der republikanischen Regierung gegen die repressiven Operationen des NKWD hinwies. Darin hieß es auch, die NKWD-Agenten schädigten durch ihre exzessive Einmischung und ihre Spionagetätigkeit in Regierungskreisen das Ansehen der Sowjetunion und behandelten Spanien wie eine Kolonie. Der ranghohe General der Roten Armee schloß seinen Report mit der Forderung, Orlow unverzüglich aus Spanien abzuberufen.[2]

»Bersin hat absolut recht«, soll Sluzki einem anderen NKWD-Agenten, Walter Kriwizki, gegenüber gesagt haben, der sich gerade in Moskau aufhielt, als der Bericht des Generals eintraf. Der Leiter der INO bestätigte, daß »unsere Leute sich in Spanien aufführen, als befänden sie sich in einer Kolonie, und sogar führende spanische Politiker und Militärs behandeln wie Kolonialherren Eingeborene«. Als Kriwizki ihn aber fragte, was er dagegen zu unternehmen gedenke, meinte Sluzki, dies sei Sache des NKWD-Chefs Jeschow.[3]

Im Exil in den Vereinigten Staaten wies Orlow nach dem Zweiten Weltkrieg die Anschuldigungen seines früheren Genossen Kriwizki als unbegründet zurück. Wiederholt stritt er jede persönliche Beteiligung an derartigen Operationen ab und leugnete auch, daß der KGB bei der brutalen Unterdrückung antikommunistischer oppositioneller Elemente innerhalb oder außerhalb der republikanischen Regierung Spaniens die

Hände im Spiel gehabt hatte. Orlow versuchte, in seinen Büchern gegenüber dem FBI und den Senatsausschüssen sich ausschließlich als Berater der spanischen Regierung in Fragen der Spionage und des Guerillakrieges hinzustellen. Denjenigen, die ihn weniger ehrenwerter Aktivitäten zum Nutzen Stalins beschuldigten, unterstellte er, auf trotzkistische Propaganda hereingefallen zu sein.

Orlows wiederholte Dementis werden von den Akten in den sowjetischen Archiven klar widerlegt. Daß der russische Geheimdienst den Autoren auch Zugang zu den Akten gewährt hat, die die Schattenseiten von Orlows Operationen als Stalins NKWD-Chef in Spanien aufdecken, muß zweifellos als Zeichen seiner Bereitschaft gewertet werden, die historische Wahrheit ans Licht zu bringen. Diese Akten bestätigen die von Hernández und anderen erhobenen Vorwürfe, daß Orlow eine stalinistische Säuberungsaktion gegen spanische Marxisten und Trotzkisten durchführte. Die Akte mit der Korrespondenz der Residentur in Spanien zeigten, wie der NKWD repressive Operationen des SIM leitete. Wie die seines sowjetischen Vorbildes waren auch diese Aktivitäten eine Folgeerscheinung von Operationen der Spionageabwehr. So hatten beispielsweise Orlows Agenten knapp zwei Monate nach seiner Ankunft in Spanien einen Außenposten des *Deuxième Bureau* des französischen Generalstabs in Barcelona entdeckt. »Sechstausend Dokumente sind fotografiert worden«, berichtete Orlow der Zentrale und ergänzte: »Die Akte von Resident ALEXANDER ist interessant. Italienische und deutsche Agenten konnten enttarnt werden.«[4] Am 1. März 1937 merkte er in einem anderen Bericht an: »Mit unserer Hilfe wurden in Madrid zwei faschistische Organisationen mit 27 beziehungsweise 32 Mitgliedern enttarnt. In Valencia konnten aufgrund des Archivs des italienischen Konsuls mehrere Italiener verhaftet werden, darunter auch die Bogani-Brüder und Karloti Politi, sowie 13 Spanier. Politi gestand, daß sie für den italienischen Konsul in Valencia seit 1930 geheimdienstlich tätig gewesen waren.«[5]

Nach Ankunft eines weiteren Kontingents von NKWD-Offizieren aus Moskau wurden die Operationen der Spionageabwehr ausgeweitet. Im Mai 1937 hatte Orlow seine sowjetischen Sicherheitsberater bereits in die örtlichen spanischen Sicherheitsorganisationen in Madrid, Barcelona, Bilbao und Almeria eingeschleust. Sein eigenes Hauptquartier befand sich mittlerweile im Hotel Metropole in Valencia an der spanischen Ostküste. Orlow leitete nicht nur die NKWD-Offiziere, sondern auch die immer mächtiger werdende Geheimpolizei (SIM) der Republikaner. Da sein Quartier auf halber Strecke zwischen Barcelona und Cartagena lag, konnte Orlow von ihm aus leicht in die anderen von den Republikanern beherrschten Regionen reisen oder auch über die Pyrenäen, um sich in Frankreich mit Philby zu treffen.

Nachdem Orlow sich im Juni 1937 die jüngsten Ergebnisse seines expandierenden Spionageabwehrnetzes vor Augen geführt hatte, stellte er mit spürbarer Genugtuung eine Liste seiner Erfolge zusammen:

»Ein Spion konnte verhaftet werden: ein Leutnant der Internationalen Brigaden namens Maxim Starr, Mitglied der NSDAP, Gestapo-Agent, ehemaliges Mitglied der SA und Provokateur in der Kommunistischen Partei Deutschlands (KPD). Auch die deutschen Spione Ernst Klement und Müller wurden verhaftet, ein Funkgerät beschlagnahmt. Der Chef der deutschen Spionage in Spanien, der frühere Attaché ALEX, wurde in der niederländischen Botschaft entdeckt und verhaftet. Als Folge davon konnte auf unsere Anweisung hin auch ein Unterwanderungsagent, Oberstleutnant José Burbon de la Torres – König Alfonsos Neffe – festgenommen werden. Die Ermittlungen über seine Kontakte zu den Faschisten laufen. In Valencia wurde ein unterirdisches Waffenlager entdeckt, in dem sich auch 400 Bomben fanden. Ein bekannter Spekulant namens Markenstein, der von Prieto 5000 Pfund für Waffenlieferungen erhalten hat, wurde überführt und verhaftet.«[6]

Berichte, die Orlow von seinem wachsenden Agentennetz erhielt, legen nahe, daß der britische Geheimdienst keine Gelegenheit ausließ, auf beiden Seiten der Front in Spanien zu spionieren. Dabei erwies er sich zuweilen als ausgesprochen erfinderisch:

»Ein Geheimagent, der Hindu [Anglo-Inder] Eric Edward Dutt, kam im Auftrag des [MI6] Geheimdienstchefs in Gibraltar, Murphy, von Salamanca nach Valencia. In Salamanca hatte Dutt mit dem Gestapo-Chef Fischer Kontakt. Bei seiner Durchsuchung wurde bei Dutt ein Exemplar des aus Salamanca an den Geheimdienst geschickten vertraulichen Berichts über seine Tätigkeit während seines Aufenthalts auf Francos Territorium gefunden. Aufgrund von verfügbaren Informationen von den [NKWD-]Agenten konnte auch der britische Geheimdienstoffizier King verhaftet werden. Bei ihm wurde ein Fragebogen des Geheimdienstes [MI6] über den Zustand der republikanischen Truppen gefunden. Kings Informant Rudolf Schirmann, ein im Zusammenhang mit diesem Fall verhafteter Deutscher, war Mitglied der Internationalen Brigade.«[7]

Die vier dicken Aktenbände der operativen Korrespondenz der NKWD-Station in Spanien sind gespickt mit Berichten General Orlows über die Entdeckung von Spionen in den Reihen der Republikaner, deren Einschleusung infolge der inneren politischen Zerrissenheit der Republikaner in den Wirren des Bürgerkriegs kein großes Problem war. Die NKWD-Akten belegen auch, daß Orlow bei seinen eigenen Operationen zur Unterwanderung des Feindes beträchtliche Erfolge erzielte und es ihm mit Hilfe der irregulären Streitkräfte der Republikaner (bei deren Leitung er eine führende Rolle spielte) gelang, in Francos Umgebung erhebliche Verwirrung zu stiften.

»Die Guerilla-Operationen in Spanien begannen auf einem sehr bescheidenen Niveau mit der Gründung zweier Schulen für die Ausbildung von jeweils etwa 200 Saboteuren in Madrid und Benimamet bei Valencia. Später kamen noch vier weitere solche Ausbildungsstätten hinzu, darunter auch eine in Barcelona für 600 Mann«, schrieb Orlow in seinem *Handbook*, in dem er der Beschreibung des Guerillakrieges zwanzig Seiten einräumte.[8] Seine Berichte an Moskau aus jener Zeit bestätigen, daß bis April 1937 bereits in Valencia, Barcelona, Bilbao und Argen Trainingslager für Guerillas existierten und speziell in letzterem auch die Kommandeure der Guerillatruppen ausgebildet wurden. In diesen Camps für junge Spanier in der republikanischen Armee übten sich auch deutsche Kommunisten von den Internationalen Brigaden und sogar ehemalige zaristische Offiziere, die sich das Recht zur Rückkehr in ihre Heimat zu verdienen hofften, in Sabotage, Scharfschießen und der Kunst, Überfälle durchzuführen und Hinterhalte zu legen, wobei sie mit ihrem elf Kilo schweren Marschgepäck lange Strecken zurückzulegen hatten. Sechs Sturmtrupps, davon ein berittener, wurden gebildet. Orlow selbst hatte die Führung einer dieser Gruppen übernommen, die aus drei erbeuteten deutschen Panzern und sieben deutschen Internationalisten bestand; letztere wurden gemeinsam mit einer Luftlande-Sabotagetruppe der Roten Armee ausgebildet, deren Fallschirmspringer innerhalb von Francos Nachhut agieren sollten.

»Die Guerillastreitmacht der Republikaner wuchs schnell an, und im Sommer 1937 wagte sie sich an immer kompliziertere Operationen«, berichtete Orlow. »Die Guerillakommandos hatten den Befehl, nicht nur Kommunikationsverbindungen zu zerstören, sondern darüber hinaus dem Feind auf eigenem Territorium durch den Angriff auf Waffenarsenale sowie Überfälle auf Militärkolonnen und Nachschubkonvois Verluste zuzufügen.«[9]

Orlow machte es offenbar großen Spaß, die »Marxisto guerilleros« zu führen, wie die Nationalisten sie auf Francos Befehl nannten. Für ihn ergab sich damit eine Gelegenheit, viele der taktischen Lektionen, die er in jungen Jahren im russischen Bürgerkrieg als Kommandeur irregulärer Truppenverbände an der polnischen Front gelernt hatte, ein weiteres Mal in die Praxis umzusetzen. Seine fünfzig Mann starken Guerillatrupps operierten oft 150 Kilometer hinter der Front und drangen tief in feindliches Gebiet vor, um Strommasten oder Brücken in die Luft zu jagen und anschließend die nationalistischen Truppen, die daraufhin an den Schauplatz des Geschehens geschickt wurden, in einen Hinterhalt zu locken. Er berichtete, wie bei einer Nachtoperation gegen einen feindlichen Konvoi zwölf Lastwagen zerstört und in einer anderen Nacht durch eine von dem hervorragenden Guerillakommandeur Hauptmann Nikolajewski angeführte Gruppe Flugplätze der Nationalisten angegriffen wurden. Bei einer Gelegenheit trug der blonde Riese eine Armbinde mit Hakenkreuz, damit die nationalistischen Wachen ihn für einen Deutschen hielten; um so bestürzter waren die Wachen, als ihre vermeintlichen »Verbündeten« das Feuer auf Francos abgestellte Flugzeuge eröffneten.[10]

Im Sommer und Herbst 1937 leitete Orlow einen rigorosen Guerillafeldzug der Republikaner. Seine Einheiten stießen bei den Erzbergwerken im Rio-Tinto- und Aroche-Gebiet über 300 Kilometer tief in nationalistisches Territorium vor. Die wildzerklüfteten Berge der Provinz Asturien an Spaniens Nordküste erwiesen sich als ideales Terrain für Operationen von Guerillas. Selbst der Einsatz Tausender nationalistischer Soldaten konnte schwere Einbußen im Förderaufkommen der größten Kupferminen der Welt nicht verhindern, auf die Franco angewiesen war, da er mit dem Erz die deutschen Waffenlieferungen bezahlte. Über 3000 Republikaner beteiligten sich schließlich an diesem Guerillakrieg; viele von ihnen waren sympathisierende spanische Bergarbeiter, die mit großem Geschick aus erbeuteten Dynamitstangen Granaten fertigten. Diese aus der Luft von russischen Transportflugzeugen versorgten Partisanengruppen wurden auf dem Boden von Major Strik und Hauptmann Glusko geführt, zwei von Orlows erfahrensten sowjetischen Experten auf dem Gebiet des Guerillakrieges.[11]

Diese Guerillafeldzüge ermöglichten es nicht nur der republikanischen Armee, im Verlauf des Jahres 1937 wieder die Initiative zu ergreifen, sondern lieferten auch – wie Orlow im nachhinein bestätigte – seinen sowjetischen Offizieren die Erfahrungen, die von der Roten Armee später bei ihrem Kampf gegen die Deutschen im Zweiten Weltkrieg genutzt werden konnten. Die spanische Sabotagemission, wie sie Ernest Hemingway in seinem Bürgerkriegsroman *Wem die Stunde schlägt* sehr anschaulich schildert, spiegelt sich auch in Orlows Bereitschaftsberichten, wie dem folgenden über eine bevorstehende von ihm persönlich geleitete Operation: »Eine aus 32 Mann bestehende Guerillagruppe ist zum Einsatz bereit. Die Vorbereitungen verzögerten sich etwas, da wir Pferde auftreiben konnten und deshalb Reittraining erforderlich wurde. Zudem mußten die Männer im Umgang mit Sprengstoffen unterwiesen werden. Die Gruppe ist mit leichten und schweren Maschinengewehren, Karabinern, Granaten, Sprengstoff und Sprengzündern ausgerüstet. An einem der nächsten Tage wird die Gruppe die Frontlinie im Distrikt Aranjuez überqueren.«[12]

»Die Einnahme Teruels und die Abwehr der brutalen Angriffe der

Franco-Truppen stellen für die Armee und das Land einen Wendepunkt dar«, informierte Orlow die Moskauer Zentrale im Dezember 1937.[13] Trotz der jüngsten Erfolge bezweifelte er jedoch, daß die republikanische Armee »nun gelernt hat, wie man kämpft und Schlachten durchsteht, die grausamer sind als die des Ersten Weltkriegs«. Die Streitkräfte der Republikaner hatten den Höhepunkt ihrer Offensive im Dezember 1937 nach der Einnahme Teruels erreicht, jener von Mauern umgebenen Stadt in den Bergen Aragons, die eine Hochburg der Nationalisten gewesen war. Ihre Rückeroberung zwei Monate später bestätigte jedoch, daß der Feind mittlerweile dazugelernt hatte; Francos Truppen ergriffen effektive Abwehrmaßnahmen gegen die Guerilleros und konzentrierten sich dabei vor allem auf die Verteidigung der wichtigsten Kommunikationsverbindungen. »Die subversive Arbeit [Guerilla-Operationen] ist nach wie vor sehr wichtig«, meldete Orlow an Moskau, wies jedoch bereits darauf hin, daß es allmählich »unglaublich schwierig« wurde, solche Einsätze durchzuführen, da die Nationalisten »ernsthaft damit begonnen haben, Straßen, Brücken, Bahnlinien und Überlandleitungen zu bewachen«. Seine Guerillaverbände mußten sich deshalb zunehmend auf »chirurgische Operationen« konzentrieren. Sie überfielen die Konzentrationslager des Feindes in der Absicht, inhaftierte Kommunisten und sozialistische Arbeiter zu befreien, die laut Orlow dann eine Spezialausbildung erhalten sollten, um »Kleinstädte, die nicht wie Segovia über kleine Garnisonen verfügen, zu infiltrieren und einzunehmen«.[14]

Während des ganzen Jahres 1937 widmete Orlow mit Erfolg einen Großteil seiner Energie dem Guerillakampf in Zentral- und Nordspanien. Die Akten über seine NKWD-Station belegen jedoch, daß er dabei seine wichtigste Aufgabe, die Beschaffung geheimer Informationen, keineswegs vernachlässigte. Als er erfuhr, daß die republikanische Regierung keine Organisation hatte, die im Ausland politische Informationen hätte besorgen können, baute er aus dem Nichts eine solche auf. Schon im Mai 1937 konnte er Moskau die ersten Geheimberichte schicken, die Orlow über ein Netz spanischer Journalisten und Diplomaten im Ausland erhielt. Orlow koordinierte diesen Apparat über die Informationsabteilung des Außenministeriums.

»Aufgrund unserer guten Beziehungen zum Außenministerium«, erklärte General Orlow der Zentrale, »können wir alle Kryptogramme lesen, die von ausländischen Botschaften in Spanien abgeschickt werden oder an sie adressiert sind.« Von besonderem Interesse für Moskau waren die ausländischen Geheimdienstberichte über deutsche Truppenbewegungen und die Identität deutscher Agenten, zu denen auch eine Nichte von General von Blomberg gehörte, dem Stabschef von Hitlers Heer. Offensichtlich war sie mit der »Leitung der Spionagearbeit in

Barcelona« betraut. Eine andere Agentin, die Orlow in Marseille identifizieren konnte, arbeitete für Franco ebenso wie der zum Feind übergelaufene spanische Konsul in Montpellier.[15]

Die Informanten, die Orlow mit Hilfe der Spanier aufbaute, boten dem NKWD Gelegenheit, das globale Netzwerk seiner geheimdienstlichen Tätigkeit im Ausland weiter auszubauen. Die von der NKWD-Station in Valencia aufgebauten Spionageringe reichten bald bis nach Marokko und Frankreich. Die NKWD-Akten belegen das Vertrauen, das die Zentrale Orlow entgegenbrachte, indem sie ihm bei seiner Arbeit ungewöhnlich großen Spielraum ließ. Im Gegensatz zu anderen Chefs von NKWD-Filialen mußte sich Orlow nicht jede wichtigere administrative oder operative Entscheidung gesondert von Moskau genehmigen lassen, wie er es an seinen vorherigen Arbeitsplätzen in Berlin, Paris und Moskau hatte tun müssen. Unglücklicherweise erschwert uns diese Tatsache heute jedoch, viele seiner Aktivitäten in Spanien zurückzuverfolgen, weil es über sie keine Berichte gibt und sie daher im vorhandenen Aktenmaterial nicht detailliert beschrieben sind. Einige der interessantesten Fälle, in die er verwickelt war, erfahren durch fragmentarische Berichte lediglich eine Andeutung wie im Falle der folgenden Operation, auf die sich Orlows Brief an Moskau vom 29. Dezember 1936 bezieht: »Ich bitte um Zusendung von mindestens zwei oder drei Funkgeräten. Eines brauchen wir für unser Agentennetz in Gibraltar, von dem ich Ihnen berichtet habe. Das zweite benötigen wir für den Neffen von Francos Premier (K., Deckname NEFFE), den wir beim Feind eingeschleust haben.«[16] Dieser Bericht enthüllt auch, wie Orlow eine erstklassige Informationsquelle in Francos engstem Umfeld anzapfte. Einer seiner wichtigsten Informanten im Lager der Nationalisten war Kim Philby. Wie bereits erwähnt, war Philby eine Zeitlang dafür vorgesehen, einen Attentatsversuch auf Franco vorzubereiten. Orlow ließ sich von dem britischen Journalisten meist persönlich informieren, indem er zu diesem Zweck regelmäßige Fahrten nach Narbonne und zu anderen Städten jenseits der spanischen Grenze unternahm.[17] Die Akten der spanischen Residentur enthüllen auch, daß Orlow seine Frau Maria Wladislawna – Deckname JEANNE – als Kurier einsetzte. Einem der Berichte zufolge hatte JEANNE »nach einer zweimonatigen Pause nun Kontakt zu SÖHNCHENS Frau hergestellt« – ein Hinweis darauf, daß Philbys ihm mittlerweile entfremdete Ehefrau Litzi Friedmann, die in Lissabon stationiert war, sich mit Orlows Frau traf. Die Geschichte der Beziehung zwischen Litzi und Kim wird dadurch um eine neue Facette ergänzt: Obwohl sie schon lange getrennt von ihm lebte, hielt sie noch immer ihre berufliche Beziehung zum sowjetischen Geheimdienst aufrecht.[18] Philby wurde für Orlow zu einem Muster für sein Vorhaben, in Zukunft noch mehr ausländische Journalisten zu sowjetischen Spionen zu machen. Dies geht aus einem Brief an die Zentrale vom Mai 1937 hervor, in dem er weitere potentielle Rekruten aufführt, die gerade von einer sowjetischen Agentin mit Decknamen KARO »bearbeitet« wurden:

»Bezüglich der Entsendung von Agenten, die hinter Francos Rücken operieren sollen – sowohl Anarchisten als auch englische Journalisten – habe ich KARO nach Paris beordert, wo sie den Engländer B. E. beauftragte, in London mehrere zuverlässige Journalisten aufzusuchen, die auf die andere Seite geschickt werden können. B. E. wurde uns durch einen unserer Informanten, den englischen Journalisten B., einen Repräsentanten der (amerikanischen) ›United Press‹, empfohlen. Am 24. Mai werde ich in Paris mit Kandidaten zusammentreffen, die für eine Entsendung auf Francos Seite in Frage kommen.«[19]

Eine Identifizierung der genannten englischen und amerikanischen Journalisten ist aufgrund der zur Verfügung stehenden NKWD-Akten nicht möglich. Auch die Frage, ob Orlows Reise nach Paris zum Zweck ihrer Rekrutierung erfolgreich war, ist nicht zu beantworten. Ebenfalls unklar ist, was aus Orlows Absicht wurde, Winston Churchills Sohn Randolph, der bei seinem Spanien-Besuch im Frühjahr 1937 ebenfalls bereits ein bekannter Journalist war, für seine Zwecke einzuspannen. Die Akten der NKWD-Filiale in Barcelona jedenfalls enthalten einen Hinweis darauf, daß KARO auch an ihn herantrat. Aus einem Absatz in Orlows Bericht an Moskau vom 4. Mai 1937 geht hervor, daß es dabei offenbar um eine Operation ging, bei der Randolph Churchill seine Hilfe anbot: »Ich möchte Ihre Aufmerksamkeit auf den beiliegenden Bericht über unsere Verbindung mit Lord [sic] Churchill lenken und den wertvollen Dienst, den er uns erweisen will. Wir hoffen, mit seiner Hilfe über die britischen faschistischen Organisationen Ärzte und Krankenschwestern als Spione zu Franco schicken zu können.« Die Kontakte mit Churchill werden von KARO in ihrem ebenfalls in den NKWD-Archiven aufbewahrten Bericht über ihre Arbeit in Spanien bestätigt. Die unvollständigen Berichte belegen jedoch nicht, ob dieser spezielle Plan, die Verbindungen zu Churchill zu nutzen, jemals in die Tat umgesetzt wurde.[20]

Ebenso finden sich keine genaueren Informationen über Orlows ehrgeizigere Projekte wie etwa seinen Plan, Deutsche und Italiener, die auf republikanischer Seite kämpften, für subversive Operationen in ihren Heimatländern auszubilden – für den Fall, daß Hitler und Mussolini, wie er es vorhersagte, einen neuen Krieg in Europa vom Zaun brechen sollten. Bei einer weiteren seiner genialen Operationen sorgte Orlow dafür, daß der Gouverneur Bretel von der an Valencia angrenzenden Provinz Murcia mit Hilfe seiner Kontakte in Spanisch-Marokko – einem strategisch wichtigen Stützpunkt, von dem aus Franco seine Angriffe startete und Waffen und Soldaten ins Land schleuste – eine Rebellion anzettelte. Der Gouverneur war ein erklärter Kommunist, so daß seine Einbindung in eine NKWD-Operation ohne vorherige Abklärung mit Moskau strikt gegen die Regeln verstieß. Die Zentrale drückte jedoch sämtliche Augen zu, nachdem die geplante Operation, in die Orlow Bretel eingebunden hatte, im Januar 1937 äußerst erfolgversprechend schien. Nach Bretels Reise nach Marokko berichtete Orlow, wie Bretel eine sechs Mann starke Gruppe zusammengestellt hatte, der zufolge es nur der Zustimmung der französischen Regierung sowie »mehrerer Millionen Francs« bedurfte, um einen Aufstand zu organisieren. Als die französische Regierung jedoch durchblicken ließ, daß man schwerste Bedenken gegen eine Erhebung gegen Franco hatte, da diese auch auf ihr eigenes Territorium in Marokko hätte übergreifen können, ging der erfinderische Orlow an die Durchführung dessen, was man nun als »aktive Maßnahmen« bezeichnete.[21]

Phantasie und Wagemut zeichneten Orlows sorgfältig vorbereitete Operationen aus. Im vorliegenden Fall hing das Gelingen der Operation von der Tatsache ab, daß zu Beginn des Krieges in Spanien die NKWD-Station in Barcelona den russischen Emigranten Alexander Matwejewitsch Asangajew rekrutiert hatte – einen bekannten Verkehrsingenieur, der nach dem Bau der Bahnlinie Murmansk sowie einer Reihe ausländischer Seehäfen nach Spanien ausgewandert war. Seine große Stunde kam im Jahre 1936, als Orlow ihn beauftragte, »einen fiktiven Plan der hauptsächlich gegen Frankreich gerichteten deutschen Expansion in Spanien zu entwerfen«. Ursprünglich hatte Orlow vor, dafür zu sorgen, daß Einzelheiten dieses Plans »zufällig« den Franzosen in die Hände fielen, nachdem sie vom sowjetischen Generalkonsul in Barcelona, Antonow Owsejenko, überarbeitet worden waren. SANGO, wie Asangajew mit Decknamen genannt wurde, war derjenige gewesen, der die Details dieses ausgeklügelten Täuschungsmanövers entwickelt und die gefälschte Dokumentation Orlow persönlich vorgelegt hatte.

»Die Dokumente sind so zusammengestellt, daß ihre Veröffentlichung den französischen [General-]Stab und die öffentliche Meinung in Frankreich einschüchtern dürfte«, versicherte Orlow der Zentrale und fügte hinzu, daß »Antonow [Owsejenko] möchte, daß wir die Dokumente jetzt in Paris veröffentlichen, also genau zum Zeitpunkt der Sitzung des Völkerbundes.«[22] Er bat Moskau deshalb, die »Authentizität« der geschickt gefälschten Papiere zu bestätigen, die beweisen sollten, daß Hitler die Absicht hatte, Frankreich von Spanien und seinen afrikanischen Kolonien zu isolieren, indem er deutsche Truppen zu strategisch wichtigen Punkten auf die Iberische Halbinsel und die

Balearen entsandte. »Die ›Dokumente‹ wurden angeblich von den spanischen Behörden in der deutschen Botschaft in Madrid gefunden«, schrieb Orlow. »Das beiliegende Material besteht aus zwei Memoranden: erstens aus einem militärisch-strategischen Plan (mit Tabelle und Landkarte), zweitens aus einem Wirtschaftsplan.«[23]

Das im Dezember 1936 konzipierte Täuschungsmanöver wurde mit Moskaus Zustimmung im Sommer 1937 durchgeführt. Im September berichtete Orlow der Zentrale, daß die Aktion, wie er aufgrund der durch seine eigenen Agenten in Paris beschafften Informationen erfahren hatte, nur teilweise erfolgreich verlaufen war. Der französische Generalstab hatte angebissen und der Regierung einen Geheimbericht zukommen lassen, in dem er auf die »fatalen Auswirkungen eines Sieges Francos für Frankreich« hinwies. Doch obwohl Orlow erklärte, seine eigenen zuverlässigen Informanten hätten ihm versichert, daß »die französische Regierung geneigt ist, die Republikaner in Spanien aktiv durch Waffenlieferungen zu unterstützen«, hatte die Madrider Regierung wenig erreicht. Die Republikaner hatten mehrfach vergeblich versucht, die Franzosen zu größeren Zugeständnissen zu bewegen als zu einer gelegentlichen Öffnung der Grenze zu Spanien, um Waffenlieferungen passieren zu lassen.[24]

Erfolgreicher war Orlow offensichtlich bei seinen heimlichen Bemühungen, die Soldaten der Internationalen Brigaden in die sowjetische Spionage einzubinden. Angesichts der schweren Verluste bei den Fronteinheiten in der Schlacht um Madrid, die unter dem gnadenlosen Kommando russischer, General Kleber unterstellter Offiziere kämpften, betrachtete der NKWD die Pässe gefallener Freiwilliger – besonders die des amerikanischen »Lincoln-Bataillons« – als legitime Kriegsbeute. Zudem sah Orlow die überlebenden Veteranen als potentielle Rekruten für die weltweiten Untergrundnetze des NKWD an. Viele dieser jungen Männer und Frauen zeichneten sich durch eine starke ideologische Überzeugung und einen leidenschaftlichen Antifaschismus aus. Sie bildeten das Personal, aus dem Orlow seine Rekruten auswählte, die für die heimliche Untergrundarbeit im Dienste der Weltrevolution ausgebildet wurden. Unter seiner Leitung wurde zur Ausbildung von Geheimagenten eine Spionageschule gebildet, die sich an den Richtlinien der Militärschule in Moskau orientierte, zu deren Lehrkörper Orlow vor seiner Versetzung nach Spanien gehört hatte. Anders als die Ausbildungsstätten für Guerillakrieg und Subversion in Spanien wurde diese erste außerhalb des Territoriums der UdSSR errichtete Spionageschule, die den Decknamen »Konstruktion« erhielt, unter größter Geheimhaltung betrieben; nicht einmal die spanischen Behörden wußten von ihrer Existenz.[25]

»In Anbetracht der Tatsache, daß die ganze Schule illegal ist«, berichtete Orlow der Zentrale Anfang 1938, sei es ein nicht unerheblicher Erfolg gewesen, sie auch »in einer Zeit totaler Mobilmachung« weiterzuführen und zu verhindern, daß die auszubildenden Agenten zum Militär einberufen wurden. Zusammen mit seinen sowjetischen Offizieren hatte Orlow persönlich diejenigen Kandidaten unter den Soldaten der Internationalen Brigaden ausgewählt, die beim Kampf gegen den Faschismus die größte Entschlossenheit an den Tag legten. Nach einer gründlichen Unterweisung in den Regeln der *konspirazija*, geheimer Kommunikation, Spionage und Untergrundarbeit erachtete man die besten Schüler von »Konstruktion« als zu wertvoll, um sie für den NKWD in Spanien arbeiten zu lassen. Statt dessen wurden sie über Frankreich nach Westeuropa gebracht, von wo aus sie zu Spionageoperationen in ihre Heimatländer reisten. Die Sicherheitsmaßnahmen in der spanischen Spionageschule waren derart streng, daß man die dortigen Auszubildenden nur mit Nummern registrierte, um ihre Identität geheimzuhalten. Ihre richtigen Namen waren nur einer eng begrenzten Zahl von Leuten – darunter auch Orlow – bekannt. Selbst für den NKWD war ein solches Maß an Geheimhaltung ungewöhnlich, wie aus einem Brief Orlows vom 10. Mai 1938 an die Zentrale hervorgeht, in dem er schrieb: »Ich bitte darum, die vorbereiteten Pässe an mich selbst mit der Bemerkung *streng persönlich* zu schicken, damit niemand ihre neuen Nachnamen erfährt.«[26]

Orlow selbst entwarf den Lehrplan von »Konstruktion« und wurde somit zum »Paten« vieler wichtiger Agenten. Die Existenz des illegalen Spionagerings, den er in Spanien geleitet hatte, sowie die Identität einiger seiner begabtesten Schüler sind weitere Geheimnisse, die Orlow den Amerikanern gegenüber nicht offenbarte. Unter denen, deren Namen mittlerweile bekannt sind, waren auch Wilhelm Fellendorf und Albert Hößler, die später für die Berliner Gruppe der Roten Kapelle als Untergrundfunker arbeiteten. Ein besonders herausragender Lehrling jedoch, ein amerikanischer Staatsbürger, wurde später Mitglied des Spionagenetzes, das bei der Beschaffung des geheimen Herstellungsverfahrens von Kernwaffen aus den USA entscheidenden Anteil hatte.

Orlows NKWD-Akte zufolge war der General persönlich derjenige, der Morris Cohen – einen amerikanischen Juden aus Brooklyn, der sich freiwillig für die Abraham-Lincoln-Brigade in Spanien gemeldet hatte – auswählte, ausbildete und schließlich für den sowjetischen Geheimdienst rekrutierte. Der überzeugte Kommunist und ehemalige Football-Star an der High-School demonstrierte bei seiner Ausbildung an der geheimen Spionageschule seine besondere Befähigung für die Arbeit im Untergrund. Die NKWD-Akten zeigen, daß Cohens Einfallsreichtum und die Dauer seiner aktiven Karriere sich mit denen Philbys messen konnten. Cohen erinnert sich in seiner KGB-Autobiographie: »Ich gehörte zu einer Gruppe verschiedener Nationalitäten, die im April 1938 zu einer konspirativen Schule in Barcelona geschickt wurden. Unser Hauptkommissar und unsere Führungsoffiziere waren Sowjets.« Nach seiner Rückkehr in die Vereinigten Staaten im Jahre 1938, für die Cohen während des Zweiten Weltkriegs in der US-Armee Dienst tat, arbeitete er gemeinsam mit seiner Frau Lona, die ebenfalls überzeugte Kommunistin war, im Netz sowjetischer Atomspione mit. Anders als Julius und Ethel Rosenberg jedoch, die trotz ihres Leugnens der Mitgliedschaft im sowjetischen Geheimdienst für schuldig befunden und 1953 im New Yorker Staatsgefängnis von Ossining auf dem elektrischen Stuhl hingerichtet wurden, gelang es Morris Cohen und seiner Frau, den Häschern vom FBI zu entkommen, als die amerikanische Bundespolizei 1950 den sowjetischen Atomspionagering enttarnte. Sie konnten ins Ausland fliehen, wo einer der sowjetischen Undercoveragenten, die in Cambridge studiert hatten – ein Diplomat namens Daniel Patrick Costello – ihnen neuseeländische Pässe beschaffte, die auf Pete und Helen Kroger ausgestellt waren. Anschließend fuhr das Ehepaar nach England, wo beide im Westen Londons zur Tarnung ein Antiquariat eröffneten und ihre Spionagetätigkeit wieder aufnahmen. Ihr Vorortbungalow in Ruislip diente unter anderem als Sendestation für einen sowjetischen Spionagering, der von Gordon Lonsdale geleitet wurde – einem KGB-Illegalen, der mit richtigem Namen Konon Timofejewitsch Molody hieß. Ihr Agentennetz stahl aus dem britischen Marinestützpunkt in Portland geheime Unterlagen über Unterwasserwaffen und U-Boote, bis auch dieser zweite Spionagering aufgrund eines Hinweises, den die CIA von ihrem polnischen Agenten Michael Golienewski erhalten hatte, im Jahre 1961 ausgehoben werden konnte.[27]

Nachdem sie in einem sensationellen Spionageprozeß überführt worden waren, verhängte der zuständige Richter über Molody, die Cohens und ihre Gehilfen Harry Houghton und Ethel Gee – die Mitglieder des sogenannten Portland-Spionagerings – langjährige Gefängnisstrafen. Molody mußte nur drei seiner 25 Jahre absitzen, bevor er im Zuge eines Agentenaustauschs freikam. Die Cohens hingegen durften erst nach Verbüßung des größten Teils ihrer Strafe nach Moskau ausreisen, wo sie nach einem turbulenten Leben als Spione, in das Morris Cohen von Alexander Orlow in Spanien hineingezogen worden war, zurückgezogen ihren Lebensabend verbrachten.

Ein weiterer Freiwilliger der Internationalen Brigaden war Kirill Chenkin, dessen jüdische Familie 1923 aus Rußland emigriert war. Als überzeugter Marxist hatte Chenkin feststellen müssen, daß die französischen Kommunisten ihm, der als ehemaliger Sowjetbürger ganz »begierig darauf war, den Faschismus zu bekämpfen«, wenig zu bieten hatten. Schließlich arrangierte Serge Efron, der wie Chenkin sowjetischer

Emigrant war und Orlows Spionagenetz in Frankreich angehörte, im Frühjahr 1937 seine Reise von Paris nach Spanien. »Mein Auftrag lautete, nach Valencia zu fahren und dort im Hotel Metropol nach dem Genossen Orlow zu fragen«, beschrieb Chenkin später seine Instruktionen. »Im Schützengraben kann jeder kämpfen«, hatte Efron ihm erklärt; wenn er sich aber bei diesem speziellen russischen General melde, würde er eine wirklich »interessante« Aufgabe bekommen. Efron war allerdings nicht näher auf diese »interessante Arbeit« eingegangen.[28]

Voller Erwartungen, müde und hungrig traf Chenkin – wie er sich später erinnerte – nach einer nächtlichen Bahnfahrt in einem Waggon, in dem lauter französische Freiwillige der Internationalen Brigaden saßen, in Valencia ein. Problemlos fand er zu Orlows Hauptquartier im achtstöckigen Hotel Metropol. Es war das neueste und beste Hotel der Stadt und grenzte an die Stierkampfarena gegenüber dem Bahnhof.

»Braungebrannte Uniformierte mit hellem Haar saßen in Tourenwagen, die vor dem Hotel parkten, und bewaffnete serbische Wächter standen am Eingang«, beschrieb Chenkin später die Situation. »An der Rezeption standen neben den Hotelangestellten auch einige in Zivil gekleidete Männer mit durchdringenden Augen – Typen, wie man sie überall auf der Welt findet.« Daß er sich im Hauptquartier des sowjetischen Geheimdienstes in Spanien befand, wurde ihm klar, als man ihn in den sechsten Stock in die geräumige Suite des Generals brachte, der die Operationen des NKWD leitete. Orlow machte auf ihn zunächst ganz und gar nicht den Eindruck eines typischen sowjetischen Offiziers. Chenkin erinnert sich an ihn vielmehr als einen Mann, der ganz offensichtlich eher die materiellen Annehmlichkeiten des Lebens gewohnt war als die Strapazen an der Front: »Als wir den Raum betraten, nahm Orlow ein gutes Stück von mir entfernt Platz. Überrascht registrierte ich seine gepflegte Erscheinung. Er war frisch rasiert, roch nach Eau de Cologne und trug Flanellhosen sowie ein Seidenhemd ohne Krawatte. An seinem Gürtel hing in einem offenen Pistolenhalfter aus Wildleder eine 7.65er Walther.«

Weniger die Pistole oder der Eau-de-Cologne-Duft blieben jedoch im Gedächtnis des zerzausten und hundemüden jungen Kriegsfreiwilligen hängen, der gerade die Strapazen eines Trainingslagers der Internationalen Brigaden hinter sich hatte; es war vielmehr der Anblick des reichhaltig bestückten Frühstückswagens, der soeben von einem ganz in Weiß gekleideten Kellner hereingeschoben worden war, dessen Anblick dem Rekruten »die Sprache verschlug«. – »Orlow bestrich eine noch heiße Scheibe Toast mit Butter, biß eine Ecke ab und machte sich dann über seine Eier mit Speck her, wobei er von Zeit zu Zeit ein Schlückchen Kaffee schlürfte.« Chenkin fiel auf, daß Orlow den Kaffee schwarz trank. »Er hörte mir geistesabwesend zu und stellte mir dabei hin und wieder Fragen, die darauf abzielten, mich durcheinanderzubringen. Im großen und ganzen unterbrach er mich aber nur selten. Ich versuchte verzweifelt, nicht dauernd das Essen anzustarren, um nicht zu zeigen, welchen Hunger ich hatte; immerhin hatte ich 24 Stunden nichts mehr gegessen.« Nachdem Orlow fein säuberlich das Eidotter mit einem Croissant aufgesogen und seine Kaffeetasse geleert hatte, zog er eine Packung Lucky Strike heraus, nahm sich eine Zigarette, zündete sie an und sagte schließlich zu Chenkin: »Wir werden uns an Sie wenden.«[29] Der entsprechende Anruf vom NKWD-Hauptquartier blieb jedoch aus. Nachdem er ihn als potentiellen Kandidaten für die Spionageschule begutachtet hatte, war Orlow anscheinend zu dem Ergebnis gelangt, daß dieser junge Emigrant aus Frankreich für »interessante Arbeit« im sowjetischen Geheimdienst nicht geeignet war. Dessenungeachtet sollte Chenkin später – nach seiner Rückkehr in die UdSSR – Offizier des KGB werden. Zunächst jedoch wurde er einer Guerillaeinheit in Spanien zugeteilt. Kurz vor der abrupten Abreise des Generals aus Spanien im Jahr darauf traf er noch einmal mit Orlow in Barcelona zusammen.

Auch wenn Chenkin selbst damals nicht in den sowjetischen Geheimdienst aufgenommen wurde, lernte er doch viele aus den Internationalen Brigaden kennen, die für den NKWD verdeckte Operationen gegen die Trotzkisten in Spanien durchführten. Einer von ihnen war Lothar Marx, ein exilierter deutscher Kommunist, der zusammen mit Chenkin aus Frankreich angereist war. Chenkin zufolge diente Marx niemals wirklich in einer der Internationalen Brigaden oder in einer Partisaneneinheit. Hin und wieder stattete er jedoch Chenkins Guerillatruppe in ihrer Unterkunft in der Avenida des Tibidao einen Besuch ab. »Orlow ließ ihn – zumeist nachts – mit einem Wagen abholen, damit er ihm Bericht erstattete«, erzählte Chenkin. »Er selbst sagte mir immer, er diene als politischer Aktivist in einer trotzkistischen Einheit.« Später gab er zu, in die Führungsspitze der Trotzkisten vorgedrungen zu sein. Chenkin traf in Spanien auch andere russische Exilanten, die in trotzkistischen Einheiten eine wichtige Funktion innehatten, darunter auch einen gewissen Narwitsch, der, wie er sich erinnerte, »in einer dunklen Gasse zusammengeschlagen« wurde, nachdem er als NKWD-Spion enttarnt worden war.[30]

Wie Chenkin von Lothar und anderen Genossen erfuhr, die für die Spionageabwehr des NKWD in Spanien arbeiteten, setzte General Orlow sie gezielt zur Unterwanderung trotzkistischer Organisationen ein. Orlow hatte es dabei vor allem auf die POUM abgesehen, die *Partido Obrero de Unificación Marxista* oder »Marxistische Vereinigte Arbeiterpartei« mit Sitz in Barcelona. Nach allem, was Chenkin in Erfahrung bringen konnte, war ihm klar, daß »die Ausrottung des Trotzkismus und die Vernichtung der Trotzkisten unmittelbar von Orlow dirigiert wurden«.[31] Ramon Mercader – der Spanier, dem es 1941 schließlich gelang, Trotzki mit einem Eispickel in Mexiko zu ermorden – war einer von Chenkins Genossen in den Partisaneneinheiten, die hinter den Linien der Nationalisten kämpften. Nach Chenkins Darstellung genoß Mercader spezielle Privilegien, da er bei den »hohen Tieren« sehr angesehen war. Ramons Mutter, die bezaubernde Caridad Mercader del Rio, war eine Bekannte (manche behaupten Geliebte) von Leonid (Naum) Eitingon,[32] Orlows erstem Stellvertreter in Spanien. Neben der Führung von Guy Burgess war Eitingons Hauptaufgabe, als Oberst Kotow die Operationen der Partisanengruppen zu leiten. Mercader wurde Mitglied von Orlows innerem Kreis, so daß es Chenkin nicht überraschte, als er Anfang 1938 erfuhr, daß Ramon von Eitingon zur Spezialausbildung nach Moskau geschickt werden sollte.[33] Da Orlow ihm seinen Paß besorgte, mußte er, wie Chenkin herausstellt, gewußt oder zumindest geahnt haben, für welche Mission Mercader ausersehen war.

Aus den Berichten der Residentur geht jedenfalls hervor, daß Orlow in Stalins gnadenlose Verfolgung Trotzkis und seiner französischen und spanischen Jünger weit tiefer verwickelt gewesen sein muß, als er den amerikanischen Behörden gegenüber jemals zugab. Hauptziel der Operationen des NKWD in Spanien war die POUM, jene revolutionäre katalanische Gruppe von Marxisten, die Stalin den Krieg erklärt hatten, weil der sowjetische Diktator aus ihrer Sicht die Revolution verraten hatte. Diese von Andrés Nin angeführten radikalen spanischen Marxisten luden Trotzki ein, sich in Barcelona niederzulassen, und unterstützten ihn in seinem Bestreben, »die bourgeoise Demokratie« der auch von den Kommunisten unterstützten Volksfront-Regierung der spanischen Republik zu stürzen.[34] Nin, ein weithin bekannter Trotzkist, war nach der Oktoberrevolution 1917 nach Rußland gekommen und bald ein enger Mitstreiter Trotzkis geworden. Nach Trotzkis Verbannung aus der UdSSR im Jahre 1929 verließ Nin ihn und kehrte nach Barcelona zurück, wo er 1935 zusammen mit Joaquin Maurin die revolutionäre Marxistische Partei POUM gründete. 1937 warf die POUM Stalin den Fehdehandschuh hin, als der sowjetische Diktator unter dem Vorwand, die trotzkistische Subversion auszurotten zu wollen, eine immer umfassender werdende Säuberung innerhalb der bolschewistischen alten Garde einleitete. Diese Provokation sollte sich letztendlich für Nin und viele seiner Anhänger als fatal erweisen, weil damals der Einfluß der Russen auf die spanische Regierung nach dem Sieg der republikanischen Armee über die Nationalisten bei Guadalajara gerade seinen Höhepunkt erreicht hatte. Unter Orlows professioneller Leitung hatte der NKWD die absolute Kontrolle über die Operationen der spanischen Geheimpolizei, die sich nun zunehmend gegen die POUM richteten.

Die Nibelungentreue der Kommunistischen Partei Spaniens gegenüber Moskau demonstrierte ihr Führer am 5. März 1937, als er die
POUM-Anhänger als »Agenten des Faschismus« beschimpfte, »die
sich hinter den Slogans von Revolutionären verstecken, um auf diese
Weise ihre Missionen zum Schaden unseres Landes durchführen zu
können«.[35] Bei einer stürmischen geheimen Sitzung des Parteivor-
stands, bei der auch eine Gruppe von Vertretern der Sowjets – unter
ihnen General Orlow, der Komintern-Repräsentant Stepanow und der
sowjetische diplomatische Geschäftsträger Gaikin – zugegen war, wurde beschlossen, auf die Absetzung von Premierminister Largo Caballero
hinzuarbeiten und ihn durch den gefügigeren Finanzminister Juan Negrín zu ersetzen.[36] Als radikaler Revolutionär hatte sich Largo Caballero
geweigert, das Vorgehen gegen die POUM mitzutragen. Er protestierte
gegen die seiner Ansicht nach stalinistischen Exzesse der immer umfas-
senderen Operationen von Orlows NKWD. Negrín hingegen unterstützte die Kommunisten und gab ihnen zu verstehen, daß er eine Säuberung
unter den Unruhestiftern und revolutionären Marxisten durchaus begrüßen würde. Während die republikanischen Ränkespiele den Sturz des
Premierministers vorbereiteten, setzte Orlow insgeheim eine sorgfältig
durchdachte Intrige in Gang, um die POUM zu diskreditieren. Die
Zunahme von Gewalt und Terror auf den Straßen, mit deren Hilfe die
Anarchisten zunehmend die Autorität der republikanischen Regierung
und der sie unterstützenden Kommunisten in Katalonien untergruben,
lieferte dem NKWD die politische Munition für ein letztes Gefecht mit
Nins Anhängern.

Orlows Agenten hatten bereits die Führungsspitze der »Föderation
Spanischer Anarchisten« und der POUM unterwandert. Seine Spitzel
unterrichteten das NKWD-Hauptquartier über die Vorbereitungen der
beiden Gruppen für einen bewaffneten Aufstand. Orlow, für den diese
Nachricht weder neu noch überraschend war, schickte im Oktober 1936
einen Bericht nach Moskau, wonach »die in Katalonien aktive trotzkistische Organisation POUM leicht liquidiert werden kann«.[37] Nach
einem Besuch in Barcelona unterrichtete er Moskau im Dezember 1936
darüber, »daß Trotzkisten (POUM) in Barcelona für Anfang Januar eine
militärische Erhebung planen mit der Absicht, die faschistische Organisation der Hispano-Suiza-Fabrik zu unterwandern«.[38] Dabei handelte es
sich um denselben Aufstand, auf den die sowjetische Botschaft in Berlin
die Zentrale nach einem anonymen Tip von Harro Schulze-Boysen
hingewiesen hatte. Dieser war durch Kontaktleute im Generalstab der
Luftwaffe darüber informiert, daß deutsche Agenten die trotzkistischen
Kreise in Barcelona in der Absicht infiltriert hatten, einen Putsch zu
forcieren.[39]

Der geplante Aufstand in Katalonien fand allerdings erst im Mai 1937 statt. Ausgelöst wurde er, als Präsident Azaña bei der *Generalidad* – der katalonischen Provinzregierung – vorstellig wurde, die nach einer stürmischen Sitzung beschloß, am nächsten Tag das zentrale Fernsprechamt von Soldaten besetzen zu lassen. Mit Rückendeckung der POUM nahmen die Anarchisten diesen Befehl zum Vorwand für ihre gewaltsame Erhebung gegen die republikanische Regierung in Madrid.

»Es ist seit langem bekannt, daß die FAP [Faschistische Anarchistische POUM-Anhänger] unter Anwendung verschiedenster Mittel einen Putsch in Katalonien provozieren wollen«, teilte Orlow am 7. Mai 1937 Moskau mit. Seinem Bericht zufolge hatte die Rebellion in der Provinz mit einem Zwischenfall an der Provinzgrenze begonnen, der zum Anlaß eines »bewaffneten Konflikts zwischen FAP-Elementen auf der einen Seite und den Truppen der *Generalidad* sowie Einheiten der PSUC (*Partido Socialista Unido de Catalonia* – Vereinigte Sozialistische Partei Kataloniens) auf der anderen« genommen wurde. Die Kämpfe eskalierten, und immer häufiger kam es zu politischen Attentaten und Morden der Opposition, die laut Orlow mit der Behauptung in Zusammenhang standen, daß Nin zum »bewaffneten Aufstand« aufgerufen habe und »an die armen Arbeiter Kataloniens und alle Marxisten« appellierte, »sich Francos Truppen an der Aragon-Front anzuschließen«.[40]

Die blutigen Straßenkämpfe jener Maitage in Katalonien drohten in der ganzen spanischen Republik einen Ausbruch unkontrollierbarer Gewalt nach sich zu ziehen. Auf Befehl Moskaus forderten die Kommunisten daraufhin repressive Maßnahmen gegen die POUM und zerstörten damit endgültig die Grundlage des Bündnisses mit dem Gewerkschafter Largo Caballero, dessen Kabinett daraufhin auseinanderbrach. Negrín, der Führer der Spanischen Sozialistischen Arbeiterpartei, hatte sich bereits die heimliche Unterstützung der Kommunisten gesichert und wurde am 16. Mai 1937 zum Premierminister ernannt. Dadurch war nun für Orlow der Weg frei für ein energisches Durchgreifen des NKWD gegen die Anarchisten und Marxisten in Katalonien.[41] Sie wurden vom neuen Premier beschuldigt, die Kriegsanstrengungen zu sabotieren. Dieses Vorgehen stand in Einklang mit Moskaus weltweiter Kampagne gegen Trotzki und seine Anhänger.

Nachdem Orlow nicht weniger als fünf seiner Agenten in Nins Hauptquartier in Barcelona eingeschleust hatte, konnte er Moskau mit Informationen aus dem innersten Kreis der POUM versorgen.[42]

Die POUM wurde das Ziel von Stalins Kampagne gegen Trotzki und seine Anhänger. Durch schriftliche Breitseiten gegen seinen ehemaligen Mitstreiter, die er aus seinem norwegischen Exil abfeuerte, versuchte Trotzki, vom Ausland aus eine Opposition gegen den sowjetischen Diktator aufzubauen, während dieser mit seiner blutigen Säuberung die letzten Spuren innerer Opposition tilgte. Das Welthauptquartier des Trotzkismus war Paris, wo Trotzkis energischer Sohn Lew Sedow im Rahmen des Nikolajewski-Instituts für Sozialgeschichte ein Studien- und Propagandazentrum leitete. Diese Organisation war lange durch NKWD-Agenten aus Moskau unterwandert worden.

Trotzki und Sedow waren gegen jeden individuellen Terror, obwohl sie andererseits – wie alle Leninisten – Massenterror zu politischen Zwecken für durchaus legitim hielten. Während des ersten Moskauer Schauprozesses im Jahre 1936 wurde ein öffentliches Statement von Trotzki aus dem Jahre 1932 (»Es ist an der Zeit, endlich Lenins letzten eindringlichen Rat zu befolgen: Weg mit Stalin!«) wurde vom Kreml als geheime Anweisung betrachtet, Stalin zu ermorden. Trotzki stellte seine Papiere einer internationalen Untersuchungskommission zur Verfügung, die die Anschuldigung, Trotzki unterstütze eine Attentatspolitik, eindeutig widerlegte. Auch Sedow wehrte sich in seinem Buch *Livre sur le Procès de Moscou* gegen unzutreffende Anschuldigungen. Bei der Arbeit an diesem 1937 veröffentlichten Werk unterstützte ihn sein Assistent Mark Sborowski – ein Unterwanderungsagent, der auf seiner NKWD-Akte mit Decknamen TULPE genannt ist. Sborowski hatte sich so erfolgreich in Sedows Umgebung integriert, daß er in trotzkistischen Kreisen als absolut loyaler Mitstreiter geschätzt wurde.[43]

Die TULPE-Akte enthüllt, daß Sborowski derjenige war, von dem Stalin im Januar 1937 Material erhielt, aufgrund dessen er seine falschen Anschuldigungen gegen Trotzki erneuern konnte. Der NKWD-Agent, der Sedows wahre Ansichten zweifellos gekannt haben dürfte, scheint in seinem Bericht an die Moskauer Zentrale ganz einfach Informationen übermittelt zu haben, die »der Chef« seiner Ansicht nach erwartete: »Am 22. Januar erklärte L. Sedow während unseres Gesprächs in seiner Wohnung über den zweiten Moskauer Prozeß und die Rolle der verschiedenen Angeklagten: ›Wir sollten nicht länger zögern. Stalin muß ermordet werden.‹«[44] Stalins panische Angst vor einem Mordanschlag dürfte somit durch den detaillierten Bericht über die von SÖHNCHEN [russisch: *SYNOK*] – wie der NKWD Sedow nannte – dargelegten Absichten noch verstärkt worden sein, den Sborowski Moskau am 11. Februar zukommen ließ:

»Seit 1936 hat SÖHNCHEN mit mir nicht über Terrorismus gesprochen. Erst vor etwa zwei oder drei Wochen, nach einem Treffen der Gruppe, kam SÖHNCHEN wieder auf dieses Thema zurück. Bei dieser Gelegenheit versuchte er nur zu beweisen, daß Terrorismus nicht unbedingt im Gegensatz zum Marxismus steht. ›Der Marxismus‹, meinte er, ›lehnt den Terrorismus nur insofern ab, als die Bedingungen des Klassenkampfes den Terrorismus nicht begünstigen. Es gibt jedoch Situationen, in denen Terrorismus unumgänglich ist.‹ Das nächste Mal sprach SÖHNCHEN über Terrorismus, als ich zum Arbeiten in seine Wohnung kam. Während wir Zeitungen lasen, sagte SÖHNCHEN, das gesamte Regime der UdSSR stütze sich nur auf Stalin; man müsse deshalb nur Stalin töten, um alles zum Einsturz zu bringen.«[45]

Sborowskis Berichte, denen zufolge Trotzki und Sedow insgeheim Stalins Ermordung planten, entbehren aller Grundlagen und widersprechen allen ihren öffentlichen Erklärungen ebenso wie den in Trotzkis privaten Papieren enthaltenen Indizien, die von der internationalen Kommission untersucht wurden. Daß das angebliche Mordkomplott überhaupt in den NKWD-Akten auftaucht, ist bezeichnend, liegen doch keinerlei Beweise dafür vor. Was Sborowski als tatsächlichen Plan darstellte, war wohl eher ein emotionaler Ausbruch – oder Sborowski erfand es schlicht, um Stalin zu liefern, was dieser wollte.

Der Bericht entstand ein Jahr vor Sedows Tod in einer französischen Klinik, in der er – mit scheinbarem Erfolg – am Blinddarm operiert worden war. Die Tatsache, daß im Hospital russische Ärzte aus Emigrantenkreisen zugegen gewesen waren, von denen einige verdächtigt wurden, in Diensten des NKWD zu stehen, ließ das Gerücht aufkeimen, Sedow sei auf Stalins Befehl ermordet worden. Dies lenkte auch den Verdacht auf den engen Vertrauten Sborowski. Die Mutmaßung, Sborowski habe Sedow mit einer vergifteten Orange ins Jenseits befördert, erscheint angesichts eines Berichts in seiner NKWD-Akte allerdings recht unwahrscheinlich. In diesem kurz nach Sedows Tod angefertigten Bericht riet Sborowski der Zentrale, eine Autopsie vornehmen zu lassen; solange kein Beweis für ein unnatürliches Ableben gefunden werde, meinte er, würde dies zu einer Panik unter Sedows Assistenten führen. Er schlug vor, eine Flüsterkampagne zu starten mit dem Ziel, den gerade nach Paris übergelaufenen Kriwizki, auf den er mit dessen Kryptonym GROLL anspielte, in die Geschichte hineinzuziehen.

Wenn Sborowski Sedow tatsächlich vergiftet hätte, wäre es aus seiner Sicht unlogisch gewesen, eine Autopsie anzuregen – außer wenn er sicher war, daß im Körper von Trotzkis Sohn nichts zu finden war, was auf ihn hätte hindeuten können. Die Indizien, die für eine Ermordung Sedows sprechen, sind unter diesen Bedingungen weit weniger überzeugend als die, die beweisen, daß Sborowski im November 1936 mit Hilfe einer Gruppe sowjetischer Agenten Trotzkis Archive im Nikolajewski-Institut geplündert hat.[46]

Drei Monate später, als Orlow im Februar 1937 selbst in Paris im Krankenhaus lag – nach einem Autounfall in Spanien mußte Orlow an der Wirbelsäule operiert werden –, erfuhr er von einem weiteren Attentatsplan gegen Stalin. Einer seiner Besucher nach der Operation war sein Cousin Sinowi Kaznelson, damals stellvertretender Leiter des NKWD in der Ukraine. In einem Gespräch unter vier Augen versuchte, laut Orlow, sein Jugendfreund, ihn zur Beteiligung an einem Komplott zu überreden, das einige NKWD-Offiziere ausgeheckt hatten, die, wie Kaznelson behauptete, belastende Dokumente entdeckt hatten, denen zufolge Stalin einst geheimer Informant der zaristischen Ochrana gewesen sein sollte.[47] Aufgrund seiner persönlichen Erfahrungen mit Stalins skrupellosem Einsatz des NKWD, die durch die alarmierenden Berichte kürzlich aus Spanien eingetroffener Kollegen bestätigt wurden, lehnte Orlow jede Beteiligung an der Verschwörung ab. Er hatte die schmutzigen Einzelheiten des zweiten Moskauer Schauprozesses erfahren, in dessen Folge Juri Pjatokow und Karl Radek zusammen mit 15 weiteren alten Bolschewiki erschossen worden waren, nachdem sie ihre Beteiligung an einem anderen trotzkistischen Komplott gegen Stalin »gestanden« hatten. Orlow hatte allen Grund, vorsichtig zu sein. Als er wenige Wochen später wieder in Spanien eintraf, erfuhr er, daß Kaznelson kurz nach seiner Rückkehr aus Paris in Moskau verhaftet und liquidiert worden war.[48]

Orlows Cousin war nur einer von mehreren tausend NKWD-Offizieren, die ein Jahr nach der Ernennung Jeschows zum Chef des NKWD bei Stalins Säuberungen ihr Leben ließen. Das Blutbad hatte sich bereits im März 1937 angekündigt, als Jagoda selbst dem Terror zum Opfer fiel, den er im Auftrag Stalins entfacht hatte. Gut zwei Jahre nachdem der NKWD-Chef als »rächendes Schwert der Revolution« gefeiert worden war, hatte Stalin ihn im September 1936 als Leiter der Geheimpolizei abgesetzt; vor dem Politbüro begründete er dies mit dem Vorwurf, Jagoda habe sich als »absolut unfähig erwiesen, den trotzkistisch-sinowjewistischen Block zu zerschlagen«.[49] Sechs Monate später wurde er beschuldigt, für den deutschen Geheimdienst gearbeitet zu haben — ein Verbrechen, das nur noch unglaublicher erschien, als Jagoda im Gefängnis ein volles Geständnis unterschrieb, demzufolge er unter anderem auch zugab, er habe Stalin, Jeschow und all die anderen Mitglieder des Politbüros vergiften wollen.[50]

Jagodas erzwungenes Geständnis war das Werk Jeschows, der damit die Absicht verband, alle anderen Abteilungsleiter des NKWD wegen ihrer kollektiven ›Blindheit‹ bloßzustellen, die sie daran gehindert hatte, den unglaublichen Verrat ihres Chefs zu bemerken. Hinter den jungenhaften Gesichtszügen des neuen Volkskommissars für Innere Angelegenheiten verbarg sich eine geradezu teuflisch geniale, methodische Brutalität, die der ehemalige Sekretär des Zentralkomitees der kommunistischen Partei in seiner Eigenschaft als Leiter von Stalins Geheimpolizei noch zur Genüge unter Beweis stellen sollte. Mit Jeschow trat erstmals ein gebürtiger Russe an die Spitze des Staatssicherheitsapparats, der wenig auf die Traditionen der Tscheka hielt. Seine ganze Loyalität gehörte dem »Chef«, der ihn mit einer gründlichen Säuberung des Staatssicherheitsdienstes beauftragte, nachdem er seine Henkersknechte in Schlüsselpositionen gehievt hatte.

Als Vorspiel des alptraumhaften Blutbads, das nach ihm Jeschowtschina getauft wurde und dem frühere Tscheka-Kader in der Lubjanka zum Opfer fielen, machte sich Stalins finsterer Lakai, den man nur den »Zwerg« nannte, zunächst an die Aufdeckung einer ebenso gigantischen wie fiktiven Verschwörung innerhalb des Offizierskorps der Roten Armee. Am 11. Juni 1937 wurden die staunenden Moskowiter mit der unglaublichen Nachricht konfrontiert, daß Marschall Michail Tuchatschewski – der Oberkommandierende der Sowjetarmee und Held des Bürgerkrieges – zusammen mit sieben anderen Generälen verhaftet worden war. Am folgenden Tag wurden sie alle standrechtlich erschossen, nachdem sie »Verrat, Sabotage und Spionage« gestanden hatten. Erst später wurden sie aufgrund gefälschter Dokumente, die beweisen sollten, daß Tuchatschewski mit Hilfe des deutschen Militärs einen Staatsstreich geplant hatte, als Trotzkisten und Nazi-Verschwörer gebrandmarkt.[51]

Stalins Paranoia wurde noch weiter angestachelt durch Jeschows unstillbares Verlangen nach Geheimdienstberichten über Verschwörungen im In- und Ausland, die das Blutvergießen in Moskau rechtfertigen sollten. Im Frühjahr 1937 erhielt der NKWD die Anweisung, die Kampagne gegen Trotzkis Anhänger im Ausland zu verschärfen und sie fortan schlicht zu liquidieren, statt wie bisher lediglich ihre Aktivitäten zu überwachen. Unter Führung Jeschows begann damit auch im Ausland die physische Eliminierung derjenigen, die in Opposition zu Stalin standen. Da es außerhalb der streng bewachten Grenzen der UdSSR nicht möglich war, Schauprozesse mit sensationellen Anklagen und noch sensationelleren Geständnissen zu inszenieren, mußte man zu anderen Mitteln greifen, um die tatsächliche wie die eingebildete Opposition zum Schweigen zu bringen.

Jeschow wies die »Abteilung für die Durchführung besonderer Aktionen« des NKWD an, »mobile Trupps« aufzustellen, wie er diese Mordkommandos euphemistisch nannte. Sie bestanden aus professionellen Killern, die darin ausgebildet wurden, so schnell und überraschend zuzuschlagen, daß sie keinerlei Spuren individuellen Terrors zurückließen – weder an ihren Opfern noch in Form belastender Dokumente. Aus diesem Grund finden sich in Orlows Korrespondenz mit der Zentrale auch nur fragmentarische Anspielungen auf diese Liquidierungen. Die einzigen verbliebenen Informationen sind geheimnisvolle Codewörter und unvollständige Berichte, die darauf hindeuten, wann, wie und von wem die Eliminierung von Stalins politischen Gegnern durchgeführt wurde. Ein Ausschnitt aus Orlows Brief an die Zentrale, der sich um die Ermordung des österreichischen Sozialisten Kurt Landau – eines Sympathisanten der POUM – dreht, liefert einen der wenigen Berichte über »nasse Angelegenheiten«, wie der KGB während des kalten Krieges diese Liquidierungen nannte.

»Das *liternoje delo* von Kurt Landau erwies sich als bisher schwierigster aller vergleichbaren Fälle«, teilte Orlow am 25. August 1937 der Zentrale unter Verwendung eines Ausdrucks aus dem NKWD-Jargon mit, der soviel wie »Spezialangelegenheit« bedeutet. In Anspielung auf Landaus Rückzug von allen öffentlichen Aktivitäten schrieb Orlow: »Er verschwand spurlos im Untergrund, und trotz der Tatsache, daß wir zehn Tage lang eine bekannte Anarchistin ununterbrochen beschattet haben, die ihrem eigenen Geständnis gegenüber einem unserer Informanten zufolge seine Kurierin ist und ihn jeden Tag trifft, waren wir bisher nicht in der Lage, ihn zu finden.« Für den Fall, daß die Überwachung der Frau innerhalb der nächsten »zwei oder drei Tage« ergebnislos bliebe, wollte er, wie er Moskau mitteilte, ein Treffen mit Landau arrangieren, ihn aber nicht »abholen«, da Landau »zweifellos eine zentrale Figur in der Untergrundorganisation der POUM« sei und im Falle seiner Erschießung bei dem Treffen der NKWD-Informant bei einem möglichen Verhör durch die Polizei auffliegen würde. »Deshalb meine ich, wir sollten Landau nicht bei dem Treffen ›abholen‹, sondern ihm zu seiner Wohnung folgen und ihn ein oder zwei Tage später einkassieren. Wie Sie wissen, hat Landau im Gegensatz zu anderen ausländischen *literniks* enge Beziehungen zu örtlichen trotzkistischen Organisationen.«[52]

»Trotz der angespannten Situation bin ich der Meinung, daß wir in Anbetracht von Landaus Bedeutung nicht zögern und diesen *liter* entsprechend Ihrer Anweisung ausführen sollten«, schloß Orlow den Bericht, der selbst heute nach fast sechs Jahrzehnten beim Lesen noch immer eine Gänsehaut erzeugt.[53] Dieses Dokument sowie weitere ähnliche NKWD-Akten beweisen anhand eindeutiger Indizien, daß Orlow direkt in den Mordapparat verwickelt war, der Landau und andere »ausländische *literniks*«, die in jenem Sommer unter mysteriösen Umständen in Spanien verschwanden, ermordete.

Aus dem letzten Satz von Orlows Brief folgt, daß er bei der Durchführung dieser Exekutionen von POUM-Sympathisanten auf Befehl der Zentrale – und somit auf Befehl Stalins – handelte. Bemerkenswert ist dabei die kalte Entschlossenheit, die er bei der Ausführung der ihm aufgetragenen *liter*-Missionen an den Tag legte. Die gründliche Planung, die diese Attentate erforderten, läßt darauf schließen, daß Orlow bei der Vorbereitung solcher Exekutionen keinerlei moralische Skrupel verspürte. Wie viele sowjetische Geheimdienstoffiziere, deren ethische Maßstäbe durch die Revolution und den Bürgerkrieg eine schreckliche

Relativierung erfahren hatten, schreckte wohl auch Orlow vor der Ermordung politischer Opponenten nicht zurück, wenn es darum ging, das zu verteidigen, was er als die höchsten Ideale des Kommunismus erachtete.

Die in den Akten über die Operationen des NKWD in Spanien dokumentierten Beweise belegen, daß Orlow bewußt und wiederholt vor dem US-Senat und den Ermittlern des FBI die Unwahrheit gesagt hat, als er jede persönliche Beteiligung am Verschwinden der prominentesten Mitglieder des POUM-Zentralkomitees abstritt. Besonders die ungeklärten Geschehnisse um Andrés Nin im Juni 1937 wuchsen sich für die republikanische Regierung Spaniens zu einem riesigen politischen Skandal aus, als Gerüchte aufkamen, daß es sich hierbei um ein weiteres Beispiel für Stalins mörderische Rachsucht handeln könnte. Aufgrund des Zugangs zu den zeitgenössischen NKWD-Akten der spanischen Residentur ist es heute möglich, Orlows Rolle in der Nin-Affäre zu rekonstruieren, über die seit über einem halben Jahrhundert gerätselt wird.

Es stellte sich heraus, daß, nachdem der Aufstand in Barcelona vom Mai 1937 mit brutaler Gewalt niedergeschlagen worden war, die republikanischen Behörden von der kommunistisch kontrollierten Madrider Polizei gefälschte Dokumente erhalten hatten, die auf eine falangistische Verbindung zwischen Nin und Franco hindeuteten. Die belastenden Briefe, die von einer Beteiligung der marxistischen Führer an einem Komplott der »fünften Kolonne« handelten, dienten Negríns Regierung als Rechtfertigung für Nins Verhaftung. Zusammen mit anderen führenden Mitgliedern der POUM wurde er des Landesverrats angeklagt.

Die Akten aus den Archiven der spanischen NKWD-Station enthalten hieb- und stichfeste Beweise dafür, daß das belastende Material gegen Nin unter Orlows persönlicher Anleitung gefälscht wurde. Sie belegen, daß die militärische Spionageabwehr der Republikaner im Frühjahr 1937 mit Hilfe von Orlows NKWD-Agenten ein weitläufiges Spionagenetz Francos enttarnen konnte, das von Agenten der Falange geleitet wurde. Orlows Berichten an Moskau zufolge konspirierten sieben führende Mitglieder der Geheimdienstzentrale der Nationalisten mit hochrangigen republikanischen Funktionären und Offizieren. Prompt verhaftete man die Führer faschistischer Zellen in Madrid und entdeckte zwei Funkstationen mit den dazugehörigen Codes und Geheimdienstberichten über den Zustand der republikanischen Armee. Außerdem wurden bei einer gemeinsamen Spionageabwehr-Operation des NKWD mit den Republikanern militärische Angriffspläne sowie große Mengen Sprengstoff gefunden, die offenbar für terroristische Aktivitäten hatten dienen sollen. Diese Ereignisse führten zur Verhaftung von 270 Personen, die der Beteiligung an dieser großangelegten falangistischen Verschwörung beschuldigt wurden.[54]

Obwohl kein einziges Mitglied von Nins Organisation darin verwickelt war, scheint es, als habe Orlow die Gelegenheit nutzen wollen, die POUM ein für allemal unschädlich zu machen, indem er ihr unterschob, an der in Wirklichkeit rein falangistischen Verschwörung beteiligt gewesen zu sein. Dies geht aus Orlows Entwurf einer genialen Intrige gegen die POUM-Führung hervor, den er im Rahmen seines Berichts vom 23. Mai 1937 zur Genehmigung nach Moskau übermittelte:

»Zu berücksichtigen ist, daß dieser Fall, in dem die meisten Angeklagten sich schuldig bekannt haben, bei Militär- und Regierungskreisen einen tiefen Eindruck hinterlassen hat. Da er genauestens dokumentiert ist und auf unumstößlichen Geständnissen der Angeklagten beruht, habe ich mich entschlossen, diesen so bedeutenden und unwiderlegbaren Fall zu nutzen, um die Führung der POUM in die Sache hineinzuziehen (bezüglich deren [potentieller] Verbindungen zu den Angeklagten wir noch ermitteln).

Zu diesem Zweck haben wie beiliegendes Dokument entworfen, das die Zusammenarbeit der POUM-Führung mit der spanischen Falange-Organisation – und somit auch mit Franco und Deutschland – belegen soll.

Wir werden den Inhalt des Dokuments mit Francos Code, der in unserem Besitz ist, verschlüsseln und ihn auf die Rückseite des Lageplans unserer Geschützstellungen in Casa del Campo schreiben, der bei der falangistischen Organisation gefunden wurde. Dieses Dokument ist durch die Hände von fünf Personen gegangen – sämtlich Faschisten, die gestanden haben, das Dokument an den jeweils nächsten weitergegeben zu haben, um es Franco in die Hände zu spielen. Auf ein anderes beschlagnahmtes Dokument werden wir mit unsichtbarer Tinte einige Zeilen unwichtigen Inhalts schreiben. Ausgehend von diesem Papier werden wir in enger Zusammenarbeit mit den Spaniern die Dokumente auf eventuelle Geheimschriften hin untersuchen. Wir werden dabei verschiedene Verfahren anwenden. Eine spezielle Chemikalie wird diese wenigen Worte oder Zeilen zum Vorschein kommen lassen, woraufhin wir alle anderen Dokumente mit diesem Entwickler behandeln und so den Brief lesbar machen werden, den wir entworfen haben, um die POUM-Führung zu kompromittieren.

Der spanische Chef der Spionageabwehr wird dann sofort nach Valencia zur Dechiffrierabteilung des Kriegsministeriums fahren, um den Brief zu entschlüsseln. Diese Abteilung ist nach unseren Informationen im Besitz des dafür erforderlichen Codes. Falls die Spanier aber aus irgendeinem Grund nicht in der Lage sein sollten, den Brief zu entschlüsseln, werden wir selbst ›ein paar Tage‹ darauf verwenden.

Wir gehen davon aus, daß auf diese Weise die Rolle der POUM beim

Aufstand in Barcelona eindeutig aufgedeckt wird. Die Enthüllung des direkten Kontakts einer ihrer Führer zu Franco wird die Regierung dazu veranlassen, entsprechende Maßnahmen gegen die spanischen Trotzkisten einzuleiten, um die POUM als deutsch-francoistische Spionageorganisation bloßzustellen.«[55]

Orlows raffinierter Plan, Nins angebliche Verstrickung in die von Franco angezettelte Verschwörung aufzudecken, wurde mit der ihm eigenen Sorgfältigkeit ausgeführt. Dies geht aus einem Kommuniqué des Justizministeriums hervor, das nach Nins Verschwinden erschien und einen Sturm der Entrüstung auslöste. Darin hieß es, das Polizeidirektorat habe im POUM-Hauptquartier »verschlüsselte Schriftstücke, Telegramme, Codes und Dokumente über finanzielle Transaktionen, Waffenkäufe und Schmuggel« gefunden sowie belastende Dokumente, die belegten, daß »die Führung der POUM und vor allem Andrés Nin in Spionagetätigkeit verwickelt waren«.[56]

Eine Bestätigung dafür, daß Orlows Rechnung aufgegangen war, liefert auch sein eigener Bericht an die Zentrale vom 25. September 1937, in dem er Moskau »insbesondere auf das Verhör des Innenministers (die Ermittlungsakte liegt bei)« aufmerksam machte und erklärte: »Der Minister bestätigte, eine Fotokopie des betreffenden [Nin belastenden] Dokuments von der Madrider Polizei erhalten zu haben, die das Dokument in beiden Punkten für absolut echt befunden hat.« Die Anspielung auf die »beiden Punkte« bezog sich auf den echten Plan der Falangisten für eine Bombardierung Madrids, dem der NKWD einen belastenden Brief in unsichtbarer Tinte hinzugefügt hatte.[57]

Am 16. Juni 1937 wurden Nin und vierzig weitere POUM-Funktionäre verhaftet, ihre Milizeinheiten aufgelöst und ihr Hauptquartier im Hotel Falcón in Barcelona von General Ricardo Burillo geschlossen. Burillo war seit kurzem für die Aufrechterhaltung der öffentlichen Ordnung in Barcelona zuständig und unterstand Oberst Antonio Ortega, dem republikanischen Generaldirektor der Staatssicherheitsbehörde, der als kommunistischer Hardliner galt und später zugab, auf Befehl des NKWD-Chefs General Orlow gehandelt zu haben. Die POUM wurde daraufhin verboten, ebenso ihre Zeitung *Battalia*. Anschließend schaffte man die führenden Funktionäre der Partei, unter ihnen auch Nin, von Katalonien – wo man befürchten mußte, revolutionäre Sympathisanten könnten sie aus dem Gefängnis befreien – nach Madrid. Dort konnte man sich darauf verlassen, daß die unter der Kontrolle der Kommunisten stehende Polizei in einem streng bewachten Haus im Stadtteil Alcala gut auf sie aufpassen würde. Vom 18. bis 21. Juni wurden sie zur Vorbereitung eines standrechtlichen Verfahrens intensivsten Verhören unterzogen. Aber Nin erschien niemals vor Gericht. Dann tauchten in

Katalonien Presseberichte auf, denen zufolge Nin ermordet worden sein sollte. »Wo ist Nin?« lauteten die Schlagzeilen spanischer Zeitungen. Premierminister Negrín, der den kommunistischen Ministern gegenüber ohnehin schon beklagt hatte, die Russen würden sich aufführen, als ob Barcelona Bestandteil der UdSSR wäre, erhielt von Oberst Ortega daraufhin die Zusicherung, daß der ehemalige POUM-Führer in sicherer Verwahrung sei und gerade verhört werde. Aber Nin blieb verschwunden. Bald stellte sich heraus, daß Nin nach dem 21. Juni von niemandem mehr gesehen worden war. In Madrid und Barcelona kam daraufhin das Gerücht auf, daß der POUM-Chef in der anschließenden Nacht von dem Haus in Alcala fortgeschafft worden sei. Seine Entführer waren angeblich deutsch sprechende Mitglieder der Internationalen Brigaden, die ihn, wie es hieß, zum El-Prado-Park nördlich von Madrid gebracht hatten, wo er ermordet wurde. Diese Version des, wie er es nannte, »schmutzigen Geschäfts« übermittelte jedenfalls Negrín dem Präsidenten. Azaña soll dies ausgesprochen skeptisch aufgenommen und ihn gefragt haben: »Glauben Sie etwa dieses Ammenmärchen?« Andere spanische Zeitungen berichteten mittlerweile, Nin sei entkommen. Als er jedoch nicht wieder auftauchte, beschloß der Premierminister, das »schmutzige Geschäft« so gut wie möglich zu verkaufen; er gab zu, daß Nin verschwunden war, stritt jede persönliche Verantwortung dafür ab und betonte gleichzeitig ausdrücklich die Schuld des POUM-Führers. Auf dieser Linie lag auch das offizielle Kommuniqué vom 5. August 1937, in dem der Justizminister folgende Erklärung abgab: »Unsere gründlichen Ermittlungen haben ergeben, daß Señor Nin zusammen mit anderen Spitzenfunktionären der POUM von der *Seguridad* verhaftet, nach Madrid überführt und in einem speziell dafür vom Madrider Polizeikommissar vorbereiteten Gefängnis inhaftiert wurde. Die nach seinem spurlosen Verschwinden aus diesem Gefängnis eingeleitete Suche nach ihm und seinen Bewachern ist bislang ergebnislos verlaufen.«[58]

Einige Mitglieder der republikanischen Regierung, unter ihnen auch Negrín, vermuteten, daß Orlow – von dem man wußte, daß er einen deutschen Leibwächter hatte – Nins Verschwinden organisiert hatte. Bei seinen Verhören durch das FBI und den Unterausschuß des US-Senats für Innere Sicherheit wies Orlow jedoch wiederholt unter Eid die Vorwürfe zurück, die in den Memoiren eines ehemaligen sowjetischen Offiziers des militärischen Geheimdienstes, Walter Kriwizki, sowie vom kommunistischen Erziehungsminister in Negríns Regierung, José Hernández, gegen ihn erhoben worden waren.[59] Solche Anschuldigungen seien »absolut idiotisch« und eine Erfindung der Trotzkisten, versicherte Orlow dem FBI. Er beharrte darauf, daß er »den Mord gar nicht habe begehen« können, da er damals lediglich ein »politischer Attaché«

gewesen sei. Hätte er die Ermordung Nins angeordnet, so Orlow, wäre Rußland in der Weltöffentlichkeit diskreditiert gewesen. Seiner Ansicht nach hatte Stalin die Ermordung Nins befohlen, und dieser Befehl wurde von einem Russen namens Bolodin ausgeführt, der, wie er sagte, nach seiner Rückkehr nach Moskau dafür den Leninorden bekommen habe.[60]

Das vielleicht Interessanteste an Orlows Version ist, daß er zugab, daß Nin tatsächlich auf Befehl Stalins ermordet worden war – was er als damaliger Chef des NKWD in Spanien auch kaum in Abrede hätte stellen können, ohne vollends unglaubwürdig zu werden. Sein Versuch jedoch, den Mord Bolodin anzuhängen, wird durch die nun zugänglichen Dokumente aus den NKWD-Archiven eindeutig als Lüge entlarvt. Die Akten belegen nicht nur Orlows führende Rolle bei der Intrige gegen die Führungsspitze der POUM; auch seine unmittelbare Verwicklung in die anderen *liter*-Liquidationen läßt darauf schließen, daß nur er derjenige gewesen sein kann, dem Stalin die äußerst kritische Mission anvertraute, die Ermordung Nins zu organisieren. Zwar gibt es unter den NKWD-Akten über die damaligen Vorgänge in Spanien keinen einzigen Bericht, der für sich betrachtet Orlows führende Rolle in dieser Affäre unwiderlegbar beweist, dafür aber eine ganze Anhäufung belastender Indizien. Zu diesen gehört auch ein geheimnisvoller Brief in Orlows Akte, den er am 24. Juli 1937 nach Moskau schickte und in dem er sich auf eine Operation mit Decknamen NIKOLAJ bezieht. Zeitpunkt und Inhalt des Schreibens deuten darauf hin, daß es um niemand anderen als Nin gehen kann. Orlows Bericht beschreibt in der für die *liter*-Operationen charakteristischen geheimnisvollen Ausdrucksweise die Art und Weise, wie der POUM-Chef von zuverlässigen NKWD-Agenten, die nur mit ihren Initialen genannt sind, aus dem Gefängnis entführt und liquidiert wurde. Besonders aufschlußreich ist der vierte Absatz: Die beschriebenen Details und die konspirative Vorgehensweise stimmen mit den Fakten der Entführung überein. Darüber hinaus läßt er darauf schließen, daß Orlow persönlich an der Ausführung des Plans beteiligt gewesen sein dürfte, nach dem Nin aus seinem Kerker in Alcala gekidnappt und im Kofferraum eines Wagens weggebracht wurde:

»In den Fall NIKOLAJ waren vor allem L. und A. F. verwickelt. I. M. half indirekt mit, indem er Essen in das Gefängnis brachte und damit erreichte, daß ihm die Tore geöffnet wurden; dadurch konnten unsere Leute in den Innenhof gelangen. Poltawski sollte Ihnen aus Paris über die Abreise des letzten Teilnehmers der Operation JUZIK nach Moskau Bericht erstatten. Er hat das wichtige verschlüsselte Dokument geschrieben, das Ihnen bekannt ist.[61] Er arbeitete für mich in Verbindung mit diesem Fall als Übersetzer und saß mit mir im Wagen vor dem Haus, aus dem das Objekt gebracht wurde. Wir benutzten seine Polizeimarke, um eine allzu gründliche Durchsuchung des Wagens seitens der Straßenpatrouille zu vermeiden, als wir die Ladung abtransportierten.«[62]

Die »Ladung« dürfte nichts anderes als der betäubte POUM-Führer oder seine Leiche gewesen sein. Experten des russischen Geheimdienstes, die zu dieser Vermutung neigen, glauben, daß Nin zu diesem Zeitpunkt noch am Leben war; sie meinen, Orlow könnte ursprünglich die Absicht gehabt haben, Nins »Ausbruch« zu inszenieren, der in den Augen der Öffentlichkeit seine Schuld bestätigt und damit die POUM noch stärker belastet hätte. Da jedoch keine Möglichkeit bestand, Nin jemals freizulassen, weil er dann die Wahrheit ans Licht gebracht hätte, könnte Orlow zunächst geplant haben, Nin auf einen sowjetischen Frachter zu bringen und nach Moskau schaffen zu lassen. Ob dies der Fall war oder aber Stalin befohlen hatte, Nin sofort zu liquidieren und seinen Leichnam verschwinden zu lassen, um jedes Indiz für eine Beteiligung des NKWD zu vermeiden, kann noch immer nicht mit Sicherheit geklärt werden. Ein zusätzliches NKWD-Dokument, das auf Orlows unmittelbare Verwicklung in die Ermordung Nins hindeutet, ist eine handschriftliche Bleistiftnotiz auf Seite 164 des ersten Bandes seiner NKWD-Einsatzakte: »N. von Alcala de Enares in Richtung Perane de Tahunia, auf halber Strecke, 100 Meter von der Straße im Feld. [Anwesend] BOM, SCHWEDE, JUZIK zwei Spanier, PIERRES Fahrer VIKTOR«.[63]

Diese nicht numerierte und undatierte Notiz, die keinen Hinweis auf den Schreiber enthält, wirkt wie ein Teil eines hastig angefertigten Schadensberichts und wie ein Versuch, die Spuren des »Sondereinsatzes« oder *liter* zu verwischen. Es gibt jedoch drei gute Gründe für die Annahme, daß es sich hierbei um ein drittes erhalten gebliebenes Dokument in bezug auf die Operation Nin handelt. Erstens weist es darauf hin, daß sowohl SCHWEDE (Orlow) als auch JUZIK zugegen waren. Zweitens war in dem in der Notiz erwähnten Madrider Vorort Alcala de Enares das Gefängnis gewesen, in dem man die POUM-Führer festgehalten hatte. Und drittens deutet der Hinweis auf »N.« darauf hin, daß die Notiz sich auf die Stelle bezieht, an der Nin nach seiner Erschießung verscharrt wurde.[64]

Die NKWD-Akten aus jener Zeit belegen, daß Orlow auch nach der Vernichtung der POUM seinen erbarmungslosen Kampf gegen den Trotzkismus fortsetzte. Nachdem sich Stalins erbittertster Feind im Januar 1937 in Mexiko niedergelassen hatte, diente Spanien als Reservoir von Agenten, die mit der Mission betraut wurden, seinen Aufenthaltsort ausfindig zu machen. Neben Ramon Mercader, Trotzkis Mörder, besorgte Orlow der Zentrale auch andere spanische Agenten, die auf Anweisung Moskaus nach Mexiko reisten und dort die entsprechenden Adressen eruierten. Falls Orlow tatsächlich für die Entführung und Ermordung Nins verantwortlich war, was nun als so gut wie sicher gelten darf, dann erklärt seine Beteiligung an dieser wie an anderen *liter*-Liquidationen in Spanien auch, warum er sofort begriff, daß ihn ein ähnliches Schicksal erwartete, als er ein Jahr später aus Moskau ein geheimnisvolles Telegramm erhielt.

Anmerkungen

1. José Hernández, *Yo, ministro de Stalin en España* a. a. O. S. 42.
2. Krivitsky *Secret Agent*, a. a. O., S., 124–125.
3. Ebd.
4. Orlow an die Zentrale, 29. Dezember 1936,»Korrespondenz der Residentur in Spanien«, Akte Nr. 17679, Band 1, S. 50, ARG.
5. Orlow an die Zentrale, 5. März 1937, S. 81
6. Orlow an die Zentrale, 23. Mai 1937, S. 158–160
7. Orlow an die Zentrale, 8. Juni 1937, S. 130
8. Orlov *Handbook*, S. 172.
9. Ebd., S. 174.
10. Ebd., S. 175–179.
11. Ebd.
12. Orlow an die Zentrale, 29. Dezember 1936,»Korrespondenz der Residentur in Spanien«, Akte Nr. 17679, Band 1, S. 45, ARG.
13. Orlow an die Zentrale, 3. Dezember 1937, ORLOW-Akte Nr. 32476, Band 1, S. 140, ARG.
14. Ebd.
15. Bericht vom 23. Mai 1937, in »Korrespondenz der Residentur in Spanien«, Akte Nr. 17679, Band 1, S. 140, ARG.
16. Orlow an die Zentrale, 29. Dezember 1936, Akte Nr. 17679, Band 1, S. 52, ARG.
17. Siehe auch die zuvor zitierten Berichte in PHILBY-Akte Nr. 5581, Band 1, S. 52, und ebenso Philbys KGB-Memoiren, S. 67, ARG.
18. Bericht vom 9. Juni 1938, SCHWEDE-Briefe in »Korrespondenz der Residentur in Spanien«, Akte Nr. 19897, Band 3, 170, ARG.
19. Orlow an die Zentrale, 20. Mai 1937, Akte Nr. 17679, Band 1, S. 151, ARG.
20. Orlow an die Zentrale, 4. Mai 1937,»Korrespondenz der Residentur in Spanien«, Akte Nr. 17679, Band 1, S. 161, ARG. In den sowjetischen Dokumenten finden sich keine näheren Einzelheiten über den Plan, Churchills Sohn zu benutzen. Es gibt allerdings von Orlow eine rätselhafte Anspielung auf seinen Namen in den Vorbereitungen für seine Aussage vor dem Unterausschuß des Senats für Innere Sicherheit.
21. Orlow an die Zentrale, 10. Januar 1937, in »Korrespondenz der Residentur in Spanien«, Akte Nr. 17679, Band 1, S. 54, ARG.
Bretel ist aus Marokko zurückgekehrt. Er hatte zwei Aufträge: Erstens die Organisation einer Spionagegruppe in Marokko, um Informationen über die Umschlagplätze von Sonderzügen und Waffen zu bekommen; zwei-

tens, vor Ort die Möglichkeiten eines Aufstandes in Spanisch-Marokko zu erkunden.

Was den ersten Auftrag betrifft, so ist mittlerweile eine Gruppe von sechs Leuten zusammengestellt worden. Der erste Funkspruch konnte bereits empfangen werden. Bezüglich des zweiten Auftrages läßt sich sagen, daß eine Rebellion in Marokko organisiert werden kann, wenn zwei Bedingungen erfüllt sind – erstens, die Zustimmung der spanischen und französischen Regierungen und zweitens, die Überweisung von mehreren Millionen Francs. Obwohl zu Beginn des Krieges über einen Aufstand nachgedacht wurde, zögerte die spanische Regierung, ihre Beziehung zu Frankreich zu belasten. Wie wir jedoch mit Sicherheit feststellen konnten, äußerten sich die linken Kreise der französischen Regierung mehr als einmal positiv zu dieser Idee und wir waren kurz davor, mit der spanischen Regierung einig zu werden. Daß all diese Bedingungen nicht zu einer Zustimmung führten, ist eher auf Sabotage als auf politische Rücksicht zurückzuführen.

22. Orlow an die Zentrale in einem Brief vom 29. Dezember 1936, in »Korrespondenz der Residentur in Spanien«, Akte Nr. 17679, Band 1, S. 45, ARG.
23. Ebd.
24. Ebd., Akte Nr. 17679, Band 1, S. 43, ARG.
25. Orlow an die Zentrale, 10. Mai 1938, in »Korrespondenz der Residentur in Spanien«, Akte Nr. 17687, Band 1, S. 118, ARG.
26. Ebd.
27. Autobiographischer Bericht in COHEN-Akte Nr. 92753, Band 1, S. 22, ARG. Veröffentlichter, amtlicher Bericht der vom FBI erbrachten Beweise über die Verbindung der Cohens zum amerikanischen Atomspionagering, siehe Robert J. Lamphere und Tom Schachtman, *The FBI-KGB War: A Special Agent's Story*, W. H. Allen, London 1987, S. 276–278, 292. Ihre Rolle im Portland-Agentenring ist durch ihr Gerichtsverfahren in Großbritannien und durch Gordon Lonsdale, *Spy*, Neville Spearman, London 1965, und Harry Houghton, *Operation Portland: The Autobiography of a Spy*, Hart Davis, London 1972, dokumentiert. Vor dem Tod von Helen am 29. Dezember 1992, hatten die Cohens an einer vor dem Putsch 1991 vom KGB produzierten Fernsehdokumentation teilgenommen, die jeglichen Hinweis auf ihre Rolle in der sowjetischen Atomspionage-Aktivitäten vermied. Weitere Information über Daniel Patrick Costello [mit dem Autor nicht verwandt] siehe John Costello, *Mask of Treachery*, a. a. O.
Kirill Chenkin, Ochotnik Werch Nogami, Posev, Frankfurt/Main 1979, S. 16–17.
Chenkin, der später behauptete, er wäre als KGB-Illegaler ausgebildet worden, war ein führender jüdischer *refusnik*, der 1974 schließlich ein Visum erhielt, um nach Israel zu emigrieren. Weder in den CIA- noch in den ARG-Akten wird Chenkin als eine durchweg verläßliche Informationsquelle betrachtet. Daher sind seine unbestätigten Behauptungen mit Vorsicht zu genießen. Aber der Bericht über seine Begegnung mit Orlow paßt in das damalige Bild von ihm, wie es auch Philby in seinen geheimen Memoiren gegenüber dem KGB skizziert.
28. Ebd., S. 19–21.
29. Ebd.
30. Ebd. S. 285. Es gab keine »trotzkistischen Einheiten« wie die in Spanien. Dies scheint eine weitere Ungenauigkeit von Chenkin zu sein, der sich wohl eher auf eine POUM-Splittergruppe (siehe unten) bezog. Die POUM bestand aus früheren Trotzkisten und einigen Links-Sozialisten, die sich mit dem sogenannten Londoner Büro der »Zweieinhalben Internationalen«, in dem auch die britische

Unabhängige Arbeiterpartei (ILP) war, zusammengeschlossen hatten. Trotzki selbst verurteilte die POUM als Verräter an der Sache der Arbeiter, aber das hinderte den NKWD nicht daran, diese Splittergruppe als »Trotzkisten« zu brandmarken.

31. Ebd., S. 284.
32. Eitingons Beziehung zu Mercaders Mutter wird in einer Anzahl von westlichen Quellen erwähnt, auch in Dziak, *Chekisty*, S. 69 und in Levine, *The Mind of an Assassin*. Daß Caridad Mercader Eitingons Geliebte war, wird von General Sudoplatow, einem Zeitzeugen, der beide kannte, bezweifelt. In einem Interview bestand er darauf, daß es falsch sei, sie als Eitingons Mätresse zu bezeichnen, auch wenn es Berichte gebe, die behaupten, daß sie ein Liebespaar gewesen seien.
33. Ebd., S. 286. Die Akten mit den Berichten über Orlows Aktivitäten in Spanien bestätigen zwar, daß er Leute zur Ausbildung nach Moskau geschickt hat, sie sind jedoch durch Nummern gekennzeichnet, weshalb es bislang nicht möglich gewesen ist, Chenkins Behauptung zu bestätigen. Als Beispiel siehe auch die zitierten Nummern in dem Bericht Orlows an die Zentrale vom 10. Juli 1935 in »Korrespondenz der Residentur in Spanien«, Akte Nr. 76759, Band 2, S. 85, ARG.
34. »Die Spanische Revolution«, POUM-Zeitung, 3. Februar 1937, zitiert nach: Thomas, Hugh *The Spanish Civil War*, London 1977, S. 649.
35. Zitiert nach: Thomas, *The Spanish Civil War*, S. 649 zitiert.
36. Hernández, *Yo, ministro de Stalin en España*, a. a. O., S. 66.
37. In seinem Brief vom 15. Oktober 1936 hatte Orlow erklärt, wie man diese Liquidation in Angriff nehmen konnte: »Die Anwendung eines Befehls wird die Anarchisten veranlassen sich der [POUM] Führer entledigen. ›Die Massen‹ (ungefähr siebentausend Menschen) sind in den meisten Fällen zufällig in diese Organisation hineingekommen und können sehr einfach in eine Anzahl anderer Organisationen hineingezogen werden. Dies ist die Ansicht von Ilja Ehrenburg [der berühmte sowjetische Schriftsteller, der damals in Spanien Korrespondent der sowjetischen Presse war], der Katalonien gut genug kennt.« Orlow erwog nicht nur die physische Eliminierung der POUM, er betrachtete sie darüber hinaus anscheinend nicht einmal als Hauptproblem. Er war sich wohl vollständig im klaren darüber, daß ein Teil seiner Mission die Erfüllung von Stalins brennendem Wunsch war, das Trotzkistentum politisch zu diskreditieren. Dies bewog ihn, seinen Plan, die POUM und deren Führer Nin in Verruf zu bringen, in die Tat umzusetzen.
38. Orlow an die Zentrale, 29. Dezember 1936, »Korrespondenz der Residentur in Spanien«, Akte Nr. 17679, Band 1, S. 44, ARG.
39. Siehe SENIOR-(Schulze-Boysen-)Akte Nr. 34122, Band 1, S. 132, und KOR-SE-Akte Nr. 34118, Band 1, S. 318, 220. Siehe auch *Rote Kapelle* (Gestapo-Zusammenfassung der verbrecherischen Aktivitäten von SENIOR) Akte Nr. 9361, Band 1, S. 43, ARG.
40. Zitiert nach Georges Soria, *Guerre en Espagne* 1936–1939, Laffont, Paris 1977, Band 2, S. 28. (Russische Ausgabe: Progress-Verlag, Moskau 1978).
41. Orlow an die Zentrale, »Korrespondenz der Residentur in Spanien«, Akte Nr. 3691, Band 1, S. 52, ARG. [In dieser Serie gibt es eine Anzahl von Akten, die unterschiedliche Seriennummern tragen] »Die Hauptorganisation von POUM befindet sich in Katalonien. Nach einer mehr oder weniger bewiesenen Information, wird sie quantitativ wie folgt eingeschätzt: In Barcelona ungefähr 5000 Leute und schätzungsweise die gleiche Anzahl Sympathisanten. In Tarragona ungefähr 2000 Anhänger. In Gerona ungefähr 1000 und schätzungsweise 3000 Leute in anderen Städten und Siedlungen Kataloniens. In Barcelona haben sie

zusätzlich ein Regiment von 2000 Männern, ungefähr 50% davon bewaffnet. Seit einer Weile gibt es eine Annäherung zwischen POUM und der Föderation der spanischen Anarchisten, die durch die antisowjetische Aktivität in Zusammenhang mit dem letzten Trotzkisten-Verfahren [in der UdSSR] gelenkt wird. Das POUM-Zentralkomitee sitzt in Barcelona und besteht aus vier Leuten: Nin, Andrade, Uso und Col.« Orlow an die Zentrale, 22. Februar 1937.

42. Orlow an die Zentrale, März 1937, »Korrespondenz der Residentur in Spanien«, Akte Nr. 3692, Band 1, S. 76, ARG.

   »Gegenwärtig ist vom Komitee [Zentralkomitee der POUM] eine Anzahl von Leuten für terroristische Arbeit bestätigt worden. Die Kontrolle über die POUM-Jugendorganisation ist zum ersten Tedor Sans, zum zweiten Mendez, zum dritten einem anderen Kopf der Organisation namens Lorenzo übertragen worden. Sie alle haben, was terroristische Aktivität anbetrifft, Erfahrungen und haben an verschiedenen bewaffneten Überfällen teilgenommen ... Es wurde nachgewiesen, daß Blancos Gruppe [ein Mitglied der Verwaltung der POUM-Jugendorganisation] dabei war, einen terroristischen Akt gegen den früheren Komsomolsekretär der Stadt Córdoba, Ramon Gorerro, vorzubereiten. Dies schlug nur deshalb fehl, weil Blanco an der Front getötet wurde. Am 3. oder 4. Februar dieses Jahres erhielt Muel Sebastiano, Sekretär des Komsomol des südlichen Distrikts von Madrid einen anomyen Brief, in dem ihm geraten wurde, den Posten als Komsomolsekretär des Distrikts aufzugeben, sonst würden er und seine Familie ermordet werden. Der Brief war wie folgt unterschrieben: ›Lang lebe die spanische Falange! Lang lebe POUM!‹«

43. Siehe auch die maßgeblichen Arbeiten über Trotzki sowie Sedows Buch.

44. Sborowski berichtete auch: »Am 23. Januar sprach er in der Gegenwart von L. Estrina ähnlich wie am 22.« Als Antwort darauf sagte L. Estrina: »Sei still.« Sborowski an die Zentrale, 8. Februar 1937, SBOROWSKI-Akte Nr. 31660, Band 1, S. 98, 140–142, ARG.

45. Sborowski an die Zentrale, 11. Februar 1938, Ebd.

46. Sborowski an die Zentrale in Moskau, März 1938, SBOROWSKI-Akte Nr. 31660, Band 1, S. 153, ARG. Die Frage nach der vergifteten Orangenschale scheint dadurch verursacht worden zu sein, daß Sedow, wenn er im Delirium war, Orangenschalen durch sein Zimmer warf. Trotz der Schlußfolgerung, daß er eines natürlichen Todes starb, gibt es jene, die überzeugt bleiben, daß Trotzkis Sohn durch die Emigrantenärzte, die für den NKWD arbeiteten, getötet wurde. Daß Sborowski auch bei dem Attentat auf Kriwizki seine Hand im Spiel hatte, kann überzeugender von seinen Worten hergeleitet werden, mit denen er in seiner Aussage vor dem Senat herausplatzte: »Darf ich festhalten, Senator, daß ich keinen Auftrag hatte, Sedow an einen Platz für ein Attentat zu locken. Die Idee war damals, mir wurde gesagt, daß die Idee die war, ihn an einen Platz bringen, wo er und ich zusammen entführt und nach Sowjetrußland gebracht werden würden, das wurde mir gesagt.« (Aussage in »Anhörungen über den Umfang sowjetischer Aktivitäten« in den Vereinigten Staaten, Unterausschuß des Senats für Innere Sicherheit, Teil 4, 29. Februar 1956, S. 89). Siehe auch Orlows CIA-Anhörung von 1965 über die Dallins und Sborowski, die Lidja Dallins angebliche Rolle bei Sedows Tod berührt. [vgl. Anhang] Einen Hinweis darauf, wie – sogar im Kreml – der Eindruck entstand, daß der NKWD direkt in Sedows Tod verwickelt war – findet man in der Spigelglas-Akte. Spigelglas, der Chef der Auslandsabteilung zur Zeit von Sedows Tod, war am 2. November im Rahmen einer weiteren NKWD-Säuberung festgenommen worden. Erst nach dem 31. Mai 1939 lieferte er nach ›großem Druck‹ – eine Umschreibung für Folter – Beweise. Am 28. November 1940 wurde er wegen Verrats verurteilt und am 29. Januar 1941 hingerichtet. In der Abschrift von Spigelglas' Geständ-

nis erscheint folgende Aussage, die, falls die Beweise stimmen, ein neues Licht auf Sedows Tod wirft:

»In der ersten Hälfte des Jahres 1938 starb Sedow in Paris eines natürlichen Todes. Ich rief Jeschow an, um ihn zu informieren. Er antwortete: ›Komm in mein Büro.‹ Als er das Telegramm las, sagte er. ›Ein guter Einsatz. Wir haben eine saubere Arbeit geleistet, oder?‹

Ich sagte dazu nichts, aber ich habe keinen Zweifel, daß er dem Zentralkomitee berichtete, daß wir es waren, die Sedow liquidiert hatten. Einige Tage später rief ich den früheren Chef der Abteilung 3, Minajew an, der gerade von Passow [Vizechef des Geheimdienstes] besucht wurde, und Minajew fragte mich ›Wie hast du das geschafft, Sedow aus dem Weg zu räumen?‹« (SPIGELGLAS-Akte Nr. 21476, Band 1, S. 99). Diese Aussage legt nahe, daß Jeschow es für vorteilhaft hielt, die Lorbeeren für Sedows Tod zu ernten, auch wenn laut Spigelglas der NKWD nichts damit zu tun hatte.

47. Alexander Orlov, »The Sensational Secret Behind the Death of Stalin«, *Life Magazine*, Band 48, Nr. 17, 23. April 1956. Orlows Geschichte über Stalin als Agent der Ochrana erschien im *Life Magazine*, 23. April 1956. In derselben Ausgabe wurde ein Artikel von Isaac Don Levine veröffentlicht, der die Kopie eines Ochrana-Briefes von 1913 enthält, in dem Stalin als Agent identifiziert wird. Heute nimmt man allgemein an, daß es sich bei diesem Brief um eine Fälschung handelt. Die ganze Sache war 1956 für den KGB in Weiterführung der Entmythologisierung Stalins durch Chruschtschow von besonderem Interesse. Es wurde nach belastendem Material gesucht, aber nichts entdeckt. In den Akten der kommunistischen Partei der Ukraine gibt es jedoch aus der russischsprachigen kanadischen Zeitung *Novy Schljach* von Orlows Artikel im *Life Magazine* sowie dem Ochrana-Dokument eine Übersetzung ins Ukrainische. (Die Archivnummer der Ukrainischen Kommunistischen Partei ist Fond 1, Opis 24, Spr. 4337, S. 270–272)

48. Orlov, *Legacy*, S. 7

49. Zitiert nach Bertram Wolfe (Hrg.), *Khrushchev und Stalin's Ghost,* London 1957, S. 130.

50. Orlov, *Stalin's Crimes*, S. 219.

51. Ebd., S. 239.

52. Orlow an die Zentrale, 25. August 1937, ORLOW-Akte Nr. 32476, Band 1, S. 91–92, ARG.

53. Ebd. *Liternoje delo* – wörtlich soviel wie »Spezial- oder Sonderangelegenheit« – wurde während des Bürgerkrieges als Begriff im Rahmen von »Spezialoperationen« verwendet. Er bezog sich auf Liquidierungen von Personen, die als *literniki* bezeichnet wurden – das bedeutete, die, die ermordet werden sollten.

54. »Korrespondenz der Residentur in Spanien«, Akte Nr. 17679, Band 1, S. 154–156, ARG.

55. Orlow an die Zentrale, 23. Mai 1937, Akte Nr. 17679, Band 1, S. 154–156, ARG. Einer der Agenten, der benutzt wurde, um die Fälschungen zu verbreiten, war der Funktionär der französischen Kommunistischen Partei, George Soria, der in Spanien als Vertreter der Komintern gedient und als Autor für den *Imprecor* gearbeitet hatte. Sein Pamphlet, *Trotzkismus im Dienst von Franco*, wurde 1937 in England veröffentlicht und enthält armselige Reproduktionen der Dokumente, von denen wir wissen, daß sie Fälschungen sind. Die Fälschungen werden ebenfalls als echte Dokumente zitiert in *Imprecor*, 17. Mai 1938.

56. ASSISTANT-(Nins-NKWD-Codename-)Akte Nr. 7862, Band 1, S. 234, 240, ARG.

57. Orlows Brief an die Zentrale, 25. September 1937, Nr. 32476, Band 1, S. 91–94,

ARG. »Der doppelte Aspekt bedeutet offensichtlich, daß sowohl der Plan, die Bombardierung Madrids zu erleichtern, als auch der Brief, der auf der Rückseite mit Geheimtinte geschrieben, echt sind.«

58. Siehe Thomas, *The Spanish Civil War*, S. 705–706; ASSISTANT-Akte Nr. 7862, Band 1, S. 241, ARG.

59. Krivitsky, *I Was Stalin's Agent*, S. 93–134, und Hernández, *Yo, ministrode Stalin en España, S. 99.*

60. Die Existenz eines sowjetischen Agenten oder eines Einsatzmanns namens Bolodin konnte mit Hilfe der relevanten NKWD-Akten nicht bestätigt werden. Das bedeutet, daß Orlow entweder seinen wirklichen Namen verheimlicht oder Bolodin zugunsten seiner Geschichte erfunden hat. Orlow-Befragung im November und Dezember 1954 mit besonderem Hinweis auf die Behauptungen von Kriwizki, FBI-ORLOW-Akte Nr. 105-6073, FBI-FOIA.

61. In der Akte gibt es zwei kodierte Berichte. Einer ist offensichtlich unwichtig, so als wenn man dadurch bewußt die Aufmerksamkeit auf das belastende Dokument ziehen wollte. Orlow an die Zentrale, 24. Juli 1937, ORLOW-Akte Nr. 32476, Band 2, S. 10, ARG.

62. Ebd.

63. Undatierte und unsignierte Handnotiz, ORLOW-Akte Nr. 32476, Band 1, S. 164, ARG.

64. Drei Dokumente, die in den NKWD-Unterlagen in verschiedenen Akten gefunden wurden, und die, wenn man sie zusammen betrachtet, nichts miteinander zu tun haben, weisen darauf hin, daß es sich bei NIKOLAI um Nin handelte.
Das erste Dokument ist ein komplizierter Plan von Orlow, die POUM-Führung und Nin durch die »Entdeckung« einer verschlüsselten Mitteilung in Geheimtinte auf echten erbeuteten Spionagedokumenten der Falangisten zu kompromittieren. Die darin enthaltenen Schlüsselelemente sind Orlow, die falsche, erdachte Mitteilung und das Ziel: Nin. Im zweiten Dokument sind die Beteiligten am NIKOLAI-Fall aufgezählt. Orlow war ebenfalls der Verfasser des Dokuments, in dem es eine verschlüsselte Mitteilung gibt, die von Juzik auf die Rückseite des Hauptdokumentes geschrieben wurde. Wir wissen vom zweiten Dokument her, daß NIKOLAI entführt und liquidiert wurde. Dies fällt präzise mit dem Datum zusammen, an dem Nin aus seiner Haft verschwand.

KAPITEL 12

Ein gefährliches Spiel

Am 9. Juli 1938 stöhnte ganz Barcelona unter der sengenden Sonne, als im Hauptquartier des NKWD in Katalonien das Kryptogramm Nr. 1743 aus der Moskauer Zentrale eintraf. Das an SCHWEDE – Orlows Deckname – adressierte Schreiben forderte ihn auf, unverzüglich nach Paris zu fahren. Dort sollte er sich mit Binjukow treffen, dem sowjetischen Generalkonsul, der, wie es hieß, »im Hinblick auf die wichtige künftige Aufgabe der geeignete Verbindungsmann sein könnte«.[1] Im Wagen der Botschaft sollten die beiden dann am 14. Juli in die belgische Hafenstadt Antwerpen gebracht werden und dort an Bord eines russischen Dampfers namens *Swir* gehen, wo eine Konferenz mit einer Person stattfinden sollte, die – so hieß es – Orlow bekannt sei. Auf den ersten Blick vermittelte dieses Telegramm den Eindruck, daß Orlow zu einem wichtigen Treffen mit einem der NKWD-Oberen beordert wurde.[2]

Als Orlow jedoch dieses, wie er später sagte, »lange und hinterhältige« Telegramm aus der Zentrale noch einmal gründlich durchlas, merkte er, daß etwas daran nicht stimmte. Welchen Sinn sollte es haben, so kurzfristig zu einem derart unerklärlichen Treffen quer durch Europa zu fahren? Warum wurde er nicht einfach nach Moskau beordert oder sein Gesprächspartner angewiesen, ihn in Paris oder in Spanien zu treffen? Was hatte eine Konferenz an Bord eines Schiffes zu bedeuten? Die *Swir* war offensichtlich der Schlüssel zu all diesen Fragen.

»Mir war klar, daß das Schiff mein schwimmendes Gefängnis werden sollte«, erinnerte sich Orlow. In der Tat hatte Jeschow ihn in seine Säuberungen einbezogen. Orlow aber war viel zu gerissen, um arglos in die Falle zu tappen, die man ihm gestellt hatte.[3]

Seit mehr als einem Jahr hatte Orlow wiederholt von den immer umfangreicheren Säuberungen gehört, die den Kreis seiner Genossen auf den höheren Ebenen des NKWD immer stärker dezimierten. Jeder Offizier, der von Moskau nach Spanien beordert worden war, brachte beunruhigende Nachrichten über die Veränderungen mit, die im Hauptquartier stattfanden, seit Jeschow im Oktober 1936 in der Lubjanka an

417

die Spitze gerückt war. Er hatte bei seinem Amtsantritt dreihundert neue Funktionäre mitgebracht, die er den Leitern der einzelnen NKWD-Abteilungen in Moskau und in den Provinzen als Assistenten zuwies. Erklärt wurden diese Maßnahmen damit, daß sie den Forderungen des Politbüros nach einer Anhebung des NKWD auf »ein höheres Niveau« Rechnung tragen sollten. Die meisten der neuen Männer waren jedoch Parteibürokraten ohne jede geheimdienstliche Erfahrung oder Ausbildung. Nachdem sie bei der Vorbereitung der im März 1937 inszenierten zweiten Runde der Moskauer Schauprozesse assistiert und so ihr neues Handwerk gelernt hatten, begann Jeschow mit der Beförderung seiner Henkersknechte. Jagodas früheren Stellvertretern und Abteilungsleitern wurde mitgeteilt, das Zentralkomitee wünsche, daß sie persönlich die politische Zuverlässigkeit regionaler und örtlicher Parteifunktionäre in der gesamten Sowjetunion überprüfen sollten. Pflichtgemäß verließen sie Moskau, um ihre ihnen einzeln zugeteilten Missionen zu erfüllen, doch keiner von ihnen kam je an seinem Ziel an. Beim ersten Halt des Zuges wurden sie verhaftet, im Auto nach Moskau zurückgeschafft und ins Gefängnis geworfen.[4]

Wochen vergingen, bevor ihre Vorgesetzten in der Zentrale Verdacht schöpften. Während dieser Zeit hatte Jeschow dafür gesorgt, daß alle Wachen in der Lubjanka sowie die Offiziere, die die NKWD-Truppen in Moskau befehligten, ausgetauscht wurden. Nur vier Abteilungsleitern blieben diese letzten und – wie sich herausstellen sollte – tödlichen Missionen erspart. Neben Sluzki, dem Leiter der Auslandsabteilung, gab es noch drei weitere Überlebende, die alle enge Beziehungen zum »obersten Chef« hatten: K. W. Pauker, Chef der Einsatzabteilung des NKWD, besaß als Stalins Leibwächter dessen Vertrauen; Stanislaw Redens, NKWD-Chef für die Region Moskau, war mit Stalins Schwägerin verheiratet; und Michail Frinowski, ebenfalls ein Vertrauter des Diktators, war Oberkommandierender der Grenztruppen.

Sluzki blieb von der ersten Verhaftungswelle verschont, weil Jeschow die Tätigkeit der ausländischen Spionagenetze nicht unterbrechen wollte, während er das Hauptquartier systematisch von Tschekisten säuberte. Je mehr sich das Blutbad ausdehnte, desto mehr verschanzte sich Jeschow in seinem Büro im zweiten Stock hinter schwerbewaffneten Wachtposten, während er die altgedienten Leiter der einzelnen NKWD-Abteilungen verhaften ließ. Im Angesicht des Schicksals, das sie in den Kellern der Lubjanka erwartete, zogen einige es vor, sich aus den Fenstern ihrer Büros zu stürzen, statt sich denselben brutalen Folterungen zu unterwerfen, die sie zuvor selbst angewandt hatten, um aus ihren Opfern »Geständnisse« herauszuquetschen. In den Straßen Moskaus hatte der Schnee des Winters von 1937 kaum zu tauen begonnen, als Stalins Säuberungen der sowjetischen Öffentlichkeit außerhalb der Lubjanka auf äußerst blutige Weise vor Augen geführt wurden. Felix Gurski – ein ranghoher Mitarbeiter der Auslandsabteilung, dem erst kurz zuvor der Orden des Roten Sterns verliehen worden war – sprang aus dem Fenster seines Büros. Seinem Beispiel folgten zwei Verhörspezialisten der geheimen politischen Abteilung.[5] Diese Selbstmorde erregten natürlich die Aufmerksamkeit der Bevölkerung, die gerade am NKWD-Hauptquartier vorbeikam, und so war in Moskau bald von einer bevorstehenden Revolte die Rede. Doch trotz solcher Gerüchte blieb außerhalb des gefürchteten Gebäudes alles ruhig. Im Innern hingegen herrschte totale Verwirrung; in den Zellen im Keller stand das Blut knöchelhoch, nachdem Dutzende von Offizieren verhaftet, des Trotzkismus oder der Spionage angeklagt und ohne jedes Gerichtsverfahren standrechtlich erschossen worden waren.

Offiziere der Auslandsabteilung des NKWD, die nach Spanien oder Frankreich kamen, erzählten die verrücktesten Geschichten – »zum Beispiel, wie auf ein bloßes Klopfen an die Tür eines Wohnhauses im Nachbarhaus ein selbstmörderischer Schuß abgefeuert wurde«, schrieb Orlow später. »Inquisitoren des NKWD, die noch vor nicht allzu langer Zeit Stalins Gefangene in Angst und Schrecken versetzt hatten, zitterten nun selbst vor unbeschreiblicher Angst.«[6]

»Die Spitzenfunktionäre und Verhörspezialisten des NKWD waren wie Jagdhunde, die zu sehr mit der Verfolgung ihrer Beute beschäftigt waren, um auf den Jäger zu achten«, erklärte Orlow die Unfähigkeit seiner ehemaligen Tscheka-Genossen, Jeschows Absichten rechtzeitig zu durchschauen. Seiner Überzeugung nach bestand Stalins ursprünglicher Plan darin, alle, die in die Moskauer Schauprozesse verwickelt waren oder die Wahrheit über sie kannten, physisch zu vernichten. Die Akten jedoch belegen, daß Jeschow bald die Säuberungen auf die NKWD-Organisationen in den Provinzen über die gesamte Sowjetunion ausdehnte. Diese unglückseligen Offiziere hatten von den vorausgegangenen Säuberungen unter den ehemaligen Mitgliedern des Politbüros so gut wie nichts mitbekommen und ebensowenig ihre Hände dabei im Spiel gehabt. Allein 1937 wurden Schätzungen zufolge über 3000 Einsatzoffiziere des NKWD liquidiert.[7]

Nach den Schuldsprüchen im dritten Moskauer Schauprozeß nahm die Jeschowschtschina 1938 unglaubliche Ausmaße an. Eines der Opfer war der ehemalige NKWD-Chef Jagoda, der zwei Jahre zuvor beim ersten dieser Schauprozesse Stalins Terrorherrschaft eingeleitet hatte. Von den NKWD-Inquisitoren, welche die »Geständnisse« erzwungen hatten, die zu den Schuldsprüchen führten, konnte nur Georgi Ljuschkow, der stellvertretende Leiter der politischen Abteilung und Moltschanows Assistent beim ersten Prozeß, der Exekution entrinnen. Er rettete sein Leben, indem er nach seiner Ernennung zum NKWD-Chef in den fernöstlichen Provinzen Chinas im Sommer 1938 zu den Japanern überlief.[8]

Die Auswirkungen von Stalins Säuberung unter den höheren Dienstgraden der Roten Armee waren bis nach Spanien zu spüren. Im Februar 1937 wurde General Kleber das Kommando der Internationalen Brigaden entzogen. Auf Moskaus Befehl sollte er für die Republikaner die Verteidigung Malagas organisieren; kurz nach seiner Ankunft dort verschwand er jedoch spurlos und tauchte nie wieder auf. Vermutlich fiel er einem Todeskommando des NKWD zum Opfer. General Bersin hingegen wurde nach Moskau zurückberufen, nachdem er Kritik an Orlows überheblicher Leitung des NKWD in Spanien geübt hatte. Bersin fiel Jeschows Rachsucht ebenso zum Opfer wie Staschewski, Stalins Kommissar in Spanien; auch er hatte es gewagt, den NKWD zu kritisieren.[9]

Als reihenweise NKWD-Offiziere, die aus dem Ausland zurückberufen wurden, spurlos verschwanden, versetzte jede Aufforderung der Zentrale, nach Moskau zu kommen, den davon Betroffenen natürlich sofort derart in Panik, daß immer raffiniertere Vorwände konstruiert werden mußten, um den jeweiligen Offizier tatsächlich in die Sowjetunion zurückzulocken. Einer der ersten, die auf solche Tricks hereinfielen, war Smirnow, der Pariser Resident, der als Verbindungsmann zu Philby fungiert hatte. Hierbei handelte es sich nicht um Dmitri Smirnow sondern um W. W. Smirnow, dessen Codename PETER und dessen richtiger Name Stanislaw Glinski war. Er hatte vier Jahre in Frankreich gedient, so daß weder er noch seine Frau es als ungewöhnlich empfanden, als er im Juli 1937 zurückbeordert wurde. Hätte nicht zufällig die Frau eines anderen in Paris stationierten NKWD-Offiziers die Verhaftung von Smirnows Frau in Moskau selbst mitbekommen, dann wären seine früheren Kollegen in Paris einfach davon ausgegangen, daß Smirnow auf einen anderen Posten versetzt worden war. Als dann bekannt wurde, daß er wegen Hochverrats hingerichtet worden war, hatte Jeschow seine Erfüllungsgehilfen bereits angewiesen zu verbreiten, daß Glinski gestanden hatte, ein polnischer Spion zu sein. Seine Pariser Genossen merkten bald, daß die Anschuldigungen gegen ihren früheren Chef frei erfunden sein mußten, da die Zentrale bei der Kommunikation mit ihnen auch weiterhin dieselben Codes verwendete und keiner ihrer Agenten oder Informanten enttarnt wurde.[10]

Auch Theodore Mally gehörte zu den vierzig illegalen NKWD-Offizieren, die, wie Orlow 1938 erfuhr, aus dem Ausland zurückberufen worden waren – nur, um anschließend der Spionage bezichtigt und zum Tode verurteilt zu werden. Bis auf fünf hatten alle den Befehl Moskaus zur Rückkehr befolgt, obwohl viele bereits geahnt haben dürften, welches Schicksal sie erwartete. Einige wurden wie Mally in Erwartung dessen, was kommen mußte, mutig und gefaßt zu Märtyrern, während andere sich noch der tödlichen Illusion hingaben, ihre Unschuld beweisen zu können. Viele wären sicherlich geflohen, um ihr Leben zu retten, wäre da nicht das von Stalin am 8. Juni 1938 unterzeichnete Dekret gewesen, demzufolge eine Art Sippenhaft eingeführt und den engsten Verwandten von Deserteuren mit der Deportation nach Sibirien gedroht wurde. Außerdem informierte man jeden NKWD-Offizier über einen geheimen Zusatz zu diesem Gesetz, der eine automatische Haftstrafe von zehn Jahren für Frauen und nahe Verwandte vorsah, die im Falle eines Verrats von Staatsgeheimnissen sogar in die Todesstrafe umgewandelt werden konnte.[11]

Stalin hatte Jeschow auch angewiesen, alle notwendigen Maßnahmen zu ergreifen, um die Desertion von NKWD-Offizieren im Ausland zu verhindern, die Geheimnisse über sowjetische Untergrundoperationen an feindliche Geheimdienste hätten verraten können. Diese Aufgabe wurde den »mobilen Truppen« übertragen, deren Mission darin bestand, NKWD-Offiziere, die Moskaus Befehlen nicht gehorchten, aufzuspüren und zu töten. Diese reisenden Mörderbanden wurden vom »Amt für besondere Aufgaben« organisiert.

Walter Kriwizki (richtiger Name Ginsberg), der NKWD-Resident in den Niederlanden, der Waffen nach Spanien hatte schaffen lassen, und Ignaz Reiss, ein Illegaler in Belgien, der mit richtigem Namen Porezki hieß, gehörten zu denen, die es vorzogen, Moskaus Befehlen zum Trotz im Ausland zu bleiben. Orlow gab später zu, er wisse noch von zwei weiteren NKWD-Agenten, die im selben Jahr desertiert seien; ihre Decknamen waren PAUL und BRUNO.[12]

Der ranghöchste NKWD-Offizier, der mit dem stalinistischen Regime brach, war Reiss. Nachdem er den fatalen Rückruf nach Moskau erhalten hatte, floh er im Jahre 1937 mit Frau und Kind in die Schweiz. Bevor er seinen Posten verließ, ließ er der sowjetischen Botschaft in Paris noch einen Brief zukommen, in dem er dem Zentralkomitee erklärte, warum er mit Stalin gebrochen hatte, und ankündigte, er kehre »in die Freiheit zurück – zurück zu Lenin, seinen Lehren und seiner gerechten Sache«. Stalin reagierte auf diese unerhörte Geste des Trotzes, indem er Jeschow anwies, Reiss und seine ganze Familie auszulöschen – als abschreckendes Beispiel für alle potentiellen Nachahmer. Am 4. September spürte die »mobile Truppe« von NKWD-Mördern Reiss in der Schweiz auf. Sie durchlöcherten ihn mit Maschinenpistolen und warfen seine Leiche in der Nähe der Ortschaft Chamblades außerhalb von Genf in den Straßengraben.[13]

Trotz der Liquidierung seines Freundes Reiss entschloß sich zwei Monate später auch Kriwizki, der Leiter der NKWD-Residentur, der bis 1935 GRU-Offizier gewesen war, zur Flucht. Nachdem er seine Station in Den Haag verlassen hatte, fuhr er mit Frau und Sohn nach Paris, wo er bei der französischen Polizei um Schutz und Asyl nachsuchte. Aber er wäre wohl mit ziemlicher Sicherheit sehr bald von einem der »mobilen Trupps« liquidiert worden, hätte nicht eine weitere von den Sowjets begangene Entführung in Frankreich einen riesigen Skandal ausgelöst. Am hellichten Tag wurde am 22. September General Miller, Kutjepows Nachfolger als Vorsitzender der weißrussischen Veteranenorganisation ROWS, von einer sowjetischen Spezialeinheit an einer Pariser Straßenecke gekidnappt. Die französische Regierung leitete daraufhin eine der umfangreichsten Suchaktionen in der Geschichte des Landes ein. Der General wurde jedoch nie wieder gefunden, weder tot noch lebendig.[14]

Orlow war, wie er später dem KGB-Agenten Feoktistow anvertraute, an der Miller-Entführung beteiligt gewesen, obwohl er behauptete, sich mit Jeschow gestritten zu haben, weil er mit der ganzen Operation nicht einverstanden gewesen sei. Ein Brief in der Akte mit der Korrespondenz der spanischen Residentur erinnerte Spigelglas daran, daß es Orlow war, der das Flugzeug gechartert hatte, »in dem Sie und ich FARMER wegschafften«. FARMER war General Skoblins Codename, des stellvertretenden Leiters der ROWS. Als Vize von Miller war er (laut Orlow) ihr »Spitzel« in dieser Operation, deren Zweck es war, den eigenen Mann an die Spitze der Organisation zu stellen.[15] Dank Orlow entkam Skoblin; eine Tatsache, die er 27 Jahre später der CIA gegenüber verschwieg, als er erzählte, wie die Frau des übergelaufenen Generals zurückgelassen und von der französischen Polizei verhaftet worden sei.

Die französische Regierung hatte Moskau nach diesem Vorfall mit dem Abbruch der diplomatischen Beziehungen gedroht für den Fall, daß sowjetische Agenten einen weiteren Mord auf französischem Boden begehen sollten. Da Hitler gerade mit immer neuen Drohgebärden territoriale Ansprüche in Europa geltend machte, wollte Stalin nicht riskieren, zu einem solchen Zeitpunkt die Beziehungen zu Frankreich aufs Spiel zu setzen. Die Realpolitik erwies sich somit als Kriwizkis Rettung. Es gab drei Attentatsversuche auf ihn, aber es gelang ihm dennoch, sicher nach Amerika zu kommen. Als er jedoch drei Jahre später unter mysteriösen Umständen in einem Hotel in Washington, D.C., Selbstmord beging, sahen viele – auch Orlow – dies als Beweis dafür, daß er es letztendlich doch nicht geschafft hatte, Stalins Rache zu entkommen.[16]

Die »mobilen Truppen«, die von Stützpunkten in Europa und Mexiko aus agierten, hinterließen im Jahr 1937 zu beiden Seiten des Atlantiks eine lange Spur ungeklärter Todes- und Vermißtenfälle. Unter den Personen, die auf Jeschows schwarzer Liste gestanden haben dürften, war ein führendes Mitglied des ukrainischen nationalistischen Untergrunds mit Namen Konowalez. Konowalez wurde vor einem Rotterdamer Café, in das er zu einem Treffen bestellt worden war, von einer Bombe zerrissen. Vermutlich ebenfalls ein Opfer des NKWD wurde auch Juliette Stuart Poyntz, eine frühere Aktivistin in der Amerikanischen Kommunistischen Partei, die im Juni 1937 in New York spurlos verschwand. Mit Sicherheit von den Sowjets liquidiert wurde der ehemalige OGPU-Resident in der Türkei Georgi Agabekow, der in Konstantinopel 1931 zu den Briten übergelaufen war und im Juli 1937 auf dem Weg von Paris in die Pyrenäen ebenfalls spurlos verschwand. Rudolf Klement, der ehemalige Sekretär von Trotzkis Vierter Internationale, verschwand am 12. Juli 1938.[17] Später fand die Pariser Polizei in der Seine eine Leiche ohne Kopf, von der man annahm, daß es sich bei ihr um Klement handelte.

Die erste Vorahnung, daß Stalins tödlicher Prozeß der »Reinigung« auch ihn treffen könnte, befiel Orlow im August 1937, als ein Telegramm von Sluzki im Hauptquartier in Barcelona eintraf. Darin warnte man ihn vor einer möglicherweise geplanten Entführung durch die Deutschen und die Geheimdienste Francos mit dem Ziel, aus ihm Informationen über die sowjetische Militärhilfe für die Republikaner herauszuholen. Der Chef der Auslandsabteilung kündigte deshalb an, daß die Zentrale Orlow künftig eine persönliche Leibwache von zwölf Mann zuweisen werde, um seine Sicherheit zu garantieren. »Mir kam sofort in den Sinn, daß diese Leibwächter den Befehl erhalten haben könnten, mich zu liquidieren«, erzählte Orlow später. Er habe deshalb »Sluzki mitgeteilt, daß ich keine Leibwache brauche, weil meine Offiziere rund um die Uhr von der spanischen Guardia Civil bewacht würden und die schwerbewaffneten Agenten der spanischen Geheimpolizei mich auf allen meinen Reisen begleiteten«.[18] Nachdem er die russischen Leibwächter abgelehnt hatte, schickte Orlow vorsichtshalber seinen Assistenten Leonid Eitingon zur deutschen Internationalen Brigade. Eitingon wählte dort zehn der vertrauenswürdigsten Kommunisten der KPD als Leibwächter seines Chefs aus. »Diese ausgewählten Männer wurden meine ständigen Begleiter«, schrieb Orlow, »mit Maschinenpistolen und Unmengen von Handgranaten im Gürtel folgten sie mir auf Schritt und Tritt.«[19]

Orlows Verdacht, daß auch er inzwischen auf Jeschows Todesliste stand, erhärtete sich im Oktober 1937, als er unerwartet Besuch von Michail Spigelglas erhielt. Der stellvertretende Leiter der INO des NKWD kam, wie Orlow erfahren hatte, aus Paris, nachdem er von Jeschow entsandt worden war, um persönlich die Jagd auf Reiss zu leiten. Die NKWD-Akten zeigen, daß Orlow direkt in den Fall verwickelt war, da Spigelglas von Sluzki nach Spanien geschickt worden war, um Skoblins Flucht per Flugzeug aus Frankreich zu arrangieren.[20]

Orlows Angst um seine Sicherheit wuchs noch, als er herausfand, daß

Spigelglas sich in Madrid mit Bolodin getroffen hatte, einem NKWD-Agenten, der von Jeschow als Anführer einer »mobilen Truppe« nach Spanien geschickt worden war. Aufgrund dieser Nachricht mußte Orlow befürchten, daß die Operation auf eine Entführung seiner Tochter abzielen könnte; diese sollte womöglich als Geisel benutzt werden, um sicherzustellen, daß er im Falle eines Rückrufs auch tatsächlich nach Moskau zurückkehren würde.[21]

»Als mir um Mitternacht dieser Gedanke kam, fuhr ich zur Villa und weckte sie«, schrieb Orlow. »Ich brachte sie nach Frankreich, mietete ein Haus für sie und ließ sie mit einem Agenten der spanischen Sicherheitspolizei zurück, der Frankreich gut kannte, weil er früher einmal als Taxifahrer in Paris gearbeitet hatte.« In seiner Aussage vor den amerikanischen Behörden behauptete Orlow später, er habe bereits 1937 mit dem Gedanken gespielt, zu desertieren, sei aber nach gründlicher Abwägung dann zu dem Ergebnis gelangt, daß die Zeit dafür noch nicht reif war. »Ich wollte noch warten und meinen Bruch mit Moskau aufschieben, weil ich glaubte, so das Leben meiner Mutter und meiner Schwiegermutter verlängern zu können«, erklärte Orlow. »Irgendwo im Hinterkopf hatte ich die leise Hoffnung, daß in Moskau etwas geschehen könnte, das diesen Alptraum – diese ständigen Exekutionen – endlich beenden würde.«[22]

Der Alptraum fand 1938 noch lange kein Ende, sondern wurde noch blutiger. Kaum war Jeschow mit der Liquidierung der NKWD-Offiziere der alten Garde fertig, hatte er für die symbolische Figur Sluzki keine Verwendung mehr. Am 17. Februar 1938 wurde der Leiter der INO in das Büro von Frinowski gerufen, der mittlerweile zu einem der stellvertretenden Leiter des NKWD befördert worden war. Eine halbe Stunde später rief Frinowski Spigelglas zu sich. Als dieser Frinowskis Büro betrat, hing sein Chef Sluzki reglos in einem Sessel. Neben ihm stand ein leeres Teeglas. Frinowski erklärte ihm, ein Arzt habe bereits festgestellt, daß Sluzki an Herzversagen gestorben sei. Einige NKWD-Offiziere jedoch, die aus Erfahrung die Symptome einer Zyankalivergiftung kannten, bemerkten die verräterischen blauen Flecken im Gesicht ihres verstorbenen Chefs, als dieser im offenen Sarg im Offiziersklub des NKWD aufgebahrt lag. Orlow schöpfte Verdacht, nachdem er weiterhin Telegramme an seinen früheren Chef geschickt hatte; die Nachricht von dessen Tod kam nicht über den Telegrafen, sondern mit der langsamen Diplomatenpost.[23]

Wie Orlow von seinem früheren Umgang mit dem NKWD-Chef Jeschow wußte, war dieser ihm nicht sonderlich wohlgesonnen. Die Beförderung von Spigelglas zu Sluzkis Nachfolger als Leiter der INO machte somit auch Orlow verletzlicher. Merkwürdigerweise deuten die Akten aus jener Zeit an, daß Orlow es geradezu darauf anzulegen schien, das neue Regime in der Lubjanka zu irritieren. Er selbst lieferte seinen Feinden die Rechtfertigung, die sie suchten, um im Frühjahr 1938 gegen ihn vorgehen zu können, nachdem er eine Reihe sehr unvorsichtiger Berichte geschrieben hatte. Vor allem in einem dieser Berichte kritisierte Orlow scharf die SIM, die republikanische Geheimpolizei, die er selbst nach dem Vorbild des NKWD geschaffen hatte. Die Anklagen, die er gegen diejenige Organisation erhob, mit deren Terror er die spanischen Trotzkisten bekämpft hatte, kamen bei Jeschow alles andere als gut an. Mit aller, wenn auch rücksichtsloser Professionalität hat Orlow es offensichtlich als seine Pflicht erachtet, darauf hinzuweisen, daß die SIM aus dem Ruder zu laufen drohte. Nachdem sie eine führende Rolle bei den gegen die POUM gerichteten Operationen gespielt hatte, geriet die spanische Geheimpolizei tatsächlich immer mehr außer Kontrolle; ihre höheren Offiziere verwickelten sich in tödliche Kleinkriege gegeneinander, denen auch manche Mitglieder der kommunistischen Partei zum Opfer fielen, die Moskau treu ergeben waren.

»Die Willkürherrschaft in Spanien sucht in Europa ihresgleichen«, schrieb Orlow an die Zentrale. »Jeder Offizier der Spezialabteilung des spanisch-republikanischen Sicherheitsdienstes hat das Recht, ohne besondere Erlaubnis jedermann zu verhaften, selbst hohe Offiziere des Militärs.« Er beklagte, daß, »statt den Kampf gegen Spione und Faschisten zu führen, aufgrund persönlicher Feindschaften falsche Beschuldigungen konstruiert werden«. Insbesondere wies er darauf hin, daß der Stellvertreter des SIM-Chefs sogar einen elektrischen Stuhl installiert hatte, »auf dem er Verhaftete foltert«.[24]

Orlows Bericht über die Richtung, die der Terror in Spanien nahm, den er zum Teil selbst mit geschaffen hatte, gefiel Jeschows Spießgesellen in der Lubjanka natürlich gar nicht. Ihre eigenen Verhörmethoden unterschieden sich schließlich kaum von den in den Gefängnissen der SIM praktizierten Exzessen. Der »Zwerg« wartete schon lange auf eine Gelegenheit, es Orlow wegen einer Auseinandersetzung um die gescheiterte Exfiltration eines hohen Komintern-Führers heimzuzahlen, an der Stalin persönlich interessiert gewesen war. Der für sein nachtragendes Wesen berüchtigte Jeschow sah seine Chance gekommen, als Orlow persönlich zugunsten eines in Polen geborenen hohen Offiziers der Roten Armee intervenierte, der wegen angeblicher Sympathien für die Trotzkisten vor Gericht gestellt werden sollte.

General Swierczewski war den spanischen Kommunisten und den Mitgliedern der Internationalen Brigaden, die unter seinem Kommando kämpften, als General Walter bekannt. Anfang 1938 war er unvermittelt nach Moskau zurückbeordert worden. In einem verzweifelten Versuch, einen der wirklichen russischen Helden des spanischen Bürgerkriegs zu retten, schrieb Orlow an Jeschow ein persönliches Gesuch, das von allen seinen fünf Stellvertretern unterzeichnet wurde. Darin betonte er nicht nur, daß Swierczewskis Loyalität über jeden Zweifel erhaben sei, sondern auch, daß der General sich in der spanischen Öffentlichkeit größter Beliebtheit erfreue. Als Beweisstück legten Orlow und seine Stellvertreter die silberne Schatulle bei, die dem General von der Spanischen Liga Junger Kommunisten geschenkt worden war. Auf ihrem Deckel war eine Landkarte Spaniens eingraviert, in die an allen Orten, wo Swierczewski bedeutende Siege errungen hatte, Rubine eingelegt waren. In der Schatulle fand Jeschow Briefe vor, die dem General Tapferkeit und militärisches Geschick auf dem Schlachtfeld bescheinigten. Orlows Plädoyer verfehlte nicht seine Wirkung auf Jeschow, der sich ausnahmsweise gezwungen sah, eines seiner Opfer zu verschonen. Swierczewski wurde entlastet, doch Jeschows Zorn richtete sich nun gegen Orlow, der kurz nach seinem Eintreten für den General am 9. Juli 1938 selbst nach Moskau zurückbeordert wurde.[25]

»Nachdem ich das Telegramm mit der Anweisung erhalten hatte, nach Belgien zu fahren und an Bord eines Schiffes zu gehen – angeblich zu einer streng geheimen Besprechung mit einem hochrangigen Parteimitglied –, führte ich mit zwei meiner Assistenten ein privates Gespräch«, schrieb Orlow. Einer der beiden warnte ihn mit den Worten: »Dieses Telegramm gefällt mir nicht.« Orlow erinnerte sich, wie er wenige Monate zuvor angewiesen worden war, einen anderen seiner Assistenten nach Moskau zurückzuschicken, damit er eine Auszeichnung entgegennehmen und Stalin persönlich über den Krieg in Spanien Bericht erstatten konnte. Als der Assistent jedoch einen Monat später noch immer nicht zurückgekehrt war, blieb Orlow und seinen Leuten nur die schreckliche Schlußfolgerung, daß ihr Genosse ein weiteres Opfer von Jeschows Liquidierungskampagne geworden war.[26]

»Was meinen Sie, was für eine Art Konferenz könnte das sein?« hatte Orlow seinen beunruhigten Assistenten gefragt. Doch der Mann sah weg und antwortete nicht. »Er hatte Angst zu sprechen«, beschrieb Orlow die Reaktion seines Assistenten, der schließlich zögernd sagte: »Warum ist er nicht einfach nach Spanien gekommen, wenn er mit Ihnen reden will?«[27]

»Jeder spürte die Gefahr am eigenen Leibe«, erklärte Orlow. Eitingon war sich, wie Orlow merkte, sofort über die Bedeutung des Telegramms im klaren; er wies darauf hin, daß Moskau nicht einmal einen Decknamen des angeblich so wichtigen Mannes genannt hatte, den Orlow in Antwerpen an Bord der *Swir* treffen sollte.

»Jeschow und die Männer, die er aus dem Apparat des Zentralkomitees in das NKWD mitgebracht hatte, hatten nicht annähernd die Erfahrung der alten NKWD-Kader, die sie hatten liquidieren lassen«, erklärte Orlow. Selbst seine Untergebenen erkannten, daß das Telegramm mit der Absicht verfaßt war, beim Adressaten keinen Verdacht aufkommen zu lassen, wenn auch auf eine so plumpe Weise, daß Jeschow damit unwillkürlich seine wahre Absicht verriet.[28] Besonders offensichtlich war dies in der Anweisung an Orlow, für den Fall, daß er »aus irgendeinem Grund nicht an Bord gehen könne, vor dem Gebäude der American Express Company in Antwerpen zu warten«, und zwar alle zwei Stunden von zwei Uhr nachmittags bis acht Uhr abends jeweils fünf Minuten lang. »Sie hätten mich ebenso erschossen wie mehrere meiner Kollegen vor mir«, folgerte Orlow. »Kotow [Eitingon], dem ich das Telegramm zeigte, merkte sofort, daß es eine Falle war.«[29]

Orlow war klar, daß, wenn er zu dem Treffen mit dem sowjetischen Konsulatsangehörigen fahren würde, dieser dort sein bewaffneter Wächter würde, um sicherzustellen, daß Orlow auch tatsächlich in Antwerpen an Bord des russischen Schiffes ging.

So beschloß er, nicht nur Moskau, sondern auch Eitingon und seine Leute nicht merken zu lassen, daß er die Absicht hatte, der Falle – falls es wirklich eine war – zu entgehen. »Ich bestätige den Empfang Ihres Telegramms Nr. 1743. Um am 14. Juli in Antwerpen zu sein, muß ich hier am 11. oder spätestens am 12. Juli abfahren«, telegrafierte Orlow der Zentrale am 10. Juli und bat darum, ihm »rechtzeitig vorher die Einzelheiten meines Treffens mit unserem Genossen in Antwerpen mitzuteilen«. Weiterhin fragte er an, ob die sowjetischen Undercoveragenten »5, 10, 26, 27 und 29 am 14. Juli bereits in Europa sein müssen oder besser vorerst in Spanien in Bereitschaft bleiben sollen«.[30] Moskau bestätigte zwar den Bereitschaftsstatus der Agenten, übermittelte jedoch bezüglich seines Treffens in Antwerpen keinerlei zusätzlichen Informationen.

Orlow schickte daraufhin eine Routineantwort zurück, um nicht den Eindruck zu erwecken, daß er Verdacht geschöpft hatte. Er bat um Anweisungen der Zentrale bezüglich seiner Entsendung von vier NKWD-Männern und einer als Journalistin arbeitenden Agentin in die belgische Hauptstadt, um zu verbergen, daß er nicht beabsichtigte, seine Verabredung in Paris einzuhalten.

»Bestätige den Empfang von Telegramm Nr. 1750. Am 12. Juli werde ich meine Abreise eintragen und JOURNALISTIN nach Brüssel und ihren Bruder in die Stadt von FINNE Paris schicken. Am 12. oder 13. wird einer der fünf in Telegramm Nr. 1743 erwähnten Leute dorthin transferiert werden. Sämtliche Kontakte werden vorher arrangiert. Teilen Sie bitte mit, ob der Bruder das Funkgerät mitnehmen soll, ob es verpackt werden soll und ob die diplomatische Korrespondenz und das Bestandsverzeichnis vernichtet werden sollen. Ich werde pünktlich am 14. Juli in Antwerpen sein.«[31]

Dies war Orlows letzte offizielle Kommunikation mit der Zentrale in seiner Eigenschaft als General des NKWD. Tags darauf erschien er – wie er und seine Leute wußten – zum letzten Mal in seinem Hauptquartier. »Als ich mein Büro in Barcelona verließ, kamen meine Offiziere aus dem Haus; sie waren sehr bedrückt, weil sie das Gefühl hatten, daß ich auf dem besten Weg war, in eine Falle zu tappen«, schrieb Orlow über seine Abreise am 12. Juli. Seine Fahrt ging jedoch nicht in die von Moskau gewünschte Richtung. »Statt dessen rief ich meine Frau an, vereinbarte, mich mit ihr und Vera in einem bestimmten Hotel in Perpignan zu treffen, und floh.«[32]

Nachdem Orlow seine treuen deutschen Leibwächter an der Grenze zurückgelassen hatte, fuhr sein spanischer Chauffeur ihn zum Grand Hotel in Perpignan, wo er seine Frau und seine Tochter abholte. Dann nahmen sie den Nachtzug nach Paris, wo sie am 13. Juli – einen Tag vor dem französischen Nationalfeiertag – eintrafen. Orlows Stimmung entsprach in keiner Weise der Festtagslaune der Franzosen.

»Ich fühlte mich wie einer, der sein Schiff verlassen hat und ohne klares Ziel und mit wenig Hoffnung in ein Rettungsboot gestiegen ist«, schrieb Orlow. »Ich wußte, daß der NKWD in Frankreich gute Verbindungen hatte und Jeschows Terroristen mir innerhalb von 48 Stunden auf den Fersen sein würden. Ich mußte also so schnell wie möglich Frankreich verlassen, weil es dort nur allzu einfach war, mich in die Ecke zu treiben und zu ermorden.«[33]

Orlows ausgedehntes Netz von Verwandten in Amerika, von denen er viele bei seiner Reise im Jahre 1932 besucht hatte, ließ die Vereinigten Staaten als sichersten Zufluchtsort erscheinen. Seine Absicht, dorthin zu emigrieren, zerschlug sich jedoch vorerst, als ein Anruf bei der amerikanischen Botschaft ergab, daß der Botschafter William C. Bullitt nicht in der Stadt war. Orlow war sich nicht sicher, ob er seinen Fall einem von dessen Untergebenen anvertrauen konnte. Er brauchte also ein Alternativland, in das er fliehen konnte, und dies so schnell wie möglich. »Auf den Rat meiner Frau hin suchte ich deshalb die kanadische Botschaft auf, die zum Glück gerade geöffnet war.« Die Botschaft lag nicht weit von ihrem Hotel entfernt, und schon nach kürzester Zeit war es ihm gelungen, ein persönliches Gespräch mit dem Generalkonsul zu arrangieren. Er wußte zwar, daß Kanada damals keine diplomatischen Beziehungen zur Sowjetunion unterhielt und ihm deshalb kein formelles Einreisevisum erteilen konnte, doch der Kanadier erwies sich seinen Worten zufolge als ausgesprochen »freundlicher Mensch«. Glück für ihn war auch, daß der Konsul früher einmal die kanadische Einwanderungsbehörde geleitet hatte und somit ein Empfehlungsschreiben an diese verfassen konnte. Darin hieß es, daß der sowjetische General mit einem Diplomatenpaß in die USA reise und um Erlaubnis nachgesucht habe, seine Frau und seine kränkelnde Tochter für einen Urlaub nach Quebec bringen zu dürfen, bevor sie in die drückende Hitze Washingtons weiterreisten.[34]

Die Orlows mußten nun unverzüglich nach Kanada abreisen, da die Sowjets am nächsten Tag Alarm schlagen würden, wenn Orlow nicht in der sowjetischen Botschaft auftauchte, um sich von dort nach Antwerpen bringen zu lassen. Dann, so wußte Orlow, war es nur noch eine Frage der Zeit, bis das sowjetische Außenministerium den Paß für ungültig erklären würde, der den Orlows diplomatischen Status gewährte und die Reise nach Amerika ermöglichte. Das Glück ließ die Flüchtlinge aber nicht im Stich. Während sie noch in der Botschaft warteten, erfuhren sie von einem Priester, der ein Gespräch mit Frau Orlowa begonnen hatte, daß der kanadische Dampfer *SS Montclare* noch am selben Abend von Cherbourg nach Montreal auslief.

Während Orlow nach einem Reisebüro suchte, um ihre Überfahrt zu buchen, fuhr seine Frau zum Hotel zurück, um die Koffer und ihre Tochter Vera abzuholen. Der Vorfeiertagsverkehr machte ihre Fahrt quer durch Paris zu einem grausamen Wettlauf mit der Zeit; nur wenige Minuten vor der Abfahrt ihres Zuges nach Cherbourg trafen sie im Gare St. Lazare ein. Eine Stunde nach ihrer Ankunft in der Hafenstadt gingen die Orlows am späten Nachmittag an Bord der *SS Montclare*. Kurz nach Sonnenuntergang lief der Dampfer unter einem zweifachen, wehmütig klingenden Aufheulen seiner Sirene mit dem ranghöchsten sowjetischen Geheimdienstoffizier an Bord, der jemals versucht hat, vor Stalin zu fliehen, in die bereits mit der Dunkelheit verschmelzenden Gewässer des Ärmelkanals aus, um schließlich einen westlichen Kurs über den Atlantik in Richtung Kanada einzuschlagen.

So begannen für Orlow 14 Jahre eines Flüchtlingsdaseins. Die Zentrale ahnte nicht, daß der frühere Befehlshaber der sowjetischen Geheimpolizei in Spanien sich bereits auf dem Atlantik befand, als am nächsten Tag bekannt wurde, daß SCHWEDE nicht wie vereinbart in der sowjetischen Botschaft in Paris erschienen war. 48 Stunden später kümmerte sich, wie aus den NKWD-Akten hervorgeht, bereits Jeschow persönlich um das Verschwinden des Generals. Als das Schiff am 21. Juli in Montreal anlegte und die Orlows kanadischen Boden betraten, bereitete Jeschow schon die Entsendung einer »mobilen Truppe« vor, die den verschwundenen General ausfindig machen sollte.

Die kanadischen Behörden nahmen Orlow freundlich auf. Nachdem der Beamte der Einwanderungsbehörde Orlows Diplomatenpaß gesehen und das Empfehlungsschreiben des kanadischen Konsuls in Paris gelesen hatte, stellte er dem General einen Ausweis aus, der ihn und seine Familie zu einem zweimonatigen Aufenthalt in Kanada berechtigte. Verborgen in ihrem Handgepäck führten die Orlows ein kleines

Vermögen von US-Dollars mit sich, das, wie die Sowjets später behaupteten, aus der Kasse des NKWD stamme und aus dem Safe der Residentur in Barcelona gestohlen worden sei. Für diese Behauptung spricht eine auf Seite 170 in Orlows Akte dokumentierte Überprüfung des Safes nach dem Verschwinden des Generals. Darin heißt es, daß etwa 60 000 Dollar fehlten, die vermutlich von Orlow mitgenommen worden seien. Dies überschritt jedoch bei weitem den Betrag, den Orlow seinen späteren Angaben zufolge bei seiner Ankunft in Nordamerika bei sich gehabt haben will. Bezeichnenderweise hat er sich nie zur Diskrepanz der beiden Zahlen geäußert, und auch aus seiner NKWD-Akte wird nicht klar, ob es für das Verschwinden einer so erheblichen Summe womöglich eine andere Erklärung gab.[35]

»Bei meiner Einreise in die Vereinigten Staaten hatte ich 22 000 Dollar bei mir«, sagte Orlow später aus. Er bestand darauf, daß jeder Cent davon aus seinen »Ersparnissen« stammte, und versicherte den amerikanischen Einwanderungsbehörden 1955, er sei ein »hochbezahlter Funktionär« gewesen, dessen »Gehalt in den letzten Jahren 900 Dollar, das meiner Frau 350 Dollar im Monat« betragen habe. Er behauptete, dieses Gehalt sei ihm immer und ohne Abzüge in Dollars ausbezahlt worden, wenn er im Ausland gearbeitet habe. Somit war die Gesamtsumme, die die Orlows mit sich führten, nur wenig höher als ihr gemeinsames Gehalt in den zwei Jahren, die sie in Spanien verbracht hatten. Da in dieser Rechnung aber noch nicht ihre Lebenshaltungskosten oder die Arztrechnungen für ihre Tochter berücksichtigt waren, erklärte Orlow, ein Teil des Geldes stamme aus den Rücklagen, die sie angespart hatten, um Vera im Alter von 16 Jahren in ein »Schul-Sanatorium« in der Schweiz schicken zu können.[36] Wie auch immer Orlow zu diesem Geld gekommen sein mag – die Summe jedenfalls war recht beachtlich und entspricht, umgerechnet in heutige Verhältnisse, über 250 000 Dollar. Bezeichnenderweise war eine der ersten Aktivitäten von Frau Orlowa in Kanada ein Gang zur Bank, um unter Ausnutzung der Vorteile des kapitalistischen Systems ihr Geld für sich arbeiten zu lassen. Bei der Bank of Montreal eröffnete sie unter dem Namen Berg ein Sparkonto mit der Nummer 300937, auf das sie vermutlich den größten Teil ihres Bargelds einzahlte.[37]

Das Sparbuch war auf Marias Namen ausgestellt, damit sie, falls Jeschows Todeskommando ihren Mann ermordete, finanziell abgesichert war und sich um ihre Tochter kümmern konnte. Diese Vorsichtsmaßnahme war unter den vorliegenden Umständen auch durchaus angebracht. Obwohl die Eintragung in seiner Personalakte vom August 1938 ihn nicht direkt als Kandidaten für eine sofortige Liquidierung ausweist, eröffnete sie doch diese Möglichkeit; so heißt es, daß, obwohl seine »Flucht als Folge von Angst und Mißverständnissen betrachtet wird«, Orlows Rang als Geheimdienstoffizier so hoch sei, daß »seine Flucht eine einseitige Aktion ist, die an Verrat grenzt«.[38]

»Für mich und meine Familie war das ein gefährliches Spiel«, sinnierte Orlow später. »Mir war klar, daß die Terroristen des Kremls nach mir suchten, um mich zu liquidieren.« Deshalb beschloß er, etwas zu unternehmen, um seine Mutter und die seiner Frau, die beide noch in der UdSSR lebten, zu schützen. Zu diesem Zweck schrieb Orlow Stalin einen dreisten Erpresserbrief: »Ich schrieb einen Brief an Stalin und einen an den Chef des NKWD, Jeschow. Darin drohte ich Stalin an, daß, falls er sich an meiner Mutter oder der meiner Frau rächte oder sie es schaffen sollten, mich zu ermorden, mein Anwalt alle mir bekannten Daten über Stalins Verbrechen, die ich in den beiden Briefen aufführte, veröffentlichen würde.«[39]

Orlow zufolge schrieb er die beiden 37seitigen Briefe kurz nach seiner Ankunft in Kanada. Seinen Angaben nach enthielten sie eine lange Liste der Verbrechen des Diktators. Die Aufzählung reichte von einer detaillierten Beschreibung des Mordes an Kirow über den Einsatz des NKWD zur Erpressung von Geständnissen und zur Erstellung fingierter Anklagen für die Moskauer Schauprozesse bis hin zu den »Säuberungen«, denen Marschall Tuchatschewski und die anderen hohen Offiziere der Roten Armee zum Opfer fielen. Um mit Jeschow abzurechnen, klärte Orlow Stalin darüber auf, wie Skoblin, einer der Entführer von General Miller, im September 1937 den ausdrücklichen Befehl des Kremls ignoriert und in der sowjetischen Botschaft Zuflucht gesucht hatte.

»Ich drohte ihm mit aller Entschiedenheit, mein ganzes Wissen publik zu machen, falls er es wagen sollte, sich an unseren Müttern zu rächen«, schrieb Orlow mit seinem Sinn fürs Dramatische, der einem Drehbuchautor in Hollywood zur Ehre gereicht hätte. »Ich war mir sicher, daß Stalin seine Rache würde verschieben müssen, bis es ihm gelang, mich zu entführen und zu zwingen, meine geheimen Memoiren herauszurücken, um auf diese Weise sicherzustellen, daß die Geheimnisse seiner Verbrechen niemals veröffentlicht wurden.«[40]

Dies war Erpressung im großen Stil. Um sie durchzuziehen, mußte Orlow eine Möglichkeit finden, seine Forderungen an den Mann zu bringen, ohne dabei den eigenen Aufenthaltsort zu verraten. Es gelang ihm mit Unterstützung zweier seiner russischen Verwandten, die nach Amerika ausgewandert waren.

»Als ich in Kanada ankam, rief ich meinen Cousin Isaac Rabinowitz an«, erklärte Orlow später. »Ich bat ihn, mit Nathan Koornick Kontakt aufzunehmen und ihn zu mir nach Montreal zu schicken, da ich seine Dienste benötigte, um meine Briefe nach Paris zu befördern.«[41]

Als Orlow bei seiner USA-Reise im Herbst 1932 Rabinowitz besucht hatte, traf er auch einige Mitglieder der Familie Koornick wieder. Als Kinder hatten die Brüder Nathan, Max und Isadore sowie ihre Schwester Florence in Pogorsk gelebt, etwa 130 Kilometer von den Feldbins entfernt. Selbst eine so relativ kurze Entfernung zurückzulegen war für die jüdische Gemeinde im zaristischen Rußland der Jahrhundertwende nicht so einfach. Nach Isadores Erinnerung waren die beiden Familien nur oberflächlich miteinander bekannt, bevor die Koornicks 1905 nach Amerika auswanderten.[42] Deshalb dürften sie auch kaum sehr eng befreundet gewesen sein, und Nathan erinnerte sich, daß er nie mit Orlow gesprochen hatte, bis sie eines Tages im September 1932 in das Haus seines Cousins Rabinowitz kamen, wo Orlow gerade zu Besuch war. Damals hatten sie sich etwa anderthalb Stunden lang über Rußland unterhalten. 1954 erklärte Koornick dem FBI, daß er nie genau erfahren habe, was Orlow in den Vereinigten Staaten eigentlich wollte – außer in Detroit »einige Automobilteile einkaufen«. Nathan Koornick war deshalb ziemlich überrascht, als ihn Orlow völlig unerwartet im Juli 1938 anrief, erklärte, er sei in großen Schwierigkeiten, und ihn bat, sofort nach Montreal zu kommen.[43]

»Ich war keineswegs sicher, ob er mir diesen Gefallen tun würde«, gestand Orlow später, als ihn Beamte von der amerikanischen Einwanderungsbehörde fragten, warum ein so entfernter Verwandter, den er über dreißig Jahre nicht gesehen hatte, seinem Cousin sofort zu Hilfe eilte. Orlow antwortete, Koornick sei ein »sehr guter und naher Verwandter« und während Orlows Kindheit in Rußland »der beste Freund meiner Eltern« gewesen.[44] Offenbar hatte sein Cousin, der etwa zwanzig Jahre älter war als er, seinem Vater einmal finanziell unter die Arme gegriffen. Hätte Nathan nicht auf Rabinowitz' Anruf geantwortet, meinte Orlow, dann hätte er eben »einen anderen Verwandten gebeten, zu mir zu kommen«. Orlow war sich darüber im klaren, daß er seinen Verwandten nicht gerade wenig abverlangte. Die Bereitschaft zur gegenseitigen Hilfe jedoch, die ihnen in Rußland geholfen hatte, die Pogrome der Zarenzeit zu überleben, war auch in der Gemeinde jüdischer Einwanderer in New York noch nicht ausgestorben. Die Bitte, Orlow zu unterstützen, konnte man deshalb nicht einfach zurückweisen, zumal wenn sie von einem so einflußreichen Freund wie Rabinowitz kam.

Koornick erklärte dem FBI, er habe Orlows Vater »gekannt und gemocht« und schon deshalb nicht gezögert, sofort zu Orlow nach Montreal zu fahren. Entsprechend den Instruktionen, die er von Rabinowitz erhalten hatte, nahm er sich dort ein Zimmer im Hotel Windsor. In der Lobby des Hotels traf er sich mit Orlow, der Koornick bat, für ihn nach Frankreich zu reisen und in der sowjetischen Botschaft in Paris zwei Briefe abzugeben. Koornick war einverstanden, mußte jedoch erst nach New York zurück, um sich einen Reisepaß ausstellen zu lassen.

Anfang August fuhr er erneut nach Kanada. Dort, so Koornick, habe er Orlow 2000 Dollar geliehen, obwohl sein Cousin ihn nicht darum gebeten hatte und nach Koornicks Eindruck »ganz gut zu leben und nicht in Geldnot zu sein schien«.[45]

1954 erzählte Koornick dem FBI, wie er auf einem Dampfer der Canadian Pacific Line Montreal verließ und fünf Tage später in Paris ankam. Dort nahm er ein Taxi zur sowjetischen Botschaft, und da gerade Feiertag war, »schien nur ein Angestellter Dienst zu haben«. Entsprechend den Anweisungen seines Cousins ließ er das Taxi warten, gab die beiden versiegelten Briefe ab und bat anschließend den Taxifahrer, ihn so schnell wie möglich von der Botschaft in der Rue de Grenelle wegzubringen. Dann ging er zu einem Postamt, wo er eine von Orlow geschriebene und an den sowjetischen Botschafter adressierte Postkarte abschickte, die den Botschafter über die Abgabe der beiden Briefe informierten. Außerdem schickte er ein Telegramm nach Moskau, das ebenfalls Orlow vorbereitet hatte, um die dortigen Behörden zu informieren, daß der sowjetischen Botschaft in Paris zwei versiegelte Briefe zugegangen waren, »einen an den Leiter des NKWD und den anderen an einen Freund Stalins, der ihn persönlich bei Stalin abgeben soll«. Als Beweis für ihre Authentizität hatte Orlow auf beiden Umschlägen den Abdruck seines Daumens hinterlassen. Koornick kannte zwar nicht den genauen Inhalt der beiden Briefe, doch hatte Orlow ihm zu verstehen gegeben, daß sie eine Art Erklärung für seine Desertion enthielten.[46]

Diese Version seines Erpressungsplans wiederholte Orlow in all seinen veröffentlichten Schriften, vor dem FBI und der Einwanderungsbehörde. Nachdem es ihm mit diesen Briefen gelungen war, Stalin zur Rückberufung seiner Todeskommandos zu bewegen, fragte merkwürdigerweise niemand Orlow danach, warum Stalin auf Orlows Drohungen hin klein beigegeben hatte und warum die angedrohten Enthüllungen so gefährlich waren, daß sie zu einer Art Lebensversicherung für Orlow mutierten. Hätten Orlows Briefe nur von den »schrecklichen Verbrechen« Stalins gehandelt, dann hätte der Diktator solche Vorwürfe leicht als unbewiesene Anschuldigungen seitens eines verbitterten trotzkistischen Verräters hinstellen können.

In welchem Ausmaß Orlow die Amerikaner über den Inhalt der Briefe täuschte, durch die er es geschafft hatte, den sowjetischen Diktator und den Chef seiner Geheimpolizei dazu zu bewegen, ihm die Mörder vom Hals zu halten und seine Verwandten in der UdSSR ungeschoren zu lassen, geht aus den KGB-Akten klar hervor. Das Original des Briefes, den sein Cousin Nathan Koornick unter großem persönlichen Aufwand Moskau zukommen ließ, ist erhalten geblieben. Es ist elf Seiten lang – nicht 37 – und hat einen zweiseitigen Anhang. Von dem angeblichen Brief an Stalin fand man keine Spur. Auf dem vergilbten handbeschrifteten Umschlag des Schreibens an Jeschow kleben noch immer Stückchen von braunem Siegellack, übrigens ohne Orlows Daumenabdruck, und darunter steht in äußerst sorgfältig geschriebenen kyrillischen Buchstaben: »Streng persönlich. An Nikolai Iwanowitsch Jeschow. Von niemandem sonst zu öffnen.«[47] Der mit dem Absender von SCHWEDE versehene Brief wurde mit Ausnahme zweier kleinerer Streichungen vom russischen Geheimdienst vollständig zur Veröffentlichung freigegeben. Orlow erklärt darin in seiner schwungvollen Handschrift, aus welchen Gründen er sich entschlossen hatte, zu fliehen, spielt aber mit keinem Wort auf Stalins Verbrechen an. Sein Brief verdeutlicht jedoch die Natur von Orlows Drohungen, die sich im Hinblick auf seine erpresserische Absicht als weit effektiver erwiesen:

»Nikolai Iwanowitsch Jeschow,

ich möchte Ihnen in diesem Brief gerne erklären, wie es geschehen konnte, daß ich nach 19 Jahren treuen Dienstes für die Partei und die Sowjetmacht, nach vielen Jahren Untergrundarbeit, nach der Verleihung des Lenin-Ordens und des Roten Banners durch Partei und Regierung für zwei Jahre aufopferungsvollen Kampfes in einem grausamen Krieg – wie es nach all dem dazu kommen konnte, daß ich desertiert bin. Mein Leben hat immer im Dienst der Interessen des Proletariats und der Sowjetmacht gestanden, mein Verhalten ist unter den wachsamen Augen der Partei und der Führung unseres Volkskollektivs [der Auslandsabteilung des NKWD] immer tadellos gewesen.

Am 9. Juli erhielt ich ein Telegramm, das in keiner Weise gerechtfertigt war. Es lief darauf hinaus, daß ich aus völlig unverständlichen Gründen an Bord des Dampfers *Swir*, der offenbar eigens zu diesem Zweck nach Antwerpen geschickt worden war, in eine Falle gelockt werden sollte. Im Telegramm hieß es, ich solle am 14. Juli nach Antwerpen fahren, um an Bord ebendieses Schiffes einen mir persönlich bekannten Genossen zu treffen.

›Es ist wünschenswert‹, hieß es, ›daß das erste Treffen an Bord stattfindet.‹ Dies roch nach einem Komplott – nicht nur, weil ich die Reise in Begleitung des Generalkonsuls unserer Pariser Vertretung und in einem Diplomatenwagen machen sollte.

Warum sollte das erste Treffen an Bord eines Schiffes stattfinden? Warum, wenn nicht zu dem Zweck, mich zu überwältigen und als verdammten Feind hinzustellen? Und warum sollte ich bei der Reise von einem Generalkonsul begleitet in einem Diplomatenwagen fahren? Doch nur, um mich während der Reise unter Kontrolle zu haben – oder um mich im Falle einer Verzögerung in der Nähe des Dampfers vom Generalkonsul aufgrund einer in Spanien erlittenen Gehirnerschütterung für geistig unzurechnungsfähig erklären zu lassen, um meinen Rücktransport in die UdSSR unter strengster Überwachung zu rechtfertigen. Der Einsatz des Diplomatenfahrzeugs wurde im Telegramm als notwendige Sicherheitsmaßnahme erklärt, aber für mich war das ein eindeutiger Hinweis auf eine hinterhältige Falle, in die ich gehen sollte – ich, der ich völlig unschuldig bin.

Mir war klar, daß diejenigen in der sowjetischen Führung, die mich gerne eliminieren würden, in ihrer ›Säuberung‹ des Apparats zu weit gegangen waren. Wer auch immer gehofft haben mag, seine Karriere dadurch zu befördern, daß er mich als Kriminellen hinstellt, muß in geheimdienstlichen Belangen schon ein ziemlicher Analphabet sein, wenn er geglaubt hat, mich mit so primitiven Mitteln an Bord eines Schiffes locken und anschließend als ›Volksfeind‹ hinstellen zu können. Kurz und gut – mir war sofort klar, daß der Tod auf mich wartete.

Ich stellte mir dann folgende Frage: Habe ich als Parteimitglied – selbst wenn mir der Tod droht – das Recht, mich diesem Schicksal zu entziehen? Meine Genossen, die mit mir zusammengearbeitet haben, wissen nur zu gut, wie oft ich für die Sache des Kommunismus und die Partei mein Leben aufs Spiel gesetzt habe. Wiederholt habe ich mich bei der Entladung von Munitionsschiffen zwei volle Wochen lang schwersten Bombardements faschistischer Piloten ausgesetzt, obwohl ich nicht dazu verpflichtet gewesen wäre. Und viele Male bin ich bei der Erledigung Ihnen bekannter geheimdienstlicher Missionen das Risiko eingegangen, getötet zu werden. So feuerte beispielsweise ein Weißgardist einmal aus drei Schritt Entfernung auf mich, weil er mich, den verhaßten Bolschewiken, töten wollte. Als ich nach einem Autounfall mit Verletzungen an der Wirbelsäule einen Gipsverband tragen mußte, ließ ich gegen den Rat der Ärzte meine Arbeit nicht ruhen, sondern fuhr systematisch zu verschiedenen Städten an der Front, weil das im Interesse des Kampfes gegen den Feind war. Die Partei hat jedoch zu keinem Zeitpunkt von ihren Mitgliedern einen sinnlosen Tod erwartet – und schon gar nicht zum Nutzen krimineller Karrieristen. Doch nicht einmal das, nicht einmal die drohende illegale und ungerechtfertigte Bestrafung hielt mich davon ab, an Bord dieses Schiffes zu gehen. Ausschlaggebend war vielmehr die Erkenntnis, daß nach meiner Exekution und nach der Exilierung oder Hinrichtung meiner Frau meine 14jährige kranke Tochter ganz allein zurückbleiben würde. Kinder und Erwachsene hätten sie auf der Straße als Tochter eines ›Volksfeindes‹ geschmäht. Daß dieses Schicksal ausgerechnet einer Tochter zugedacht sein sollte, die stolz auf ihren Vater ist und ihn als ehrlichen Kommunisten und Kämpfer verehrt – dies zu ertragen ging über meine Kraft.

Ich bin kein Feigling. Ich wäre sogar bereit, als Opfer für die Partei ein auf Irrtümern beruhendes, ungerechtes Urteil zu akzeptieren, das mir zugedachte Schicksal bis zum Schluß zu ertragen und einsam und von allen verachtet in den Tod zu gehen. In dem Bewußtsein zu sterben, daß derart schreckliches Leid auf meine Tochter wartet, war jedoch mehr, als ich ertragen konnte. Hätte ich etwa nach meiner Rückkehr in die Sowjetunion mit einem gerechten Verfahren rechnen können? Nein und nochmals nein!

Mein Verstand sagt mir folgendes:

1. Bereits die Tatsache, daß ich nicht nach Hause zurückbeordert wurde, sondern man mir an Bord eines Schiffes eine Falle stellte, erklärt alles. Offenbar stand ich schon vor Betreten des Schiffes als ›Volksfeind‹ auf der schwarzen Liste.

2. Ich hätte mich in den Händen eines Kriminellen mit Decknamen DOUGLAS [für Spigelglas] befunden, der bis Juli 1938 stellvertretender Leiter der Auslandsabteilung war und die Todesschwadronen des NKWD leitete, die 1937 Ignaz Reiss erschossen. Ich wäre diesem DOUGLAS gerade recht gekommen, der aus niedersten Beweggründen bereits zwei meiner ehrenwertesten Kampfgenossen liquidiert hat.

Dies ist aber noch lange nicht alles. Ich weiß, daß DOUGLAS den Befehl gegeben hat, auch den Helden des spanischen [Bürger-]Krieges [General] Walter zu liquidieren, der freiwillig 16 Monate an der Front war. Walter ist einer der wenigen Namen, die jedem Soldaten ein Begriff sind. DOUGLAS erteilte diesen Befehl aufgrund unbestätigter Gerüchte, Walter habe ›ungesunde Vorstellungen, die dazu führen könnten, daß er nicht zurückkehrt‹. Dieser kriminelle Befehl kam nicht von anständigen Menschen. Walter ging bald freiwillig in seine Heimat zurück – mit bestem Gewissen, weil er an die Gerechtigkeit der Partei glaubte.

Es gibt noch viele andere Beispiele für die kriminelle Natur dieses DOUGLAS, der aus Karrieregründen bereit war, Dutzende unbescholtener Menschen und Parteimitglieder zu liquidieren in der perfiden Absicht, den Eindruck zu erwecken, daß diese Operationen für den Erfolg des Kampfes gegen den Feind unerläßlich seien. Nur, um sich beliebt zu machen, verriet der Karrierist DOUGLAS in Gegenwart der meisten Offiziere eine Reihe äußerst wichtiger Geheimnisse. Er terrorisierte meine Offiziere sogar, indem er die Namen der Familien unserer ehemaligen Offiziere aufzählte, die ohne Gerichtsverfahren standrechtlich erschossen worden waren. Auch nach Ansicht vertrauenswürdiger Offiziere, die hierher versetzt wurden, sind die Motive von DOUGLAS höchst fragwürdig. Es ist schon seltsam, daß Offiziere, die sein vollstes Vertrauen verdient gehabt hätten, der Spionage für schuldig befunden wurden, während ihre Agentenringe bis zum heutigen Tag einwandfrei funktionieren. Wenn beispielsweise ›P‹ tatsächlich für den Feind spioniert hat, warum hat er dann weiter mit einem Mann wie TULPE zusammengearbeitet, den er selbst angeworben hat? Warum hat er

TULPE nicht verraten? Und wenn ›M‹ ein Spion war, wieso hat er dann nicht WAISE und SÖHNCHEN oder all die anderen verraten, die noch immer für uns arbeiten?

Alle diese Gründe bewogen mich als einen Mann, der der Partei und der UdSSR treu ergeben ist, nicht in die Falle zu gehen, die mir der kriminelle Karrierist DOUGLAS an Bord dieses Schiffes gestellt hat. Ich möchte, daß Sie als Mensch jede Einzelheit der Tragödie verstehen, die ich – der ich nun als treues Parteimitglied der Partei und als ehrbarer Bürger meines Vaterlandes beraubt bin – durchzumachen habe.

Mein einziger Lebenszweck besteht nun darin, zu überleben, um meine Tochter auf die Zeit ihres Erwachsenseins vorzubereiten. Vergessen Sie nie, daß ich weder meine Partei noch mein Land je verraten habe. Nichts und niemand wird mich je dazu bringen, die Sache des Proletariats und der Sowjetmacht zu verraten. Ich wollte mein Land ebensowenig verlassen wie ein Fisch das Wasser. Dennoch bin ich nun aufgrund des verbrecherischen Treibens einiger Krimineller wie ein Fisch auf Eis. Aus meiner Kenntnis anderer Fälle kenne ich genau die Kräfte, die auf meine physische Liquidierung hingewirkt haben. Setzen Sie diesem Mißbrauch unserer Leute ein Ende. Es genügt wohl zu sagen, daß sie mir tiefstes Leid zugefügt haben, indem sie mir das Recht nahmen, in der Partei zu leben und zu kämpfen und den gerechten Lohn für lange Jahre selbstlosen Dienstes zu ernten.

Ich wurde nicht nur meines Vaterlands beraubt, sondern auch des Rechts, dieselbe Luft zu atmen wie das Sowjetvolk. Wenn Sie mich in Ruhe lassen, werde ich niemals etwas tun, was der Partei oder der Sowjetunion schaden könnte. Ich habe der Partei und unserem Land niemals Schaden zugefügt und werde das auch künftig nicht tun. Ich schwöre feierlich, daß bis zum Ende meiner Tage niemals ein Wort über meine Lippen kommen wird, das der Partei, die mich großgezogen hat, oder dem Land, in dem ich aufgewachsen bin, schaden könnte.

SCHWEDE«

P.S.: »Ich bitte Sie, dafür zu sorgen, daß niemand meiner alten Mutter etwas zuleide tut. Sie ist jetzt siebzig und hat nichts verbrochen. Ich bin von ihren Kindern das letzte, das noch am Leben ist, und sie ist ein einsamer und unglücklicher Mensch.«[48]

Jeschow war mit Sicherheit niemand, den humanitäre Aspekte interessiert hätten, so eloquent sie auch formuliert sein mochten. Die Wut, die dem NKWD-Chef und seinem Stellvertreter Berija beim Lesen von Orlows Brief hochgekommen sein muß, wurde sicherlich noch durch die Tatsache verstärkt, daß zwischen den Zeilen eine unüberhörbare

Drohung versteckt war. ›P‹ bezog sich auf den Codenamen PETER und meinte S. M. Glinski, Orlows Freund und ehemaligen Pariser Residenten (bekannt als W. W. Smirnow). ›M‹ auf MANN, den Codenamen von Theodore Mally; beide waren 1938 zurückbeordert und auf Befehl Jeschows des Verrats angeklagt worden. Die Nennung der Decknamen zweier Mitglieder des Spionagerings von Cambridge – WAISE [Maclean] und SÖHNCHEN [Philby] – signalisierte dem Kreml, daß die Zentrale für den Fall, daß die Todesschwadronen des NKWD Orlow liquidierten, mit katastrophalen Folgen für die Spionagenetze rechnen mußte, die Orlow aufgebaut hatte. Orlow wußte, daß er spätestens durch die Anspielung auf TULPE – den Decknamen des NKWD-Agenten Mark Sborowski, der in den inneren Kreis um Trotzkis Sohn Lew Sedow vorgestoßen war – die Aufmerksamkeit des NKWD-Chefs erregen würde. »Man hielt so große Stücke auf ihn, daß selbst Stalin ihn kannte«, bezeugte Orlow später und gab damit einen Hinweis darauf, daß er wußte, daß TULPE als »Organisator der Ermordung von Trotzki oder Trotzkis Sohn« vorgesehen war. Wegen des Vertrauens, das Trotzki, Codename STARIK (ALTER MANN), und sein Sohn (Codename SÖHNCHEN), in Sborowski setzten, plante der NKWD, mit seiner Hilfe »einen Attentäter in Trotzkis Haus in Mexiko zu infiltrieren«.[49] Die Anspielung auf TULPE diente zweifellos dem Zweck, Orlows erpresserische Drohung zusätzlich zu unterstreichen, weil er wußte, welch ungeheuer großen Wert der Diktator und Jeschow auf die Abrechnung mit Trotzki legten.

Daß Orlow mit seiner Mitteilung die Erpressung des sowjetischen Geheimdienstes bezweckte, macht die Wortwahl des zweiseitigen Anhangs deutlich. Er achtete darauf, darin die Operation mit dem spanischen Gold, »all seine beachtliche Arbeit« bezüglich Trotzki und dessen Sohn sowie die Rolle, die er im politischen Terror Spaniens gespielt hatte, zu erwähnen; ebenso all die Einsätze, die er »im Land von GRAFPEN« (NKWD-Kürzel für Großbritannien) und »im Land von FINNE« (Frankreich) geleitet hatte, wohin er hingeschickt worden war, um illegale Unterwanderungsnetze zu rekrutieren. Orlow erwähnte auch spätere Fälle und Einsätze mit Codenamen, die in den aktuellen sowjetischen Unterlagen noch verfolgt werden müssen. Aber schon allein die Tatsache, daß es sehr schwer ist, sie in den Unterlagen zu entdecken, zeugt von der Fähigkeit und den Bemühungen des NKWD, die Hinweise in den Akten zu löschen. Alles in allem nannte Orlow in seinem Anhang mehr als sechzig Agenten und Einsätze, zusätzlich zu TULPE, MÄDCHEN und SÖHNCHEN.

Bei den erwähnten Agenten handelte es sich um wahre »Kronjuwelen« des sowjetischen Geheimdienstes. Man mußte nicht erst so krankhaft mißtrauisch sein wie Stalin und Jeschow, um sich vorstellen zu können, daß Orlow vorsichtshalber eine Kopie dieser Liste irgendwo an einem sicheren Ort aufbewahrte – womöglich in einem Bankschließfach, versehen mit der Anweisung an seinen Anwalt, diese Büchse der Pandora im Falle seines Verschwindens oder unnatürlichen Todes zu öffnen. Diese Liste war Orlows Art, Jeschow und Stalin, der sie sicher zu Gesicht bekommen würde, daran zu erinnern, daß im Falle eines Vorgehens gegen ihn mit nicht weniger als der Enttarnung der wichtigsten sowjetischen Spionagenetze gerechnet werden mußte. Im Gegenzug dafür, daß seinen Verwandten in Rußland kein Haar gekrümmt und die Bluthunde des NKWD, die auf ihn und seine Familie angesetzt waren, zurückgepfiffen würden, bot Orlow an, sein brisantes Wissen für sich zu behalten.

Es war ein Pakt mit dem Teufel, der dem sowjetischen Diktator und seinen Henkersknechten unter den gegebenen Umständen kaum eine andere Wahl ließ, als mitzuspielen und darauf zu hoffen, daß Orlow sich an sein Versprechen hielt.

Nachdem Orlows Brief Mitte August in Moskau eingetroffen war, hatte man dort, wie aus den Akten hervorgeht, zur Vorbereitung der weltweiten Menschenjagd bereits einen Steckbrief des geflohenen Generals erstellt. Die Operation mit dem Ziel seiner Liquidierung wurde jedoch nie gestartet, sondern auf Befehl »von oben«, wie Orlows Zeitgenosse und damaliger hoher NKWD-Offizier Sudoplatow sich ausdrückte, gestoppt. Sudoplatow ließ uns wissen, daß die Entscheidung über eine Wiederaufnahme der Operation nur Stalin persönlich hätte fällen können.[50]

In den NKWD-Akten findet sich eine weitere Bestätigung dafür, wie schnell Jeschow und wohl auch Stalin Orlows Erpressung nachgaben. In der Spigelglas-Akte, in dem ausführlichen Geständnis, das er sechs Monate nach seiner Festnahme wegen Verrats im November 1938 machte, steht: »Nikolski [Orlow] schrieb, als klar war, daß er nicht zurückkehren würde, einen Brief an Jeschow, in dem er sagte, <u>daß er kompromittierendes Material veröffentlichen würde, sobald er auch nur den geringsten Verdacht hege, beobachtet zu werden.</u> [Unterstreichung hinzugefügt.] Danach gab Jeschow eine Direktive heraus, Nikolski nicht anzurühren.«[51]

Der Einsatz war hoch in Orlows gefährlichem Spiel, doch dürften sich Stalin und Jeschow voll darüber im klaren gewesen sein, daß ihr Gegenspieler keineswegs nur bluffte. Sein KGB-Dossier belegt, daß Orlow zum Zeitpunkt seiner Flucht im Jahre 1938 tatsächlich über die wichtigsten Operationen und die daran beteiligten Agenten in den Spionagenetzen in Europa, Großbritannien und den Vereinigten Staaten Bescheid wußte. Je wichtiger die Agenten aus Cambridge für die sowjetische Spionage in Großbritannien und das Berliner Netz in

Deutschland wurden, desto mehr Grund hatte Stalin, sich an die unausgesprochene Vereinbarung mit Orlow zu halten. Dieser konnte gar nicht ahnen, wie sehr der Wert seiner »Versicherungspolice« stieg. Indem er später den amerikanischen Behörden gegenüber den wahren Inhalt seines Erpressungsbriefes verheimlichte, sorgte er dafür, daß Philby, Blunt und die Oxforder »Maulwürfe« ihre Arbeit auf höchster britischer Regierungsebene fortführen konnten.

Interessant ist auch, daß trotz Orlows Behauptung, er habe dem sowjetischen Diktator Informationen zukommen lassen, die bewiesen, daß Jeschow bei der Entführung General Millers gegen Stalins ausdrückliche Befehle verstoßen hatte, nichts dergleichen in dem in den NKWD-Akten enthaltenen Brief zu finden ist. Offenbar handelte es sich hierbei um eine weitere Facette von Orlows großangelegter Täuschungsaktion. Orlows Entscheidung, seinen Pakt mit dem Teufel zu erfüllen, wurde ein Teil der tödlichen Illusion, die den KGB und dessen Agenten während des kalten Krieges zu einer so gefährlichen Waffe werden ließen.

Anmerkungen

1. Orlov, *Stalin's Crimes*, S. XII.
2. Obwohl die Seriennummer des Telegramms nachgewiesen werden konnte, gibt es in den maßgeblichen Akten keinen Hinweis auf das tatsächlich an Orlow geschickte Telegramm. Die in diesem Zusammenhang stehenden NKWD-Archivakten müssen daraufhin noch untersucht werden, weil Jeschow vielleicht angeordnet hat, es nach Orlows Flucht zu unterschlagen. »Korrespondenz der Residentur in Spanien«, Akte Nr. 76659, Band 2, S. 85, ARG. Die zitierte Version ist die, die Orlow in seiner Aussage vor dem Unterausschuß des US-Senats 1955 gab. Orlov, *Legacy*, S. 25.
3. Ebd., Orlov, *Stalin's Crimes*, S. XII.
4. Ebd., S. 214.
5. Ebd., S. 215–216. Der Selbstmord ist durch Bystroljotow in seinen Memoiren bestätigt worden: »Oberst Gurski sprang vom zehnten Stock aus dem Fenster.« BYSTROLJOTOW-Akte Nr. 9259, Band 2, S. 217, ARG.
6. Orlov, *Stalin's Crimes*, S. 216.
7. Ebd.
8. Orlov, *Legacy*, S. 18–19, 39.
9. Kriwizki, *Secret Agent*, S. 124, General Kleber, der eine wichtige Rolle beim sowjetischen militärischen Geheimdienst sowie der Spionageabwehr spielte, war vorher in den Vereinigten Staaten an sowjetischen Spionageeinsätzen beteiligt gewesen.
10. Orlov, *Stalin's Crimes*, S. 224–225.
11. Ebd., S. 223. In den NKWD-Unterlagen gibt es keinen Agenten oder Offizier mit dem Namen Bolodin.
12. Ebd., S. 226.
13. Ebd.

14. Orlow erzählte der CIA bei einer Befragung am 15.–16. April über den Fall Miller, daß er die Einzelheiten »aus Gesprächen mit den Beteiligten« erfahren habe. Er sagte, die Operation sei durchgeführt worden »unter der persönlichen Leitung des Residenten, Kislow, und des stellvertretenden Leiters des Ersten Direktorats, Spigelglas, der extra deswegen nach Paris geschickt worden sei«. Weiterhin seien Belezki und der Botschaftschauffeur beteiligt gewesen. »Der ganze Plan hing von dem Überleben des Unterwanderungsagenten General Skoblin ab, der der Spitzel bei diesem Einsatz war. Der Plan war, Miller zu entführen, woraufhin Skoblin dann sein Nachfolger als Chef der exzaristischen Organisation (ROWS) geworden wäre.« Aber laut Orlow konnte »niemand voraussehen, daß Miller sich selbst rückversicherte, indem er einen Brief bei Dritten hinterließ, die Skoblin nicht kannte«. Damit wurde Skoblin eindeutig als der Mann identifiziert, der die Falle gestellt hatte. Die eigentliche Entführung wurde ohne Schwierigkeiten durchgeführt. Orlow erklärte, daß Belzki »eine hohe Dosis einer Droge verwendete, die in Moskau Frauen verabreicht werde, um einen Dämmerschlaf während der Geburt hervorzurufen«. Miller wurde damit betäubt, in einen Kasten gelegt und von den Entführern »mit hoher Geschwindigkeit von Paris nach Cherbourg gebracht. Dort wurde der Kasten, der [ein] diplomatisches Siegel trug, an Bord eines sowjetischen Schiffes gebracht. Alle, bis auf den Chauffeur, gingen an Bord und kehrten nach Moskau zurück.« Miller wurde nach einem Verhör hingerichtet.
Als Skoblin von Millers belastendem Brief erfuhr, floh er in Panik durch den Hinterausgang seines Wohnhauses und ließ Geld, Portemonnaie und Notizen bei seiner Frau, einer bekannten Folksängerin, zurück. Die ganze Nacht lief er herum, bevor er am nächsten Morgen einen ehemaligen zaristischen Kollegen kontaktierte, von dem er 200 Francs erhielt. Danach informierte er den Mann von der sowjetischen Botschaft, der ihm von Spigelglas als Notkontakt gegeben worden war. Gegen Stalins ausdrückliche Order, keine Botschaftsangehörigen zu involvieren, schickte Jeschows Mann unklugerweise ein Botschaftsauto, um Skoblin aufzulesen, und gewährte ihm Unterschlupf in der Rue de Grenelle, bis er außer Landes nach Moskau geschmuggelt werden konnte. [Was Orlow 1965 der CIA nicht erzählte war, daß er auf Spigelglas' Befehl hin ein Flugzeug charterte, um Skoblin nach Spanien zu bringen.] Jeschow erntete, laut Orlow, die Lorbeeren für den Erfolg der Operation, behielt aber die Beteiligung der Botschaft gegenüber Stalin geheim: »Wenn Stalin das jemals herausfindet, dann kostet es mich den Kopf.«
Die Orlow-Berichte zeigen, daß er Schritte unternahm, um Stalin über Jeschows Ungehorsam in einem Brief zu berichten. Er behauptete, den Brief nach seiner Flucht nach Kanada geschrieben zu haben. Die CIA notierte: »Während all dem wurden Orlows Aussagen zunehmend emotionaler, besonders, wenn es um Jeschow ging, den er einen ›verdammten Killer‹ nannte: Am Ende sagte er: Ich war schließlich quitt mit ihm – dafür, daß er meinen Cousin [Kaznelson] getötet hatte, und er verdiente sein Schicksal.« [Orlow-›GENERAL MILLER‹-DST-Akte]
15. Die NKWD-Unterlagen zeigen, daß Orlows Rolle nicht die war, die er gegenüber der CIA vorgab. Soweit identifizierbar, gibt es drei separate Dokumente, die Orlow direkt mit dem Fall von General Miller in Verbindung bringen. Erstens, erzählte er Feoktistow 1971 bei ihrem zweiten Treffen, daß eine der Ursachen für das getrübte Verhältnis zwischen Jeschow und ihm seine ablehnende Haltung gegenüber dem Entführungsplan gewesen sei. Zweitens behauptete er in seinem Brief an Jeschow vom August 1938, daß er den Ring von FARMER besitze – FARMER war der Codename von General Skoblin. (OR-LOW-Akte Nr. 103509, Band 1, S. 205–221; S. 13–25, ARG.) Drittens schrieb

Orlow am 10. Mai von Barcelona aus an Spigelglas über einen anderen Einsatz, wobei er die Möglichkeit erwähnte, ein Flugzeug zu chartern: »Für 15 000 Dollar könnten wir ein Flugzeug des Typs mieten, mit dem Sie und ich FARMER verschwinden ließen.«
»Korrespondenz der Residentur in Spanien«, Akte Nr. 19897, Band 3, S. 121, ARG.

16. Sborowski gestand später dem FBI, daß er Moskau über Kriwizkis Aufenthalt informiert hatte. Die KRIWIZKI-Akte zeigt, daß der Überläufer in der Tat in den USA unter Bewachung durch NKWD-Agenten stand, allerdings nur bis zum 11. Februar 1939. Aus seiner Akte geht deutlich hervor, daß der NKWD die erste Nachricht über seinen Tod aus amerikanischen Medien erhielt. Diese Tatsache ist ein Hinweis darauf, wenn auch kein schlüssiger, daß der NKWD bei Kriwizkis Selbstmord seine Hände doch nicht im Spiel gehabt hat. SPRAW-KA-Zusammenfassung, datiert vom 6. Februar 1941, in KRIWIZKI-Akte Nr. 15485, Band 9, S. 22–37, ARG.

17. Dziak, *Chekisty*, S., Orlov, *Stalin's Crimes*, S. 227–228, Orlov, *Legacy*, S. 76.

18. Orlov, *Stalin's Crimes*, S. XI.

19. Orlov, *Legacy*, S. 25.

20. SPIGELGLAS-Akte Nr. 21746, Band 1, S. 199, ARG.

21. Orlov, *Stalin's Crimes*, S. XII.

22. Orlov, *Legacy*, S. 26.

23. Orlov, *Stalin's Crimes*, S. 232. Orlow berichtete ebenfalls ausführlich gegenüber der CIA im April 1965, aufgeführt in der Akte SLUZKI: »Sluzki wurde 1938 von Frinowski, der angeblich sein bester Freund und Stellvertreter war, vergiftet.« Orlow erinnerte sich daran, daß er im Februar 1938 ständig in Sluzkis Namen Telegramme erhielt – in der Zeit nach dessen Tod. »Offensichtlich versuchte man auf diese Art und Weise die Tatsache zu verbergen, daß Sluzki einem Verbrechen zum Opfer gefallen war.« (Orlow, DST-Akte)

24. Bericht von Orlow an die Auslandsabteilung des NKWD, datiert vom Juli 1938. ORLOW-Akte Nr. 32476, Band 1, S. 112, ARG.

25. Brief vom 24. Mai 1938, »Korrespondenz der Residentur in Spanien«, Akte Nr. 19897, Band 3, S. 158, 160, ARG.

26. Orlows Aussage vor dem Unterausschuß des Senats, *Legacy*, S. 75. Die Flucht seines Vorgesetzten scheint keine nachteilige Wirkung auf Eitingons Karriere gehabt zu haben. Die sowjetischen Unterlagen zeigen, daß es Eitingon war, der das Attentat auf Trotzki leitete. Während des Zweiten Weltkrieges diente er unter General Sudoplatow, der der Leiter der NKWD-Partisanenaktivitäten war. Eitingon stand jahrelang in Stalins Gunst und wurde erst nach Stalins Tod und Berijas Fall festgenommen.

27. Orlov, *Legacy*, S. 75.

28. Orlov, *Stalin's Crimes*, S. 27.

29. Orlows eidesstattlichen Aussagen als Antwort auf eine Befragung durch den INS, 23. Juni 1955, Serie 305 FBI ORLOW-Akte Nr. 105-22869, FOIA.

30. Die Nummern beziehen sich auf die Agenten, die Orlows Agentenschule in Spanien absolviert hatten. Orlow an die Zentrale, undatiert, aber wahrscheinlich vom 9. Juli, ORLOW-Akte Nr. 32476, Band 1, S. 120, ARG. Orlow sandte seine erste Antwort, Telegramm Nr. 316, am 9. Juli. Sie wurde vom Empfangsoffizier in der Zentrale am 10. Juli 1938 entgegengenommen.

31. Orlow an die Zentrale, 10. Juli 1938, ebd., S. 121. Dies war Orlows zweite Bestätigung, Telegramm Nr. 320. Während die aus Spanien gesendeten Telegramme von Orlow erhalten geblieben sind, ist das Originaltelegramm aus Moskau an Orlow, in dem er zur *Swir* beordert wird, nachweislich nicht mehr vorhanden. Es ist gut möglich, daß Orlows scharfe Kritik an Jeschows amateur-

haftem Telegramm, die er später in seinem Brief an den Leiter des NKWD von Paris aus schickte, zum Verschwinden des Telegramms geführt hat.

32. Orlov, *Legacy*, S. 26.
33. Orlov, *Handbook*, S. XIII.
34. Orlows Aussage vor dem INS, S. 48, FBI ORLOW-Akte Nr. 105-6073, FOIA; Orlov, *Stalins Crimes*, S. XIII–XIV.
35. ORLOW-Akte Nr. 32476, Band 1, S. 129, ARG.
36. Orlows Aussage vor dem INS, S. 48, FBI ORLOV-Akte Nr. 105-6073, FBI-FOIA; Orlows Aussage vor dem INS, 27. Juni 1955, in Serie 303, S. 13, ORLOW FBI-Akte Nr. 104-22869, FOIA.
37. Im FBI-Bericht beschriebenes Detail des Sparbuches, 29. März 1954, Referenz NY 105-6073, zusammenfassendes Interview mit dem Angestellten der Pilgrim Vault Company Boston, bei dem die Orlows ein Tresorfach gemietet hatten. Serie 186, S. 10, ORLOW FBI-Akte Nr. 104-22869, FOIA.
38. Eintrag vom August in der ORLOW-Akte Nr. 32476, Band 1, S. 170, ARG.
39. Orlows Aussage vor dem INS, NY 105-6073, ORLOW FBI-Akte Nr. 104-33869, FOIA.
40. Orlov, *Stalins Crimes*, S. XIV.
41. Orlows eidesstattliche Aussage vor den INS-Untersuchungsbeamten J. J. Caudiko und S. E. Mason, 27. Juni 1955, Serie 303, ORLOW FBI-Akte Nr. 104-22869, FOIA.
42. FBI-Bericht über das Interview von Isadore Koornick und seiner Schwester, Florence Kellerman (unzensiert), 31. Januar 1955, in Investigative Records Repository Records (IRR Untersuchungsberichte-Magazinberichte), »ORLOV, Alexander« C8 04 31 16 RG 319 RG 319, Berichte des Armeestab-National-archivs, Washington.
43. Bericht der Los Angeles SAC über das Interview von Nathan Koornick, 8. Oktober 1954, Serie 246 LA 105-01608, ORLOW FBI-Akte Nr. 105-22869, FBI-FOIA.
44. Ebd.
45. Ebd.
46. Orlows eidesstattliche Aussage vor dem INS-Untersuchungsbeamten Mason, 27. Juni 1955, Serie 303, ORLOW FBI-Akte Nr. 104-22869, FOIA.
47. Der Umschlag mit dem elf Seiten langen Brief Orlows und dem zweiseitigen Anhang liegt in ORLOW-Akte Nr. 76659, Band 2, S. 85, ARG.
48. Es gibt in den NKWD-Akten keinen Beweis dafür, daß Orlow eine Kopie seines Briefes an Stalin schickte. Beigefügt ist eine Notiz an »Suriz oder Burnukow« in der Pariser Botschaft, mit einer Anweisung, das beigefügte und versiegelte Schreiben an den Leiter in Moskau weiterzureichen. Entgegen Orlows wiederholten Behauptungen gegenüber den Amerikanern, er habe ein Exemplar Stalin zukommen lassen, lassen sich hierfür keinerlei Beweise finden. Die Annahme, daß es kein solches Schreiben gab, wird dadurch erhärtet, daß zwei Kopien einer Notiz entdeckt wurden, die Orlow zusammen mit seinem Brief an Jeschow schickte. Adressiert sind sie an Kislow, den Pariser Residenten: »Heute habe ich einer Concierge der Botschaft zwei Pakete übergeben, eines an Koslow, das zweite an den Botschafter Switz adressiert. Beide sollen an Nikolai Iwanowitsch [Jeschow] weitergereicht werden.« Signiert »Schwedow«. [ORLOW-Akte 76659, Band 1, S. 98, ARG.]
Die Annahme, daß es kein solches Schreiben gab, wird dadurch erhärtet, daß zwei Kopien einer Notiz entdeckt wurden, die Orlow zusammen mit seinem Brief an Jeschow schickte. Adressiert sind sie an Kislow, den Pariser Residenten: »Heute habe ich einer Concierge der Botschaft zwei Pakete übergeben, eines an Koslow, das zweite an den Botschafter Switz adressiert. Beide sollen

an Nikolai Iwanowitsch [Jeschow] weitergereicht werden«, signiert Schwedow. [ORLOW-Akte 76659, Band 1, S. 98, ARG.]

Warum beharrte Orlow so sehr darauf, daß er eine Kopie seines Briefes zusammen mit der Notiz auch an Stalin geschickt habe, worin er ihm mitteilte, daß Jeschow seine Befehle, die Botschaft nicht in die Miller-Entführung hineinzuziehen, ignoriert hatte? Es ist vorstellbar, daß er sich wichtiger machen wollte und seinen Fall dramatischer. Mehr noch, wenn seine Behauptungen bezüglich des Inhalts dieses Briefs stimmen sollten, in dem er die Verbrechen Stalins beschrieben haben will, und nicht die tatsächlich geschickte Liste mit NKWD-Einsätzen, Agenten und Operationen, dann wäre es logisch gewesen, daß er ihn an Stalin adressiert hatte. Daher die Täuschung und die falsche Behauptung. Eine andere Möglichkeit ist, daß Orlow den Erpressungsbrief mit dem Brief verwechselte, den er schon früher an Stalin geschrieben hatte. Darin bestritt er seine Rolle in der erfolglosen Operation hinsichtlich des Kominternführers. Orlow erzählte Feoktistow 1971, daß der Einsatz schiefgegangen sei, weil Jeschow sich in stümperhafter Weise in den bereits bewilligten Plan eingemischt habe.

Was man in den Akten fand, das waren zwei Kopien von Orlows Brief an Jeschow. Eine davon hat sicher Berija gesehen, aber ob er sie auch Stalin gezeigt hat, ist aus den erhalten gebliebene Berichten nicht ersichtlich. Daß der Brief an Stalin eine Erfindung Orlows war, bestätigt auch eine seiner Aussagen im Gespräch mit Feoktistow 1971. Darin erwähnte er, er habe nur ein einziges Mal persönlich an Stalin geschrieben, und zwar in Zusammenhang mit der Operation, ein prominentes europäisches Kominternmitglied zu exfiltrieren, deren Versagen auf Jeschows Konto ging. In seinem Erpresserbrief klagte Orlow Spigelglas wiederholt zahlreicher krimineller Fehler an und ließ Jeschow wissen, daß er sehr gut wisse, wer im NKWD dafür wirklich verantwortlich gewesen sei.

49. Sborowski war ein Pole, der Ende 1933 als NKWD-Agent B-138 rekrutiert wurde. Sborowski-Akte Nr. 31660, Band 1, S. 1, ARG; Orlov, *Legacy*, S. 16, Aussage vor dem SISSC, 1955, a. a. O.

50. Oleg Zarews Gespräch mit Generalleutnant Pawel Sudoplatow, 2. Juni 1992.

51. SPIGELGLAS-Ermittlungsakte Nr. 21746, Band 1, S. 198–199, MSA.

KAPITEL 13

Untertauchen

Als Nathan Koornick nach der Abgabe von Orlows Erpresserbrief in der zweiten Augustwoche des Jahres 1938 an Bord der *Empress of Australia* nach Montreal zurückkehrte, mußte er feststellen, daß sein Cousin Kanada bereits den Rücken gekehrt hatte. Während Koornicks Aufenthalt in Frankreich hatte Orlow die zweite Phase seines Überlebensplans eingeleitet. Er hatte die amerikanische Botschaft in Ottawa aufgesucht und wie selbstverständlich eine Einreisegenehmigung in die Vereinigten Staaten beantragt. Nachdem er seinen sowjetischen Diplomatenpaß mit der Nummer 3632 und den seiner Frau mit der Nummer 3633 vorgelegt und behauptet hatte, daß er als Mitarbeiter des sowjetischen Botschafters Trianowski in Washington akkreditiert sei, wurden sein Antrag von den amerikanischen Beamten wie eine Routineangelegenheit behandelt und ihm das Visum Nr. A2 472 620 ausgestellt, das ihm und seiner Familie unbeschränkten Aufenthalt in den Vereinigten Staaten mit dem Status ausländischer Diplomaten nach Abschnitt 1–3 des Einwanderungsgesetzes von 1924 garantierte. Seine Papiere waren von amerikanischen Grenzbeamten abgestempelt worden, als der Zug aus Ottawa am 13. August 1938 – auf den Tag genau einen Monat nach Orlows Abreise aus Paris – in Rouses Point im amerikanischen Bundesstaat New York haltmachte.[1]

»Ich benutzte diesen Paß auf meinen Reisen«, erklärte Orlow fünfzehn Jahre später den Ermittlern der US-Einwanderungsbehörde. Da er sich als akkreditierter Diplomat ausgegeben hatte, warf man ihm vor, illegal nach Amerika eingereist zu sein. Orlow hingegen behauptete, er habe zwar »das Recht verwirkt gehabt, die sowjetische Regierung zu vertreten, aber mein Diplomatenpaß war noch immer gültig, und mein offizielles Abschiedsgesuch kam erst später in Moskau an«.[2] Diese Täuschung war, wie er beteuerte, notwendig gewesen, um sein Leben sowie das Marias und ihrer Tochter Vera zu retten.

Als die Familie im Sommer 1938 in New York ankam, schrieb Orlow sich und seine Frau im Hotel Wellington an der Ecke 55. Straße/Broadway unter dem Nachnamen seines Cousins als Herr und Frau Leon

Koornick ein. Das mächtige rote Backsteingebäude war sicher nicht eine der ersten Adressen unter den Hotels der Stadt, aber durchaus groß genug, um ihnen die Anonymität zu bieten, die der flüchtige General suchte, zumal unter den Gästen auch viele Besucher aus Übersee waren. Seine neue Adresse vertraute Orlow nur seinem Cousin Isaac Rabinowitz an, und erst auf dem Umweg über Rabinowitz konnte Koornick schließlich nach seiner Rückkehr nach New York ein Treffen mit Orlow arrangieren. Bei diesem Treffen, das, wie Koornick dem FBI mitteilte, nicht im Wellington, sondern im St.-George-Hotel stattfand, unterrichtete Koornick Orlow über den Verlauf seiner Reise. Orlow erzählte ihm dabei, er habe »Stalin sehr gut gekannt« und wisse um die pathologische Rachsucht dieses Mannes, der niemals einen Feind vergessen könne. Als Koornick sich diese Worte 16 Jahre später wieder ins Gedächtnis rief, meinte er, er habe damals den Eindruck gewonnen, daß sein Cousin »große Angst vor Stalin hatte«.[3]

Nach Koornicks Angaben vor den Ermittlern des FBI im Jahre 1954 hatte er die beiden Fahrten nach Kanada, sämtliche Hotelrechnungen sowie die Reise nach Frankreich und zurück aus eigener Tasche bezahlt.[4] Dies verwirrte die FBI-Leute, da Orlows Aussage in diesem Punkt völlig von der seines Cousins abwich. In seiner im Juni 1955 unter Eid gemachten und auf jeder Seite mit seinen Initialen gezeichneten Aussage vor den Einwanderungsbehörden erklärte Orlow, er habe »mit absoluter Sicherheit« Koornick 1938 dessen Auslagen vollständig zurückerstattet. Da Orlows Gedächtnis, wie ein anderer Informant aus der Kindheit sich einmal ausdrückte, ansonsten »rasiermesserscharf« war, mutete es allerdings merkwürdig an, daß er sich an die genaue Summe nicht mehr erinnern konnte.[5] »Das müssen so an die 400 Dollar gewesen sein«, erklärte Orlow dem Ermittler und zweifelte Koornicks Gedächtnis an: »Der gute Mann ist 81 Jahre alt und hat ein sehr schwaches Gedächtnis, aber mein Gedächtnis ist in Ordnung.« In Anbetracht des Dienstes, den Nathan ihm erwiesen hatte sowie der Tatsache, daß er den Namen seines Verwandten benutzt und 1941 von ihm weitere 1000 Dollar geliehen hatte, um ein Konto bei der National City Bank von New York zu eröffnen, wirkte Orlows gefühllos-abwertende Einschätzung von Koornicks Geisteszustand ziemlich überraschend. Wann immer es jedoch um sein Überleben ging, setzte Orlow, wie aus seiner FBI-Akte hervorgeht, ohne jeglichen Skrupel seine Verwandtschaft ein, um die Wahrheit vor den amerikanischen Ermittlern zu verbergen. Seine jüdischen Verwandten aus Bobruisk halfen ihrerseits Orlow bereitwillig dabei, die Spuren seiner Vergangenheit zu verwischen. Sie stellten ihm keinerlei Fragen; schließlich gehörte er zur Familie, und sie halfen ihm auch dann noch, als sie erfuhren, daß er ein hochrangiger Offizier von Stalins Geheimpolizei gewesen war.

Auch George Sokolsky gehörte Orlows Freundeskreis aus Bobruisk an; beide hatten zusammen Hebräisch studiert. Später erzählte Sokolsky, der in die USA immigriert war, dem FBI, er habe Orlow seit 1917 nicht mehr gesehen, bis sie sich im September 1938 am Abend des Jom Kippur in einer Synagoge in Astoria, Queens, trafen. In dieser Nacht hätten sie bis zwei Uhr morgens über alte Zeiten geredet. Orlow habe ihm ansonsten nur erzählt, er sei »geschäftlich unterwegs«. Sokolsky wußte damals nicht einmal, daß der Mann, den er als Feldbin kannte, sich nun Orlow nannte, erinnerte sich aber auch später noch daran, daß sein Freund »extrem nervös« gewirkt habe und »keinen Augenblick stillsitzen konnte und ständig im Zimmer auf und ab ging«.[6]

Orlow gab Sokolsky weder Adresse noch Telefonnummer, und die beiden sahen sich 15 Jahre lang nicht wieder. Orlows Besuche der Synagoge an kirchlichen Feiertagen waren, wie seine dicke FBI-Akte enthüllt, ein gezielter Versuch, nach seiner Ankunft in den Vereinigten Staaten in der Gegend um New York diskret Kontakte zu seinen Freunden und Verwandten aus Bobruisk zu knüpfen. Mit derselben Methodik, die ihn zu einem so erfolgreichen Untergrundagenten gemacht hatte, blieb der flüchtige russische General in den nächsten drei Monaten ständig in Bewegung und fuhr mit seiner Familie zwischen New York und Philadelphia, wo sein Cousin Koornick lebte, hin und her. Unter den Hotels, in denen sie im ersten halben Jahr ihres Versteckspiels in den Vereinigten Staaten lebten, waren unter anderen auch das Benjamin Franklin, das Stratford und das Plaza in Philadelphia sowie das Wellington und das St. George in New York City. Sie zogen eher die weniger bemittelten Touristen und Geschäftsreisenden an. Die Orlows achteten darauf, nie länger als einige Wochen am Stück in ein und demselben Hotel zu bleiben, und trugen sich mit ständig wechselnden Namen in die Gästelisten ein, wobei sie die Namen Koornick und Berg bevorzugten.[7]

Abgesehen von ihrer eigenen Sicherheit waren die Orlows hauptsächlich wegen des emotionalen Traumas besorgt, das ihre Tochter erlitten hatte, deren ohnehin schlechte körperliche Verfassung durch das ständige Hin- und Herreisen noch zusätzlich beeinträchtigt wurde. »Meine Frau und ich versuchten nie, ihre Illusionen zu zerstören«, schrieb Orlow. »Sie empfand eine tiefe innere Abneigung gegen jede Art von Gewalt und grenzenlose Sympathie für alle Leidenden.« Da ihre Eltern wußten, daß sie nicht mehr lange zu leben hatte, wollten sie ihr nicht verheimlichen, warum sie vor Stalins Tyrannei geflohen waren. Mit Tränen in den Augen, so Orlow, hörte Vera, welch schreckliche Leiden ihre Landsleute zu ertragen hatten. »Die Welt, wie sie sie gekannt hatte, war plötzlich in sich zusammengebrochen«, schrieb ihr Vater. »Auf einmal war sie all ihrer großen und kleinen Träume beraubt.« Sie hatte gewußt, daß ihre Eltern in der Revolution gekämpft hatten, und sie war tief verletzt, als sie nun mit ansehen mußte, wie sie vor dem Scherbenhaufen ihrer Illusionen standen. Der einzige Trost für die Orlows war damals die Tatsache, daß ihre kränkelnde Tochter zum Zeitpunkt ihrer Ankunft in Amerika erwachsen geworden war.[8]

Orlows Leben auf der Flucht schweißte die Familie nur noch enger zusammen. Sie wußten jedoch, daß es nur eine Frage der Zeit war, bis man ihre Diplomatenpässe für ungültig erklären würde; zwar hatten sie eine unbegrenzte Aufenthaltserlaubnis, doch konnte diese jederzeit widerrufen werden, sobald das State Department herausfand, daß ihr Visum unter falschen Voraussetzungen erteilt worden war. Orlow war deshalb klar, daß sie irgendwann keine andere Wahl haben würden, als um politisches Asyl nachzusuchen, wenn sie eine Abschiebung vermeiden wollten. Dies aber, so wußte er, würde die amerikanischen Behörden auf ihn aufmerksam machen, was wiederum die Gefahr erhöhte, daß Moskau herausbekam, wo er sich aufhielt. Aus seiner Zeit in der Außenabteilung der Moskauer Zentrale wußte Orlow nur zu gut, wie leicht der NKWD mit seinem ausgedehnten Netz in Amerika ansässiger Agenten die Bürokratie der Vereinigten Staaten unterwandern konnte. Jede formelle Registrierung bei den Einwanderungsbehörden vervielfachte ihr Risiko, von Moskau aufgespürt zu werden. Zudem mußte ein formelles Ersuchen um politisches Asyl zwangsläufig auch das Interesse des FBI wecken, das sich verständlicherweise die Gelegenheit nicht entgehen lassen würde, einen ehemaligen General von Stalins Geheimpolizei gründlich zu verhören.

Orlows Überlebensstrategie hing deshalb davon ab, daß er mitfühlende Regierungsbeamte der USA überreden konnte, diskret seinen Antrag auf Aufenthaltsgenehmigung entgegenzunehmen, ohne daß er seine Adresse preisgeben mußte oder in irgendeiner Weise Aufmerksamkeit erregte. Dafür benötigte er einen Anwalt – am besten einen mit guten politischen Beziehungen, der hinter den Kulissen die notwendigen bürokratischen Maßnahmen einleitete. Er holte dafür den Rat seines Cousins Rabinowitz ein, der aufgrund seiner Tätigkeit als Vorstandsmitglied in der Amerikanischen Rotkreuzgesellschaft viele Kontakte zu Washington hatte. Mit Hilfe von Henry Field, dem Ehemann einer aus Rußland stammenden Tante von Koornick, kam Orlow mit John F. Finerty aus der Anwaltspraxis Olwine, Conolly and Chase in der Park Avenue in Kontakt.[9]

Finerty war als bekannter Verteidiger von Bürgerrechtlern bereits am berüchtigten Verfahren gegen Nicola Saccho und Bartolomeo Vanzetti im Jahre 1921 beteiligt gewesen. Die beiden italienischstämmigen Anarchisten aus Massachusetts waren, obwohl sie bis zuletzt ihre Unschuld beteuert hatten, trotz weltweiter Bedenken in einem umstrittenen Prozeß wegen bewaffneten Raubes und Mordes verurteilt und später hingerichtet worden. Finerty hatte auch in der von Professor John Dewey gegründeten Kommission mitgearbeitet, die zu der 1937 im Buch *Not Guilty* veröffentlichten Schlußfolgerung gekommen war, daß die gegen Trotzki in den Moskauer Schauprozessen erhobenen Vorwürfe absolut unbegründet waren.[10] Hätte Orlow seine Rolle bei den stalinistischen Säuberungen gegen die POUM gebeichtet, dann hätte Finerty, dessen Sympathien auf Trotzkis Seite lagen, ihn wohl kaum als Klienten akzeptiert. Sein Anwalt verfügte über gute Beziehungen in der demokratischen Partei, und so gelang es ihm bald, bei James L. Houghteling, dem Leiter der US-Einwanderungsbehörde, einen Termin zu erhalten.[11] Im September 1938 fuhren die Orlows von Philadelphia, wo sie im Benjamin Franklin Hotel wohnten, in Begleitung ihres Anwalts mit dem Zug nach Washington zu einem Treffen mit Houghteling. Dieser verwies sie an seinen Assistenten, Mr. Shoemaker. Nachdem Shoemaker festgestellt hatte, daß den Orlows mit insgesamt 22 800 Dollar mehr als ausreichende Geldmittel zur Verfügung standen und sie zudem auf die Hilfe amerikanischer Verwandter zählen konnten, meinte er Finerty gegenüber verständnisvoll, da das Leben seiner Klienten offensichtlich in Gefahr sei, wäre es »das Beste für Orlow, jedes Aufsehen um seine Person zu vermeiden und seine Ankunft geheimzuhalten«.[12]

Der Assistent des Leiters der Einwanderungsbehörde gab sein Einverständnis, keine offizielle Akte über Orlows Entscheidung, in den USA zu bleiben, anzulegen. Finerty interpretierte später die Fahrt seines Klienten nach Washington als Beweis dafür, daß dieser von der zuständigen Washingtoner Behörde quasi die offizielle Erlaubnis erhalten hatte, in den Untergrund zu gehen. Für die Orlows war nun der Weg frei, um von der Bildfläche zu verschwinden, und so reisten sie Anfang 1939 an die Westküste. Orlow hoffte, in Kalifornien einen größeren Abstand zu seinen Moskauer Verfolgern zu bekommen. Außerdem hatten die Ärzte, die sie wegen der angegriffenen Gesundheit ihrer Tochter zu Rate gezogen hatten, diesen Staat wegen seines milden Klimas empfohlen. Bevor sie jedoch mit der transkontinentalen Eisenbahn nach Westen fuhren, hatte der ehemalige NKWD-General noch etwas zu erledigen: Er nahm Kontakt zu Trotzki auf, um ihn vor einem bevorstehenden Attentat gegen ihn zu warnen.[13]

Orlow bezeugte später, daß er beschlossen hatte, Stalins Erzfeind über die Pläne zu seiner Ermordung durch jemanden aus seinem engsten Umkreis namens Mark zu unterrichten, nachdem er von Sborowskis hinterhältiger Rolle in Sedows Haushalt erfahren hatte. Da der frühere NKWD-General in Spanien zum Instrument von Stalins weltweitem Rachefeldzug gegen die Trotzkisten geworden war, überrascht es, daß Orlow nun ausgerechnet wegen Trotzki ein nicht unerhebliches Risiko einging, da der Kreml, wenn er von seiner Warnung Wind bekommen hätte, das natürlich als Bruch ihres von Orlow durch Erpressung herbeigeführten Abkommens betrachtet hätte. Um dies zu verhindern, verbarg Orlow seine Identität hinter einer neuen »Legende«: Er gab sich als der aus Rußland emigrierte Onkel des übergelaufenen General Ljuschkow aus und teilte unter dieser Tarnung Trotzki mit, sein Neffe habe ihm aus Japan eine schriftliche Warnung zukommen lassen von »einem wichtigen und äußerst gefährlichen Agent provocateur, der lange Zeit Assistent Ihres Sohnes Sedow in Paris war«. Er beschrieb Sborowski nur durch sein Äußeres und seinen Vornamen Mark und ließ Trotzki wissen, daß dieser NKWD-Agent den Diebstahl seines Archivs aus dem Nikolajewski-Institut organisiert hatte und darüber hinaus möglicherweise auch in den Tod seines Sohnes verwickelt gewesen sein könnte. Ljuschkow habe in seinem Brief seine Befürchtung darüber zum Ausdruck gebracht, »daß nun die Ermordung Trotzkis ansteht und Moskau alles versuchen wird, um mit Hilfe dieses Agent provocateur in Trotzkis Umkreis Attentäter einzuschmuggeln, eventuell auch durch Agents provocateurs aus Spanien, die sich als spanische Trotzkisten ausgeben.«[14]

»Seien Sie auf der Hut«, schloß Orlow seine Warnung. »Trauen Sie niemandem, weder Mann noch Frau, der oder die auf Empfehlung dieses Provokateurs zu Ihnen kommt.« Aus Sicherheitsgründen hatte Orlow den in phonetischem Russisch auf einer Schreibmaschine mit lateinischen Typen abgefaßten Brief von »Stein« nicht unterschrieben. Er schickte zwei identische Exemplare des Schreibens an Trotzki und seine Frau, adressiert an ihr Versteck in einer Villa in Coyocan bei Mexico City. Er bot ihnen an, mit dem Verfasser des Briefes wegen zusätzlicher Informationen Kontakt aufzunehmen, indem sie in einer der Januar- oder Februarausgaben der in New York erscheinenden trotzkistischen Zeitschrift *Socialist Appeal* ein entsprechendes Inserat aufgaben.[15]

Nach den Aussagen derjenigen, die ihm damals nahestanden, betrachtete Trotzki den Brief als Täuschungsmanöver des NKWD mit dem Ziel, bei ihm Panik zu erzeugen und seine Organisation zu zerschlagen.[16] Dennoch ließ er im *Socialist Appeal* eine Annonce mit folgendem Wortlaut erscheinen: »Ich bitte Sie, in die Redaktion zu kommen und mit Genosse Martin darüber zu sprechen.« Orlow gab später zu, dies getan zu haben, ohne seine Frau darüber zu informieren, die sich immer mehr als Leibwächterin ihres Mannes verstand. Als Orlow das New Yorker Büro des *Socialist Appeal* aufsuchte, stellte man ihn einem Mann vor, der eher wie ein Ungar als wie ein Russe aussah. »Besonders vertrauenerweckend kam er mir nicht gerade vor«, erinnerte sich Orlow später; er habe deshalb beschlossen, weder Martins Büro zu betreten noch seine Identität als Stein zu enthüllen. Statt dessen versuchte er im Februar von San Francisco aus, direkten telefonischen Kontakt zu Trotzki aufzunehmen. Zwar gelang es ihm einmal, zu einem seiner Sekretäre durchzukommen, doch wollte Trotzki selbst offenbar nicht ans Telefon kommen, da er wohl annahm, daß der Anrufer wieder einmal irgendein Journalist sei, der versuchte, eine Story aus ihm herauszuholen.[17]

Danach gab Orlow sein Vorhaben auf, Trotzki vor dem drohenden Attentat zu warnen. Dies bestätigen die NKWD-Akten aus jener Zeit, die belegen, daß Moskau von einem NKWD-Agenten, der sich in Trotzkis Gefolge in der Villa Coyocan eingeschlichen hatte, von der Warnung erfuhr. Ironischerweise fiel die Zentrale auf Orlows Täuschungsmanöver herein und glaubte tatsächlich, daß General Ljuschkow der Urheber der Warnung war, nachdem Sborowski die Nachricht von Steins Brief nach Moskau weitergeleitet hatte. Sie traf dort etwa ein halbes Jahr später, am 25. Juni 1939, als Kryptogramm von der Pariser Residentur ein.

»Am 21. Juni 1939 kehrte NACHBARIN (russisch *SOSEDKA* – der NKWD-Deckname für Lilia Estrine, die aus Rußland stammte und Trotzkis Gefolge angehörte) aus Amerika zurück. Noch am selben Tag traf sich TULPE [Sborowski] mit ihr in Gegenwart von Elsa und Gershuni [zwei weiteren Personen aus Trotzkis engstem Umkreis]. Ihren Angaben zufolge hatte ALTER MANN [Trotzki] sie äußerst gründlich über TULPE ausgefragt. Er hatte ihr erklärt, er habe zwei Briefe mit schweren Anschuldigungen gegen ihn erhalten, ein Einschreiben und einen Standardbrief. Der Urheber der Anschuldigungen gab sich als Verwandter Ljuschkows aus, lebte angeblich in San Francisco und hatte mit dem Namen Stein unterschrieben. Er behauptete, Ljuschkow ein Jahr nach seiner Desertion nach Japan getroffen zu haben. Dabei habe letzterer ihm Informationen über die Arbeit des sowjetischen Geheimdienstes im Ausland gegeben und ihn dann gebeten, ALTER MANN vor einem Verräter in seinem unmittelbaren Umkreis zu warnen – einem Brillenträger mit Spitznamen MARK und einem einjährigen Kind. Bis 1938 habe MARK am Nikolajewski-Institut gearbeitet, nachdem er aus dem Nichts dort aufgetaucht sei. Stein zufolge handle es sich bei MARK offensichtlich um ein ehemaliges Mitglied der polnischen Kommunistischen Partei, was aber nicht überprüft wurde. Ljuschkow erinnerte sich nicht an MARKS Nachnamen. MARK, so Stein, habe jedoch eng mit SÖHNCHEN (russ. SYNOK; Lew Sedow) zusammengearbeitet, habe die GPU (den NKWD) über ihn informiert und die Trotzki-Archive gestohlen. Stein bat ALTER MANN, niemandem zu trauen, der auf MARKS Empfehlung auftauchte.[18] Stein hatte ALTER MANN auch gebeten, ihm in der Zeitung *Socialist Appeal* eine Antwort zukommen zu lassen; ALTER MANN tat dies auch, doch der Autor [des Warnschreibens] erschien nicht.

NACHBARIN betonte, ALTER MANN schenke der ganzen Geschichte keinen Glauben und betrachte sie als Provokation der GPU. Elsa war derselben Meinung. NACHBARIN gestand, daß auch sie schon in ähnlicher Weise denunziert worden sei, und zwar in einem Brief von V[ictor] Serge, der sie als GPU-Agentin hingestellt habe.«[19]

Auf diesen Bericht hin forderte die Zentrale Sborowski zunächst auf, Trotzki einen Brief zu schreiben, in dem er die Warnung vor ihm als böswillige Verleumdung abtun sollte. In seiner Antwort vom 15. Juli 1939 lehnte Sborowski dies jedoch ab mit der Begründung, ein solches Vorgehen könne die Situation nur noch verschlimmern. Er betonte, »kein einziges Mitglied der Organisation« habe ihn je angeklagt, und auch Trotzki selbst halte die Warnung lediglich für eine »Provokation«. Da Trotzki selbst Estrine dazu eingesetzt hatte, ihm geheime Anweisungen zukommen zu lassen, besitze er ganz offensichtlich nach wie vor sein Vertrauen. Weiterhin argumentierte Sborowski, daß »GROLL [Kriwizki] bei seiner Behauptung, bei den Trotzkisten habe sich ein feindlicher Agent eingeschlichen, mit keinem Wort mich erwähnt hat, sondern lediglich Serge«. Zudem, so schrieb er, habe Elsa – Trotzkis »NKWD-Expertin« – ihn gegen sämtliche Verdächtigungen in Schutz genommen und auch weiterhin ALTER MANN nur das Beste über ihn erzählt. Nachdem die Zentrale Sborowskis Argumente noch einmal durchdacht hatte, kam auch sie zu dem Schluß, daß ihr Agent TULPE in der Tat über jeden Verdacht erhaben sein mußte und zudem Trotzki selbst den Brief von Stein als Provokation des NKWD abgetan hatte.[20] Orlow wußte zwar von alldem nichts, unternahm aber keinen weiteren Versuch, Trotzki vor der drohenden Gefahr zu warnen. Wie die Akten aus der Zentrale belegen, muß Orlow jedoch über die gegen Trotzki gerichteten Operationen weit mehr gewußt haben, als er in seinen beiden Briefen an die Villa Coyocan mitteilte. Den Ermittlern vom Unterausschuß des US-Senats für Innere Sicherheit und dem FBI versicherte Orlow später, er habe Sborowskis Namen zwar nicht gekannt, doch gewußt, daß er »1937 etwa 4000 Francs im Monat« bekommen habe; und er selbst habe einige von Sborowskis Berichten aus Paris gelesen.[21]

Möglicherweise konnte Orlow in Moskau Sborowskis Akte auch entnehmen, daß dieser 1933 von einem NKWD-Agenten mit der Nummer B-138 und dem Codenamen JUNKER angeworben worden war.[22]

Eine der vielen Fragen im Fall Orlow ist, wieviel Orlow tatsächlich über Sborowski wußte, ob er seinen vollen Namen kannte und inwieweit er über die Hintergründe seiner Operation gegen Trotzki informiert war.

War Orlows Warnung wirklich ein Versuch, Trotzki zu retten? Oder war es nichts weiter als ein vorsichtig formulierter, halbherziger Alarm, um sich selbst später nicht der Kritik auszusetzen, er hätte nichts unternommen? Die NKWD-Akten führen zu der Annahme, daß Orlow viel mehr über Sborowski in Erfahrung gebracht hatte. Er teilte in dem Brief offensichtlich nicht alles mit, was er über MARKS frühere Aktivitäten wußte. Aber hätte Orlow eine deutlichere Warnung abgeschickt, so wäre er Gefahr gelaufen, daß die Zentrale ihn als Informanten identifiziert hätte – und er hätte sein lebenswichtiges Versprechen gebrochen, weder TULPE noch andere sowjetische Unterwanderungsagenten zu verraten.

Orlows Hauptziel bestand nicht darin, Trotzki zu retten, sondern sein eigenes Überleben zu sichern und für seine Frau und seine kranke Tochter in Amerika eine Zukunft aufzubauen.

Unmittelbar nach seinem Besuch beim *Socialist Appeal* brachen die Orlows nach Kalifornien auf. In diesem Zusammenhang muß auch erwähnt werden, daß Lilia Estrine dem NKWD berichtete, die Briefe von Stein seien in San Francisco abgestempelt gewesen – und nicht etwa in Philadelphia, wie Orlow in einem Brief an den Leiter der Forschungsabteilung des Unterausschusses für Innere Sicherheit am 10. Oktober 1955 mitteilte.[23] Dies würde bedeuten, daß Orlow länger, als er behauptete, mit dem Abschicken der Warnung gewartet hätte. Er war nämlich bereits Anfang 1939 in San Francisco eingetroffen; von dort zog er mit seiner Familie Ende Februar 1939 nach Los Angeles weiter, wo sie die nächsten anderthalb Jahre verbringen sollten.

Als Stalin im August 1939 seinen teuflischen Pakt mit Hitler schloß und einen Monat später in Europa der Krieg ausbrach, lebten die Orlows unter dem Namen Berg im Mayan Apartment House 3049 West 8th Street. Nach der Niederlage Polens zogen sie in die Hershey Apartments am Wilshire Boulevard 2600, danach in die Ansonia Apartments 2205 West 6th Street. Im darauffolgenden Sommer, als gerade die Evakuierung von Dünkirchen und die Kapitulation Frankreichs die Schlagzeilen füllten, lebten die Orlows im Westbury Apartment House in der 3360 West 9th Street.[24]

Während Europa dem Blitzkrieg der Nazis zum Opfer fiel, erlebte die rastlose Familie Orlow ihre eigene Tragödie. Zur großen Enttäuschung der Eltern war die Sonne Kaliforniens zu spät gekommen, um die zunehmende Verschlechterung des Gesundheitszustands ihrer geliebten Tochter noch aufhalten zu können. Das den Gelenkrheumatismus verursachende Virus hatte Veras Herzmuskulatur zu sehr mehr geschwächt, seit sie sich zwölf Jahre zuvor auf dem See in Georgien die Erkältung zugezogen hatte. Am 22. Mai 1940 mußte sie ins Krankenhaus eingeliefert werden. Der zuständige Arzt am Good Samaritan Hospital, Dr. Russell W. Lyster, erkannte, daß ihr Fall hoffnungslos war und entließ sie deshalb am 7. Juni wieder nach Hause. Vor dem FBI bestätigte er später, schon relativ kurz nach der Entlassung seiner sechzehnjährigen Patientin, am 15. Juli 1940, einen Notruf von ihren Eltern erhalten zu haben, nachdem Vera einen unerwarteten Rückfall erlitten hatte. Als Dr. Lyster in der Wohnung der Orlows an der West 9th Street eintraf, fand er dort bereits einen anderen Arzt vor, der ihm erklärte, er habe dem Mädchen soeben eine Injektion gegeben, obwohl er sicher sei, daß es bereits tot sei. Da Dr. Lyster, wie er später aussagte, schon vorher absolut sicher war, daß die Tochter der Orlows niemals mehr gesund werden würde, stellte er ohne zu zögern den Totenschein für Veronica Berg aus. Das Dokument mit der Nummer 9452 wurde im Amt für Bevölkerungsstatistik von Los Angeles zu den Akten gelegt.[25]

Veras Tod war ein schrecklicher Schlag für die Orlows, die in ihrem verzweifelten Bestreben, trotz ihrer Krankheit eine Zukunft für ihre Tochter aufzubauen, so große Opfer gebracht hatten. Sie hatten nie die Hoffnung aufgegeben, daß sie irgendwann auf wunderbare Weise wieder gesunden könnte. Der Verlust ihres einzigen Kindes ließ ihr Leben nur noch unsteter werden. Sie konnten es nicht ertragen, noch länger in Kalifornien zu bleiben, und so packten die Orlows bereits wenige Wochen nach dem Tod ihres einzigen Kindes ihr weniges Hab und Gut und zogen wieder in den Osten der USA. Diesmal ging es nach Massachusetts; am 5. September 1940 schrieben sie sich als Mr. und Mrs. A. Berg im Hotel Essex in Boston ein. Dort blieben sie nur für kurze Zeit, bevor sie sich in ein Apartment-Hotel jenseits des Charles River in der Highland Avenue 36, einer dicht bewachsenen Straße in Cambridge unweit des Universitätsgeländes von Harvard, einmieteten.[26] Aus Los Angeles hatten sie ihre wertvollsten Habseligkeiten mitgebracht. Die Urne mit der Asche ihrer Tochter ließen sie in einem Familiengrab auf dem örtlichen Friedhof von Cambridge beisetzen. Ihre übrigen Wertsachen vertrauten sie einem Bankschließfach in Boston an. Nach den Aufzeichnungen der Pilgrim Safe Deposit Vaults betraten am 7. September 1940 ein Mr. und eine Mrs. Berg die Bank in der Milk Street 31, einen Häuserblock von der Faneuil Hall entfernt. Als Adresse gaben sie das Essex Hotel an der Atlantic Avenue an. Für eine jährliche Miete von 7,50 Dollar teilte man ihnen das Schließfach Nr. 7165 zu. Den Akten der Bank zufolge suchten die Bergs in den darauffolgenden zwölf Monaten achtmal ihr Schließfach auf.[27]

Nach Angaben eines Bankangestellten, der den Inhalt 1942 zu sehen bekam, bewahrten sie darin ein Sparbuch und eine beträchtliche Menge an Filmmaterial »in Rollen und Schachteln« auf.[28] Die Tatsache, daß zwei Ausländer solches Material unbedingt in Sicherheit wissen wollten, machte den Angestellten mißtrauisch; er hielt die Bergs für deutsche Spione und meldete – wegen der geltenden Kriegsbestimmungen – die Sache dem FBI. 14 Jahre später wurde Orlow gerichtlich dazu verpflichtet, die Filme vorzulegen. Die 35-Millimeter-Rollen stellten sich als Filme von seiner Tochter und deren Hauslehrerin in Spanien heraus. Niemand fragte Orlow jedoch, was sich in den übrigen Filmschachteln befand, noch mußte er je deren Inhalt vorzeigen. Angesichts der Tatsache, daß Orlow entsprechend der beim NKWD üblichen Praxis seine vertraulichen Berichte per Kurier nach Moskau hatte befördern lassen, liegt die Vermutung nahe, daß es sich um Negativmaterial seines elfseitigen Briefes an Jeschow gehandelt haben könnte – zusammen mit der Liste von 62 im Untergrund agierenden Agenten und wichtigen Operationen des NKWD.[29]

Nach den FBI-Akten könnte man den Schluß ziehen, daß die Briefe mit der Auflistung von Stalins Verbrechen – die Orlow seinen wiederholten Beteuerungen zufolge bei seinem Anwalt deponiert hatte, der sie im Falle seines Todes veröffentlichen sollte – nur Attrappen und seine eigentliche »Versicherungspolice« die Filmschachteln in seinem Bostoner Bankschließfach waren. Dieses wichtige Indiz wäre wohl nie ans Licht gekommen, hätte es nicht zwischenzeitlich eine Änderung der Bestimmungen bezüglich der von Ausländern angemieteten Bankschließfächer gegeben, die die Orlows nicht hatten voraussehen können. Um möglichst wenige Spuren zu hinterlassen, hatten sie es vorsichtshalber vermieden, ein Konto bei einer amerikanischen Bank zu eröffnen, und Maria hob weiterhin Bargeld von ihrem kanadischen Sparbuch ab.

Das Licht aus Sicherheitsgründen immer brennen zu lassen, war offenbar der einzige Luxus, den sich die Orlows leisteten, nachdem die hohe finanzielle Belastung für die medizinische Behandlung ihrer Tochter nach deren Tod weggefallen war. Sie kalkulierten ihre Ausgaben sehr genau und lebten äußerst bescheiden.[30] Unter Berücksichtigung der Kosten für Güter des täglichen Gebrauchs, aber nur minimaler Ausgaben für Nahrung und Kleidung errechneten sie, daß sie bei ihrer Bostoner Miete von 45 bis 50 Dollar im Monat mit etwa 1500 Dollar jährlich auskommen konnten. Auf diese Weise waren sie in der Lage, gut ein Jahrzehnt von ihrem Geld zu leben, bevor Orlow gezwungen sein würde, irgendeine Arbeit anzunehmen. In diesem Falle mußte er sich jedoch in die Sozialversicherung aufnehmen und damit offiziell registrieren lassen, was für ihn die Gefahr erhöhte, daß sein Aufenthaltsort ermittelt werden konnte.[31]

Die Probleme, die eine solche Registrierung nach sich ziehen konnte, wurden Orlow schon im Herbst 1940 klar, als der amerikanische Kongreß ein neues Gesetz zur Registrierung von Ausländern in den Vereinigten Staaten verabschiedete. Dieses Gesetz war eine Reaktion auf den Ausbruch des Krieges in Europa, in dessen Folge eine Flüchtlingswelle die USA überschwemmte. Alle Ausländer mußten sich von nun an registrieren lassen, sich einmal jährlich bei den Behörden melden und ihnen jeden Wechsel des Wohnortes innerhalb von zehn Tagen mitteilen. Aus der Angst heraus, daß eine offizielle Registrierung ihn zusätzlichen Risiken aussetzen, im Falle seiner Nicht-Registrierung hingegen eine Abschiebung in die Sowjetunion drohen könnte, nahm Orlow den Zug nach New York, um seinen Anwalt zu konsultieren.[32] Finerty wandte sich daraufhin direkt an die höchste Ebene des Justizministeriums: an den Generalstaatsanwalt der Vereinigten Staaten Francis Biddle, einen alten Freund von ihm. Biddle gab den Orlows dann ein Empfehlungsschreiben an Earl G. Harrison, den Leiter des Amtes für die Registrierung von Ausländern, den er anwies, diesen sensiblen Fall persönlich in die Hand zu nehmen.[33]

Nach ihrer Ankunft in Washington am 19. Dezember 1940 begleitete Finerty die Orlows zu einer privaten Zusammenkunft mit Harrison. Er erklärte die außergewöhnliche Situation seines Klienten sowie seine berechtigte Angst vor einem Mordanschlag und erwähnte, daß der Justizminister eine Art der Registrierung der Orlows befürwortet habe, bei der auf die Angabe ihres Wohnorts verzichtet werden sollte. Als er merkte, daß Biddle ein persönliches Interesse an dem Fall hatte, erklärte sich Harrison mündlich bereit, ausnahmsweise auf eine der Anforderungen des Registrierungsgesetzes zu verzichten. Er erklärte den Orlows, sie brauchten den Einwanderungsbehörden ihre Adresse nicht mitzuteilen, solange sie über Finerty jederzeit erreichbar blieben.[34]

Um sicherzustellen, daß an diesem ungewöhnlichen Arrangement kein Haken war, wies Harrison seinen persönlichen Assistenten Sewell an, die Orlows und ihren Anwalt zur Post in der Pennsylvania Avenue zu begleiten. Dort erledigte der für die Registrierung von Ausländern zuständige Inspektor Richard E. Eggleston die anfallenden Schreibarbeiten und nahm den Orlows ihre Fingerabdrücke ab. Unter »Staatsbürgerschaft« erklärte Orlow »Keine – zuletzt Bürger von Rußland«, und als weitere Namen nannte er Leon Feldbin und Leon Koornick. Als Adresse gab er das Hotel Wellington am Broadway in New York an, als Kontaktadresse in Notfällen das Haus seines Freundes Rosowski in Manhattan.[35] Noch dreizehn Jahre später erinnerte sich Eggleston bei der Befragung durch das FBI daran, wie überrascht er war, als Mrs. Orlow aus ihrer Handtasche ihren eigenen Tintenlöscher zog, um ihre Finger zu säubern. Er erklärte dem FBI, die Orlows hätten aufgrund eines Anrufs vom Leiter des Amtes für die Registrierung von Ausländern eine *Spezialbehandlung* erhalten. Er habe den Eindruck gewonnen, daß den Orlows diese Privilegien zuteil wurden, weil sie »entfernte

Verwandte russischer Adliger« waren.[36] Für die ungewöhnlich zuvorkommende Behandlung seiner Klienten bedankte sich Finerty in Briefen an den Generalstaatsanwalt und den Leiter der Einwanderungsbehörde. Harrison antwortete ihm mit den freundlichen Worten: »In Anbetracht des Verhaltens Ihrer Freunde und unter Berücksichtigung der geltenden Gesetze war das wenigste, was wir tun konnten, alle Möglichkeiten auszuschöpfen, die zu ihrem Schutz erforderlich sind.« Diese schriftliche Bestätigung der Tatsache, daß die Einwanderungsgesetze der Vereinigten Staaten tatsächlich von hohen Beamten in Washington gebeugt worden waren,.verhinderte später Orlows Abschiebung, als er 1953 die irregulären Umstände seiner Registrierung verteidigen mußte.[37]

Die Orlows kehrten nach Boston zurück, wo sie in Mrs. Connells Wohnhotel in Cambridge weiter ein spartanisches und zurückgezogenes Leben führten. Sie blieben dort noch anderthalb Jahre, weil Maria ein freundschaftliches Verhältnis zur Geschäftsführerin aufgebaut hatte. Mrs. Connell erklärte später den Leuten vom FBI, Mrs. Berg habe ihr erzählt, sie und ihr Mann hätten vorher in Los Angeles gewohnt, wo ihr Mann einen Buchladen besessen habe. Sie erinnerte sich auch noch daran, daß die Bergs in den zwei Jahren, die sie in ihrem Haus gewohnt hatten, ihre Wohnung nur äußerst selten verlassen hatten.[38]

Bei einer ihrer seltenen Fahrten in die Innenstadt von Boston erlebten die Orlows am 16. August 1941 eine unangenehme Überraschung. Als sie ihr Bankschließfach öffnen wollten, wurden sie ins Büro des Leiters der Schließfachabteilung zitiert. Sie hatten ihr Eigentum seit etwa sechs Monaten nicht mehr aufgesucht, und mittlerweile hatte Präsident Roosevelt als Antwort auf die japanische Aggression in Indochina die Anweisung erlassen, alle Guthaben von Staatsbürgern der Achsenmächte in den Vereinigten Staaten einzufrieren. Um dies durchzusetzen, mußten alle Ausländer, die in den USA Bankschließfächer gemietet hatten, entweder ihre Einbürgerungsurkunde vorlegen oder der Bank eine detaillierte Auflistung des Inhalts ihrer Schließfächer geben. Nachdem die Orlows über die neuen Bestimmungen aufgeklärt worden waren, mußte der Mann, der sich Mr. Berg nannte, zugeben, daß weder er noch seine Frau amerikanische Staatsbürger waren. Der Bankangestellte schöpfte sofort Verdacht, als Orlow beteuerte, er sei sehr »in Eile« und habe deshalb keine Zeit, die Liste sofort anzufertigen. Nachdem er jedoch versprochen hatte, zehn Tage später wiederzukommen, durfte Orlow zwei Pässe und das kanadische Sparbuch aus seinem Schließfach nehmen. Sie wurden dabei von dem Bankangestellten beobachtet, der dem FBI später von dem Filmmaterial erzählte; die Bergs hätten dieses unbedingt mitnehmen wollen, was er ihnen jedoch nicht erlaubt habe.[39]

Zehn Tage vergingen, ohne daß die Bergs ihren gesetzlichen Verpflichtungen nachgekommen wären. Obwohl der Mann, der sich als Mr. Berg ausgegeben hatte, dem Bankangestellten erklärt hatte, er und seine Frau seien Russen, kamen sie ihm »sehr gebildet« vor, und daraufhin habe er »das unbestimmte Gefühl gehabt, es handle sich bei ihnen um Deutsche«. Sein Verdacht, daß sie feindliche Agenten sein könnten und das Filmmaterial im Schließfach womöglich zum Ausspionieren militärischer Einrichtungen in der Umgebung benötigten, schien sich zu erhärten, als im September die Rechnung der Bank über die zweite Jahresmiete für das Schließfach mit dem Vermerk »Adresse unbekannt« zurückkam. Obwohl Mr. Berg ihm erklärt hatte, er habe oben im Schließfach einen Zwanzigdollarschein liegenlassen für die Miete sowie für ein eventuelles Aufbohren des Schlosses, falls er seiner Zahlungsverpflichtung nicht nachkommen sollte, kam dem Bankangestellten die Sache allmählich spanisch vor. Dennoch sah die Pilgrim Trust Company von weiteren Maßnahmen ab, als am 4. September eine Postanweisung der Bergs über 8,33 Dollar eintraf.[40] Als die Bergs jedoch fünf Monate später noch immer nicht wieder aufgetaucht und die Vereinigten Staaten mittlerweile in den Zweiten Weltkrieg eingetreten waren, sah sich der Bürovorsteher der Pilgrim Trust Company am 24. Januar 1942 schon aus patriotischem Pflichtgefühl heraus gezwungen, sich an das Bostoner FBI-Büro in der Milk Street 100 zu wenden.

Aufgrund des Berichts des Bürovorstehers eröffnete das FBI seine erste Akte über die Orlows unter »Alexander L. Berg, Maria Orlova Berg« Kennzeichen »Internal Security G[erman]« (Innere Sicherheit – D[eutsch]). Abgesehen von der Registrierung des Ehepaares im Hotel Essex am 5. September, bei der sie ihre Adresse mit 33690 West 9th Street in Los Angeles angegeben hatten, verfügte das FBI jedoch, wie im entsprechenden Bericht vermerkt wurde, nur über »ausgesprochen kärgliche Informationen über dieses Paar«. Die einzige Spur verlief bald im Sande, nachdem das FBI von Los Angeles den Bostoner Kollegen mitgeteilt hatte, daß kein Register der früheren Bewohner des Apartmenthauses in Los Angeles aus der Zeit vor 1941 mehr existierte und eine Einsicht der Akten im Rathaus keinerlei Hinweise darauf ergeben hatte, daß »die Betreffenden sich noch in unserer Stadt aufhalten«. Bei Nachforschungen in der für die Registrierung von Ausländern zuständigen Behörde stieß man auf neun Alexander Bergs und sechzehn Maria Bergs, von denen jedoch niemand in der Umgebung von Boston registriert war. Das FBI weitete seine Suchaktion auf New York aus, als die Pilgrim Trust Company die Polizei darüber informiert hatte, daß sie am 25. Juni 1942 eine Postanweisung von Alexander Berg aus dem St.-George-Hotel in Manhattan erhalten hatte. Die Quittung kam jedoch ein weiteres Mal zur Bank zurück mit dem Vermerk, der Adressat sei unbekannt verzogen.[41]

Zu diesem Zeitpunkt hatten die Orlows Boston bereits verlassen. Ein Faktor, der sie dazu veranlaßte, waren die Zeitungsberichte über den Tod von Walter Kriwizki. Am 11. Februar 1941 hatte das Zimmermädchen vom Hotel Bellevue in Washington die Leiche des sowjetischen Überläufers mit einer klaffenden Wunde im Kopf gefunden. Neben der Leiche lag eine Schußwaffe, neben dem Bett im Zimmer 532 ein Abschiedsbrief, und die Washingtoner Polizei war nach ihren Ermittlungen zu dem Schluß gelangt, daß Kriwizkis Tod tatsächlich ein Selbstmord war.[42] Ein damals sehr geläufiger Spruch, den man dem NKWD zuschrieb, lautete jedoch: »Einen Mord kann jeder begehen, einen Selbstmord dagegen nur ein wahrer Künstler.« Orlow jedenfalls dürfte diesen »Selbstmord« als das Kunstwerk eines Mordkommandos des NKWD interpretiert haben. Unmittelbar nach der Nachricht vom Tod Kriwizkis sah er sich in seiner Anonymität auch noch von anderer Seite bedroht, als die Wehrpflicht auf alle gesunden Männer über 45 ausgedehnt wurde. Da er befürchten mußte, daß ein übereifriger Patriot in der Highland Avenue ihm als vermeintlichem Drückeberger die Behörden auf den Hals hetzen könnte, falls er sich nicht zum Wehrdienst meldete, beschloß der ehemalige sowjetische General, dem Gesetz Genüge zu tun – bevor er allerdings ein weiteres Mal seinen Wohnort wechselte, um weniger leicht aufgespürt werden zu können. Am 25. April schrieben sich die Orlows im Eliot Hotel in Boston als Mr. und Mrs. Alexander O. Berg ein. Nur einen Tag später ließ Orlow sich bei der für die Einberufung zuständigen Behörde in der Boylston Street 419 registrieren. Er nannte als seine Adresse die des Hotels und erklärte, er sei gerade arbeitslos. Zwei Wochen später reisten die Orlows aus Boston ab – wohlweislich ohne im Hotel eine Nachsendeadresse hinterlassen zu haben.[43]

Diesmal fuhren die Orlows über New York nach Ohio, wo sie in den östlichen Außenbezirken von Cleveland am Euclid Heights Boulevard 2384 im Bertland Building für 65 Dollar im Monat das Apartment 202 mieteten. Warum sie sich ausgerechnet für diese Industriestadt am Ufer des Erie-Sees entschieden, ist unklar; in jedem Fall aber bot ihnen der Ort wegen des nicht abreißenden Flusses von Neuankömmlingen, die für die Kriegsproduktion gebraucht wurden, die nötige Anonymität. Möglich ist auch, daß die schneereichen Winter in Ohio die beiden russischen Exilanten an ihre Heimat erinnerten. Für die nächsten dreißig Jahre wurde Cleveland ihre Heimatstadt.

Der Besitzer der Bertland Apartments beschrieb später die Bergs als »sehr ruhige Leute, die unter sich blieben, keine Besucher empfingen« und »ständig Angst um ihr Leben« zu haben schienen. Er erzählte dem

FBI, daß sie »ihre Türen dauernd verschlossen hielten und niemanden in ihre Wohnung ließen, den sie nicht kannten«. Der Entschluß des Eigentümers im Jahre 1943, selbst in ihre geräumige Wohnung im ersten Stock zu ziehen, zwang die Orlows, ans entgegengesetzte Ende von Cleveland umzuziehen, wo sie sich in der Lake Avenue 12040 eine Wohnung nahmen. Hier lebten sie zurückgezogen die nächsten zehn Jahre. Wohnungsnachbarn bezeichneten die Bergs später als »sehr ruhige Mieter, die für sich blieben«. Immerhin vertrauten sie im Laufe der Jahre einer Nachbarin an, wie sie von Rußland nach Amerika gekommen waren. Dem FBI gegenüber erklärte diese Frau, sie hätten wiederholt ihre Abscheu vor der sowjetischen Regierung zum Ausdruck gebracht und große Angst um die Sicherheit ihrer Verwandten gehabt. Eine andere Nachbarin hatte eine kleine Tochter, der Mrs. Berg mit ihrem starken fremdländischen Akzent sehr zugetan war. Oft gab sie dem Mädchen Bonbons oder kleine Geschenke und erzählte der Mutter, wie sehr sie Kinder liebte und daß ihre eigene Tochter gestorben sei.[44]

Allen Nachbarn der Orlows fiel auf, daß Mr. Berg, der behauptete, er arbeite als Übersetzer, offenbar keine festen Arbeitszeiten hatte. Am 21. Dezember 1942 jedoch war Orlow sich seiner Tarnung bereits so sicher, daß er sich im Hinblick auf eine spätere Karriere im Dyke and Spencerian College für einen betriebswirtschaftlichen Kurs einschrieb. Wie das FBI später herausfand, hatte er auch der örtlichen Berlitz School seine Dienste als Übersetzer in den Sprachen Russisch und Deutsch angeboten, jedoch nie eine Stelle erhalten.[45]

Die einzigen, mit denen die Orlows überhaupt Kontakt pflegten, waren ihre unmittelbaren Wohnungsnachbarn, denen zufolge allgemein bekannt war, daß die Bergs Besuchern gegenüber sehr abweisend reagierten. Einmal machten sie allerdings eine Ausnahme von der Regel: Am 23. März 1943 ließen sie einen Verkäufer von Kriegsanleihen in ihre Wohnung und kauften ihm eine Anleihe über 50 Dollar ab. Dieser Betrag war für ein scheinbar so armes Ehepaar derart hoch, daß der Verkäufer prompt seine patriotische Pflicht tat und das Ehepaar beim örtlichen FBI meldete. Er erklärte, er habe Verdacht geschöpft, weil einerseits ihr Wohnzimmer so spärlich möbliert gewesen sei, andererseits jedoch Mrs. Berg die Anleihe mit Bargeld bezahlt habe, das sie – nachdem sie sorgfältig die Türen zu den anderen Zimmern geschlossen hatte – dem Schrank entnommen habe.[46]

Das FBI von Cleveland hielt dies jedoch nicht für einen ausreichenden Grund, ein Ermittlungsverfahren einzuleiten. Wäre dies geschehen, hätte das womöglich entscheidende Auswirkungen auf den Fall »Innere Sicherheit – D« gehabt, der im Bostoner FBI-Büro noch immer seiner Auflösung harrte. Nachdem anderthalb Jahre lang keine weiteren Spuren aufgetaucht waren, wurde Sonderermittler Edward A. Soucy auf die Akte Berg aufmerksam, als die Pilgrim Trust Company am 4. September 1943 meldete, einen Brief von Mrs. Berg erhalten zu haben, der in Pittsburgh, Pennsylvania am 2. September abgestempelt war. Er enthielt einen Scheck und folgende maschinengeschriebene Notiz: »Sehr geehrte Herren, ich lege 10,50 Dollar (als Bankanweisung) für die Miete des Schließfachs Nr. 7165 für ein weiteres Jahr bei. Das Fach ist auf den Namen meines Mannes Alexander Berg und auf meinen Namen vermietet. Hochachtungsvoll, Maria Berg.«[47]

Der Bankscheck Nr. A-18250 stammte von der Potter Title and Trust Company in Pittsburgh, und weder er noch der Umschlag, in dem er verschickt worden war, trugen einen Absender. Die kindliche Unterschrift von Mrs. Berg entsprach genau der im Mietvertrag. Soucy ließ beide zur Analyse ins FBI-Labor schicken. Auf seine Bitte hin beorderte das Pittsburgher FBI einen Beamten zu der Bank, die den Scheck ausgestellt hatte. Dieser berichtete, der Kassierer der Potter Title and Trust Company habe den Bankscheck für eine Mrs. Berg ausgestellt, die er nie zuvor gesehen habe. Sie habe erklärt, das Geld sei für einen *vault*, was im Englischen unter anderem sowohl »Banktresor« als auch »Grabgewölbe, Gruft« bedeuten kann; er habe jedoch keinen Augenblick an ein Schließfach gedacht, sondern vielmehr angenommen, sie wolle lediglich eine Rate für eine Grabstätte bezahlen.[48]

Nachdem Sonderermittler Soucy das FBI-Hauptquartier um eine gründliche Durchsicht von dessen Akten im Hinblick auf den Namen »Berg, Alexander« gebeten hatte, verhörte die Polizei Alexander Berg, den norwegischen Honorar-Vizekonsul in San Francisco, einen Matrosen namens Adolf Berg, eine Mrs. Ausbjarn Berg sowie ein Paar aus New Jersey mit demselben Namen. Zwischen ihnen und dem verdächtigen »deutschen« Paar, das das Bankschließfach in Boston gemietet hatte, konnte jedoch keinerlei Verbindung hergestellt werden. Auch nach einer Überprüfung der Meldelisten sämtlicher Hotels von Pittsburgh fehlte von den geheimnisvollen Bergs noch immer jede Spur.[49] Soucy aber hielt den Fall auch weiterhin für so bedeutsam, daß er am 14. Februar 1944 in einem Brief J. Edgar Hoover, den Direktor des FBI, persönlich darauf aufmerksam machte.[50]

Nach langwierigen Ermittlungen meldete das FBI-Labor am 27. Juli 1944, zwischen der Handschrift Alexander Bergs und der verdächtiger Personen in den Akten sei keinerlei Übereinstimmung festzustellen. Dies minderte jedoch nicht den Verdacht des Bostoner Ermittlers Soucy, der nach wie vor davon überzeugt war, daß es einen Grund dafür geben mußte, warum das verschwundene Paar einerseits mit solcher Gründlichkeit seine Spuren verwischte, andererseits sich jedoch so sehr um den Inhalt seines Schließfachs sorgte. Aus den FBI-Akten geht hervor, daß Soucy im August 1944 den Fall mit dem stellvertretenden Anwalt des FBI Edward D. Hassan durchsprach, um die rechtlichen Möglichkeiten auszuloten, das Schließfach der Bergs öffnen zu lassen und so festzustellen, was sich auf den Filmen befand, die sie unbedingt hatten zurückhaben wollen.[51]

Der Anwalt kam jedoch zu dem Schluß, daß es »angesichts der dürftigen gegenwärtig verfügbaren Informationen sowohl bezüglich des Inhalts des Schließfachs als auch bezüglich des persönlichen Hintergrunds – vor allem der Nationalität – beider Personen« keine ausreichende rechtliche Grundlage gab, um einen Gerichtsbeschluß zu einer Öffnung des Schließfachs zu erwirken. Er wies Soucy deshalb an, die Ermittlungen in diesem Fall vorerst einzustellen, »bis die Pilgrim Trust Company unser Bostoner Büro davon in Kenntnis setzt, daß sich eine der beiden Personen in der Bank befindet, oder die Adresse von einem der beiden erfahren hat«.[52] So geschah es, daß Orlows Geheimnisse auch dann noch sicher in einem Bankschließfach mitten im Bostoner Geschäftsviertel lagerten, als die Rote Armee in Berlin einmarschierte.

Die Ermittlungen des FBI gegen die Orlows als vermeintliche deutsche Agenten wurden bis Ende des Krieges nicht wieder aufgenommen, da man keine neuen Spuren finden konnte. Die Pilgrim Trust Company meldete im August 1944 sowie im Jahr darauf, von Alexander Berg Schecks für die Schließfachmiete erhalten zu haben – in beiden Fällen von der Union Trust Company in Pittsburgh, bei der die Bergs jedoch kein eigenes Konto hatten.[53] Mit dem Kriegsende 1945 erloschen dann auch die Sonderbestimmungen über die Benutzung von Bankschließfächern durch Ausländer, so daß das FBI kein Interesse an weiteren Ermittlungen in dieser Angelegenheit mehr hatte. Weitere fünf Jahre lang trafen pünktlich die jährlichen Schecks bei der Bostoner Bank ein, und das Schließfach Nr. 7165 blieb weiterhin ungeöffnet. Erst am 9. Mai 1950 kam Mr. Berg persönlich in die Bank, um den Inhalt abzuholen. Dann schloß er sein Konto bei der Bank und gab die beiden Schlüssel zurück – mit der Begründung, er und seine Frau seien »nicht mehr in Boston wohnhaft«.[54]

Seit 1943 waren die Orlows nicht mehr in Massachusetts gewesen. Die lange Bahnfahrt von Cleveland zur Abholung des wertvollen Inhalts seines Schließfachs war jedoch unbedingt erforderlich, da bei den Filmen anscheinend eine Kopie seines Briefes an Jeschow war und der ehemalige General eine weitere dramatische Veränderung in seinem Leben plante.

Anmerkungen

1. Orlows eidesstattliche Aussage vor den Ermittlungsbeamten des INS, 27. Juni 1955, NY 105-6073 Serie 303, ORLOW FBI-Akte Nr. 104-22869, FOIA (im folgenden ORLOW INS FBI 27. Juni 1955).
2. Ebd.
3. Ebd. Bericht der FBI-Dienststelle Los Angeles über das Gespräch mit Nathan Koornick vom 22. September 1954, Akte Nr. LA 105-1608, ORLOW FBI-Akte Nr. 105-22869, FOIA (im folgenden FBI KOORNICK).
4. Ebd. Diese Information wurde dem FBI durch den vertraulichen Informanten T-3 zur Verfügung gestellt (Querverweise auf den Inhalt der Serie 101 deuten darauf hin, daß der Informant George Sokolsky war) Serie 88 NY 105-60732, 12. Mai 1953, SAC New York (105-60732) Serie 126 ORLOW FBI-Akte Nr. 105-22869 FOIA (Im folgenden SOKOLSKY FBI).
5. Protokoll der eidesstattlichen Aussage vor J. J. Caudio und S. E. Mason INS »Q & A Statement of Alexander & Maria Orlov«, aufgenommen in New York am 27. Juni 1955, Folio 299, ORLOW FBI Nr. NY 105-675, in ORLOW FBI 105-22859, FOIA (im folgenden ORLOW INS Q&A, Juni 1955, FBI).
6. SOKOLSKY FBI.
7. ORLOW INS, 27. Mai 1955, FBI.
8. Orlov, *Stalin's Crimes*, S. XIV.
9. ORLOW INS 27. Mai 1955 und ORLOW FBI.
10. John Finerty u. a., *The Case of Lev Trotsky*, New York, 1938.
11. Diese Information bekam das FBI durch Finerty, in Serie 30, ORLOW FBI-Akte Nr. 104-22869, FOIA.
12. Ebd.
13. Orlows Reisen wurden vom FBI aufgrund seiner eigenen Information aufgezeichnet, Serie 147, S. 1, ORLOW FBI-Akte Nr. 104-22869, FOIA.
14. Eine Kopie von Orlows Brief an Trotzki, unterzeichnet mit STEIN und datiert vom 27. Dezember 1938, als Teil seiner Aussage im September 1955 vor dem SISSC, vollständig abgedruckt in Orlov, *Legacy*, S. 38.
15. Ebd.
16. Information von David J. Dallin in der Aussage vor dem SISSC, in Orlov, *Legacy*, S. 29.
17. Entsprechend der Aussage Orlows in Orlov, *Legacy*, S. 30.
18. FINNE (der Pariser Resident Georgi Kosenko alias Kislow) an die Zentrale, 25. Juni 1959, verschlüsselter Text in SBOROWSKI-Akte Nr. 31660, Band 1, S. 262–264, ARG.
19. Ebd.
20. Kryptogramm von der Pariser Residentur an die Zentrale, datiert vom 15. Juli 1939, SBOROWSKI-Akte Nr. 31660, Band 1, S. 262–264, ARG.
21. Undatiertes Memorandum von BOB an BEN, in dem beschrieben wird, wie Orlow reagierte, als er die Aussagen Sborowskis vor dem Unterausschuß des Senats für Innere Sicherheit im Untersuchungsbericht las, SBOROWSKI-Akte RG46 NAW.
22. Bericht in SBOROWSKI-Akte Nr. 31660, Band 1, S. 1, ARG.
23. Brief an Benjamin Mandel, 10. Oktober 1955, in ORLOW-Akte der Untersuchungsberichte des Unterausschusses des Senats für Innere Sicherheit, RG46 NAW.
24. Los Angeles SAC-Bericht vom 4. Februar 1954, Akte Nr. 105-1608, Serie 162 in ORLOW FBI-Akte Nr. 104-22869, FOIA.
25. Ebd., Bericht über ein Gespräch mit Dr. Lyster.

26. Bericht vom 3. März 1942, in »Alexander Berg Internal Security-G (German)«, Serie 1 in ORLOW FBI-Akte Nr. 104-22869, FOIA.

27. Gespräch mit dem Angestellten der Pilgrim Trust Company, dessen Name gelöscht wurde, im Bericht der FBI-Außenstelle in Boston, 3. März 1942, Akte Nr. 62-1246, Serie 1, in ORLOW FBI-Akte Nr. 104-22869, FOIA.

28. Ebd. Bericht der FBI-Dienststelle in New York, Akte Nr. 105-6073 an den Direktor des FBI, 9. Oktober 1954, Serie 250, ORLOW FBI-Akte Nr. 105-22869, FOIA.

29. Brief und Anlage, adressiert an Nikolai Iwanowitsch (Jeschow), unterzeichnet mit »Schwedow«, ORLOW-Akte Nr. 76659, Band 1, S. 98, ARG.

30. Bericht des Bostoner FBI-Büros vom 1. August 1943, Notiz eines Berichtes, der 1942 von Mrs. J. E. Connell zu den Akten gelegt wurde, Akte Nr. 105-1024, Serie 63 in ORLOW FBI-Akte Nr. 104-22869, FOIA.

31. Orlov INS, 23. Juni 1955, in ORLOW FBI-Akte Nr. 104-22869, FOIA.

32. Bericht von der FBI-Dienststelle in Boston, 3. März 1942, »Alexander Berg – Internal Security – G«, Serie 1 in ORLOW FBI-Akte Nr. 104-22869, FOIA.

33. Information von John F. Finerty an das FBI, Serie 64, in ORLOW FBI-Akte Nr. 104-22869, FOIA.

34. Ebd.

35. Orlow behauptete bei seinem ersten Verhör durch die Einwanderungsbehörden, daß er sich nicht erinnern könne, ob er ihren Rechtsanwalt oder seinen Freund Rosowski als Kontakt angegeben hatte. Obwohl der tatsächliche Name in den freigegebenen Berichten gestrichen wurde, ist es klar, daß es Rosowski gewesen sein muß, da Finertys Firmenname zu lang ist, um in den freigestrichenen Raum hineinzupassen.

36. Bericht vom Juni 1953 über das Gespräch von Eggleston, NY 105-6073, Serie 39, S. 11, in ORLOW FBI-Akte Nr. 104-22869. Detail von Orlows Ausländerregistrierung, Fingerabdruck-Karte Nr. 2472620, 19. Dezember 1940, in einem FBI-Memo am 29. April 1953 an Tolson übergeben, ORLOW FBI-Akte Nr. 104-22869, FOIA.

37. Eggleston-Bericht, a. a. O.

38. Information von Mrs. Connell an die FBI-Außenstelle in Boston, 13. August 1953, Serie 63, S. 2, ORLOW FBI-Akte Nr. 104-22869, FOIA.

39. Gespräch mit dem Angestellten der Pilgrim Trust Company, dessen Name gelöscht wurde, im Bericht der FBI-Außenstelle in Boston, 3. März 1942, Akte Nr. 62-1246, Serie 1, S. 2, ORLOW FBI-Akte Nr. 104-22869, FOIA.

40. Ebd.

41. Ebd. Bericht der FBI-Dienststelle in Philadelphia, 17. September 1942, Akte Nr. 100-11986, Serie 5. ORLOW FBI-Akte Nr. 104-22869, FOIA; Bericht der FBI-Außenstelle in Boston, 1. September 1942, Akte Nr. 62-1246, Serie 2, ORLOW FBI-Akte Nr. 104-22869, FOIA.

42. Die NKWD-Akte von Kriwitzi zeigt, wie schon berichtet wurde, daß der NKWD 1939 aufhörte, ihn zu beobachten. Trotzdem bleibt der Verdacht, daß sein Tod kein Selbstmord war. Die jüngste detaillierteste Analyse, die auf einen Mord hinweist, ist die von Verne W. Newton, a. a. O., S. 30–32.

43. Bericht der FBI-Dienststelle in Boston, 18. August 1953, Akte Nr. 105-1024, ORLOW FBI-Akte Nr. 104-22869, FOIA.

44. Bericht der FBI-Dienststelle in Cleveland, 16. Juli 1953, Akte Nr. 105-639, FBI-Serie 48, ORLOW FBI-Akte Nr. 104-22869, FOIA.

45. Ebd.

46. Ebd. Anonymer Informant, der in dem obigen Bericht der FBI-Außenstelle in Cleveland zitiert wurde.

47. Fotokopie der Originalnotiz, im Bericht der FBI-Außenstelle in Pittsburgh, Akte Nr. 100-91869-19, Serie 17, ORLOW FBI-Akte Nr. 104-22869, FOIA.
48. Berichte und Briefe aus Boston und Pittsburgh unter BERG Security Matter G, 11. September 1943, Serie 7 und 8, ORLOW FBI-Akte Nr. 104-22869, FOIA.
49. Information und Berichte in Serien 8–14, ORLOW FBI-Akte Nr. 104-22869, FOIA.
50. Sonderermittler Soucy an den FBI-Direktor, 14. Februar 1944, zusammen mit einer Kopie vom Berg-Brief und dem Pilgrim-Vault-Abkommen, Serie 10, ORLOW FBI-Akte Nr. 104-22869, FOIA.
51. Bericht von der FBI-Dienststelle in Boston, 6. August 1955, ORLOW FBI-Akte Nr. 104-22869, FOIA.
52. Ebd.
53. FBI-Berichte aus Pittsburgh, 26. Dezember 1944, 11. September 1945, Serie 16 und 17, ORLOW FBI-Akte Nr. 104-22869, FOIA.
54. Bericht von der FBI-Dienststelle in Boston, 13. August 1953, Akte Nr. 105-1024, Serie 63, S. 5, ORLOW FBI-Akte Nr. 104-22869, FOIA.

KAPITEL 14

Die Kunst der taktischen Offenheit

Nachdem er sich zwölf Jahre lang in den Vereinigten Staaten versteckt gehalten hatte, wollte Alexander Orlow nun seine Tarnung aufgeben und mit einer vernichtenden Anklage gegen den sowjetischen Terror, aufgrund dessen er zu fliehen gezwungen gewesen war, an die Öffentlichkeit treten. Sein Buch – eine Mischung aus persönlichen Erinnerungen und historischen Fakten über Stalins Säuberungen – sollte einem zweifachen Zweck dienen. Abgesehen von seinen sensationellen Enthüllungen über die Brutalität des sowjetischen Diktators dürfte Orlow es sicherlich auch im Hinblick auf die »Legende« konzipiert haben, die er den amerikanischen Behörden bezüglich seiner Karriere aufzutischen gedachte. Indem er sich als Opfer statt als Komplizen von Stalins Säuberungen hinstellte, wollte er mit Hilfe des Buches von seiner eigenen Rolle als desjenigen, der für den NKWD-Terror in Spanien verantwortlich war, ablenken.

Orlow präsentierte *The Secret History of Stalin's Crimes* als ausführlichere Version des 37seitigen Erpresserbriefes, den er, wie er behauptete, Stalin im Jahre 1938 geschrieben hatte. Zwar erwiesen sich die Einzelheiten, die er in seinem Buch auflistetete, in der Tat als erschreckend genug; der vorgebliche Inhalt seines Briefes an Stalin jedoch war nur ein weiteres von Orlows Täuschungsmanövern. Um dieses aufrechtzuerhalten, mußte er jedoch vor der Veröffentlichung seines Buches zunächst einmal wieder in den Besitz der Kopien des elfseitigen Originalbriefes und des Anhangs gelangen. Geht man davon aus, daß die Filmschachteln im Safe Kopien seines Briefes enthielten, dann hatte Orlow allen Grund zu befürchten, daß neben Philby und Maclean noch andere sowjetische Agenten, die er in seinem Brief an Jeschow genannt hatte, zu einem Zeitpunkt enttarnt würden, als sie noch aktiv für den sowjetischen Geheimdienst arbeiteten. Obwohl Orlow die 62 Agenten und Spionageoperationen nur mit Kryptonymen aufgeführt hatte, mit deren Entschlüsselung das FBI wohl ziemlich lange beschäftigt gewesen wäre, hätte alleine schon die Entdeckung des Originalbriefes Orlows Behauptung, ein echter Überläufer zu sein, in Frage gestellt sowie seine »Legende«, auf deren Grundlage er zu erklären versuchte, wie es ihm gelungen war, Stalin zu erpressen.[1]

Wie jede größere Operation, die der ehemalige General des sowjetischen Geheimdienstes je durchgeführt hatte, zeichnete sich auch seine Entscheidung, aus dem Untergrund aufzutauchen, in Planung und Ausführung durch äußerste Präzision aus. Der Zeitpunkt seines Auftauchens ging jedoch auch auf finanzielle Erwägungen zurück, die ihn sicher schon lange vor 1950 beschäftigt hatten. Trotz der äußerst sparsamen Haushaltsführung seiner Frau waren ihre Geldreserven von ursprünglich 22 800 auf wenige tausend Dollar geschrumpft. Für eine neue Karriere war Orlow zu alt. Seine anfängliche Hoffnung, nach seinem betriebswirtschaftlichen Examen, das er am 15. Juni 1945 am Dyke and Spencerian College in Cleveland abgelegt hatte, eine Arbeit zu finden, hatte sich nach Kriegsende zerschlagen. War der Übergang vom Militär ins Zivilleben für einen entlassenen amerikanischen Offizier schon schwer genug, so galt dies angesichts der wahren Flut junger Männer, die aus dem Wehrdienst auf den Arbeitsmarkt drängten, natürlich in noch weit höherem Maße für einen fünfzigjährigen sowjetischen General.

Schon 1945 konnten sich die Orlows ausrechnen, daß sie gut fünf Jahre später mittellos sein würden. Bis dahin mußten sie sich also nach einer neuen Geldquelle umsehen. Sich beispielsweise als Informant des FBI seine Rente zu sichern, wäre Orlow nie in den Sinn gekommen. Er fühlte sich noch immer der Revolution verpflichtet und empfand darüber hinaus eine anhaltende Loyalität gegenüber den Agenten, die er angeworben und geführt hatte. Andere Geheimnisse konnte er hingegen leicht zu Geld machen, ohne daß dies seinen Überzeugungen widersprochen oder die Arbeit der von ihm aufgebauten Spionagenetze gefährdet hätte. Orlow hatte somit nie die Absicht, seine Beteiligung an sowjetischen Spionageoperationen vollständig aufzudecken, wie Kriwizki dies in seinem Buch *I Was Stalin's Agent* getan hatte. Mit einem solchen Vorgehen hätte er die stillschweigende Abmachung verletzt, die er 1938 mit dem sowjetischen Diktator getroffen hatte. Orlow schrieb ein Exposé über Stalins Morde auf dem Weg zur Macht.

Schon kurz nach Kriegsende begann Orlow in der Absicht, später ein entsprechendes Buch zu schreiben, mit dem Sammeln seiner persönlichen Erinnerungen und Kenntnisse über Stalins große Säuberung. Er hatte jedoch nie die Absicht zu erwähnen, in welchem Maße er selbst dazu beigetragen hatte, den NKWD zu einem derart effektiven Instrument der Unterdrückung im Innern und der Spionage im Ausland zu machen. Zweck seines Werkes war seinen eigenen Bekundungen im

Vorwort zufolge, Stalin vor aller Welt bloßzustellen und für die Geschichte »die Verbrechen zu dokumentieren, die er zur Sicherung seiner Macht beging, die Rechtsbeugungen und Intrigen gegen die Führer der Revolution sowie seine Beziehungen zu seinen besten Freunden, die er systematisch ins Verderben stürzte«.[2]

Mit Hilfe seines hervorragenden Gedächtnisses stellte Orlow eine wahrhaft vernichtende Anklageschrift gegen Stalin zusammen. Er wußte, daß sein Buch schon sehr detailliert und schockierend sein mußte, um seine Behauptung glaubwürdig erscheinen zu lassen, daß Stalin sich lieber von ihm hatte erpressen lassen, als die Enthüllung all dieser grauenhaften Geheimnisse zu riskieren. Obwohl Orlow das Englische fließend beherrschte, zog er es vor, seine ersten Entwürfe in russischer Sprache zu schreiben. In seiner Wohnung sowie in der White-Memorial-Bibliothek in Cleveland verbrachte er unzählige Stunden mit Recherchen über Bücher zur Geschichte der Sowjetunion. Was Orlow tagsüber handschriftlich zu Papier brachte, tippte Nacht für Nacht seine treue Ehefrau auf einer eigens hierfür angeschafften kyrillischen Schreibmaschine ins reine. Beginnend mit der Ermordung Kirows im Jahre 1934 versuchte Orlow zu erklären, daß Stalin den Mord seines potentiellen Rivalen arrangiert hatte, um die anschließenden Säuberungen unter seinen Gegnern zu rechtfertigen. Er legte ausführlich dar, auf welche Weise falsche Geständnisse aus den Bolschewiki der alten Garde herausgepreßt wurden, um eine Reihe von Schauprozessen gegen sie veranstalten zu können, die dann wiederum als Begründung einer massiven Hexenjagd gegen angebliche Verräter und Trotzkisten dienten und in zahllosen Liquidierungen endeten. In seinem Vorwort wie im gesamten Buch setzte Orlow alles daran, seiner Anklage, die ausschließlich auf seinen eigenen Erfahrungen und auf Augenzeugenberichten seiner NKWD-Genossen beruhte, sich aber auf keinerlei Dokumente stützen konnte, Glaubwürdigkeit zu verleihen. »Ich habe die Direktiven niedergeschrieben, die Stalin persönlich den Leitern des NKWD bei den Konferenzen im Kreml gab«, schrieb Orlow und legte dabei allergrößten Wert darauf, die Authentizität und Genauigkeit seiner Angaben herauszustreichen. »Ich habe Stalins persönliche Verhandlungen mit einigen seiner Opfer aufgezeichnet sowie die Worte von Menschen, die hinter den Mauern der Lubjanka dem Tod ins Auge blickten. Ich erfuhr die streng gehüteten Geheimnisse von den Verhörspezialisten des NKWD persönlich, von denen einige zuvor meine Untergebenen gewesen waren.«[3]

Die mit zahllosen grausamen Details gespickte *History of Stalin's Crimes* gibt Orlows Version von der Entwicklung des sowjetischen Geheimdienstes wieder, der, wie der Autor beteuert, von einem hinterhältigen und skrupellosen Tyrannen dazu mißbraucht worden sei, eine immer schlimmer werdende Schreckensherrschaft durchzusetzen, der nicht nur Mitglieder des Politbüros, sondern auch Angehörige der Roten Armee und schließlich sogar des geheimpolizeilichen Apparats selbst zum Opfer gefallen waren. »Um seine schrecklichen Verbrechen begehen zu können, benötigte Stalin zuverlässige Komplizen aus den Reihen der NKWD-Offiziere«, schrieb er und erklärte weiter: »Als dann die Zahl seiner Mitwisser allmählich immer größer wurde und Stalin aus Angst um seinen Rang in der Geschichte seine Verbrechen vor der Welt zu verbergen suchte, beschloß er im Jahre 1937, alle seine Helfershelfer umzubringen, damit niemand eines Tages als Zeuge gegen ihn auftreten konnte.«[4]

Orlow gab sich große Mühe, sich als jemanden darzustellen, der ebenfalls auf Stalins Todesliste gestanden, aber dennoch überlebt hatte, um nun die geschichtlichen Aufzeichnungen um sein persönliches Zeugnis zu bereichern. Im Sommer, nachdem Stalin mit Hilfe seines Henkers Jeschow bereits »fast alle führenden Köpfe des NKWD« sowie Tausende seiner Offizierskollegen hatte liquidieren lassen, die »von den Geheimnissen seiner Verbrechen gewußt haben könnten«, war es Orlow 1938 gelungen, seiner eigenen Hinrichtung zu entgehen. Sich selbst als passiven Zeugen statt als aktiven Teilnehmer an Stalins schrecklicher Tyrannei hinzustellen, war eine der Hauptgrundlagen von Orlows »Legende«. Dazu bedurfte es jedoch einer schwierigen Gratwanderung zwischen Dichtung und Wahrheit, da die Glaubwürdigkeit seiner Darstellung auf seinem Insiderwissen über den Apparat der sowjetischen Geheimpolizei beruhte, das er nur haben konnte, wenn er eine wichtige Rolle in diesem Apparat gespielt hatte. Als hochrangiger Offizier des NKWD jedoch, der Stalin schon seit 1924 gekannt hatte und 1935 persönlicher Berater in Spionageangelegenheiten gewesen war, bevor er die Säuberungen gegen die trotzkistische Opposition in Spanien durchgeführt hatte, versuchte Orlow seine Mittäterschaft an der Tyrannei des sowjetischen Diktators mit allen Mitteln zu verbergen.

Vertuschen mußte der ehemalige NKWD-General auch weitestgehend seine Rolle innerhalb der weltweiten sowjetischen Spionagetätigkeit, der in der Konfrontation mit den Vereinigten Staaten nach dem Krieg immer größere Bedeutung zukam. Während sich die ideologische Auseinandersetzung und das Wettrüsten zwischen dem Westen und der UdSSR gegen Ende der vierziger Jahre immer mehr zuspitzten, muß Orlow sich bei seiner Arbeit in der Stadtbibliothek von Cleveland zunehmend bewußt gewesen sein, daß er den Verlauf des kalten Krieges entscheidend hätte beeinflussen können, wenn er rechtzeitig sein gesamtes Wissen offengelegt hätte. Ohne Zweifel erfuhr er aus der Zeitung, wie die Informationen des früheren GRU-Chiffrierers Igor Gousenko, der 1945 aus der sowjetischen Botschaft in Ottawa in den Westen übergelaufen war, ein Jahr später zur Verhaftung des britischen Atomwissenschaftlers Alan Nunn May führten.[5]

Als ehemaliger Geheimdienstler muß Orlow schon aus beruflichem Interesse die Zeitungs- und Rundfunkmeldungen über die Kampagne des FBI gegen die kommunistische Subversion verfolgt haben. Nach der Niederlage Deutschlands und Japans richtete der autoritäre FBI-Chef Hoover die Arbeit seiner Spionageabwehr gegen den neuen Feind der Vereinigten Staaten aus – gegen den ehemaligen Verbündeten Sowjetunion. Den ersten tiefen Einblick in die umfassende Unterwanderung der amerikanischen Regierungsbehörden durch sowjetische Agenten lieferten 1945 Louis Budenz und Elizabeth Terril Bentley, die ebenso bereitwillig Geständnisse ablegten wie nach ihnen David Whittaker Chambers. Die detaillierten Schilderungen dieser Überläufer darüber, in welchem Ausmaß die Sowjets bereits während des Krieges Mitglieder der amerikanischen Kommunistischen Partei beim Aufbau von Spionagenetzen in den Washingtoner Behörden eingesetzt hatten, bestätigten die alarmierenden Enthüllungen Gousenkos in seiner Aussage im November gegenüber der Spionageabwehr der Royal Canadian Mounted Police.[6]

Orlow konnte natürlich nicht wissen, wie tief das FBI mit seinen Ermittlungen bereits zu den Wurzeln der sowjetischen Spionage vorgedrungen war oder welch ungeheuer wichtige Rolle die von ihm angeworbenen Agenten im kalten Krieg spielten. Als fleißiger Zeitungsleser könnte er allerdings erfahren haben, daß Maclean seit 1944 Erster Sekretär an der britischen Botschaft in Washington war und daß deshalb zumindest einer seiner »drei Musketiere« wichtige Geheiminformationen an die Sowjetunion weitergab, während diese zu Beginn des kalten Krieges den Eisernen Vorhang über Osteuropa fallen ließ.

Ganz unabhängig davon, ob Orlow nun über Macleans Karriere oder die anderer Unterwanderungsagenten Bescheid wußte oder nicht, bleibt die Tatsache bestehen, daß er nicht zum FBI ging, um mit seinem Wissen die amerikanischen Behörden bei ihren Ermittlungen zu unterstützen. Später gab er zu, eine Anzahl hochrangiger NKWD-Agenten, die während des Krieges und kurz danach in den Vereinigten Staaten operierten, persönlich gekannt zu haben. Darunter war auch der Washingtoner Resident Wassili Subilin, der zusammen mit seiner Frau Lisa für die Leitung einiger der wichtigsten sowjetischen Spionagenetze verantwortlich war. 1945, als die Ermittlungen des FBI durch Gousenkos Überlaufen beschleunigt wurden, hatte Orlow bereits seit sieben Jahren keinen Kontakt mehr zur Moskauer Zentrale gehabt. Doch die Informationen, die er dem FBI über die Arbeit des sowjetischen Geheimdienstes hätte geben können, wären von unschätzbarem Wert für die Zerschlagung der kommunistischen Infiltration der amerikanischen Bürokratie gewesen.

Die sich immer mehr ausweitenden Ermittlungen des FBI hatten Hoover Grund zu der Annahme gegeben, daß in Nordamerika ausgedehnte sowjetische Spionagenetze existierten. Unter den mehr als dreißig Verdächtigten waren auch Alger Hiss, der Leiter der Sonderabteilung für politische Angelegenheiten im amerikanischen Außenministerium, sowie Harry Dexter White, der eine hohe Stellung im Schatzamt bekleidete. Am 26. November 1945 schickte Hoover die Liste der verdächtigen Personen ans Weiße Haus. In einem beiliegenden Memorandum warnte er Präsident Truman: »Eine Reihe von Personen innerhalb der Regierung haben Daten und Informationen an Personen außerhalb der Bundesregierung weitergegeben, die wiederum diese Informationen an sowjetische Agenten übermitteln.«[7]

Harry Truman, der sechs Monate zuvor nach Roosevelts Tod ins Weiße Haus eingezogen war, war zu sehr mit den globalen Problemen beschäftigt, die das Präsidentenamt mit sich brachte, als daß er den Theorien von einer angeblichen kommunistischen Verschwörung in der von ihm übernommenen Verwaltung große Aufmerksamkeit geschenkt hätte. Hiss konnte sich voll und ganz auf die Rückendeckung des Außenministers Dean Acheson verlassen, der wiederum Trumans Vertrauen besaß. Der Präsident verdeutlichte, »er sei dagegen, eine Gestapo aufzubauen«. Der zurückgewiesene FBI-Chef hielt ein Jahr später eine öffentliche Rede gegen den »Roten Faschismus«, in der er vor den Gefahren warnte, die von hunderttausend moskautreuen amerikanischen Kommunisten ausging. Als nach der kommunistischen Machtübernahme in der Tschechoslowakei und der Blockade Berlins durch die Sowjets ein Jahr später der kalte Krieg einen neuen Höhepunkt erreicht hatte, beschloß der Präsident, allen zu zeigen, daß er dem Kommunismus gegenüber keineswegs so nachgiebig war, wie die Republikaner es ihm vorwarfen. Mit der »Truman-Doktrin« von 1947 versprach er, durch Militär- und Wirtschaftshilfe dem weltweiten sowjetischen Expansionsdrang Einhalt zu gebieten. Auch im eigenen Land wollte er nun der kommunistischen Subversion begegnen, indem er anordnete, alle Angestellten der Bundesregierung auf ihre Staatstreue zu überprüfen.[8]

Damit war der Boden bereitet für eine geradezu hysterische Angst vor der »Roten Gefahr«, die noch weit über das hinausging, was in den zwanziger Jahren die Gemüter der Amerikaner erhitzt hatte. Das, was später als »Hexenjagd« in die amerikanische Geschichte eingehen sollte, begann mit der Anklageerhebung gegen die führenden Köpfe der amerikanischen Kommunisten im Jahre 1948 und dem Auftritt von Elizabeth Bentley, die nach ihrer Aussage im Kongreß im selben Jahr von der Presse als »Rote Königin der Spione« tituliert wurde. Ihre Behauptung, daß die amerikanischen Regierungsbehörden weitgehend von kommunistischen Sympathisanten wie Harry Dexter White unterwandert seien, erschien nach Whittaker Chambers' Anschuldigungen gegen Hiss noch glaubwürdiger. Durch Hoovers Warnungen ermutigt, konnten sich republikanische Abgeordnete wie Richard Nixon landesweit profilieren, indem sie – unter anderem auch durch ihre Mitarbeit im Senatsausschuß zur Untersuchung »unamerikanischer Umtriebe« – die demokratische Verwaltung einer zu laxen Haltung gegen die Kommunisten bezichtigten. Bei seinem Versuch, sich vor diesem berüchtigten Ausschuß zu verteidigen, erlitt White eine Herzattacke. Hiss wies den gegen ihn erhobenen Vorwurf der Spionage entschieden zurück. Nichtsdestotrotz wurde er in seinem zweiten Verfahren in zwei Anklagepunkten des Meineids für schuldig befunden. Das Gericht stützte sich dabei auf die Aussagen von Chambers' aus Österreich stammender sowjetischer Kontaktfrau Hede Massing, die 1938 in die USA desertiert und 1945 vom FBI verhört worden war.[9]

Die Angst der amerikanischen Öffentlichkeit vor der »Roten Gefahr« war ohnehin schon groß genug, als im September 1949 die Nachricht von der ersten Atombombenexplosion der Sowjets um die Welt ging. Schockiert standen die Amerikaner vor der Erkenntnis, daß ihr Land die militärische Überlegenheit verloren hatte, die sie als ihr rechtmäßiges Erbe aus dem Zweiten Weltkrieg betrachteten. Kaum einen Monat später erhielt das amerikanische Selbstbewußtsein einen weiteren schweren Schlag, als Mao Tse-tung seinen endgültigen Sieg verkündete und die Kommunisten auch in China die Macht übernahmen. Allenthalben hagelte es schon Anschuldigungen, der »Verlust« Chinas sei eine Folge der kommunistischen Subversion innerhalb der demokratischen Regierung, als sieben Monate später der kalte Krieg in Korea zu einem heißen eskalierte. Der republikanische Senator Joseph McCarthy wurde mit seinem demagogischen Kreuzzug gegen den Kommunismus spätestens in dem Augenblick zur nationalen Berühmtheit, als er die sensationelle Anschuldigung erhob, im amerikanischen Außenministerium säßen gleich fünfzig sowjetische Agenten. 1950, als amerikanische GIs im Kugelhagel chinesischer Kommunisten starben, gaben Bentley und Chambers mit ihren Aussagen im Kongreß dem fanatischen Senator aus Wisconsin gewissermaßen die Pistole in die Hand, mit der er den Startschuß für einen heiligen Krieg gegen die kommunistische Bedrohung abfeuerte. Noch heute gilt der Name McCarthy in den USA als Synonym für politisch motivierte Hexenjagd.

Während McCarthy eines der häßlichsten Kapitel in der Geschichte der amerikanischen Politik des 20. Jahrhunderts schrieb, schloß Orlow gerade die russische Version seines Manuskripts ab. Dann sah er sich mit dem Problem konfrontiert, vor dem jeder Autor mit seinem ersten Buch steht: Er mußte einen Verleger finden. Da es viel zu riskant gewesen wäre, seine Memoiren unaufgefordert an irgendwelche Verlage zu schicken, beschloß er, sich mit Max Eastman in Verbindung zu setzen, dessen Werke über die russische Revolution er in der Bibliothek von Cleveland studiert hatte. Gegen Ende des Jahres 1950 fuhr Orlow also nach New York, um Eastman, einen Schüler Trotzkis, zu konsultieren, der während seiner Zeit als Anwalt im Obersten Gerichtshof in Moskau die Schwester von Nikolai Krylenko – Orlows Vorgesetztem – geheiratet hatte. Eastman hatte sich in der Folgezeit zu einem der entschlossensten amerikanischen Kritiker des Stalinismus und mehr oder weniger rechtslastigen Intellektuellen entwickelt. Der ehemalige NKWD-General trat deshalb mit größter Vorsicht an ihn heran und gab sich dabei nicht als der Autor selbst, sondern als dessen Rechtsvertreter aus. Eastman fand das Buch »phantastisch« und bot an, es gegen ein Drittel der Autorentantiemen selbst zu übersetzen und zu verlegen.[10]

Obwohl die finanzielle Situation der Orlows immer prekärer wurde, lehnten sie Eastmans Angebot nach zwei Tagen Bedenkzeit ab, weil sie seine Forderungen als überzogen empfanden. Sie faßten den Entschluß, das Buch selbst zu übersetzen. Nach seiner Rückkehr nach Cleveland beschloß Orlow, die Angelegenheit dadurch zu beschleunigen, daß er Maschineschreiben lernte. Zu diesem Zweck schrieb er sich im März 1951 für einen einjährigen entsprechenden Kurs am Dyke and Spencerian College ein.[11] Während die Orlows das Manuskript gemeinsam übersetzten und überarbeiteten, schmolz ihr Geldvorrat mehr und mehr dahin. Dem FBI gegenüber erklärten sie später, sie hätten sich immer häufiger nur noch von Corn-flakes ernährt, dem billigsten verfügbaren Lebensmittel. Nach und nach verpfändeten sie ihre wenigen Besitztümer; als letztes kam die Kamera ihrer Tochter an die Reihe. Als sie schließlich im Sommer 1952 nichts mehr zu verpfänden hatten, fuhr Orlow nach New York, um seiner Cousine aus der Koornick-Verwandtschaft, Mrs. Florence Kellerman, in ihrem Haus in der Bronx einen Besuch abzustatten. Sie lieh ihm 1000 Dollar, weil er, wie sie später dem FBI erklärte, »schließlich mein Verwandter war und das Geld dringend nötig hatte«. Mrs. Kellerman fügte hinzu, er habe ihr später den vollen Betrag zurückbezahlt, nachdem sein Buch veröffentlicht worden war.[12]

Während Orlow tagsüber seinen Kurs in Maschineschreiben besuchte und nachts seiner Frau beim Abtippen seines Manuskripts half, fachte McCarthy weiter seine antikommunistische Kampagne an, der eine erstaunlich hohe Zahl von Prozessen zusätzlichen Nachdruck verlieh. Diese Gerichtsverfahren schienen seine Warnungen vor massiven Spionageoperationen noch zu untermauern. Der Feind war das MGB (die russische Abkürzung für *Ministerstwo Gossudarstwennoj Besoposnosti*, das Ministerium für Staatssicherheit), das 1946 die Verantwortung für den NKWD übernommen hatte und nach Stalins Tod 1953 zum KGB wurde. Die Hysterie hinsichtlich der »Roten Spione« hatte 1950 begonnen, als der deutschstämmige britische Physiker Klaus Fuchs gestand, geheime Informationen über die Atombombe nach Moskau weitergeleitet zu haben. Seinen Aussagen zufolge war einer seiner von den Sowjets eingesetzten amerikanischen Kontaktleute ein Chemiker aus Philadelphia namens Harry Gold. Die Ermittlungen gegen Gold brachten das FBI auf die Spur von David Greenglass, einen ehemaligen Maschinisten der US-Armee aus dem Kernwaffenlabor von Los Alamos. Dieser wiederum beschuldigte seinen Schwager Julius Rosenberg und dessen Frau, die Hauptpersonen eines Spionagerings zu sein, der nukleare Geheiminformationen an Moskau weitergeleitet habe. Ein weiterer aus dem Dutzend mutmaßlicher Sowjetagenten, der bei den Ermittlungen im Fall Rosenberg enttarnt und schließlich angeklagt wurde, war Morton Sobell. Sein Gehilfe Morris Cohen jedoch, der, wie aus den NKWD-Akten hervorgeht, in Spanien von Orlow angeworben worden war, konnte mit seiner Frau Lona rechtzeitig ins Ausland fliehen und sich so den Verhören durch das FBI entziehen.[13]

Der Prozeß gegen die Rosenbergs im Jahre 1951, in dessen Verlauf die Angeklagten der Spionage für schuldig befunden wurden, führte zu einem Aufschrei der Entrüstung, als gegen das jüdische Ehepaar aus Manhattan die Todesstrafe verhängt wurde. Drei Jahre später, nach der Ablehnung ihres letzten Gnadengesuchs, wurden die beiden als erste amerikanische Zivilisten wegen Spionage hingerichtet. In den Augen vieler Amerikaner handelte es sich bei den Rosenbergs um unschuldige Bürger, die auf dem Altar des von McCarthy propagierten Antikommunismus geopfert worden waren. Dieser Eindruck wurde noch durch die Tatsache verstärkt, daß der schlüssige Beweis für ihre Schuld vor Gericht nicht vorgelegt werden konnte, weil die betreffende Information – im Jahre 1944 von der US-Armee abgefangene Telegramme zwischen Moskau und dem sowjetischen Konsulat in New York – als streng geheim eingestuft wurde. Dieser sogenannte VENONA-Nachrichtenverkehr enthielt Anspielungen auf die Rosenbergs und ihre engen Mitarbeiter Alfred Savant und Joel Barr, die beide in die Tschechoslowakei geflohen waren, bevor sie festgenommen werden konnten. Der US-Armee war es 1949 nach vieljähriger Arbeit endlich gelungen, den Code der Sowjets zu knacken. Geholfen hatten ihnen dabei die 1500 versengten Seiten mit Codierungen, die die Finnen gefunden hatten und bei denen es sich wahrscheinlich um dieselben Codebücher handelte, von denen Harnack 1941 laut den NKWD-Akten Moskau mitgeteilt hatte, sie seien dem Feind in die Hände gefallen.[14]

Angesichts der Rolle, die Orlow bei der Entwicklung von Harnacks Sektion der Berliner Roten Kapelle gespielt hatte, war es eine Ironie des Schicksals, daß KORSES Warnungen in Moskau ignoriert worden waren. Die Entschlüsselung des VENONA-Nachrichtenverkehrs, die zur Enttarnung Macleans führte, wurde nur dadurch möglich, daß man in den abgefangenen Telegrammen auch wortwörtliche Aufzeichnungen von geheimen Informationen der Engländer und Amerikaner zur Nuklearenergie fand. Aufgrund von Hinweisen auf HOMERS Reisegewohnheiten und seine schwangere Frau war es den Briten gelungen, den Ersten Sekretär ihrer Washingtoner Botschaft als die undichte Stelle auszumachen. Bevor man Maclean jedoch verhören konnte, wurden den KGB-Akten zufolge die genauen Instruktionen zu Macleans und Burgess' Flucht am 17. Mai 1951 nach London geschickt – genau acht Tage bevor das Außenministerium einem Verhör durch den MI5 zustimmte. In der Nacht zum 25. Mai 1951 flohen die beiden dann aus England. Die Regierung Seiner Majestät dementierte wiederholt Gerüchte, denen zufolge die beiden der Spionage für die Sowjetunion verdächtigt wurden, doch britische und amerikanische Zeitungen berichteten bereits, daß die verschwundenen britischen Diplomaten sich in Moskau aufhielten.[15]

Der Direktor des FBI, Hoover, ordnete sofort eine gründliche Untersuchung der Aktivitäten von Burgess und Maclean während ihres Aufenthalts in den Vereinigten Staaten an. Als die FBI-Beamten in Cleveland die über Fernschreiber eingetroffene Nachricht lasen, ahnten sie nicht, daß im selben Gebäude – im Stockwerk genau unter ihnen, das vom Dyke and Spencerian College genutzt wurde – gerade ein grauhaariger 58jähriger Mann, der ihnen auf alle Fragen eine Antwort hätte geben können, das Maschineschreiben lernte. Natürlich behielt Orlow die Wahrheit über Burgess und Maclean für sich und lieferte auch keinen einzigen Hinweis darauf, daß er jemals in England gewesen sein könnte. Es scheint, als hätten die Schlagzeilen, die das Verschwinden von zwei seiner drei »Musketiere« aus Cambridge machte, die Entschlossenheit ihres ehemaligen Mentors bestärkt, Philby und die restlichen Mitglieder des Spionagenetzes von Cambridge auch weiterhin vor den Nachforschungen des FBI zu schützen.

Das englische Manuskript von *The Secret History of Stalin's Crimes* wurde gegen Ende des Jahres 1952 fertig, und im Februar 1953 brachte Orlow es nach New York. Bei der Suche nach einem Verleger sollte ihm George Sokolsky behilflich sein, in dessen Haus in Queens Orlow eines Abends zu später Stunde ankam. Sein jüdischer Klassenkamerad aus Bobruisk, der Orlow zuletzt in der Nacht von Jom Kippur 15 Jahre zuvor gesehen hatte, war ein bekannter russischstämmiger amerikanischer Journalist, der für den *Washington Times Herald* Kolumnen schrieb. Orlow erklärte ihm, er brauche seinen Rat bezüglich der Veröffentlichung seines Buches.[16] Sokolskys Gespräch mit dem FBI zufolge vertraute Orlow ihm an, daß er ein General des NKWD gewesen sei, sich seit 14 Jahren in Amerika versteckt hielt und sich nun

Feldbin nannte. Er erzählte Sokolsky jedoch keine Einzelheiten bezüglich seiner Aktivitäten in diesem Zeitraum und verschwieg auch, wo er und seine Frau gelebt hatten. Orlow wirkte extrem nervös und weigerte sich, ihm seine New Yorker Adresse oder Telefonnummer zu geben, obwohl Sokolsky versprach, sich mit seinem Freund William L. White in Verbindung zu setzen, einem berühmten Schriftsteller, der ihm bei der Veröffentlichung seines Buches behilflich sein könnte.[17]

Orlows Gespräch mit White mündete in ein Treffen mit John Shaw Billings, dem Chefredakteur der Zeitschrift *Life*. Aufgrund seines breiten Wissens über die Sowjetunion begriff dieser schnell, wie wichtig die Geschichte des ehemaligen sowjetischen Generals war.[18] Orlows Timing hätte günstiger nicht sein können, denn während sein Manuskript bei *Life* gelesen wurde, ging die Nachricht von Stalins Tod am 5. März 1953 um die Welt.

Der Tod des gefürchteten sowjetischen Diktators, den Millionen von amerikanischen Veteranen des Zweiten Weltkriegs als »Onkel Joe« kannten, verlieh Orlows Memoiren eine Aktualität, die das Buch zu einem potentiellen Bestseller machte. Bevor Billings allerdings für eine Veröffentlichung in Fortsetzungen grünes Licht gab, wollte er den Beweis dafür, daß Orlow tatsächlich der ehemalige NKWD-General war, für den er sich ausgab. Orlow wandte sich deshalb an Louis Fischer, den berühmten amerikanischen Journalisten, der Orlow in Moskau und während des spanischen Bürgerkrieges in Madrid getroffen hatte. Fischer erzählte später, wie Orlow ihn am 17. März völlig überraschend angerufen und gefragt hatte, »ob er sich an ihn erinnerte«. Als er dies bejahte, bat Orlow ihn, in Billings Büro zu kommen und zu bestätigen, daß er tatsächlich der ehemalige NKWD-Chef in Spanien gewesen war.[19] Das Geschäft war perfekt, und *Life* zahlte eine ansehnliche Summe für das Recht, umfangreiche Auszüge aus dem Buch veröffentlichen zu dürfen. Orlows finanzielle Probleme waren über Nacht gelöst.

Die vier von *Life* ab dem 6. April veröffentlichten Artikel erschienen unter dem Titel *The Ghastly Secrets of Stalin's Power* (»Die schrecklichen Geheimnisse von Stalins Macht«). Ergänzt durch Illustrationen eines Grafikers, in denen einige der scheußlichsten Folterszenen dargestellt waren, die sich während der Moskauer Schauprozesse hinter der Bühne abgespielt hatten, enthüllten die aufsehenerregenden Artikel die wahre Dimension des Größenwahns und der unsäglichen Grausamkeit, zu denen Stalins Tyrannei mutiert war. Unmittelbar nach den *Life*-Artikeln unterzeichnete Orlow mit Random House einen Vertrag über die Veröffentlichung seiner Memoiren in Buchform. Das Buch, das Orlow seiner Tochter Vera gewidmet hatte, erschien im Herbst desselben Jahres.

»Mein einziges Ziel«, erklärte Orlow im Vorwort seines Buches, »besteht darin, der Öffentlichkeit die bislang im verborgenen liegenden Tatsachen über Stalins Verbrechen aufzuzeigen, ohne deren Kenntnis die tragischen Ereignisse, die sich in Rußland abgespielt haben, sich jeder verstandesmäßigen Analyse entziehen und den Charakter eines unlösbaren Rätsels annehmen.«[20] Da er es jedoch bewußt vermied, seine in seiner KGB-Akte belegte Rolle beim Export der stalinistischen Säuberungen nach Spanien mit einzubeziehen, war diese Rechtfertigung für die Veröffentlichung seines Buches entschieden zu selbstgerecht. Seine zentrale These sollte nicht nur eine historische Erklärung für den »Großen Terror« bieten, sondern auch eine Art persönlicher Sühne dafür sein, daß er so lange treu dem NKWD gedient hatte, ohne den Stalins blutige Tyrannei nicht zu verwirklichen gewesen wäre. Indem er mit der Veröffentlichung seiner Memoiren bis Anfang der fünfziger Jahre gewartet hatte, war Orlow zudem ein passiver Komplize der in den Mechanismen des kalten Krieges befangenen Auslandsspionage der Sowjets geblieben, in deren Getriebe er – so er gewollt hätte – eine gehörige Portion Sand hätte streuen können.

Orlow zufolge hatte Stalin »ungeheuren politischen Einfluß und ganze Horden von Geheimagenten zur Verfügung, die er auf mich ansetzen konnte«. Zwar erklärte er nicht, warum er so lange geschwiegen hatte; die Tatsache aber, daß er dem Schicksal anderer NKWD-Überläufer – wie Reiss und Krinizki – hatte entgehen können, schrieb er seiner »Fähigkeit, ihre Tricks rechtzeitig vorherzusehen und zu durchschauen sowie der Treue und dem Mut meiner Frau und meiner Tochter« zu. Der entscheidende Faktor bei seiner Flucht vor den Todeskommandos, erklärte Orlow, sei sein Drohbrief von 1938 an Stalin gewesen. »Ich drohte ihm damit, alles zu veröffentlichen, was ich über ihn wußte, falls er es wagen sollte, sich an unseren Müttern zu rächen«, schrieb Orlow. Erst Anfang 1953 hätten er und seine Frau davon ausgehen können, »daß unsere Mütter nicht mehr am Leben sein konnten und ich deshalb mit der Veröffentlichung meiner Memoiren niemanden mehr in Gefahr brachte«. Wie die Orlows jedoch für den Fall, daß der NKWD bereits vorher gegen ihre greisen Eltern vorgegangen wäre, dies hätte herausfinden wollen, wird allerdings nicht klar – zumal Orlow betonte, daß sie in den vierzehn Jahren vor der Veröffentlichung seiner Memoiren alle Kontakte zur Sowjetunion vollständig abgebrochen hatten. »In all diesen Jahren schrieben wir weder unseren Müttern noch unseren Freunden in Rußland, um sie nicht zu gefährden«, schrieb Orlow und fügte hinzu: »Wir haben in dieser Zeit auch keine Briefe von ihnen erhalten.«[21]

Die Widersprüchlichkeit seiner angeblichen Erpressung wird noch durch eine weitere Ungereimtheit in seiner Geschichte unterstrichen.

Wenn Orlow, wie er behauptete, tatsächlich 14 Jahre lang von sowjetischen Todeskommandos verfolgt worden wäre, warum ging er dann zu einem Zeitpunkt, als der Tyrann Stalin noch an der Macht war, das Risiko ein, seine Anklage gegen den Diktator zu veröffentlichen? Schließlich machte sich Orlow, der zugab, Stalin bereits seit 1924 zu kennen, über dessen rachsüchtiges Wesen keine Illusionen. Er hätte zweifellos davon ausgehen müssen, daß der »Chef« seine Bemühungen, ihn aufzuspüren und zu liquidieren, noch verstärken würde, sobald er die Fakten veröffentlichte, die doch angeblich seine »Lebensversicherung« darstellten. Orlow hatte auch unmöglich vorhersehen können, daß Stalin einen Monat nach Beginn seiner Verhandlungen mit den Herausgebern der Zeitschrift *Life* sterben würde. Der Inhalt seines Buches stellte offensichtlich keinen »Vertragsbruch« mit Moskau dar, da er nichts über etwaige aktive Agenten verriet. Sein Entschluß, seine Anklage zu veröffentlichen, läßt sich deshalb nur damit erklären, daß sein eigentlicher Erpresserbrief in Wahrheit mit Stalins Verbrechen nichts zu tun hatte. Aus diesem Grund konnte er sich auch den Kommentar erlauben, er sei »sehr enttäuscht« darüber, daß der sowjetische Diktator »nicht ein wenig länger gelebt hat, um mitzubekommen, wie seine Verbrechen vor aller Welt offengelegt wurden und seine Bemühungen, sie zu vertuschen, sich als vergeblich erwiesen«.[22] Da Orlows Drohung in Wirklichkeit darin bestand, diejenigen geheimdienstlichen Informationen zu verraten, die seine eigentliche »Lebensversicherung« ausmachten, wäre sein Kalkül auch dann aufgegangen, wenn Stalin die April-Ausgabe von *Life* noch persönlich zu Gesicht bekommen hätte. Die Liquidierung eines abtrünnigen NKWD-Generals wäre Stalin auch dann noch weit weniger wichtig gewesen als der Schutz der noch immer aktiven Mitglieder von Spionagenetzen im Ausland wie Blunt und Philby, die der Sowjetunion nach wie vor von größtem Nutzen waren.

»Die Gefahr für mein Leben ist nach Stalins Tod nicht geringer geworden«, behauptete Orlow dennoch in seinem Buch. »Der Kreml hütet eifersüchtig seine Geheimnisse und wird alles in seiner Macht Stehende tun, mich zu töten, um andere hohe Offiziere und Funktionäre abzuschrecken, die ansonsten versucht sein könnten, es mir gleichzutun.«[23] In seinen Befragungen durch die amerikanischen Ermittlungsbehörden spielte er geschickt seine angebliche Angst vor Attentaten aus. Nach Stalins Tod muß ihm jedoch klar gewesen sein, daß der KGB, der im Sommer 1953 gegründet wurde, ihn so lange in Ruhe lassen würde, wie er die Namen der betreffenden sowjetischen Undercoveragenten für sich behielt. Dennoch bestand Orlow öffentlich auch weiterhin darauf, in großer Gefahr zu sein; er erklärte sogar, in Manhattan bereits ein sowjetisches Mordkommando unter der Führung von Konstantin Wladimirow gesehen zu haben.[24] In Wirklichkeit aber drohte die größte

Gefahr, mit der er sich nun konfrontiert sah, nicht aus Moskau, sondern aus Washington, denn sie ging nicht etwa vom KGB aus, sondern vom FBI. Als *Life* am 6. April an den Zeitschriftenhandel ausgeliefert worden war, wurde J. Edgar Hoover klar, daß der Fall Orlow wie eine Bombe auf seinem Schreibtisch eingeschlagen hatte.

Die Wirkung ließ nicht lange auf sich warten. Der Leiter der US-Einwanderungsbehörde, des Immigration and Naturalization Service (INS), forderte schon tags darauf Informationen aus den Akten des FBI über Orlow an und informierte anschließend den FBI-Direktor darüber, daß ein Ermittlungsverfahren eröffnet werden müsse, da Orlow, wie aus der Aktenlage hervorgehe, kein politisches Asyl gewährt worden sei und deshalb seine Ausweisung in Betracht gezogen werden müsse.[25] Letzteres war jedoch ein schwacher Trost für Hoover, der ungeheuer wütend war angesichts der Tatsache, daß er aus den Medien hatte erfahren müssen, daß in den acht Jahren, in denen er alles getan hatte, um der sowjetischen Unterwanderung ein Ende zu bereiten, einer von Stalins bedeutendsten Spionen unbehelligt unter den Augen seiner vermeintlich so wachsamen Agenten in den Vereinigten Staaten frei hatte herumlaufen können. Die Art und Weise, in der Orlow an die Öffentlichkeit getreten war, rückte in der Tat den FBI-Direktor und seine vermeintlich so effektive Organisation in ein derart ungünstiges Licht, daß Hoover ihm dies nie verzeihen sollte. Einem amerikanischen Regierungsbeamten zufolge war Hoovers Reaktion auf die Veröffentlichung von Orlows Memoiren »eine Mischung aus Ungläubigkeit, Erschrecken und Wut«.[26]

»Wer ist eigentlich dieser NKWD-General, der für *Life* schreibt?« kritzelte Hoover verärgert quer über den ersten Bericht, den er über Orlow erhielt.[27] Als dann der amerikanische Kongreß die Frage stellte, warum das FBI nichts davon gewußt hatte, daß ein so bedeutender Sowjetagent sich schon seit so langer Zeit in den Vereinigten Staaten aufhielt, ordnete der FBI-Direktor eine gründliche Untersuchung des Falles an, um herauszufinden, wer Orlow wirklich war und was er über den sowjetischen Geheimdienst wußte.

Hoover war fest entschlossen, das in den Augen der Öffentlichkeit und des Parlaments ramponierte Ansehen des FBI wiederherzustellen. Um so wütender reagierte er, als er feststellen mußte, daß die CIA schon lange vor dem FBI von Orlow gewußt hatte. Nach Aktenlage war Admiral Roscoe Hillenkotter – der erste Direktor der CIA, der von 1947 bis zu seiner Pensionierung drei Jahre später zu Hoover ein alles andere als gutes Verhältnis gehabt hatte – schon vor Erscheinen des *Life*-Artikels über Orlow informiert worden. Sein Informant war Sokolsky gewesen, wie der Journalist selbst dem FBI erklärte. Der Admiral hatte es für klüger gehalten, mit Orlow keinen Kontakt aufzunehmen; seiner Ansicht nach war Orlow so bedeutend, daß er mit Samthandschuhen angefaßt werden mußte. Hillenkotter hatte Sokolsky gegenüber deshalb geäußert, daß »Orlow angesichts seiner extremen Vorsicht und seiner Angst vorerst besser nicht bedrängt werden sollte, Informationen preiszugeben«.[28]

Die Ermittler des FBI jedoch sahen offenbar keinen Grund, sich an diesen klugen Ratschlag zu halten. Unter dem Druck von Hoovers Anordnung, möglichst schnell alle Fakten auf den Tisch zu legen, ließen sie bei der entscheidenden Befragung Orlows die Samthandschuhe in der Schublade. Statt zu versuchen, durch ein subtileres Vorgehen sein Vertrauen zu gewinnen, wollten sie bei ihren Verhören mit dem Kopf durch die Wand. Nach dem Erscheinen der *Life*-Artikel suchte ein FBI-Agent nach dem anderen die Orlows in ihrer neuen Wohnung in New York heim. Der ehemalige General und seine Frau, die sich immer mehr für seinen Schutz verantwortlich fühlte, hatten eigentlich gehofft, endlich wieder einmal in Ruhe ein paar Dinge genießen zu können, die sie sich so lange versagt hatten. Trotz ihrer verbesserten finanziellen Lage konnten sie sich die gewünschte Privatsphäre jedoch nicht erkaufen; statt dessen mußten sie sich endlosen Befragungen unterwerfen, bei denen psychologische Feinheiten oder ihre Angst vor Racheakten der Sowjets keine Rolle spielten.

Auf Anordnung ihres Direktors setzten Hoovers Handlanger von Anfang an alles daran, aus Orlow Antworten auf Tausende von Fragen herauszuholen. Hoover scheint vom ersten Augenblick an eine Antipathie gegen Orlow gehabt zu haben, weil dieser nicht von sich aus an ihn herangetreten war. Sein Groll wurde noch stärker, als er erfuhr, daß das Bostoner FBI-Büro bereits elf Jahre zuvor eine Akte über Orlow unter dessen Pseudonym Alexander Berg und der Rubrik »Innere Sicherheit – D« angelegt hatte. Das »D« für »Deutsch« wurde augenblicklich gegen ein »R« für »Russisch« ausgetauscht, während Hoovers Ermittler ausschwärmten, um jeden zu befragen, der mit dem Ex-General in den vierzehn Jahren seines Exils irgendwann einmal Kontakt gehabt hatte.

Bestürzt mußten der ehemalige Justizminister Francis Biddle sowie Earl G. Harrison, der unter ihm Leiter der Behörde für die Registrierung von Ausländern gewesen war, eingestehen, daß sie der irregulären Registrierung Orlows zugestimmt hatten. Jahrzehntealte Meldelisten von Hotels in New York, Boston und Philadelphia wurden nach Spuren eines Paares durchsucht, das sich unter den Namen Berg oder Koornick eingetragen hatte. Man holte aus Los Angeles Informationen über Veras Tod ein und befragte den Arzt, der sie behandelt hatte. In Philadelphia, Boston und Pittsburgh untersuchte das FBI die Akten von Banken und befragte zum wiederholten Male die Angestellten, die über die Jahre Bankanweisungen für die Miete des Schließfachs an das Paar ausgestellt hatten. In Cleveland, Boston und Los Angeles suchten FBI-Beamte ehemalige Vermieter und Nachbarn der Orlows auf, um sich ein Bild von ihrer Lebensweise und ihrem Verhalten machen zu können. Viele Spuren verliefen jedoch im Sande, weil die Orlows sich standhaft weigerten, die Namen ihrer Verwandten herauszurücken, die ihnen 1938 bei ihrem Untertauchen behilflich gewesen waren – mit der Begründung, ihre noch in der Sowjetunion lebenden Verwandten nicht in Gefahr bringen zu wollen.

Das schnelle Anwachsen von Orlows FBI-Akte in den ersten beiden Jahren nach seinem Wiederauftauchen zeugt sowohl vom Umfang als auch von der Vergeblichkeit der Ermittlungen gegen ihn. Trotz all ihrer Bemühungen konnte die amerikanische Bundespolizei ihrem Direktor Hoover nicht die Trophäe zu Füßen legen, die dieser so vehement forderte. Orlow, der standhaft beteuerte, über die sowjetische Spionage in den USA so gut wie nichts zu wissen, ließ nicht seinen bedeutenden sowjetischen Spionagering auffliegen. Obwohl dies eindeutig aus der Tatsache hervorgeht, daß weder Philby noch Blunt oder andere Mitglieder der Spionagenetze von Cambridge und Oxford enttarnt wurden, befindet sich unter den 800 Seiten aus FBI-Akten, die für die Autoren dieses Buches freigegeben worden sind, nicht eine einzige Niederschrift einer Befragung Orlows. Fast die Hälfte dieser 800 Seiten sind leer oder mit Streichungen versehen. Die Begründung der Verwaltungsbeamten für die Nichtherausgabe lautete, das Material sei »im Interesse der nationalen Sicherheit und der amerikanischen Außenpolitik geheimzuhalten«.[29] Andere Informationen werden mit Begründungen zurückgehalten, die darauf schließen lassen, daß das FBI seine Verhörtechniken nicht preisgeben möchte. Die einzigen Berichte über direkte Verhöre Orlows, deren Geheimhaltung aufgehoben wurde, sind die über die Befragungen des Ex-Generals durch die US-Einwanderungsbehörde.

Trotz der Streichungen in den freigegebenen FBI-Akten läßt sich eine Einschätzung der von Orlow gelieferten Informationen anhand einer Namensliste machen, die der militärische Geheimdienst der USA anhand der zusammenfassenden Analyse des FBI von der Orlow-Akte von 1954 erstellte. Diese mit diversen Einschränkungen freigegebene Liste besteht aus 64 Namen, von denen jedoch kein einziger den FBI-Ermittlern neu war.[30] Die meisten dieser Namen können aufgrund der Antworten von Befragten in den freigegebenen Abschnitten der FBI-Akte und anhand von Orlows späterer Aussage im Rahmen von zwei Sitzungen des Unterausschusses des Senats für Innere Sicherheit identifiziert werden. Einige nicht zensierte Querverweise lassen jedoch den Schluß zu, daß das FBI trotz allem davon überzeugt war, mit der entsprechenden Hartnäckigkeit aus Orlow wichtige Informationen über sowjetische Spionageoperationen herausholen zu können, die zur Aufklärung ungelöster Fälle der Kategorie »Innere Sicherheit – R« beitragen würden.

Mehrmals führte Orlow die Ermittler gezielt auf eine falsche Fährte; so erzählte er beispielsweise den FBI-Leuten, er habe schon irgendwann vor dem Herbst 1935 in der Moskauer Zentrale Kopien von Geheimberichten des US-Außenministeriums gesehen, die dem NKWD von einem nicht identifizierten Chiffrierer in der amerikanischen Botschaft in Moskau zugespielt worden sein könnten.[31]

Viele Fragen der FBI-Leute konnte Orlow schon deshalb nicht beantworten, weil sie sich auf Fälle bezogen, die erst nach seiner Flucht aus Spanien im Sommer 1938 aktuell geworden waren. Offenbar wollte sich der FBI-Direktor nicht damit abfinden, daß der ehemalige NKWD-General so ganz und gar nicht die enzyklopädische Informationsquelle über sowjetische Spionageoperationen war, die er erwartet hatte. Wie alle Überläufer rückte Orlow mit seinen Geheimnissen nur stückchenweise heraus, um sich so auch in Zukunft die Gastfreundschaft der Amerikaner zu sichern. Er war sich auch genau darüber im klaren, welche Informationen er niemals preisgeben wollte, und im Gegensatz zu den meisten in den Westen geflohenen sowjetischen Geheimdienstoffizieren hatte er viele Jahre darauf verwenden können, sich seine »Legende« und Entschuldigungen aufzubauen. Er hatte genügend Zeit gehabt, sich die Version, die er erzählen wollte, einzuprägen sowie die Art und Weise ihrer Darlegung gut vorzubereiten: Welche Einzelheiten er besser verschweigen sollte und wie er dabei trotzdem den Eindruck absoluter Offenheit und Ehrlichkeit erzeugen konnte.

»Ich glaubte nie, daß ich von ihm auch nur annähernd all die Informationen bekam, die ich hätte haben können«, so Edward McCarthy. Als einer der ersten FBI-Ermittlungsbeamten, die diesen Fall untersuchten, bemerkte er, daß er eine »sehr starke Persönlichkeit« vor sich hatte, deren »dichte Augenbrauen« diesen Eindruck noch verstärkten. Er erinnerte sich daran, daß Frau Orlowa bei seinen langen Gesprächen mit ihrem Mann im Sommer 1953 kaum anwesend war. »Ich zweifelte nie daran, daß er ein beeindruckender Charakter war«, sagte McCarthy. Die Chancen des FBI seien gleich Null gewesen, weil es keinerlei Hintergrundinformationen über Orlow hatte, außer denen, die der General in seinem Buch selbst gegeben hatte. So kam das FBI gar nicht auf die Idee, ihn über Burgess und Maclean zu befragen, die kurz zuvor geflüchtet waren, weil es nicht die leiseste Ahnung davon hatte, daß Orlow jemals in England gewesen war. Laut McCarthy, der zum New Yorker Büro gehörte, bestand die wichtigste Aufgabe des FBI-Hauptquartiers darin, herauszufinden, wieviel der frühere NKWD-Offizier ihnen über das sowjetische Agentennetz in Amerika erzählen konnte. Orlow, der »selten die Gespräche in bestimmte Bahnen lenkte«, konnte darüber hinaus sehr gut den Eindruck vermitteln, daß er die Fragen nach bestem Wissen beantwortete. »Damals war ich von seinen Antworten beeindruckt«, gab McCarthy zu. Seiner Meinung nach lag dies wahrscheinlich daran, daß Orlow Dinge bestätigen konnte, die das FBI über Einsätze sowjetischer Agenten in den Vereinigten Staaten, die vor der Flucht des Generals aus Spanien 1938 geschehen waren, herausgefunden hatte.[32]

Hoover und seine Agenten unterschätzten offenbar die Schwierigkeiten, die es bereiten konnte, Informationen aus einem ehemaligen General des Geheimdienstes herauszuholen, der seine außergewöhnlichen Fähigkeiten zur Tarnung und Täuschung schon dadurch unter Beweis gestellt hatte, daß es ihm so viele Jahre lang gelungen war, der Aufmerksamkeit des FBI zu entgehen. Zudem hatte das FBI damals kaum eigene Erfahrungen mit der Befragung von Überläufern gemacht; und Orlow war der bei weitem bedeutendste sowjetische Funktionär, mit dem sie es je zu tun gehabt hatten. In dem Bewußtsein, daß Hoover ungeduldig auf konkrete Ergebnisse wartete, begingen die FBI-Ermittler nach McCarthy den folgenschweren Fehler, statt mit einer gewissen Raffinesse mit dem Holzhammer vorzugehen. Dies stellte sich bei der Befragung des hochintelligenten NKWD-Generals, der das sowjetische Standardwerk über Spionageabwehr geschrieben und unter anderem auch Vorlesungen darüber gehalten hatte, mit welchen Techniken man Verhöre durchstehen konnte, als schwerwiegender Fehler heraus.

Für das plumpe Vorgehen des FBI hatte Orlow nur Zorn und Verachtung übrig. Als Meister der Täuschung fiel es ihm deshalb nicht schwer, die Ungeschicklichkeit der Ermittler zu seinem Vorteil auszunutzen und jenen Teil seines Wissens zu vertuschen, den er für sich behalten wollte. Einer der ehemaligen Offiziere der CIA-Spionageabwehr, der Orlow im Laufe der Jahre wohl besser kennenlernte als jeder andere Amerikaner, erinnerte sich später: »Jedesmal, wenn ich diese Episode erwähnte oder er daran denken mußte, hatte er vor Wut beinahe Schaum vor dem Mund.«[33]

Im Gegenzug sorgte Orlow dafür, daß auch Hoover und seine Beamten bald vor Wut schäumten. Die wenigen Informationen über sowjetische Spionageoperationen und Agentennetze, die Orlow preisgab, erbrachten keinerlei neue Spuren und ließen sich zudem so schmerzhaft langsam aus ihm herausholen wie tief verwurzelte Zähne. Das wird deutlich durch die Teile seiner Akte, die zur Veröffentlichung freigegeben worden sind. Sie bestätigen die Angaben seines ersten FBI-Ermittlers McCarthy sowie ehemaliger Angehöriger der Spionageabwehr der CIA.

Abgesehen von den sensationellen Enthüllungen zu Stalins Säuberungen hatte Orlow, wie dem FBI bald klarwurde, in seinem Buch nicht viel mehr über seine Vergangenheit preisgegeben als den äußerst knappen, gerade eine halbe Seite umfassenden Lebenslauf im Vorwort, dem zufolge er seine Karriere in der Wirtschaftsabteilung des NKWD in den sowjetischen Handelsmissionen in Frankreich und Deutschland begonnen hatte. 1932 habe er dann den Vereinigten Staaten einen kurzen offiziellen Besuch abgestattet, bevor er zum Leiter der Wirtschaftsabteilung des NKWD befördert worden sei. Genauere Angaben zu seiner Tätigkeit in dieser Stellung machte er nicht; er behauptete lediglich, er sei als eine Art Kontrolleur durch Europa gereist, bevor er 1936 nach Spanien versetzt wurde. Dort, so behauptete er, habe seine Aufgabe vor seiner Flucht im Jahre 1938 lediglich darin bestanden, die republikanische Regierung auf den Gebieten der Spionageabwehr und des Guerillakrieges zu beraten.

Da seither so viel Zeit vergangen war und das FBI zudem über die inneren Mechanismen in der Lubjanka kaum etwas wußte, fiel es Orlow relativ leicht, seine Rolle bei der Entwicklung der sowjetischen Untergrundnetze in Europa zu vertuschen. Nachdem er keinerlei Hinweise auf seine Arbeit im Untergrund gegeben hatte, wurde dieses Thema bei seinen Befragungen auch nie angeschnitten. Die FBI-Leute sahen keinen Grund, den General mit dem Spionagefall Burgess/Maclean in Verbindung zu bringen, in dem sie – im Gegensatz zu den Briten – zu der Schlußfolgerung gelangt waren, daß auch Philby darin verwickelt sein mußte. Mit einer gewissen Genugtuung erzählte Philby später dem KGB: »Er sagte niemals auch nur ein einziges Wort über mich, obwohl FBI und CIA ihn in den Verhören nicht gerade mit Samthandschuhen anfaßten.«[34]

Bei seinem Bemühen, seine wichtige Rolle bei sowjetischen Spionageoperationen im Ausland zu verbergen, kam Orlow seine Erfahrung auf dem Gebiet der Spionageabwehr zugute. Anhand der Richtung, in die die ihm gestellten Fragen zielten, konnte er den Kenntnisstand der betreffenden FBI-Beamten einschätzen und entsprechende Antworten geben. Er selber hatte die Technik gelehrt, immer nur das zuzugeben, was die Ermittler ohnehin schon wußten, und zwischendurch falsche Informationen einzustreuen, die nicht überprüft werden konnten. Auf diese Weise konnte er jenen Teil seiner Karriere vertuschen, an dessen Geheimhaltung ihm am meisten gelegen war. Seit seinem letzten Aufenthalt in Moskau waren so viele Jahre vergangen, daß er überzeugend abstreiten konnte, von den atomaren und militärischen Spionageoperationen, die auf der Prioritätenliste des FBI ganz oben standen, etwas zu wissen. Er bedauerte, nichts über die damals in den Vereinigten Staaten operierenden sowjetischen Spionagenetze aussagen zu können, bestätigte jedoch, den Namen Wassili Subilin zu kennen, der, wie das FBI längst festgestellt hatte, gegen Ende des Krieges NKWD-Resident in Washington gewesen war. Weiterhin erklärte er dem FBI, daß Subilins Vorgänger Peter Gusew (Gutzeit) einmal sein Assistent gewesen sei.

Wider besseren Wissens stimmte Orlow auch der Theorie des FBI zu, daß in den dreißiger Jahren der NKWD-Resident in den Vereinigten Staaten in der Regel mit sechs Untergebenen arbeitete, die wiederum von jeweils drei Assistenten – Kontaktleuten aus der Kommunistischen Partei der USA – unterstützt wurden. Nach Schätzung des FBI operierten zur Zeit von Orlows Flucht aus Spanien mindestens 18 verschiedene Spionageringe. Der NKWD-General bestätigte dies gern und wies darauf hin, daß es zusätzlich noch eine ähnlich hohe Zahl von Spionagenetzen gegeben habe, die vom Militärischen Geheimdienst aus gesteuert worden seien. Von den letzteren hatte das FBI bislang nur eines aufgedeckt, nämlich das, in dem Whittacker Chambers mitgearbeitet hatte.[35]

Orlow gelang es, sein eigenes, zeitlich überholtes Wissen als relativ unbedeutend hinzustellen, indem er geschickt alarmierende Berichte bestätigte, die, wie er aufgrund seiner Zeitungslektüre wußte, das FBI von sowjetischen Nachkriegs-Deserteuren wie Ege erhalten hatte. Letzterer hatte in einem Senatsausschuß bestätigt, daß in den Vereinigten Staaten noch immer zwanzig Spionageringe der GRU tätig waren. Orlow äußerte seine Befürchtung, daß die Sowjets ihre Rolle als Verbündete im Krieg sicherlich dazu mißbraucht hätten, die Zahl ihrer Spionagenetze in Amerika zu vervielfachen, die seiner Einschätzung nach während des kalten Krieges wie die Pilze aus dem Boden geschossen waren. Ferner gab er zu bedenken, daß man dabei auch die Zuträgertätigkeit der Geheimdienste von Stalins osteuropäischen Satellitenstaaten nicht außer acht lassen dürfe.[36]

»Ich bin davon überzeugt, daß die Sowjets über die effektivsten Geheimdienste der Welt verfügen«, erklärte Orlow vor dem Unterausschuß des Senats für Innere Sicherheit im Jahre 1957. Wäre damals bereits bekannt gewesen, in welchem Ausmaß Orlow selbst zu dieser Effektivität beigetragen hatte, hätten die Senatoren sicher Orlows vermeintliche Offenheit weniger vollmundig gelobt. Zwar konnte Orlow nicht wissen, daß Philby in seiner Zeit als MI6-Verbindungsoffizier in Washington während des kalten Krieges an die wichtigsten Geheiminformationen der CIA gekommen war oder in welchem Ausmaß es Blunt und anderen Agenten gelungen war, den MI5 zu unterwandern; dennoch gab er sich überzeugt, daß der KGB sein Ziel erreicht hatte, »die Staatssicherheitsdienste der Vereinigten Staaten und anderer westlicher Länder zu infiltrieren«.

Orlows Ablenkungstaktik war nicht immer hundertprozentig erfolgreich, denn nicht alle FBI-Beamten, die seine Karriere auszuleuchten versuchten, ließen sich von ihm hinters Licht führen. Besonders in bezug auf Orlows Rolle bei den Säuberungen in Spanien wurden sie allmählich immer mißtrauischer, nachdem der ehemalige Informationsminister der katalonischen Regierung öffentliche Beschuldigungen gegen den Ex-General erhoben hatte. In einem Brief, der am 11. Mai in *Life* abgedruckt wurde, wollte Jaime Miravitales wissen, ob es sich beim Autor der Artikel über Stalin um den ehemaligen NKWD-Chef in Spanien handelte. Außerdem warf José Hernández, der frühere republikanische Minister, Orlow in seinen soeben publizierten Memoiren vor, die Ermordung des republikanischen Kriegsministers Indalecio Prieto geplant sowie »gemäß dem Befehl, Trotzkisten im Ausland zu liquidieren«, die Exekution« von Andrés Nin durchgeführt zu haben.[37]

Orlow gab daraufhin zwar zu, NKWD-Chef in Spanien gewesen zu sein, stritt jedoch entschieden ab, mit der Ermordung Nins oder dem geplanten Anschlag gegen Prietos Leben etwas zu tun gehabt zu haben. Er beteuerte, er wäre von Stalin für eine so sensible Mission ohnehin nicht mehr ausgewählt worden, weil er damals bereits selbst auf der Todesliste gestanden habe. Und selbst wenn er einen solchen Befehl erhalten hätte, so Orlow, hätten sein diplomatischer Status und seine Rolle als Berater in den Bereichen Spionageabwehr und Guerillakrieg seine unmittelbare Beteiligung an einer solchen Aktion von vornherein ausgeschlossen. Um eventuell verbleibende Zweifel an der Richtigkeit seiner Aussagen zu zerstreuen, erklärte Orlow weiter, die Attentate in Spanien seien nicht von ihm organisiert worden, sondern von einem »im Untergrund agierenden, direkt von Moskau aus gelenkten Mordkommando«. Nins Mörder sei vermutlich ein Agent namens Bolodin gewesen.[38]

Wann auch immer Orlow auf die Schuldzuweisungen, die Hernández in seinen Memoiren angeführt hatte, vom FBI, der Einwanderungsbehörde, dem Unterausschuß des Senats oder der CIA angesprochen wurde, blieb er beharrlich bei dieser Aussage. Weit schwerer fiel es ihm allerdings, sich gegen die sehr viel spezifischeren Beschuldigungen zur Wehr zu setzen, die sein ehemaliger Genosse vom NKWD, Kriwizki, gegen ihn erhoben hatte. Wieder und wieder dementierte er Kriwizkis »völlig abwegige« Behauptungen, der NKWD habe in Spanien »von der Erpressung von Geständnissen bis hin zu standrechtlichen Exekutionen alle in Moskau geläufigen Methoden angewandt«. Auch Kriwizkis Aussage, er habe den Brief von General Bersin gesehen, in dem dieser wegen der »kolonialistischen« Skrupellosigkeit des NKWD in Spanien Orlows Abberufung forderte, bezeichnete Orlow als ebenso »frei erfunden« wie die Beschuldigung, er habe beim Verschwinden des POUM-Anführers seine Finger im Spiel gehabt. »Wenn ich Nin umgebracht hätte«, erklärte Orlow in seiner kommentierten Version von Kriwizkis Text, die er für das FBI anfertigte, »dann wäre die Sowjetunion vor aller Welt diskreditiert gewesen.« Ein ums andere Mal bestand er darauf, er habe »von Entführungen oder Liquidierungen in Spanien nichts gewußt«.[39]

Orlows geschickt vorgebrachte Dementis können nun anhand seiner eigenen Berichte in den NKWD-Akten über die Entführung Nins und andere »Spezialangelegenheiten« als bewußte Täuschungsmanöver entlarvt werden. Das FBI versuchte wiederholt, die von Orlow errichteten Lügengebäude zum Einsturz zu bringen, scheiterte dabei jedoch im Verlauf seiner zweijährigen Ermittlungen immer wieder. Obwohl sich etliche Zeugen fanden, die die Vorwürfe des Mordes und des Terrors der von Orlow kontrollierten Geheimpolizei bestätigten, konnten sie keine eindeutigen Beweise für ihre Behauptungen vorlegen. Typisch für solche Anschuldigungen war ein nicht namentlich genannter Informant aus Miami, der dem FBI erzählte, Orlow habe als NKWD-Chef in Spanien einen »schlechten Ruf« gehabt, weil er der führende Kopf der spanischen Geheimpolizei gewesen sei, die wiederum systematisch »Menschen, die sich gegen die republikanische Regierung stellten, verfolgt und getötet« habe.[40]

Auch amerikanische Journalisten, die ehemals über den spanischen Bürgerkrieg berichtet hatten – darunter Louis Fischer von der *New York Times* und Paul Wohl, ein Mitherausgeber des *Christian Science Monitor* –, bestätigten die den Anschuldigungen gegen Orlow zugrunde liegenden Fakten. Selbst Sokolsky, der Orlow bei der Veröffentlichung seines Buches *Stalin's Crimes* behilflich gewesen war, äußerte den Verdacht, daß die Biographie seines Jugendfreundes auch ihre dunklen Seiten gehabt haben könnte. Das FBI hatte Sokolsky befragt, nachdem dieser in seiner Besprechung von Orlows Memoiren im *Washington Times Herald* im Oktober 1953 angemerkt hatte, er sei mit Orlow persönlich bekannt; er hatte dessen Buch als »äußerst wertvoll« bezeichnet, vor allem wegen der authentischen Darstellung von Stalins Charakter, der »wie ein schrecklicher Alptraum anmutet; dieser Mann war absolut amoralisch«. In seiner Buchkritik hatte Sokolsky Orlow aber auch dazu aufgefordert, näher auf seine Rolle im spanischen Bürgerkrieg einzugehen, »um einige der Leerstellen in dieser Orgie des Mordens aufzufüllen«.[41] Im privaten Gespräch gestand er FBI-Beamten, er könne »Menschen wie Orlow nicht voll vertrauen«. Im übrigen habe er Orlow vorgeschlagen, ein Buch darüber zu schreiben, wie die amerikanischen Freiwilligen der Abraham-Lincoln-Brigade von den Kommunisten manipuliert wurden. Aus dem Bericht des FBI-Sonderermittlers, der das Gespräch mit Sokolsky geführt hatte, geht hervor, daß dieser Orlow vorwarf, nicht seine eigene Autobiographie geschrieben, sondern sich statt dessen hinter der von Stalin versteckt zu haben.[42]

»Die ganz große Geschichte«, meinte Sokolsky dem FBI gegenüber, »ist die von Orlow selbst.« Er war davon überzeugt, daß sein ehemaliger Freund aus Bobruisk die Wahrheit über sich bewußt verschwieg, »weil er sonst womöglich als Krimineller dastehen würde«.[43] Die NKWD-Akten aus jener Zeit beweisen, daß Sokolsky nicht nur dies richtig erkannt, sondern auch die eigentliche Strategie begriffen hatte, die hinter dem Vorgehen seines Jugendfreundes steckte. Orlow war für die Vorbereitung und Durchführung der gegen die POUM gerichteten stalinistischen Säuberungen verantwortlich, die zu Nins Tod führten. Doch die Dokumente, die dies hätten beweisen können, tauchten erst vierzig Jahre später in den KGB-Archiven auf. So verfügte das FBI 1952 trotz der festen Überzeugung, daß Orlow bei den Säuberungen in Spanien eine entscheidende Rolle gespielt haben mußte, über keinerlei Mittel, um sein Lügengebäude zum Einsturz zu bringen. Hoover war darüber um so erzürnter, als er bis dahin mit Zähnen und Klauen das Monopol seiner Behörde bei den Befragungen Orlows verteidigt hatte. Eifersüchtig hatte er die Einwanderungsbehörde und die CIA auf Distanz gehalten und deren Anfragen lediglich mit zusammenfassenden Berichten über die schleppenden Fortschritte des FBI beantwortet.[44]

Als Orlow in der Zeitschrift *Life* am 20. Juli 1953 einen Artikel über Berija veröffentlichte und damit seine Enthüllungen statt dem FBI direkt der Öffentlichkeit präsentierte, mußte Hoover dies als weiteren Schlag ins Gesicht empfinden – zumal er bis dahin immer den Eindruck zu erwecken versucht hatte, seine Behörde sei die einzig zuverlässige Quelle von Informationen über den sowjetischen Geheimdienst. Sokolsky – dem gegenüber Orlow geäußert hatte, er wolle die amerikanische Staatsbürgerschaft beantragen und »ein Bourgeois werden« – hatte FBI-Beamten den Tip gegeben, man müsse dem Ex-General womöglich nur zusichern, daß er im Lande bleiben könne, um ihn dazu zu bringen, mit »seiner ganzen Geschichte« herauszurücken.[45] Das FBI jedoch ignorierte seinen Rat und versuchte statt dessen auf besonders plumpe Weise, den Druck auf Orlow zu verstärken. Da dieser der Aktenlage zufolge in seinen Erklärungen vor der Behörde zur Registrierung von Ausländern im Jahre 1940 seine Mitgliedschaft in der kommunistischen Partei verschwiegen hatte, mußte er theoretisch mit der Ausweisung rechnen. Das FBI erlaubte deshalb der Einwanderungsbehörde nun, mit ihren eigenen Ermittlungen zu beginnen, und im Oktober 1953 wurde Orlows Anwalt mitgeteilt, sein Klient habe sich umgehend in ihrem New Yorker Büro zu melden. Für den Fall, daß der Inspektor der INS zu dem Schluß kommen sollte, daß die Voraussetzungen für eine Ausweisung gegeben waren, mußte der Gesetzeslage zufolge »der Haftbefehl umgehend ausgeführt und Orlow in Gewahrsam genommen werden«.[46]

Aufgeschreckt von der Vorladung der Einwanderungsbehörde und der drohenden Ausweisung erschienen die Orlows am 13. November 1953 persönlich mit einer eidesstattlichen Erklärung im INS-Büro in der Columbus Avenue 70, um die amerikanische Staatsbürgerschaft zu beantragen. Ihre Papiere waren von ihrem Anwalt Hugo C. Pollock vorbereitet worden. Diesmal hatte Orlow es nicht nötig, irgend jemanden um einen Gefallen zu bitten; dank der 44 500 Dollar Vorschuß für sein Buch hatte er einen der besten, auf Einwanderungsfragen spezialisierten Anwälte von ganz New York verpflichten können. Orlow erklärte dem INS-Beamten, seine Zeitschriftenartikel und sein Buch hätten ihn zwar in gewisser Weise zu einer Berühmtheit gemacht, aber dennoch könne er leider aus Angst vor sowjetischen Racheakten seine gegenwärtige Adresse nicht preisgeben.[47]

Trotz Orlows Anspruch auf Sonderbehandlung mit der Begründung, sein Leben sei mehr denn je in Gefahr, gibt es in den KGB-Akten keinerlei Hinweis darauf, daß die Moskauer Zentrale nach der Veröffentlichung seines Buches über Stalin beschloß, wieder gegen ihn vorzugehen. Zwar lösten Orlows Publikationen sicherlich gewisse Irritationen aus, doch blieben der KGB ebenso wie Philby offenbar auch weiterhin davon überzeugt, daß Orlow allen Schlagzeilen zum Trotz zu seinem Wort stehen und nichts Entscheidendes über die Agenten oder Operationen verraten würde, die er in seinem Brief von 1938 aufgeführt hatte.

Orlow besaß als ehemaliger General eine gewisse Glaubwürdigkeit in bezug auf seine Enthüllungen über Stalin, die von der »Stimme Amerikas« dann auch prompt für in den Ostblock ausgestrahlte Propagandasendungen ausgeschlachtet wurden. Im Jahr darauf, 1954, sendete CBS *The Terror Begins* (»Der Terror beginnt«), eine Bearbeitung für das Fernsehen, die auf Orlows Version des Mordes an Kirow basierte. Aufgrund der Publicity, die seine angebliche Desertion ihm einbrachte, mangelte es ihm nicht an Unterstützung durch prominente Persönlichkeiten aus dem Verlagswesen, als er die amerikanische Staatsbürgerschaft beantragte. Im Januar 1954 fuhr er nach Washington, um seiner gesetzlichen Pflicht zu genügen und seine erste jährliche Registrierung vornehmen zu lassen. Als Adresse gab er die New Yorker Wohnung seines Klassenkameraden aus Bobruisk, Boris Rosowski, an, der sich später daran erinnerte, Briefe vom Kongreß der Vereinigten Staaten in Washington in bezug auf Orlows Status als Einwanderer erhalten zu haben.[48]

Orlows New Yorker Freunde hatten sich der Hilfe des Kongreßabgeordneten France E. Walter aus Pennsylvania versichert, eines einflußreichen Demokraten, der im Justizkomitee einen Ausnahmeantrag auf Einbürgerung stellte. Daß er dies nicht ohne vorherige Absprache mit dem FBI-Direktor tun wollte, wirft ein bezeichnendes Licht auf den Einfluß, den Hoover auf die Gesetzgeber im Kapitol ausübte. In seinem mit der vertraulichen Anrede »Lieber John« beginnenden Brief vom 6. Januar informierte der Abgeordnete Walter den FBI-Direktor darüber, daß »eine Gruppe von Schriftstellern, die mit der Zeitschrift *Life* und dem *Reader's Digest* in Verbindung stehen«, wegen eines Ausnahmeantrags auf Einbürgerung an ihn herangetreten seien mit der Begründung, man habe Orlow zum Zeitpunkt seiner Registrierung unter dem entsprechenden Gesetz von 1940 geraten, »sich keine Gedanken zu machen« und sich einfach »nicht zu rühren«. Nun aber scheine die Einwanderungsbehörde dem Ehepaar deswegen Schwierigkeiten zu bereiten, weswegen er, Walter, im Prinzip gewillt sei, »ihnen zu helfen, sofern Sie mir (nur zu meiner Beruhigung) bestätigen können, daß ihre Akten in Ordnung und Sie persönlich der Ansicht sind, daß ich meinen Antrag auf Einbürgerung durchboxen sollte«.[49]

»Ich bedaure, keine Empfehlung bezüglich Orlows und seiner Frau aussprechen zu können«, antwortete der FBI-Direktor lakonisch. Er erklärte dem Kongreßabgeordneten, daß ihm die Hände gebunden seien, da Orlow als ehemaliger NKWD-Offizier unter das Registrierungsgesetz Ausländischer Agenten von 1938 falle. Nachdem Hoovers Mitarbeiter Nichols seinen Chef jedoch darauf hingewiesen hatte, daß »unser Brief als zu schroff empfunden werden könnte«, schickte ihn der FBI-Chef ins Kapitol, um Walter unter vier Augen zu erklären, daß das FBI »weder eine Empfehlung aussprechen noch Einwände erheben« könne. Der Kongreßabgeordnete interpretierte dies als Hinweis darauf, daß das FBI gegen sein Vorgehen keine Einwände hatte, und so brachte er am 20. Januar 1954 den Ausnahmeantrag HR 7427 ein, um den Aufenthalt der Orlows in den Vereinigten Staaten zu legalisieren. Unter der eindrucksvollen Phalanx der Befürworter von Orlows Einbürgerung waren ein Mitherausgeber des *Reader's Digest*, sein Verleger bei Random House, der Repräsentant einer Reihe russischer Emigrantenorganisationen in den Vereinigten Staaten, der Leiter der Tolstoi-Stiftung und der Herausgeber von *Life*.[50]

Der Antrag auf Orlows Einbürgerung zog automatisch Ermittlungen der Einwanderungsbehörde nach sich. Im März erhielt er eine Vorladung ins New Yorker INS-Büro für eine weitere Befragung. Bis zum Abschluß der Untersuchungen lag sein Antrag auf Eis. Die Unterstützung aus dem Kongreß für den Antrag HR 7472 bröckelte schnell ab, als sich Zeugen meldeten, die aufgrund von Orlows Tätigkeit als NKWD-Chef in Spanien Einwände gegen seine Einbürgerung geltend machten. Der einflußreichste von ihnen war Wohl, Mitherausgeber des *Christian Science Monitor*.[51]

Der Vernehmer Denton J. Kearns von der Einwanderungsbehörde hatte sich gut vorbereitet, als die Orlows am 29. April 1954 zu einer gründlichen Befragung in seinem New Yorker Büro eintrafen. Das wortwörtliche Protokoll dieser Befragung belegt, daß Orlow in etlichen Bereichen wichtige Informationen zurückhielt. Er gab zu, seine Mitgliedschaft in der kommunistischen Partei verschwiegen zu haben, um ein Visum für seinen USA-Besuch von 1932 zu erhalten, stritt jedoch ab, diese Reise mit dem Ziel angetreten zu haben, Verbindung zu seinen amerikanischen Verwandten aufzunehmen. Er räumte weiterhin ein, sich zwischen 1940 und 1952 nicht an die strengen Meldebestimmungen des Registrierungsgesetzes gehalten zu haben, weil er um sein Leben gefürchtet hatte. Vor allem aber seine Weigerung, Namen und Adresse seines achtzigjährigen Verwandten herauszurücken, der seiner Aussage zufolge im Jahre 1938 seine Erpresserbriefe nach Paris befördert hatte, ließ den Vernehmer zu dem Schluß kommen, daß Orlow unnötigerweise die Ermittlungen behinderte. Anhand von Kearns' wiederholten Fragen bezüglich der Anschuldigungen, die gegen Orlow wegen seiner Rolle in Spanien erhoben worden waren, läßt sich bereits erkennen, daß Kearns den Verdacht des FBI teilte und eine Verwicklung Orlows in den Entführungs- und Mordfall Nin für durchaus wahrscheinlich hielt.[52]

Daß das FBI sehr mißtrauisch war, geht aus einer Anweisung vom April 1954 an seine Außenstelle in Miami hervor: »Bedenken Sie, daß Orlow als NKWD-Resident in Spanien höchstwahrscheinlich in die meisten derartigen Operationen direkt oder indirekt verwickelt war.«[53] Der INS hatte mittlerweile entsprechend dem Registrierungsgesetz für Ausländer ein Ausweisungsverfahren gegen Orlow eingeleitet. Am 16. Juli wurde Orlow vom INS vor das Bundesgeschworenengericht zitiert. Man warf ihm vor, er habe »jede Kooperationsbereitschaft vermissen lassen«, indem er sich weigerte, die Namen seiner amerikanischen Verwandten zu nennen, schriftliche Fragen über seine Verbindungen zur kommunistischen Partei zu beantworten, die Vorführung des 35-Millimeter-Films aus seinem Bankschließfach zu erlauben und den amerikanischen Journalisten beim Namen zu nennen, den er verdächtigt hatte, in den dreißiger Jahren in Europa für die Sowjetunion spioniert zu haben.[54]

Die Fragen, die Orlow vor dem Bundesgeschworenengericht zu beantworten hatte, zeigten bereits, in welchem Maße die Ermittlungen von INS und FBI miteinander verquickt waren. Darüber hinaus wurde Orlow vom 17. bis 20. Juli beschattet. Der für die Beschattung zuständige Beamte berichtete allerdings, er habe während der zwei Tage, an denen Orlow im Gerichtsgebäude am Foley Square in Manhattan verhört wurde, »nichts Verdächtiges« an seinem Verhalten feststellen können. Orlow erklärte sich bereit, mit dem Gericht zu kooperieren und die vier genannten Fragen zu beantworten. Er machte aus seiner Abneigung gegen die Art und Weise, wie das FBI gegen ihn ermittelte, keinen Hehl, indem er hinzufügte, er habe beschlossen, seine Aussagen »unter Eid zu machen – und nicht einfach vor irgendeinem FBI-Beamten, der dann mehr oder weniger flüchtig die Einzelheiten auf seine eigene Art notiert«[55]

Als der Film vorgeführt wurde, stellte sich heraus, daß er in Spanien aufgenommen worden war und lediglich Orlows Tochter Vera sowie deren Hauslehrerin zeigte. Orlow hatte sich geweigert, dem FBI mehr zu erlauben, als den Film gegen das Licht zu betrachten, weil er befürchtete, eine Leinwandprojektion ihres toten Kindes könnte seine Frau zu sehr mitnehmen. Seine Hartnäckigkeit schien zum Ziel zu haben, die Aufmerksamkeit des FBI auf die Filmrollen zu lenken, auf die bereits der Bankangestellte hingewiesen hatte. Als Folge davon interessierten sich die Ermittler offenbar gar nicht für die Filmschachteln, die sich ebenfalls im Bankschließfach befanden. Das Geschworenengericht kam daher niemals auf die Idee, daß es sich bei jenem anderen fotografischen Material möglicherweise um Aufnahmen von Orlows Erpresserbrief an Jeschow handeln könnte.[56] Orlow beantwortete auf Drängen des Gerichts auch eine Reihe von Fragen über den Kommunismus, gab die Namen seiner Verwandten aus der Familie Koornick preis und behauptete, bei dem amerikanischen Journalisten und vermeintlichen ehemaligen Spion habe es sich um Louis Fischer gehandelt. Die NKWD-Akten enthalten keine Hinweise, daß Fischer jemals mehr war als ein Sympathisant der Komintern. Da über ein Vorgehen des FBI gegen den Journalisten nichts bekannt ist, wäre es denkbar, daß Orlow ihn fälschlicherweise, wenn auch durchaus bewußt beschuldigte, um seine Glaubwürdigkeit in Frage zu stellen; Fischer hatte in seinem Buch *Men and Politics* nämlich behauptet, Orlow sei in die Ermordung spanischer Marxisten verwickelt gewesen.[57]

Nach der Anhörung Orlows vor Gericht hatte der INS für den 26. Juli eine zweite Befragung Orlows angesetzt, die jedoch abgesagt werden mußte, als Orlows Anwalt Pollock der Behörde telefonisch mitteilte, die Ehefrau seines Klienten habe am Morgen einen Herzanfall erlitten.[58] Da der Kongreß die Angelegenheit ohnehin erst einmal vertagen wollte, meinte Pollock, er sähe zum gegenwärtigen Zeitpunkt keine zwingende Notwendigkeit, auf einer weiteren Vernehmung Orlows zu beharren. Bis Oktober 1954 war weder Orlow noch seinem Anwalt ein neuer Termin für eine Wiederaufnahme der Befragung mitgeteilt worden; der INS hatte nämlich, wie er in einem Bericht an das FBI erklärte, aus Rücksicht auf die Gesundheit von Mrs. Orlow beschlossen, »nicht den Eindruck erwecken zu wollen, um jeden Preis auf der Vernehmung zu bestehen«. Auch das FBI hatte es nun plötzlich nicht mehr so eilig. Hoovers Leute waren ohnehin noch einige Zeit damit beschäftigt, die Koornicks zu befragen und nach Informanten zu suchen, die Einzelheiten über Orlows Rolle im spanischen Bürgerkrieg liefern konnten.

Am 22. September 1954 befragte ein Sonderermittler der FBI-Dienststelle in Los Angeles Nathan Koornick. Dieser bot trotz seiner 82 Jahre an, nach New York zu kommen, um zugunsten seines Verwandten auszusagen, falls vor Gericht über dessen Abschiebung verhandelt werden sollte. Er bestätigte Orlows Darstellung in allen Einzelheiten, bestritt jedoch, jemals die Auslagen für seine Reisen, die er für seinen Cousin getätigt hatte, wieder zurückerstattet bekommen zu haben. Ferner gab er an, er habe seinen Verwandten bis zum März dieses Jahres nicht mehr getroffen, als er auf Bitten Orlows nach New York geflogen sei, um eine eidliche Erklärung zu seiner Parisreise von 1938 abzugeben; damit, so habe Orlow ihm erklärt, helfe er ihm, »Bürger dieses Landes zu werden«.[59]

Koornicks Schwester Florence Kellerman, die das FBI im Januar 1955 befragte, sagte aus, die Orlows hätten sie seit ihrer Ankunft in den Vereinigten Staaten 1938 etwa alle zwei oder drei Jahre einmal besucht.[60] Zwei Monate später wurde auch ihr Bruder Max (der seinen Familiennamen von Koornick in Kay hatte umwandeln lassen) vom FBI vernommen. Beide verhielten sich recht zurückhaltend und blieben bei ihrer Aussage, daß die Orlows seit ihrer Ankunft in den Vereinigten Staaten zu keinen weiteren Mitgliedern ihrer Familie Kontakte aufgenommen hätten.[61]

Während das FBI Orlows Aussage durch Befragungen der Koornicks überprüfte, unternahm der Ex-General zur Verbesserung seiner Ausgangsposition zwei weitere Schritte. Um ein weiteres juristisches Hindernis für den Antrag seines Klienten auf unbegrenzte Aufenthaltserlaubnis in den Vereinigten Staaten aus dem Weg zu räumen, füllte Pollock die erforderlichen Papiere für das Justizministerium in Washington aus und entsprach damit – wenn auch 17 Jahre zu spät – den Erfordernissen des Gesetzes zur Registrierung ausländischer Agenten aus dem Jahr 1938.[62] Im offiziellen Fragebogen hatte Orlow seine Karriere als sowjetischer Geheimdienstoffizier in derselben oberflächlichen und selektiven Art und Weise dargestellt wie im Vorwort seines Buches, wobei er die Namen der einzelnen Leiter von Stalins Geheimpolizei nannte.

Drei Monate später, am 10. März 1955, reichte dann der Senator George H. Bender zugunsten von Orlow im amerikanischen Senat einen Antrag ein. Im Sommer zuvor hatte Orlow kurz vor seiner Befragung durch den INS einen Schachzug getan, mit dem er es nach Einschätzung des FBI offenbar darauf anlegte, die Unterstützung von Kongreßabgeordneten zu gewinnen. Er hatte Kontakt zu Richter Robert Morris aufgenommen, dem ehemaligen Berater des Justizkomitees, der bei den Ermittlungen des Senats bezüglich der kommunistischen Unterwanderung eine führende Rolle gespielt hatte. Orlow hatte sich angeboten, vor Senator Jenners Ausschuß, der damals gerade Anhörungen über sowjetische Spionage veranstaltete, über Fischer und andere auszusagen, die im Verdacht standen, Agenten Moskaus zu sein. Aufgrund seines am selben Tag anberaumten Auftritts vor dem Bundesgeschworenengericht war Orlow zwar verhindert gewesen, doch seine Bereitschaft zur Zusammenarbeit hatte bei Senator Bender einen bleibenden Eindruck hinterlassen.[63]

Wenn das FBI die reichlich zynische Motivation hinter Orlows Vorgehen richtig einschätzte, hatte es in der Tat allen Grund, sich zu ärgern, als es Orlow gelang, Senator Bender zu überreden, im Senat einen Antrag zu seinen Gunsten einzubringen. Dieser unterschied sich allerdings vom vorausgegangenen, der bereits über ein Jahr lang im Repräsentantenhaus auf Eis lag, dadurch, daß er nicht auf eine Verleihung der amerikanischen Staatsbürgerschaft abzielte, sondern lediglich auf eine offizielle Anerkennung der Tatsache, daß Orlow und seiner Frau »auf rechtmäßige Weise die Genehmigung zu einem unbegrenzten Aufenthalt in den Vereinigten Staaten zuerkannt worden« war.[64] Trotz allem lag Orlows Schicksal auch weiterhin in den Händen der INS-Ermittler, da davon auszugehen war, daß die Justizkomitees des Repräsentantenhauses und des Senats ihre Entscheidung auf der Grundlage des INS-Berichts fällen würden, wenn die entsprechenden Anträge zur Abstimmung anstanden. In diesem Zusammenhang beschloß der INS eine Neuansetzung der ausgefallenen zweiten Befragung der Orlows am 23. Juni 1955.

Als der ehemalige sowjetische General und seine Frau an jenem Morgen in der New Yorker Einwanderungsbehörde eintrafen, erlebten sie eine unangenehme Überraschung. Man wies sie schriftlich darauf hin, daß sie sich an die zu Beginn eines Ausweisungsverfahrens üblichen Auflagen zu halten hätten; ihre Bewegungsfreiheit wurde eingeschränkt und ihnen jeglicher Kontakt zu Mitgliedern der komunistischen Partei verboten. Orlow reagierte sofort und konterte seinerseits mit einer schriftlichen Erklärung. Wenn man sie wie unerwünschte Ausländer behandle, erklärte er dem INS, dann würden sie eben »innerhalb von neunzig Tagen« in einem anderen Land, wahrscheinlich der Schweiz, einen Antrag auf politisches Asyl stellen.[65]

Dieses zweifellos sehr berechnende Vorgehen Orlows zielte klar darauf ab, diejenigen Senatsmitglieder wachzurütteln, die auf seiner Seite standen. Weiterhin bot er sich freiwillig an, sechzig Tage später, im September 1955, vor dem Unterausschuß des Justizkomitees des Senats für Innere Sicherheit zu erscheinen. In dem Bewußtsein, daß viele Kongreßabgeordnete auf seine Aussage zählten, ließ der ehemalige NKWD-General verlauten, daß seine Entscheidung darüber, ob er nun die Vereinigten Staaten verlassen werde oder nicht, von der Entscheidung über den im Senat eingereichten, ihn und seine Frau betreffenden Antrag abhänge. Falls dieser durchginge, so Orlow, wären sie beide »sehr glücklich, in diesem Land leben zu dürfen«.[66]

Nicht einmal mit bürokratischen Willkürmaßnahmen war es gelungen, Orlow zu weiteren Zugeständnissen zu bewegen. Auch zwei Tage dauernde intensive Verhöre durch zwei Beamte, die auf diversen Ungereimtheiten in Orlows Darstellung herumritten, blieben ohne jeden greifbaren Erfolg. Den Protokollen zufolge wollten die beiden Ermittler vor allem wissen, warum Nathan Koornick der von Orlow in seiner vorausgegangenen Befragung gemachten beeideten Aussage, er habe Koornick dessen Auslagen zurückerstattet, eindeutig widersprochen hatte. Orlow beharrte jedoch darauf, das Geld zurückbezahlt zu haben. Außerdem wehrte er sich entschieden gegen den Vorwurf, Koornicks Namen und Adresse zunächst deswegen nicht genannt zu haben, damit das FBI ihn nicht befragen konnte, bevor er selbst in New York Gelegenheit hatte, Koornick zu überreden, eine mit seiner eigenen Version konforme eidesstattliche Aussage zu machen.[67] Weiterhin hegte der INS Zweifel daran, daß Orlow und seine Frau über zwölf Jahre lang mit etwa 1500 Dollar pro Jahr ausgekommen seien. Skeptisch waren die INS-Leute auch bezüglich des Telegramms aus Moskau, das Orlow zur Flucht veranlaßt hatte. Warum, so fragten sie ihn, hatte eine Untersuchung der Akten der belgischen Hafenbehörden keinerlei Hinweis darauf ergeben, daß irgendein sowjetischer Frachter im Juli 1938 in Antwerpen angelegt hatte, wo doch Orlow am 14. Juli dort an Bord der *Swir* gehen sollte? Orlow konnte darauf nur antworten, daß sein Freund Rosowski, der sich 1939 selbst in Belgien aufhielt, ihm mitgeteilt hatte, er habe erfahren, daß der Chefingenieur der *Swir* – ein Klassenkamerad aus Bobruisk – auf dem Rückweg nach Moskau im Sommer 1938 im Antwerpener Hafen gesehen worden sei.[68]

Die beiden Ermittler mißtrauten Orlows Ausführungen noch in verschiedenen anderen Punkten. Ihre kritischsten Fragen bezogen sich auf die Anschuldigungen bezüglich der Attentate während seiner Zeit als NKWD-Chef in Spanien, an denen beteiligt gewesen zu sein Orlow stets energisch abgestritten hatte. Der INS hatte sogar in einem Brief an Senator Bender vorgeschlagen, die gegen Orlow erhobenen Vorwürfe zu überprüfen, indem man einen Konsularbeamten zu den ehemaligen Ministern der republikanischen Regierung Spaniens, Hernández und Vidarte, schickte. Bei der Befragung durch seine Ermittler versuchte der INS den ehemaligen NKWD-Chef in Spanien auf die Rolle festzunageln, die er bei den stalinistischen Säuberungen gegen die POUM-Führer gespielt hatte. Als geschickter Taktiker wußte Orlow jedoch ganz genau, daß die Spanien-Geschichte seine Achillesferse war, und ging deshalb wie jeder gute General nach dem Motto »Angriff ist die beste Verteidigung« in die Offensive. In einer langen maschinegeschriebenen Erklärung, der er Fotokopien der wichtigsten Seiten des Buches beigelegt hatte, in dem Hernández ihm die Verantwortung für die

Ermordung Nins zuschob, wies er derartige Vorwürfe kategorisch als »Verleumdung« zurück. Um die Glaubwürdigkeit des ehemaligen spanischen Ministers in einem zweifelhaften Licht erscheinen zu lassen, versuchte er auf klassisch-stalinistische Art und Weise den Autor persönlich zu diskreditieren: Er bezeichnete ihn als kommunistischen Agenten, der auf Moskaus Befehl hin die betreffenden Anklagen gegen ihn erhoben habe, um ihn vor den amerikanischen Behörden anzuschwärzen.[69]

Nach dem zweitägigen Verhör Orlows mußte die Einwanderungsbehörde in einem Brief an den FBI eingestehen, daß sie aus dem ehemaligen sowjetischen General »wenig Neues« hatte herausholen können.[70] Zudem waren Orlow mittlerweile einige ihm wohlgesonnene Kongreßabgeordnete zu Hilfe geeilt, die auf FBI und INS immer stärkeren politischen Druck ausübten, indem sie an den Generalbundesanwalt schrieben. Zu den Anhängern Orlows zählte beispielsweise Norman Thomas, der Vorsitzende der Amerikanischen Sozialistischen Partei, dem das wenig zimperliche Vorgehen der amerikanischen Behörden gegen Linke nicht ganz fremd war. Aufgrund von Berichten über Orlows mißliche Situation forderte er den Generalbundesanwalt auf, der Tendenz von FBI und INS Einhalt zu gebieten, »verschiedene Gesetze äußerst rigoros und bürokratisch anzuwenden in der Hoffnung, aus dem Opfer ihrer unverhältnismäßigen Strenge etwas herausholen zu können«. Thomas forderte in seinem Brief, dem Antrag Benders zu entsprechen, und deutete an, daß »offenbar Grund zu der Annahme besteht, daß das FBI oder Beamte der Einwanderungsbehörde versucht haben, Kongreßabgeordnete massiv dahingehend zu beeinflussen, daß sie von einem Eintreten zugunsten Orlows Abstand nehmen«.[71] Während Hoover, wie aus dem FBI-Dossier klar hervorgeht, über eine Ausweisung des halsstarrigen ehemaligen NKWD-Generals hocherfreut gewesen wäre, gab der INS klein bei. Ein hoher Beamter der Einwanderungsbehörde beeilte sich, Thomas zu versichern: »Bezüglich der oben genannten Ausländer ist nichts unternommen worden und wird auch künftig nichts unternommen werden, was nicht voll und ganz mit den Gesetzen der Vereinigten Staaten in Einklang steht.«[72]

Die INS-Ermittlungen im Ausweisungsverfahren gegen Orlow wurden bis zur Entscheidung über die ihn betreffenden Anträge durch den Kongreß eingestellt. Im Gegensatz zu FBI und INS standen viele Mitglieder von Senat und Repräsentantenhaus Orlow eher positiv gegenüber. Vor allem Politiker, die sich der Bedeutung von Symbolfiguren für die öffentliche Meinung durchaus bewußt waren, sahen in der Parteinahme für einen sowjetischen Überläufer eine willkommene Gelegenheit, sich vor ihren Wählern zu profilieren. General Alexander Orlow galt schließlich als ranghöchster Offizier, der je aus Stalins

Geheimpolizei desertiert war, und seine schockierende Abrechnung mit dem früheren sowjetischen Diktator wurde von den meisten Amerikanern als Anzeichen dafür interpretiert, daß er bereit war, im kalten Krieg zugunsten der Vereinigten Staaten Partei zu ergreifen. Zudem waren einige Ermittlungsbeamte des Senats davon überzeugt, daß Orlow geheime Informationen besaß, mit denen man die – in der allmählich zu Ende gehenden McCarthy-Ära – noch immer sehr starke, radikal antikommunistische Stimmung im Volk weiter schüren konnte. Diejenigen Senatoren, die Orlows Antrag auf eine zeitlich unbegrenzte Aufenthaltsgenehmigung unterstützten, erwarteten von ihm eindeutige Aussagen, mit denen sie die Scheiterhaufen anzünden konnten, die man bereits unter vermeintlichen Sowjetagenten wie Sborowski – der vor den Unterausschuß des Senats für Innere Sicherheit geladen werden sollte – errichtet hatte. Orlow war in politischen Dingen versiert genug, um zu erkennen, daß sich hier unter Umständen ein Geschäft auf Gegenseitigkeit anbahnte: Falls er sich bei den anstehenden Hearings des Unterausschusses entsprechend kooperativ gab, eröffnete sich ihm die Möglichkeit, damit nicht nur FBI und INS abzuschütteln, sondern auch einige Senatoren bezüglich der Abstimmung über Benders Antrag auf eine zeitlich unbegrenzte Aufenthaltsgenehmigung für ihn und seine Frau in seinem Sinne zu beeinflussen.

Orlow sollte im September 1955 bei Anhörungen aussagen, die im Rahmen des Gesetzes zur Erhaltung der Inneren Sicherheit stattfanden, und dabei einen sowjetischen Agenten enttarnen. In vorbereitenden Gesprächen mit J. G. Sourwine, dem Chefberater des Unterausschusses, ging Orlow das Beweismaterial durch, anhand dessen er Mark Sborowski als denjenigen NKWD-Agenten identifizieren wollte, der sich in den dreißiger Jahren in das Gefolge von Trotzkis Sohn Sedow in Paris eingeschlichen hatte.[73] Als Zugeständnis an Orlows panische Angst vor einem Mordanschlag traf Sourwine ein besonderes Arrangement: Da Orlows Aussage sich auf ein schwebendes Verfahren bezog, durfte er sie in einer Geheimsitzung hinter verschlossenen Türen machen und das Protokoll dieser Sitzung erst nach frühestens sieben Jahren veröffentlicht werden.

Am Nachmittag des 25. September 1955 betrat der ehemalige NKWD-General in Begleitung seiner Frau Zimmer 411 des Verwaltungsgebäudes des US-Senats, wo unter Vorsitz von Senator James O. Eastland der Unterausschuß für Innere Sicherheit tagte. Orlow blieb dabei, daß er die wahre Identität Sborowskis, der unter dem Pseudonym Etienne geschrieben hatte, vor seiner Flucht 1938 nicht gekannt habe. Er hielt fest, daß ihm zum Zeitpunkt seiner Befragungen durch das FBI im Jahr zuvor Sborowski nur unter dem Namen MARK ein Begriff gewesen sei, den er bei einem Treffen zwischen dem Agenten und dessen Führungsoffizier Alexejew gehört habe. Er habe dies allerdings bereits ausgesagt, während er »mit den FBI-Beamten sprach, eine Reihe von Spionen nannte und über die Arbeitsweise des NKWD berichtete«. »Ich wußte damals nicht, daß er Sborowski hieß, und deshalb haben sie ihn wahrscheinlich unter ›MARK‹ in den Index gesetzt«, fügte Orlow hinzu.[74]

Orlow behauptete mehrfach, er habe den Namen Sborowski erstmals im Sommer 1954 gehört, als er am 6. Juli mit David J. Dallin zusammentraf – einem bekannten Autor von Büchern über die Sowjetunion, dessen Frau vor Sedows Tod in Paris mit Sborowski zusammengearbeitet hatte. Orlow sagte aus, er sei bei den Treffen mit Dallin sehr vorsichtig gewesen, da er wußte, daß Mrs. Dallin als Lilia Estrine eng mit MARK befreundet war. Deshalb habe er auf Dallins Frage hin, ob er einen gewissen Sborowski kenne, auch keinen Augenblick an MARK gedacht, von dem er angenommen habe, daß er längst wieder in seiner Heimat Polen sei. Erst bei einem zweiten Treffen mit Dallin und seiner Frau zu Weihnachten desselben Jahres habe das Ehepaar zugegeben, Mark Sborowski 1941 bei dessen Einreise in die Vereinigten Staaten behilflich gewesen zu sein, und erklärt, daß Sborowski nun amerikanischer Staatsbürger sei.[75]

Lilja Dallin hatte Orlow zunächst nicht geglaubt, als dieser im Gespräch ihren Freund Mark bezichtigte, Stalins Agent gewesen zu sein, der den Diebstahl von Trotzkis Archiv organisiert, bei Sedows mysteriösem Tod in der französischen Klinik die Finger im Spiel gehabt und Moskau über den Aufenthaltsort von Reiss informiert hatte. Erst als Orlow ihr zwei konkrete Vorfälle in bezug auf Sedow beschrieb, über die Sborowski an Moskau berichtet hatte und die Orlow, wie er sagte, aus dessen Akte entnommen hatte, glaubte sie ihm. Einen Tag nach dem Treffen mit den Dallins hatte Orlow umgehend das Büro des Staatsanwalts am Foley Square aufgesucht, um diesem mitzuteilen, daß es sich bei Mark Sborowski, mittlerweile amerikanischer Staatsbürger, um einen gefährlichen Sowjetagenten handle. Später konnte Orlow ihn dann anhand von Fotos aus den Akten des FBI zweifelsfrei identifizieren. Dem FBI gegenüber hatte er die Befürchtung geäußert, daß Sborowski von Mrs. Dallin davor gewarnt worden sein könnte, daß er, Orlow, ihn enttarnen könnte. Mit allen Mitteln versuchte er, das FBI und den Unterausschuß des Senats davon zu überzeugen, daß Sborowski noch »einer der wichtigsten Agenten« der Sowjets sei, der 1941 in die Vereinigten Staaten geschickt worden sei, um gegen ihn, Orlow, vorzugehen.[76]

»Ich bin fest davon überzeugt, daß dieser Sborowski während all der Jahre als Agent des NKWD in den Vereinigten Staaten in großem Maßstab Spionage betrieben hat«, erklärte Orlow. »Ich habe dem FBI-

Mann, der mich befragte, erklärt, daß ich allen Grund habe zu befürchten, die Russen könnten mich töten.« Orlow meinte, er teile Dallins Vermutung, daß Sborowski dem NKWD vor der Ermordung von Ignaz Reiss mitgeteilt hatte, wo dieser sich aufhielt. Der FBI-Beamte habe ihm jedoch gesagt, er brauche keine Angst zu haben, da Sborowski jetzt mit dem FBI kooperiere.[77]

Orlows Aussage wurde gegen Sborowski verwendet, als dieser fünf Monate später – am 29. Februar 1956 – vor den Unterausschuß des Senats für Innere Sicherheit zitiert wurde. Aufgrund der verfügbaren Akten scheint es jedoch, als sei Sborowski nicht von Orlow enttarnt worden; offenbar war das FBI schon auf ihn aufmerksam geworden, lange bevor der ehemalige NKWD-General den geheimnisvollen MARK im Jahre 1954 erstmals erwähnt hatte.[78]

Nach heutiger Kenntnis kam Sborowski 1941 in die Vereinigten Staaten. Er sollte im Auftrag der Moskauer Zentrale über die Gebrüder Sobelivicius Bericht erstatten. Diese beiden, die besser unter den Namen Jack Soble und Robert Soblen bekannt waren, hatten früher Operationen gegen Trotzkis Anhänger in Deutschland geleitet, bevor sie ihre Verfolgung auf die Vereinigten Staaten ausweiteten. Nachdem Sborowski sich ihrem Spionagering angeschlossen hatte, wurde er vor allem auf die Dallins und auf Viktor Krawtschenko angesetzt, einen sowjetischen Diplomaten, der 1944 desertiert war. Nach dem Krieg hielt Sborowski seine Kontakte aufrecht, aber keiner in diesem Spionagering ahnte, daß eines seiner Mitglieder – Boris Morros, der Produzent eines Filmes mit Stan Laurel und Oliver Hardy – 1947 vom FBI »umgedreht« worden war. Morros war von FBI-Leuten 1943 beobachtet worden, als er sich mit Wassili Subilin traf, dem NKWD-Residenten in der sowjetischen Botschaft in Washington.[79] Nach einer vierjährigen Beschattung von Morros unterzog das FBI ihn im Juli 1947 einem Verhör. Nachdem er gestanden hatte, für die Sowjets zu arbeiten und seine Firma – die Boris Morros Music Company, welche Büros in New York und Los Angeles unterhielt – als Tarnung für Spionageoperationen zu nutzen, erklärte sich Morros damit einverstanden, als Doppelagent für das FBI zu arbeiten. In den nächsten zehn Jahren verfolgten die FBI-Leute mit Hilfe von Morros sämtliche Operationen des Soble-Spionagerings, bevor sie diesen 1957 schließlich aushoben.

Laut Robert Lamphere identifizierte das FBI Sborowski 1955 als Mitglied des Spionagerings. Lamphere, damals ein ranghoher Offizier der FBI-Spionageabwehr, äußerte die Vermutung, daß das Interesse des FBI an Sborowski seinen Höhepunkt erreichte, als man Anhaltspunkte dafür hatte, daß Sborowskis Codename mit dem Decknamen des KGB-Agenten übereinstimmte, der Berichte über die Beschattung der weißrussischen Kolonie in New York sendete. KANT war Sborowskis

Codename während seines Einsatzes in den Vereinigten Staaten, was offensichtlich aus den Observationsberichten hervorging, die im Rahmen des VENONA-Funkverkehrs des sowjetischen Konsulats in Manhattan abgefangen worden waren. Lamphere bestätigte ebenfalls, daß ihr Verdacht sich nach dem Gespräch mit Elsa Bernaut durch die FBI-Außenstelle in New York verdichtete. Die Witwe des ermordeten NKWD-Agenten Reiss wurde danach beschattet. Man verfolgte sie bis zu einer einsamen Straße in Connecticut, wo sie Sborowski traf und ihn warnte, daß das FBI ihm auf die Spur gekommen sei.[80]

Wenn Orlow eine der Ursachen von Sborowskis Enttarnung war, dann war er sich – laut Lamphere – zu dieser Zeit dessen gar nicht bewußt. Dies ist aus den freigegebenen Akten des FBI jedoch nicht klar ersichtlich. In ihnen ist nur angemerkt, daß Sborowski »Informationen über seine Beteiligung an sowjetischer Spionage lieferte« im Laufe »einer Reihe von Gesprächen, die am 2., 6., 10. Dezember 1954 und am 14. und 27. Januar 1955 geführt wurde«. Es war Orlow nicht bekannt, daß das FBI mit Sborowski schon drei Gespräche geführt hatte, bevor Orlow Sborowskis Namen am 27. Dezember in New York dem Staatsanwalt nannte, nachdem ihm die Dallins bei einem zweiten Treffen zwei Tage zuvor Sborowskis Namen bekanntgegeben hatten.[81]

Vielleicht hatte Orlow in seinen Gesprächen mit den Dallins längst erkannt, daß Sborowski bereits unter Verdacht stand, und machte seine Enthüllungen gegenüber dem Staatsanwalt vor allem, um dessen Gunst zu gewinnen. Während Orlow den Eindruck vermitteln konnte, er enttarne Sborowski, geht sowohl aus Lampheres Aussagen als auch aus den zeitgleichen FBI-Berichten deutlich hervor, daß er nicht der erste war, der »MARK« identifiziert hatte. Auch ist es nicht Orlow zuzuschreiben, daß das FBI die Gespräche mit Sborowski in Gang setzte, die zu dessen Teilgeständnis führten, er habe in Frankreich gegen Sedow spioniert. Im Januar 1957 gab Morros dem FBI einen Brief von Jack Soble an Subilin, der den klaren Beweis für Sborowskis Beteiligung an den geheimdienstlichen Aktivitäten des Soble-Netzwerks in den USA lieferte. Soble unterrichtete in diesem Brief Subilin, den Chef des Direktorats für Illegale in Moskau, darüber, daß Sborowski vom Unterausschuß des Senats für Innere Sicherheit vorgeladen worden war. Er gab seiner Befürchtung Ausdruck, daß ein Geständnis Sborowskis sein Spionagenetz gefährden konnte; wie er berichtete, »bearbeitete« das FBI Sborowski schon seit 1954, um ein Geständnis aus ihm herauszuholen.[82] In der Befürchtung, daß sein Agentenring enttarnt werden könnte, appellierte Soble verzweifelt an die Zentrale, »dringend entsprechende Maßnahmen einzuleiten«. Moskau gelangte jedoch offenbar zu dem Schluß, daß weder Soble noch sein Spionagering die Mühen einer Exfiltrierung Sobles wert waren, und so wurde er wenige Monate später verhaftet. 1957 wurden die Protagonisten dieses Spionagerings, der nun schon so lange unter Beobachtung stand, vor dem Bundesgeschworenengericht unter Anklage gestellt.

In Sborowskis KGB-Akte ist dieser Brief jedoch mit keinem Wort erwähnt. Dafür enthält das Dossier eine Warnung, die die Zentrale ein Jahr zuvor über ihre Pariser Residentura erhalten hatte; darin hieß es, Sborowski werde schon seit 1954 vom FBI der Spionage für die Sowjetunion verdächtigt. Dies schien Moskau jedoch nicht sonderlich zu beunruhigen, zumal Sborowski, wie aus seiner Akte hervorgeht, seit 1945 nicht mehr in direktem Kontakt mit Moskau gestanden hatte. Es deutet auch nichts darauf hin, daß Sborowski ein so wichtiger Kontakt von Soble war, wie das FBI annahm. Dies wird durch die Tatsache bestätigt, daß seine Akte beim sowjetischen Geheimdienst nach 1945 keine neuen Einträge mehr enthält, hingegen eine Notiz, die darauf hinweist, daß KANT 1945 »auf Eis gelegt wurde«. 1955 galt Sborowski im KGB als »ausgebrannt.«[83]

Dies hinderte Orlow jedoch nicht daran, Sborowski in seiner Aussage vor dem Unterausschuß für Innere Sicherheit als absoluten Top-Agenten der Sowjets und »Leiter mehrerer Spionageringe« in den Vereinigten Staaten hinzustellen. Als Sborowski im Februar 1957 dann vor ein Geschworenengericht gestellt wurde, stritt er entschieden ab, Soble zu kennen, der dem FBI allerdings schon seinen Namen sowie die Namen anderer Mitglieder des Spionagerings genannt hatte, darunter auch den seines Bruders Jack und dessen Frau Myra. Sie wurden alle vor Gericht gestellt und der Spionage für schuldig befunden. Robert Soblen floh später nach Israel und beging dann nach seiner Auslieferung 1962 auf dem Weg nach New York Selbstmord.[84]

Sborowski wurde 1957 nicht der Spionage angeklagt, da er nach amerikanischem Gesetz für seine Tätigkeit in Frankreich vor dem Krieg nicht verantwortlich gemacht werden konnte. Im November 1958 befand ihn ein amerikanisches Gericht jedoch des Meineids für schuldig, nachdem er unter Eid abgestritten hatte, Soble zu kennen; dieser hingegen hatte ausgesagt, er habe Sborowski monatlich 150 Dollar für Informationen über »Trotzkisten und Menschewiki« sowie die Dallins und den Überläufer Krawtschenko gezahlt. Das Urteil gegen Sborowski wurde jedoch ein Jahr später vom US-Appellationsgericht wieder aufgehoben – wegen eines Formfehlers, der damit zu tun hatte, daß seinem Anwalt der Zugang zu einigen vor dem Prozeß von Soble gegen Sborowski gemachten Äußerungen verwehrt worden war. Als Sborowski 1962 erneut vor Gericht gestellt wurde, saß Orlow mit einer dunklen Sonnenbrille im Gerichtssaal, um seine Aussage zu machen; dazu kam es jedoch nicht, da der zuständige Richter befand, daß seine weitgehend auf Hörensagen beruhenden Anschuldigungen Sborowski in bezug auf

Sborowskis Tätigkeit in Frankreich nichts mit der Anklage wegen Meineids zu tun hatte. Der US-Senat gab jedoch für den Prozeß die Aussage frei, die Orlow sieben Jahre zuvor vor dem Unterausschuß für Innere Sicherheit gemacht hatte, und diejenigen, die auf Sborowskis Seite standen, meinten damals, ihre Veröffentlichung habe neben Sobles detaillierten belastenden Aussagen mit zum Schuldspruch gegen Sborowski beigetragen. Der sanftmütige ehemalige NKWD-Agent, der weniger wie ein Spion als vielmehr wie ein bebrillter Maulwurf wirkte, wurde zu 47 Monaten Gefängnis verurteilt. Nach seiner Haftentlassung zog er an die Westküste, wo er wieder heiratete und seine Karriere als angesehener Kulturanthropologe fortsetzte, bis er 1990 starb.[85]

Orlows zwei Jahre zuvor vor dem Senat gemachten Aussagen über Sborowskis Rolle bei Sedows Tod und der Liquidierung von Reiss hatten keinen Einfluß auf Sborowskis Verurteilung wegen Meineids. Entgegen anderslautender Behauptungen war Orlow auch nicht die Quelle der Informationen, die es dem FBI ermöglichten, den Soble-Spionagering auszuheben. Heute steht fest, daß Orlows schamlose Übertreibungen in bezug auf Sborowskis Bedeutung als sowjetischer Agent darauf zurückzuführen sind, daß er die Erwartungen der Senatoren zu befriedigen hatte, die sich von Orlow eine »sensationelle Aussage« versprachen. Die Anschuldigungen gegen Sborowski dienten Orlow offensichtlich dazu, sich bei den führenden Mitgliedern des Senats und dem Stab der Ausschußvorsitzenden James O. Eastland einzuschmeicheln. Dies geht auch aus Orlows Korrespondenz in den Akten des Unterausschusses für Innere Sicherheit hervor, die eindeutig belegt, daß Orlow seine Aussage gegen »den sowjetischen Agent provocateur Mark Sborowski« dazu benutzte, Jack Sourwine – den einflußreichen Berater des Unterausschusses – an sein »Einwanderungsproblem« zu erinnern. Orlow klagte, sein »ungeklärter Status« und die »Schikanen«, denen er und seine Frau unterworfen waren, würden so lange andauern, bis über den von Senator Bender eingebrachten Antrag entschieden sei. »Ich erwarte keinerlei Sonderbehandlung«, schrieb Orlow in einem Brief an Sourwine, in dem er bemerkte, daß nach seiner Aussage vor dem Senat bereits vier Monate vergangen seien. »Ich möchte lediglich, daß über den mich betreffenden Antrag im Einwanderungsausschuß des Senats bald entschieden wird.«[86]

Am 20. Juli 1956 erhielt Orlow endlich den Lohn für seine Zusammenarbeit mit dem Unterausschuß des US-Senats für Innere Sicherheit, als Präsident Eisenhower das Dokument unterzeichnete, mit dem ihm das unbegrenzte Aufenthaltsrecht in den Vereinigten Staaten zuerkannt wurde. Die Orlows nahmen nie die amerikanische Staatsbürgerschaft an, aber sie hatten ihren Kampf gegen das FBI gewonnen, ohne die wichtigsten Geheimnisse des Generals preiszugeben. Bei seinem zweiten Auftreten vor dem Unterausschuß im Februar 1957 verblüffte Orlow die Senatoren mit einem Bericht darüber, wie er das gesamte Gold des spanischen Schatzamtes in die Sowjetunion geschafft hatte; diese Enthüllung diente allerdings erneut dem Zweck, über seine Rolle bei der Säuberung Stalins unter den spanischen Marxisten Stillschweigen zu bewahren. Orlows Befragung lief auch beim zweitenmal so rücksichtsvoll ab, daß er den Fragen, die sich auf die von ihm zu verantwortenden Greueltaten während seiner Zeit als NKWD-Chef in Madrid bezogen, ohne größere Schwierigkeiten ausweichen konnte.[87]

Wie Orlow später Feoktistow erklären sollte, wirkte sich nichts von dem, was er den Amerikanern erzählt hatte, in irgendeiner Weise negativ auf die konkrete Arbeit des sowjetischen Geheimdienstes aus. Selbst wenn dieser erfahren hätte, daß Orlow bei der Enttarnung Sborowskis seine Hände mit im Spiel gehabt habe, hätte er dies wohl kaum als schweren Schlag betrachtet, da Sborowski seit 1945 nicht mehr als aktiver Agent geführt wurde. In seiner Aussage vor dem Unterausschuß des Senats für Innere Sicherheit sowie in seinen Befragungen durch Ermittler von FBI und INS war es Orlow gelungen, seine wirklich wichtigen Geheimnisse hinter einer geschickt aufgebauten Mauer aus Lügen und Halbwahrheiten zu verbergen. Er hatte ein weiteres Mal demonstriert, daß er die Kunst, Desinformation zugleich als Waffe und als Schutzschild einzusetzen, noch immer meisterhaft beherrschte. Wie Orlow später Michail Feoktistow berichten sollte, war es ihm nicht allzu schwergefallen, die Amerikaner über die Einzelheiten seiner Karriere zu täuschen, weil sie der dramatischen Geschichte, die er ihnen über Stalin aufgetischt hatte, so bereitwillig Glauben schenkten.[88]

Indem Orlow den Fall Sborowski bedeutender machte, als er – wie aus den sowjetischen Unterlagen ersichtlich ist – eigentlich war, verstärkte er den Eindruck, daß er durch seine Enthüllung einen großen Beitrag zu den Untersuchungen des Kongresses leistete. Seine Befragung, die die CIA 1965 für die französische Spionageabwehr durchführte, bestätigt, daß Orlow sie sogar zehn Jahre später mit seinen verleumderischen Anschuldigungen gegen die Dallins in die Irre führte und davor warnte, daß der Professor »möglicherweise ohne es zu wissen vom sowjetischen Geheimdienst kontrolliert und manipuliert worden war«. Er ging sogar so weit zu erklären, daß Dallin und seine Frau zu den »trotzkistischen Elementen« gehörten, die den US-Behörden gegenüber »vorgaben zu helfen«, die aber »stark durch die Sowjets unterwandert waren und wahrscheinlich noch sind«.[89]

In welchem Ausmaß es Orlow gelang, die CIA in die Irre zu führen, läßt sich anhand einer Bemerkung des Ermittlers Rumsey in seinem Protokoll ermessen: »Orlow betrachtet Sborowski (sic) als ein weiterhin existierendes Element sowjetischer Operationen in den Vereinigten

504

Staaten und die Beziehungen zwischen Sborowski und den Dallins als stark ineinander verflochten und von fortwährender Bedeutung.«[90] Die sowjetischen Unterlagen zeigen deutlich, daß es Orlow war, der vorgab, den US-Behörden zu helfen. Er blähte die Bedeutung von Sborowski auf und führte die Behörden mit seiner verwickelten Erklärung an der Nase herum, wie er von »MARKS« düsteren Aktivitäten erfahren habe. Orlows Erpresserbrief von 1938 an Jeschow mit seinen Hinweisen auf TULPE ist ein deutliches Zeugnis dafür, daß er alles über Sborowski wußte. Im Anhang an diesen Brief nannte er die sowjetischen Agenten, über die er tiefergehende Kenntnisse hatte. Er drohte, »die ganze Arbeit von TULPE und GAMMA [Boris Afanasief, Sborowskis Führungsoffizier in Paris]« zu enthüllen. Daß er nicht wußte, wer Sborowski tatsächlich war, wird durch einen anderen zeitgenössischen Brief von FINNE (Codename von Georgi Nikolajewitsch Kosenko, dem Pariser Residenten von 1938 mit Decknamen Kislow) in Orlows Akte widerlegt.[91] Am 19. August, einen Monat nachdem Orlow aus Spanien verschwunden war, schickte Kosenko einen Bericht an die Zentrale, in dem er Orlow unter dem Decknamen BEGLJETZ (russisch für »Flüchtling«) erwähnt. Dieses Kryptonym für Orlow wurde so lange vom NKWD benutzt, bis man die Suche nach ihm stoppte. Kosenko schrieb: »Wie erklärt man die Tatsache, daß FLÜCHTLING im Besitz von zwei Seiten eines Berichts von TULPE ist? Er [Orlow] hatte Ende 1937 eineinhalb Monate lang Kontakt mit ihm.«[92]

Andere Dokumente zeigen, daß Orlow als NKWD-Chef in Spanien auch den Kommunikationskanal zwischen der POUM und den Trotzkisten in Paris kontrollierte. Durchgeführt wurde dies mit Hilfe eines Agenten namens STED, der als Kurier zwischen Barcelona und Sedows Hauptquartier in der französischen Hauptstadt hin und her reiste.[93] Dies weist darauf hin, wie stark Orlow in die Sache verwickelt war und daß er nicht nur von Sborowski, sondern auch von anderen Agenten, die an der Unterwanderung von Trotzkis Organisation beteiligt waren, wußte. In seinem Gespräch mit der CIA 1965 fügte Orlow dem, was er dem FBI und dem Unterausschuß des Senats für Innere Sicherheit erzählt hatte, die Behauptung hinzu, daß er, nachdem er Zeuge des Treffens zwischen Alexejew (wahrscheinlich GAMMA) und Sborowski 1937 im Park in Paris gewesen sei, den ersten Versuch gemacht hätte, Trotzki zu warnen. Er habe ihm »einen Brief in Blockbuchstaben, adressiert an Trotzki in Mexiko Stadt«, geschrieben »ohne Absender« und ihn »vor einem sowjetischen Unterwanderungsagenten in seiner Pariser Organisation« gewarnt.[94]

Rumsey, der CIA-Untersuchungsbeamte, horchte auf, weil diese Aktion »zehn Monate, bevor Orlow schließlich die Verbindungen in Spanien abbrach«, stattfand. Auf seine Frage, ob diese Tat nicht »ein hohes Risiko« geborgen hätte, meinte Orlow, daß »das vielleicht so scheint«, aber er habe mit »Buchstaben« geschrieben, die »keine Rückschlüsse auf den Schreiber zuließen«, außerdem »gab er zu, daß er nie herausbekam, ob seine erste Warnung Trotzki überhaupt je erreicht hat«. Orlow erklärte, da er damals »keine Information über Trotzkis genaue Adresse hatte, adressierte er den Brief einfach an ›Leon Trotzki, Mexiko Stadt‹«.[95]

In Anbetracht dessen, was wir über Orlows Verwicklung in die gegen die Trotzkisten gerichteten Operationen des NKWD wissen, muß seine Behauptung, er habe weder die genaue Adresse von Stalins Erzgegner noch Sborowskis wirklichen Namen gekannt, suspekt erscheinen. Wie seine nachträglichen Versuche, Trotzki zu alarmieren, stellt sie nur eine symbolische Geste dar, um ihn vor möglicher späterer Kritik und Verdächtigungen zu bewahren. Hätte Orlow je gegenüber dem FBI oder der CIA zugegeben, was er wirklich wußte, oder wäre entdeckt worden, daß er bei seiner Flucht aus Spanien Sborowskis zweiseitigen Bericht mitnahm, so hätte seine gesamte Darstellung schon damals als die Heuchelei entlarvt werden können, als die sie sich heute entpuppt. Orlow hat vielleicht den Gedanken genossen, es Stalin heimzuzahlen. Dazu hätte er allerdings Sborowski Namen nennen oder den TULPE-Bericht nach Mexiko schicken müssen, was Trotzki sofort vor der Gefahr gewarnt hätte. Aber eine solche Handlungsweise hätte ihn zum Verräter gemacht, und das war eine Rolle, die General Alexander Orlow nie spielen wollte.

Anmerkungen

1. Orlov, *Stalin's Crimes*, Einleitung.
2. Ebd., S. X.
3. Ebd.
4. Ebd.
5. Igor Gousenko lief am 5. September 1945 über. Die wichtigste veröffentlichte Quelle über seine Enthüllungen ist *The Report of the Royal Commission*, 27. Juni 1946, Ottawa. Siehe auch Gousenkos eigene Darstellung, *Iron Curtain*, Dutton, New York 1948.
6. Zu Bentleys Zeugenaussage siehe ihre unterschriebene Erklärung vom 30. November in FBI-Nr. 65-56402 und die auf den neuesten Stand gebrachte Version ihrer eigenen Darstellung *Out of Bondage*, kommentiert von Hayden Peake, Ivy Books, New York 1989. Eine gründliche und objektive Analyse des verwickelten Whittaker-Chambers-Falles gibt Allen Weinstein in *Perjury, the Hiss-Chambers Case*, Knopf, New York 1978.
7. Hoover-Bericht, 25. November 1945, vorgelegt als Beweis in der House-Committee-Verhandlung über Unamerikanische Aktivitäten und Kommunistische Spionage in den Vereinigten Staaten, 80. Kongreß, 2. Sitzung (1948), S. 113–114 (im folgenden HUAC 1948).

8. Truman und Hoover, zitiert nach Robert J. Donovan, *Conflict and Crisis: The Presidency of Harry S. Truman 1945–1948*, Norton, New York 1977, S. 174.

9. Bentleys Zeugenaussage: siehe obige Quellen. Für eine Analyse der unbewiesenen Anschuldigung gegen Harry Dexter White siehe die FBI-Dokumentation, zitiert von David Rees in *Harry Dexter White: A Study in Paradox*, Conward McCann & Geoghegan, New York 1973. Die Darstellung von Hede Massing kann man in ihren Aussagen gegenüber dem FBI und in ihrem Buch, *This Deception*, Duell Sloane & Pearce, New York 1951, nachlesen. Zur Beweisanalyse im Fall Hiss siehe Weinstein, *Perjury*. Der russische Geheimdienst hat abgelehnt, Material über Hiss zugänglich zu machen, mit der Begründung, er habe keines. Bis zur Freigabe der entsprechenden Akten durch die GRU wird es für westliche Historiker unmöglich sein, ein endgültiges Urteil darüber abzugeben, ob Hiss wissentlich oder unwissentlich den Sowjets geholfen hat, was sowohl Bentley als auch Whittaker Chambers in ihrer unter Eid abgelegten Zeugenaussage behaupten.

10. Information aus Quellen des US-amerikanischen Abwehrdienstes, dem Orlow bekannt war, an Brook Shepherd, in *The Storm Petrels*, Collins, London 1977, S. 218.

11. Bericht der FBI-Dienststelle in Cleveland, Nr. 105-639, 31. Januar 1955, IRR ORLOW File Army Staff Record RG 319 NAW (IRR ORLOW-Akte, Personalakten der Armee, R6319 NAW).

12. Gespräch mit Florence Kellerman (geborene Koornick), New York, 31. Januar 1955, FBI New York 105-6073, Serie 257, in ORLOW FBI-Akte Nr. 105-22869, FOIA.

13. Eine Neubeurteilung des Rosenberg-Falles findet sich in Ronald Radosh und Joyce Milton, *The Rosenberg File*, Holt, Rinehart & Winston, New York 1983. Eine maßgebende Zusammenfassung der geheimgehaltenen Beweise gegen Cohen, Elitcher und Gray sowie über die Verwicklung der Rosenbergs in die Operationen der sowjetischen Atomspionage, die man durch das Abhören des VENONA-Funkverkehrs erhielt, gibt der Offizier der FBI-Spionageabwehr Robert Lamphere in *The FBI-KGB-War*, S. 183–290.

14. Eine maßgebliche Darstellung der Entschlüsselung des VENONA/BRIDE-Codes gibt Lamphere in *The FBI-KGB-War*. Trotz wiederholter Aufrufe von herausragenden amerikanischen Historikern wie Arthur J. Schlesinger jr., solche historisch relevanten Dechiffrierungen freizugeben, lehnen sowohl NSA wie auch GCHQ eine Freigabe mit der Begründung ab, daß sie immer noch nützliche Einsatzinformationen enthielten.

15. Die Zentrale an das Londoner Büro, 17. Mai 1951. BURGESS-Akte Nr. 83792, Band 4, S. 298. Eine detaillierte Darstellung des Burgess/Maclean-Falls: siehe Costello, *Mask of Treachery*, S. 550–558. Im Lichte der KGB-Akten muß diese jedoch revidiert werden.

16. Sokolskys FBI-Interview. In den freigegebenen Akten wurde Sokolskys Name gelöscht. Ein Vergleich dieser Informationen mit denen in seiner Besprechung von Orlows Buch (in der Ausgabe der *Washington Times Herald* vom 30. Oktober) macht jedoch deutlich, daß es sich um ihn handelte. Siehe Memorandum, L. B. Nichols an Tolson, 17. Oktober 1953, Serie 101; New York Fernschreiben, 2. November 1953, Serie 102; Bericht über das Gespräch, 5. November 1953; Bericht über das Gespräch, 17. November 1953, Serie 108 und 119, ORLOW-FBI-Akte Nr. 105-22869, FOIA.

17. Orlows Zeugenaussage bei der ersten INS-Vernehmung, 29. April 1954, in ORLOW FBI-Akte Nr. 105-22869, FOIA. Sokolsky war der FBI-Informant in den Verwaltungsberichten mit dem Kennzeichen T-3. Bericht der FBI-Außenstelle in New York über ein Gespräch, Akte Nr. 105-6073, 1. Dezember 1953, Serie

126, ORLOW FBI-Akte Nr. 105-2289, FOIA. Er hatte Kontakt mit den Geheimdienstkreisen über Admiral Hillenkotter, den früheren Leiter des CIA, dem er unverzüglich von Orlows Überlaufen und seinen Beweggründen berichtete.

18. Ebd., SOKOLSKY FBI INTERVIEW.
19. Gespräch mit Fischer am 19. Mai 1953, im Bericht der FBI-Dienststelle in New York, Akte Nr. 105-6073, Serie 30, ORLOW FBI-Akte Nr. 105-22869, FOIA.
20. Orlov, *Stalin's Crimes*, Vorwort, S. IX.
21. Ebd., S. XV.
22. Ebd.
23. Ebd.
24. Nach Durchsicht der entsprechenden sowjetischen Unterlagen zeigte sich, daß im Sommer 1953 kein KGB-Agent mit dem Namen Wladimirow in New York im Einsatz war. Es scheint, wie Bolodin, ein weiterer potentieller Attentäter zu sein, den Orlow ›erfand‹, um seine Behauptung, sein Leben sei in Gefahr, zu stützen.
25. Leiter des FBI an den Beauftragten des INS, 7. Mai 1953, Zitat aus dem Brief vom 7. April über Orlow, Serie 4, ORLOW FBI-Akte Nr. 105-22869, FOIA.
26. Gespräch mit einem nicht namentlich genannten Beamten, zitiert nach Brook Shepherd, *The Storm Petrels*, S. 225.
27. ORLOW FBI-Akte Nr. 105-22869, FOIA.
28. Bericht über ein Gespräch mit T-3 (Sokolsky) vom 5. November 1953, Akte der FBI-Außenstelle in New York, Nr. 105-6073, Serie ORLOW FBI-Akte Nr. 105-22869, FOIA.
29. Die meisten Streichungen in Orlows Akte sind wie folgt gekennzeichnet: (b) (1) Unterabschnitte von Titel 5, US-Code, Absatz 552.
30. ORLOW-Akte 08 04 31 16, IRR Army Staff Records RG 319 NAW. S. 116 der zusammenfassenden Akte des FBI vom 29. März 1954, von der nach der Freigabe nur die Inhaltsseite übrig geblieben ist. Anhand dieser Seite kann man Quellen identifizieren, die in der stark bereinigten Fassung des FBI gelöscht wurden.
31. Hoover an das Außenministerium, 20. Juli 1959, ORLOW FBI-Akte Nr. 105-22869, FOIA. Costellos Untersuchung des Falls und seine Berichte und langen Interviews bestätigten nicht die Vermutung, daß es sich bei dem Chiffrierer um Tyler Gatewood Kent gehandelt hat. Kent wurde in jedem Fall erst 1938 an der US-amerikanischen Botschaft in Moskau als Chiffrierer angestellt. Vgl. *Ten Days to Destiny*, William Morrow, New York, 1991.
32. Gespräch mit Edward McCarthy, Februar 1993.
33. Vertraulicher Informant (auch vom Autor interviewt), der die Behauptung Brook Shepherds bestätigte, die dieser anonym in *The Storm Petrels*, S. 236, zitierte.
34. Philbys KGB-Memoiren, S. 118, ARG.
35. Aussage Orlows vor dem SISSC 1957, in *Legacy*, S. 72–78.
36. Ebd. Ege ist am 3. Juni 1942 in der Türkei übergelaufen.
37. *Life Magazine*, 11. Mai 1953, »Brief an den Herausgeber«.
38. Ebd. Bolodins Name kann in den NKWD-Akten nicht gefunden werden.
39. Brief vom SAC New York an den Leiter des FBI, 8. Juni 1954, Bericht über die Befragung Orlows zu Kriwizkis Buch *In Stalin's Secret Service*, Akte Nr. 105-6073 in ORLOW FBI-Akte Nr. 105-22869, FOIA. Interessanterweise sind Orlows Antworten, die in einer freigegebenen Version dieses Berichtes aus den siebziger Jahren erschienen, in dem 1992 im Rahmen des FOIA freigegebenen Bericht, in den der Autor Einsicht hatte, entfernt worden.
40. Akte der FBI-Dienststelle in New York, Nr. 105-6073, Berichte über Gespräche mit Fischer, 3. März 1953, Serie 172, ORLOW FBI-Akte Nr. 105-22869, FOIA.

41. Sokolskys Besprechung von *Stalin's Crimes* in der *Washington Times Herald* vom 30. Oktober 1953.
42. Bericht an den Leiter des FBI aus New York, Akte Nr. 105-22869, 5. November, Serie 103, Mitteilung von Nichols an Tolson, 17. Oktober 1953, Serie 101, ORLOW FBI-Akte Nr. 105-22869, FOIA.
43. Ebd.
44. Die CIA wurde in dem Brief vom 30. Juni 1953 vom Washingtoner INS-Büro erwähnt, Serie 44, ORLOW FBI-Akte Nr. 105-22869, FOIA.
45. SOKOLSKY FBI Interview, 5. November 1953.
46. Mitteilung vom L. B. Nichols an den Hoover-Berater Tolson, 17. Oktober 1953, Serie 101; stark zensierte und undatierte Notiz, vermutlich vom Oktober 1953, über die telefonische Diskussion mit Mario T. Noto vom Hauptbüro des INS in Washington, Serie 86, ORLOW FBI-Akte Nr. 105-22869, FOIA.
47. 116seitiger zusammenfassender Bericht des FBI über den Fall Orlow, 29. März 1954, Serie 186, und Gespräch mit Sokolsky in ORLOW FBI-Akte Nr. 105-22869, FOIA.
48. Orlows unter Eid geleistete Aussage vor dem INS und Gespräch des FBI mit Rosowski, zitiert auf S. 113 des zusammenfassenden Berichts über den Fall Orlow, 29. März 1954, Serie 186, ORLOW FBI-Akte Nr. 105-22869, FOIA.
49. France E. Walter an J. Edgar Hoover, 6. Januar 1954, Serie 151, ORLOW FBI-Akte Nr. 105-22869, FOIA.
50. Hoover an den Ehrenwerten France F. Walter »persönlich und vertraulich«, 12. Januar 1954, Serie ORLOW FBI-Akte Nr. 105-22869, FOIA.
51. Zusammenfassender Bericht in ORLOW FBI-Akte Nr. 105-22869, FOIA.
52. Orlows unter Eid geleistete Aussage vom 29. April 1954, ORLOW FBI-Akte Nr. 105-22869, FOIA.
53. An SAC-Miami vom Leiter des FBI, 22. April 1954, Akte Nr. 105-651, Serie 175, ORLOW FBI-Akte Nr. 105-22869, FOIA.
54. Bericht der Dienststelle in New York an den Leiter des FBI vom 23. August 1954, Serie 237, ORLOW FBI-Akte Nr. 105-22869, FOIA.
55. Eidliche Aussage Orlows in der INS-Untersuchung, 27. Juni 1955, S. 15, Serie 303, ORLOW FBI-Akte Nr. 105-22869, FOIA.
56. Zusammenfassender Bericht über das Verfahren des Großen Geschworenengerichts. (Anm. d. Übers.: US-Untersuchungsgremium von auf Zeit ernannten Bürgern, die die öffentliche Anklage ablehnen oder für Rechtens befinden) im FBI New York, 7. September 1955, FBI-Akte Nr. 105-6073, ORLOW FBI-Akte Nr. 105-22869, FOIA.
57. Ebd. Siehe Louis Fischer, *Men and Politics*, S. 428. Das FBI verfolgte Fischer nicht nur deshalb nicht, weil es bereits von seinen kommunistischen Sympathien und Aktivitäten wußte, sondern auch, weil er bei den Untersuchungen mit dem FBI kooperierte. Es gibt keine Informationen in den NKWD-Akten, die darauf hinweisen könnten, daß Fischer ein Sowjetagent war. Seine prokommunistischen Aktivitäten sind dokumentiert worden, seit er als Korrespondent des Magazins *Nation* von 1922 bis 1937 in der UdSSR war. 1937 verließ er Moskau, angeblich um im Auftrag der Komintern eine Hilfskampagne für das republikanische Spanien zu organisieren. In einem NKWD-Bericht wird er als Sympathisant von Trotzki bezeichnet. (Akte ohne Titel über Observierungen von Trotzkisten, Nr. 26429.) In einem anderen Bericht aus New York, datiert vom 10. Februar 1937, wird angemerkt, daß der Journalist nach kurzen Aufenthalten in Frankreich und Spanien auf seinem Weg von Europa her in New York angekommen sei. Es ist dokumentiert, daß er dort mit dem Sozialistischen Komitee der Spanienhilfe Kontakt aufnahm (Observations-Akte ohne Titel über Trotzkisten und ihre Sympathisanten, Nr. 27446, Band 8, S. 391, ARG). Es gibt

auch einen zeitgenössischen Hinweis auf Material, das aus französischen Geheimdienstakten (wahrscheinlich von einem sowjetischen Unterwanderungsagenten) stammt, Fischer um und demzufolge es sich bei einen »russischen Agenten handelte, dem es aufgrund einer ministerialen Verfügung verboten war, in Frankreich zu leben«.

Orlow begegnete Fischer, als dieser in einer Mission der Komintern Spanien besuchte. In Anbetracht der starken Sympathien, die der Journalist für die Trotzkisten hegte, ist es sehr unwahrscheinlich, daß Orlow oder irgendein anderer NKWD-Offizier, der Wert auf seine Karriere legte, damals versucht hätte, ihn zu rekrutieren.

58. Bericht von der FBI-Dienststelle in New York, Akte Nr. 105-6073 an den Leiter des FBI, 29. Oktober 1954, Serie 250, ORLOW FBI-Akte Nr. 105-22869, FOIA.

59. Bericht der FBI-Dienststelle in Los Angeles über ein Gespräch am 22. September 1954 mit Nathan Koornick, Akte Nr. LA 105-1608, ORLOW FBI-Akte Nr. 105-22869, FOIA.

60. Bericht der FBI-Dienststelle in New York über das Kellerman-Interview, 31. Januar 1955, Akte Nr. NY 105-6073, Serie 257, ORLOW FBI-Akte Nr. 105-22869, FOIA.

61. Zusammenfassender Bericht des FBI, Serie 274, 31. März 1955, ORLOW FBI-Akte Nr. 105-22869, FOIA.

62. Dieses Gesetz verlangte, daß »Personen, die eine Ausbildung und Anweisung in oder Kenntnis von Spionage oder verwandten Aktivitäten hatten«, einen Fragebogen ausfüllten. Orlows notariell beglaubigten Antworten lieferten dem FBI keine neuen Informationen, weil er sich an Einzelheiten seiner Karriere hielt, die er bereits in seinem Buch zugegeben hatte, indem er »Felix Dserschinski, Genrich Jagoda, Wjatscheslaw Menschinski, Nikolai Jeschow und A. Sluzki« als die Personen nannte, »unter denen die Anweisungen ausgeführt wurden«. Zusammenfassender Bericht des FBI, 31. März 1955, Akte Nr. NY 105-6073, Serie 274, ORLOW FBI-Akte Nr. 105-22869, FOIA.

63. Zusammenfassender Bericht über Orlow vom Leiter des FBI an den Repräsentanten des RCMP in Ottawa, 19. Juli 1955, Serie 293, ORLOW FBI-Akte Nr. 105-22869, FOIA.

64. Antrag des Senats, Serie 1627, 84. Kongreß, 1. Sitzung; die Vorlage wurde nach der zweiten Lesung an das Committee on the Judiciary übergeben.

65. Bericht der FBI-Dienststelle in New York an das Hauptquartier, 23. Juni 1955, Serie 23, ORLOW FBI-Akte Nr. 105-22869, FOIA.

66. Ebd.

67. Ebd.

68. Orlows INS-Q & A-Befragung, 27. Juni 1955, Serie 303, ORLOW FBI-Akte Nr. 105-22869, FOIA. Später schrieb er den Antwerpener Hafenbehörden und bewies anhand deren Antwort, daß die *Swir* in der Tat dort geankert hatte. DST ORLOW (siehe Anhang).

69. Ebd. und Bericht der FBI-Dienststelle in New York, 30. September 1955, Serie 303, ORLOW-FBI-Akte Nr. 105-22869, FOIA.

70. Ebd.

71. Brief an den Ehrenwerten Herbert Brownell von Norman Thomas, 1. Juli 1955, zitiert in SAC New York an den Leiter des FBI, 30. September 1955, ORLOW-FBI-Akte Nr. 105-22869, FOIA.

72. Brief von Almanza Tripp, dem amtierenden Leiter des INS in New York, an Norman Thomas, 4. September 1955, ebd.

73. Sourwine an Orlow.

74. Orlows Aussage vor dem SISSC, 25. September 1955, in *Legacy*, S. 21.

75. Ebd.
76. Ebd.
77. Ebd., S. 23.
78. Diese Theorie wurde weiterentwickelt von Herbert Romerstein und Stanislav Levchenko, *The KGB Against the »Main Enemy« – How the Soviet Intelligence Service Operates Against the United States*, Lexington Books, Massachusetts 1989, S. 179.
79. Ebd., siehe auch Boris Morros in *My Ten Years as a Counterspy*, Viking Press, New York 1959. Morros behauptet darin, er sei damals zum FBI gegangen, aber das ist weniger plausibel als die FBI-Version.
80. Gespräch mit Robert Lamphere vom Oktober 1992, in dem er die in seinem Buch getroffenen Aussagen (*The FBI-KGB-War*, S. 87–88) näher erläuterte.
81. »Mark Zborowsky, 2451 Webb Avenue, Bronx, New York, lieferte in einer Reihe von Gesprächen, die am 2., 6., 10. Dezember 1954 und am 14. und 27. Januar 1955 geführt wurden, ... Informationen über seine Beteiligung an sowjetischer Spionage.« FBI-Bericht Nr. NY 105-17490, undatiert, in OR-LOW-FBI-Akte.
82. Der Bericht, der in Sborowskis KGB-Akte nicht gefunden wurde, wurde als Beweis in dem Verfahren gegen ihn hervorgebracht und ist von Romerstein und Levchenko (*The KGB* ... a. a. O., S. 197) zitiert worden.
83. 1945 hörte die nach seiner Ankunft in den USA ohnehin schon magere Korrespondenz ganz auf, und in den Akten wurde er »eingefroren«. Sborowski-Akte Nr. 31660.
84. Berichte über die Sborowski-Verfahren in der *New York Times*, 21. November 1958, und 21–28. November 1962.
85. Ebd. Nach seiner Freilassung zog Sborowski an die Westküste und nahm seine Karriere als medizinischer Anthropologe wieder auf. Eine Zeitlang war er Gastdozent an der Universität von Kalifornien und gehörte zum Mount-Sion-Krankenhaus in San Francisco. Er starb am 12. Mai 1990.
86. Brief von Orlow an Jack Sourwine, 23. Januar 1956 in der Aktenmappe mit den Untersuchungsberichten des Unterausschusses des Senats für Innere Sicherheit über Orlow, RG46 NAW.
87. Orlows Aussage vor dem SISSC im Februar 1955, in *Legacy*, S. 33–85.
88. Gespräche mit Feoktistow, a. a. O.
89. »Thema: David und Lidja Dallin«, aus ORLOW DST-Akte, a. a. O.
90. Ebd. Rumsey war einer derjenigen, die die Gespräche am 15. und 16. April 1965 mit Orlow führten.
91. Orlows Brief und der Anhang sind in ORLOW-Akte Nr. 76659, Band 1. S. 98, ARG.
92. Kosenko an die Zentrale, 19. August 1938, in ORLOW-Akte Nr. 76659, Band 1. S. 101, ARG.
93. »Durch Agent DON, der uns auf Ihren Vorschlag hin verlassen hat, haben wir den Ihnen bekannten Agenten STED in die trotzkistische Untergrundgruppe in Barcelona eingeführt. Auf diese Weise haben wir die illegalen Kommunikationskanäle zwischen dieser Gruppe und der trotzkistischen Zentrale in Paris in unseren Händen. STED wird den ersten Schub an Korrespondenz in den nächsten Tagen erhalten.« Orlows Brief vom 24. Mai 1938, in »Korrespondenz der Residentur in Spanien«, Akte Nr. 19897, Band 3, S. 156, ARG.
94. »Thema: *David und Lidja Dallin*«, aus ORLOW DST-Akte, a. a. O.
95. Ebd.

KAPITEL 15

Ein Profi bis an sein Lebensende

»Wir sehen keinen Grund, einen Prozeß gegen Orlow anzustrengen«, schloß der Chef der Ermittlungsabteilung des KGB seinen Bericht vom 6. Dezember 1955. Das vierseitige Memorandum, in dem er zu diesem Ergebnis kommt, deutet darauf hin, daß der Fall Orlow von Moskau wieder aufgegriffen wurde, nachdem die Zentrale von einem namentlich nicht bekannten Informanten erfahren hatte, daß der ehemalige sowjetische General Ende September hinter geschlossenen Türen vor dem Unterausschuß des Senats ausgesagt hatte. Daraufhin wies der Leiter der Ersten Hauptverwaltung am 1. November desselben Jahres die Ermittlungsabteilung an, der Angelegenheit nachzugehen.[1]

Die Überprüfung und Analyse der relevanten Akten nahm nur gut einen Monat in Anspruch, bevor Michail Maljarow die Dossiers mit der Schlußfolgerung zurückgab, daß »die Ermittlungsabteilung des KGB ebenso wie der Ministerrat der UdSSR es nicht für angemessen erachtet, ein Verfahren gegen A. M. Orlow einzuleiten«. Die Ermittlungsabteilung hatte im Fall Orlow keinerlei Hinweis auf irgendeine »kriminelle Aktivität« entdecken können, nachdem der Ex-General aus Spanien geflohen war. Zwar hatte er damals eindeutig den Gehorsam verweigert und seinen Posten verlassen, nachdem er 60 000 Dollar aus dem Safe seiner Residentur hatte mitgehen lassen; andererseits deutete jedoch nichts darauf hin, daß Orlow etwas über die sechzig ihm bekannten sowjetischen Agenten und deren Spionageoperationen verraten hatte. (Die Verwendung des Wortes »angemessen« deutet bereits darauf hin, daß sich der KGB sehr wohl im klaren darüber war, welchen Schaden Orlow nach wie vor anrichten konnte, falls er einige bis dahin noch immer nicht enttarnte Agenten verriet. Unter ihnen waren Philby und Blunt, wobei letzterer erst 1963 – nach Philbys Flucht nach Moskau – gestand, von den Sowjets rekrutiert worden zu sein.)

Dem KGB-Dossier zufolge wurden die Untersuchungen gegen Orlow schließlich auf Anweisung A. M. Korotkows eingestellt. Korotkow war stellvertretender Leiter der Ersten Hauptverwaltung sowie Leiter des Direktorats für Illegale. Der frühere Protegé und Kollege Orlows bei den Untergrundoperationen 21 Jahre zuvor in Frankreich trug jetzt die Verantwortung für alle sowjetischen Undercoveragenten. Zwar mochte der ehemalige Aufzugstechniker in der Lubjanka bei seiner bemerkenswerten Karriere im KGB von Orlow stark gefördert worden sein, aber das Berufsverständnis eines Geheimdienstoffiziers dürfte ihm die alleinige Rücksichtnahme auf persönliche Verpflichtungen verboten haben.

Die KGB-Ermittler hatten nach Indizien dafür gesucht, ob Orlow in den 18 Jahren seit seiner Flucht aus Spanien irgendwelche sowjetischen Spionageoperationen oder Undercoveragenten verraten hatte. Der ununterbrochene Informationsfluß von Philby, Maclean und Burgess und anderen Cambridge- und Oxford-Agenten ließ zwar den Schluß zu, daß Orlow sein Wort gehalten hatte; dennoch konnten die Sowjets die Möglichkeit nicht außer acht lassen, daß er unter Umständen zur Enttarnung einiger weniger bedeutender Agenten beigetragen hatte, um sich bei der amerikanischen Spionageabwehr einzuschmeicheln. Obwohl der KGB keinerlei Hinweise fand, die eine solche Vermutung nahegelegt hätten, konnte man sich in Moskau noch nicht hundertprozentig sicher sein, daß nicht vielleicht doch irgendein abgekartetes Spiel im Gange war. Immerhin hatte Orlow bei seinem Auftritt vor dem Untersuchungsausschuß des Senats im September 1955 in einer geheimen Sitzung behauptet, er habe dem FBI bereitwillig »eine Reihe von Spionen« genannt, sobald er »an die Öffentlichkeit getreten« sei.[2] In den stark zensierten FBI-Akten taucht außer Sborowski aber kein namentlich genannter Sowjetagent auf. Man kann also davon ausgehen, daß, wenn Orlow tatsächlich im Mai 1953 aktiv tätige Sowjetagenten verraten hätte, der KGB – selbst wenn das FBI mit ihm das übliche Katz-und-Maus-Spiel gespielt hätte – gemerkt hätte, welche seiner Agenten genannt worden wären.

Der KGB konnte zwar erst 1962 in Orlows Aussagen vor dem Senat nachlesen, welchen Beitrag Orlow in der Sborowski-Affäre geleistet hatte, aber ihm dürfte schon 1957 klar gewesen sein, daß er keineswegs maßgeblich, sondern höchstens am Rande mit Sborowskis Enttarnung zu tun gehabt hatte. Bereits seit 1945 galt Sborowski als »ausgebrannt«, und Orlow hatte die angeblich so bedeutende Stellung des Agenten im sowjetischen Geheimdienstapparat nur deshalb so aufgeblasen, um seinen eigenen Beitrag zu Sborowski Enttarnung wichtiger erscheinen zu lassen. Selbst die KGB-Akten belegen, daß Orlow längst nicht alles enthüllte, was er über Sborowskis Einsätze wußte.[3]

Am 23. April 1956 sorgte Orlow in Amerika erneut für Schlagzeilen, als er seinen Artikel »The Sensational Secret Behind the Damnation of Stalin« in der Zeitschrift *Life* veröffentlichte. Wieder hatte er mit dem Zeitpunkt der Veröffentlichung voll ins Schwarze getroffen. Knapp einen Monat zuvor war Chruschtschow vor dem Zwanzigsten Allunionskongreß der Kommunistischen Partei mit dem früheren sowjetischen Diktator hart ins Gericht gegangen. Seine nicht sonderlich geschickt geheimgehaltene Rede mit dem Titel »Der Personenkult und seine Folgen« bezog sich auch auf einige der Verbrechen, die Orlow in seinem ersten Buch angeprangert hatte, und leitete den Beginn der Demontage des Mythos Stalin in der Sowjetunion ein.

Von Chruschtschows dramatischen Anklagen angespornt, erklärte Orlow, die Zeit sei nun reif für die Aufdeckung eines weiteren Geheimnisses des ehemaligen sowjetischen Diktators, das so schrecklich sei, daß selbst sein Nachfolger es nicht zu enthüllen wagte: Stalin sei vor der Revolution ein Informant der zaristischen Ochrana gewesen und habe seine bolschewistischen Genossen verraten. In einem neuen *Life*-Artikel behauptete Orlow, er habe über seinen Cousin Sinowi Kaznelson von den sensationellen Beweisen für diese These erfahren; Kaznelson habe ihn eigens deswegen im Februar 1937 besucht, als er sich in einer Pariser Klinik vom Bruch zweier Rückenwirbel erholte. 1937 war Kaznelson nicht nur stellvertretender Leiter des NKWD der Ukraine gewesen, sondern auch Mitglied des Zentralkomitees der Kommunistischen Partei.[4]

»Ich erschauderte in meinem Pariser Krankenhausbett«, schrieb Orlow, »als ich eine Geschichte hörte, die Sinowi mir nur zu erzählen wagte, weil wir einander ein Leben lang uneingeschränkt vertraut haben.« Die Behauptungen seines Cousins beruhten auf Dokumenten, die ein NKWD-Offizier namens Stein in den umfangreichen Archiven der zaristischen Geheimpolizei entdeckt hatte, nachdem er beauftragt worden war, die alten Ochrana-Akten nach Beweisstücken zu durchforsten, die gegen die Angeklagten in den ersten Moskauer Schauprozessen verwendet werden konnten. Unter den Papieren Wissarionows, des stellvertretenden Direktors der Ochrana, hatte Stein eine Akte mit einem Foto Stalins und eine Reihe von Berichten in dessen Handschrift gefunden, die bestätigten, daß Stalin ein eifriger Spitzel des Zaren gewesen war. Kaznelson zufolge belegte einer der Berichte, daß der Georgier 1913 sogar versucht hatte, Roman Malinowski, einen der sechs bolschewistischen Delegierten in der Duma (Volksvertretung im zaristischen Rußland) und Agent provocateur des Zaren in Lenins Parteiorganisation, aus seinem Amt zu verdrängen. Unter den von Stalin verfaßten Berichten war auch einer, der besonders großen Schaden anrichtete: ein Bericht über eine Konferenz, an der er 1913 in Lenins Wohnung in Krakau teilgenommen hatte, das damals zu Österreich-Ungarn gehörte. Seine Spitzeltätigkeit schien auch zu erklären, warum Stalin bis 1913 vermeiden konnte, nach Sibirien verbannt zu werden. Als ihm dieses Schicksal schließlich doch widerfuhr, geschah dies – wie die Dokumente angeblich bewiesen –, weil er in dem Bemühen, Malinowski aus dem Amt zu jagen und an seine Stelle zu treten, offenbar zu weit gegangen war und sich direkt an Solotarew, den Innenminister des Zaren, gewandt hatte.[5]

In dem Bewußtsein, wie gefährlich seine Entdeckung für ihn werden konnte, verbarg Stein die belastenden Dokumente vor Jagoda. Statt dessen fuhr er nach Kiew, um sie einem früheren Vorgesetzten und guten Freund zu zeigen: Kaznelsons Chef W. I. Balizki, dem Direktor des NKWD der Ukraine. Auf diese Weise, erklärte Orlow, habe sein Cousin vom Inhalt der »heißen« Akte erfahren. In der Abgeschiedenheit des Krankenzimmers habe er ihm dann berichtet, wie sie die Akte zwei ihrer engsten Vertrauten gezeigt hatten: General I. E. Jakir, dem Oberkommandierenden sämtlicher in der Ukraine stationierten Streitkräfte, sowie Stanislaw Kossior, dem ukrainischen Parteichef, der auch Mitglied des Politbüros und Sekretär der Kommunistischen Partei war. Kaznelson zufolge war Jakir nach Moskau gefahren, um Marschall Tuchatschewski – den Oberkommandierenden der Roten Armee, der Stalin nicht ausstehen konnte – zu unterrichten. Gerüstet mit Dokumenten, die den Verrat des Diktators belegten, bereiteten Tuchatschewski und der stellvertretende Verteidigungsminister Gamarnik eine Verschwörung vor mit dem Ziel, Stalin zu stürzen.

»Im Februar 1937 waren die Generäle der Roten Armee noch dabei, ›ihre Kräfte zu sammeln‹, wie Sinowi es formulierte«, erklärte Orlow. »Sie hatten sich noch nicht zu einem konkreten Plan für den Staatsstreich durchringen können.« Der Kern ihres Plans bestand darin, Stalin zu einer in Moskau stattfindenden Konferenz über Probleme der militärischen Verteidigung der Ukraine zu überreden. Auf diese Weise sollten ihre Mitverschwörer und deren Vertraute in die Lage versetzt werden, Stalin im Kreml gefangenzunehmen, während zwei Eliteregimenter der Roten Armee die Zufahrtsstraßen nach Moskau versperren sollten. Als Kaznelson Orlow in Paris besuchte, waren sich die Verschwörer noch immer nicht einig, ob sie Stalin auf der Stelle standrechtlich erschießen oder die ihn belastenden Dokumente bei einer Plenarsitzung des Zentralkomitees vorlegen sollten. Orlow behauptete, er habe seinen Cousin in seinem Vorhaben ermutigt, ihn jedoch zu größter Vorsicht ermahnt, da jede Verzögerung den Kreis der Mitwisser erweiterte und so das Risiko erhöhte, daß einer von ihnen die Verschwörung verriet.[6]

»Falls es schiefgehen sollte und Elena und ich erschossen werden, möchte ich, daß du und Maria euch um unsere kleine Tochter kümmert«, soll Kaznelson ihn beim Abschied gebeten haben. Danach sah Orlow seinen Cousin nie wieder. In den darauffolgenden Wochen wartete er auf den Staatsstreich und hörte regelmäßig die Sendungen von Radio Moskau. Als jedoch am 11. Juli 1937 die Meldung gesendet wurde, Marschall Tuchatschewski und eine Reihe von Generälen der Roten

Armee seien unter der Anklage des Hochverrats verhaftet worden, wußte er, daß die Verschwörer verraten worden waren. Als Orlow dann hörte, daß unter denen, die erschossen worden waren, auch Tuchatschewski und Jakir waren, und schließlich erfuhr, daß Kossior und sein Cousin kurz darauf ebenfalls hingerichtet worden waren und Gamarnik und Stein sich erschossen hatten, wußte er, daß Stalin schnell gehandelt hatte, um sein tödliches Geheimnis zu wahren.[7]

Die offizielle Begründung für die nun folgende umfassende Säuberung in der Roten Armee war, daß Tuchatschewski und seine Offizierskollegen eine Verschwörung mit dem Ziel angezettelt hätten, Stalin zu stürzen. Orlows Darstellung zufolge entsprach dies durchaus den Tatsachen, wohingegen der Vorwurf, sie hätten mit den Nazis zusammengearbeitet, völlig aus der Luft gegriffen war. Aufgrund von Informationen, die der NKWD ein Jahr zuvor von den Tschechen erhalten hatte, wußte Orlow allerdings, wie leicht eine solche Anschuldigung zu konstruieren war. Auf Anweisung von Präsident Edoard Beneš hatte der tschechoslowakische Geheimdienst Moskau wissen lassen, daß 1936 in Prag ein sowjetischer Agent namens Israelowitsch nach einem geheimen Treffen mit zwei Offizieren des deutschen Generalstabs verhaftet worden war. Orlow, der selbst einmal mit Israelowitsch zu tun gehabt hatte, wußte, daß er ein völlig loyaler NKWD-Offizier war; in Stalins Kalkül – und das des tschechischen Präsidenten – paßte es jedoch besser, den Eindruck zu erwecken, daß Israelowitsch ein GRU-Spion war, der als Tuchatschewskis Mittelsmann zu den Nazis fungierte.[8]

Orlows Darstellung der Verschwörung Tuchatschewskis stützte sich ausschließlich auf die Informationen, die Kaznelson ihm anvertraut hatte. Noch in derselben Ausgabe von *Life* wurde jedoch ein weiteres Indiz dafür veröffentlicht, daß Stalin ein Spitzel der Ochrana gewesen war. Der entsprechende Artikel stammte von Isaac Don Levine, dem Ghostwriter von Kriwizkis Memoiren, der sich intensivst mit sowjetischer Geschichte befaßte. Das von ihm angeführte Beweisstück war ein 1913 verfaßter Brief (den man heute für eine Fälschung hält) an den Leiter der Ochrana einer sibirischen Provinz, wohin Stalin verbannt worden war; in dem Schreiben hieß es, der Georgier habe 1906 und 1908 der zaristischen Geheimpolizei »wertvolle denunzierende Informationen« geliefert.[9] Die Authentizität dieses Dokuments war nach Angaben des FBI nicht mit hundertprozentiger Sicherheit nachweisbar, auch wenn Levine von seiner Echtheit überzeugt war, weil es ihm von einflußreichen Emigranten zugespielt worden war. Zudem behauptete er, er habe die Echtheit der Unterschrift des Empfängers anhand einer Gravur auf einer silbernen Karaffe überprüft, die ihm ein früherer Offizier der zaristischen Polizei geschenkt hatte.

Wie auch immer es um den Wahrheitsgehalt von Orlows und Levines

Artikeln bestellt gewesen sein mag – die Entscheidung der *Life*-Verleger, beide in derselben Ausgabe zu veröffentlichen, machte den ehemaligen sowjetischen General ausgesprochen zornig, weil er glaubte, daß Levine ihm die Show hatte stehlen wollen. Ihr Mann, so Mrs. Ruth Levine, habe Orlow nie getraut, und auch sie selbst sei bezüglich der Orlows mißtrauisch geworden, als kurz nach Veröffentlichung der beiden Artikel das Ehepaar bei ihnen in Connecticut mit fünf Pfund Pralinen als Friedensangebot aufkreuzte – eine, wie sie meinte, übertrieben schmeichlerische Geste.[10]

Wie der KGB über die beiden *Life*-Artikel dachte, geht aus Orlows Akte nicht hervor. Orlows Ansicht nach konnten Chruschtschow und das Politbüro trotz ihrer Anschuldigungen gegen Stalin niemals die Wahrheit über seine Arbeit für die Ochrana zugeben, da dies ihre eigene Position zu sehr geschwächt hätte. Er registrierte jedoch, daß Chruschtschow unter all den Opfern der Säuberungen besonders seinen alten ukrainischen Parteivorsitzenden Kossior nicht rehabilitieren wollte, der nach Kaznelsons Angaben im Mittelpunkt der Verschwörung gestanden hatte. Die KGB-Ermittler hingegen scheinen 1955 mehr an Indizien interessiert gewesen zu sein, die belegten, daß Orlow in den Jahren seit seiner Flucht aus Spanien sowjetische Spionageoperationen oder Geheimagenten verraten hatte. Doch sie kamen zu dem Schluß, daß Orlows Aussagen marginal waren und er lediglich die Identität solcher sowjetischer Agenten bestätigte, die schon bekannt waren.[11]

Orlow zog sich auch 1957 nicht den Argwohn des KGB zu, als ein sowjetischer Illegaler – obwohl er im Besitz US-amerikanischer Pässe war, die auf Martin Collins und Emil Robert Golfus lauteten – sich als Rudolf Iwanowitsch Abel zu erkennen gab. Botschaften auf Mikrofilm, die bei ihm gefunden wurden, deuteten darauf hin, daß er ein wichtiger KGB-Offizier und einer von Moskaus Verbindungsleuten zum sowjetischen Atomspionagenetz war. Abels Verhaftung im New Yorker Latham-Hotel am 21. Juni war möglich geworden, nachdem sein Assistent im sowjetischen Untergrund – ein verärgerter Illegaler mit finnischer Legende und Alkoholiker namens Reino Hayhanen – die Pariser US-Botschaft aufgesucht und seinen Chef verraten hatte, den er nur als »Oberst MARK« kannte.[12] Zwei Monate lang hielt man Abel in Texas heimlich in Haft, während das FBI ohne Erfolg versuchte, ihn zu überreden, im Tausch gegen seine Freiheit künftig gegen den KGB zu arbeiten. Erst nachdem er nach New York zurückgebracht und der Spionage angeklagt worden war, kam der Name Oberst Abel in die Schlagzeilen und Orlow nahm Kontakt zur CIA auf.

Am 7. August 1947 erschien in der *New York Times* ein Foto der hochgewachsenen, mönchsähnlichen Gestalt des mutmaßlichen sowjetischen Spions, wie er in Begleitung zweier Sheriffs in Brooklyn dem

Untersuchungsrichter vorgeführt wurde. Als treuer Leser dieser Zeitung rief Orlow sofort seinen Kontaktmann von der CIA an und bestätigte ihm gegenüber, daß Abel ein Spion sei; er selbst habe ihn irgendwann vor 1937 im Hauptquartier an der Lubjanka gesehen.[13] Ob er weitere Informationen über diesen Spion lieferte, ist unklar, da Orlow beim Prozeß gegen Abel, der am 14. Oktober begann, nicht in den Zeugenstand gerufen wurde.

Die bei Abel gefundene Spionageausrüstung und Hayhanens Aussage waren mehr als ausreichend, um die Geschworenen elf Tage später von Abels Schuld zu überzeugen. Der Angeklagte wurde zu dreißig Jahren Gefängnis verurteilt, von denen er fünf Jahre in einer Bundeshaftanstalt in Atlanta absitzen mußte. Im Februar 1962 brachte man ihn dann im Rahmen eines Agentenaustauschs nach Berlin. Bei dieser Aktion kam Francis Gary Powers frei, der amerikanische Pilot, dessen U-2 im Mai 1960 bei einem Aufklärungsflug über der Sowjetunion abgeschossen worden war.

Wieder einmal zog Orlow seinen Vorteil daraus, daß er lediglich einen bereits verhafteten Spion als Sowjetagent bestätigte, und konnte so seinem Ruf als wahrer Überläufer gerecht werden. Kirill Chenkins zwanzig Jahre später veröffentlichten Memoiren zufolge wußte Orlow jedoch weit mehr über Abel, einschließlich der wichtigen Tatsache, daß er als britischer Staatsbürger unter dem Namen William Henry Fisher geboren war. Dies habe Chenkin im Verlauf seiner Freundschaft mit Fisher erfahren, den er erstmals während des Zweiten Weltkriegs getroffen hatte. Nach seiner Repatriierung sei er mit dem Spion, den der Westen bis zu dessen Tod im Jahre 1971 unter dem Namen Abel kannte, befreundet gewesen. Erst im Jahr darauf, als ein amerikanischer Journalist auf einem Moskauer Friedhof Abels Grabstein entdeckte, der eine zweite Inschrift auf den Namen William Fisher trug, wurde sein richtiger Name bekannt.[14]

Chenkin zufolge hatte Fisher den Namen Abel als Kryptonym in seinem Nachrichtenverkehr mit der Moskauer Zentrale benutzt und weil er »den Schweden auf die Probe stellen« wollte; gemeint war Orlow, der den Codenamen SCHWEDE benutzte. Was es mit diesem Test im einzelnen auf sich hatte, erläuterte Abel/Fisher seinem Freund Chenkin nie näher; er erklärte lediglich, Orlow habe sich »als absolut anständiger Mann« erwiesen. Möglicherweise hatte Fisher befürchtet, sein früherer Kollege SCHWEDE könnte den Amerikanern seinen richtigen Namen und seine britische Staatsbürgerschaft verraten haben. In einem Verhör durch das FBI am 19. Januar 1954 erwähnte Orlow einen Kollegen namens Wolodja Fisher. Falls es sich bei diesem um »Willi« Fisher (Abel) handelte, war Orlow sich Abels Täuschungsmanövers bewußt, als er ihn 1957 lediglich als KGB-Offizier identifizierte. Chenkin erwähnt auch, daß Fisher etwa fünf Jahre nach dem Verschwinden der Orlows erfahren hatte, daß Orlows Mutter von Stalins Rache verschont geblieben war, weil der General einen Brief geschrieben habe, in dem er gedroht habe, etliche »Agentennetze auffliegen zu lassen« und damit »dem sowjetischen Geheimdienst einen vernichtenden Schlag zu versetzen«.[15] Da Chenkin seine Behauptungen mehr als zehn Jahre vor ihrer Bestätigung durch die Veröffentlichung von Orlows KGB-Dossier äußerte, scheinen seine Erinnerungen mehr Wahrheit zu enthalten, als man damals zu glauben geneigt war.

Eine Bestätigung dafür, daß sich der wahre Inhalt von Orlows Erpresserbrief auch bei anderen Kollegen in der Lubjanka herumgesprochen hatte, lieferte Wladimir Petrow, der 1954 als sowjetischer Botschaftsangehöriger und KGB-Resident in Australien desertiert war. Petrow erinnert sich in seinem Buch, er sei in der Zentrale der diensthabende Chiffrierer gewesen, als im Juli 1938 das Telegramm mit der Nachricht von Orlows Flucht eintraf. Petrow zufolge wurde damals erzählt, der flüchtige General habe zu verstehen gegeben, daß im Falle seiner Ermordung sein Anwalt die Namen »aller seiner Agenten und Kontaktleute in Spanien und eine genaue Beschreibung seiner wichtigen und streng geheimen Arbeit für die sowjetische Regierung« veröffentlichen werde.[16]

Petrows Darstellung hätte dem FBI bezüglich der wahren Natur von Orlows erfolgreicher Erpressung gegen Stalin eigentlich die Augen öffnen müssen, auch wenn Petrow die Wahrheit anscheinend ein wenig ausgeschmückt hatte. In Orlows Akte gibt es keine solchen Telegramme, sondern lediglich handschriftliche Briefe, in denen beschrieben wird, wie seine Residentur sich nach seinem Verschwinden neu organisierte. Da Petrow auch keinen Zugang zu Orlows persönlichem Brief an Jeschow gehabt haben dürfte, kann er von dessen Inhalt nur auf dem Wege der Flüsterpropaganda auf den Korridoren der Lubjanka gerüchteweise etwas erfahren haben.

Die Befürchtung, daß Orlows erfolgreiche Erpressung für andere Agenten einen gefährlichen Präzedenzfall schaffen könnte, erklärt hinreichend, warum seine Akte sogar innerhalb des KGB als ein so wichtiges Geheimnis angesehen wurde, daß sie bis heute einer besonderen Geheimhaltungsstufe unterliegt. Sie wurde in einer gesonderten und doppelt gesicherten Abteilung des KGB-Archivs aufbewahrt, in der auch die Akten anderer Überläufer untergebracht waren. Wer Akten aus dieser Abteilung einsehen wollte, benötigte dazu eine Sondererlaubnis des KGB-Vorsitzenden.

Bis zu einer direkten Kontaktaufnahme mit Orlow konnte sich der KGB – trotz seiner eigenen Einschätzung aus dem Jahr 1955 – der Loyalität des Ex-Generals nicht hundertprozentig sicher sein. Unweigerlich machte sich in bezug auf seinen Fall ein gewisses Unbehagen bemerkbar, wann immer er vor dem Unterausschuß des Senats für Innere Sicherheit aussagte. Selbst wenn die entsprechenden CIA-Akten bis heute nicht freigegeben worden sind, so deutet die Befragung, die die CIA 1965 für die Franzosen durchführte, sowie Informationen von Personen, die in engem Kontakt zu ihm standen, darauf hin, daß Orlow seine wichtigsten Geheimnisse niemals preisgegeben hat.

Orlows FBI-Akte zufolge gelang es Hoover, die CIA bis gegen Ende 1956 auf Distanz zu halten. Die mit dem Fall Orlow befaßten CIA-Beamten machten keinen Hehl aus ihrer Einschätzung, daß die Chance, aus dem ehemaligen NKWD-General Informationen herauszuholen, erheblich beeinträchtigt wurde durch die Animositäten, die Orlow nach seiner wenig einfühlsamen Behandlung durch die FBI-Leute den amerikanischen Ermittlungsbehörden gegenüber empfand. Obwohl die Beamten von der Spionageabwehr der CIA, die mit seiner Betreuung beauftragt waren, viele Jahre lang versuchten, eine gewisse Vertrauensbasis aufzubauen, war ihnen klar, daß sie von einer schlechten Ausgangsposition aus gestartet waren. Sie hatten nie eine echte Chance, Orlow zu einer wirklichen Zusammenarbeit zu bewegen und die Informationen zu bekommen, die er ihrer Meinung nach zurückhielt. Ihnen war von Anfang an klar, daß sie es bei Orlow mit einem sehr komplexen Charakter zu tun hatten, der seine Loyalität gegenüber der Revolution und seinen früheren Agenten hinter der Liebe zu seiner Frau und dem Andenken an seine tote Tochter verbarg.

»Womöglich empfand er noch eine gewisse Verpflichtung gegenüber seinen Freunden und Kollegen, die zu gefährden er noch in den siebziger Jahren befürchtete«, meinte der CIA-Beamte, der den ehemaligen General wohl am besten kannte. »Vielleicht fürchtete er nach dem, was mit Kriwizki geschehen war, sogar um sein eigenes Leben für den Fall, daß er bestimmte Dinge offenbarte. Man konnte ja nie wissen ...« Der CIA-Kontaktmann erinnerte sich an ein Gespräch mit Orlow kurz vor dessen Tod, bei dem er endlich erfahren habe, daß Orlows Codename in Spanien SCHWEDE gewesen sei.

Bei seinen Ausführungen über seine Zeit in Spanien hatte der General auch ein Treffen mit dem NKWD-Residenten in Paris erwähnt, der eng mit ihm befreundet war und unter dem Codenamen FINNE geführt wurde. Orlow zufolge hatte ihm FINNE, den er nicht weiter identifizierte, von einem Sowjetagenten in Francos Gefolge berichtet, der britischer Journalist war und einen Sprachfehler hatte. Der CIA-Beamte faßte dies als Hinweis darauf auf, daß Orlow andeuten wollte, er wisse von Philby, der – wie Orlow aus den Presseberichten des Jahres 1963 über die Flucht seines ehemaligen Schützlings aus Beirut schließen konnte – sich mittlerweile in Moskau aufhielt. Dies war das einzige

Mal, daß Orlow den Amerikanern andeutungsweise zu verstehen gab, daß er ein Mitglied des Spionagerings von Cambridge gekannt hatte.

»Bei ihm wußte man nie, woran man war«, erinnerte sich sein CIA-Kontaktmann nachdenklich. »Sobald man bestimmte Themen ansprach, fiel bei ihm einfach der Vorhang.«[17] Wie gründlich dieser Vorhang des Schweigens tatsächlich seine brisantesten Geheimnisse verhüllte, war die zentrale Frage, die sich dem KGB noch immer stellte. In Moskau wurde man hellhörig, als Orlow 1963 sein zweites Buch veröffentlichte: *A Handbook of Counter-Intelligence and Guerilla Warfare*. Eine Überprüfung ergab jedoch, daß alle Fälle und Beispiele, die Orlow bei seinem Versuch zitierte, sein 1935 für die Militärschule verfaßtes Handbuch neu zu erschaffen, entweder wohlbekannt oder so gut getarnt waren, daß unmöglich irgendwelche laufenden KGB-Operationen durch ihre Veröffentlichung in Mitleidenschaft hätten gezogen werden können.

Signifikant ist in diesem Kontext, daß Orlows KGB-Dossier nur eine mit Anmerkungen versehene Übersetzung des Inhalts seines *Handbook* ohne jedes Werturteil enthält. Auch in all den »Schadensabschätzungen« in bezug auf Orlow – die für ihn sehr positiv ausfallen – ist das Buch mit keinem Wort erwähnt. Überraschenderweise zeigt seine Akte, daß bis 1964 keine richtige Schadensfestsetzung bezüglich Orlow angefertigt wurde. Erst als die Zentrale über seinen Aufenthaltsort in den Vereinigten Staaten informiert wurde, ist die Analyse damals hergestellt worden, und man überlegte, ob man versuchen sollte, durch einen Offizier wieder Kontakt mit LEWON aufzunehmen. (LEWON war Orlows neuer Codename, wie aus den zeitgenössischen internen Akten mit der KGB-Korrespondenz hervorgeht.) Das Ergebnis bestätigte, daß der ehemalige General sogar ein ganzes Jahr nach Philbys erfolgreicher Flucht nach Moskau noch immer Stillschweigen über einen der wichtigsten sowjetischen Agenten, an deren Rekrutierung er beteiligt gewesen war, bewahrte:

»Im Laufe seiner Tätigkeit in leitenden Positionen in der Zentrale und den Residenturen lernte LEWON wichtige ausländische Agenten *(agentura)* kennen. Außerdem war er über viele Spezialeinsätze gut informiert; an einigen nahm er selbst teil, oder sie wurden unter seiner persönlichen Leitung in Großbritannien, Frankreich und Spanien ausgeführt. Insgesamt kannte er um die sechzig Agenten und Offiziere, einschließlich der Illegalen. Es gibt keine Hinweise darauf, daß LEWON, nachdem er zum ›Nicht-Rückkehrer‹ wurde, dem Feind auch nur einen der oben genannten Agenten verriet oder Informationen über Spezialoperationen lieferte, die damals von den ›Organen‹ durchgeführt wurden. Einige der Agenten, die er rekrutiert hatte und die er sehr gut kannte, arbeiteten zwischen 1952–1963 erfolgreich bis zu ihrer Exfiltrierung in die UdSSR.«[18]

Die Verwendung des Plurals im letzten Satz dieses Berichts deutet darauf hin, daß Philby nicht der einzige von Orlow rekrutierte Agent war, der 1963 »aus der Kälte kam«. Orlow gab nie einen Hinweis darauf, wer der bislang unbekannte sowjetische Maulwurf bei den Amerikanern gewesen sein könnte. Dies wird durch den abschließenden Schadensbericht bestätigt, der 1969 für den KGB-Vorsitzenden angefertigt wurde, den die Zentrale nach dem Feoktistows-Bericht über sein erstes Treffen mit dem früheren Sowjetgeneral erhalten hatte. In diesem Dokument, das vom 9. Dezember 1969 datiert ist, heißt es zusammenfassend über Orlow: »Die Analyse der ›Sondermaßnahmen‹, die unsere Organe mit seiner Beteiligung im Ausland durchgeführt haben, zeigt, daß er dem Feind nie unsere wichtigen ausländischen Agenten verraten und ihn auch nicht über die von unseren Agenten im Ausland durchgeführten ›Sondermaßnahmen‹ in Kenntnis gesetzt hat.«[19]

Solange Orlow nicht persönlich von einem KGB-Agenten kontaktiert worden war, blieb trotz allem in der Zentrale bezüglich seiner Loyalität noch immer ein Rest von Unsicherheit bestehen. Erst nachdem man ungefähre Angaben über seinen Aufenthaltsort in den USA hatte, war es 1964 möglich, Kontakt zu ihm aufzunehmen und zu versuchen, ihn zu einer Rückkehr in die Sowjetunion zu überreden. Doch selbst mit den vielfältigen Mitteln, die dem KGB zur Verfügung standen, war dies nicht so einfach zu bewerkstelligen. Der Ex-General hatte alle erdenklichen Sicherheitsvorkehrungen getroffen, um zu verhindern, daß sein Aufenthaltsort ausfindig gemacht werden konnte. Seine Telefonnummer stand in keinem Verzeichnis, und seine Herausgeber schickten seine Post an seinen Anwalt, der sie wiederum an eine Reihe von Postfächern sandte.

1962 hatten die Orlows erneut den Wohnort gewechselt.[20] Nach Abschluß der Arbeit an seinem *Handbook* waren sie von New York nach Michigan umgezogen. Vermutlich sorgte die CIA dafür, daß die Universität von Michigan sein Buch herausbrachte und ihm eine Dozentenstelle in Ann Arbor verschaffte. Jedenfalls hatten Orlows Kontaktleute von der CIA, die ihn noch immer als Berater einstuften, ihn bei der Arbeit an seinem Buch nach Kräften unterstützt. Orlows Arrangement mit der Universität sah vor, daß seine Lehrtätigkeit in der rechtswissenschaftlichen Fakultät ihn nicht zu sehr in Anspruch nehmen sollte, damit ihm genug Zeit für seine Erforschung des sowjetischen Rechtssystems blieb, das er zum Thema seines nächsten Buches machen wollte.

Orlow und seine Frau bezogen im Dezember 1962 eine Wohnung im siebten Stock des Maynard House, die – gemessen am Lebensstandard von Orlows Kollegen – relativ großzügig war. Das FBI-Büro in Detroit wurde über die Adresse des Ehepaares in Kenntnis gesetzt, weil der 67jährige ehemalige NKWD-General und seine 53jährige Frau noch immer sehr auf ihre Sicherheit bedacht waren. Dennoch gingen sie nun bereitwilliger auf ihre Mitmenschen ein und pflegten regelmäßigen Umgang mit dem Lehrpersonal der Universität. Einem stark zensierten Bericht zufolge bat der Gastgeber einer Fakultätsfeier kurz nach der Veröffentlichung von Orlows *Handbook* den Autor am Abend des 23. September 1963, einen Professor (Name zensiert) und dessen Frau nach Hause zu begleiten.[21]

Was zunächst wie ein normales gesellschaftliches Zusammentreffen begann, entwickelte sich, wie der Professor später dem FBI berichtete, im Laufe der folgenden Wochen zu einer Art Verhör durch Orlow und seine Frau. Der Professor hatte zwar eine gute Besprechung von Orlows *Handbook* geschrieben, doch erklärte dies seiner Auffassung nach auch nicht annähernd die Art und Weise, in der Mrs. Orlow seiner Frau mit Einladungen zum Essen auf die Nerven gegangen war und ihre höflich vorgetragenen abschlägigen Antworten ganz einfach ignoriert hatte. Auch hatte Orlow ihn auf dem Universitätsgelände geradezu verfolgt, und obwohl der Professor sich nicht unbedingt als lohnendes Ziel geheimdienstlicher Aktivitäten betrachtete, beschlich ihn doch das sichere Gefühl, daß Orlow etwas von ihm wollte. Da ihm aber während des Krieges in der Marine strenge Geheimhaltung auferlegt worden war und sein Schwager zu Admiral Hyman Rickovers Team im Oberkommando der amerikanischen Atom-U-Boot-Flotte gehörte, fühlte der Professor sich verpflichtet, den Vorgang dem FBI zu melden, weil er wußte, daß sein Verfolger ein General des NKWD gewesen war. Orlows Hartnäckigkeit, so berichtete er, sei um so merkwürdiger angesichts der tiefen Kluft zwischen ihren politischen Ansichten, die dem Professor zufolge bei ihren begrenzten gesellschaftlichen Kontakten unübersehbar geworden war.[22]

Der Bericht, den das FBI-Büro von Detroit an den Leiter des FBI schickte, ist insofern interessant, als darin vermerkt ist, daß der Professor Orlow zwar als eindeutigen Anti-Stalinisten einschätzte, aber dennoch glaubte, daß der Ex-General »noch immer Kommunist« oder zumindest »überzeugter Leninist« war. Dies, so der Professor, sei aus Orlows »überaus heftiger Entgegnung« auf seine beiläufige Bemerkung, Lenin und Stalin seien vom selben Schlag gewesen, deutlich geworden. Sein diesbezüglicher Eindruck sei noch verstärkt worden, als Orlow auf seine Behauptung hin, gewisse aus dem deutschen Außenministerium erbeutete Dokumente belegten, daß Lenin für seine russische Revolution von 1917 finanzielle Unterstützung aus Berlin erhalten habe, entrüstet erklärt habe, dies sei »eine Diffamierung der Revolution und der Integrität Lenins«.[23]

Das FBI nahm die Informationen aus Detroit lediglich »zur Kenntnis« und schloß, daß es wegen Orlows »fester Überzeugungen in gewissen Dingen« offenbar zu einem »persönlichen Zusammenstoß« zwischen den beiden Männern gekommen war.[24] Doch die aufmerksame Beobachtung und Einschätzung des Professors bezüglich Orlows Verhalten und seinem tief verwurzelten Leninismus deutet erneut darauf hin, daß der ehemalige sowjetische General seine grundsätzliche Treue zum Kommunismus keinesfalls abgelegt hatte.

Genau das aber war den Chefs des KGB gar nicht klar, und so faßten sie etwa ein Jahr später den Beschluß, eine Suchaktion nach Orlow in die Wege zu leiten. Die einzige Information, die der Moskauer Zentrale 1964 über den Aufenthaltsort der Orlows vorlag, war die, daß das Ehepaar vermutlich irgendwo im Nordosten der Vereinigten Staaten lebte. Jemanden in den Vereinigten Staaten lokalisieren zu wollen, war jedoch äußerst problematisch. Anders als in der Sowjetunion muß der einzelne seinen Wohnort nicht registrieren lassen, und das Nichtvorhandensein eines Zentralregisters gestaltete die Suche als äußerst schwierig und zeitraubend. Wie aus Orlows Dossier hervorgeht, erhielt der KGB erst 1969 aus »zuverlässiger Quelle« (die der russische Geheimdienst nicht namentlich nennen möchte) die lange erwarteten Informationen: seine Adresse und Telefonnummer in Ann Arbor, wo er offen unter seinem richtigen Namen lebte.[25]

Die Moskauer Zentrale mußte nun entscheiden, wem sie die schwierige Mission anvertrauen sollte, in die USA zu reisen und mit Orlow Kontakt aufzunehmen. Kopfzerbrechen bereitete den KGB-Oberen, wie dieser Agent die vermutlich sehr gründliche Überwachung des wertvollen Überläufers durch das FBI durchbrechen sollte. Am meisten aber befürchtete die Zentrale, daß der ehemalige hohe NKWD-Offizier auf jeden Annäherungsversuch mißtrauisch und feindselig reagieren könnte, da man annehmen mußte, daß er noch immer in der Angst lebte, das automatische Todesurteil für Verräter sei nach wie vor in Kraft. Aus diesem Grund beschloß man, mit allergrößter Vorsicht an Orlow heranzutreten, da dieser nicht wissen konnte, daß der KGB bereits 1955 zu dem Ergebnis gekommen war, daß es keinen Anlaß gab, vor einem sowjetischen Gericht gegen Orlow vorzugehen.

Als Voraussetzung für eine so problematische Mission mußte jemand gefunden werden, den Orlow in Spanien gekannt und dem gegenüber er volles Vertrauen gehabt hatte. Somit drängte sich als Kandidat Nikolai Archipowitsch Prokopjuk auf, ein ehemaliger NKWD-Offizier in Barcelona, den Orlow sehr gut kannte. Die Alternative war Fjodor Sinowjewitsch Kimotschko, der sowjetische Pilot, der Orlow das Leben gerettet hatte, als ein Weißgardist aus kurzer Entfernung auf ihn schoß. Prokopjuk, die erste Wahl der Zentrale, hatte sich mittlerweile längst in sein

Schriftstellerdasein zurückgezogen. Als er jedoch hörte, wen er da kontaktieren sollte, bot er sich sofort freiwillig für diese Mission an.[26]

Man entschied sich also für Prokopjuk, der als erfolgreicher Agent im Zweiten Weltkrieg mit der Auszeichnung »Held der Sowjetunion« bedacht worden war. Die Erste Hauptverwaltung hatte bereits einen Einsatzplan ausgearbeitet, nach dem er in die Vereinigten Staaten eingeschleust werden sollte, als man schließlich doch zu dem Ergebnis kam, daß das Risiko für den Fall einer Ergreifung Prokopjuks durch das FBI zu groß war. Statt dessen beschloß die Zentrale, Feoktistow – einem anderen Agenten, der bereits in den USA unter dem Decknamen GEORG arbeitete – einen Brief von Prokopjuk mitzugeben.

»Ich wurde beauftragt, mit Hilfe von Prokopjuks Empfehlungsschreiben an Orlow heranzutreten«, erklärte Feoktistow. »Ich bot mich schon deshalb an, weil ich zum Anwalt und Ermittler ausgebildet worden war.« Um ihn für dieses heikle Treffen mit Stalins ehemaligem Meisterspion vorzubereiten, von dem man annehmen mußte, daß er sich zunächst sehr feindselig verhalten würde, mußte sich Feoktistow anhand von Orlows Akte in Moskau in alle Einzelheiten seines Falls einarbeiten. Dann kehrte er auf seinen Posten als Mitglied der sowjetischen Mission bei den Vereinten Nationen zurück, die in einem grauen Apartmenthaus an der 67. Straße in der Upper East Side Manhattans residierte.[27]

Wie Feoktistow später erzählte, gelang es ihm bei seinem ersten Treffen mit Orlow in Ann Arbor im November 1969 nicht, seine delikate Mission erfolgreich abzuschließen. Bei all ihrer gründlichen Planung hatte die Zentrale mit einem nicht gerechnet: damit, daß Maria in ihrem Bestreben, ihren Mann zu schützen, so energischen Widerstand leisten würde. Sie hatte die Einschätzung eines früheren CIA-Agenten, daß sie »der beste Leibwächter« Orlows sei, augenfällig bestätigt, indem sie sich mit einer Schußwaffe in der Hand vor ihn gestellt hatte.[28] Feoktistow hatte allerdings auch berichtet, daß der ehemalige NKWD-General während ihres kurzen Treffens und des anschließenden langen Telefongesprächs ihm gegenüber keinerlei Anzeichen von Feindseligkeit habe erkennen lassen. All das hatte der Zentrale zwar keinen Anlaß gegeben, das Ergebnis ihrer Ermittlungen, denen zufolge Orlow höchstwahrscheinlich kein Verräter war, in Frage zu stellen; eine gewisse Unsicherheit darüber, wieviel er den Amerikanern tatsächlich erzählt hatte, blieb jedoch bestehen. Aus diesem Grund beauftragte man GEORG drei Monate später, ein zweites Mal nach Ann Arbor zu fahren. In seinem Bericht über diese Reise Anfang 1970 bestätigte Feoktistow, daß sich die Orlows offenbar in ein neues Versteck aufgemacht hätten, was der KGB als Hinweis darauf deutete, daß das Ehepaar das FBI von Feoktistows erstem Besuch unterrichtet hatte. Die Moskauer Zentrale beschloß deshalb, erst einmal Gras über die Sache wachsen zu lassen. Erst anderthalb Jahre später, im Sommer 1971, durfte Feoktistow seine dritte Reise nach Michigan antreten.[29]

Diesmal machte Feoktistow die lange Reise mit dem Auto, da er die Gelegenheit nutzen wollte, seine Operation mit einem Familienausflug an die Niagarafälle zu verbinden. Am Steuer seines Plymouth Valiant ließ er die schwüle Hitze Manhattans hinter sich und machte sich in Begleitung seiner hochschwangeren Frau und seiner fünfjährigen Tochter Leana auf den Weg nach Norden.

»Um die Orlows ausfindig zu machen, wollte ich zunächst die Bibliothek in Ann Arbor finden, wo sie ihre sowjetischen Zeitungen und Zeitschriften ausgeliehen hatten«, erklärte Feoktistow. In Ann Arbor machte er jedoch zunächst anhand der Liste der Dozenten am Anschlagbrett der Physikalischen Fakultät die Feststellung, daß Orlow nicht an die Universität zurückgekehrt war. Dann suchte er nacheinander sämtliche Bibliotheken auf dem Universitätsgelände und in der unmittelbaren Nachbarschaft ab, bis sein Fleiß schließlich mit einem ungewöhnlichen Zufall belohnt wurde.[30]

»In einer der Bibliotheken entdeckte ich doch tatsächlich Heft 11 der Zeitschrift *Communist* von 1969«, erzählte Feoktistow. »Es war genau das Exemplar, das ich in Orlows Wohnung gesehen hatte, da auf dem Cover derselbe Tintenfleck war.« Als er die Bibliothekarin bat, in ihren Büchern nachzusehen, stellte sie fest, daß das ältere Ehepaar bereits vor über einem Jahr die Stadt verlassen hatte. Sie bezweifelte jedoch, daß die beiden allzu weit weggezogen waren, da sie ihr gegenüber erwähnt hatten, sie wollten das Grab ihrer Tochter nicht allein lassen. Ihre neue Adresse kannte die hilfsbereite Bibliothekarin jedoch nicht. Dafür riet sie Feoktistow, der sich als alter Freund der Familie ausgab, sie in Detroit, Toledo oder Cleveland zu suchen – den drei größeren, am Ufer des Erie-Sees gelegenen Städten in der näheren Umgebung. Als systematisch vorgehender Ermittler und erfahrener »Menschenjäger« des KGB beschloß Feoktistow, zunächst die 160 Meilen nach Cleveland zu fahren, da diese Stadt von den drei genannten am weitesten von Ann Arbor entfernt war. Nachdem er dort im örtlichen Telefonbuch die Orlows unter keinem ihrer bekannten Aliasnamen hatte finden können, fuhr er zur größten Bibliothek der Stadt. Der einzige sichere Weg, schnell herauszufinden, ob sie in Cleveland lebten, war eine Überprüfung der dortigen Adreßbücher. Diese sind der Öffentlichkeit normalerweise nicht zugänglich, doch als Feoktistow erklärte, er sei auf der Suche nach verschollenen Verwandten, führte man den KGB-Agenten in den ersten Stock, wo die entsprechenden Listen aufbewahrt wurden.[31]

»Ich hatte das unverschämte Glück, daß die Tür zu dieser Abteilung nicht verschlossen war«, erzählte Feoktistow; als er hineingeschaut habe, sei niemand zu sehen gewesen. Aus einer durch einen Vorhang abgetrennten Nische am Ende des mit Bücherregalen vollgestellten Raumes drangen jedoch Geräusche, die keinen Zweifel daran ließen, daß sich zwei Menschen unterschiedlichen Geschlechts sehr intensiv einer angenehmen Beschäftigung hingaben. »Der Vorhang ging nicht ganz bis zum Boden, und so konnte ich zwei schwarze Beine sehen, die offenbar einem Mann gehörten, und zwei weiße, die ebenso eindeutig die einer Frau waren«, beschrieb Feoktistow die reichlich bizarre Situation. Vorsichtig betrat er den Raum und schloß mit geübter Hand lautlos die Tür. Da es bereits Freitagnachmittag war, hatte er keine Zeit zu vergeuden, und bald fand er tatsächlich das Regal mit den gesuchten Adreßbüchern. Seinem Gefühl folgend, die Orlows könnten mittlerweile unter ihrem richtigen Namen gemeldet sein, zog er den Band mit dem Buchstaben »O« heraus und hatte wenige Augenblicke später die Adresse der Orlows gefunden. Feoktistow prägte sich Adresse und Telefonnummer ein, um den Raum schnell wieder verlassen zu können. Bevor er jedoch die Tür erreichte, bemerkte ihn der dunkelhäutige Mann, der gerade den Vorhang der Nische beiseite schob. Der Angestellte war mit seiner amourösen Tätigkeit offenbar zu beschäftigt gewesen, um zu merken, daß Feoktistow bereits im Begriff war zu gehen. Nervös stopfte er sein Hemd in die Hose, bevor er seinen unangemeldeten Besucher scheinbar beherrscht fragte, ob er ihm behilflich sein könne. Feoktistow meinte nur, es handle sich um eine ziemlich komplizierte Angelegenheit und er komme deshalb lieber in der kommenden Woche noch einmal vorbei.[32]

»Das kam dem Mann offensichtlich sehr entgegen«, bemerkte Feoktistow. Anschließend sei er mit seinem Wagen etwa elf Meilen aus der Stadt hinausgefahren, um ein Hotel zu finden. Er hatte die Erfahrung gemacht, daß freitags die Hotelmanager meist recht früh ins Wochenende fuhren und ihre Etablissements dem Personal anvertrauten. An der Rezeption des bescheidenen Motels am See, das er wegen seiner Schäbigkeit ausgesucht hatte, saß dann auch tatsächlich nur ein junger Mann. Als dieser Feoktistow bat, das Anmeldeformular auszufüllen, wandte letzterer einen der üblichen KGB-Tricks an: Er gab ihm die zehn Dollar für die Übernachtung und sagte, er werde das ausgefüllte Formular einfach im Zimmer zurücklassen, da er am nächsten Morgen sehr früh losfahren müsse. »Natürlich füllte ich das Formular nicht aus, sondern verließ morgens um fünf Uhr das Motel, als alle noch schliefen«, erzählte Feoktistow. »So war also jedem gedient: Der junge Mann an der Rezeption steckte zweifellos die zehn Dollar in die eigene Tasche, und ich hinterließ auf diese Weise keinerlei Spuren meines Besuchs in der Umgebung von Cleveland.«[33]

Am Morgen des 10. August 1971 fuhr kurz nach sechs Uhr ein

Plymouth Valiant in Richtung der Außenbezirke von Cleveland an dem Mietshaus an der Clifton Road vorbei, in dem die Orlows wohnten. Nach einer kurzem Umrundung des Häuserblocks hielt Feoktistow gegenüber eines nahe gelegenen Parks, damit seine Frau und seine Tochter sich ein wenig die Beine vertreten konnten. »Ich erklärte meiner Frau, falls ich nicht binnen drei Stunden zurück sei, solle sie bei den Orlows anrufen und sagen, sie wolle mit mir sprechen«, erzählte Feoktistow. Falls man ihrer Bitte nicht entspreche, instruierte er sie weiter, solle sie damit drohen, ihre Wohnung in die Luft zu jagen. Dann ging er zu dem Mietshaus hinüber. Diesmal mußte er nicht warten, um hineinzukommen, da gerade der Wagen einer Wäscherei entladen wurde. Feoktistow suchte sich die Wohnungsnummer der Orlows heraus, fuhr mit dem Aufzug in den fünften Stock und klingelte an der Tür der Wohnung Nr. 507.

»Frau Orlowa öffnete die Tür, erkannte mich aber nicht einmal, nachdem ich mich vorgestellt hatte«, berichtete Feoktistow. Sie sei wohl etwas verwirrt gewesen, meinte er, weil er »ziemlich vergammelt aussah«. Er war unrasiert und trug Shorts, Sandalen sowie ein kurzärmliges Sporthemd. Um seine Identität zu beweisen, mußte er seinen Paß hervorholen. »Wann haben Sie sich von Ihrer Regierung losgesagt?« fragte Frau Orlowa in der Annahme, daß der vor ihr stehende Sowjetbürger ebenfalls in den Westen übergelaufen war. Als Feoktistow ihr versicherte, er arbeite noch immer für die sowjetische Regierung, forderte sie ihn auf, sich mit dem Gesicht zur Wand zu stellen. Dann durchsuchte sie ihn gründlich, wobei sie nicht einmal seine Armbanduhr und seine Schuhe ausließ, bevor sie ihm erlaubte, die Wohnung zu betreten. Dort fand er Orlow bereits angezogen vor. Nach Feoktistows Aussagen war er kein bißchen erschrocken, sondern nur sehr daran interessiert, wie der Sowjetagent ihn diesmal gefunden hatte.[34]

»Sie haben Ihre Leute wohl überall?« sagte Orlow mit einem breiten, wissenden Grinsen. Während er Feoktistow aufforderte, auf dem Sofa Platz zu nehmen, zog er seinen Pullover aus und wickelte ihn ums Telefon. Da er sich nicht sicher war, ob er die Wanze im Hörer damit wirklich ausgeschaltet hatte, schlug er vor, für ihr Privatgespräch doch lieber in die Küche zu gehen. Nach der Version, die die Orlows später dem FBI erzählten, habe der KGB-Offizier »mit seiner kriecherischen Litanei genau da weitergemacht, wo er zwei Jahre zuvor in Ann Arbor hatte Schluß machen müssen«.[35] Feoktistow habe ihnen versichert, daß Orlow in der Sowjetunion ein Held sei und wegen seiner Loyalität große Bewunderung genieße. Der Zweck seines zweiten Besuchs sei es, ihn um Erlaubnis zu bitten, eine Monographie veröffentlichen zu dürfen, in der seine Heldentaten gerühmt werden sollten. Feoktistow habe eine lange Liste von Namen alter Freunde von Orlow heruntergebetet, die angeblich seine Rückkehr nach Moskau sehr begrüßen würden – alles Leute, so Orlow später zum FBI, von denen er gewußt habe, daß sie liquidiert worden waren. Er, Orlow, habe sich konsequent geweigert, seinem ungebetenen Besucher eine Liste mit Freunden zu geben, die eventuell noch am Leben sein konnten; ebenso entschieden habe Maria abgelehnt, sich mit ihren Schwestern in Verbindung zu setzen.[36]

Dem FBI erzählte das ältere Ehepaar, wie tapfer sie sich gegen die Avancen Feoktistows gewehrt hatten, der sie sogar mit seiner Frau und seiner Tochter habe bekannt machen wollen. Sie hätten jedoch erkannt, daß dies nur ein fauler Trick gewesen sei, um sie in Sicherheit zu wiegen. Ihr Beitrag zu dem Gespräch habe sich darauf beschränkt, Feoktistow zu versichern, sie wüßten nur zu gut, daß er nur die Befehle seiner Vorgesetzten ausführe und sie im übrigen nicht die geringste Lust verspürten, sich in die Sowjetunion zurücklocken zu lassen. Das Treffen sei nicht nur sehr kurz gewesen, sondern auch ein weiteres Mal von Maria beendet worden. Sie hätten dem KGB-Mann die Tür gewiesen und gedroht, die Polizei zu holen, falls er nicht freiwillig ginge. Beide sagten aus, sie hätten ihm unmißverständlich klargemacht, daß sie weder ihn noch sonst irgendeinen Vertreter der Sowjetunion je wiedersehen wollten.[37]

Feoktistows Darstellung – sowohl in dem Bericht, den er damals an die Zentrale schrieb, als auch in einem Interview, das er zwanzig Jahre später gab – ergibt ein völlig anderes Bild. Orlow habe ihn mit verschwörerischem Lächeln in die Küche gelotst, um außer Reichweite des – wie er sich ausdrückte – »modernen Hörapparates« zu gelangen, wobei er auf Rundfunkempfänger und Telefon gedeutet habe. Nach Feoktistows Angaben dauerte ihre sehr detaillierte Diskussion beinahe fünf Stunden. Noch zu Beginn ihres Gesprächs habe Orlow zufällig erwähnt, daß er einmal im Viertel Koschenkin Lug (»Koschenkin-Wiese«) gewohnt habe, das auch Feoktistow, wie er Orlow erklärt habe, sehr gut kannte. Feoktistow erzählte daraufhin, wie er als jugendlicher Sportfanatiker vor dem Zweiten Weltkrieg immer über die Wiese am alten Brunnen vorbeigejoggt sei. Am Brunnen habe er sich an dem kalten Wasser erfrischt, das in einem Eimer an einem langen hölzernen Hebelarm gefördert wurde. Diese Erinnerung, so Feoktistow, habe Orlows letzten Rest von Mißtrauen ihm gegenüber vertrieben.[38]

Orlow gab zu, daß bei Feoktistows erstem Besuch in ihrer Wohnung in Ann Arbor weder er noch seine Frau sicher gewesen sei, ob er nicht vielleicht ein Agent provocateur war. Sie meinten, er hätte ja ein FBI-Agent gewesen sein können, der sich nur als KGB-Mann ausgab, um ihn dazu zu bewegen, all das über den sowjetischen Geheimdienst zu verraten, was er vor den Amerikanern immer geheimgehalten hatte. Obwohl damals ihre Besorgnis nach Feoktistows zutreffenden Angaben über seinen Onkel und Marias Schwestern etwas nachgelassen habe, hätten sie noch immer nicht sicher sein können, ob sie nicht vielleicht doch auf dem besten Weg waren, in eine Falle zu tappen. »Der amerikanische Geheimdienst weiß eine ganze Menge, aber beileibe nicht alles«, erzählte Orlow Feoktistow. Er versicherte ihm, daß er nach der Erwähnung des Brunnens auf der Koschenkin-Wiese nicht mehr an seiner Ehrlichkeit zweifle, da weder FBI noch CIA über eine derartige historische und noch dazu scheinbar völlig unbedeutende Einzelheit aus dem Moskauer Viertel Bescheid wissen konnten.[39]

Nachdem das Eis endlich gebrochen war, so Feoktistow, habe Orlow ihm alles erzählt, was für die Moskauer Zentrale von Bedeutung war – auch über die Fälle, an denen er in Europa beteiligt gewesen war, wobei er Philby und die vier anderen Agenten von Cambridge nannte, die vor seiner Versetzung nach Spanien im Jahre 1936 angeworben worden waren. Mehrere Stunden lang erzählte Orlow in allen Details, wie es ihm und seiner Familie ergangen war, nachdem er im Juli 1938 jenes unheilverheißende Telegramm Nr. 1743 aus Moskau erhalten hatte.

Orlow erklärte Feoktistow, einer der Faktoren, die zu seiner Rückberufung aus Barcelona im Jahre 1938 geführt hätten, habe darin bestanden, daß er mit den Methoden Jeschows immer weniger einverstanden gewesen sei. Besonders die von Spigelglas angeführten »mobilen Trupps« von Attentätern hätten dem NKWD bei seinen Untergrundoperationen immer häufiger Probleme bereitet. Bei mindestens drei vorausgegangenen Gelegenheiten, meinte Orlow, habe er das Mißfallen des blutrünstigen Jeschow erregt. Zum einen habe er gegen die standrechtliche Erschießung zweier seiner Kollegen ohne vorausgegangenes Gerichtsverfahren protestiert und zum anderen Einwände gegen die Operation geltend gemacht, bei der General Miller, der Führer der Weißgardisten, aus Frankreich entführt worden war.[40]

Derart offene Kritik, so Orlow, habe ihn für eine Liquidierung geradezu prädestiniert, zumal er mit Jeschow ohnehin schon einmal zusammengestoßen war. An diesem Vorfall, erzählte er Feoktistow, war Stalin unmittelbar beteiligt gewesen; letzteren habe er zwischen 1921 und 1924 kennengelernt, als Stalin noch Parteisekretär und Orlow Ermittler am Obersten Gerichtshof des Allrussischen Zentralen Exekutivkomitees war. Offenbar war Stalin von der effektiven Art und Weise beeindruckt gewesen, mit der Orlow einige wichtige Fälle bearbeitet hatte. Als dann Stalin zum unumschränkten Herrscher der Sowjetunion aufgestiegen war, hatte er Orlow oft in sein Büro im Kreml eingeladen, um mit ihm über Einzelheiten der Geheimdienstarbeit zu sprechen. Stalin, erklärte Orlow, habe dann auch beschlossen, daß er seinen Decknamen Nikolski ablegen und seine Arbeit in Spanien unter dem Namen Alexander Michailowitsch Orlow antreten sollte.

Seine berufsbedingte Nähe zum »Chef«, erklärte Orlow seinem Besucher, habe Jeschow schon immer irritiert, besonders aber, nachdem Stalin ihn zum Leiter des NKWD gemacht hatte. Einmal sei er sogar von Italien zurückbeordert worden, um dem Kreml Bericht zu erstatten. Orlow zufolge mischte sich Stalin häufig persönlich in NKWD-Operationen ein; im vorliegenden Fall habe er Orlows Meinung zu Jeschows Plan hören wollen, heimlich ein prominentes europäisches Mitglied der Komintern mit seiner Familie nach Moskau zu »exfiltrieren«. Nachdem er sowohl Orlows als auch Jeschows Vorschläge zur Durchführung dieser Operation angehört hatte, entschied sich Stalin für Orlows Plan, da er diesen für sicherer hielt. Sobald sie jedoch das Büro des Diktators verlassen hatten, war Jeschow verärgert über Orlow hergezogen. Er fauchte ihn an, er werde »keinen Nutzen« aus der Operation ziehen können, da sie selbstverständlich nach seinen Plänen durchgeführt werde; andernfalls werde Orlow »dafür bezahlen«.[41]

Orlow beteuerte, er habe keine andere Wahl gehabt, als dem Chef des NKWD zu gehorchen. Die Operation war schiefgegangen, der Kominternführer bei seinem Versuch eines illegalen Grenzübertritts verhaftet worden und später im Gefängnis verstorben. Stalin reagierte natürlich wütend und machte für die mißglückte Aktion Orlow verantwortlich, der daraufhin beschloß, ihm einen Brief zu schicken, in dem er jegliche Verantwortung für das Debakel von sich wies. Wie Orlow später herausfand, war der Brief nie bei Stalin angekommen. Jeschow hatte ihn abgefangen und war von diesem Augenblick an fest entschlossen, bei der ersten passenden Gelegenheit Orlows Liquidierung anzuordnen. Als das fatale Telegramm ihn dann im Juli 1938 erreicht habe, erklärte Orlow Feoktistow, habe er lange mit sich gerungen, ob er in die Vereinigten Staaten fliehen sollte. Er selbst sei zwar bereit gewesen zurückzukehren, vor Jeschow zu treten und sich wie Mally in sein Schicksal zu fügen; die Angst um seine kranke Tochter habe ihn dann jedoch bewogen, sich gegen eine Rückkehr zu entscheiden, die für ihn den sicheren Tod bedeutet hätte.

Mit seinem Diplomatenpaß, so Orlow, habe er keine Probleme gehabt, von Kanada in die USA einzureisen. Ein reicher Verwandter in New York, der über gute Beziehungen zur Politik verfügte, habe ihm dann mit Hilfe eines einflußreichen Freundes in Washington eine Aufenthaltsgenehmigung für die Vereinigten Staaten verschafft. Derselbe Verwandte, so Orlow, habe dafür gesorgt, daß sein Brief an Jeschow der sowjetischen Botschaft in Paris überbracht wurde, ohne daß die französische Polizei davon Wind bekam. Feoktistow zufolge versicherte Orlow ihm auch, daß er niemals um politisches Asyl nachgesucht habe. Auch hätten die Orlows nie die Absicht gehabt, die amerikanische Staatsbürgerschaft anzunehmen; ihnen sei jedoch letztlich nichts anderes übriggeblieben, nachdem der amerikanische Kongreß ihm diese förmlich aufgedrängt habe und er nicht hätte ablehnen können, ohne zu Spekulationen über seine wahre Motivation Anlaß zu geben. »Wir waren so in unser Gespräch versunken«, erzählte Feoktistow, »daß ich gar nicht merkte, daß bereits mehr als drei Stunden vergangen waren.« Der Zeitpunkt des verabredeten Anrufs seiner Frau war längst vorbei, als er aus dem Küchenfenster schaute. »Gar nicht weit weg lag meine Frau auf dem Rasen und meine Tochter neben ihr.« Frau Feoktistow, die bereits im siebten Monat war, hatte die Hitze im abgestellten Wagen nicht mehr ertragen.[42]

Als Feoktistow Orlow die Situation erklärte, rief dieser Maria zu sich. Beide bestanden darauf, daß seine Frau und seine Tochter heraufkommen sollten, um sich ein wenig auszuruhen und zu erfrischen. Feoktistow erklärte, dies widerspreche allen Sicherheitsvorschriften seines Gewerbes, was Orlow unwidersprochen akzeptierte – ganz im Gegensatz zu Maria. Feoktistow erklärte, er habe größte Mühe gehabt, Maria davon abzuhalten, zum Wagen zu gehen, als es plötzlich geklingelt habe. Jemand brachte den Kuchen, den die Orlows bestellt hatten. Maria trug ihn in die Küche und erklärte, sie habe soeben beschlossen, daß Feoktistow ein paar Stücke davon zusammen mit einer Tüte Milch und ein paar Äpfeln seiner Frau und seiner Tochter bringen müsse. Nachdem er sich um seine Familie gekümmert hatte, kam Feoktistow zurück und verbrachte zwei weitere Stunden mit dem alten Ehepaar. In diesem zweiten Teil ihrer Unterhaltung berichteten sie ihm über jede Phase ihres Lebens in den USA und darüber, was sie dem FBI und der CIA erzählt hatten und was nicht. Feoktistow leitete alle Einzelheiten dieses Gesprächs in Form eines 17seitigen Berichts, der den letzten Teil von Orlows Akte bildet, an die Zentrale weiter.

Feoktistow zufolge hatte sich Orlows Miene sichtlich aufgehellt, als er hörte, daß Eitingon – sein Stellvertreter in Spanien – und Sudoplatow, die er beide in guter Erinnerung behalten hatte, am Leben und bei guter Gesundheit waren. Er fragte Feoktistow, ob sie denn keine Schwierigkeiten bekommen hätten. Feoktistow antwortete, beide hätten lange Jahre in Stalins Straflagern verbringen müssen, seien aber mittlerweile rehabilitiert und lebten nun in Moskau von ihrer KGB-Pension. Orlow hatte auch nach Lew Mironow gefragt, seinen früheren Kollegen in der Wirtschaftsabteilung, der seinem Buch zufolge Stalins Säuberungen zum Opfer gefallen war. Er schien sehr überrascht, als er erfuhr, daß Mironow nicht nur überlebt hatte, sondern bis 1964 sogar Leiter der Verwaltung des Zentralkomitees der Kommunistischen Partei gewesen war.

»Es ist völlig unmöglich, daß er nicht erschossen wurde«, unterbrach Orlow Feoktistow völlig entgeistert. »Ich kann einfach nicht glauben, daß er nicht exekutiert wurde. Ich war ganz sicher, daß er tot sein mußte. Genau wie ich hat er immer viel zu gerne die Wahrheit gesagt. Jeschow hingegen hat es vorgezogen, Stalin um den Bart zu streichen und ihm nur das mitzuteilen, was der ›Chef‹ hören wollte.«[43]

Orlow gab später zu, daß er und seine Frau von seinem Bruch mit Moskau bis zu Feoktistows erstem Besuch in ständiger Angst gelebt hatten, der KGB könne sie eines Tages aufspüren und liquidieren. Aus diesem Grund habe er auch nie ein Auto gekauft, da er Angst gehabt habe, damit eines Tages in die Luft zu fliegen.

Orlow bat Feoktistow noch, ihm zu versprechen, nach einem Bild zu suchen, das aus Anlaß des fünften Jahrestages des Obersten Gerichtshofes der UdSSR auf der Titelseite der Zeitschrift der Juristischen Fakultät der Akademie der Wissenschaften abgebildet war, und es ihm zu schikken. Orlow erklärte, er sei selbst mit auf dem Gruppenfoto abgebildet und hätte es deshalb gern als Erinnerung an die alten Zeiten.

Dem KGB-Dossier zufolge versicherte Orlow Feoktistow wiederholt, daß es weder dem FBI noch der CIA je gelungen sei, etwas wirklich Wichtiges über die illegalen sowjetischen Spionagenetze aus ihm herauszuholen. Er gestand jedoch ein, daß er sich unmöglich hätte absolut unkooperativ verhalten können. Er habe deshalb denjenigen, die ihn befragten, einige harmlose historische Informationen gegeben, um zu demonstrieren, daß er zu einer Zusammenarbeit bereit sei. Falls er dabei versehentlich auch die eine oder andere wertvolle Information weitergegeben habe, so erklärte er Feoktistow, habe dies unmöglich irgendwelchen konkreten Operationen des sowjetischen Geheimdienstes schaden können. Er habe nämlich versucht, seine Aussagen auf Gebiete von rein historischem Wert zu beschränken, was auch für seine Befragungen vor dem Unterausschuß des Senats für Innere Sicherheit in den Jahren 1955 und 1956 gelte.

Nicht ohne Stolz rühmte sich Orlow, er habe im Laufe der Zeit immer besser die Kunst beherrschen gelernt, Fakten mit irreführenden, frei erfundenen Angaben zu vermischen. Schon in einem sehr frühen Stadium seiner Karriere, erklärte er Feoktistow, habe er begriffen, daß Desinformation nicht nur eine effektive Angriffs-, sondern auch eine äußerst wirksame Verteidigungswaffe sein könne. Orlow zufolge war es relativ einfach, das FBI und den Senat hinters Licht zu führen, da seine amerikanischen Fragesteller offenbar mehr an einem allgemeinen Bild als an einer detaillierten Analyse interessiert gewesen seien. Außerdem seien die Leute von CIA und FBI wegen seines Buches über Stalin ohnehin geneigt gewesen, ihm zu glauben.

Falls die Zentrale noch immer Zweifel bezüglich seiner Loyalität hege, erklärte er Feoktistow, brauche sie sich nur vor Augen zu halten, daß er niemals auch nur die kleinste Anspielung auf seine Rolle beim

Aufbau der illegalen NKWD-Spionageringe auf dem europäischen Festland und in Großbritannien vor dem Zweiten Weltkrieg habe fallen lassen. Feoktistow erinnerte sich auch, daß Orlow ihm die Namen von fünf Agenten des Cambridge-Spionagenetzes genannt hatte, was bedeutete, daß er, nachdem er London 1935 verlassen hatte, über die Entwicklung des Spionagerings auf dem laufenden geblieben war. Feoktistow bestätigte sowohl in seinen Berichten als auch in seinem Interview mit dem Autor, er sei überzeugt davon, daß Orlow seinem Eid als sowjetischer Geheimdienstoffizier treu geblieben sei, den er, wie seine Akten belegen, am 1. April 1924 abgelegt hatte:

Ich, der Unterzeichnete, Lew Lazarewitsch Nikolski, Mitglied der Wirtschaftsverwaltung der GPU, erkläre hiermit, alle Informationen und Daten über die Arbeit der GPU und ihrer Organe streng geheimzuhalten, sie unter keinen Umständen und in keiner Form zu veröffentlichen und sie selbst meinen engsten Verwandten und Freunden nicht mitzuteilen. Ich bin mir bewußt, daß ich bei Nichteinhaltung dieser Verpflichtung mit den unter Paragraph 117 des Strafgesetzbuches aufgeführten Strafen zu rechnen habe.
L. Nikolski
1. April 1924[44]

Orlow hatte in der langen Nervenschlacht gegen FBI und CIA nie seinen Eid gebrochen oder sein Vaterland verraten. Wiederholt wies der alte Ex-General Feoktistow darauf hin, daß er, wenn er wirklich der Überläufer gewesen wäre, für den ihn die Amerikaner hielten, sich das Leben erheblich leichter hätte machen können, wenn er sein hochbrisantes Wissen über den sowjetischen Geheimdienst unmittelbar nach seiner Ankunft in den Vereinigten Staaten im Jahre 1938 preisgegeben hätte.[45]

In einem von mehreren sehr emotionalen Augenblicken ihres langen Gesprächs erklärte Orlow Feoktistow, ein Geheimdienstoffizier habe die feierliche Pflicht zu schweigen, um die zu schützen, die ihm ihr Leben anvertraut haben. Als Feoktistow dies hörte, sagte er später, habe er begriffen, daß er einem bemerkenswerten Überlebenden der bolschewistischen alten Garde gegenübersaß, der bis ins hohe Alter seinem im Feuer von Lenins Revolution geschmiedeten Glauben treu geblieben war. Orlow stellte allerdings nachdrücklich klar, daß er niemals in die UdSSR zurückkehren könnte, weil Stalin all die Ideale verraten habe, für die er, Orlow, gekämpft habe und für die viele seiner NKWD-Genossen in den Säuberungen gestorben seien. Gegen Ende ihres langen Gesprächs beklagte Orlow, daß, wie er aufgrund seiner Lektüre der sowjetischen Presse hatte feststellen müssen, das nachstalinistische Regime von Leuten beherrscht worden war, die ebenfalls nicht frei von

Schuld waren. Sie hatten sich auf eine Generation selbstsüchtiger Partei-Apparatschiks gestützt, die an den schlimmen Verbrechen beteiligt gewesen waren, die zum Untergang der Revolution geführt hatten. Sein Schicksal wollte es, so Orlow, daß er sein Lebensende im Exil verbrachte, statt das Risiko einzugehen, von einer Sowjetunion enttäuscht zu werden, die sich nicht mehr an den Idealen orientierte, denen er sein ganzes Leben gewidmet habe.

»Gegen Ende unseres Treffens gab mir Orlow einige Exemplare seines Buches und fragte mich, ob sie signieren solle«, erinnerte sich Feoktistow; sie hätten dann jedoch beschlossen, letzteres aus Gründen der Sicherheit besser zu unterlassen. Einig waren sie sich auch darin, daß Feoktistows Besuch vor dem FBI nicht geheimgehalten werden sollte, um Orlow nicht zu schaden, den Inhalt ihres Gesprächs aber für sich zu behalten und zur Tarnung eine passende Geschichte zu erfinden. Vor seinem Abschied erklärte Feoktistow noch, die Zentrale habe ihn angewiesen, Orlow nach einem Dokument zu fragen, das angeblich noch in seinem Besitz sein sollte. Er bezog sich damit offensichtlich auf die Liste von Agenten, die er seinem Brief von 1938 beigefügt hatte, mit dem er Jeschow und Stalin erpreßt hatte.[46]

Orlow bestritt, ein solches Dokument noch zu besitzen; er behauptete, er habe lediglich verschlüsselte Notizen, die kein Nichteingeweihter jemals verstehen könne und die er darüber hinaus an einem sicheren Ort aufbewahre. »Sie haben in dieser Beziehung nichts zu befürchten«, soll Orlow laut Feoktistow gesagt und hinzugefügt haben, als weiteren Beweis seiner Loyalität habe er für die Moskauer Zentrale »etwas Interessantes zusammengestellt«. Dann machte er einige Notizen und diktierte dem KGB-Agenten eine lange Liste von Namen und Dienstgraden amerikanischer Beamter, die, wie er sagte, »für den sowjetischen Geheimdienst interessant sein könnten«.[47]

Bevor er sich von den Orlows verabschiedete, wiederholte Feoktistow noch einmal sein Angebot, ihre sichere Rückkehr in die Sowjetunion zu arrangieren. Er übermittelte formell das Angebot der Zentrale, sie – wenn nötig heimlich – aus Amerika zurückzuholen. Seiner Aussage nach bestand die »Quintessenz des Vorschlags«, den er unterbreitet hatte, in einer Generalspension in Höhe von 300 Rubeln und einer geräumigen Zweizimmerwohnung in Moskau. In diesem Angebot sei auch die Garantie enthalten gewesen, daß die Orlows, falls es ihnen nach ihrer Rückkehr nicht gefallen sollte, jederzeit in die Vereinigten Staaten zurückkehren könnten. Die beiden antworteten jedoch übereinstimmend, daß sie das Angebot zwar zu schätzen wüßten, aber einfach zu viele Faktoren dagegen sprächen. Zum einen sei ihre Tochter in den USA begraben, und sie wären womöglich bald zu alt, um die weite Reise zu ihrem Grab zu machen. Zweitens fürchteten sie, daß es zu spät sei, noch einmal ein neues Leben anzufangen, und sie genau das tun müßten, wenn sie nach Rußland zurückgingen. »Ich erklärte ihnen, das sei allein ihre Entscheidung; das Angebot bleibe in jedem Fall bestehen«, so will Feoktistow den Orlows versichert haben; noch einmal habe er beteuert, Orlow habe »nichts zu befürchten, da er noch immer Sowjetbürger sei und nicht mehr als Verräter betrachtet werde«.[48]

»Unser Abschied war sehr bewegend«, erzählte Feoktistow später; das alte Ehepaar sei sehr gerührt gewesen. Er verließ sie in der Hoffnung, sie bald wiederzusehen. Als Maria ihn zum Aufzug begleitete, so Feoktistow, habe sie ihn plötzlich am Arm gepackt. »Bleiben Sie sich selbst treu und verraten Sie niemals, nicht einmal für Millionen, Ihr Land«, sagte sie mit Tränen in den Augen. »Ihr Vaterland ist alles, was Sie haben.«[49]

Feoktistow ahnte damals nicht, daß mit dem Schließen der Aufzugtür die Verbindung zwischen dem KGB und den Exilanten endgültig abgerissen war. Mit tiefer Trauer reagierte er deshalb auf die Nachricht, daß Maria Orlowa drei Monate nach seinem Besuch, am 16. November 1971, nach einem Herzanfall verstorben war. Nach dem Tod seiner geliebten Frau arbeitete Alexander Orlow noch einige Zeit an seinen Memoiren, bis er am 25. März 1973 einen Herzstillstand hatte. Im St. Vincent Charity Hospital von Cleveland verblüffte er den behandelnden Arzt, als er trotzdem noch zwei Wochen weiterlebte – mit derselben Entschlossenheit, mit der er 78 Jahre lang sein Leben gelebt hatte.[50]

Die letzten Seiten von Orlows KGB-Dossier enthalten einen Brief vom 2. Dezember 1972, den er einer seiner Verwandten schrieb; es war der erste und zugleich letzte Brief, den er im Verlauf von 35 Jahren in die Sowjetunion schickte. In diesem sehr persönlichen Schreiben an Vera Wladislawna, die jüngere Schwester seiner Frau, bezieht er sich auf sein letztes Treffen mit seiner Schwägerin im Jahre 1920, als er gerade in der 12. Armee in der Stadt Rowno diente. Er stellte sich als Lew Nikolski vor, fügte jedoch hinzu, daß er als »Schriftsteller« das Pseudonym Alexander Orlow verwende, und erklärte, ein sowjetischer Diplomat habe ihm kürzlich ihre Adresse gegeben. Er erkundigte sich über das Leben in der Sowjetunion und bat seine Schwägerin, ihm mitzuteilen, ob irgendwelche Verwandten von ihm noch am Leben waren. Als Kontaktadresse gab er die seines Anwalts an.[51] Insbesondere wollte er wissen, ob das Grab von Jekaterina Iwanowna, Marias Mutter, gut gepflegt würde, und bot an, einen Grabstein aus Granit mit einer passenden Inschrift in die UdSSR zu schicken. Falls er je eine Antwort erhalten hat, ist dies in seiner KGB-Akte nicht vermerkt. Das Dokument seines letzten Versuches, mit der Sowjetunion Kontakt aufzunehmen, dürfte sich jedoch unter seinen privaten Papieren befinden, die zusammen mit seinen unvollendeten Memoiren nach seinem Tod auf Anordnung eines Bundesgerichtes versiegelt und im Nationalarchiv deponiert wurden. Erst im Jahre 1999 dürfen sie der Öffentlichkeit zugänglich gemacht werden. Doch selbst wenn es soweit ist, muß bezweifelt werden, ob diese Dokumente die rätselhafte Rolle Orlows hinreichend erklären oder die entscheidende Frage beantworten können: Woran lag es wirklich, daß der KGB Orlow für einen treuen Diener der Revolution hielt, während seine amerikanischen Gastgeber so lange glaubten, er sei der höchstrangige Offizier des sowjetischen Geheimdienstes, der jemals in den Westen übergelaufen war?

Unzweifelhaft ist, daß Orlow bis 1938 seinen Herren im Kreml treue Dienste leistete. Die historischen NKWD-Akten belegen, daß Orlow bei der Entwicklung sowohl der Theorie als auch der Praxis von Untergrund-Spionagenetzen wie dem von Cambridge eine zentrale Rolle gespielt und zum Ruf des sowjetischen Geheimdienstes, skrupellos die westlichen Regierungen zu unterwandern, entscheidend mit beigetragen hat. Als sicher muß nach Einsicht der Akten in den Archiven des russischen Geheimdienstes auch gelten, daß die Behauptung, Orlow habe nach seiner Flucht in den Westen den Amerikanern ein »unbezahlbares Vermächtnis« im Kampf gegen den Kommunismus hinterlassen, nur ein Mythos ist.

Heute wissen wir, daß Orlow den weitaus wertvollsten Teil dieses Vermächtnisses für sich behalten hat, indem er es unterließ, Philby und die anderen Mitglieder des Spionagerings von Cambridge zu enttarnen. Obwohl Orlows aktive Karriere als sowjetischer Geheimdienstoffizier im Jahre 1938 geendet haben mag, trug er allein dadurch, daß er den Amerikanern den entscheidenden Teil seines Wissens vorenthielt, passiv zum Gelingen unzähliger Operationen des KGB in der Zeit des kalten Krieges bei. Somit ist es ein historisches Paradoxon, daß Stalins Henkersknechte Orlow liquidiert hätten, wenn es ihm nicht gelungen wäre, den sowjetischen Diktator zu erpressen. Seine gelungene Erpressung wiederum war der Grund dafür, daß diese äußerst komplexe Persönlichkeit niemals die sowjetischen Spionagenetze auffliegen ließ, an deren Gründung er so entscheidenden Anteil gehabt hatte.

Hätte Orlow Lenins Revolution verraten und die Liste ihm bekannter sowjetischer Geheimagenten dem FBI übergeben, statt sie in einem Bostoner Banksafe aufzubewahren, dann wäre er zweifellos in der Lage gewesen, den Lauf der Geschichte entscheidend zu beeinflussen. Wenn Orlow 1938 die illegalen Spionageringe hätte auffliegen lassen, dann hätte er Stalin ungeheuer wichtiger Informationen von Agenten wie Philby und den Mitgliedern der Roten Kapelle beraubt, die im Zweiten Weltkrieg eine so bedeutende Rolle spielten. Hätte er diese sowjetischen Spionagenetze enttarnt, wären Stalins Agenten nie in der Lage gewesen, die Geheimnisse der Atombombe zu stehlen. Orlows Beitrag zu den

Operationen des KGB war so weitreichend, daß ein ehemaliger hochrangiger CIA-Offizier ihn als den »vielseitigsten, einflußreichsten und produktivsten Offizier in der 73jährigen Geschichte der sowjetischen Geheimdienste« bezeichnete.

»Orlow war bis zuletzt ein Vollprofi«, urteilte der CIA-Mann, der ihn am besten kannte und wußte, daß er nie sein ganzes Wissen preisgegeben hätte. »Er erzählte uns nur, was er erzählen wollte, und führte uns immer wieder in die Irre.«[52]

Alexander Orlow blieb bis zu seinem Tod ein verschlossener Mann, der – wie viele seiner Generation – zum Opfer einer tiefen menschlichen Tragödie geworden war. Seine Begegnung mit Feoktistow und sein einziger Brief in die Heimat in über dreißig Jahren zeigen, daß er lieber einsam im Exil sterben als Lenins kommunistische Vision verraten wollte. Niemals hätte dieser Mann zugegeben, daß er trotz seiner Intelligenz und seiner Erfahrung einer gigantischen Selbsttäuschung erlegen war: der tödlichen Illusion eines marxistischen Utopia, die sich bereits bei seinem eigenen Tod als Sarkophag eines nicht lebensfähigen Organismus entpuppt hatte.

Anmerkungen

1. Bericht in ORLOW-Akte Nr. 103509, Band 1, S. 85–89, Akte Nr. 16659, Band 1, S. 150.
2. Orlows Aussage vor dem SISSC am 25. September 1955, in *Legacy*, S. 21–22.
3. SBOROWSKI-Akte Nr. 31660, Band 1, S. 187, ARG.
4. Orlov, »The Sensational Secret Behind the Damnation of Stalin«, *Life Magazine*, Band 48, Nr. 17, 23, April 1956.
5. Ebd.
6. Ebd.
7. Ebd.
8. Ebd.
9. Isaac Don Levine, »A Document on Stalin as a Czarist Spy«, *Life Magazine*, Band 48, Nr. 17, 23. April 1956.
10. Gespräch mit Ruth Levine, Washington, März 1992.
11. *Life Magazine*, Band 48, Nr. 17, 23. April 1956.
12. Das volle Ausmaß und die Bedeutung von Abels Aktivitäten in den Vereinigten Staaten konnten nie nachgewiesen werden, und Abel selbst legte kein Geständnis ab. Aber seine Bedeutung als ein ranghoher Untergrund-Resident wurde durch Dokumente und entschlüsselte Nachrichten, die in seinem Besitz waren, sowie durch Informationen aus dem Geständnis seines verärgerten Assistenten bewiesen. Man fand bei ihm Funkgeräte, ausgehöhlte Nägel und Münzen zum Verbergen von Mikrobildern sowie Mikrofilme. Ihre Nachrichten wurden mit dem Schlüssel übersetzt, den Hayhanen lieferte. Das gesamte Material ließ auf das breite Ausmaß von Abels Netzwerk schließen. Er hatte auch Fotografien der Cohens. Hayhanen gab außerdem zu, daß er die Rückvergütung gestohlen hatte, die er auf Befehl hin der »Frau von STONE« übergeben sollte. Der Codename,

das wußte das FBI, wurde von den Sowjets für Frau Sobell benutzt, die Ehefrau von Morton Sobell, dem Mitangeklagten der Rosenbergs. Veröffentlichte Darstellungen des Abel-Falls finden sich bei: James B. Donovan (sein US-Anwalt), *Strangers on a Bridge*, Atheneum, New York 1964; Sanche de Gramont, *The Secret War*, G. P. Putnam's Sons, New York 1962; Louise Bernikow, Abel, Trident Press, New York 1962, Kirill Khenkin, a. a. O.; Edward Van der Rhoer, *The Shadow Network: Espionage as an Instrument of Soviet Policy*, Charles Scribner's Sons, New York 1983. Artikel von Abel wurden auch in sowjetischen Zeitungen veröffentlicht, darunter *Trud* 127, Februar 1966. Auch Lamphere schreibt über seine Beteiligung an dem Fall, in Lamphere und Shachtman, a. a. O.

13. Information von Veteranen des US-Geheimdienstes.
14. Romerstein und Levchenko, a. a. O., S. 259. Fisher wurde am 11. Juli 1893 in Newcastle, England, geboren, als Sohn von Genrich Matwejewitsch Fisher, einem emigrierten russischen Radikalen, und Freund Lenins. 1921 kehrte die Familie in die Sowjetunion zurück. Laut Chenkins Bericht lebten sie zusammen mit Lenin und den Führern des neuen Staates im Kreml. Obwohl Fisher sich zur Kunst hingezogen fühlte, wurde er Funkingenieur und trat nach dem Dienst in der Roten Armee dem NKWD bei. Dort absolvierte er eine Ausbildung an einer Schule, wo er seinen Mitstudenten Rudolph Iwanowitsch Abel kennenlernte, dessen Namen er später annahm.

Chenkin behauptete, Fisher habe ihm erzählt, er hätte mit seinem britischen Paß »in den späten Zwanzigern« eine Mission nach England unternommen, begleitet von Orlow, dem er in einer Reihe von Londoner Pubs Bericht zu erstatten pflegte. In diesen Pubs sei er sich vorgekommen »wie ein Verschwörer in einer großen Oper«. (Selbst wenn Chenkin recht hat, scheint er die Daten durcheinandergebracht zu haben, da Orlow die NKWD-Residenz in London nicht vor 1934 übernahm.) Fishers Auftrag bestand vermutlich darin, den berühmten sowjetischen Physiker Pjotr Kapizaw (Peter Kapitza) zu überreden, sein Labor in Cambridge zu verlassen und in die Sowjetunion zurückzukehren. Kapiza ging tatsächlich zurück, aber als Stalin ihm 1935 ein Ausreisevisum verweigerte, kam es zu Protesten von Wissenschaftlern aus aller Welt. Fisher kehrte laut Chenkin 1931 aus England zurück und wurde zu einem Untergrundeinsatz in Dänemark geschickt. 1938 ging er wieder nach Moskau, wo er die Säuberungen überlebte.

Bei Ausbruch des Krieges bildete Fisher Funker für die Vierte Abteilung des NKWD für Partisaneneinsätze aus; einer dieser Leute war Konon Molodny. Unter der Tarnung eines Kommunikationsnetzwerkes wies er 1948 unter anderem die Cohens in die notwendigen Techniken ein, um Informationen nach Moskau zu senden. Als das FBI 1950 das Atomspionagenetzwerk aufdeckte, waren die Amerikaner davon überzeugt, daß die Cohens und die Rosenbergs in die Spionagetätigkeiten verwickelt waren, doch Fishers hervorragende Tarnung hielt dicht. Wie sehr Fishers Bedeutung für Moskau gestiegen war, zeigt sich daran, daß er einen Assistenten zugewiesen bekam. Doch dieser Assistent, Hayhanen, trug durch seine leichtfertige Art, seine vielen Frauengeschichten und nicht zuletzt durch seine Trunksucht dazu bei, daß Fisher aufflog. Van der Rhoer, a. a. O., der sich in seinem Buch intensiv mit Chenkin beschäftigt hat, löst einige der offensichtlicheren Widersprüche.

15. Vgl. Khenkin, a. a. O., S. 274, 281.
16. Vladimir und Evdokia Petrov, *Empire of Fear*, Praeger, New York 1956, S. 56.
17. CIA-Offizier, zitiert nach Brook Shepherd, *Storm Petrels*, S. 238, und bestätigt von Veteranen der amerikanischen Spionageabwehr in Gesprächen mit dem Autor.
18. Der russische Geheimdienst möchte den Informanten nicht nennen, der ihn auf Orlow brachte, indem er ihm im Herbst 1964 die Information zukommen ließ, daß er kürzlich einen ehemaligen sowjetischen Staatsangehörigen getroffen

habe, der an einer Universität im Norden der Vereinigten Staaten lehrte. Laut dieser Quelle hatte Orlow zugegeben, von 1936–1939 in Spanien ein ranghoher NKWD-Offizier gewesen zu sein, der dann in den Westen geflohen sei. Orlow hatte dem Informanten seine Sammlung von Büchern über die UdSSR gezeigt und gesagt, daß er die letzten drei Jahre unter seinem richtigen Namen gelebt habe – aber er sagte nicht, wo er wohnte. Siehe Schadensfestsetzung in ORLOW-Akte Nr. 103509, Band 1, S. 160, ARG.

19. Schadenfestsetzungs-Bericht vom 9. Dezember 1969 in ORLOW-Akte Nr. 103509, Band 1, S. 160, ARG.
20. SAC New York an den Leiter des FBI mit Hinweis auf einen Brief vom 10. Dezember 1962, der ihnen mitteilte, daß Orlow nun im Apartment Nr. 703, 400 Maynard Street, Ann Arbor, Telefon 665-4871 wohne und an der Universität von Michigan angestellt sei. Akte NY 105-6073, Serie 354, ORLOW FBI-Akte Nr. 105-22869, FOIA.
21. SAC Detroit an den Leiter des FBI, Serie 353, ORLOW FBI-Akte Nr. 105-22869, FOIA.
22. Ebd.
23. Ebd.
24. Akte NY 105-6073, Serie 354, ORLOW FBI-Akte Nr. 105-22869, FOIA.
25. Bericht an die Zentrale ORLOW-Akte Nr. 103509, Band 1, S. 162, ARG.
26. ORLOW-Akte Nr. 103509, Band 1, S. 205–221, ARG.
27. *Interview Feoktistow*, a. a. O.
28. Vertrauliche Quelle.
29. ORLOW-Akte Nr. 103509, Band 1, S. 205–221, ARG.
30. *Interview Feoktistow*, a. a. O.
31. Ebd.
32. Ebd.
33. Ebd.
34. Ebd.
35. Orlov, *Legacy*, S. 12.
36. *Interview Feoktistow*, a. a. O., und ORLOW-Akte Nr. 103509, Band 1, S. 205–221, ARG.
37. Orlov, *Legacy*, S. 12–13.
38. *Interview Feoktistow*, a. a. O.
39. Ebd.
40. Ebd.
41. *Interview Feoktistow*, a. a. O., und ORLOW-Akte Nr. 103509, Band 1, S. 205–221, ARG.
42. Ebd.
43. Ebd.
44. ORLOW-Akte Nr. 32476, Band 1, S. 34, ARG.
45. *Interview Feoktistow*, a. a. O.
46. Ebd.
47. Ebd.
48. Ebd.
49. Einsatzbericht von Feoktistow in ORLOW-Akte Nr. 103509, Band 1, S. 205–221, ARG.
50. Orlov, *Legacy*, S. 13.
51. Brief von Orlow an seine russische Schwägerin, 2. Dezember 1972, ORLOW-Akte Nr. 103509, Band 1, S. 244–249, ARG.
52. Offizier der US-Spionageabwehr, der ungenannt bleiben möchte, aber der seit der anonymen Veröffentlichung seines Zitats in Brook Shepherd, *Storm Petrels*, S. 238, seine Meinung nicht geändert hat.

Nachwort

Als ich mich an einem eisigen Januartag des Jahres 1991 erstmals dem KGB-Hauptquartier näherte, überraschte mich der seltsame Baustil dieses Gebäudes, der dem schrecklichen Ruf der Lubjanka nicht so recht entsprechen wollte. Die zehn Stockwerke hoch über einer puddinggelben, von Schichten schokoladenfarbener Fenstergiebel durchzogenen Fassade sitzenden Kreuzblumen der reich verzierten Uhr wirkten wie Kerzen auf der riesigen Geburtstagstorte eines Kindes. Allein das festungsähnliche Aussehen seines Sockels aus Granit ließ ahnen, daß in dem Gebäude von der Länge eines ganzen Häuserblocks, das sich offiziell »Lubjanka-Straße Nr. 1« nannte, eine finstere Macht schlummern könnte.

Erst als ich den Platz überquerte, der damals noch nach dem Gründer der Geheimpolizei der Kommunistischen Partei benannt war, manifestierte sich diese abstoßende Macht im bronzestarren Blick des Standbilds von Felix Dserschinski. Mittlerweile ebenso wie die anderen Götter des sowjetischen Pantheons in einen Moskauer Park verbannt, trug der »Eiserne Felix« an jenem Morgen auf seiner geschwärzten Stirn eine schneeweiße Kappe, während der um seinen Sockel brandende Verkehr die zarten Flocken ebenso gnadenlos in schmutziggrauen Matsch verwandelte, wie Dserschinski und seine Nachfolger mehr als ein Dreivierteljahrhundert lang jegliche Opposition innerhalb der sowjetischen Gesellschaft zermalmt hatten.

Der Name »Lubjanka« hatte schon so lange als Synonym für das Bösartige an der Sowjetmacht gegolten, daß mir, als ich meine Hand auf die bronzene Klinke der mit keinerlei Namensschild versehenen Eingangstür legte, unwillkürlich Bilder aus Tolkiens *Herr der Ringe* in den Sinn kamen. Doch all die Szenerien gewölbeartiger, von flackernden Kerzen erleuchteter Räume lösten sich schlagartig in Luft auf, als ich die weißgetünchte Eingangshalle betrat, deren prosaische Holzstühle, die mit den für alle Büromöbel sowjetischer Bauart obligatorischen langweilig roten Bezügen gepolstert waren, mich schnell in die Wirklichkeit zurückholten. Nicht bedrohliche Gnome oder feuerspeiende

543

Drachen bewachten den Eingang, sondern zwei blutjunge, anscheinend gerade erst aus der Schule entlassene, elegant gekleidete Soldaten mit himmelblauen KGB-Abzeichen am Revers. Schneidig salutierten sie, obwohl Oberst Oleg Zarew keine Uniform trug. Mein blauer britischer Paß und sein roter KGB-Ausweis genügten offenbar, um uns Einlaß zu verschaffen; nicht einmal der Inhalt meiner übervollen Aktentasche schien den unerwartet desinteressiert wirkenden Zerberussen einer genaueren Untersuchung wert.

»Vielleicht ist es ja einfacher, in die Lubjanka hinein- als wieder herauszukommen«, witzelte ich, als wir den Aufzug betraten, und mußte dabei an die Werbespots für bestimmte Insektenfallen denken, die ich vom amerikanischen Fernsehen her kannte. Oleg, dessen Sinn für Humor ich am Vorabend zu schätzen gelernt hatte, als er mich in einer mit Vorhängen ausgestatteten KGB-Limousine vom Flughafen Scheremetjewo abholte, lächelte nur und erklärte dann, wir würden noch eine besser gesicherte Sektion des Gebäudes betreten. Dies mochte wohl zutreffen, doch war das Betreten des KGB-Hauptquartiers auch nicht annähernd mit vergleichbaren, computergesteuerten Sicherheitskontrollen verbunden wie etwa ein Besuch bei der CIA. Um nur in die Eingangshalle ihres modernistischen Hauptquartiers in Langley bei Washington zu gelangen, muß ein Besucher erst eine ganze Batterie von Durchleuchtungsgeräten durchschreiten, die – wie ich bestürzt hatte feststellen müssen – weitaus empfindlicher waren als ihre auf Flughäfen eingesetzten Gegenstücke und mühelos sogar eine längst vergessene Mikrokassette in meiner Jackentasche aufspürten.

Ähnliche Sicherheitskontrollen, so versicherte mir Oleg, gab es auch im Hauptquartier des sowjetischen Geheimdienstes in Jasenewo. Ausländische Besucher hatten zum Hauptgebäude der Ersten Hauptverwaltung grundsätzlich keinen Zutritt, weshalb die Akten über den Fall Heß vom Archiv in die Lubjanka gebracht worden waren. Als er das Dossier »Schwarze Bertha« aus dem Safe seines Büros holte und vor mir auf den Tisch stellte, war ich so angespannt wie noch nie in den zwanzig Jahren meiner Recherchen in den Archiven Großbritanniens, der Vereinigten Staaten, Frankreichs und Deutschlands. Obwohl ich darauf vorbereitet war, als erster westlicher Besucher echte KGB-Akten zu Gesicht zu bekommen, fragte ich mich noch immer, ob es dafür vielleicht einen speziellen Grund gab, den ich noch nicht kannte.

Der Anblick der Originale von Philbys Berichten über die geheime Reaktion des britischen Außenministeriums auf die Ankunft von Heß im Mai 1941 ließ mir einen Schauer über den Rücken laufen, wie ihn wohl nur Entdecker empfinden, wenn sie erstmals ihren Fuß auf bislang unbekanntes Land setzen. Ich verspürte das unbändige Verlangen, meine Kamera aus der Aktentasche zu holen und die Szenerie abzulichten –

zum Beweis, daß ich tatsächlich im KGB-Hauptquartier gewesen war und historische Akten eingesehen hatte. Mit Olegs Erlaubnis tat ich das schließlich auch.

Nebeneinander sitzend blätterten wir die Seiten der dicken Akte durch, während er die relevanten Dokumente für mich übersetzte. Hin und wieder war eine Zeile oder ein ganzer Absatz mit einem Stück Papier abgedeckt, das von winzigen sowjetischen Büroklammern an Ort und Stelle gehalten wurde. Die betreffenden Stellen waren, wie Oleg mir erklärte, Informationen, die ich aus »operativen Gründen« nicht einsehen durfte – eine reichlich überflüssige Vorsichtsmaßnahme, da ich die kyrillische Schrift ohnehin nicht lesen konnte. War diese Andeutung einer Zensur etwa ein ausgeklügelter Versuch, mich zu beeindrucken? fragte ich mich. Als ich dann jedoch merkte, daß allenfalls fünf oder sechs Abschnitte im gesamten 250seitigen Dossier abgedeckt waren, wurde mir klar, daß ein eventueller Versuch, mich zu täuschen, sicherlich weit umfassender gewesen wäre.

Als ich sechs Wochen zuvor die ersten Fotokopien einiger dieser Dokumente gesehen hatte, war mir nicht klar gewesen, daß die Anmerkungen in farbiger Tinte geschrieben waren. Trotzdem stand ich unter einer ungeheuren Spannung, als ich den versiegelten Umschlag öffnete, den Oleg mir über die sowjetische Mission bei den Vereinten Nationen hatte zukommen lassen. Er war am Vorabend des Erntedankfests, dem 26. November, in meiner Wohnung abgegeben worden. Der Überbringer, ein Russe, hatte mich zuvor angerufen und mir mitgeteilt, er sei beauftragt, mir »die Dokumente, die ich aus Moskau angefordert hatte«, zu überbringen.

Im ersten Augenblick war ich so überrascht, daß ich nicht begriff, wovon dieser Mann, der sich als sowjetischer Journalist ausgab, überhaupt sprach. Ich dachte, jemand wollte sich einen Scherz mit mir machen. Dann erst erinnerte ich mich daran, daß ich sechs Monate zuvor mit der Bitte um gewisse Dokumente an den KGB geschrieben hatte. Damals war ich gerade dabeigewesen, das Manuskript von *Ten Days to Destiny* abzuschließen – das Ergebnis sechsjähriger Untersuchungen darüber, wie nah während des Krieges die britische Regierung daran war, sich mit Hitler zu arrangieren. Als ich dann in der Londoner *Sunday Times* einen Bericht über einen sowjetischen Zeitungsartikel über Heß las, dessen Mission für das Thema meines Buches von zentraler Bedeutung war, weckte dies sofort mein Interesse. Obwohl neues Material über Hitlers Stellvertreter wegen der geradezu obsessiven britischen Geheimhaltungspolitik im Zusammenhang mit dieser Angelegenheit schwer zu beschaffen gewesen war, hatte ich soeben einen mir bis dahin unbekannten, weil geheimgehaltenen Bericht vom Oktober 1941 in die Hände bekommen, der gerade erst vom militärischen Geheimdienst der Vereinigten Staaten freigegeben worden war, nachdem ich dies ein Jahr zuvor unter Berufung auf das *Freedom-of-Information*-Gesetz beantragt hatte. Mein Interesse an der sowjetischen Darstellung war deshalb riesig, denn obwohl britische Historiker die im *Trud*-Artikel aufgestellten Behauptungen mit recht überzeugenden Argumenten in Frage gestellt hatten, schien diese doch durch die Informationen, die Churchills Geheimdienstberater fünf Monate nach dem Flug von Heß in einer vertraulichen Mitteilung an den US-Militärattaché in London weitergegeben hatte, bestätigt zu werden. Noch am selben Tag hatte ich einen Pro-forma-Brief an das KGB-Hauptquartier geschickt und um Kopien der sowjetischen Dokumente gebeten.

Meine Hoffnung auf eine Antwort war allerdings gleich Null gewesen, so daß ich meinen Augen nicht traute, als ich das so unerwartet aus Moskau eingetroffene Päckchen öffnete. Ich fand darin einen in englischer Sprache abgefaßten Brief vom stellvertretenden Vorsitzenden der Presseabteilung des KGB, Oleg Zarew. Er schrieb, er habe Fotokopien der wichtigsten zeitgenössischen Dokumente beigelegt, auf denen sein Artikel beruhte, sowie ein Exemplar des *Trud*, in dem der Artikel abgedruckt war. Als der russische Emissär den Inhalt sah, war er offenbar nicht weniger überrascht als ich. Jedenfalls staunte er nicht schlecht, als ich ihm ein von Philby stammendes Dokument zeigte, das Oleg als *sprawka* gekennzeichnet hatte – ein Terminus technicus, den mir auch mein sowjetischer Besucher nicht näher erklären konnte. Er war jedoch bereit, mir den Inhalt wörtlich zu übersetzen, als er merkte, daß ich aufgrund der Annahme des Hauptquartiers, ich beherrsche fließend die russische Sprache, nun ziemlich hilflos dastand. Dann las er in das Mikrofon meines Kassettenrecorders die Übersetzung eines Berichts über Heß, der mit dem identisch zu sein schien, den ich von der US-Armee unter Berufung auf den *Freedom of Information Act* erhalten hatte. Beigelegt war auch ein 1942 angefertigtes Memorandum von Lawrenti Berija an Stalin und Molotow, in dem Informationen zitiert wurden, die er von einem gewissen Oberst Moravetz erhalten hatte; dieser hatte einen Bericht des MI6 zu Gesicht bekommen, in dem dargestellt wurde, wie Hitlers Stellvertreter veranlaßt worden war, nach Großbritannien zu fliegen.

Oleg schlug in seinem handgeschriebenen Brief vor, ich sollte ihm als Gegenleistung eine Kopie des amerikanischen Berichts schicken. Da ich wußte, wie gerne die Sowjets potentielle Agenten in die Falle lockten, sicherte ich meinem russischen Gast zu, mir die Sache durch den Kopf gehen zu lassen. Er erklärte, er müsse schon bald nach Moskau zurückkehren, meinte aber, ich könne jederzeit über die sowjetische Mission bei den Vereinten Nationen mit dem Pressebüro des KGB in Verbindung treten. Er gab mir Namen und Telefonnummer eines Mitarbeiters, der dafür sorgen könne, daß etwaige Korrespondenz schnellstens per Diplomatenpost nach Moskau geschickt würde, da man sich, wie er es ausdrückte, auf die amerikanische Post »besser nicht verlassen sollte«.

Um die Gefahr auszuschließen, daß der KGB mich für seine Zwecke zu mißbrauchen versuchte, rief ich unmittelbar nach der Verabschiedung meines russischen Besuchers mehrere Kontaktleute in Washington an. Bei den Recherchen zu meinem Buch *The Mask of Treachery* über Anthony Blunt und den Spionagering von Cambridge hatte ich die Bekanntschaft vieler ehemaliger Mitarbeiter des amerikanischen Geheimdienstes gemacht. Diese Insider, die noch immer zu FBI und CIA Kontakt hatten, gaben mir wieder einmal einen wertvollen Ratschlag. Zwar wollten sie nicht völlig ausschließen, daß der KGB womöglich ein falsches Spiel mit mir trieb, doch hielten sie dies angesichts der Tatsache, daß ich mich schließlich selbst an den KGB gewandt hatte, für recht unwahrscheinlich. Da von vornherein klar war, daß ich vor einer Veröffentlichung die Dokumente prüfen lassen würde, hätte es auch keinen Sinn gehabt, mir irgendwelche Fälschungen zuzuspielen. Meine Washingtoner Freunde schienen über die Freigabe der paraphrasierten Philby-Kryptogramme und des Moravetz-Materials ebenso erstaunt wie ich. Die Übereinstimmungen zwischen beiden fanden sie zwar recht überzeugend, doch sahen sie darin noch keinen endgültigen Beweis für die Echtheit der KGB-Dokumente und rieten mir deshalb, sie von Experten überprüfen zu lassen.

Nachdem der Bericht des militärischen Geheimdienstes der Vereinigten Staaten nun freigegeben und damit öffentlich zugänglich war, sah ich keinen Grund, ihn Zarew vorzuenthalten. Ich wußte auch das Angebot zu schätzen, so bald wie möglich nach Moskau zu kommen und die Heß-Akte persönlich einzusehen, da eine Handvoll Fotokopien kaum einen repräsentativen Querschnitt einer ganzen Akte des sowjetischen Geheimdienstes darstellten. Ich schickte deshalb zusammen mit einer Kopie des Berichts des amerikanischen Militärattachés eine sorgfältig formulierte Antwort an das KGB-Hauptquartier. Unter den wachsamen elektronischen Augen von Überwachungskameras – und zwar nicht nur russischen, sondern auch amerikanischen, wie ich später von meinen Kontaktleuten im Washingtoner FBI erfahren sollte – übergab ich der sowjetischen Mission an der East 68th Street meinen Brief. Zehn Tage später, kurz bevor ich zu meiner Familie in England zurückfuhr, rief mich mein Kontaktmann in der sowjetischen Vertretung an und informierte mich darüber, daß das Pressebüro des KGB mir eine offizielle Einladung zu einem Moskau-Besuch in der ersten Januarwoche schicken würde.

Meinen ersten Kontakt mit der Allmacht des KGB hatte ich nach meiner Rückkehr nach London, als ich wegen meines Visumantrags zwei Tage vor den Weihnachtsfeiertagen im sowjetischen Konsulat anrief. Zunächst teilte man mir mit, daß das Konsulat wegen der Weihnachtsferien bereits geschlossen sei und ich unmöglich so kurzfristig nach Moskau fahren könne, da Intourist mindestens zwei Wochen vorher Bescheid wissen müsse, um mir in Moskau ein Hotelzimmer reservieren zu können. Als ich dann jedoch erklärte, mir liege eine Einladung vom KGB vor, änderte sich die Sachlage offenbar schlagartig, und der Konsulatsangehörige bat mich, sofort in sein Büro zu kommen.

Der vor dem wenig einladenden Gebäude in Bayswater diensthabende Londoner Polizist schien nicht wenig überrascht, als ich sofort durch das eiserne Tor eingelassen wurde. Ein Mitarbeiter, vermutlich der Resident, begrüßte mich vertraulich als »John« und kopierte dann persönlich die einzelnen Seiten meines Reisepasses. Er sorgte dafür, daß der nötige Papierkram über Nacht erledigt wurde, damit ich am nächsten Tag mein Visum abholen konnte. Zwar bedauerte er, daß Intourist sich als so unflexibel erwiesen hatte und seine Organisation mir leider auch kein Hotel besorgen könne; dann schlug er mir jedoch vor, ich möge mich einfach an American Express wenden. Dies überraschte mich nicht sonderlich. Als ich einmal mit einer Gruppe ehemaliger CIA-Offiziere im exklusiven Washingtoner Hay Adams Hotel essen war, erkannten sie in einem Gast den örtlichen KGB-Residenten, der seine Zeche mit einer Gold Card bezahlte. Es schien fast, als ließe man sowjetische Geheimagenten ohne dieses lebenswichtige Plastikkärtchen gar nicht mehr aus dem Haus!

Als das eiserne Tor hinter mir ins Schloß fiel, lächelte ich den Bobby verlegen an; ich hoffte, daß er mich nicht gleich dem MI5 als potentiellen Sowjetagenten melden würde. Dann nahm ich mir ein Taxi zum Büro von American Express, wo mir ein für Reservierungen zuständiger Angestellter klarzumachen versuchte, daß so kurzfristig in Moskau unmöglich ein Zimmer für mich reserviert werden könne. Doch selbst bei American Express gab man sich größte Mühe, nachdem ich erklärt hatte, daß mich der KGB nach Rußland eingeladen hatte. Unverzüglich buchten sie meinen Flug und schickten ein Telex an ihr Moskauer Büro mit der Bitte, von Zarew im KGB-Hauptquartier eine Bestätigung meiner Angaben einzuholen. Schon am nächsten Tag riefen sie mich an, um mir mitzuteilen, daß sie eine Reservierung für mich getätigt hätten und ich am Flughafen abgeholt werde.

Abgesehen von einem rätselhaften Telegramm bei meiner Ankunft in London hatte ich seit Wochen keinen direkten Kontakt mit meinem Gastgeber mehr gehabt. Als ich mich dann jedoch eine Woche nach Weihnachten auf den Weg nach Moskau machte, konnte ich zumindest davon ausgehen, daß American Express mir zu Hilfe kommen würde, falls der KGB mich im Stich ließe. Meine Bedenken erwiesen sich jedoch als unbegründet, als ein Fremder sich in der düsteren Ankunftshalle von Scheremetjewo durch die Menschenmenge kämpfte und mich überaus freundlich begrüßte. Er stellte sich als Oleg Zarew vor. Sein gesteppter Wintermantel, die Baskenmütze und das koboldhafte Lächeln wollten nicht so recht in meine Vorstellung von einem Obersten des KGB passen – ganz im Gegensatz zum hochoffiziell wirkenden Fahrzeug, das auf uns wartete, um mich ins Hotel Meschdunarodnaja zu bringen.

Das moderne Hotel lag an der nicht gerade sehr malerischen Windung der Moskwa unterhalb des eindrucksvollen Gebäudes des russischen Parlaments in der Nähe eines Kraftwerks, das ununterbrochen Dampfschwaden in den Himmel schickte. Es bot denselben Komfort wie ein amerikanisches Hotel, auch wenn der Service ein wenig zu wünschen übrig ließ. Mir fiel gleich auf, daß die allgegenwärtigen weiblichen Diensthabenden auf den einzelnen Stockwerken eleganter und jugendlicher wirkten als die gestrengen Babuschkas bei meinem Leningrad-Besuch zehn Jahre zuvor. Zudem schienen sie nun weniger Zeit auf die Überwachung der Hotelgäste zu verwenden; statt dessen verfolgten sie im Fernsehen die Berichterstattung der CNN über Saddam Husseins Nichtbefolgung des UN-Ultimatums, das ihn aufforderte, seine Invasionstruppen aus Kuwait abzuziehen.

Dank dieser Satellitenübertragungen konnte ich mich in Sachen Golfkrise auf dem laufenden halten, bevor Oleg mich am nächsten Morgen ins KGB-Hauptquartier brachte. Das Schneegestöber und die Kälte taten meiner Stimmung keinen Abbruch, denn schließlich sollte ich in Kürze als erster westlicher Historiker Akten des sowjetischen Geheimdienstes einsehen dürfen. Nach einem denkwürdigen Tag in der Lubjanka und der Durchsicht von Dokumenten, die ich nie im Leben zu sehen gehofft hätte, lud ich Oleg in mein Hotel zu einer reichlich deprimierenden sowjetischen Version eines japanischen Essens ein. Da am nächsten Tag Samstag war, sah ich mir am Nachmittag die Möchtegern-Kapitalisten im Arbat an, bevor ich beschloß, zur Feier des Tages noch das Bolschoi-Theater zu besuchen.

Ich nahm in meiner Loge Platz und freute mich auf eine original russische Kombination aus Puschkin und Tschaikowski, auf eine denkwürdige Vorstellung von *Eugen Onegin*. Erst als sich der Vorhang hob, dämmerte es mir, daß die Sache mit Puschkin ein Irrtum war. Während sich das Orchester wieder einmal mit *Schwanensee* herumschlagen mußte, hatte ich größte Mühe, nicht einzuschlafen. Um mich während der etwas süßlichen, obschon technisch perfekten Vorstellung wachzuhalten, dachte ich über das nach, was Oleg Zarew mir über sein geplantes Buch über Alexander Orlow erzählt hatte. Zu Beginn des dritten Akts kam mir plötzlich der Gedanke, daß ich weit mehr tun könnte, als Oleg nur bei seinen Nachforschungen in den FBI-Akten behilflich zu sein. Wie, so fragte ich mich, würde er wohl reagieren, wenn ich ihm meine Dienste als Mitautor anböte?

Nur mühsam widerstand ich der Versuchung, auf der Stelle ins Hotel zurückzufahren und Oleg zu Hause anzurufen. Ich beschloß, mir die Sache am Wochenende noch einmal durch den Kopf gehen zu lassen. Vielleicht hatte ich ja mein Glück schon überstrapaziert, als ich ihn gefragt hatte, ob es wohl möglich sei, einen Film fürs Fernsehen über die Heß-Akte zu drehen. Ich hatte ihm erklärt, daß Nahaufnahmen der Akte »Schwarze Bertha« mit ihren vergilbten Aktendeckeln und all den handschriftlichen Anmerkungen die Echtheit der Dokumente weit eindrucksvoller demonstrieren würden als jede Fotokopie.

Am Montagmorgen rief ich Oleg an und fragte ihn, ob ich auf dem Weg zum Flughafen noch einmal kurz im KGB-Hauptquartier vorbeikommen könne, um eine wichtige Angelegenheit mit ihm zu besprechen. Die Tatsache, daß der Vorschlag für dieses Gemeinschaftsprojekt ganz allein von mir kam und Oleg völlig unvorbereitet traf, belegt, daß es sich dabei nicht um ein Werk des KGB handelte. Zudem schlug ich vor, unsere geschäftliche Vereinbarung auf die Basis fifty-fifty zu stellen. Um meine Unabhängigkeit noch weiter abzusichern, war es erforderlich, meinen westlichen Herausgebern die volle redaktionelle Kontrolle über das endgültige Manuskript zuzusichern und alle Dokumente vor der Veröffentlichung auf ihre Echtheit überprüfen zu lassen. Erleichtert nahm ich deshalb zur Kenntnis, daß Oleg nicht nur vollstes Verständnis für solche Bedingungen aufbrachte, sondern auch von sich aus meinte, eine Ost-West-Zusammenarbeit würde die Glaubwürdigkeit des Buches erhöhen. Da eine solche Kooperation absolut beispiellos war, erklärte er allerdings, es könne ihm einiges an Zeit kosten, um »auf höchster Ebene« im KGB die Zustimmung zu diesem Projekt zu erreichen.

Nichtsdestoweniger besprachen wir schon einmal erste Einzelheiten unseres Vorhabens und steigerten uns dabei so sehr in die Sache hinein, daß mein Abflugtermin nach London in Windeseile näherrückte. Da Scheremetjewo für seine zweistündigen Wartezeiten beim Einchecken berüchtigt ist, bot Oleg an, mich zum Flughafen zu begleiten, um die Formalitäten ein wenig zu beschleunigen. Auf dem Weg durch die riesigen deprimierenden Wohnblocks in den Außenbezirken von Moskau machte er sich weitere Notizen über unsere geplante Zusammenarbeit. Trotz der dramatischen Veränderungen, die Gorbatschows Politik der Glasnost in der Sowjetunion ausgelöst hatte, und trotz Olegs offensichtlicher Gutmütigkeit und Aufgeschlossenheit konnte ich doch nie ganz vergessen, daß ich es hier mit einem Offizier des sowjetischen Geheimdienstes zu tun hatte. Die scheinbare Allgegenwart der Organisation, für die er arbeitete, manifestierte sich dann auch am Flughafen anhand verschiedener Kleinigkeiten. Als ich beispielsweise meine Devisenerklärung nicht finden konnte, die vor der Ausreise aus der UdSSR vorzulegen ist, genügte ein kurzer Blick des Diensthabenden auf Olegs KGB-Paß, um dieses potentielle Hindernis für meine Ausreise aus dem Weg zu räumen. Als der Wachtposten mich dann durch die letzte Sicherheitskontrolle winkte, merkte ich, wie Oleg nach einer Bemerkung von ihm unwillkürlich grinsen mußte. Später erzählte er mir, der junge Soldat habe ihn gefragt, ob ich auch ein Mitglied »der Organisation« sei. Obwohl ich beim Abschied noch immer lachen mußte, kam mir der Gedanke, daß der Herr mit dem britischen Diplomatenpaß hinter mir ein Geheimagent sein könnte. Ich konnte nur hoffen, daß in Heathrow nicht schon die Leute von der Special Branch darauf warteten, mich zum Verhör abzuführen. Jetzt war es zu spät, den Rat meiner Washingtoner Freunde zu befolgen und ihre Berufskollegen im britischen Geheimdienst rechtzeitig über Sinn und Zweck meiner Mission in Moskau aufzuklären. Dies wäre aber ohnehin schwer machbar gewesen, denn obwohl ich die Telefonnummern des Chefs der Spionageabwehr des FBI kannte und in der CIA bereits Vorlesungen gehalten hatte, konnte ich mit dem MI6 keinen Kontakt aufnehmen, da die Briten offiziell die Existenz dieser Organisation noch immer leugneten. Falls man mir von britischer Seite also Schwierigkeiten machen sollte, so überlegte ich mir, dann konnte ich nur darauf hoffen, daß die Amerikaner mir aus der Patsche helfen würden.

Nachdem ich zusammen mit meinem Londoner Verlag noch ein neues, auf den sowjetischen Dokumenten basierendes Schlußkapitel für *Ten Days to Destiny* erstellt hatte, flog ich in die Vereinigten Staaten, um mit meinen Freunden in Washington über das Orlow-Projekt zu sprechen. Oleg hatte mir seine Privatnummer gegeben, da er in seinem Büro keine Auslandsgespräche entgegennehmen konnte. Auslandsgespräche ins KGB-Hauptquartier, so mußte ich zu meiner Überraschung feststellen, konnten leicht bei einem diensthabenden Offizier landen, der ganz und gar nicht gewillt war, eine Nachricht weiterzuleiten! Allein schon nach Moskau durchkommen zu wollen, war – und ist noch immer – eine reichlich frustrierende Angelegenheit. Oft dauert es eine halbe Stunde oder länger, bis das Piepsen des Besetztzeichens aufhörte. Ich war deshalb erleichtert, als ich Oleg endlich an der Leitung hatte und er mir fröhlich erzählte, daß meiner Bitte, die Dokumente filmen zu dürfen, stattgegeben worden sei und er schon sehr bald eine positive Entscheidung über unser gemeinsames Projekt erwarte. Und als ich dann ein paar Tage später noch einmal anrief, um meine nächste Reise nach

Moskau zusammen mit einem Filmteam vorzubereiten, berichtete er, er haben soeben von »höchster Ebene« signalisiert bekommen, daß unserer Zusammenarbeit nichts mehr im Wege stehe.

Der Beschluß des KGB-Vorsitzenden war für einige meiner Washingtoner Kontaktleute aus der Geheimdienstszene eine ziemliche Überraschung. Um überzeugend darzulegen, daß Orlow nie ein wirklicher Überläufer gewesen war, mußte der KGB nun eine gehörige Masse an Dokumenten präsentieren. Am meisten beschäftigte meine Bekannten die Frage, warum Wladimir Krjutschkow dieser ersten Freigabe sowjetischer Geheimdienstakten auf breiter Ebene zugestimmt hatte. Er war selbst Chef der Auslandsspionage gewesen, bevor er KGB-Vorsitzender wurde, und zudem galt er in der Sowjetunion wie im Westen als kommunistischer Hardliner, auf dessen Konto schon eine ganze Reihe erfolgreicher Desinformationskampagnen gingen.

War also dieses gemeinsame Buchprojekt nur ein weiterer Trick des KGB – oder vielleicht doch ein ernsthafter Versuch, der geschichtlichen Wahrheit ein Stück näher zu kommen? Um mir darüber klar zu werden, in was ich mich da einzulassen im Begriff war, konsultierte ich zunächst einmal Dr. Ray Cline, einen ehemaligen stellvertretenden CIA-Chef und ausgewiesenen KGB-Experten. Er ist heute Leiter des National Intelligence Study Center in Washington, das mir 1986 einen Preis für das beste Buch des Jahres über geheimdienstliche Aktivitäten verliehen hatte, und war gerade erst als Mitglied einer Gruppe ehemaliger hoher CIA-Beamter, die sich im Zeichen der Glasnost in den Vereinigten Staaten mit einer Delegation hochrangiger sowjetischer Geheimdienstler traf, in die Schlagzeilen gekommen. Dr. Cline und sein Kollege Colonel Hayden Peake waren gleichermaßen von unserem historischen Vorhaben begeistert. Dennoch rieten sie mir, auf der Hut zu sein, da der KGB ihrer Erfahrung nach nie etwas ohne konkreten Grund tat. Die Glaubwürdigkeit des Buches, so meinten sie, würde von den dafür verwendeten Dokumenten abhängen; zudem könne meine Beteiligung an dem Projekt Krjutschkow bestens in sein strategisches Konzept passen, dem KGB in der Öffentlichkeit ein positives Image zu verleihen und ihn somit politisch zu legitimieren. Diese Strategie manifestierte sich ja bereits in seiner Zustimmung zur Einrichtung eines eigenen Presseamts, das bereits mit ausländischen Fernsehproduzenten, beispielsweise bei zwei Dokumentarfilmen über Philby und die Krogers, zusammengearbeitet hatte. Die Westpresse hatte sogar schon darüber berichtet, daß eine Wahl zur »Miß KGB« anstehe, was sich aber – wie ich von Oleg erfuhr – als eine bei einem Sommerlager von der KGB-Jugend ausgeheckte Schnapsidee entpuppte.

Zu befürchten war vor allem, daß der KGB bei der Freigabe von Archivmaterial sehr selektiv vorgehen würde. Wollte man in Moskau die für das Buch zur Verfügung gestellten Dokumente womöglich gezielt so auswählen, daß historische Ereignisse in einem für den KGB positiveren Licht erschienen? Die Freigabe der Akte »Schwarze Bertha« hätte einer solchen Politik keineswegs widersprochen, da sie den Sowjets ermöglichte zu behaupten, sie handelten nur im Interesse der historischen Wahrheit, wenn sie Dokumente veröffentlichten, die bewiesen, daß Churchill und nachfolgende britische Regierungen die wahren Hintergründe des Fluges von Heß zu verbergen gesucht hatten. Sollte das Buch darüber hinaus dazu beitragen, das Image des sowjetischen Geheimdienstes aufzupolieren, indem es bewies, daß Orlow zunächst die Unterwanderung des britischen Geheimdienstes organisiert und später CIA und FBI an der Nase herumgeführt hatte? Falls das tatsächlich der Fall war, dann würde der KGB dies mit überzeugenden dokumentarischen Beweisen belegen müssen. Dazu war es unumgänglich, eine ganze Reihe zusätzlicher Akten aus den KGB-Archiven freizugeben, was wiederum der Aufarbeitung der Geschichte der Geheimdienste nur förderlich sein konnte.

Jede Seite mußte somit vor einer Zusammenarbeit ihre eigenen Interessen abwägen. Ein ranghoher aktiver Geheimdienstoffizier, den ich inoffiziell um seine Meinung fragte, glaubte durchaus, daß es in verschiedener Hinsicht vorteilhaft sein konnte, den KGB zur Herausgabe von Dokumenten zu ermutigen. Ein anderer, bereits pensionierter Geheimdienstmann von hohem Rang hingegen warnte mich davor, »meinen Kopf ins Maul des Löwen zu stecken«. Er machte keinen Hehl aus seiner Befürchtung, ich könnte einer weiteren Verschwörung des Erzfeindes auf den Leim gehen und ihm unfreiwillig dabei helfen, dem Ansehen der westlichen Geheimdienste zu schaden.

Selbst die ausgeklügeltsten Täuschungsmanöver sind jedoch nicht bis in alle Ewigkeit aufrechtzuerhalten, da irgendwann die historische Wahrheit doch ans Licht kommt. Mir war klar, daß die Orlow-Geschichte mit den Dokumenten stehen und fallen würde, die der KGB zur Veröffentlichung freigab. Die für eine glaubwürdige Darstellung nötigen Beweise waren leicht auf ihre Übereinstimmung mit anderen KGB-Dossiers sowie mit den Akten des FBI und des amerikanischen Kongresses zu überprüfen. Um zu belegen, daß Orlow nie ein richtiger Überläufer gewesen war, würde der KGB allerdings ein breites Spektrum an Dokumenten aufbieten müssen, angefangen von seinen Pässen, über seine Arbeitsberichte bis hin zu zeitgenössischen Beweisen für seine maßgebliche Rolle bei der Rekrutierung Philbys und der anderen Spione von Cambridge. Von der Glaubwürdigkeit dieser Beweisführung würde unmittelbar auch das Urteil darüber abhängen, ob oder inwieweit Orlow in der Lage gewesen war, die CIA zu täuschen; er hatte Philby eindeutig niemals verraten, da der ehemalige MI6-Offizier in diesem

Fall schon lange vor seinem Flug nach Moskau im Jahre 1963 enttarnt worden wäre.

Im Bewußtsein sowohl der mit unserem Projekt verbundenen Risiken als auch der historischen Chance, die es mir eröffnete, kehrte ich Mitte Januar 1991 nach Moskau zurück. Als das von mir angemietete ortsansässige Fernsehteam Einlaß ins KGB-Hauptquartier erhielt, war ich mir nicht so recht sicher, ob die besorgte Miene des stämmigen russischen Kameramanns namens Mischa daher rührte, daß er befürchtete, aus der berüchtigten Lubjanka nie mehr herauszukommen, oder er nur Angst hatte, bei dieser Nebentätigkeit die Rückkehr des von Gorbatschow zu Saddam Hussein gesandten Sonderbotschafters Jewgeni Primakow zu verpassen. Ich vermutete jedoch, daß Mischas innere Unruhe eher auf seine Sorge zurückzuführen war, vor American Networks, für die er als freier Mitarbeiter beschäftigt war, sein Gesicht zu verlieren. Zuvor hatten wir nach einer kleinen Stärkung aus der Whiskyflasche, die ich zur Besiegelung unserer Zusammenarbeit mitgebracht hatte, dem Schneegestöber auf dem Roten Platz getrotzt. Mischa hatte dabei seine Verachtung für die Sowjetmacht demonstriert, indem er sein Stativ aufstellte und ohne offizielle Erlaubnis Filmaufnahmen machte; er verließ sich ganz auf meine Zusage, daß wir einen Oberst des KGB interviewen würden, der uns schon vor einer Verhaftung bewahren würde.

Nachmittags versäumten wir es leider, den restlichen »Johnny Walker« ins KGB-Hauptquartier mitzubringen. Wir hätten eine Stärkung vertragen können, während das Team ohne Essenspause bis in den Abend hinein arbeitete und Seite für Seite der Akten Heß und Moravetz abfilmte. Oleg hatte uns zum Interview in das Büro des stellvertretenden Vorsitzenden geführt, von dem aus man den Dserschinski-Platz überblicken konnte. Die holzgetäfelten Wände des Raumes sowie die dazugehörige Sauna und das Badezimmer machten uns unmißverständlich klar, daß in der Lubjanka ein hoher Rang mit gewissen Privilegien verbunden war. Auf dem massiven Mahagoni-Schreibtisch stand eine Batterie elfenbeinfarbener, grüner und roter Telefone, die auf den hohen Status desjenigen schließen ließen, der vorher hier gearbeitet hatte. Ich konnte der Versuchung nicht widerstehen und bat Oleg um Erlaubnis, eine Bekannte in der amerikanischen Botschaft anrufen zu dürfen. Ich wettete mit ihr, daß sie nie erraten würde, von wo mein Anruf kam – und gewann die Wette!

Am Ende der langen Filmaufnahmen stellte ich Oleg vor laufender Kamera die Fragen, die mich nach meinem Gesprächen mit meinen Freunden in Washington am meisten beschäftigten.

»Warum hat sich der KGB erst jetzt für eine Freigabe der Heß-Akte entschieden, und was war ihr operativer Zweck?« fragte ich.

»Dafür gibt es im wesentlichen zwei Gründe«, antwortete Oleg. »Zum einen liegen die betreffenden Vorgänge fünfzig Jahre zurück, so daß die Agenten und Informanten wie Moravetz, von denen wir die Informationen über Heß haben, durch eine Freigabe der Akten nicht mehr kompromittiert werden können.« Als zweiten Grund nannte er die Tatsache, daß die von Gorbatschow ausgelöste Welle politischer Reformen nun auch die bisher für uneinnehmbar gehaltenen Bastionen des Sowjetstaats überschwemmt hatte.

»In letzter Zeit hat sich unsere Einstellung bezüglich der Geschichte des KGB geändert«, sagte Zarew und fügte – wie ich meine, stark untertreibend – noch hinzu: »Wir sehen die Sache jetzt aus einem anderen Blickwinkel.«

Diese neue Perspektive, an der ich nun teilhaben sollte, machte deutlich, wie sehr der zuvor autonome KGB-Apparat, dessen offizieller Sprecher Oleg war, unter dem Druck stand, sich den politischen Realitäten der Perestroika anzupassen.

»Wieso erhalte ausgerechnet ich Einsicht in diese Akten?« fragte ich nach. Seine Antwort machte mir klar, daß der KGB mich nicht etwa als Vehikel für eine Desinformationskampagne ausgesucht hatte.

»Sie waren eben der erste, der um Akteneinsicht gebeten hat«, meinte Oleg und erklärte weiter, ich hätte einfach Glück gehabt, daß mein Brief das Hauptquartier vor anderen Anfragen erreicht hatte und sein Artikel über den »letzten Flug der Schwarzen Bertha« eine Freigabe der Heß-Dokumente ermöglicht hatte.

»Warum sollten wir den Akten des sowjetischen Geheimdienstes Glauben schenken?« hakte ich nach. Schließlich widersprächen die Berichte in der Akte »Schwarze Bertha« der allgemein akzeptierten Version der damaligen Ereignisse. Den sowjetischen Quellen zufolge war Heß durch ein Täuschungsmanöver des MI6 zu seinem Flug nach Schottland veranlaßt worden. Offenbar hatte er dies mit Hitlers Wissen getan – und mit einem ernstgemeinten Friedensangebot vor dem Überfall auf die Sowjetunion im Koffer.

»Sie durften die wichtigsten Teile dieser Akten filmen«, unterstrich Oleg. Seinem Tonfall war eine gewisse Irritation darüber anzuhören, daß ich die Beweiskraft der vor ihm liegenden Akten anzweifelte. Schließlich stimmten sie, wie ich sehen konnte, mit den Akten in den amerikanischen Archiven ebenso überein wie mit den Geheimdienstberichten der französischen Vichy-Regierung aus der Kriegszeit, die der Roten Armee gegen Ende des Zweiten Weltkriegs in die Hände gefallen waren. Es wäre ziemlich aufwendig gewesen, meinte Oleg, derart alt aussehende Akten zu fälschen, deren einzelne Seiten auch noch handschriftliche Anmerkungen enthielten und die in chronologischer Folge in die vergilbten Einbände geheftet waren.

»Der KGB«, unterbrach ich, »ist für seine erstklassigen Fälschungen berüchtigt.«

»In diesem Fall wäre das völlig unmöglich«, widersprach Oleg. Rein technisch wäre es zwar durchaus machbar gewesen, doch war dies, wie ich schließlich zugeben mußte, angesichts der damaligen politischen Situation reichlich unwahrscheinlich. Abgesehen von dem riesigen zeitlichen und technischen Aufwand, der für eine solche Fälschung erforderlich gewesen wäre, hätte es auch dem neuen sowjetischen Image der Offenheit schwersten Schaden zugefügt, ausgerechnet zu diesem Zeitpunkt mit der Herstellung historischer Fälschungen zu beginnen, deren einziger Zweck darin bestanden hätte, mich und mein neues Buch zu diskreditieren.

Nach Beendigung der Filmaufnahmen wies ich Oleg darauf hin, welche Ironie es doch war, daß ich nun im KGB-Hauptquartier die Glaubwürdigkeit sowjetischer Dokumente – einschließlich eines gestohlenen britischen MI6-Berichts – in Frage stellte, während meine eigene Regierung sich grundsätzlich weigerte, überhaupt irgendwelche Geheimdienstberichte herauszugeben. Weiterhin erklärte ich ihm, daß ich mit einer sehr skeptischen Reaktion auf mein Buch rechnete, da die britische Regierung niemals eine Freigabe der MI6-Akten erlauben würde, die die Echtheit des Dossiers »Schwarze Bertha« endgültig bestätigen könnten. Das entsprechende britische Gesetz, der *Official Secrets Act*, war trotz seiner jüngsten Äußerung noch immer speziell darauf ausgerichtet, den vertraulichen Charakter sämtlicher Geheimdienstakten zu wahren.

Wie von mir vorhergesagt, wurde die Glaubwürdigkeit der KGB-Akten als zuverlässige historische Quelle drei Monate später – unmittelbar nach Veröffentlichung von *Ten Days to Destiny* in Großbritannien – sofort angezweifelt. Auch in der *Times* stand bald zu lesen, der KGB habe »bezüglich des geheimnisvollen Fluges gelogen«, als er behauptete, der Duke of Hamilton habe mitgeholfen, Heß nach Schottland zu locken. Olegs geplanter Besuch in London, wo er persönlich die KGB-Dokumente hatte erläutern wollen, mußte abgesagt werden, nachdem man ihm ein Visum verweigert hatte. Danach interviewte ihn die BBC live von Moskau aus im Rahmen einer Sendung, in der auch Ausschnitte meines Films von ihm gezeigt wurden, in dem er die Bedeutung des in der Akte »Schwarze Bertha« enthaltenen Materials erklärte. Die Veröffentlichung meines Briefes, in dem ich auf die Ungereimtheiten der britischen Position hinwies, hatte einen etwa einen Monat andauernden Austausch von Leserbriefen zur Folge, der mit Olegs Appell an den MI6 endete, endlich die relevanten Akten über Heß freizugeben. Dies war der erste – und wie sich herausstellen sollte, auch der letzte – Brief eines KGB-Mannes aus dem Lubjanka-Hauptquartier, der in der Zeitung je veröffentlicht wurde.

Die öffentliche Diskussion veranlaßte die britische Regierung, eine Überprüfung der unzähligen Heß-Akten anzuordnen, die noch immer der Geheimhaltung unterliegen. Die ein Jahr darauf veröffentlichte Dokumentation enthielt jedoch nicht Mortons Bericht über seine Gespräche mit Hitlers Stellvertreter, den ich sowohl aus den amerikanischen Archiven als auch aus denen des KGB erhalten hatte. Die offiziellen Versicherungen, denen zufolge nichts zurückgehalten werde, was die sowjetischen und amerikanischen Berichte über Heß bestätigen würde, konnten die Dokumente selbst nicht ersetzen.* Wenn es wirklich keine Verschwörung gab – was hält die britische Regierung dann davon ab, die entsprechenden Dokumente auf den Tisch zu legen und so die sowjetische Version zu widerlegen?

Man kann es als eine bedauerliche Ironie der Geschichte ansehen, daß das Ende des kalten Krieges ausgerechnet in der UdSSR zu einer Offenlegung der Geheimdienstakten aus der Kriegszeit geführt hat, während anderseits die britische Regierung entschlossener denn je scheint, die Wahrheit der Geschichte von Rudolf Heß auch weiterhin als Staatsgeheimnis zu behandeln.

Die Kontroverse, die das Heß-Dossier des KGB auslöste, schien nur ein Vorgeschmack auf das, was Oleg und ich bei Durchführung des Orlow-Projekts zu erwarten hatten. Wir mußten deshalb, wie ich ihm zu erklären versuchte, der unangenehmen, aber unvermeidlichen Tatsache ins Auge sehen, daß nach 75 Jahren der Konfrontation zwischen der Sowjetunion und dem Westen alle Dokumente aus den KGB-Archiven unweigerlich auf Mißtrauen stoßen würden. Im Gegensatz zu Akten, die von der britischen oder amerikanischen Regierung freigegeben und meist unhinterfragt akzeptiert werden, nimmt man im Westen Akten aus sowjetischen Quellen eher skeptisch auf. Besonders in Großbritannien scheint der Glaube vorzuherrschen, daß sowjetische Geheimdienstakten samt und sonders bestenfalls als Desinformation eingestuft werden können – und schlimmstenfalls als geschickte Fälschungen, die darauf angelegt sind, den kalten Krieg mit anderen Mitteln weiterzuführen. Die unterschiedlichen Maßstäbe, die man an die Heß-Akten anlegte, waren nach Jahrzehnten »aktiver Maßnahmen« der Sowjets auf diesem Gebiet auch nicht weiter verwunderlich. Unbestreitbar ist schließlich, daß der KGB und seine Vorgänger auf eine lange und reichlich anrüchige Geschichte der Verbreitung von Fälschungen zurückblickt, die darauf

---

* Ein hoher Beamter des britischen Außenministeriums, mit dem ich 1991 in brieflichem Kontakt stand, zweifelte in einem Telefongespräch sogar die Version des amerikanischen Militärattachés von Major Mortons Bericht an. Er gab zwar nicht zu, daß das Original noch existieren könnte, lehnte jedoch jeden Kommentar auf meine Frage ab, warum denn die zeitgenössische Akte nicht freigegeben werden könne, falls das amerikanische Dokument tatsächlich die Wahrheit verzerre.

abzielten, den Westen zu täuschen. Das jüngste Beispiel hierfür war der Versuch des sowjetischen Geheimdienstes, die Welt davon zu überzeugen, daß der Abschuß eines koreanischen Passagierflugzeugs im Jahre 1983 die Folge einer absichtlichen, von den USA provozierten Verletzung des sowjetischen Luftraums war. Doch ob es nun um das Schicksal von Flug 007 ging oder um die Lüge, daß nicht die Rote Armee, sondern die Deutschen für das Massaker an polnischen Offizieren im Wald bei Katyn im Jahre 1941 verantwortlich war, oder auch um die ausgeklügelten Täuschungsmanöver der Operationen *trest* und *sindikat* in den zwanziger Jahren – in jedem Fall fordert die sowjetische Darstellung der Vergangenheit Vorsicht und Mißtrauen geradezu heraus.

Dieses unselige Erbe des Mißtrauens abzubauen, war eines unserer Hauptanliegen beim Schreiben des Orlow-Buches. Um dieses Problem ging es auch, als Oleg im Juni 1991 nach New York kam, um das Projekt mit potentiellen Verlegern zu diskutieren und sich wegen der Freigabe der Heß-Materialien in *Ten Days to Destiny* an das National Intelligence Security Center (NISC) zu wenden. Aus diesem Grund hatten wir uns entschieden, das Orlow-Projekt bei einer Pressekonferenz in Washington anzukündigen. Dabei mußten zwangsläufig Fragen auf den Tisch kommen, die Oleg Gelegenheit boten, öffentlich die Entscheidung des KGB zu erläutern, den Historikern bislang unzugängliches historisches Beweismaterial zur Verfügung zu stellen. Da eine vollständige Freigabe sämtlicher Geheimdienstakten niemals möglich sein kann, stellte sich natürlich gleichzeitig die Frage, inwieweit eine solche begrenzte Freigabe zu einem ernsthaften und wissenschaftlich fundierten Versuch beitragen konnte, die bis dahin vorliegenden historischen Erkenntnisse zu korrigieren. Der Einwand, daß der KGB womöglich nur eine sorgfältig kontrollierte und selektive Freigabe gewisser Akten beabsichtigte, um seine eigene Vergangenheit in einem positiveren Licht erscheinen zu lassen, war auch bei einem nichtöffentlichen NISC-Treffen mit amerikanischen Geheimdienstveteranen sowie bei unseren persönlichen Begegnungen Gegenstand lebhafter Diskussionen. Im Verlauf intensiver Gespräche kamen wir zu dem Ergebnis, daß die Entscheidung der Sowjets, Akten ihres Geheimdienstes zu veröffentlichen, im Prinzip begrüßenswert sei, im einzelnen jedoch genau überprüft werden müsse. In diesem Sinne äußerten eine Reihe prominenter Mitglieder des NISC ihr persönliches Interesse daran, bei der Beurteilung des Projekts behilflich zu sein.

Als wir uns dann bei Random House mit den Leuten von Crown trafen, die großes Interesse an unserem Gemeinschaftsprojekt bekundet hatten, zeigte sich James Wade, der hochgeschätzte Herausgeber einiger meiner früheren Bücher, überzeugt davon, daß die Glaubwürdigkeit des Orlow-Buches von der Mitarbeit amerikanischer Geheimdienstexperten nur profitieren konnte. Gleichzeitig waren wir uns natürlich darüber im klaren, daß selbst diese ehemaligen Offiziere von der Spionageabwehr der CIA, die ihre ganze Karriere lang mit dem KGB im Clinch gelegen hatten, trotz ihrer unbestrittenen Sachkenntnis nicht dafür garantieren konnten, daß das sowjetische Material aussagekräftig genug und vor allem nicht frisiert war. Doch allein schon das Bewußtsein, daß ihr Rat willkommen war, sollte, so hoffte ich, verhindern, daß man mich mit Teilwahrheiten oder absichtlich falschen Darstellungen irreführte. Etliche Veteranen, die wir damals und auch später noch konsultierten, hatten den Autoren gegenüber den Vorteil, die noch immer geheimgehaltenen Orlow-Akten der CIA zu kennen oder gar persönlich an seinen Verhören beteiligt gewesen zu sein. Aus diesem Grund gaben sie sich zunächst natürlich ausgesprochen skeptisch, als wir behaupteten, daß Orlow sich nie wirklich vom Kommunismus abgewandt hatte. Wir wußten deshalb, daß wir die Nagelprobe bezüglich der Glaubwürdigkeit unseres Buches erst bestanden hatten, wenn es uns gelungen war, selbst diese hartgesottenen Skeptiker zu überzeugen – zumal wir das FBI bedauerlicherweise nur unter Berufung auf das *Freedom-of-Information*-Gesetz dazu bringen konnten, weniger als die Hälfte ihrer Akten über Orlow herauszugeben, und keine einzige CIA-Akte offiziell freigegeben wurde.

Trotz allem konnten wir schließlich nach gründlicher Abwägung aller Risiken den Vertrag mit Crown unter Dach und Fach bringen. Anschließend kehrte Oleg nach Moskau zurück. Kaum hatte er sich jedoch der Unterstützung der Archivare von Jasenewo versichert und so die Voraussetzungen dafür geschaffen, daß er ungehindert im Register alle Akten heraussuchen konnte, die mit Orlow zu tun hatten, wurden seine Bemühungen im August 1991 durch den Putsch gegen Gorbatschow abrupt unterbrochen.

Als ich von den dramatischen Ereignissen in Moskau erfuhr, griff ich sofort zum Telefon und schaffte es wie durch ein Wunder tatsächlich, zu Oleg durchzukommen. Trotz all der Aufregung klang er sehr gefaßt und versicherte mir, daß unabhängig vom Ausgang des Putsches unser Projekt nicht gefährdet sei, da er bereits genügend Akten im Safe seines Büros in der Lubjanka habe, um mit einer russischen Fassung der zentralen Kapitel des Buches zu beginnen, die von der Anwerbung der Mitglieder des Spionagerings von Cambridge handelten. Mit einem geheimnisvollen Unterton in der Stimme empfahl er mir, in die westliche Berichterstattung von den aktuellen Ereignissen nicht allzuviel hineinzuinterpretieren, doch weder ich noch unser Verleger in New York, den ich sofort über Olegs Kommentar informierte, setzten zu diesem kritischen Zeitpunkt noch große Hoffnungen in die Zukunft unseres gemeinsamen Projekts.

Dennoch beruhigte es uns ein wenig, daß unser Kontakt mit Oleg nicht abriß, als vor der Lubjanka der Sturm losbrach und die Massen Dserschinski vom Sockel stießen. Aus der Tatsache, daß die kommunistischen Hardliner im Politbüro, die hinter dem Staatsstreich standen, nicht einmal in der Lage gewesen waren, die Telefonleitungen ins Ausland zu unterbrechen, schöpften wir die Zuversicht, daß die Verschwörung womöglich weder so umfassend noch so gut organisiert war, geschweige denn so viel Unterstützung fand, wie wir aufgrund der ersten Meldungen befürchtet hatten. Als Krjutschkow und die anderen zu der im Fernsehen übertragenen Pressekonferenz auf dem Podium erschienen und die Sowjetbürger aufforderten, Ruhe zu bewahren, während sie selbst schon recht nervös wirkten, wurde uns klar, daß Oleg über das wacklige Fundament, auf dem diese Verschwörung stand, mehr gewußt hatte als wir. Nach 72 Stunden schon waren die Panzer der Roten Armee vom Moskauer Parlamentsgebäude abgezogen und der KGB-Vorsitzende, der unser Buchprojekt abgesegnet hatte, wegen seiner Rolle an der Spitze des gescheiterten Putsches festgenommen worden. Seine Inhaftierung war der Anfang vom Ende des KGB. Der einst unangreifbare Staatssicherheitsapparat wurde aufgelöst, nachdem Boris Jelzin aus dem Putsch als triumphaler Retter Gorbatschows hervorgegangen war, und in den »Zentralen Geheimdienst« der »Föderation Sozialistischer Staaten« umbenannt – wie der wieder in sein Amt eingesetzte Präsident das neue Staatenbündnis zunächst bezeichnete.

Im Gefolge des fehlgeschlagenen Staatsstreichs mußte sich Oleg zunächst mit einem ganzen Heer westlicher Korrespondenten herumschlagen, da sein Name nach seinem USA-Besuch in amerikanischen Pressekreisen mittlerweile einen gewissen Bekanntheitsgrad erlangt hatte. Irgendwie schaffte er es in all dem Trubel dennoch, am Ball zu bleiben und jede freie Minute zum Recherchieren und Schreiben zu nutzen. Anfang Oktober traf er dann auf der Internationalen Frankfurter Buchmesse mit den ersten Rohfassungen mehrerer Kapitel und einem beeindruckenden Berg neuer Dokumente ein. Die Buchmesse fiel mit der Auflösung des KGB durch den sowjetischen Kongreß zusammen. Dies steigerte natürlich das Interesse an unserem Projekt, und schon nach zwei Tagen war der Verlag Paul Zsolnay aus dem zähen Ringen mehrerer angesehener deutschsprachiger Verlage um das Copyright der deutschen Ausgabe als Sieger hervorgegangen.

Das Orlow-Buch machte Ende des Jahres weitere Fortschritte. Der Zentrale Geheimdienst hatte mittlerweile eine weitere Umbildung erfahren. Die inneren und äußeren Operationen des ehemaligen KGB waren voneinander getrennt worden, und Oleg wurde stellvertretender Leiter des Pressebüros des neugeschaffenen Russischen Geheimdienstes. Diese Organisation, die etwa der CIA oder dem MI6 entspricht, war fortan für geheimdienstliche Operationen im Ausland zuständig, und der größte Teil des Personals der ehemaligen Ersten Hauptverwaltung (EHV) des KGB wurde Jewgeni Primakow unterstellt, der bis dahin Gorbatschows Sonderbotschafter im Nahen Osten gewesen war.

Die neue Leitung gab nicht nur die Zustimmung für Olegs weitere Zusammenarbeit mit mir, sondern beauftragte ihn auch, die Möglichkeiten für weitere Bücher auszuloten, die auf historischen Geheimdienstakten beruhten. Das vorliegende Buch wurde auf diese Weise zum Modell für eine einzigartige Zusammenarbeit mit dem Ziel, sowohl russischen Historikern als auch ihren westlichen Kollegen Material aus den Geheimdienstarchiven des KGB zugänglich zu machen – ein für einen Geheimdienst, der ja seiner Definition nach auf Geheimhaltung angewiesen ist, beispielloser Vorgang. Diese grundlegende Problematik erkannte schließlich im Sommer 1992 auch das russische Parlament, als es in der Verfassung verankerte, daß das EHV-Archiv vom Prinzip der freien Verfügbarkeit von Informationen ausgenommen sein sollte, das ansonsten den Zugang zu den anderen staatlichen Archiven der ehemaligen UdSSR garantiert – einschließlich der sogenannten Rehabilitations-Akten der inneren Organe des KGB, die nun dem Sicherheitsministerium unterstellt sind.

Zur gleichen Zeit trafen sich im Juni 1992 Vertreter des russischen Geheimdienstes, des Verlagshauses Crown Publishers, des NISC und des John M. Olin Institute for Strategic Studies an der Harvard University in Washington, um die Öffentlichkeit über diese bahnbrechende Zusammenarbeit zu informieren. Daß über ein so einzigartiges Unternehmen eine Übereinkunft erzielt werden konnte, lag zu einem großen Teil am Orlow-Projekt, das mittlerweile kurz vor der Fertigstellung stand; es hatte den Beweis erbracht, daß es durchaus möglich war, die gegensätzlichen Interessen der Historiker und der Geheimdienstler selbst in einer so sensiblen Angelegenheit wie der kontrollierten Freigabe von Geheimakten des KGB in den Dienst eines gemeinsamen Ziels zu stellen.

Paradoxerweise hatte sich mittlerweile herausgestellt, daß die Bedenken des russischen Geheimdienstes genau dieselben waren wie die der CIA. Beide waren weniger um die Wahrung der technischen, militärischen und politischen Geheimnisse besorgt, die sie sich mit Hilfe ihrer Spionagenetze beschafft hatten, sondern vielmehr um die Geheimhaltung der Identität ihrer Informanten und der Methoden, mit denen ihre Agenten die betreffenden Informationen erhalten und weitergegeben hatten. Sie fürchteten ganz einfach, die Beschaffung von Informationen könnte in Zukunft schwieriger werden, wenn sie ihre Methoden oder die Namen potentieller Informanten offenlegten. Ein gewisses Maß an Vertraulichkeit zwischen den einzelnen Staaten ist in diesem Geschäft nicht zu vermeiden, wie Oleg in einem Interview mit der *Prawda* sehr prägnant erklärte: »Welcher Staat oder welcher Politiker wird es wagen, vertrauliche Gespräche mit russischen Politikern zu führen, wenn er nicht sicher sein kann, ob der Inhalt ihres Gesprächs nicht womöglich in zwei oder drei Jahren oder gar schon in wenigen Monaten an die Öffentlichkeit gelangt?«

Genau dieselbe Begründung für die Geheimhaltung der Identität von Informanten gab mir der Chef der Spionageabwehr des FBI. CIA und FBI berufen sich auf Abschnitt B (1) des *Freedom-of-Information*-Gesetzes, wenn sie bei der Freigabe von Dokumenten selbst die Namen verstorbener Informanten löschen, um deren noch lebende Familienangehörigen nicht zu kompromittieren. Möglich wird dies aufgrund einer Bestimmung, nach der es diesen Organisationen überlassen wird, »operative« Informationen »im Interesse der nationalen Verteidigungs- oder Außenpolitik« geheimzuhalten. Während jedoch das *Freedom-of-Information*-Gesetz den Bundesbehörden lediglich erlaubt, sensible amerikanische Geheimdienstdokumente nach strengen Regeln zu zensieren, wobei jede einzelne Zensurmaßnahme schlüssig begründet werden muß, unterliegen Informationen wie etwa Berichte des MI5 oder MI6, die den Amerikanern von den Briten zur Verfügung gestellt werden, einer gesonderten Vereinbarung zwischen Großbritannien und den Vereinigten Staaten, derzufolge sie uneingeschränkt geheimgehalten werden dürfen. Derart generelle Beschränkungen des freien Zugangs zu Informationen machen es häufig unmöglich, eine Spur weiterzuverfolgen, während bei der inneramerikanischen Zensur immerhin die Titelblätter und viele andere Teile eines Dokuments eingesehen werden können, so daß der Leser gewisse Rückschlüsse darauf ziehen kann, was sich unter den geschwärzten Stellen verbergen könnte. Mit Ausnahme einiger MI5-Berichte, die ich in den Akten der US-Botschaft in London entdeckte, kommt es nur äußerst selten vor, daß einem britischen Zensor versehentlich einmal ein Geheimdienstbericht »durchrutscht« und anschließend in die frei einsehbaren Akten gelangt.

So begrenzt und selektiv unser Zugang zu Archivmaterial des KGB gezwungenermaßen auch war – nun, da uns ein breites Spektrum an sowjetischen Primärquellen zur Verfügung steht, hat er uns nichtsdestoweniger eine neue Tür zur Geschichte der Geheimdienste geöffnet. Zum ersten Mal haben wir Einblick in das, was während des Krieges der Geheimdienste im zwanzigsten Jahrhundert im ehemals feindlichen Lager vor sich ging. Endlich sind wir nicht mehr nur auf Spekulationen darüber angewiesen, was in den Führungsebenen der Lubjanka im einzelnen abgelaufen sein mag, und endlich müssen wir uns nicht mehr auf die lückenhaften Erinnerungen von KGB-Überläufern verlassen, die zuweilen wohl mehr zu wissen vorgaben, als sie tatsächlich wußten, um sich im Westen einzuschmeicheln.

Unser Buch basiert auf wörtlichen Zitaten aus Zusammenfassungen der zeitgenössischen Akten, über deren Existenz man früher nur auf der dürftigen Grundlage selektiver Reflexionen im Zerrspiegel der »offiziellen« sowjetischen Geschichtsdarstellung spekulieren konnte. Was die Glaubwürdigkeit der hier aufgeführten Dokumente anbelangt, so konnten die in einigen KGB-Akten enthaltenen Informationen anhand von Vergleichen mit ehemals geheimen Akten der britischen Regierung überprüft werden. So war es beispielsweise möglich, die Kopien der Akten, die Donald Mclean im Auftrag Moskaus fotografiert hatte, mit den Original-Akten im Public Records Office abzugleichen.

Es wird natürlich immer Skeptiker geben, die grundsätzlich sämtlichen freiwillig herausgegebenen sowjetischen Dokumenten ihre Echtheit abstreiten – eine Haltung, die angesichts der unumstößlichen Beweise (etwa Macleans Berichte über Entscheidungen des britischen Kabinetts vor 1936 oder der Bericht Mortons über Heß aus dem Jahr 1941, der mit dem entsprechenden Report in den amerikanischen Geheimdienstarchiven übereinstimmt) mittlerweile rational kaum mehr nachvollziehbar ist. Selbstverständlich liegt es in der Natur geheimdienstlicher Vorgänge, daß sie nie lückenlos zu überprüfen sind – vor allem, solange die Briten darauf bestehen, daß ihre Akten bis in alle Ewigkeit geheim bleiben müssen. Die im Laufe des vergangenen Jahrzehnts erfolgte allmähliche Freigabe der meisten amerikanischen Geheimdienstakten aus der Zeit des Zweiten Weltkriegs sowie der nun mögliche kontrollierte Zugang zu den KGB-Archiven eröffnen uns inzwischen jedoch die Möglichkeit, das große Puzzle der Geheimdienstgeschichte des 20. Jahrhunderts Stück für Stück zusammenzusetzen.

Gerade das Orlow-Projekt bot eine optimale Gelegenheit, einen nicht unerheblichen Ausschnitt aus dieser Geschichte darzustellen, da Orlows aktive Karriere als Offizier des sowjetischen Geheimdienstes und sein Wissen über dessen Operationen und Agenten den gesamten Zeitraum vom Aufbau von Dserschinskis Tscheka bis zum Beginn des Zweiten Weltkriegs umfaßt. Aus diesem Grund kamen Oleg und ich zu der Überzeugung, daß es im Interesse eines abgerundeten Bildes sinnvoll ist, hier und da über Orlows persönliche Geschichte hinauszugehen und zusätzliches dokumentarisches Material aus den sowjetischen Quellen in dieses Buch mit einzubeziehen. Dazu gehören die Operation *trest* und das Schicksal von Sidney Reilly, die Entstehung der Berliner Sektion der Roten Kapelle (von der man bislang annahm, daß sie von der Roten Armee gesteuert wurde) sowie die Geschichte der ersten Erfolge der »drei Musketiere« aus Cambridge, deren Anwerbung und erste Operationen Orlow persönlich überwacht hatte.

Historiker verfügen im Idealfall über unbeschränkten Zugang zu den entsprechenden Archiven. Ein Außenstehender kann jedoch über die historischen Akten des russischen Geheimdienstes ebensowenig frei verfügen wie über die der CIA, weil sie als wichtiger Bestandteil von deren operativer Datenbasis gelten. Während ich jedoch mit Hilfe meiner Kontakte zu amerikanischen Geheimdienstkreisen sowie auf der Grundlage des *Freedom-of-Information*-Gesetzes an die amerikanische Seite der Orlow-Geschichte kam, hatte Oleg als aktiver Geheimdienstoffizier die Möglichkeit, alle für seine Nachforschungen erforderlichen Akten des KGB-Archivs einzusehen. Obwohl ich also nicht jede von ihm durchgearbeitete Akte mit eigenen Augen sehen konnte, stammen die in diesem Buch enthaltenen Informationen keineswegs aus zweiter Hand, weil immerhin einer der beiden Autoren das gesamte Material zu Gesicht bekommen hat. Und obwohl nicht jedes Dokument veröffentlicht werden durfte, werden zum Zeitpunkt der Veröffentlichung dieses Werkes Kopien aller für den Text relevanten Dokumente freigegeben.

Im Rahmen unseres Modus operandi mußte Oleg äußerst umfangreiche Nachforschungen in den KGB-Akten durchführen. Da ihm alle erforderlichen Akten zur Verfügung gestellt wurden, läßt sich ohne Übertreibung feststellen, daß vor ihm niemand jemals so freien Zugang zu so vielen Akten gehabt hat. Oleg arbeitete sich immer tiefer in die sowjetischen Dokumente vor, je mehr Fragen sich mir zu dem bereits von ihm gelieferten Material über Orlows Karriere aufdrängten. Dann stellte er die Aufzeichnungen in ihrer Gesamtheit zusammen, bevor wir sie Kapitel für Kapitel durchgingen. Auf diese Weise konnte Oleg immer dann, wenn eine Zensur bestimmter Informationen aus sensiblen Bereichen drohte, seinen Vorgesetzten gegenüber überzeugend darstellen, warum wichtige Informationen unbedingt vollständig und unzensiert in das Buch Eingang finden mußten. Kopien der als Quellen benutzten Dokumente, mit denen die im Text zitierten Passagen verglichen werden konnten, wurden während der Entstehung des Textes übersetzt und mir zur Verfügung gestellt. Infolge meiner Analysen und Vergleiche mit den Informationen in Orlows KGB-Akten und anderen Quellen, einschließlich meiner Gespräche mit amerikanischen Geheimdienstveteranen, mußte Oleg oft noch einmal in die Archive, um neuen Spuren nachzugehen. Im Verlauf dieses Prozesses ergaben sich zahlreiche Fragen, vor allem, wenn die sowjetischen Aufzeichnungen etwas auszulassen oder Orlows Aussagen vor den Amerikanern zu widersprechen schienen. Aus meiner Sicht war das Ganze wie eine ferngelenkte Erforschung der KGB-Archive; ich kam mir vor wie einer, der von der Erde aus über Funk ein auf dem Mond ausgesetztes Fahrzeug dirigiert.

Merkwürdigerweise funktionierte die Kommunikation zwischen dem

Raumfahrtzentrum in Houston und dem Mondfahrzeug vor über zwanzig Jahren bereits besser als die fast täglichen Gespräche mit Moskau im Jahre 1992. Es lag auch nicht nur an den politischen Sachzwängen, die dieses Buch verhindert hätten, bevor die Einführung von Telefaxgeräten und Expreß-Kurierdiensten per Flugzeug die zwischenstaatliche Kommunikation weltweit revolutionierten. In den anderthalb Jahren der Entstehung dieses Buches haben wir über hundert Stunden miteinander telefoniert und kiloweise Papier zwischen den Vereinigten Staaten und Rußland hin und her geschickt. Die Zusammenarbeit verlief überraschend glatt – dank Olegs unendlich geduldiger Arbeit mit seinen Kollegen vom Archiv, die offensichtlich voll und ganz hinter dem Projekt standen. Was die FBI- und CIA-Akten über Orlow angeht, so konnte ich leider nicht mehr als die Hälfte der vorhandenen Akten einsehen; der Rest wurde mir trotz wiederholter Anfragen und Verweise auf das *Freedom-of-Information*-Gesetz vorenthalten. Aufgrund zweier überraschender Glücksfälle gelang es mir dennoch, den Inhalt der fehlenden Abschnitte der FBI- und CIA-Akten zumindest teilweise zu rekonstruieren.

Mein erster Durchbruch gelang, als ich auf ein vollständiges Register der Hauptakte über Orlow stieß, das in der FBI-Version zensiert worden war, mir aber im Archiv des Geheimdienstes der US-Armee in Fort Meade in voller Länge kopiert zur Verfügung gestellt wurde. Der zweite Glücksfall stellte sich ein, als sich in Berichten über Befragungen Orlows und in der Korrespondenz der CIA mit der französischen Spionageabwehr aus dem Jahr 1965 ausführliche Hinweise auf den Inhalt der – noch immer als geheim eingestuften – CIA-Akte über Orlow fanden. Diese Informationen wurden mir von einem vertrauenswürdigen Informanten zugespielt, der aus verständlichen Gründen anonym bleiben möchte. CIA-Veteranen, denen ich diese Berichte der Befragungen Orlows durch die CIA vorlegte, bestätigten mir ihre Echtheit. Dieses französisch-amerikanische Material ist wegen der darin genannten Informanten und Geheimdienstmethoden so brisant, daß es in allen »offiziell« freigegebenen Orlow-Akten stark zensiert ist. Bezeichnenderweise sind solche Streichungen aus »operativen Gründen«, wie aus den in diesem Buch genannten Beispielen hervorgeht, in den entsprechenden sowjetischen Dokumenten weit seltener.

Dort, wo derartige Streichungen erfolgt sind oder bestimmte Quellen oder Fälle aus »operativen Gründen« nicht genannt werden können, haben wir in unserem gemeinsam verfaßten Text unmißverständlich darauf hingewiesen. Oleg hat mir versichert, daß diese Streichungen keine willkürlichen Schikanen darstellen, sondern aus denselben Gründen erfolgt sind wie die in den US-Akten. Im Fall der FBI-Akten war es jedoch häufig möglich, aus dem Zusammenhang der einzelnen Passagen auf das zu schließen, was den Streichungen zum Opfer gefallen war. Viele andere zensurbedingte Lücken konnten anhand der Erinnerungen von Geheimdienstveteranen oder mit Hilfe paralleler, weniger stark zensierter Informationen von anderen Behörden mit relativ hoher Sicherheit aufgefüllt werden. Doch so gut solche Ratespiele auch fundiert sein mögen, die Gefahr, daß man zu zwar durchaus logischen, aber dennoch falschen Schlußfolgerungen gelangt, ist dabei nie ganz auszuschließen. Im Fall der KGB-Archive hingegen weiß mein Mitautor ganz genau, was er nicht hat preisgeben dürfen. Während Oleg also sein Bestes gab, um keine wichtigen Einzelheiten zu verraten, achtete er gleichzeitig darauf, seinen Mitautor vor allzu wilden Spekulationen zu bewahren.

Da es Aufgabe des Historikers und nicht des Zensors ist, darüber zu entscheiden, was historisch bedeutsam ist und was nicht, will ich hier einige Anmerkungen zu diesen ersten Untersuchungen historischer Dokumente des sowjetischen Geheimdienstes machen. Zuallererst möchte ich betonen, daß alle Spekulationen und Schlußfolgerungen in diesem Buch ausschließlich von mir stammen und nicht von meinem russischen Mitautor.

Im allgemeinen konnten sowohl ich als auch diejenigen Mitarbeiter der Geheimdienste der westlichen Alliierten, deren Rat ich in dieser Angelegenheit eingeholt habe, uns von der Objektivität der *komissija po rassekret-schiwaniju materialow raswedki* (»Kommission für die Aufhebung der Geheimhaltung geheimdienstlichen Materials«) überzeugen. Offenbar gab diese Kommission keineswegs nur Dokumente frei, die die positive Seite von Orlows Karriere untermauern. Die Nagelprobe im Hinblick auf seine historische Objektivität bestand das Komitee, nachdem Oleg auf die geheimnisvoll formulierten Berichte Orlows über seine *liter*-Operationen zur Liquidierung der marxistischen Opposition in Spanien gestoßen war. Obwohl diese Dokumente beweisen, daß Orlow in Spanien auch als Henker der NKWD fungiert hatte, beschloß die Kommission die Freigabe der Dokumente, um endlich die über ein halbes Jahrhundert alte Kontroverse um Nins Tod zu beenden. Da Orlow die diesbezüglichen Vorwürfe gegen ihn immer als trotzkistische Machenschaften hingestellt und wiederholt unter Eid beschworen hatte, daß er nie an solchen Hinrichtungen beteiligt gewesen war, hätten die Russen diese Information ohne weiteres für sich behalten können. Dennoch taten sie dies nicht, obwohl die Freigabe der betreffenden Dokumente einen schweren Schatten auf Orlows Charakter warf und eine weitere blutige Episode der Stalinzeit aufdeckte.

Diese Entscheidung, Oleg die Veröffentlichung der Beweise für Orlows Beteiligung an den Liquidierungen zu erlauben, die er in der Akte mit der Korrespondenz der spanischen Residentur gefunden hatte, macht deutlich, daß der russische Geheimdienst nicht die Absicht hatte, historische Akten geheimzuhalten, um unangenehme Fakten zu verschleiern. Für den Historiker in mir war diese Entscheidung von grundlegender Bedeutung. Sie begründete meine Überzeugung, daß die Kriterien des russischen Geheimdienstes bei der Freigabe von Informationen durchaus konsequent angewandt werden. In diesem Glauben bestärkt mich auch die Entscheidung, eine erhebliche Zahl operativer Akten zu veröffentlichen, zu denen auch viele von Orlows handschriftlichen Berichten über die Anwerbung der Gruppe von Cambridge, ihre psychologischen Profile und die zwischen der Zentrale und ihren Agenten gewechselten Kabeldepeschen gehören. Die Russen gaben auch Fotos von jeder einzelnen Seite von Orlows amerikanischem Reisepaß mit seinen vielsagenden Ein- und Ausreisestempeln frei sowie Kopien von Aufenthaltsgenehmigungen und anderen »operativen« Dokumenten, wie sie von amerikanischen Geheimdiensten nie veröffentlicht worden wären. Weiterhin gewährte man uns uneingeschränkte Einsicht in Philbys faszinierende persönliche Memoiren, die wir mit den zeitgenössischen operativen Berichten in seiner Personalakte vergleichen konnten. Die Bandbreite von Dokumenten, die die Russen nicht nur nach eigenem Gutdünken, sondern auf meine Anfragen hin auswählten, ermöglichte uns derart intensive Gegenkontrollen, wie wir sie im Falle der FBI- und CIA-Akten leider nicht anstellen konnten.

Der russische Geheimdienst hat mit diesem Vorgehen eine bis dahin völlig unbekannte Offenheit demonstriert und die Grenzen der Geschichtsschreibung in bezug auf Spionage und Spionageabwehr erheblich ausgeweitet. Geht man die Dokumente von FBI und KGB, auf denen dieses Buch aufbaut, Seite für Seite durch, muß man sogar feststellen, daß der russische Geheimdienst weitaus weniger stark zensiert hat als das FBI. Er hat lediglich aus »operativen Gründen« bestimmte Namen und Operationen getilgt. Dies entspricht voll und ganz der öffentlich bekanntgegebenen Entscheidung des russischen Geheimdienstes, keine Namen von Informanten zu nennen, die entweder noch am Leben oder durch die Spionageabwehr der westlichen Länder noch nicht enttarnt worden sind. Um diese Informanten zu schützen, gab man nur ihre Codenamen frei.

Natürlich läßt man sich als Autor nur allzu leicht dazu verführen, Streichungen oder Auslassungen eine bestimmte Bedeutung beizumessen. Türen mit dem Schild »Eintritt verboten« üben nun einmal einen ganz besonderen Reiz aus – gleichgültig, ob hinter ihnen geheime amerikanische oder sowjetische Akten verborgen sind. Die Tatsache, daß das FBI sämtliche Verhörprotokolle – ausgenommen Orlows Aussagen vor der Einwanderungsbehörde – auch weiterhin unter Verschluß hält, könnte darauf zurückzuführen sein, daß die amerikanische Bundespolizei weder ihre Verhörmethoden preisgeben noch eingestehen wollte, daß es ihr nicht gelungen ist, Orlow zum Reden zu bringen.

In ähnlicher Weise fordert die Entscheidung der russischen Seite, keinerlei Informationen über ihr offenbar sehr umfangreiches, ab 1935 von Orlow geleitetes Spionagenetz in der regierungseigenen Rüstungsfabrik Woolwich Arsenal zu veröffentlichen, Spekulationen geradezu heraus. Ausgehend von den Verweisen auf die darin involvierten Sowjetagenten in den damals in die Vereinigten Staaten geschickten MI5-Berichten, bin ich zu der Schlußfolgerung gelangt, daß die sowjetische Unterwanderung dieses Unternehmens weit umfassender gewesen sein muß, als die Briten jemals herausfanden oder zuzugeben bereit waren. Die sowjetischen Hintermänner wurden bei der Aufdeckung des Spionagerings nie gefaßt, obwohl die Anklage der Spionage gegen die britischen Arbeiter, die den Sowjets geheime waffentechnische Informationen zugespielt hatten, von den britischen Geheimdiensten als großer Erfolg hingestellt worden war. Orlows Berichte von der illegalen Londoner NKWD-Station vom Juli 1935 belegen, daß eines der bekanntesten Mitglieder des Spionagenetzes von Woolwich den deutschen Decknamen NACHFOLGER trug. Geht man davon aus, daß solche Codenamen in der Regel eine Anspielung auf die Identität des betreffenden Agenten enthielten, stellt sich natürlich die Frage nach dem »Vorgänger« von NACHFOLGER. Die Tatsache, daß Orlow auch der Führungsoffizier von drei weiteren, nicht namentlich genannten britischen Rekruten mit dem Decknamen BÄR, ATTILA und PROFESSOR war, läßt den Schluß zu, daß eine vollständige Freigabe der sowjetischen Akten im Fall Woolwich Arsenal der Aufdeckung einer weiteren, bislang unbekannten größeren Operation des sowjetischen Geheimdienstes zur Unterwanderung der britischen Regierung gleichkäme.

Die Existenz einer bislang unbekannten »Gruppe von Oxford«, die parallel zum Spionagering von Cambridge arbeitete, ist der interessanteste Aspekt, der bei der Freigabe der Orlow-Akte zum Vorschein gekommen ist. Wer waren die Mitglieder dieser Gruppe? Fügten die Informationen, die sie nach Moskau lieferten, den Briten ebenso großen Schaden zu wie die von Philby und seinen Mitstreitern? Die Antworten auf diese Fragen liegen noch immer in den sowjetischen Akten verborgen. In einer Hinsicht jedoch waren die Spione von Oxford mit Sicherheit erfolgreicher als ihre Kollegen aus Cambridge: Keiner von ihnen wurde je enttarnt. Ihre Namen und die Daten ihrer Anwerbung finden sich in Arnold Deutschs Geschichte der illegalen Londoner Residentur, für die Deutsch nicht weniger als 17 britische Spione anwarb. Da unter seiner fachmännischen Anleitung Philby, Maclean, Burgess, Blunt, Straight, Long, Cairncross und deren noch nicht identifizierte Kommilitonen mit den Decknamen ABO und MAYOR sich als Spione etablieren konnten, ist anzunehmen, daß er auch als wichtigster Anwerber des Spionagerings von Oxford agiert hat.*

Den sowjetischen Akten zufolge war Deutsch an der Anwerbung von zehn Mitgliedern der Gruppe von Cambridge beteiligt sowie an der Rekrutierung vieler der anderen britischen Agenten, die den Kern der Gruppe von Oxford bildeten, bevor er 1938 gezwungen wurde, England zu verlassen. Den Akten zufolge gab er dem »ersten Mann«, gewissermaßen dem »Philby von Oxford«, den Decknamen SCOTT. Angesichts von Deutschs Neigung, für seine Agenten Kryptonyme zu wählen, die auf ihren jeweiligen Hintergrund verwiesen, ist es nicht ganz unbedeutend, daß im Decknamen dieses in Oxford ausgebildeten sowjetischen Spions, der während seiner ganzen Karriere unentdeckt bleiben konnte und einen wichtigen Posten im Staatsdienst einnahm, zwei »T« enthalten waren. Da die Gruppe von Cambridge hauptsächlich auf Leute wie Maclean und Cairncross abzielte, ist wohl anzunehmen, daß auch einige der sechs Gründungsmitglieder des Spionagerings von Oxford für eine spätere Karriere im diplomatischen Dienst vorgesehen waren.

Stalins »Maulwürfe« in Oxford müssen deshalb dieselben Tunnel unter die britische Regierung gegraben haben wie ihre Zeitgenossen aus Cambridge. Da es im Rahmen des Orlow-Projekts jedoch nie meine Absicht war, mich den »Maulwurfsjägern« anzuschließen, habe ich bewußt darauf verzichtet, in unser Buch eine kurze Liste der in der zweiten Hälfte der dreißiger Jahre in Oxford immatrikulierten Studenten einzufügen, anhand derer SCOTT oder seine Genossen aufgespürt werden könnten. Die meisten von ihnen haben ohnehin die Geheimnisse ihrer Arbeit für Moskau längst mit ins Grab genommen. Falls jedoch der russische Geheimdienst eines Tages auch diese Akten freigeben sollte, dann sicher nicht, um längst Verstorbene postum als Landesverräter zu entlarven, sondern um zu zeigen, inwieweit sie durch die Weitergabe von Staatsgeheimnissen an die Sowjets den Lauf der Geschichte beeinflußt haben. Selbst wenn bis heute nicht bekannt wäre, daß Maclean bereits 1936 ein Sowjetagent war, könnte man anhand der Berichte in seiner Akte beim russischen Geheimdienst die Spur der britischen Regierungsdokumente weit genug zurückverfolgen, um ihn und diejenige Abteilung des Außenministeriums zu identifizieren, für die er einst arbeitete.

Einer der interessantesten Hinweise aus dem Orlow-Dossier des KGB findet sich in der »Schadensabschätzung« von 1964, in der der flüchtige General schließlich vom Vorwurf des Verrats freigesprochen

---

* Bezeichnend ist, daß er in seiner Geschichte Goronwy Rees als Mitglied der »Gruppe von Cambridge« definierte. Dies kommt daher, daß der walisische Sozialist, obwohl er selbst in Oxford studierte, 1936 auf Empfehlung seines engen Bekannten Guy Burgess angeworben wurde.

wurde. In diesem Papier heißt es, daß Agenten, deren Namen Orlow »sehr gut kannte«, vom Zeitpunkt seines Auftauchens in den Vereinigten Staaten im Jahre 1953 »bis zu ihrer Exfiltrierung in die UdSSR« im Jahre 1963 weiter für den sowjetischen Geheimdienst gearbeitet hätten. Da die einzig bekannte »Exfiltrieung« die von Philby 1963 gewesen ist, muß man wohl davon ausgehen, daß ihm andere britische Genossen nach Moskau folgten, deren Namen durchaus in den Immatrikulationsverzeichnissen der Universität Oxford von 1938 zu finden sein könnten.

John Costello
London, New York, Moskau, Februar 1993

Ausschnitt aus der Befragung Alexander Orlows 1965

Der folgende Text gibt eine der Zusammenfassungen von Orlows Aussagen wieder, die er während der Befragung vom April 1965 machte. Es handelt sich um die Dallins, und das Dokument bildet einen Teil der Memoranden für die Akte (in englischer Sprache), die mit keiner Sicherheitsklassifizierung versehen ist. Sie behandelt eine Reihe von Themen, über die Orlow befragt wurde und zeigt parallel dazu in Französisch seine Antworten auf detaillierte Fragen über sein *Handbook of Intelligence and Guerilla Warfare*. Die Mappe beinhaltet eine Durchschrift von Danksagungen in Französisch, adressiert an »Dear Jim«, was darauf hindeutet, daß der Urheber der Dokumentation wahrscheinlich James Angleton, der damalige Chef des Abwehrdienstes der CIA war. Derjenige, der für die Dokumentationsmappe Akten aus der französischen DST-Spionageabwehr zur Verfügung gestellt hat, möchte anonym bleiben. Die Dokumente werden als ORLOW-DST-Akte bezeichnet.

Daß der Name des Informanten bei jeder Nennung zensiert ist, weist auf den Ursprung der englischen Memoranden hin. Sowohl aus dem Kontext als auch aus einem Vergleich mit Orlows Aussage vor dem Unterausschuß des Senats für Innere Sicherheit geht deutlich hervor, daß es sich bei dem gestrichenen Namen um den von Orlow handelt – er wurde im folgenden jedesmal in eckigen Klammern hinzugefügt. (Syntaktische und orthographische Ungenauigkeiten im folgenden Text entsprechen denen der Originaldurchschrift, die im Besitz des Autors ist.)

Thema: *David und Lidja Dallin*
  Quelle: [Orlow]
  Datum: 15.–16. April 1965

1. [Orlow] faßte seine Enttarnung von Sborowski & Etienne & Mark zusammen. Er gab an, er glaubte vor kurzem einen Hinweis gesehen zu haben, daß Sborowski nach Beendigung seiner Haftzeit entlassen

worden sei. [Orlow] war der Meinung, daß sowohl David als auch Lidja Dallin durch die Aktivitäten Sborowskis, wissentlich oder unwissentlich, bloßgestellt worden waren; daß sie, wissentlich oder unwissentlich, dazu beigetragen hatten, daß Sborowski seine Karriere als sowjetischer Agent in Europa in den USA fortsetzen konnte, daß sie sich jahrelang bemüht hatten, seine Enttarnung zu verhindern, und daß sie erst in dem Moment eine aktive Rolle bei Sborowskis Enttarnung übernahmen, als sie merkten, daß Yaseen etwas gegen ihn in der Hand hatte.

2. Die wesentliche Anschuldigung [Orlows] gegenüber den Dallins besteht im zeitlichen Ablauf ihrer Handlungsweise. Der Kern von [Orlows] Aussage ist, daß erst nachdem er Sborowski vor dem US-Anwalt in New York als »MARK« identifiziert hatte, die Dallins bereit waren, vor dem Senatsausschuß auszusagen. Er betrachtet die Wahl dieses Zeitpunkts als direkten oder indirekten Beweis ihrer Mittäterschaft.

3. [Orlow] erzählte detailliert, wie er im Jahre 1937, als er von Spanien zur Pariser Residentur gereist war, an die Information über »MARK« kam. Er ging in Kislows Büro und traf diesen dort beim Lesen eines Kontaktberichtes von einem Führungsoffizier der Residentur. Kislow reichte ihm die Akte mit dem neuesten Bericht obenauf zum Lesen. [Orlow] blätterte alle Berichte durch. Er erinnerte sich, daß der letzte von Ereignissen handelte, die in einer Pariser Klinik stattfanden, wo Trotzkis Sohn Sedow wegen einer Unterleibskrankheit behandelt wurde. Er erinnerte sich insbesondere an das Detail, daß Lidja Dallin Sedow eine Apfelsine gebracht hatte. In dem Aktenmaterial waren andere Berichte, die darauf hinwiesen, daß der Agent »MARK« den Diebstahl der Akten von Trotzki organisiert hatte.

4. Der zuständige Offizier betrat das Zimmer, um sich die Akte wiederzuholen und sah, daß [Orlow] gerade dabei war, sie zu lesen. Später trafen sie sich zufällig im Korridor oder Vorraum wieder. [Orlow] hatte in Paris einige Einkäufe für sich persönlich und für seine Gruppe in Spanien zu erledigen. Kislow hatte den für »MARKS« Fall zuständigen Offizier angewiesen, [Orlow] dabei behilflich zu sein. Als sie sich in der Botschaft trafen, erklärte ihm der Offizier, daß er die Person aus jener Akte kontaktieren müsse und fragte [Orlow], ob er ihn begleiten wolle und sie danach ihre Einkäufe fortsetzen könnten. [Orlow] begrüßte diesen Vorschlag, weil ihm das die Möglichkeit bot, »MARK« zu sehen. Er ging mit und beobachtete das Treffen zwischen dem Führungsoffizier und »MARK«, das in einem kleinen öffentlichen Park stattfand. [Orlow] gelang es, sich »MARKS« Äußeres gut einzuprägen. Er schrieb daraufhin einen anonymen Brief in Druckbuchstaben, adressiert an

Trotzki in Mexiko Stadt, und warnte ihn vor einem sowjetischen Spitzel in seiner Pariser Organisation. (Kommentar: Diese Entwicklung ist wichtig, da sie 1937 stattfand, also fast ein volles Jahr oder zehn Monate, bevor [Orlow] endgültig die Verbindungen in Spanien abbricht.) Barg eine solche Aktion nicht ein zu hohes Risiko? [Orlow] räumte ein, daß dies vielleicht so scheinen könne, wies aber darauf hin, daß er eine Schrift verwendet habe, die seines Erachtens keine Rückschlüsse auf den Schreiber zuließ. Er sagte auch, daß es ihm nie möglich war festzustellen, ob seine erste Warnung Trotzki je erreicht habe und daß es wohl etwas übereilt gewesen sei, die Mitteilung einfach anonym an Leon Trotzki, Mexiko Stadt, zu adressieren und zu erwarten, daß er das Schreiben bekäme, aber er habe damals keine genaue Adresse von Trotzki gehabt.

5. Nach seinem Überlaufen schickte er eine konkretere Warnung; tatsächlich sandte er eine Kopie an Trotzki und die andere an Sedow. Er weiß, daß beide Briefe ankamen, weil die Originale in Harvard im Trotzki-Archiv liegen. Und natürlich willigte Trotzki ein, eine Anzeige in der trotzkistischen New Yorker Publikation zu schalten.

6. Da er mit seiner eigenen Zwangslage beschäftigt war, so fuhr [Orlow] fort, wußte er nichts von »MARK« oder seinen Aktivitäten in dem Zeitraum zwischen diesen Ereignissen in den Jahren 1937–1938 und im Jahr 1953 [sic – sollte 1955 sei] an Weihnachten, als infolge von Gesprächen zwischen ihm selbst und Levitas vom *New Leader* ein Treffen zwischen [Orlow] und Dallin im Foyer des Wellington-Hotel in Manhattan arrangiert wurde. Nach der Veröffentlichung von [Orlows] erstem Buch hatten die Dallins ein Gespräch mit Levitas in Bretton Woods, an dem auch Abramowitsch, ein prominenter russischer Sozialdemokrat, teilnahm.

7. Nachdem [Orlow] sich zu »MARK« und dessen Aktivitäten gegen Trotzki geäußert hatte, fragte ihn Abramowitsch, ob er je von einem Mann namens Sborowski gehört habe. Die Frage war aber so gestellt, daß sie zu dem vorher Gesagten keinen Bezug hatte. Der Name sagte [Orlow] nichts, und Abramowitsch riet [Orlow], den Bundesbehörden einen vollständigen Bericht zu geben. Er wiederholte den Namen Sborowski und wies auf die wahrscheinliche Identität von Sborowski und »MARK« hin. Dies war das erste Mal für [Orlow], daß mit dem, was bis zu diesem Zeitpunkt für ihn nur ein NKWD-Kryptonym gewesen war, ein Name in Verbindung gebracht wurde.

8. Beim Treffen im Wellington-Hotel waren die [Orlows] besonders vorsichtig; seine Frau bemerkte eine ihr unbekannte Person im Foyer, kurz bevor David Dallin durch einen Seiteneingang das Hotel betrat. Zum eigenen Schutz zögerte [Orlow] seinen Aufenthalt im Welling-

ton nicht länger hinaus. Nachdem sich jeder der Identität des anderen versichert hatte, brachte er Dallin durch einen anderen Eingang hinaus zu einem Taxi, das Frau [Orlowa]) besorgt hatte, und sie fuhren gemeinsam zu Schrafft's, wo sie ihr Gespräch fortsetzten.

9. Dallin war während des Gespräches zurückhaltend und vorsichtig. Er verriet nicht, daß Sborowski sich in den Vereinigten Staaten aufhielt, obwohl [Orlow] herauszufinden versuchte, wohin »MARK« von Paris aus hingegangen war. Als er ihm indirekt diese Frage stellte, sagte Dallin nur, daß »MARK« zweifellos aus Frankreich herausgekommen sei, vermittelte aber den Eindruck, daß er in Europa geblieben sei. Dallin versuchte [Orlow] davon zu überzeugen, daß es zwei Etiennes gäbe, und daß sie Sborowski und »MARK« deshalb womöglich durcheinandergebracht hätten. [Orlow] war darauf vorbereitet. Es gab in der Tat zwei Etiennes, die als Agenten für die Sowjets arbeiteten. Aber diese Tatsache änderte nichts an der Identifizierung von Sborowski als »MARK«, worauf er Dallin auch hinwies. Dallin schlug vor, sich in seinem Haus im Central Park West zu weiteren Gesprächen zu treffen. Er bot an, dafür Sorge zu tragen, daß seine Frau dabei nicht anwesend sei. [Orlow] reagierte sofort und erwiderte, daß er keinen Grund sähe, warum Frau Dallin nicht anwesend sein sollte.

10. Kurze Zeit später fand das Treffen im Haus der Dallins statt. Frau Dallin wurde vorgestellt, und auch sie versuchte [Orlow] davon zu überzeugen, daß es zwei Etiennes gebe und daß er sie in seinem Kopf irgendwie mit »MARK« durcheinandergebracht hätte. Dallin selbst veranlaßte sie aufzuhören, nachdem [Orlow] andeutete, daß dies nicht von Bedeutung sei. Um Frau Dallin nach der Etienne-Episode festzunageln, sagte [Orlow], er werde ihnen von einem Detail erzählen, von dem er sicher sei, daß es sie überzeugen würde, daß seine Anschuldigungen gegen »MARK« auf Fakten und direkten Informationen beruhten. [Orlow] erzählte ihnen dann die Geschichte mit der Apfelsine aus »MARKS« Bericht, den er während Sedows tödlichem Aufenthalt in der Pariser Klinik angefertigt hatte. Frau Dallin war daraufhin wie gelähmt, weil sie erkannte, daß diese Tatsache sich auf ein Ereignis bezog, an dem sie beteiligt gewesen war. Ihre spontane Reaktion war: »Ich glaube Ihnen jetzt voll und ganz.« Die Sicherheitsabteilung weist darauf hin, daß die leitende Ärztin dieser Pariser Klinik damals die Frau von Frau Dallins Bruder war; Frau Dallin ist eine geborene Ginsburg. Es war eine kleine, schmutzige Klinik, wohin ein Mann in Sedows Zustand nie hätte zur Behandlung gebracht werden dürfen. Nach [Orlows] Meinung war Sedow umgebracht worden.

11. Frau Dallin schlug dann vor, Tee zu trinken, und Frau (Orlowa) ging

mit ihr in die Küche, um sicherzustellen, daß nichts in die Getränke getan wurde. Während der Unterhaltung in der Küche sagte Frau Dallin, anscheinend immer noch unter dem Einfluß der Geschichte mit der Apfelsine, daß ihr Mann schwerwiegende Verantwortung übernommen hatte – auch für sie selbst. Sborowski, sagte sie, sei jetzt in den Vereinigten Staaten, und er sei nur aufgrund ihrer Aussage in das Land gekommen, die sie, wie sie zugab, auf Wunsch ihres Mannes gemacht hatte. Frau (Orlowa) ging sofort ins Wohnzimmer zurück und informierte aufgeregt ihren Mann über die Eröffnung von Frau Dallin, daß »MARK« sich in der Tat in den USA befände.

12. [Orlow] betont die Chronologie und den Ablauf der Ereignisse. Dies war der erste Hinweis, den er auf die Anwesenheit von Sborowski bekommen hatte. Zu Beginn der folgenden Woche ging er zum Generalstaatsanwalt in New York, um seine Informationen über Sborowski dort offiziell zu Protokoll zu geben. Erst danach waren die Dallins bereit, dem Ausschuß des Senats für Innere Sicherheit die Wahrheit zu erzählen. [Orlows] Meinung nach war diese Vorführung arrangiert worden, um sich so schnell wie möglich aus der Affäre zu ziehen. Ermöglicht hatten dies die Sozialrevolutionäre, trotzkistische Elemente, die den US-Behörden gewöhnlich halfen oder vorgaben zu helfen. Was die US-Behörden nicht begreifen, ist, daß diese Sozialrevolutionäre und trotzkistischen Gruppen damals und wahrscheinlich noch immer von den Sowjets durch und durch unterwandert sind.*

13. Die nun folgenden Ereignisse führten ziemlich schnell zu seinem Auftreten vor dem Unterausschuß des Senats für Innere Sicherheit, wo er die Aussagen, die er vor dem Generalstaatsanwalt in New

---

* Die Schwierigkeiten, oder genauer die Vorwürfe, die [Orlow] während der Bearbeitung seiner Unterlagen durch den I&NS zu dieser Zeit gemacht wurden, sowie kleinere Probleme, die bei seinem Einbürgerungsverfahren auftauchten, schreibt [Orlow] den Machenschaften dieser Menschen zu. Es ist unmöglich, den sachlichen Gehalt dieser Anschuldigungen abzuschätzen, aber [Orlow] entwickelt immer noch ein beachtliches Temperament, wenn er auf dieses Thema zu sprechen kommt. Anscheinend war er in seiner Bewegungsfreiheit in New York eingeschränkt, und der I&NS zwang ihn, auf seinen Decknamen zu verzichten, den zu führen ihm 1938 großzügig vom Regierungsbeauftragten und vom Generalstaatsanwalt zugestanden worden war. Es wurde sehr viel Aufhebens darum gemacht, ob die *Swir* tatsächlich, wie [Orlow] behauptete, im Juli 1938 in Antwerpen eingelaufen war. Er sagte, der I&NS habe ihm mitgeteilt, daß die Untersuchung in Belgien seine Behauptung nicht bestätigt habe. Das war absurd. Mit einem Kostenaufwand von einer Luftpostbriefmarke schrieb [Orlow] selbst an die Antwerpener Schiffahrtsbehörde und erhielt eine formale Bestätigung, daß die *Swir* tatsächlich zu der Zeit angekommen war, die Jeschow ihm in seinem Telegramm mitgeteilt hatte. [Orlow] zeigte eine Abschrift dieser Bestätigung vor dem Ausschuß des Senats. Das war wirklich die Krönung! Jeder staunte und befürchtete das Schlimmste, weil [Orlow] in der Lage gewesen war, diese Dokumentation zu sichern!

York und dem FBI gemacht hatte, wiederholte, und zur Verhandlung und Verurteilung von Sborowski selbst.

14. [Orlows] Meinung nach wußte Frau Dallin die ganze Zeit von Sborowskis wahrem Status als sowjetischer Agent und seines Erachtens war sie selbst eine sowjetische Agentin. Während eines ihrer Gespräche hatte [Orlow] sie mit der Frage überrascht: »Kennen Sie Brunn?« Sie reagierte sofort nervös und irritiert und gab zu: »Ja, ich kenne ihn. Er kommt aus derselben Stadt wie ich.« Brunn, sagte [Orlow], war in Paris der zuständige NKWD-Offizier für Emigrantenangelegenheiten und seiner Meinung nach auch der für Lidja Dallin zuständige Führungsoffizier.

15. Dallin selbst, so [Orlow], sei zumindest in Berlin ein sowjetischer Agent gewesen. Basarow war der für ihn zuständige Führungsoffizier. Vielleicht habe Dallin zu der Zeit noch nicht für die Sowjetunion gegen die Emigranten gearbeitet. Dallin führte für Basarow einen Informanten aus der Ersten Abteilung des deutschen Außenministeriums. [Orlow] sagt, daß Dallin möglicherweise mit dem Dienst aufhörte, als er Berlin verließ oder in die Vereinigten Staaten ging; er weiß es nicht und kann hierüber nur mutmaßen.

16. Schließlich betonte [Orlow], er könne überhaupt nicht verstehen, daß Sborowski, nachdem er eine Gefängnisstrafe abgesessen hatte, die direkt mit seinen Aktivitäten als sowjetischer Agent in Verbindung stand, danach in den US bleiben durfte. Wieso er nicht des Landes verwiesen worden war? Sborowski erhielt im Juni 1947 die US-Staatsbürgerschaft. Kommentar: Rumsey hatte den Eindruck, daß [Orlow] Sborowski verdächtigt, weiterhin in den Vereinigten Staaten sowjetische Operationen durchzuführen und die Beziehungen zwischen Sborowski und den Dallins für stark ineinander verflochten und von anhaltender Bedeutung hält. Das würde heißen, daß es Sborowski weiterhin von Nutzen wäre, wenn er in den USA bliebe. Es bedeutet zudem, daß Dallins Arbeit und die Geschichte der sowjetischen Spionagetätigkeit im Westen, wie sie in offenkundigen Fällen enthüllt wurde, Teil eines Prozesses zur Schadensfestsetzung gewesen sein könnten, an dem der sowjetische Geheimdienst direkt interessiert war.

17. Es sollte betont werden, daß [Orlow] in seinen Anschuldigungen zwischen Lidja Dallin und ihrem Ehemann klar trennte. Er räumte ein, daß der Professor, bevor er in die USA kam, eventuell mit dem sowjetischen Geheimdienst gebrochen haben könnte. Dies gelte aber nicht für seine Frau. Weiterhin bestünde auch die Möglichkeit, daß Professor Dallin bei seiner Tätigkeit in den USA unwissentlich vom sowjetischen Geheimdienst kontrolliert und manipuliert worden war.

18. Es ist interessant über die Verwendung von Gelehrten auf einem Gebiet zu spekulieren, das man eigentlich Schadensfestsetzungen durch offenkundigen Informationszugriff nennen könnte, und unter diesem Aspekt die kürzlich von Journalisten und Gelehrten im Westen erbrachten Leistungen hinsichtlich des Sorge-Falls (Dakin, Johnson, usw.) und des Noel-Field-Falls (Flora Lewis) zu betrachten. Eine besondere Anmerkung verdient das jüngst angekündigte Vorhaben von Mrs. Lewis, ein Buch über den Fall Kriwizki zu schreiben.

19. Nach [Orlows] Meinung wird eine echte Säuberung in der sowjetischen Politik erst dann möglich sein, wenn endlich der Beweis erbracht wird, daß Stalin ein Agent der zaristischen Polizei gewesen ist. [Orlow] glaubt fest an diese Anschuldigung. Einzelheiten hierzu wurden ihm von seinem Cousin Kaznelson mitgeteilt, als sie sich Anfang 1947 zum letzten Mal in Paris trafen. [Orlow] erholte sich dort gerade von einer Rückenverletzung, die er sich bei einem Autounfall zugezogen hatte. Man sollte sich vergegenwärtigen, daß [Orlow] die von Stalin mit Hilfe des NKWD geheim durchgeführte Aktion gegen Tuchatschewski und das Militär damit in Verbindung bringt, daß sie Kaznelsons Geheimnis teilten. Kaznelson wurde natürlich zur selben Zeit ebenfalls ein Opfer der Säuberung. Sein Cousin hatte [Orlow] in diesem letzten Gespräch versichert, daß er die dazu notwendigen Beweise in der UdSSR zurückgelassen hätte. [Orlow] sagte, er habe Jahre damit verbracht, darüber nachzudenken, wie die Leute und die Orte auszumachen seien, die Kaznelson für die Hinterlegung des Materials eventuell ausgesucht haben könnte. [Orlow] meinte sogar, er hätte eine plastische Gesichtschirurgie in Erwägung gezogen, um selbst leichter zurückkehren zu können, allerdings wolle er das nicht auf dem Band haben und auch nicht, daß diese Information verbreitet wird.

20. Es kann sehr wohl möglich sein, daß eine Anzahl von Personen, mit denen [Orlow] und seine Frau während ihres Aufenthaltes in Michigan Umgang pflegten und denen Frau [Orlowa] Russischunterricht gab, mit dem unbedingten Glauben dieses Mannes in Zusammenhang stehen, daß die Enthüllung dieser Informationen mittels Kontakten und Aufklärung in der UdSSR machbar sei. Eindeutig hat [Orlow] für Isaac Don Levines sogenannten urkundlichen Beweis von Stalins Zugehörigkeit zur Ochrana nur Verachtung übrig. Für ihn ist das Material, das Levine veröffentlicht hat, eine grobe Fälschung. Das Material, das ihm Kaznelson beschrieb, hält er dagegen für authentisch.

Danksagung

Viele meiner früheren Kollegen im KGB und meiner gegenwärtigen Freunde im russischen Geheimdienst, die mittelbar oder unmittelbar zur Entstehung dieses Buches beigetragen haben, können hier aus leicht nachvollziehbaren Gründen nicht namentlich genannt werden. Ihnen möchte ich ganz besonders für ihre Mithilfe danken. Auch wenn es ironisch scheinen mag, muß ich eine Person hier ganz besonders herausheben: den Armeegeneral Wladimir Alexandrowitsch Krjutschkow, den letzten Chef des KGB. Er stimmte nicht nur der Veröffentlichung ausgewählter historischer Dokumente zu, sondern auch meiner Zusammenarbeit mit John Costello. Ein weiterer wichtiger Initiator dieses Projekts ist Leonid Wladimirowitsch Schebarschin, der ehemalige Leiter der Ersten Hauptverwaltung des KGB; er hatte nicht nur die Idee, die Lebensgeschichte Orlows niederzuschreiben, sondern förderte auch aktiv meine Arbeit an diesem Buch in ihrem Anfangsstadium. Die Sichtung der unzähligen Akten, auf denen dieses Buch beruht, wäre auch ohne die geduldige Hilfe und die Ratschläge des Direktors des russischen Geheimdienstarchivs, Alexander Petrowitsch nicht möglich gewesen. Er und seine beiden Assistenten, Oberst Wjatscheslaw Petrowitsch Masurow und Oberst Dimitri Dimitriewitsch Worobjew, haben meine Aufarbeitung der historischen KGB-Akten erst möglich gemacht. Auch dem Generalmajor Sergej Michailowitsch Golubew, dem früheren Stellvertretenden Leiter des Direktorats für Äußere Spionageabwehr des FCI, möchte ich für seine Hilfe im Anfangsstadium des Projekts meinen Dank aussprechen. Persönliche Erinnerungen an Alexander Orlow, die hochrangige Pensionäre des KGB beisteuerten, unter ihnen Oberst Michail Alexandrowitsch Feoktistow, Generalleutnant Pawel Anatoljewitsch Sudoplatow und Oberst Boris Goodse, haben dieses Buch sehr bereichert. Bei meiner historischen Entdeckungsreise konnte ich mich dankenswerterweise auch immer wieder auf das ungeheure Wissen von Wolodja Mersljakow, dem Kurator des KGB-Museums, stützen. Das Kopieren der Bilder im russischen Geheimdienst übernahm der Stabsfotograf Michail Michailowitsch Loginow; ihm und vielen anderen im Hauptquartier in Jasenewo möchte ich auch für ihre Hilfe in vielen weiteren großen und kleinen Dingen herzlich danken. Ganz besonderen Dank schulde ich auch Oberst Juri Georgiewitsch Kobaladse, dem Leiter des Pressebüros des russischen Geheimdienstes.

Meine Anerkennung gilt natürlich auch dem Beitrag von John Costello, dessen unerschöpfliche Energie und Findigkeit als Mitautor ich zu schätzen gelernt habe ebenso wie seine Geduld im Umgang mit unserem Geheimdienst und seine Fähigkeit, nüchterne historische Fakten zu einer lebhaften Erzählung zu verweben. Eine ganz persönliche Würdigung verdienen auch meine Frau Natascha und meine Tochter Xenia Olegowna Zarewa, die mein Originalmanuskript fachkundig ins Englische übertragen hat.

Oleg Zarew

Zuallererst möchte ich meinem Mitautor meine Hochachtung bezeigen. Ohne Oleg Zarews geduldige Bemühungen, die Kluft zwischen Geheimhaltung und historischer Wahrheit zu überbrücken, wäre dieses Projekt von vornherein zum Scheitern verurteilt gewesen. Außerdem schließe ich mich seinem Dank an seine früheren Kollegen im KGB an. Und was auch immer die operativen Absichten Wladimir Krjutschkows gewesen sein mögen, so bleibt doch festzuhalten, daß die Geschichte dem letzten Vorsitzenden des KGB in gewisser Weise zu Dank verpflichtet ist. Zwar war er einer der Konservativeren unter den sowjetischen Führungspersönlichkeiten, die das Rad der Geschichte zurückzudrehen und das demokratische Experiment in der ehemaligen Sowjetunion zu ersticken versuchten, doch sollte man andererseits auch nicht vergessen, daß Krjutschkow unsere beispiellose Zusammenarbeit erst möglich machte und für die erstmalige Offenlegung historischen Quellenmaterials aus der früheren Ersten Hauptverwaltung des KGB verantwortlich war. Ist aber der Geist der historischen Wahrheit erst einmal aus der Flasche, läßt er sich nie wieder in das Gefängnis der Staatsgeheimnisse sperren – eine Tatsache, die Leonid Schebarschin als ehemaliger Leiter der Ersten Hauptverwaltung nur zu klar erkannte, als er Oleg für seine Zusammenarbeit mit einem westlichen Historiker sein Plazet gab. Ihm und dem Direktorat des russischen Geheimdienstes danke ich für die durchgängige Unterstützung dieses Projekts, mit der sie einen neuen Präzedenzfall für Offenheit und Objektivität in der Erforschung der Geschichte der Geheimdienste geschaffen haben.

Ohne die Unterstützung und Ermutigung durch meine Freunde und Kontaktleute in den geheimdienstlichen Kreisen der Vereinigten Staaten wäre ich zu einer Zusammenarbeit mit derart vielen Kontroversen nicht in der Lage gewesen. Wie im Falle meines Mitautors haben einige mich gebeten, anonym bleiben zu dürfen. Ich danke ihnen trotzdem für das

Vertrauen, das sie einem Briten entgegenbrachten, dessen Landsleute aus demselben Berufsstand wiederholt Bedenken dagegen geäußert haben, daß mir so viele Informationen zugänglich gemacht wurden, die mir in Großbritannien aufgrund des *Official Secrets Act* (Gesetz zur Amtlichen Schweigepflicht) verweigert wurden. Glücklicherweise gaben sich ihre amerikanischen Kollegen weit weniger verschlossen, und so wurde ich von Beamten der CIA, des FBI und der NSA mit offenen Armen empfangen. Unter den hochrangigen ehemaligen Geheimdienstoffizieren, die zum Erfolg dieses Projekts beigetragen haben, möchte ich dafür, daß sie mir so großzügig ihre Gastfreundschaft, ihre Zeit und ihr Wissen zur Verfügung gestellt haben, vor allem Walter Pforzheimer, Dr. Ray Cline, Robert T. Crowley, Daniel Mulvenna und Hayden Peake herausstellen. Obwohl die alphabetische Auflistung ihrer Namen ihren jeweiligen Beitrag zu diesem Buch nicht adäquat wiedergeben kann, möchte ich hiermit auch dem verstorbenen Russ Bowen, dem ebenfalls verstorbenen Laughlin Campbell, sowie Elizabeth Bancroft, Marjorie W. Cline, George Constantindes, John Dziak, David Gaddy, Ruth Levine, Natalie Grant Wraga, Sam Halpern, Helen Nears, Hank Schorreck, Herbert Romerstein, Robert Wade und Thierry Wolton meinen Dank aussprechen.

Zwar konnte ich wegen des *Official Secrets Act* bis heute keine ähnlich intensiven Kontakte zu Geheimdienstveteranen in Großbritannien pflegen, doch bin ich trotz allem dankbar, daß mir neben anderen Robert Cecil, Colonel T. A. R. Robertson, Gervase Cowell und Oleg Gordiewski ihr Wissen zur Verfügung gestellt haben. Auch Rupert Allaxon M.P. (Nigel West), Harry Chapman Pincher und James Rusbridger hörten nie auf, der Wahrheit nachzuspüren, und lieferten mir einen Fundus verläßlicher Informationen, zu denen ich ansonsten wegen der Geheimniskrämerei offizieller britischer Stellen keinen Zugang gehabt hätte. Oft bleibt es Journalisten überlassen, die britische Regierung an ihre Verantwortung für die Information der Öffentlichkeit zu erinnern; in diesem Sinne danke ich Richard Norton Taylor und Martin Walker vom *Guardian*, James Adams von der *Sunday Times*, David Twiston vom *Daily Telegraph* sowie dem Fernsehreporter Paul Greengrass für ihr Engagement.

Ebenfalls zu Dank verpflichtet bin ich den Historikern der Akademikergemeinde, welche die strengen Maßstäbe setzen, denen zu genügen auch wir Nicht-Akademiker uns bemühen – selbst wenn einige von ihnen uns zuweilen als »Schmalspur-Historiker« abtun wollen. Zu den bekannten Professoren, die mich mit Kritik und Anregungen unterstützt haben, zählen Arthur Schlesinger jr., Robin Winks, Allen Weinstein, Warren Kimball und James Barros. Bedanken möchte ich mich auch für die Hilfsbereitschaft und die Gastfreundschaft von Verne W. Newton, dem Autor des Buches *The Cambridge Spies*, gegenwärtig Direktor der Franklin Delano Roosevelt Library in Hyde Park. Wertvolle Unterstützung erfuhr ich auch durch Timothy Naftali vom John M. Olin Institute in Harvard, von Andrew Barros vom Sidney Sussex College an der Cambridge University sowie Stephen Koch von der Columbia University.

Während ich die Archivare des russischen Geheimdienstes, deren Bemühungen unser Projekt erst möglich machten, nie persönlich kennengelernt habe, weiß ich den einmaligen Beitrag John Taylors zu diesem Buch um so mehr zu schätzen. Zu Dank verpflichtet bin ich auch seinen Kollegen von den National Archives Terri Hamnet, Wilbur A. Mahoney, Eddie Reese, Rodney A. Ross und Mary Jo Williamson. Beim FBI in Washington bearbeitete das *Freedom of Information Office* des FBI die Orlow-Akte und andere Dossiers für die Herausgabe, und in Großbritannien erwies sich ein weiteres Mal das Personal des Public Records Office als sehr hilfreich. Die Library of Congress und die New York Public Library, die Butler Library in Columbia und das Dade County Library System in Miami Beach bearbeiteten meine unzähligen Bestellungen von Büchern sowie Zeitschriften- und Zeitungsartikeln sehr bereitwillig und mit großem Sachverstand. Joseph Gormley und Joanna Rubira von der University of Michigan stellten mir Informationen über Orlows Zeit an der Universität von Ann Arbor zur Verfügung.

Ein ganz spezielles Dankeschön schulde ich Matthew D. Anderson, meinem Assistenten in New York, für seine Nachforschungen in der New Yorker Public Library, die er zusätzlich zum Abtippen und Korrekturlesen des Manuskripts, zur Niederschrift vielstündiger Tonbandaufzeichnungen und zur Erledigung sämtlicher Telefongespräche und Telefax-Kommunikationen anstellte, welche durch mein ständiges Hin-und-her-Reisen zwischen Moskau, London, New York, Washington und Miami bedingt waren. Vielen meiner Freunde auf beiden Seiten des Atlantiks danke ich herzlichst für ihre Gastfreundschaft, vor allem Ken Nichols in Washington, Julia Wight und Laurence Pratt in London und Harold Ketzer in Deutschland. Dankbar bin ich auch für die logistische Unterstützung durch Robin Wight und Jerry Jantzi, die guten juristischen Ratschläge meines Anwalts Gary Lazarus und die Hilfe bei meinen Nachforschungen durch Jasper Wight in Cambridge, Rance-Francius Thierry in Frankreich und Hans Zellweger in der Schweiz.

Unserem Lektor James Wade bei Crown Publishers in New York, nicht zu vergessen seinem Assistenten Paul Boccardi, sowie Mark Booth bei Random House UK, seiner Assistentin Andrea Henry und dem Verlag Paul Zsolnay danken wir für ihre Bemühungen, unser Manuskript in ein eindrucksvolles Buch zu verwandeln. Dank schulde ich auch unseren Agenten John Hawkins in New York und Michael Meller in München für das Zustandekommen der Verträge, die diese bahnbrechende Zusammenarbeit möglich gemacht haben.

John Costello

Namenregister*

A

Abakumow, Viktor Semjono-
witsch 19
Abel, Rudolf Iwanowitsch
518–519, 539–540
Abramowitsch 573
Abshagen, Robert 149
Acheson, Dean 472
ADA, 306, 311, 312, 314
ADAM 145–146
Adams, James 581
Aehrental, Madame de 88
Afanasief, Boris 505
Agabekow, Georgi 423
Alba, Herzog von 258
ALBANER, s. Tizien 119
ALEXANDER, s. Grigor-
jew, M. W. 102
Alexejew 505
Alfonso, König 385
Allaxon, Rupert M.P. 581
Allilujew, Pawel 31, 93
Allilujewa, Nadeschda 93
ALTA, s. Stöbe, I. 141
ALTER MANN, Trozki s.
Kuckhoff, A. 127,
138–139, 149, 151, 451,
452
Altman 170
Amann, Max 132
Anatoli, s. Mizkjewitsch,
Jewgeni 216
Anderson, Matthew D. 582
Andrew, Christopher 88
Angleton, James 89, 571
ANNA, s. Lockhart, Robert
Bruce 239
ARCOS 161

ARTHUR 165
Artusow, Artur Kristiano-
witsch 53, 59, 61, 63–64,
71, 77, 86, 100, 106–107,
117, 138, 162, 177
Asangajew, Alexander Mat-
wejewitsch 391
Auden, W. H. 276
Azaña 399, 408
Azana y Diaz, Manuel 372

B

Back 333
Baldwin, Stanley 84, 285,
295, 333–334
Balizki, W. A. 364
Balizki, W. I. 516
Ball, Joseph 333
BALTE, s. Harnack, Arvid
117, 150
Bancroft, Elizabeth 581
Barr, Joel 475
Barros, Andrew 582
Barros, James 581
Bart, Robert 147, 149, 155
Basarow 111, 576
Basset, John Retallack 326
Bästlein, Bernhard 149
BECK, s. Bart, R. 147
BEGLJEZT 505
Behrens, Karl 120, 139, 150
Belezki 441
Bender, George H.
494–498, 503
Beneš, Eduard 517
Bentley, Elizabth Terril 109,
471–473, 506–507

Berg, Adolf 461
Berg, Alexander 459, 461
Berg, Ausbjarn 461, 462,
481
Berg, Maria 461
Berg, s. Schulze K. 430, 447
BERG, s. Schulze, K. 141,
146
Bergere, Dr. 376
Berija, Lawrenti 72,
143–144, 306, 437, 442,
444, 489, 546
Berlinks, Orest 134–135
Berman, Boris 79, 177
Berman, Gregori 50
Bernal, J. D. 273
Bernaut, Elsa 501
Bersin, Eduard 48, 50
Bersin, Jan 367, 379, 383,
420, 487
Besanow, Max 45
Bessedowski, Grigori 106,
112
Biddle, Francis 456, 481
Biernat, Karl Heinz 150
Billings, John Shaw 477
Binjukow 417
Bjelkin, Alexander
117–118, 150–151
Blackett, P. M. S. 273
Blangonrawow, Georgi 58
Blau, Oberst 135
Bleiman 100
Blomberg, General von
388
Blum, Léon 365
Blunt, Anthony 191–192,
298–299, 302, 310, 317,
321–322, 325, 327–328,